地址：天津市东丽区津塘公路396号
邮编：300301
电话：022-24802978
传真：022-24801320
网址：www.tpco.com.cn

主要产品：

API系列石油套管、油管：外径42.16～508mm，壁厚3.18～16.13mm。**具有自主知识产权的TP系列油井管：**特殊扣油套管、抗挤毁套管、抗H_2S腐蚀油套管、抗CO_2腐蚀油套管、热采井套管、深井用套管、射孔枪管、储气井用套管、割缝筛管。

特殊扣油套管系列：外径42.16～508mm，壁厚3.18～16.13mm，扣型有TP-CQ、TP-FJ、TP-NF、TP-G2、TP-EX、TP-JC等。

其他产品还包括：锅炉用无缝钢管、气瓶、蓄能器用无缝钢管、输送用无缝钢管、结构管、钻具用管及其他用途无缝钢管。

主要机组规格范围：

名称	加工范围（mm）	壁厚（mm）
⌀250MPM轧机	114～340	4.5～40
⌀168PQF轧机	2～170	2.5～22
⌀180Assel轧机	88.9～219	6～70
⌀460PQF轧机	245～457	5.6～58
⌀258PQF轧机	114～245	4～30
⌀720旋扩管机组	325～720	15.5～70
冷轧冷拔机组	25～250	1～28
热扩管机组	1200以下	6～80

公 泉
GONGQUAN
SGCSC
山东公泉化工股份有限公司
Shandong Gongquan Chemical Stock Co.,LTD.
HTTP://WWW.GQCAT.COM.CN

BAOSTEEL

主要产品

产品	耐蚀合金	不锈钢
板材 热轧板: (4.5～40)×(600～2650)×(2000～8000) 冷轧板: (0.5～4)×(600～1250)×(1000～5000) 冷轧卷: (0.5～4)×(600～1250) 厚×宽	Hastelloy合金: B2、B3、C4、C22、C276、C2000、G30、G35、D205、Hastelloy S、Hastelloy X Monel合金: monel400 Inconel合金: inconel600、inconel601、inconel625 Incoloy合金: incoloy800、incoloy800H、incoloy800HT 钛及钛合金: TA1、TA2、TA3、TA4、TA5、TA6、TB2	双相不锈钢: 00Cr23Ni4MoCuN、00Cr22Ni5Mo3N、1Cr21Ni5Ti、00Cr25Ni7Mo3N、00Cr18Ni5Mo3Si2、0Cr26Ni5Mo2 铁素体不锈钢: Cr30Mo2、00Cr12、00Cr18Mo2、1Cr17、1Cr17Mo马氏体不锈钢: 1Cr12、1Cr13、0Cr13、2Cr13、3Cr13、3Cr16 奥体体不锈钢: 1Cr17Ni17、00Cr17Ni17、0Cr18Ni9、0Cr25Ni20、0Cr18Ni10Ti、0Cr18Ni12Mo2Ti、00Cr17Ni12Mo2、0Cr23Ni13、 沉淀硬化型不锈钢: 0Cr17Ni7Al、0Cr15Ni7Mo2Al、0Cr17Ni4Cu4Nb
管材 热挤压管: (48～325)×(4～40) 冷轧无缝管: (1～219)×(0.1～25) 外径×壁厚	镍基合金: UNS N0880、UNS N04400、UNS N06600、UNS N02200、UNS N02201 油气田开采用: UNS S41426、UNS N08028(宝钢牌号B2380)、UNS N08535、UNS N08135、UNS N08825、UNS N06985(宝钢牌号B2250) 钛及钛合金: TA1、TA2、TA3、TA18	双相不锈钢: 00Cr18Ni5Mo3Si2、00Cr22Ni5Mo3N、00Cr25Ni7Mo4N 奥氏体不锈钢: 0Cr18Ni9、00Cr19Ni10、0Cr18Ni10Ti、00Cr17Ni14Mo2、0Cr18Ni12Mo2、0Cr18Ni12Mo2Cu2 尿素用不锈钢: 316Mod、00Cr25Ni22Mo2N、00Cr17Mn13Mo2N

产品	结构钢
棒材 热轧棒: 14～160 盘园: 18～40 线材: 5～20 方钢: 20～50 扁钢: (8～93)×(28～408) 银亮材: 6～80 银亮丝材: 0.1～8.5	高压锅炉用钢: T11、T12、T22、TP347H、TP304H、TP321H、P91、P92、T91、T92 钻头用钢: 15-16CrNiMo、15-16MnNi4Mo 钻铤用钢: AISI4145 钻杆接头用钢: 37CrMnMoA 抽油杆用钢: 12Mn2SiCr、4320、4120M、B966 海上油田系泊链用钢: R3S、R4、R5
锻件 模块: (100～500)×(300～800) 环件: 外径500～2000	炼油厂烟气轮机涡轮盘用材料GH738 防井喷器用钢25CrNiMo

洁净加油设备
汇聚百年资源，服务中国市场
地址：上海市嘉定区嘉绣路88号　邮编：201802
电话：021-69171999　传真：021-69172162
邮箱：china@tuthill.com.cn
网址：www.tuthill.com.cn

上海华篷防爆科技有限公司
SHANGHAI HUAPENG EXPLOSION-PROOF TECHNOLOGY CO.LTD.
安全环保、功能齐全、维护简便
灵活多变的外观设计
Flexible design
中国石化 SINOPEC
北京2008石化合作伙伴
中国石化
为奥运加油
柴油
长城润滑油
客服
投诉
95105988

HAN阻隔防爆橇装式加油站
——加油站中的“生力军”

2008年7月1日，中国石油和化学工业协会在北京组织召开了由上海华篷防爆科技有限公司和河北华安天泰防爆科技有限公司共同研发的HAN阻隔防爆橇装式汽车加油装置科技成果鉴定会。鉴定委员会听取了项目汇报，审阅了相关技术资料，经讨论一致认为：该装置能从根本上解决油站的安全问题，其技术特点：安全防爆，占地面积小，抑制油气挥发，不污染地下水资源，建站成本低，建设时间短，易维护，可拆移，可根据不同的加油环境进行设计。

HAN阻隔防爆橇装式加油装置具有：

安全防爆，阻燃防爆效果好，热辐射小，可迅速灭火。HAN阻隔防爆橇装式加油装置内的油气空间被安全保护，即使遇到明火、撞击、雷击、枪击、焊接等意外情况也不会发生爆炸，如果发生明火，油罐口的火焰高度不超过30厘米。

环保节能：HAN阻隔防爆橇装式加油装置具有抑制油气挥发的功能，年加油量5000吨的HAN阻隔防爆橇装式加油装置的加油站，每年可节约燃油约15余吨。

保护水资源：HAN阻隔防爆橇装式加油装置设在地面，可避免油罐泄漏引起对地下水资源的污染。

运营成本低、安全可靠。HAN阻隔防爆橇装式加油装置的安全防爆功能不受内部和外部条件变化的影响，如停电、停水、停气、监控和自动控制装置失效等，不需增加额外的辅助设备，能够消除地上油罐发生爆炸和火灾事故的危险。

提高油品质量、减少尾气污染。提高油品储存安定性3倍，间接提高油品标号，保证了油品质量。

功能齐全：HAN阻隔防爆橇装式加油装置可同时盛装两种或多种不同油品，并可配置两部或多部加油机。罐体设置有高液位报警液位仪、自动灭火装置、紧急泄压阀、防溢流阀、防静电和避雷装置，能够满足不同注油方式。加油机的进油管道上设有高温自动断油保护阀。

维护简便：HAN阻隔防爆油罐清洗安全且简便，使清洗实现本质安全，缩短清洗时间（1小时至3小时），并能随时补焊不爆炸。

设计灵活：储油罐的结构尺寸和加油机的规格，可根据用户的要求进行设计制造，并可根据客户的需求设计安装自动监控系统。

风格多样：外部造型可根据用户要求进行不同风格的设计，满足与环境的最佳匹配和整体协调。

随着城市建设的高速发展，对能源的需求量越来越多，由此带来的加油站的安全问题日益突出。HAN阻隔防爆橇装式加油装置由于其特殊的结构和性能使地下水和大气避免污染，减少了占地面积，缩短了建站时间，凡是需要建站而又应该建站的场地，HAN阻隔防爆橇装式加油站均能覆盖，给人民生活提供便利。比如城市中心区域、居民社区、大型停车场、高速公路、会展中心、城镇和农村等固定或临时加油站。

北京弘帆物流有限责任公司是一家专业化的第三方物流企业，总部位于北京金融街办公区。是国家相关部门确定的国家试点物流企业，国家高新技术企业，并通过了ISO 9001质量体系认证。2004年开始向中国石化和中信泰富利港电厂等大型企业提供第三方物流服务。目前负责中国石化芜湖、南京两个煤炭物流基地的日常运行和管理。

公司以“严谨细致、规范管理、恪守诚信、持续创新”为经营理念，经过多年努力，建设了一支具有高度敬业精神和丰富物流经验的专业队伍。公司不断创新供应链管理模式，向客户提供专业化的第三方物流服务。

北京

电话：010-65308616/26
传真：010-65308469
地址：北京市西城区复兴门内大街158号远洋大厦
邮编：100031

芜湖

电话：0553-3880303
传真：0553-3880203
地址：芜湖市中山北侨鸿国际写字楼
邮编：241000

南京

电话：025-58584547/48
传真：025-58584546
地址：南京市新港开发区新港大道惠宁码头
邮编：210038

弘帆物流
HONG FAN LOGISTICS

北京弘帆物流有限责任公司

北京三聚环保新材料股份有限公司

Beijing Sanju Environmental Protection and New Material Co., Ltd

北京三聚环保新材料股份有限公司（股票简称：三聚环保，股票代码：300072）是为基础能源工业的产品清洁化、产品质量提升及生产过程的清洁化提供产品、技术、服务的高新技术企业。

公司主要产品有脱硫净化剂、脱硫催化剂、其他净化剂（脱氯剂、脱砷剂等）、特种催化材料及催化剂四大系列七十多个品种。公司产品和技术广泛应用于石油液化气、汽油、煤油、柴油、天然气、煤制合成气、工业煤气、沼气和煤层气等气液物料的净化脱硫及其他有害物质的脱除。

公司构建了一支以行业专家为核心的研发团队，并与国内多家科研机构、高等院校建立了联合实验室，积极开展对外技术交流与合作，形成了以自有知识产权为主的多层次技术支持体系。目前，公司已申请122项国内外发明专利，其中36项专利已获授权（其中32项为发明专利。专利号为：JL98117729.8、JL01142355.2等），部分产品技术性能达到国际领先水平，并获省部科技成果鉴定、验收和科技进步奖。特别是公司自主研发的可循环使用高硫容脱硫材料及技术在国内外较早实现了脱硫剂的循环使用。

公司拥有一支经验丰富、市场背景浓厚、高学历、高技术职称的专家型营销队伍。十余年来，公司立足于石油炼制、石油化工行业，大力开拓天然气及天然气化工、煤化工、钢铁、新能源等领域的市场，形成了覆盖全国的市场销售网络。公司愿与国内外企业广泛开展各领域的合作。

公司坚持“以技术创新为先导，以管理创新为保障，以服务客户为宗旨，净化能源，服务环保，回报社会，为员工提供舞台，为股东创造价值”的经营理念，通过持续不断的技术、管理创新，致力打造国内一流、国际知名的能源净化行业的综合服务商，以一流的技术及产品，服务于客户，造福于社会。

公司地址：北京市海淀区人大北路33号大行基业大厦9层　　邮编：100080

公司电话：010-82684990,91,92　　传真：010-82685253

www.sanju.cn　Search

Herbert Smith
史密夫律师事务所

Herbert Smith in association with Gleiss Lutz and Stibbe

史密夫律师事务所成立于1882年，是一家总部位于英国的国际性律师事务所，拥有超过1400名律师（包括约250名合伙人）。本所与领先的德国律师事务所Gleiss Lutz以及荷兰和比利时律师事务所Stibbe有着正式的联盟，并与世界其它国家/地区的律师事务所有着稳定的合作关系，从而能够为我们的客户提供全面和优质的法律服务。

史密夫律师事务所在国内及国际法律服务行业中占有重要位置，并在公司及企业融资、兼并和收购、国际诉讼及仲裁、纠纷解决、金融、投资基金、能源、项目、基建、税收等领域中居于领先地位。能源领域更是本所专长，如《法律500强》所述："史密夫在石油和天然气领域之经验的深度和广度令他人难以追赶，上游与下游产业对此均有目共睹"。

本所的亚洲业务

自本所于1982年在中国香港开设亚洲区办事处以来，我们已先后于新加坡、曼谷、北京和东京设立办事处，在雅加达亦设有联营办事处。现时本所在亚洲共有400多名员工，其中包括190多名律师。

本所的北京办事处早于1999年成立，多年来与中国有关部门和各大国有企业建立了稳固的关系，见证中国优秀企业的成长及与国际资本市场的接轨。本所的北京办事处曾参与包括中国工商银行、中国建设银行、华能国际电力、神华股份等几十家国内大型企业的海外上市项目。作为为数不多的几家较早获批准在中国开设第二个办事处的国际律师事务所之一，我们于2003年4月正式成立上海办事处。这是我们在亚洲设立的第七家办事机构，也反映了我们对于亚太地区的长期与坚定承诺。

与中国石化的合作

中国石化是中国优秀国有企业的一员。多年以来，我们与中国石化紧密协作，建立和延续了牢固的合作关系，并作为法律顾问协助中国石化成功地完成了一系列具有里程碑意义的项目。

我们与中国石化合作的其中两个项目更获《亚洲法律杂志》颁发的"年度大奖"，包括：就中国石化发行15亿美元零息票可转换债券；为中国石化及其全资子公司扬子石化以5.04亿美元收购中国石化持有的石油精炼资产提供法律服务。此外，在中国石化及其子公司成功进行的多宗关联/跨国资产收购当中，我们亦担任中国石化的境外法律顾问。继往开来，我们将一如既往地尽我们的努力为中国石化提供优质的法律服务，并期待我们的合作关系迈上新的台阶。

中国石化青岛炼化公司

①公司生产调度楼
②中央控制室
③临氢装置群
④公司一角
⑤绿树鲜花掩映下的生产装置
⑥日出东方，旗舰起航

中国石油化工股份有限公司
抚顺石油化工研究院

抚顺石油化工研究院（以下简称抚研院）是中国石油化工股份有限公司直属的大型综合性科研开发机构，成立于1953年，是国内较早从事石油炼制研究的科研单位。

抚研院以石油炼制和石油化工应用技术研究与开发为主，同时开展应用基础研究和高新技术研究。主要从事加氢裂化催化剂及工艺技术开发、馏分油及蜡类产品加氢精制催化剂及工艺技术开发、临氢降凝催化剂及工艺技术开发、渣油加氢处理催化剂及工艺技术开发、半再生固定床催化重整催化剂及工艺技术开发、多种可再生能源开发、生物工程和精细化工技术开发、石化企业和油田“三废”（废水、废气、废渣）治理技术开发、石油沥青和特种蜡产品生产技术开发以及科研装备、环保设备的研制开发等。

抚研院有各类技术人员476人，其中工程院院士1人，高级研究人员243人，设有博士后工作站、研究生工作站。拥有中小型炼油及化工实验装置200多套，其中具有世界先进水平的加氢实验装置60多套，有各类大型分析测试仪器200余台。

目前，该院已取得科技成果300多项，其中，获国家科技进步奖和发明奖20项，部省以上科研成果奖240余项。

抚研院的科研成果转化率一直保持在80%以上，为中国石油石化企业创造了巨大的经济和社会效益。

地址：辽宁省抚顺市望花区丹东路东段31号　邮编：113001　电话：0413-6427881　传真：0413-6429551

航天级润滑保护
长城润滑油
航天的伙伴 我们的伙伴

中国石化电话号码簿

（2010 版）

中国石化出版社

图书在版编目（CIP）数据

中国石化电话号码簿：2010 版 /《中国石化电话号码簿》编委会编．—北京：中国石化出版社，2011.1

ISBN 978-7-5114-0366-7

Ⅰ．①中… Ⅱ．①中… Ⅲ．①石油化学工业—组织机构—电话编号—中国 Ⅳ．①F626.12

中国版本图书馆 CIP 数据核字（2010）第 251198 号

中国石化出版社出版发行

地址：北京市东城区安定门外大街 58 号

邮编：100011 电话：(010)84271850

读者服务部电话：(010)84289974

http://www.sinopec-press.com

E-mail:press@sinopec.com.cn

北京恒天世纪彩印有限公司印刷

全国各地新华书店经销

*

889×1194 毫米 16 开本 43.25 印张 120 彩页 1080 千字

2011 年 1 月第 1 版 2011 年 1 月第 1 次印刷

定价：260.00 元

编印说明

一、本电话号码簿所刊内容，以各单位提供的原始资料为依据进行选编，编排截稿日期为2010年11月。

二、本电话号码簿参考中国石油化工集团公司常用分类方法进行分类，排名不分先后，仅供查号使用，不作其他依据。

三、由于各单位名称、机构、人员变动以及电话号码升位、换号等原因，难免有不准确之处，仅供参考。

四、本电话号码簿每两年修订一次，各企事业单位电话号码如有变动，请及时联系《中国石化电话号码簿》编辑部，以便下次修订时增补。联系电话：(010) 58608370/84289937；传真：(010) 58608370/84289978；E-mail:sinopec_hb@163.com 或 gongzm@sinopec.com。

五、本电话号码簿在编印过程中，得到了各级领导和各单位的大力支持，在此一并表示谢意！

《中国石化电话号码簿》
（2010 版）
编辑委员会

李　东　中国石化青岛炼油化工有限责任公司　综合管理部部长
李　强　天津钢管集团股份有限公司　总经理
李庆华　中国石油化工股份有限公司湖北化肥分公司　办公室主任
李宝忠　中国石化抚顺石油化工研究院　办公室主任
李燕波　中国石油化工股份有限公司长岭分公司　办公室主任
杨宏伟　中国石油化工股份有限公司塔河分公司　办公室主任
陈汉华　中国石化武汉石化分公司乙烯项目部　综合管理部经理
陈海林　扬子石化-巴斯夫有限责任公司　行政总监
周　良　中国石油化工股份有限公司化工销售分公司　综合处处长
周　科　中国石油化工股份有限公司勘探南方分公司　办公室副主任
周为国　中国石化上海石油化工研究院　办公室主任
周红军　中国石油化工股份有限公司扬子石化分公司　办公室主任
周国祥　中国石化齐鲁达州化肥分公司　综合管理部部长
岳广臣　中国石油化工股份有限公司管道储运分公司　办公室主任
林彦兵　中国石油化工股份有限公司华北分公司　办公室副主任
范文军　中国石油化工股份有限公司内蒙古化工项目部　办公室主任
范承志　中国石化集团南京化学工业有限公司　办公室主任
胡东海　中国石油化工股份有限公司河南油田分公司　办公室主任
涂光龙　中国石油化工股份有限公司荆门分公司　办公室副主任
贾文昌　中国石油化工股份有限公司胜利油田分公司　办公室主任
高厚贵　中国石化集团宁波工程有限公司　办公室主任
曹　阳　石化盈科信息技术有限责任公司　办公室主任
程　涛　中国石油化工股份有限公司东北油气分公司　办公室主任
路念明　中国石化青岛安全工程研究院　办公室主任
臧庆莹　中国石油化工股份有限公司江苏油田分公司　办公室主任
马在军　山东鲁阳股份有限公司　广告部经理

合作单位：北京国油化联科技发展中心
责任编辑：龚志民
设计排版：曲夏峰　文　兵　李　瑶
工作人员：史　涛　马志强　戴　娜　李玉彬　邓　敏　周训雷　彭　宇
肖　晗　伏文林　李　妍　吴金鹏　高　洁　张　玲

目 录

一、中国石油化工集团公司

中国石油化工集团公司

地址：北京市朝阳区朝阳门北大街22号
邮编：100728
区号：010
网址：www.sinopecgroup.com

部门	公网电话
办公厅	
办公室	59969710
	59969711
	59969712
总值班室	59962521
	59969999
	59962520
传真	59760111
	59760222
调研室	59969713
	59969715
	59969717
信息处	59969719
	59969721
	59969722
文件档案处	59969723
	59969725
	59969726
	59969737
文印	59969728
	59969729
收发	59968999
信访保卫处	59969744
	59969746
信访接待	59969750
总师办	59969748
发展计划部	
办公室	59968847
油气规划处	59968852
炼油运销规划处	59968862
化工规划处	59968872
境内项目合作处	59968885
境外油气项目合作处	59968879
境外炼化项目合作处	59968933
项目审查处	59968895
投资计划处	59968905
综合统计处	59968916
新能源办公室	59968925
财务部	
综合管理处	59969276
财务管理处	59969281

资金管理处
……………………………………………59969290
会计管理处
……………………………………………59969307
内控管理处
……………………………………………59969308
资产管理处
……………………………………………59969313
土地管理处
……………………………………………59969318
机关财务处
……………………………………………59969323
石油储备处
……………………………………………59969332

企业改革管理部

综合处
……………………………………………59969586
调研处
……………………………………………59969591
改革处
……………………………………………59969596
企业管理处
……………………………………………59969616
业绩考核管理处
……………………………………………59969622
制度管理处
……………………………………………59969611
资本运作处
……………………………………………59969603

科技开发部

办公室
……………………………………………59968777
综合计划处
……………………………………………59968779
油田处
……………………………………………59968785
炼油处
……………………………………………59968792
化工处
……………………………………………59968798
化纤处
……………………………………………59968805
装备与储运处
……………………………………………59968809
国际合作处
……………………………………………59968816
知识产权处
……………………………………………59968820
技术监督处
……………………………………………59968829
三剂处
……………………………………………59968837

人事部

办公室
……………………………………………59968710
领导人员管理处
……………………………………………59968709
专业技术人员处
……………………………………………59968666
技能操作人员处
……………………………………………59968672
组织监督处
……………………………………………59968677
劳动工资处
……………………………………………59968683
培训开发处
……………………………………………59968698
机关人事处
……………………………………………59968703

法律事务部

办公室
……………………………………………59968088
合同项目管理处
……………………………………………59968075
纠纷诉讼管理处
……………………………………………59968077
公司事务管理处
……………………………………………59968082
普法培训处
……………………………………………59968086

安全环保局

综合处
……………………………………………59969777
安全监督处
……………………………………………59969770
安全技术处
……………………………………………59969775
环境保护处
……………………………………………59969781
油田安全处
……………………………………………59969787

安保基金处
……59969793

油田企业经营管理部

综合管理处
……59968606

计划财务处
……59968631

生产安全处
……59968637

工程技术处
……59968617

市场管理处
……59968611

企业改革处
……59968628

社会服务协调处
……59968610

炼化工程公司
（工程企业管理部）

办公室（党工办）
……64823186
……64823128
……64823056
传真……64823772

人事处
……64823136
……64823093

计划财务处
……64823298
……64823308

法律事务处
……64823586

企业管理处
……64823271
……64823257

市场开发中心
……64823815

国际项目管理中心
……64823557
……64823515

招标公司
……64823452
……64823439

外事局

办公室
……59968715

财务处
……59968725

对外联络处
……59968732

出国管理处
……59968748

国际合作处
……59968760

境外机构管理处
……59968768

审计局

综合处
……59968291

计划处
……59968297

审理处
……59968303

制度处
……59968315

投资处
……59968320

北京分局
……84628125

监察局
（党组纪检组）

纪检监察一处
……59968256

纪检监察二处
……59968266
……59968265

纪检监察三处
……59968272

纪检监察四处
……59968278

思想政治工作部
（直属党委）

综合处
……59968226

党建工作处
……59968229

宣传处
……59968234

直属纪委办公室
……59968239

群众工作处
……59968241

青年工作处
……………………………………59968247

油区综合协调处
……………………………………59968249

离退休工作部

综合处
……………………………………84211030
传真……………………………84211031

指导处
……………………………………84210715

机关处
……………………………………84210725

活动中心
……………………………………84211051

机关服务中心

党委办公室
……………………………………59960501

办公室
……………………………………59960505
传真……………………………59960901

人力资源处
……………………………………59960556

财务处
……………………………………59960285

企业管理处
……………………………………59960918

房产管理处
……………………………………59969909

基建工程处
……………………………………59960166

安全保卫处
……………………………………59960210

设备工程处
……………………………………59960366

服务处
……………………………………59960099

餐饮处
……………………………………59960125

交通处
……………………………………59960162

医务处
……………………………………59960120

经营处
……………………………………59960858

国际旅行社
……………………………………59960265

调研室
……………………………………59960278

实华饭店
……………………………………64674113
总机……………………………64665522

二、中国石油化工股份有限公司

中国石油化工股份有限公司

地址：北京市朝阳区朝阳门北大街22号
邮编：100728
邮编：010
网址：www.sinopec.com.cn

部门	公网电话
董事会秘书局	
综合管理处	59969566
财经信息处	59969567
投资者关系处	59969579
对外投资者热线	59960028
	59960386
总裁办公室	
办公室	59969710
	59969711
	59969712
总值班室	59962521
	59969999
	59962520
传真	59760111
	59760222
调研室	59969713
	59969715
	59969717
信息处	59969719
	59969721
	59969722
文件档案处	59969723
	59969725
	59969726
	59969737
文印	59969728
	59969729
收发	59968999
信访保卫处	59969744
	59969746
信访接待	59969750
总师办	59969748
发展计划部	
办公室	59968847
油气规划处	59968852
炼油运销规划处	59968862
化工规划处	59968872
境内项目合作处	59968885
境外油气项目合作处	59968879
境外炼化项目合作处	59968933
项目审查处	59968895
投资计划处	59968905

综合统计处 ……59968916

新能源办公室 ……59968925

生产经营管理部

办公室 ……59969346

计划处 ……59969349

调度处 ……59969357

生产经营协调处 ……59969366

国内原油处 ……59969376

进口原油处 ……59969386

财务部

综合处 ……59969198

资产处 ……59969218

价税处 ……59969211

稽核处 ……59969203

财务处 ……59969295

信息处 ……59969227

内控处 ……59969233

会计处 ……59969240

资金处 ……59969249

科技开发部

办公室 ……59968777

综合计划处 ……59968779

油田处 ……59968785

炼油处 ……59968792

化工处 ……59968798

化纤处 ……59968805

装备与储运处 ……59968809

国际合作处 ……59968816

知识产权处 ……59968820

技术监督处 ……59968829

三剂处 ……59968837

人事部

办公室 ……59968710

领导人员管理处 ……59968709

专业技术人员处 ……59968666

技能操作人员处 ……59968672

组织监督处 ……59968677

劳动工资处 ……59968683

培训开发处 ……59968698

机关人事处 ……59968703

法律事务部

办公室 ……59968088

合同项目管理处 ……59968075

纠纷诉讼管理处 ……59968077

公司事务管理处 ……59968082

普法培训处 ……59968086

安全环保部

综合处 ……59969777

安全监督处

……………………………………………59969770

安全技术处

……………………………………………59969775

环境保护处

……………………………………………59969781

油田安全处

……………………………………………59969787

安保基金处

……………………………………………59969793

工程部

综合处

……………………………………………59968336

项目管理处

……………………………………………59968342

设计管理处

……………………………………………59968350

油建储运工程处

……………………………………………59968357

炼化工程处

……………………………………………59968365

生产准备处

……………………………………………59968372

招投标办公室

……………………………………………59968377

标准定额处

……………………………………………59968383

工程质量监督总站

……………………………………………59968395

项目管理中心

……………………………………………59968397

造价中心

……………………………………………59968401

物资装备部
（国际事业公司）

办公室

……………………………………………59966049

人事处

……………………………………………59966041

财务处

……………………………………………59966059

法律事务处

……………………………………………59966085

财务处

……………………………………………59966059

审计处

……………………………………………59966159

监察处

……………………………………………59966093

企业管理处

……………………………………………59966110

物资管理处

……………………………………………59966129

计划处

……………………………………………59966101

信息处

……………………………………………59966134

物流处

……………………………………………59966149

招标处

……………………………………………59966223

技术与条件处

……………………………………………59966176

化工原料处

……………………………………………59966187

化工辅料处

……………………………………………59966206

煤炭处

……………………………………………59966165

材料处

……………………………………………59966235

动设备处

……………………………………………59966251

静设备处

……………………………………………59966262

电气设备处

……………………………………………59966272

石化产品出口处

……………………………………………59966282

设备材料出口处

……………………………………………59966310

信息系统管理处

综合管理处

……………………………………………59966001

投资计划处

……………………………………………59966007

项目管理处

……………………………………………59966012

系统管理处

……………………………………………59966655

油田信息处

……………………………………………59966023

信息处

……………………………………………59966027

ERP 支持中心

……………………………………………59966800

外事部

办公室

……………………………………………59968715

财务处

……………………………………………59968725

对外联络处

……………………………………………59968732

出国管理处

……………………………………………59968748

国际合作处

……………………………………………59968760

境外机构管理处

……………………………………………59968768

审计部

综合处

……………………………………………59968291

计划处

……………………………………………59968297

审理处

……………………………………………59968303

制度处

……………………………………………59968315

投资处

……………………………………………59968320

北京分局

……………………………………………84628125

监察部

（党组纪检组）

纪检监察一处

……………………………………………59968256

纪检监察二处

……………………………………………59968266

……………………………………………59968265

纪检监察三处

……………………………………………59968272

纪检监察四处

……………………………………………59968278

企业文化部

综合处

……………………………………………59968226

党建工作处

……………………………………………59968229

宣传处

……………………………………………59968234

直属纪委办公室

……………………………………………59968239

群众工作处

……………………………………………59968241

青年工作处

……………………………………………59968247

油区综合协调处

……………………………………………59968249

油田勘探开发事业部

综合办公室

……………………………………………59968456

计划处

……………………………………………59968462

财务处

……………………………………………59968471

企业管理处

……………………………………………59968480

调度处

……………………………………………59968488

东部勘探处

……………………………………………59968495

西部勘探处

……………………………………………59968508

开发处

……………………………………………59968513

天然气处

……………………………………………59968522

工程技术处

……………………………………………59968532

采收率处

……………………………………………59968545

油藏经营管理处

……………………………………………59968550

地面海工工程处

……………………………………………59968556

科技信息处

……………………………………………59968561

矿权与储量管理处

……………………………………………59968567

市场管理处

……………………………………………59968576

海相工作部

……………………………………………59968583

炼油事业部

综合处

……………………………………………59969438

调度处

……………………………………………59969439

计划处

……………………………………………59969446

技术处

……………………………………………59969452

设备处

……………………………………………59969467

财务处

……………………………………………59969471

质量处

……………………………………………59969478

市场处

……………………………………………59969483

化工事业部

综合处

……………………………………………59969496

调度处

……………………………………………59969499

财务处

……………………………………………59969509

化肥处

……………………………………………59969517

设备处

……………………………………………59969521

市场处

……………………………………………59969524

计划处

……………………………………………59969534

合纤处

……………………………………………59969543

树脂处

……………………………………………59969546

乙烯处

……………………………………………59969551

油品销售事业部

（销售有限公司）

办公室

……………………………………………59969001

业务处

……………………………………………59969030

运行处

……………………………………………59969044

零售管理处

……………………………………………59969057

润滑油经营管理处

……………………………………………59969070

燃料油经营管理处

……………………………………………59969078

进出口处

……………………………………………59969086

非油品业务处

……………………………………………59969091

财务处

……………………………………………59969098

发展规划处

……………………………………………59969112

信息管理处

……………………………………………59969120

安全质量处

……………………………………………59969130

人事处

……………………………………………59969138

劳资处

……………………………………………59969148

企业改革管理处

……………………………………………59969155

政工处

……………………………………………59969165

审计处

……………………………………………59969161

监察处

……………………………………………59969169

管道处

……………………………………………59969173

合资企业管理处

……………………………………………59969179

三、中国石油化工集团、股份有限公司企事业单位

1．胜利石油管理局
胜利油田分公司

地址：山东省东营市东营区济南路258号
邮编：257001
区号：0546
传真：8221719
网址：www.slof.com
E-mail：webmaster@slof.com

部门	公网电话
机关处室	
党委办公室	
主任	8717799
秘书科	8710372
文书科	8714529
综合科	8554767
保密科	8717191
机要科	8710161
信访一科	8703717
信访二科	8710081
信访三科	8710299
组织部	
副部长	8710586
办公室	8559297
干部管理一科	8717032
干部管理二科	8792709
组织科	8711064
干部调配科	8553518
技术干部管理科	8551191
纪委监察处	
处长	8550166
案件检查室	8553856
执法监察室	8552372
信访室	8556296
监察专员室	8717171
教育研究室	8552179
局党委巡视工作办公室	8501925
宣传部	
部长	8553782
综合宣传科	8552339
新闻科	8710070
基层工作科	8557775
企业文化科	8710901
文明办	8556512
网络宣传管理科	8710375
统战部	
部长	8713808
综合科	8714426
工会	
主席	8553710
办公室	8553440
财务部	8776311
政策研究室	8554127
生产劳保部	8556630
帮扶中心	8703100
文体部	8778739
法律工作部	8554125
组织民管部	8558121
女工部	8551658
残联办公室	8553529
经济事业保险部	8714271
职工互助保险办事处	8714272
团委	
书记	8714616

办公室……8712100
组织部……8712301
文化宣传部……8776155
青工事务部……8775324
青年发展部……8717976
社会事务部……8717085
团校……8705511
胜利青年职业指导中心……8777608
胜利青年文化研究中心……8772259

综治办

主任……8559293
综合科……8775114
调研科……8778915
指导（督查）科……8551424
治理整顿科……8712102
民兵工作科……8552640
装备管理科……8533460
人防工作科……8714080
普法工作科……8773835
协调处理科……8774346
应急指挥科……8552017

机关党委

书记……8713266
办公室……8553257
组织科……8712105
宣传科……8554256
纪委（监察科）……8552496
张金城宿舍……8777833
工会……8553659
劳资培训科……8714401
保卫科……8557964
行政管理科……8712675
安全科……8713680

局办公室

主任……8559608
值班接待室……8552074
会务管理科……8556733
文书科……8552081
秘书科……8555959
调研督查科……8556537
综合科……8551812
史志科……8556419

政策研究室

主任……8556636
综合信息科……8555007
文秘科……8555346
研究科……8554814
编辑科……8551497

生产管理部

副主任……8713277
总调度室值班室……8556180
产能科……8552482
海工科……8775747
交通管理科……8552656
综合信息科……8773208
用电管理科……8714443
电力技术科……8714449
水利科……8556787
节水科……8552358

勘探处

处长……8711900
综合计划科……8711257
矿产资源管理科……8714800
技术信息科……8714810
西部新区管理科……8717528

开发处

处长……8556447
综合规划科……8557631
生产管理科……8551820
开发管理科……8551815
产能建设科……8713740
开发信息科……8557628
油藏经营科……8556448
三次采油管理科……8710973

采油工程处

处长……8710539
作业井控管理科……8712224
综合规划科……8710851
注水管理科……8552058
采油管理科……8552567
油气集输科……8555328
井下作业管理科……8555996
工程设计管理科……8775395
数据信息科……8557629

基建处

处长……8717718
综合科……8553438
工程科……8552629
矿建科……8555997
招标办公室……8553240
结算科……8554428
技术科……8556140

设备管理处

处长……8555683
综合计划科……8553629
现场设备管理科……8554978
技术科……8553876
海洋设备管理科……8711213

油地工作处

处长……8551319
综合科……8558111
征地科……8775743
地籍科……8557811
协调科……8554653

科技处

处长……8710968
综合管理科……8552596
项目管理科……8557771
新技术推广科……8555518
技术开发科……8712240
情报管理科……8552684

石油工程管理处

处长……8717168
工程技术科……8712723
井控管理科……8714246
工程质量科……8712592
工程设计科……8710202
市场协调科……8554860
综合信息科……8710008

海监处

处长……8714836
综合管理科……8717068
监督检查科……8711649
监督检验科……8711647

经营管理部

主任……8550868
承包经营一科……8710121
承包经营二科……8712531
体制改革科……8776942
综合管理科……8714452
市场管理科科……8551465
产权经营科室……8714451
现代化管理科……8712597
改制企业协调工作科……8556128
制度管理科……8555917

规划计划部

主任……8775904
综合计划科……8553696
规划和重大项目科……8556527
项目科……8713109
投资科……8552686
生产科……8552754
滩海科……8781774
设计科……8553264
统计科……8559436
督查科……8717633

财务资产部

主任……8712038
综合科……8552781
资金科……8553689
成本预算科……8559897
投资科……8775003
海外项目科……8717760
会计科……8552450
资产科……8776372
税务科……8553758
结算一科……8710051
结算二科……8712115
机关财务资产科……8777289

财务资产处

处长……8710257
综合管理科……8555086
成本管理科……8553990
预算管理科……8712233
资金管理科……8771491
资产管理科……8771489
税务稽查科……8710660
会计核算科……8771492
信息管理科……8771698
机关财务科……8710856

劳动工资处

处长……8713114
劳动组织计划科……8713292
编制科……8717227
薪酬管理一科……8710118
薪酬管理二科……8552511
用工管理科……8551226
检查督导科……8553018
培训开发科……8712261
技能鉴定开发科……8713443
技能鉴定考务科……8717295

法律事务处

处长……8552931
合同管理科……8711154

涉外合同管理科……8557341
公司事务科……8714376
诉讼管理科……8714370
招投标管理办公室……8714371
宣传培训科……8714373
综合管理科……8714425

审计处

处长室……8558509
综合科……8552962
财务审计科……8558208
经济责任审计科……8556741
投资审计科……8555410
审计管理科……8711865
内控评审科……8552729

技术监督处

处长……8712582
综合科……8552586
质量监督稽查科……8712333
质量管理科……8551750
标准化科……8717263
计量科……8717051
节能科……8778595
海洋监督科……8712033

安全环保处

处长……8712716
污染治理科……8710091
综合管理科……8553929
海上安全环保科……8551567
工业安全一科……8713539
工业安全二科……8553933
工业安全三科……8713416
交通安全科……8552546
安全技术科……8555006
安全标准科……8772414
环境管理科……8553184

机关直属

勘探项目部

主任……8554647
副主任……8711579
副主任……8710296
主任地质师……8557333
主任工程师……8559820
副主任地质师……8712122
副主任工程师……8710301
计划合同科……8559867
技术管理科……8775542
综合管理科……8559519
项目管理科……8714239
生产管理科……8775304
测试管理科……8555956
计划合同科……8713011
财务科……8556451
科长办公室……8553159

勘探监理部

主任……8765718
副主任……8765009
副主任……8765258
主任工程师……8765256
副主任工程师……8765516
副主任经济师……8765989
综合管理科……8765579
物探监督科……8765976
地质监督科……8765880
钻井监督科……8765870
测井试油监督科……8765933
开发钻井监督科……8717175

销售事业部

经理……8558625
副经理……8558405
副经理……8719718
副总经济师……8702000
副总工程师……8557883
副总会计师……8550908
经理办公室……8556545
政工办公室……8780671
纪委、工会……8789769
轻烃销售科……8553491
经营管理科……8552199
财务资产科……8556544
审计科……8776793
调度室……8552384
销运科……8551042
原油储运科……8556543
天然气生产管理科……8558897
轻烃生产科……8785067
炼油化工科……8551807
成品油管理科……8556480
石化产品销售结算站……8554476

公共事业部

主任……8505009
副主任……8502966

副主任……8718900
主任会计师……8501376
副主任经济师……8505008
综合计划科……8554509
房产管理科……8501076
住房公积金管理科……8502901
会计科……8502646
物业管理科……8501106
考核监督科……8554505
产权产籍科……8777232
开发管理科……8718761
经营管理科……8772313
交易管理科……8791580
信息管理科……8501025
学前教育科……8554455
绿化管理科……8773298

卫生管理中心

主任……8712986
副主任……8710833
副主任……8717239
综合科……8555771
医政科……8777014
卫生监督科……8552203
药品监督管理科……8555191
爱卫会……8559257
计生宣传教育科……8772446
计生技术指导科……8787814
药械供应站……8782900
胜利油田疾病预防控制中心……8770734

定额价格中心

副主任……8558071
副主任……8710557
综合处……8559804
石油专业工程造价处……8551224
地面工程造价处……8557780
定额价格处……8710152
信息管理处……8711774

财务监控中心

主任……8777496
副主任……8712038
副主任……8710257
副主任会计师……8710059
副主任会计师……8711784
综合科……8712087
稽核管理科……8787202
内控管理一科……8713952
内控管理二科……8714229
结算管理科……8784857
信息管理科……8710622
监督稽核一站……8783947
监督稽核二站……8788184
监督稽核三站……8713782
监督稽核四站……8582023
监督稽核五站……3460477
监督稽核六站……8787361
监督稽核七站……8712039

劳动就业中心

主任……8713446
副主任……8713295
副主任……8778716
副主任经济师……8553737
就业训练科……8554161
资源管理科……8713444
职业介绍科……8713447
再就业服务科……8554141
实体用工管理科……8713444
劳务输出办公室……8710235

社会保险中心

主任……8717737
副主任……8554139
副主任……8713343
副主任经济师……8714176
副主任经济师……8714166
办公室……8713348
财务科……8713146
医疗保险科……8552717
养老保险科……8711074
工伤保险科……8713342
生育失业保险科……8713143
信息科……8717961
城镇居民医保科……8714306
监察稽核科……8713345

离退休职工管理中心

书记、主任……8781599
副主任……8710886
副主任……8554379
中心办公室……8778329
老年管理科……8711370
综合管理科……8712297
劳资统计科……8712151
财务科……8556758
关心下一代工作科……8555350

关工科……8555795
文体科……8713900
活动中心建设科……8556039
老年大学……8556757
干休所……8556496

信息中心

主任……8559339
副主任……8776310
副主任……8714820
ERP 支持中心副主任……8710203
副总经济师……8558076
副总工程师……8555985
规划调研科……8717555
应用管理科……8711210
数据管理科……8714311
安全标准管理科……8714391
综合统计科……8711220
科技档案科……8717676
文书档案科……8713177
电子档案科……8717057
综合信息科……8558076
ERP 管理一科……8714213
ERP 管理二科……8551603
ERP 管理三科……8714209

局属实体

集体资产管理中心

党委书记、主任……8778756
副主任……8559657
副主任……8711507
副主任经济师……8710039
副总政工师……8714192
党政办公室……8714335
党委组织科……8714591
纪检监察科……8714192
工会……8714026
思想政治工作部……8774540
劳动工资科……8711715
公共事业科……8713994
经营管理科……8559653
工业园办公室……8056709
财务资产科……8559749
家属管理科……8710242

胜利资产调剂租赁公司

总经理……7783088
副总经理……7783066
副总经理……7783096
监事会主席……7783159
副总经济师……7783068
公司办公室……7783058
资产调剂部……7783078
设备租赁 1 部……7783098
设备租赁 2 部……7783082
财务资产部……7783050
经营管理部……7783067

金润农业发展有限公司

书记……8714199
总经理……8711821
副总经理……8714592
公司办公室……8714099
传真……8711170
生产管理部……8713392
经营管理部……8711531
财务资产部……8714851
河口分公司……8678578
丰盛机械分公司……8662996
孤东分公司……8584837
四分场分公司……8858858
金润盐化公司……8583097

山东胜利药业有限公司

总机……8811920
传真……8365536
总经理……8811916
副总经理……-8158
副总经理……-8128
公司办公室……8362966
财务资产部……8811726
市场开发部……-8015
物资供应（信息管理）中心……8811918
职工技能培训中心……-8049
综合维修队……-8023
零售管理中心……8521770

银杏开发中心

主任……8711229
生产技术科……8559117
财务资产科……8714422
销售部……8712837
银杏研究所……8768542
银杏保健食品厂……8768544

局二级单位

地球物理勘探开发公司

地址：东营市东营区牛庄镇
邮编：257086
区号：0546

党委办公室
- 办公室主任……8853518
- 副主任、信访办主任……8851221
- 值班室……8851140

党委组织科
- 科长……8851151
- 副科长……8851148
- 职称改革办公室……8851149

纪委监察科
- 副书记……8851163
- 副科长……8851917
- 办公室……8851146

审计科
- 科长……8851806
- 办公室……8851856

党委宣传科
- 科长……8851156
- 副科长……8851837
- 办公室（新闻、统战）……8851434
- 基层建设办公室……8851154

工会
- 副主席……8851172
- 女工主任……8851177
- 劳动争议调解办公室……8851041

综合治理办公室
- 主任……8851170
- 副主任……8853730
- 办公室……8851037

团委
- 副书记……8851179
- 办公室……8851165

公司办公室
- 主任……8851025
- 副主任……8851610
- 值班室……8851308
- 传真……8851039

生产管理科
- 科长……8851366
- 副科长……8851304
- 办公室……8851848
- 调度值班室……8851300

生产技术科
- 科长……8851012
- 副科长……8851066
- 办公室……8852702

油地工作科
- 科长……8851956
- 副科长……8851137
- 办公室……8851100
- 土地管理办公室……8851101

安全环保科
- 科长……8851050
- 副科长……8856483
- 工业环境管理……8851051
- 消防爆炸物品管理……8851051
- 交通管理……8851051
- 培训、劳保、特种作业管理……8851048
- 综合管理……8851044

安全环保监督站
- 站长……8851103
- 监督办公室……8851328
- 监督办公室（综合）……8851376

科技办公室
- 主任……8851410
- 副主任……8851007
- 办公室……8851104

设备管理科
- 科长……8851255
- 副科长……8851056
- 办公室……8851055

经营管理科
- 科长……8851400
- 副科长……8851026
- 办公室（合同）……8851109
- 办公室（法律事务）……8851459

规划计划科
- 科长……8851286
- 副科长……8852016
- 办公室……8851110

劳动工资科
- 科长……8851079
- 副科长……8851081
- 劳动工资科……8851083

技术监督科
- 科长……8851169
- 副科长办公室（质量管理）……8851602

办公室……………………………………8851303
信息新闻中心
主任……………………………………8851231
副主任…………………………………8851182
办公室…………………………………8851074
公共事业管理中心
主任……………………………………8853869
书记……………………………………8851528
办公室…………………………………8851160
小车队
队长……………………………………8851821
副队长…………………………………8851412
调度室…………………………………8851828
财务资产管理中心
主任……………………………………8851123
书记……………………………………8851121
综合管理组……………………………8851006
预算管理组……………………………8851068
成本管理组……………………………8851070
资金管理组……………………………8851115
资产管理组……………………………8851058
国内（际）项目组……………………8851413
国内（际）项目组……………………8851625
税务稽核组……………………………8851127
费用管理组……………………………8852350
老年管理中心
主任……………………………………8851523
书记……………………………………8856094
副主任…………………………………8851634
国内市场部
主任……………………………………8853999
副主任…………………………………8856666
项目综合部……………………………8851097
国际市场部
书记……………………………………8851060
主任……………………………………8851138
综合管理部……………………………8851129
西部公司（区号：0991）
书记……………………………………3753469
经理……………………………………3718788
副经理…………………………………3723430
工会主席………………………………3717988
经营管理部……………………………3768771
生产运行部……………………………3757237
综合管理部……………………………3757237
HSE 管理部 …………………………3757237
技术质量部……………………………3757237
南方公司
书记……………………………………8851212
副经理…………………………………8852248
副书记…………………………………8851212
267 队 ………………………………15826478188
党校
副书记…………………………………8851537
副校长…………………………………8851525
培训管理一室…………………………8851132
培训管理二室…………………………8853224
培训管理三室…………………………8851543
培训管理四室…………………………8851816
培训管理五室…………………………8851117
一大队（区号：0534）
大队长…………………………………2267066
教导员…………………………………2267088
副大队长………………………………2267020
调度室…………………………………2267027
三大队
大队长…………………………………8851802
教导员…………………………………8851800
副大队长………………………………8851801
调度室…………………………………8851380
四大队
书记……………………………………8851497
大队长…………………………………8851479
副大队长………………………………8857746
调度室…………………………………8851480
五大队
大队长…………………………………8858003
教导员…………………………………8858351
副大队长………………………………8857725
调度室…………………………………8851580
地震勘探研究所
教导员…………………………………8851242
所长……………………………………8851315
副所长…………………………………8851387
所办公室………………………………8851493
调度室…………………………………8851244
仪器管理中心
教导员…………………………………8851468
经理……………………………………8851416
副经理…………………………………8851466
调度室…………………………………8851415
机械设备管理中心

经理……8851463
书记……8851445
副经理……8851439
政工办公室……8851447
生产调度室……8851440

综合服务中心
书记……8851737
主任……8851734
工会主席……8852116
副主任……8851029
党群办公室……8851714
政工办公室……8851718
调度……8851721

新胜公司
总经理……8851045
副经理……8851845
监事会主席（工会主席）……8851118
综合管理部……8851810
办公室……8851850
公司财务部……8851863
技术部……8851078
印刷部……8851388

友邻单位
聚华派出所……8853119
聚华物业管理公司……8296701
物探卫生院……8851506
十九中学……8852267
物探幼儿园……8851194
通讯公司物探通讯站……8851752
保险事务所……8852244
银行……8851116

黄河钻井总公司

地址：东营市西四路69号
邮编：257064

党委办公室
主任……8722973
副主任……8723829

组织科
科长……8629508
副科长……8721732

宣传科
科长……8722236
副科长……8724505

纪委监察科
办公室……8721771

工会
办公室……8725946

团委
办公室……8721615

公司办公室
副主任……8725178
值班室……8721486
传真……8558191

生产管理科
科长……8622508
副科长……8725299
调度室……8721191

设备科
科长……8721680
副科长……8722924

技术发展科
科长……8723652
副科长……8722058

工农科
科长……8725988

安全环保科
科长……8721891
副科长……8723137
物资供应科……8722709
科长……8721886
经营管理科……8724181
科长……8721146
副科长……8722815

规划计划科
科长……8722150
副科长……8722480

劳资科
科长……8629922
副科长……8722620

审计科
科长……8725598
办公室……8723132

信息档案中心
主任……8721557
质监站……8725788
定额站……8723237
技能鉴定站……8724141

公共事业中心
主任……8721510
副主任……8723113
房产管理……8725802
公积金管理……8723113

计生办公室……………………………………8722667

武装保卫中心

主任……………………………………8626791

副主任……………………………………8721471

综合办公室……………………………………8721139

钻井三公司

书记……………………………………8835956

经理……………………………………8835969

副书记、工会主席……………………………………8835657

副经理……………………………………8835081

党政办公室……………………………………8835116

组织办公室……………………………………8835559

宣传办公室……………………………………8835579

纪委办公室……………………………………8835737

团委……………………………………8835121

工会……………………………………8835130

保卫办公室……………………………………8835570

生产调度室……………………………………8835461

资料室……………………………………8835160

经营管理办公室……………………………………8835114

市场办公室……………………………………8835564

计划统计室……………………………………8835084

劳资办公室……………………………………8835028

工农办公室……………………………………8835412

技术办公室……………………………………8835185

安全办公室……………………………………8835599

HSE 办公室……………………………………8835270

能源办公室……………………………………8835039

机动办公室……………………………………8835021

财务资产管理站……………………………………8835594

老年综合管理站……………………………………8835236

公共事业中心……………………………………8835096

文化站……………………………………8835105

供应站……………………………………8835092

综合队……………………………………8835521

汽车队……………………………………8835653

校训学校……………………………………8835760

钻井四公司

经理……………………………………8796185

书记……………………………………8555002

副书记……………………………………8794729

副经理……………………………………8794758

副主任工程师……………………………………8503855

党政办……………………………………8794728

机关支部……………………………………8794732

思政办……………………………………8794701

工会……………………………………8794731

纪委……………………………………8794724

团委……………………………………8794722

人力资源……………………………………8794723

市场办……………………………………8794798

生产办……………………………………8794721

调度室……………………………………8553820

调派室……………………………………8555770

工农办……………………………………8783754

技术办……………………………………8794713

钻井液技术服务队……………………………………8552495

物资配送队……………………………………8787090

公共事业中心……………………………………8794929

汽车队……………………………………8553671

培训学校……………………………………8796759

外修队……………………………………8783477

钻四综合站……………………………………8794579

胜源实业有限责任公司……………………………………8556833

钻井五公司

经理……………………………………8729983

书记……………………………………8728058

副书记……………………………………8728060

副经理……………………………………8729528

党政办公室……………………………………8728061

党委组织科……………………………………8728055

纪检……………………………………8728052

工会……………………………………8728013

团委……………………………………8728051

保卫科……………………………………8728726

劳动工资科……………………………………8728042

财资站……………………………………8728039

经营管理科……………………………………8728190

安全环保科……………………………………8728176

机动资产科……………………………………8728166

技术科……………………………………8728219

工农科……………………………………8728202

生产办公室……………………………………8728220

调度室……………………………………8728210

管理二部……………………………………8728161

管理三部……………………………………8728168

现场管理服务队……………………………………7398572

物资配送队……………………………………7398582

公共事业中心……………………………………7398550

培训学校……………………………………8728002

富邦公司……………………………………8728024

汽车队……………………………………8728133

钻前公司
书记……8793819
经理……8551458
副经理……8557136
工会主席……8557770
主任工程师……8551456
党委办公室……8553881
组织办公室……8783231
纪检……8555933
保卫办公室……8783241
工会……8705683
公司办公室……8553974
生产办公室……8553853
生产调度室……8553641
生产计划室……8555426
工农办公室……8552171
安全办公室……8555922
HSE 办公室……8556983
质监办公室……8783242
机动办公室……8551454
经营管理办公室……8555181
财务资产管理站……8559287
市场开发办公室……8551936
海洋工程项目部……8551936
西部工程项目部……8551936
人力资源办公室……8783271
井架安装一队……8784004
井架安装二队……8784049
井架安装三队……8784048
井架安装四队……8784041
井架安装五队……8784034
井场环保工程队……8720027
井场修建一公司……8727131
公共事业中心……8555568
众安公司……8550210
华安房地产公司……8777733
管具公司
书记……8710932
经理……8777881
副书记……8716926
副经理……8553827
工会主席……8710937
党政办公室……8712343
值班室……8554858
组织……8555120
纪委……8716519
团委……8712346
工会……8771704
保卫办公室……8553834
生产办公室……8716008
调度室……8552503
财务资产管理站……8714477
人力资源办公室……8794931
安全机动办公室……8715156
HSE 办公室……8718531
经营管理办公室……8555558
基建办公室……8713742
管具研究所……8771142
能源站……8778557
质量检验所……8794942
钻具搬运队……8771147
钻具修理车间……8716979
钻具修理车间……8712545
井控装备修制车间……8786944
钻杆制造车间……8716122
物资配送队……8771146
钻头制造车间……8716088
钻井工具车间……8716113
汽车队……8716569
公共事业中心……8716079
老年综合管理站……8716566
固井公司
书记……8721664
经理……8623088
工会主席……8629627
副经理……8721241
主任工程师……8724249
党政办公室……8724495
纪委……8722243
公司值班室……8721208
传真……8724918
工会……8721003
团委……8725971
生产办……8721239
生产调度……8721521
经营办……8721232
人力资源办……8722664
劳培办公室……8722651
安全办公室……8722178
HSE 办公室……8629095
机动办公室……8721392
技术监督办……8629120

研究所……8725402
固井一队……8722353
固井二队……8722580
固井三队……8722875
工具队……8626797
混配车间……8722552
汽车队……8721971
物资配送队……8721264
地磅房……8621663
计量站……8722516
技术室……8722961
公共事业中心……8722370
长城公司……8721163

山东胜油固井工程技术有限公司

总经理……8722964
副总经理……8723604
总会计师……8723466
综合管理部……8629319
生产管理部……8725119
营销管理部……8627300
财务资产部……8725107
泥浆服务部……8629357
工程技术部……8629815
运输公司……8722367
汽修厂……8722983
新材料厂……8727877
综合服务队……8721473
技术开发中心……8725170
赛瓦公司……7789659
沃尔德公司……7789206
欧博特公司……7758319
胜大国际贸易公司……（021）51346381
胜油固井国际石油公司……（021）55895608
新疆轮台分公司……（0996）4685201
四川宣汉分公司……（0818）5819177

工程运输一公司

书记……8736366
经理……8631759
工会主席……8732493
副经理……8633170
党政办公室……8732957
思想政治办公室……8633205
工会……8736128
人力资源办公室……8736358
经营办公室……8633191
生产办公室……8732141
安技办公室……8732591
一中队……8732787
二中队……8733535
三中队……8732822
四中队……8732013
车间……8732610
物业队……8739991
综合队……8732138
小车队……8633215

工程运输二公司

书记……8555152
经理……8771936
副经理……2969001
党政办公室……2969277
思想政治办公室……8553838
人力资源办公室……8554462
生产办公室……8774672
调度办公室……8554166
安全环保办公室……8774119
交通、工业办公室……8794203
现场督查办公室……8701156
机动技术办公室……8794155
经营管理办公室……8771204
财务资产管理办公室……8786034
公共事业中心……8794015
武装保卫办公室……8794015
车队……8771194

钻井工程物资供应公司

书记……8721609
经理……8722715
副经理……8721513
党政办公室……8722899
生产技术办公室……8627299
经营管理办公室……8721209
财务资产管理站……8723240
老年（家属）管理十站……8721341
现场送料队……8722160
器材库……8721362
汽车队……8722184
物资供应中心……8721613
综合服务队……8722204
锦华物业管理部……8811616

综合公司

党政办公室……8722418
财务经营办公室……8721748
生产安全办公室……8721412

产品销售办公室……8722229
农业二分公司……8769973
农业四分公司……8073008
农业五分公司……8728019
食品加工厂……8720118
财务……8728363
第二招待所……8721580
第三招待所……8721527
综合维修队……8725773
上海大众……8162656
机关车队……8721287

老年综合管理中心机关
书记……8629781
党委副书记、主任……8627798
副主任……8721230
综合办公室……8629891
老年办公室……8629891

管理一站
副站长……8627646
综合办公室……8622335
老年、家属、协解办公室……8622335
老年大学……8625110
活动中心……8625110

管理二站
书记……8629627
站长、副书记……8621908
综合办……8722716
老年办……8722716
协解办……8629281

管理三站
副站长、副书记……8835389
副站长……8835109
家属办公室……8835109
协解办公室……8835061
综合办公室……8835104

管理四站
书记……8794729
副书记、站长……8794579
综合办公室……8794768
老年办公室……8794545
家属办公室……8794712
协解办公室……8501289

管理五站
书记……8728060
副书记、站长……8728404
综合办公室……8728010
家属办公室……8728195
协解办公室……8728063
老年办公室……8728053

管理六站
书记……8557770
站长……8792762
老年办公室……8783174
家属办公室……8783275
协解办公室……8783174

管理七站
书记……8710937
站长……8716566
综合办……8716001
老年办公室……8719093
家属办公室……8713747

管理八站
书记……8555825
站长、副书记……8773621
老年综合办公室……8794438
家属办公室……8771953
人力资源办公室……8791965

管理九站
书记……8629169
站长……8721508
综合办公室……8721476
老年办公室……8721476
家属办公室……8722476
协解办公室……8527015

管理十站
站长……8721341
副站长……8721763
综合办公室……8721406
老年办公室……8721406
家属办公室……8721400
协解办公室……8721763

管理十一站
副站长……8635899
综合办公室……8631277
老年办公室……8732036
家属办公室……8733016
人力资源（帮扶）办……8732250

职业技能训练中心
书记……8222611
主任……8215600
副主任……8201626
综合办……8222667

开发部……………………………………8551098
培训部……………………………………8216007
综合服务大队汽车队
队长……………………………………8725338
副队长……………………………………8628866
调度室……………………………………8721282

渤海钻井总公司

地址：东营市河口区渤海路75号
邮编；257200

党委办公室
主任……………………………………8570818
信访、调研……………………………8576313
文书、综合……………………………8570027
党委组织科
科长……………………………………8570819
职改办副主任…………………………8576987
副科级组织员…………………………8576223
统计档案、培训调配…………………8667012
党委宣传科
科长……………………………………8570698
副科长……………………………………8576867
新闻宣传……………………………………8576184
综合宣传……………………………………8576184
电视新闻……………………………………8576330
纪委监察科
副书记……………………………………8576981
副科长……………………………………8667038
副科长……………………………………8667122
工会
工会副主席……………………………8576258
女工主任……………………………………8570667
办公室……………………………………8576217
文化站……………………………………8570161
团委
办公室……………………………………8576194
公司办公室
副总师兼主任…………………………8576222
副主任……………………………………8570011
值班室……………………………………8576211
传真……………………………………8576175
生产办
调度室……………………………………8576260
主任……………………………………8576233
副主任……………………………………8576045
综合办……………………………………8570836

设备管理科
科长……………………………………8576026
办公室……………………………………8576227
市场合同科
科长……………………………………8576033
法律顾问……………………………………8576353
合同统计……………………………………8576683
市场准入……………………………………8576025
技术科
科长……………………………………8667552
副科长……………………………………8570825
综合……………………………………8576245
油地工作科
科长……………………………………8576037
土地管理办公室…………………………8576257
现场协调办公室…………………………8576240
安全环保科
科长……………………………………8571072
副科长……………………………………8576859
综合……………………………………8570945
经营管理科
科长……………………………………8576028
副科长……………………………………8570450
综合……………………………………8576221
规划计划科
科长……………………………………8570786
副科长……………………………………8570117
劳动工资科
科长……………………………………8576278
副科长……………………………………8576663
审计科
科长……………………………………8570288
办公室……………………………………8576254
财务资产中心
副总会计师……………………………8667588
主任……………………………………8667599
副主任……………………………………8570221
综合办公室……………………………8570333
钻一财务……………………………………8570269
钻二财务……………………………………8570085
钻前财务……………………………………8570223
固井财务……………………………………8570360
管具财务……………………………………8570350
物资配送中心财务……………………8576032
运输财务……………………………………8673145
公共事业中心

书记……………………………………………8667166
主任……………………………………………8570510
综合办公室……………………………………8570019

老年管理中心

书记……………………………………………8570806
主任……………………………………………8570670
综合办公室……………………………………8576224

治安保卫中心

主任……………………………………………8576214
书记……………………………………………8570236

技术监督中心

主任……………………………………………8576154
副主任…………………………………………8570000

定额价格管理站

站长……………………………………………8570717
预算办公室……………………………………8571807
资料办公室……………………………………8576066

信息档案中心

主任……………………………………………8571722
信息网络………………………………………8576084
档案办公室……………………………………8667551

钻井一公司

党政办公室……………………………………8876517
值班室…………………………………………8876323
人力资源（组织）办公室……………………8876220
思想政治工作办公室…………………………8876326
值班室…………………………………………8876399
团委……………………………………………8876401
生产办公室……………………………………8876766
人力资源（劳资）办公室……………………8876321
安全办公室……………………………………8876231
经营管理办公室………………………………8876352
机动办公室……………………………………8876252
技术办公室……………………………………8876270
泥浆站长办公室………………………………8876291
财务办公室……………………………………8876360
公共事业站……………………………………8876268
汽车队…………………………………………8876548
外修队…………………………………………8876696
设备搬安队……………………………………8876258
培训学校………………………………………8876318
送料队…………………………………………8876670
老年工作站……………………………………8876571
同邦公司………………………………………8877770

钻井二公司

书记……………………………………………8576681
经理……………………………………………8667787
副经理…………………………………………8570536
工会主席………………………………………8571138
禹飞宿舍………………………………………8576395
副经理办公室…………………………………8571638
党政办公室……………………………………8570605
值班室…………………………………………8571294
团委……………………………………………8576098
纪委……………………………………………8570624
工会……………………………………………8570623
保卫科…………………………………………8570914
调度室…………………………………………8571346
计划科…………………………………………8570064
工农科…………………………………………8570387
人力资源科……………………………………8570026
企管科…………………………………………8570308
安全科…………………………………………8571045
机动科…………………………………………8571035
技术科…………………………………………8571537
技术管理部……………………………………8576074
安全监督站……………………………………8570152
公共事业站……………………………………8570180
安装队…………………………………………8570647
水电队…………………………………………8570645
外修队…………………………………………8576174
汽车队…………………………………………8570740
材料站…………………………………………8570394
综管站…………………………………………8570652
通讯组…………………………………………8570551
老年站…………………………………………8570058
培训学校………………………………………8577135
万和公司………………………………………8576286

国际钻井事业部

综合办…………………………………………8570123
人力资源………………………………………8570800
生产技术………………………………………8570331
机动安全………………………………………8570830
市场经营………………………………………8570862

钻前公司

书记……………………………………………8576806
经理……………………………………………8570700
副书记、纪委书记……………………………8672840
副经理…………………………………………8670545
工会主席………………………………………8671038
党政办…………………………………………8673241
生产办…………………………………………8571744

调度室……8571744
安机办……8672621
经营办……8678147
人力资源办……8671431
东兴石油有限责任公司……8673232
公共事业站……8673231
老年管理……8670542

固井公司
书记……8672357
经理……8571831
副经理……8570421
党委、宣传办公室……8572957
公司办公室……8571378
工会……8570411
保卫办公室……8570420
生产办公室……8571368
调度长办公室……8570186
安全办公室……8672631
机动办公室……8570408
人力资源办公室……8570415
经营管理办公室……8570416
外部市场办公室……8576713
技术研究所……8671387
固井一中队……8570434
固井二中队……8570424
固井三中队……8570425
汽车队……8570403
混配车间……8570406
供应站……8667098
工具队……8570410
维修车间……8570405
老年站……8570429
公共事业站……8576723

管具公司
书记……8667919
经理……8667916
副经理……8570301
党政办公室……8667027
生产办公室……8570573
经营办公室……8576928
人力资源办公室……8570754
安机办公室……8667608
钻研所……8667509
管具供应厂……8672756
工具制修厂……8570307
钻具修理厂……8672695
汽车队……8672708
综合队……8672713
公共事业站……8672705
老年工作站……8570258
胜利渤海管具有限责任公司……8576306
新疆项目部……(0996)4685302

工程运输一公司
经理……8666588
书记……8571878
副经理……8571486
党政办公室……8671794
经营办……8663012
生产办……8671364
技术办……8673167
安全办……8671517
后勤办……8660509
二中队……8671797
三中队……8671793
四中队……8671023
五中队……8573237
六中队……8671796
七中队……8573201
修保厂……8573903
老年管理站……8672089
协解办公室……8660524

工程运输二公司
书记……8503027
经理……8550727
副经理……8554727
党政办……8554676
调度室……8553064
生产办主任……8557817
技术办公室……8778833
安全办公室……8553474
经营办公室……8784947
财务办公室……8559220
八中队……8555641
九中队……8552727
十中队……8555987
修保厂……8555852
综合队……8557592
老年站……8555511

综合服务大队
生产办……8667088
党政办……8576702
人力资源……8570516

公共事业……………………………………8576702
机关车队……………………………………8571217
服务队………………………………………8570305
招待所………………………………………8571165
护厂队………………………………………8570374
老年 1 站……………………………………8570080
老年 2 站……………………………………8678083

物资配送中心
书记…………………………………………8665639
主任…………………………………………8666887
办公室………………………………………8571253
基层配送队…………………………………8572277
供应队………………………………………8672686
材料库………………………………………8679174
综合队………………………………………8671883
老年工作站…………………………………8670092

华龙实业公司
书记…………………………………………3633308
经理…………………………………………8578839
副经理………………………………………3632701
党政办公室…………………………………8578012
经营办公室…………………………………8578792
财务办公室…………………………………8578475
项目开发办公室……………………………8578392
车队…………………………………………8578511
润滑油厂……………………………………8578556
客车大修厂…………………………………3632701
驰润公司……………………………………8553278
汽车配件厂…………………………………8673194

海胜实业有限责任公司
总经理………………………………………8672198
副总经理……………………………………3637726
副书记………………………………………8678689
监事会主席…………………………………8673828
财务总监……………………………………8673107
党政办公室…………………………………8675118
工会办公室…………………………………8675118
值班室………………………………………8679908
人力资源部…………………………………8672801
财务资产部…………………………………8673107
企业管理部…………………………………8672258
物流中心……………………………………8572573
外部市场项目部……………………(0912)2330199
经理办公室…………………………(0996)4695170
固控厂………………………………………3637986
北星化工公司………………………………8570696
金汇公司……………………………………8667766
钻头厂………………………………………3637726
供应服务中心………………………………8665688
石油装备公司………………………………8662886
石油技术装备公司…………………………3637986
海胜化工公司………………………………8572508
加油站………………………………………3382896
唐胜勇宿舍…………………………………8660688
印刷厂………………………………………8673179

海洋钻井公司

地址：东营市东营区莱州湾通海路 5 号
邮编：257055

党政办公室
主任…………………………………………8730151
副主任………………………………………8739679
值班室………………………………………8730037
传真…………………………………………8730653

组织科
科长…………………………………………8739492
职改办公室…………………………………8730152

宣传科
科长…………………………………………8730210
副科长………………………………………8730094
电视台………………………………………8730580

工会
副主席………………………………………8730581
团委办公室…………………………………8739559
工会办公室…………………………………8730943
劳动保障办公室……………………………8730148
文化站………………………………………8739145

纪检监察科
副书记………………………………………8730043
办公室………………………………………8730149

审计科
科长…………………………………………8730968
办公室………………………………………8730215

生产办公室
主任…………………………………………8730515
副主任………………………………………8730370
综合办公室…………………………………8730413
调度值班室…………………………………8730996

设备科
科长…………………………………………8730191
办公室………………………………………8730403

安全环保科

科长……8730526
综合办公室……8730135
工程技术科
科长……8730901
值班室……8730222
劳资培训科
科长……8739396
值班室……8730636
经营管理科
科长……8730768
副科长……8739830
综合办公室……8730224
计划科
科长……8730989
统计室……8730150
计划室……8730938
物资供应科
科长……8870319
副科长……8870388
技术质量监督中心
科长……8730213
技术监督科……8739243
科技信息管理中心
主任……8739178
科技办公室……8730184
信息办公室……8739508
通信办公室……8730025
财务资产管理中心
主任……8730207
副主任……8739626
成本核算室……8730177
税务办公室……8730143
资产办公室……8730130
治安保卫中心
主任……8730256
综治办公室……8739846
治安办公室……8730101
消防办公室……8739119
公共事业中心
主任……8730667
副主任……8739838
事业中心……8730615
计生办公室……8730220
行政办公室……8730162
房产办公室……8730313
液化气站……8730136

生活办……8730217
老年管理中心……8739677
家属管理科……8730936
国际工程项目部
项目部办公室……8730411
传真……8730055
桩西前线
生产办公室……8870033
生产调度……8870017
技术科……8870172
桩西通讯值班室……8870079
安全科……8870002
机动科……8870084
劳资培训科……8870775
桩西财务中心……8870459
二号平台
莱州湾值班室……8730537
卫星电话（1）……8730262
卫星电话（2）……8739762
CDMA 电话……13356608302
三号平台
平台值班室……8730540
卫星值班室 (1)……8730029
卫星值班室 (2)……8730013
CDMA 电话……13356608303
四号平台
平台值班室……8730541
卫星值班室……8739261
卫星值班室……8730726
CDMA 电话……13356608304
五号平台
平台值班室……8730534
卫星值班室……8739975
卫星值班室……8730165
CDMA 电话……13356608305
六号平台
平台值班室……8730533
卫星值班室 (1)……8730026
卫星值班室 (2)……8739926
CDMA 电话……13356608306
七号平台
平台值班室……8739964
卫星值班室（1）……8739736
卫星值班室 (2)……8730167
CDMA 电话……13356608307
八号平台

平台值班室……………………………8730535
卫星值班室（1）……………………8730738
卫星值班室（2）……………………8730758
CDMA 电话 ……………………13356608308

九号平台
平台值班室……………………………8739347
卫星值班室（1）……………………8730339
卫星值班室（2）……………………8739659
CDMA 电话 ……………………13356608309

十号平台
平台值班室……………………………8739770
卫星值班室（1）……………………8739510
卫星值班室（2）……………………8739710
CDMA 电话 ……………………13385468310

运输公司
书记……………………………………8739995
经理……………………………………8730371
生产办公室……………………………8730910
综合办公室……………………………8730451
机动安全办公室………………………8730913
政工办公室……………………………8730452
莱州湾油库……………………………8730903
调度……………………………………8730516
一中队…………………………………8730912
二中队…………………………………8730572
三中队…………………………………8739272

地质公司
经理……………………………………8730248
书记……………………………………8730336
副经理…………………………………8739045
调度室…………………………………8730345
生产办公室……………………………8730770
政工办公室……………………………8730701
政工办公室……………………………8730702
技术办公室……………………………8730728
技术办公室……………………………8730408
经营办公室……………………………8730556
劳资办公室……………………………8730880
录井办公室……………………………8730338
资料处理站……………………………8739104
综合录井队……………………………8730640
桩西调度………………………………8870022

公司党校
校长……………………………………8739150
副校长…………………………………8739149
学校办公室……………………………8730559
教务办公室……………………………8730554
职工培训教研室………………………8730504
总务办公室……………………………8730506
学管办公室……………………………8730505
招待所…………………………………8730507

技术公司
经理……………………………………8870136
书记办…………………………………8870188
副经理…………………………………8870010
政工办公室……………………………8870083
生产办公室……………………………8870135
经营办公室……………………………8870138
综合办公室……………………………8870139
后勤办公室……………………………8870137
固井队…………………………………8870013
化验室…………………………………8870140
传真……………………………………8870030
莱州湾值班室…………………………8730246

海工大队
大队长…………………………………8870015
书记……………………………………8870687
副大队长………………………………8870797
生产办公室……………………………8870082
经营办公室……………………………8870005
综合办公室……………………………8870078
政工办公室……………………………8870576
管具队…………………………………8870076
套管队…………………………………8870075
工具队…………………………………8870031
莱州湾值班室…………………………8730157

物资配送队
科长……………………………………8870319
副科长…………………………………8870388
调度……………………………………8870089
生产办公室……………………………8870056
管理办公室……………………………8870125
质检办公室……………………………8870127
供应办公室……………………………8870387
传真……………………………………8870737
莱州湾办公室…………………………8730361

海兴公司
总经理…………………………………8730981
副总经理………………………………8739752
公司办公室……………………………8739880
经营管理部……………………………8730069
财务结算办公室………………………8730277

生产管理部……8730759
生产调度……8730173
运输分公司……8870009
生活分公司……8730279
钻井分公司……8739316
索具分公司……8730488
机修分公司……8739382
化工分公司……8730819
贸易公司……8739128
印刷厂……8730657

龙玺有限公司
总经理……8739676
副总经理……8739936
财务总监……8739682
公司办公室……8739699
公司传真……8739799
企业管理部……8739198
物资管理部……8739971
人力资源部……8739162
财务管理部……8739682
法律事务部……8739811
生产管理部……8739759
市场部……8739168
技术质量管理部……8739227
海洋工程服务公司……8870008
钢管公司……8739528
机械制修公司……8730028

塔里木胜利钻井公司

地址：东营市东营区钻井路5号
邮编：257064

党政群工部
主任……(0996)2175407
副主任……(0996)2173502
办公室……8721217
办公室……(0996)2173502

团委
书记……(0996)2173502

组织劳资科
科长……(0996)2173506
副科长……(0996)2173501
办公室……8721591
办公室……(0996)2173501

职改办
副主任……(0996)2173501
办公室……8721591

生产办公室
副主任……(0996)2173516
办公室……8721681
办公室……(0996)2173516

技术科
科长……(0996)2173505
副科长……(0996)2173505
办公室……8721681
办公室……(0996)2173505

安全环保科
科长……(0996)2173515
副科长……(0996)2173515
办公室……8721681

企管合同科
科长……(0996)2173481

市场开发科
副总监……(0996)2173481
副科长……(0996)2173481
办公室……8721591

财务资产科
科长……(0996)2173498
副科长……(0996)2173498
办公室……8622715

设备管理科
科长……(0996)2173503
副科长……(0996)2173503
办公室……8721793

物资计划科
科长……(0996)2173504
副科长……(0996)2173504
办公室……8721793

泥浆技术管理中心
副主任……(0996)2173505
办公室……8721681

物资供应站
站长……(0996)6751633

生活管理中心
主任……(0996)2174775
办公室……8721158
服务室……(0996)2173499

车队
队长……(0996)2173848
书记……(0996)2173848
东营工作办……8723568

管具工程部
经理……(0996)4685216

书记…………(0996)4685827
固井工程部
经理…………(0996)4685203
书记…………(0996)4685203
钻前工程部
书记…………13909965312

钻井工程技术公司

地址：东营市钻井路7号
邮编：257062

党政办公室
主任…………8629273
副主任…………8627855
组织科
科长…………8721359
办公室…………8629597
宣传科
科长…………8627263
副科长…………8722921
办公室…………8627250
纪监审计科
科长…………8627287
审计…………8627692
纪检监察…………8627755
工会
副主席…………8627270
办公室…………8627257
生产经营科
科长…………8725278
副科长…………8623706
安全环保科
科长…………8627315
副科长…………8722439
计划基建科
科长…………8627283
副科长…………8623609
物资装备科
科长…………8725940
副科长…………8629223
办公室…………8627295
配送队
指导员…………8721722
队长…………8724777
技术科
科长…………8722239
副科长…………8627891
劳动工资科
科长…………8627273
副科长…………8725140
财务资产管理中心
主任…………8723153
书记…………8627328
副主任…………8721437
信息中心
书记…………8627260
主任…………8627247
副主任…………8627345
公共事业中心
书记…………8722345
主任…………8627178
副主任…………8722379
办公室…………8723101
老年管理中心
书记…………8725140
主任…………8721030
办公室…………8725318
巴州分公司
书记…………8629601
驻新疆办公室…………(0996)6751668
经理…………8628779
驻新疆办公室…………(0996)6751698
副经理…………8621841
驻新疆办公室…………(0996)6751688
经营办主任…………8629020
驻新疆办公室…………(0996)6751639
综合办公室…………8629121
驻新疆办公室
技术发展部…………(0996)6751669
生产安全部…………(0966)6751666
经营管理部…………(0996)6751639
后勤管理部…………(0996)6751690
驻轮台办事处
办公室…………(0996)4690072
培训办公室…………(0996)4693289
驻乌鲁木齐办事处
办公室…………(0991)7886635
华北项目部
经理…………8627271
鄂尔多斯办公室…………(0912)3525178
南方项目部
经理…………8722297
川东北办公室…………(0818)2678545

钻井国际工程部
主任……8627961
副主任……8721982
综合办公室……8721164
仪器管理中心
书记……8722208
副主任……8721729
办公室……8725944
定向井公司
书记……8722806
经理……8627188
副书记……8722201
副经理……8724268
工会主席……8629356
副主任工程师……8724744
市场开发副总监……8721782
工具开发专家……8724742
党群工作部……8629209
宣传、工会……8724457
组织、团委……8622931
计生……8722475
老年……8629913
值班室……8722158
公司传真……8722275
生产管理部……8621690
经营管理部……8622571
技术管理部……8721968
定向一队……8721782
定向二队……8721246
定向三队……8723254
定向四队……8625708
测量一队……8722293
测量二队……8723907
测量三队……8629863
研究所……8724147
生活公司……8724174
综合队……8722241
车队……8722091
开发中心……8724742
煤层气项目部……8629903
胜德石油工程技术有限公司……8725864
泥浆公司
书记……8629287
经理……8722533
主任工程师……8722836
副经理……8725904
副书记、工会主席……8722676
党群工作部……8722807
生产管理部……8721752
调度室……8721619
技术管理部……8721047
经营管理部……8721742
现场服务一队……8721047
现场服务二队……8629921
供石粉一队……8722587
供石粉二队……8722831
研究所……8722508
特车队……8722876
修保厂……8722827
制剂厂……8722900
河口泥浆站……8571465
生活公司……8723141
西部项目部……(0991)3739755
星云新技术开发有限责任公司……8722526
博友泥浆技术有限责任公司……8721622
东营市盛立化工有限责任公司……8722085
钻井职工培训中心
书记……8721238
主任……8723785
副主任……8723154
工会主席……8721650
党群工作部……8722628
西北培训部(新疆)……(0996)4693289
川东北培训部(四川)……(0818)8085631
教务处……8724364
浅海安全培训办公室……8724164
党校……8723775
就业培训办公室……8721995
HSE培训项目部……8723019
井控培训项目部……8629901
防硫化氢技术培训项目部……8721661
涉外培训项目部……8723592
总务处……8721996
生活服务队……8161651

测井公司

地址:东营市东营区北二路418号
邮编:257096

党委办公室
主任……8761637
传真……8761371
党委组织科

副科长……………………………………8761635
职称评聘办公室……………………………8761633
党委宣传科
科长…………………………………………8761612
干事…………………………………………8761605
纪委监察科
科长…………………………………………8761716
监察…………………………………………8761706
机关党委
办公室………………………………………8761715
工会
副主席………………………………………8761614
计生办………………………………………8765076
干事…………………………………………8761608
团委
书记…………………………………………8761644
公司办公室
主任…………………………………………8761830
副主任………………………………………8766188
值班室………………………………………8761761
传真…………………………………………8761707
劳动工资科
科长…………………………………………8761849
副科长………………………………………8761037
作业管理部
主任…………………………………………8761648
副主任………………………………………8766958
主任工程师…………………………………8765968
调度室………………………………………8761369
经营管理科
科长…………………………………………8761339
副科长………………………………………8766350
安全环保科
科长…………………………………………8764218
副科长………………………………………8766017
设备管理科
科长…………………………………………8766555
副科长………………………………………8761516
物资供应科
科长…………………………………………8761341
副科长………………………………………8765019
审计科
科长…………………………………………8761703
副主任审计师………………………………8766257
干事…………………………………………8764001
市场开发中心
主任…………………………………………8761522
书记…………………………………………8761756
副主任………………………………………8761722
市场管理……………………………………8761137
基建办公室…………………………………8761822
财务资产管理中心
主任…………………………………………8763950
副主任会计师………………………………8766996
资金…………………………………………8761855
会计…………………………………………8761854
报销…………………………………………8761417
资产、房产…………………………………8761848
税务…………………………………………8766996
安全环保监督站
主任工程师…………………………………8766972
监督…………………………………………8766970
一分公司
书记…………………………………………8571042
经理…………………………………………8667156
副经理………………………………………8678314
主任工程师…………………………………8673299
党政办公室…………………………………8672185
工会…………………………………………8672338
保卫…………………………………………8671027
生产办公室…………………………………8672045
调度室………………………………………8571043
经营办公室…………………………………8571655
劳资…………………………………………8662664
测井作业部…………………………………8672381
射孔作业部…………………………………8672385
资料解释站…………………………………8571630
生产准备部…………………………………8671739
老年工作站…………………………………8571608
二分公司
书记…………………………………………8761609
经理…………………………………………8761745
副经理………………………………………8761151
射孔专家……………………………………8761138
射孔主任师…………………………………8761104
党政办公室…………………………………8761111
劳资…………………………………………8761153
生产办公室…………………………………8761143
调度室………………………………………8761535
经营办公室…………………………………8761107

射孔研究室……………………………………8761426
射孔效能实验室………………………………8761623
射孔作业一部…………………………………8761161
射孔作业二部…………………………………8761737
射孔准备部……………………………………8761152
护卫队…………………………………………8505957
三分公司
经理……………………………………………8761548
书记……………………………………………8761764
副经理…………………………………………8761342
主任工程师……………………………………8766359
党政办公室……………………………………8761691
劳资……………………………………………8761437
生产办公室……………………………………8761840
调度室…………………………………………8761436
经营办公室……………………………………8761408
测井一部………………………………………8761451
测井二部………………………………………8761681
测井准备部……………………………………8761841
四分公司
书记……………………………………………8761831
经理……………………………………………8761533
副经理…………………………………………8761101
主任工程师……………………………………8761392
党政办公室……………………………………8761396
生产办公室……………………………………8761394
调度室…………………………………………8761383
经营办公室……………………………………8761907
机动安全………………………………………8761490
工程技术办公室………………………………8764494
陆地测井部经理………………………………8765015
海洋测井部……………………………………8765026
测井准备部……………………………………8765012
五分公司
书记……………………………………………8761150
经理……………………………………………8761018
副经理…………………………………………8761106
党政办公室……………………………………8766036
调度室…………………………………………8761355
经营办公室……………………………………8761130
机动安全………………………………………8761129
生产技术办公室………………………………8763368
生产测井部……………………………………8765072
生产解释室……………………………………8761735
巴州测井分公司
书记……………………………………………8761447
……………………………………………(0996)2119665
经理……………………………………………8761447
……………………………………………(0996)2119667
副经理…………………………………………8761447
副经理…………………………………………8761447
副经理办公室…………………………………8761447
库尔勒值班室……………………………(0991)2119801
乌鲁木齐值班室…………………………(0991)3667177
财务………………………………………(0991)2119811
后勤办公室……………………………………8761916
资料解释研究中心
书记……………………………………………8761852
主任……………………………………………8761540
副主任…………………………………………8761914
副书记…………………………………………8761762
党政办公室……………………………………8761763
生产经营办公室………………………………8762296
勘探解释一室…………………………………8761768
勘探解释二室…………………………………8766106
计算机室………………………………………8766899
资料评价室……………………………………8761754
技术监测中心
书记……………………………………………8761986
主任……………………………………………8761290
副主任…………………………………………8761895
主任工程师……………………………………8761676
党政助理………………………………………8761685
党政办公室……………………………………8761975
劳资核算………………………………………8764677
质量标准………………………………………8761688
体系运行办……………………………………8761552
计量管理………………………………………8764155
水电节能管理…………………………………8761591
质检站…………………………………………8761524
治安保卫中心
书记……………………………………………8761814
主任……………………………………………8761599
副主任…………………………………………8761568
党政办公室……………………………………8761598
劳资、资产……………………………………8764797
治安……………………………………………8766366
户籍……………………………………………8761595
武装……………………………………………8765292
普法……………………………………………8764090
护卫中队………………………………………8761568
老年管理中心

书记……8761445
主任……8763987
副书记、副主任……8761366
党政办公室……8761884
统计核算……8761646
老年管理……8761929
文体办公室……8762739
老年大学……8766361
老年活动室……8766391
老年健身中心……8766363
家属管理办公室……8766362

勘探监督中心
书记……8765755
副主任……8766537
副主任……8765880
地质监督……8765296
物探监督……8766537
试油监督……8765608
钻井泥浆监督……8763659
测井监督……8763228
综合……8765319

汽修车间
主任……8761516
副主任……8761292
生产办公室……8761513
综合……8761508

车队
队长……8761699
书记……8761167
调度……8761511

信息档案中心
书记……8761712
主任……8761902
副主任……8766367
网络信息室……8761718
应用开发室……8766357
测井信息室……8766356
综合信息室……8761550
综合档案室……8761809
信息机房……8761784
网络机房……8764409

后勤管理办公室
副主任……8766918
办公室……8764188

地质录井公司

地址：东营市东营区勘探路 5 号
邮编：257064

党政办公室
主任……8627041
副主任……8722104
值班室……8721731

党委组织科
科长……8723335
办公室……8623171

党委宣传科（团委）
科长……8722730
办公室……8622989

纪监审计科
科长……8721074
办公室……8721074

工会
副主席……8722858
办公室……8723348

劳动工资科
科长……8723305
薪酬管理……8723344
用工管理……8723255
培训保险……8723344

生产办公室
主任……8627727
副主任……8723875
调度室……8721719
综合管理……8723365

设备安全科
科长……8628288
设备交通……8621872
安全管理……8722122

经营管理科
科长……8628963
副科长……8725708
合同管理……8725813
经营管理……8623993

市场办公室
主任……8722801
副主任……8625326
副主任……8723759

技术监督科
科长……8722146
副科长……8724493
办公室……8722073

计划基建科

科长……8629967
办公室……8722951
办公室（2）……8621970
国际工程管理部
书记……8625991
主任……8629798
副主任……8628925
副主任……8558514
治安保卫中心
书记……8721812
主任……8626076
副主任……8623256
值班室……8624440
综合管理中心
主任……8627720
副主任……8723340
老年办……8722121
计生办……8725781
老年活动中心……8723302
河口中心……8576640
综合服务中心
书记……8722044
主任……8722498
副主任……8623299
房产管理……8722986
财务管理……8621665
生活管理……8723311
综合办公室……8623953
信息中心
书记……8622701
主任……8721970
副主任……8627992
综合管理室……8621721
资料处理室……8622327
网络管理室……8723347
软件开发室……8627993
卫星传输室……8627353
研究解释中心
书记……8722268
主任……8627660
专家……8723225
副主任……8723044
主任工程师……8629100
党政办公室……8627046
财务资产管理中心
书记……8626236
主任……8721536
副主任……8623076
综合室……8723865
税务室……8723295
资金室……8723315
一分公司财务……8676001
二分公司财务……8720557
三分公司财务……8726768
测绘分公司财务……8721801
工艺所财务……8720043
研究解释中心财务……8722798
汽车大队财务……8623796
信息中心财务……8722060
录井一分公司
书记……8663359
经理……8666378
副经理……8571428
副经理……8666737
主任工程师……8672519
生产办公室……8576973
调度室……8571757
技术办公室……8572676
党政办公室……8570043
经营办公室……8663391
后勤办公室……8571587
安全办公室……8570046
设备办公室……8671906
录井二分公司
书记……8726666
经理……8720207
副经理……8726413
副经理……8729415
工会主席……8726710
主任工程师……8729570
生产办公室……8720577
调度室……8720451
党政办公室……8720052
经营办公室……8727387
传输监控……8720036
安全办公室……8729041
技术办公室……8727773
设备办公室……8729232
录井三分公司
书记……8726678
经理……8726679
副经理……8720323

副经理…………………………8726676
工会主席…………………………8720307
主任工程师…………………………8729426
生产办公室…………………………8726257
安全办公室…………………………8720332
党政办公室…………………………8726251
经营办公室…………………………8726768
设备办公室…………………………8726676
综合办公室…………………………8726301
调度室…………………………8726331
质检室…………………………8720041
管理一部…………………………8726092
管理二部…………………………8726283
管理三部…………………………8726113

工艺研究所
书记…………………………8720062
所长…………………………8726212
副所长…………………………8726227
副所长…………………………8726213
主任工程师…………………………8720053
综合办公室…………………………8720043
修造车间…………………………8720042
研制车间…………………………8726390
检测室…………………………8720645

测绘分公司
书记…………………………8626770
经理…………………………8721817
副经理室…………………………8721825
综合办公室…………………………8721811
技术队…………………………8721836
测量一队…………………………8570045
测量二队…………………………8721850
财务…………………………8721801

汽车大队
书记…………………………8623161
大队长…………………………8625566
副大队长…………………………8622910
值班室…………………………8622217
综合办公室…………………………8721295

鸿胜石油工程有限责任公司
总经理…………………………7771077
副总经理…………………………7795507
副总经理…………………………7795585
工会主席…………………………7795558
综合管理部…………………………7795558
经营管理部…………………………7795527
财务资产部…………………………7785077
录井作业分公司…………………………7795561
仪器仪表分公司…………………………7789926
胜凯分公司…………………………8627073
胜鑫分公司…………………………7785669
胜园分公司…………………………7787978

井下作业公司

地址：东营市东营区西四路2号
邮编：257078

公司办公室
主任…………………………8746577
值班室…………………………8747209
传真…………………………8746140

党委办公室
主任…………………………8747406
值班室…………………………8747416

党委组织科
科长…………………………8746968
职改办公室…………………………8747626

纪委监察科
科长…………………………8748099
纪检监察员…………………………8748268

党委宣传科
科长…………………………8641387
办公室…………………………8746695

群众工作科
科长…………………………8747918
副科长、劳调办主任…………………………8749289

团委
办公室…………………………8747295

保卫科
科长…………………………8747615
教导员…………………………8746443
外勤办公室…………………………8506790
内勤办公室…………………………8506789

生产办公室
主任…………………………8748096
调度…………………………8747224

技术发展科
科长…………………………8747551
副科长…………………………8748260
办公室…………………………8747337

安全环保科
科长…………………………8642088
副科长…………………………8747819

办公室……8747518
规划计划科
科长……8747564
副科长……8747277
办公室……8747892
物资装备科
科长……8642006
副科长……8747220
办公室……8747390
副科长办公室……8642371
油地工作科
科长……8746077
副科长……8747998
办公室……8747998
劳资培训科
科长……8747967
副科长、技能鉴定站站长……8746986
办公室……8747088
经营管理科
科长……8748186
副科长……8641121
办公室……8747787
合同科
科长……8749818
办公室……8747419
审计科
科长……8747398
副科长……8746928
海洋试油作业大队
大队长……8642878
教导员……8642759
副大队长……8642069
生产……8749840
机动设备……8747929
安全环保……8747928
劳资培训……8747931
生产经营……8747815
码头调度……8870522
码头生产……8870882
试油测试大队
大队长……8747768
教导员……8747678
副大队长……8747085
副教导员、工会主席……8747716
调度……8747493
生产办……8747436
经营办……8747727
组织、保卫……8747910
劳资、培训……8747438
工会……8747662
宣传……8746054
团委……8747662
机动……8747728
安全环保……8746830
修井作业大队
大队长……8642386
教导员……8748269
副大队长……8747905
工会主席……8748159
生产办公室……8748198
工程技术办……8747329
生产调度办……8747480
油地综治办……8747450
设备管理办……8747483
安全环保办……8747911
市场经营办……8749928
党政办……8747457
工会宣传办……8749823
劳资培训办……8747583
行政管理办……8747906
新疆巴州项目部……(0996)2017259
新疆巴州项目部……(0996)4688509
稠油试油作业大队
大队长……8749079
教导员……8746043
副大队长……8747650
副大队长、工会主席……8747711
调度长……8746280
调度室……8747782
生产办……8747761
安全……8747955
机动……8642203
节能、资产……8747046
经营办……8746178
成本……8747950
政工主任……8747766
工会、计生……8749656
宣传、团委……8747957
生活主任办公室……8642235
劳资办公室……8747953
鲁胜石油开发有限责任公司
经理……8747059

书记办……8747126
副书记、工会主席……8749796
副经理……8747122
公司办公室……8748652
思想政治工作部……8746338
人力资源部……8642505
开发技术部……8642501
生产管理部……8748016
生产调度……8749913
安全环保部……8642506
经营管理部……8642502
规划计划部……8642507
财务资产部……8747127
基建工程部……8746276
油地工作室……8747737
地质研究中心……8642513
胜荣石油开发公司……8747629
二氧化碳技术开发分公司……8746038

压裂大队
大队长……8747601
教导员……8747706
副大队长……8747717
副教导员、工会主席……8642938
安全环保……8747475
资产统计……8747374
机械加工……8747608
成本核算……8747609
生活管理……8747614
机动设备……8642908
组织纪检……8747019
工会女工……8747508
青年计生……8747512
质量节能……8747021
劳资培训……8747612
生产办……8747092
调度……8747560
压裂队……8747705

特车大队
大队长……8748899
教导员……8642978
副大队长……8747980
工会主席……8641683
党政办公室……8747316
生产调度室……8747588
企业管理办公室……8747985
安全办公室……8747498
机动办公室……8747072

工程安装大队
教导员……8642210
大队长……8747226
副大队长……8747732
工会主席……8747806
调度……8747320
生产安全办公室……8747016
政工主任办公室……8746701
工程一队……8748090
工程二队……8747527
工程三队……8748302
油管厂……8747221
工具队……8747427
钻具厂……8747523
安装队……8641917
电器队……8746988
技术监测站……8749171

综合服务大队
大队长……8747661
教导员……8749561
副大队长……8747818
党政办公室……8747362
生产经营办公室……8747068

工艺研究所
所长……8747531
教导员……8748989
副所长……8749090
党政办公室……8747481
生产调度办公室……8746390
劳资办公室……8747538
加工办公室……8747055
酸压工艺研究办公室……8641929
防砂工艺研究室……8746734
修井工艺研究室……8747537
井下工具研究室……8747536
项目规划研究室……8747482
综合管理室……8641958
化验室……8746735

地质研究所
所长……8747426
教导员……8747470
副所长……8747959
所办公室……8747533
统计劳资办公室……8748227
地质调度……8747533

生产管理室……8746821
测试评价室……8747382
资料处理室……8747478
综合分析室……8748025
油气水化验室……8747522

培训中心
主任……8747671
书记……8747472
副主任……8746878
中心办公室……8749232
培训监督办公室……8748611
党建理论教研办公室……8641896
总务办公室……8642291

财务资产管理中心
主任……8747125
副主任……8642057
会计组……8747314
成本组……8747516
资产组……8747336
综合组……8642107
财务核算 1 组……8642101
财务核算 2 组……8642104
财务核算 3 组……864210
财务核算 4 组……8642105

武装保卫办公室
主任……8641860
人武部办公室……8746584
综治办公室……8642865

监督中心
主任……8747246
副教导员……8748013
副主任……8749659
中心办公室……8746938
监督办公室……8748238
运行办公室……8747877

公共事业中心
书记……8747338
主任……8641357
副主任……8746661
中心办公室……8747003
调度……8747303

老年工作管理中心
主任……8747380
教导员……8747519
副主任……8747850

国际工程项目部
经理……8749930
书记……8749092
副经理……8749107
人力资源部……8749526
物流部……8749086

信息中心
主任……8641769
副主任……8747569
中心办公室……8747869
中心机房……8749644
档案室……8747539

预算定额中心
副主任……8746359
中心办公室……8747699

豪威科工贸有限责任公司
总经理……8747350
副总经理……8748928
财务资产部……8747881
经营管理部……8749278
石油机械制修厂……8746824
机械配件厂……8749871
电器制修厂……8746939
运输公司……8747684
配件公司……8642998
报废设备拆修厂……8747981
网络信息开发中心……8642515

山东胜利方圆实业集团有限公司
总经理……8746328
书记……8747968
副总经理……8733856
工会主席……8362535
党政办公室……8732625
经营管理部……8732439
人力资源部……8732190
生产管理部……8732756
财务资产部……8366096

胜利石油化工建设公司

地址：东营市东营区西四路 324 号
邮编；257064

总经理办公室
主任……8555004
副主任……8550167
办公室……8552830

党委办公室
主任……8553073

办公室……8552940

党委组织部

主任……8551779

办公室……8552702

党委宣传部

主任……8551747

副主任……8501022

办公室……8552089

工会

副主席……8552883

办公室……8551780

团委

书记……8552881

纪监办公室

主任……8552818

生产管理部

主任……8552914

副主任……8552797

综合办公室……8554282

海工调度……8870104

技术质量管理部

主任……8556306

副主任……8554589

质量、标准……8552735

技术管理……8550311

安全环保部

主任……8556093

副主任……8552186

工业、交通安全……8551681

经营管理部

主任……8552981

办公室……8553660

合同管理部

主任……8552577

合同、法律……8552241

劳动工资部

主任……8552925

副主任……8550287

办公室……8555357

工程造价管理中心

主任……8552732

副主任……8552918

办公室……8557812

设备管理部

主任……8719034

办公室……8552724

审计部

主任……8550297

副主任……8550293

办公室……8555054

财务资产管理中心

主任……8555322

副主任……8552825

资金管理……8554545

税务管理……8553381

成本管理……8551782

资产管理……8550290

武装保卫部

主任……8552285

副主任……8556952

值班室……8552977

市场开发中心

投标办公室……8553733

项目管理办公室……8551697

国际工程管理中心……8552935

公共事业（机关事务）管理中心

书记……8551768

主任……8550291

副主任……8552880

机关管理科……8552266

行政管理……8550322

公共事业管理……8555575

后勤服务中心

主任……8551690

副主任……8557826

中心办公室……8550265

机关车队

队长……8551702

调度……8552845

招待所

所长……8554947

总台……8557825

技术研发中心

主任……8786478

副主任……8555829

中心办公室……8554717

北京办事处……(010)84831488

华南办事处……(020)85552013

西部建设项目部……(0992)3993102

一分公司

书记……8886701

经理……8886705

党政办公室……8881678
工会……8883044
调度……8886712
二分公司
书记……8766396
经理……8766628
工会……8765066
党政办公室……8763003
调度……8763007
三分公司
经理……8732890
书记……8736463
工会……8732438
党政办公室……8732205
调度……8732097
四分公司
经理……8557351
书记……8558605
工会……8552620
党政办公室……8552620
调度……8552972
五分公司
书记……8732196
经理……8732506
工会……8732581
党政办公室……8736181
调度……8732321
六分公司
书记……3471518
经理……3471216
工会……3471769
党政办公室……3471800
调度……3471832
七分公司
书记……3466129
经理……3466627
工会……3466249
党政办公室……3466259
调度……3466707
八分公司
书记……8666178
经理……8570528
工会……8571642
党政办公室……8572843
调度……8571691
九分公司
书记……8753742
经理……8753097
工会……8757937
党政办公室……8753723
调度……8753791
电气安装公司
书记……8551700
经理……8501203
工会……8781283
党政办公室……8501173
调度……8552111
防腐工程公司
书记……8551719
经理……8551720
工会……8794956
党政办公室……8552854
调度……8555639
机械一公司
书记……8557698
经理……8557696
党政办公室……8552954
生产办……8539989
调度……8552788
机械二公司
书记……3471960
经理……3471896
党政办公室……3471841
调度……3471992
金属结构厂
书记……8551711
厂长……8552427
工会室……8553616
党政办公室……8555794
调度……8555484
管道容器厂
书记……3471919
厂长……3479798
工会……3471926
党政办公室……3471951
调度……3471980
物资供应公司
书记……8776222
经理……8559517
党政办公室……8552945
调度……8552766
海洋工程服务公司

书记……8871896
经理……8871801
党政办公室……8870666
调度……8870095
职工培训中心
书记……8799638
主任……8777742
中心办公室……8552235
第一培训部……8557435
第二培训部……8552197
考核鉴定部……8501359
培训保障部……8787400
老年管理中心
主任……8797383
副书记……8552851
中心办公室……8551889
华大实业总公司
书记……8555611
经理……8556870
工会主席……8556872
党政办公室……8557331
神州劳务公司……8556082
安装公司……8786080
金属预制厂……8553652
服装厂……8553945
修理厂……8790137
装饰公司……8550867
车队……8555727
容器厂……8732057
防腐保温厂……8635155
机械加工厂……8765802
农业一公司……8765481
焊接材料厂……7588077
电瓶厂……8732595
恒伟工程管理有限公司
书记……8553046
经理……8501696
总工程师……8501858
综合办公室……8501809
管件公司
书记……8766706
经理……8766716
党政办公室……8766415
长胜公司
书记……3471597
经理……3471803
党政办公室……3471245
阀业公司
书记……7768018
经理……7768019
定向穿越工程公司
书记……3471855
经理……3471631
党政办公室……3471095
红柳电器制造公司
经理……8552116
副经理……8703627
综合办公室……8501172
海兴商贸公司
书记……8701082
经理……8553678
办公室……8557344
申元置业公司
经理……8666176
办公室……8677439
科威智能技术有限公司
经理……8797560
办公室……8552700

胜利工程建设（集团）公司

地址：东营市东营区东二路755号
邮编：25700

党委工作部
主任……8551286
机关党委书记……8797030
党委组织部
主任……8559166
职改办副主任……8552454
办公室……8552454
纪委监察部
副书记……8554387
办公室……8554296
工会
副主席……8551186
劳调办主任……8789177
计生办公室……8554875
综合治理办公室
主任、保卫科科长……8793895
办公室……8775734
团委
书记……8554238
总经理办公室

主任……………………………………………8555791
值班室…………………………………………8552462
传真……………………………………………8551283

工程管理部
主任……………………………………………8552678
副主任…………………………………………8782676
主任工程师……………………………………8559798
办公室…………………………………………8555201

经营管理部
主任……………………………………………8552434
办公室…………………………………………8554112

财务资产管理部
书记……………………………………………8554573
主任……………………………………………8559023
副主任…………………………………………8554453
主任会计师……………………………………8552073

劳动工资管理部
副主任…………………………………………8782699
办公室…………………………………………8552184

法律事务部（合同管理部）
主任……………………………………………8703068
副主任…………………………………………7610777
办公室…………………………………………8555785

审计部
副主任…………………………………………8798566
办公室…………………………………………8553436

安全环保管理部
主任……………………………………………8554222
主任工程师……………………………………8555077
办公室…………………………………………8557848

技术质量管理部
主任……………………………………………8559961
主任工程师……………………………………8557898

物资装备部
主任……………………………………………8793835
副主任…………………………………………8555750
物资管理………………………………………8554449
物资招标………………………………………8775549
设备管理………………………………………8557684

市场开发中心
主任……………………………………………8554648
副主任…………………………………………8703201
主任工程师……………………………………8703091
中心办公室……………………………………8559012

第一工程处
书记……………………………………………8630696
经理……………………………………………8630796
纪委书记、工会主席…………………………8630027
副经理室………………………………………8630279
主任工程师……………………………………8630507
办公室主任……………………………………8630504
生产办主任……………………………………8639275
财务主任………………………………………8639482
项目经理………………………………………8762621

第二工程处
书记……………………………………………8672749
经理……………………………………………8571150
纪委书记、工会主席…………………………8672024
处办主任………………………………………8671853
第一项目部……………………………………8672758
第二项目部……………………………………8671573
建安项目部……………………………………8572909

第三工程处
书记……………………………………………8639397
经理……………………………………………8639317
副经理…………………………………………8639255
常州项目 ……………………………(0519)83182269
宿新项目 ……………………………(0527)84855757
市场开发办……………………………………8502001
水稳拌合站……………………………………8630072
项目三部………………………………………8639603
项目十一部……………………………………8639619
华北项目部……………………………(0912)3628001

第四工程处
书记……………………………………………8532423
经理……………………………………………8532421
副经理…………………………………………8532425
生产办…………………………………………8532424
项目七部………………………………………8532426

建筑安装工程处
书记……………………………………………8782626
经理……………………………………………8778381
纪委书记、工会主席…………………………8551518
副经理…………………………………………8555197

建筑装饰工程处
书记……………………………………………8789876
经理……………………………………………8501886
纪委书记、工会主席…………………………8501796
副经理…………………………………………8791093

钢结构工程处
经理……………………………………………8630968
副经理…………………………………………8639378

项目经理……………………………………8639288

岩土工程处

书记……………………………………8533553

经理……………………………………8532955

纪委书记、工会主席……………………8532417

副经理…………………………………8532439

第六项目部……………………………8532434

第五项目部……………………………8532434

机电安装分公司

书记……………………………………8639996

经理……………………………………8639897

纪委书记、工会主席……………………8639939

副经理…………………………………8639896

设备租赁分公司

书记……………………………………8782150

经理……………………………………8781662

纪委书记、工会主席……………………8551406

主任工程师……………………………8554349

项目经理………………………………8639096

建材营销分公司

书记……………………………………8553269

经理……………………………………8551485

副经理…………………………………8555075

项目经理………………………………8791046

房地产开发公司

副经理、第一事业部经理………………8557320

副经理、第二事业部经理………………8703217

综合办公室……………………………8778617

经营办公室……………………………8777609

第一事业部……………………………8772562

第二事业部……………………………8788697

胜建园林公司

书记……………………………………8639376

经理……………………………………8630597

副经理…………………………………8630965

项目经理………………………………8630376

万方建材公司

经理……………………………………8630960

大桥管理处

书记……………………………………2566899

主任……………………………………2566868

项目经理………………………………2565686

技术发展中心

书记……………………………………8780577

主任……………………………………8780576

副主任…………………………………8558385

物业管理分公司（后勤服务中心）

书记……………………………………8557577

经理……………………………………8782877

副经理、主任工程师……………………8783877

副经理、招待所所长……………………8555972

离退休职管中心

书记……………………………………8788946

主任……………………………………8788266

副主任…………………………………8782790

国际工程部

主任……………………………………8772999

书记……………………………………8501102

副主任…………………………………8557623

阿尔及利亚项目………………………8552129

肯尼亚西卡项目………………………8930735

沙特办事处……………………………8733982

电力管理总公司

地址：东营市东营区淄博路105

邮编：257097

党委办公室（机关党委）

主任……………………………………8592627

副主任…………………………………8592066

办公室（值班、传真）…………………8797627

党委组织科

科长……………………………………8592518

副科长…………………………………8592503

职改办副主任…………………………8592511

党委宣传科

科长……………………………………8592055

副科长、新闻工作站站长………………8592062

纪委监察科

副书记…………………………………8592136

科长……………………………………8592137

工会

副主席、文联副主席……………………8591067

劳动争议调解办主任……………………8592072

办公室…………………………………8592071

文化站

站长……………………………………8741431

办公室…………………………………8742134

团委

副书记…………………………………8592078

办公室…………………………………8592079

总公司办公室

主任……………………………………8592085

副主任、信访办主任……8592096
值班室……8552298

生产管理科
科长……8592098
副科长……8592100
生产综合……8592102
调度……8592003

设备管理科
科长……8592138
副科长……8592199
设备管理……8592106

安全环保科
科长……8592155
副科长……8592152
安全环保监督站……8591077

基建工农科
科长……8592108
副科长……8592109
工程质量监督站……8592115

规划计划科
科长……8592117
计划、统计……8592118

劳动工资科
科长……8592123
副科长、定额定员站站长办公室……8592050
杨洪涛宿舍……8817175
副科长、定额定员站副站……8592127

经营管理科（法律事务科）
科长……8591166
副科长……8592081
副科长、预算站站长……8592193

定额预算站
站长……8592193
办公室……8592195

审计科
科长……8591076
基建审计……8592139
财务审计……8592130

物资供应科
书记、副科长……8743788
科长……8742181
办公室……8740819

物资配送队
办公室……8742259
调拨办公室……8741001
物资配送……8740975

财务资产管理中心
主任……8592157
书记、副主任……8592156
副主任……8592158

老年管理中心
书记……8591062
主任……8592167
副主任……8592701
中心办公室……8592714

电力科研所（生产技术科）
书记、副所长……8591065
所长……8592176
线路技术专家……8592173
生产技术……8592174

治安保卫办公室
书记……8592181
主任……8592179
副主任……8592185
武装、人防……8592180
户籍、政保……8592182

信息管理中心
主任……8592209
副主任……8591081
网络管理办公室……8592248
系统运行办公室……8592395
综合信息管理办公室……8592222
应用管理办公室……8592393

公共事业中心
主任……8592258
书记……8592269
副书记……8592279
副主任……8592289
中心办公室……8592261
综合管理队……8592257
维修服务队……8592270
生活管理队……8592291

职工培训中心
书记、党校副校长……8592032
主任……8592388
副主任、鉴定站站长……8592386
副主任、工会主席办公室……8592385
综合办公室……8742432

车辆管理中心
书记……8592361
主任……8592366
副主任……8592367

调度室……………………………………8592365

电力调度中心

书记……………………………………8592306

主任……………………………………8592301

副主任…………………………………8591035

综合办公室……………………………8592302

电力客户服务中心

书记、副主任…………………………8592336

主任……………………………………8592107

副主任、工会主席……………………8592358

综合办公室……………………………8592338

电力标准计量站

指导员…………………………………8592351

站长……………………………………8592356

滨海供电公司

教导员、书记…………………………8581081

经理……………………………………8581588

副经理…………………………………8581917

党政办公室……………………………8482241

生产办公室……………………………8581199

生产调度………………………………8586691

电力调度室……………………………8581919

经营办公室……………………………8581430

孤岛供电公司

经理……………………………………8886182

教导员、书记…………………………8886305

副经理…………………………………8882409

党政办公室……………………………8886124

生产办公室……………………………8886883

电力调度………………………………8886121

经营办公室……………………………8885187

滨南供电公司

教导员、书记…………………………3462766

经理……………………………………3461463

副经理…………………………………3461692

党政办公室……………………………3461193

经营办公室……………………………8591328

生产办公室……………………………3461765

调度室…………………………………3461227

纯梁供电公司

教导员、书记…………………………8753532

经理……………………………………8753566

副经理…………………………………8753997

党政办公室……………………………8753489

生产办公室……………………………8753567

经营办公室……………………………8753480

调度室…………………………………8753941

河口供电公司

教导员、书记…………………………8671876

经理……………………………………8666157

副经理…………………………………8572966

党政办公室……………………………8666901

生产办公室……………………………8571374

经营办公室……………………………8666902

生产调度………………………………8571322

东区供电公司

教导员、书记…………………………8738581

经理……………………………………8639776

副经理…………………………………8631134

党政办公室……………………………8738597

生产办公室……………………………8737506

经营办公室……………………………8731523

调度室…………………………………8738582

南区供电公司

教导员、书记…………………………8592509

经理……………………………………8592508

副经理…………………………………8592507

党政办公室……………………………8592505

生产办公室……………………………8592504

经营办公室……………………………8592516

生产调度………………………………8592501

北区供电公司

教导员、书记…………………………8745678

经理……………………………………8742017

副经理…………………………………8742691

党政办公室……………………………8741621

生产办公室……………………………8742157

调度……………………………………8742834

经营办公室……………………………8740828

中区供电公司

教导员、书记…………………………8592606

经理……………………………………8592608

副经理…………………………………8592609

党政办公室……………………………8592605

生产办公室……………………………8592603

调度……………………………………8592601

经营办公室……………………………8592675

修试中心

教导员、书记…………………………8592726

主任……………………………………8592551

副主任…………………………………8592730

党政办主任办公室……………………8592758

党政办公室……8592724
生产办主任办公室……8592752
生产办公室……8592725
劳资办公室……8592732
调度室……8592722

孤北热电厂
教导员、书记……8582658
厂长……8582786
副厂长……8582755
党政办公室……8485547
生产技术办公室……8482901
经营办公室……8581457

电力维修公司
教导员、书记……8591819
经理……8591878
副经理……8591818
党政办公室……8591815
经营办公室……8591806
生产办公室……8591807
调度室……8591810

综合维修公司
教导员、书记……8743988
经理……8742669
副经理……8745199
党政办公室……8745527
生产办公室……8742133
经营办公室……8742012

护厂大队
教导员、书记……8743336
大队长……8742198
副大队长……8743338
党政办公室……8742219
综合办公室……8742411

瑞祥电气有限责任公司
办公室……8591907
胜利电器公司……8745438
恒达电气公司……8742987
恒源电气公司……8742599
恒泰电力工程公司……8511777
铁塔厂……8301130
汽修厂……8818657
蓝天酒店……8592281

广域科技公司
总经理……8591591
副总经理……8592569
技术总监办公室……8592212
行政办公室……8592208
经营管理办公室……8592216
财务部……8592215
科技部……8592217
营销部……8592213
邦源电气公司……8591212
自动化事业部……8592226
信息通讯事业部……8592599
济南软件子公司……8592211
印务中心……8592232
采油工程研究中心……8592217

胜利发电厂

地址：东营市东营区南二路78号
邮编：257087

党政办公室
主任……8594056
副主任……8594611
值班室……8594372

党委组织科
科长……8594064
级组织员……8594341

党委宣传科（团委）
科长……8594579
团委副书记……8594166

纪监审计科
纪委副书记、科长……8593799
纪检监察……8594262
审计……8594801

工会
副主席……8593056
办公室……8594606

劳动工资科
科长……8594063
主管师……8594058
劳动力管理……8594306
组织计划……8594329
工资奖金……8594306

规划计划科
科长……8594993
计划……8594610
统计……8594180

经营管理科
科长……8594138
经营管理……8594520
合同管理……8594072

物资供应科
科长……8594685
指导员……8594810
配送队……8594828
安全环保科
科长……8594031
主任师……8594119
工业安全办公室……8594109
交通办公室……8594919
生产管理中心
主任……8594059
副书记……8594270
副主任……8594482
值长台……8594079
中心办公室……8594371
设备管理中心
书记……8593181
主任……8594318
副主任……8594402
首席技师……8594259
热工、电气主任师……8594309
财务资产管理中心
主任……8594939
副主任……8594601
税务综合……8594391
经费……8594036
材料核算……8594359
成本……8594601
资产……8594416
房产公积金……8594417
信息中心
书记……8594321
主任……8594716
副主任……8594441
中心办公室……8594041
治安保卫办公室
书记兼主任……8593216
副书记……8594265
副主任室……8594752
内勤办公室……8594027
外勤办公室……8594081
武装办公室……8594307
综治办公室……8594264
公共事业中心
副书记……8594796
副主任……8595366
副主任……8594240
综合办公室……8594450
汽机部
书记……8594123
经理……8594065
副经理……8594508
部办公室……8594507
锅炉部
书记……8594799
经理……8595111
副经理……8594253
部办公室……8594084
电气部
书记……8594516
经理……8594917
副经理……8594861
主任工程师……8594819
部办公室……8594311
热工部
书记……8594228
经理……8594510
副经理……8594511
主任工程师……8593462
部办公室……8594509
化学部
书记……8594203
经理……8594536
副经理……8594571
主任工程师……8594200
部办公室……8594204
灰水部
书记……8594127
经理……8595705
副经理……8594257
部办公室……8594085
燃料部
书记……8594908
经理……8594193
副经理……8594909
主任工程师……8594170
部办公室……8594174
二期运行部
书记……8594137
经理……8594344
副经理……8594107
主任工程师……8594142

部办公室……………………………………8594346

热力公司

书记兼经理………………………………8594852

副经理……………………………………8593455

主任工程师………………………………8593454

部办公室…………………………………8594851

铁路运输公司

书记………………………………………8594380

经理………………………………………8594531

副经理……………………………………8594914

主任工程师………………………………8594243

公司办公室………………………………8594381

汽车运输公司

副书记……………………………………8594278

副经理……………………………………8594248

主管工程师………………………………8594051

统计核算办公室…………………………8594515

质量监督站

书记………………………………………8593052

站长………………………………………8593050

副站长……………………………………8594988

综合办公室………………………………8593032

电力技术试验研究所

书记………………………………………8594181

所长………………………………………8594328

主任工程师………………………………8594756

办公室……………………………………8594413

党校

副校长……………………………………8593526

副主任……………………………………8594966

主管工程师………………………………8594026

党校教研…………………………………8594134

中心教务…………………………………8595169

党校教务…………………………………8594348

煤炭管理办公室

书记………………………………………8595077

副主任……………………………………8593042

办公室……………………………………8594553

餐饮服务中心

书记………………………………………8594577

经理………………………………………8594053

办公室……………………………………8594055

保洁公司

经理………………………………………8594356

副书记……………………………………8594820

办公室……………………………………8594280

三期工程筹建处

主任………………………………………8594208

副主任……………………………………8593067

副总兼工程部主任………………………8593536

华胜电业建筑有限责任公司

总经理……………………………………8594956

书记………………………………………8594125

副总经理…………………………………8594906

总经理办公室……………………………8595692

经营管理部………………………………8594719

财务部……………………………………8595128

生产办公室………………………………8594695

劳资管理部………………………………8594365

基建安装工程公司………………………8594068

供热公司…………………………………8595134

锅炉安装工程公司………………………8594136

实业公司…………………………………8594461

物资采购公司……………………………8595524

综合办公室………………………………8594241

铸造厂……………………………………8595133

印刷厂……………………………………8594802

水泥厂

厂长………………………………………8594226

书记………………………………………8594052

副书记、副厂长…………………………8594342

厂办公室…………………………………8594680

经营计划科………………………………8594729

财务科……………………………………8594126

设备科……………………………………8594655

安全科……………………………………8594650

生产调度室………………………………8594713

水泥车间…………………………………8594614

熟料车间…………………………………8594626

动力车间…………………………………8594375

化验室……………………………………8594693

物资供应公司……………………………8594718

后勤办公室………………………………8594692

经警分队…………………………………8594636

新型材料公司……………………………8593665

管桩公司…………………………………8593669

营销公司…………………………………8594628

物流公司…………………………………8594705

胜水建材公司……………………………8594739

供水公司

地址：东营市东营区北二路 681 号

邮编：257097

党政办公室
主任……8556705
副主任……8555503
信访副主任……8701776
团委副书记……8521360
值班室……8552448

组织科
科长……8555070
职改办主任……8791347
办公室……8555103

宣传科
科长……8784648
副科长……8554719
编辑室……8521237

纪监监察科
副书记……8784647
办公室……8555496

工会
副主席……8784646
办公室……8555438
计生办公室……8521737

设备安全科
副科长……8539958
设备、安全……8554879
统计、综合……8555128

计划科
科长……8556861
副科长……8521369
计划……8783974
统计……8521344

劳资科
科长……8521208
副科长……8521446
工资、定额……8555739
保险合同统计……8521346
再就业服务中心……8555739

企管合同科
副科长……8553677
企管……8555170
合同……8776271

油地工作科
科长……8521689
副科长……8521154
办公室……8521240

物资供应科
科长……8553794
办公室……8554811

审计科
科长……8521146
办公室……8554579

生产技术管理中心
教导员……8521715
主任……8558501
副主任……8794645
调度值班室……8554204

武装保卫办公室
教导员……8521718
主任……8521364
副主任……8527059
治安保卫……8521824

老年管理中心
主任……8521262
副主任……8521037
中心办公室……8791024

信息中心
主任……8791354
办公室……8521140

水利工程管理部
教导员……8797916
副主任……8539315
生产办……8797936
质监组……8557424
工程项目组……8554944
管理组……8521794

水质检测中心
教导员……8539338
主任……8527703
副主任……8558500
主任工程师……8521915
中心办公室……8521274

监察大队
教导员……8555055
大队长……8555106
副大队长室……8551880
大队办公室……8799020

河口污水处理厂
教导员……8666610
厂长……8666611
副厂长……8666612
党政办公室……8666620
生产办……8666652

经营办……8666631
调度……8666659
客户服务中心
教导员……8521757
主任……8551580
综合班……8777683
客户大厅……7777006
客户热线……7777222
滨河水源大队
教导员……8886468
大队长……8882422
副大队长……8882431
调度室……8889422
党政办公室……8897016
生产办公室……8881348
经营办公室……8889426
滨河制水管理部
教导员……8577276
主任……8577278
副主任……8577295
生产办……8577283
经营办……8577281
劳资办……8577282
调度室……8577268
滨河销售营业部
教导员……8882415
主任……8882416
副主任……8897729
党政办……8882423
生产办……8886144
经营办……8889744
水源管理部
教导员……8527728
主任……8527168
党政办……8527320
生产办……8527291
经营办……8527163
调度室……8527300
制水管理部
教导员……8521719
主任……8521619
副主任……8527257
党政办……8527256
生产办……8527275
经营办……8527302
西区销售营业部
教导员……8775718
主任……8777607
副主任……8701571
党政办……8777623
经营办……8701785
生产办……8701380
调度……8554812
东区销售营业部
教导员……8631399
主任……8633788
副主任……8737718
党政办……8631062
生产办……8631176
调度……8732049
经营办……8631127
维修大队
教导员……8539345
主任……8521551
副主任……8794417
主任工程师……8794240
生产调度……8555107
滨南水厂
教导员……8568156
厂长……8568167
副厂长……8568086
调度室……3467667
党政办……8568016
经营办……3467877
生产办……8568090
车辆管理中心
教导员……8521886
主任……8555286
副主任……8556684
党政办……8521264
生产办……8521348
经营办……8521246
调度室……8555034
综合大队
教导员……8733816
大队长……8732115
副大队长……8632798
党政办……8732679
经营办……8733809
生产办……8731681
生产调度……8736696
财务办……8732317

劳资办……………………………………………8732106

污水处理厂

教导员……………………………………………8835717

厂长………………………………………………8835036

副厂长……………………………………………8835560

党政办……………………………………………8835751

生产办……………………………………………8835413

综合办……………………………………………8835423

预算站

站长………………………………………………8775358

办公室……………………………………………8521624

预算办公室（2）…………………………………8775514

物资配送队

指导员……………………………………………8521034

队长室……………………………………………8527668

胜利油田新邦建设开发有限责任公司

总会计师…………………………………………8227302

副总师……………………………………………8521859

公司办公室………………………………………8777448

财务部……………………………………………8788747

人力资源办公室…………………………………8539628

市场营销办公室…………………………………8777514

企业管理督导办公室……………………………8555082

生产安全办公室…………………………………8556700

运输总公司

地址：东营市北一路1080号

邮编：257000

党政办公室

主任………………………………………………8552758

办公室……………………………………………8553450

传真………………………………………………8556747

党委工作部

副主任……………………………………………8551899

组织………………………………………………8792453

纪委………………………………………………8554655

思想政治工作部

主任………………………………………………8557023

宣传………………………………………………8777906

计生………………………………………………8553661

工会

副主任……………………………………………8778388

工会………………………………………………8553466

合作社……………………………………………8554632

经理管理部

主任………………………………………………8553679

副主任室…………………………………………8553351

合同、计划………………………………………8556746

审计工作部

主任………………………………………………8554389

市场营销部

主任………………………………………………8502288

副主任……………………………………………8556813

调度室……………………………………………8553546

安全技术部

主任………………………………………………8553320

副主任……………………………………………8553648

技术………………………………………………8555818

监督站……………………………………………8786066

劳动工作部

主任………………………………………………8553617

劳资………………………………………………8554873

科技开发部

主任………………………………………………8503022

财资中心

副主任……………………………………………8554588

财务………………………………………………8553583

综治后勤

主任………………………………………………8556430

综合办公室………………………………………8555679

物流研究所

办公室……………………………………………8782066

新疆工程管理中心

主任………………………………………(0991)3686676

副主任……………………………………(0991)3686676

新疆旅游公司……………………………(0991)3697938

新疆项目部………………………………(0992)3691306

小车队

值班室……………………………………………8552864

老年管理中心

书记………………………………………………8772501

主任………………………………………………8797769

党政办……………………………………………8555065

管理办……………………………………………8791349

财务办……………………………………………8799756

活动办……………………………………………8793682

协解办……………………………………………8773648

家属办……………………………………………8559263

老年大学…………………………………………8797216

一公司

书记………………………………………………8720859

经理………………………………………………8720924

党群办……………………………………8720765
财务……………………………………8727913
生产办…………………………………8720124
调度……………………………………8729861
安全办…………………………………8720372
经营办…………………………………8720039
劳资……………………………………8727912
结费组…………………………………8729237
技术办…………………………………8728641

油气公司
书记……………………………………8505903
经理……………………………………8505902
党群办、劳资…………………………8505916
财务……………………………………8505920
生产办…………………………………8505906
调度……………………………………8505909
经营办…………………………………8505919
技术办…………………………………8505922
安全办…………………………………8505921

盛运物流
书记……………………………………8739256
经理……………………………………8739056
办公室…………………………………8730737

中油公司
书记室…………………………………8772536
经理……………………………………8773098
党政办…………………………………8772708
经营部…………………………………8772879

置业公司
书记……………………………………8505959
经理……………………………………8797718
行政部…………………………………8502973
开发部…………………………………8502953
财务部…………………………………8781899
经管部…………………………………8799828

物业公司
书记……………………………………8783198
经理……………………………………8635557
办公室、劳资…………………………8639588
财务、经营办…………………………8775508

东奥化工
书记……………………………………8833799
经理……………………………………8833028
办公室…………………………………8351246

星润化工
总机……………………………………8833068
经理……………………………………8833256
办公室…………………………………-8869

约克夏公司
总机……………………………………8730617
书记……………………………………-8880
经理……………………………………-8883
综合部…………………………………-8886

龙昊化工
经理……………………………………8833717
副经理…………………………………8833577

机械制造
书记……………………………………8730367
经理……………………………………8739368
办公室…………………………………8730229

商贸公司
书记……………………………………8793169
经理……………………………………8557125
财务部…………………………………8799778
办公室、经营部………………………8702222

钻井工艺研究院

地址：东营市北一路 827 号
邮编：257017

院办公室
主任……………………………………8552292
办公室…………………………………8557495

党群工作部
主任……………………………………8557995
机关党支部书记………………………8557512
工会副主席……………………………8555043
团委书记………………………………8552875
办公室…………………………………8552263

纪监审计部
副主任…………………………………8772043
办公室…………………………………8501566

经营管理部
主任……………………………………8553097
副主任…………………………………8555632
办公室…………………………………8555632

科研计划部
副主任…………………………………8785786
办公室…………………………………8556875

人力资源部
主任……………………………………8552341
办公室…………………………………8785243

财务资产部

主任……………………………………8552807
副主任…………………………………8703066
办公室…………………………………8552351

安全生产部
主任……………………………………8555384
办公室…………………………………8555955
调度室…………………………………8552321

钻井工艺研究所
书记……………………………………8786411
所长……………………………………8554131
副所长…………………………………8791421
冯光通宿舍……………………………8522839
调度室…………………………………8797421
研究一室………………………………8501330
研究二室………………………………8797422
研究三室………………………………8797402
研究四室………………………………8797403

海洋工程装备研究所
书记……………………………………8780379
所长……………………………………8719200
副所长…………………………………8776172
办公室…………………………………8553979
设计一室………………………………8783679
设计二室………………………………8783672
设计三室………………………………8783673
实验室（检测队）……………………8783677

石油机械研究所
书记……………………………………8780991
主任……………………………………8771817
副所长…………………………………8772606
办公室…………………………………8782127

钻井工具研究所
书记、副所长…………………………8771508
所长……………………………………8224315
副所长…………………………………8702373
综合调度………………………………8552934
技术推广部……………………………8772430
技术开发部……………………………8702372

油田化学研究所
书记……………………………………8551094
副所长…………………………………8791449
博士办公室……………………………8501115
后勤办公室……………………………8501292
检测办公室……………………………8501293
环保办公室……………………………8777626

石油完井研究所
所长……………………………………8772250
书记……………………………………8557488
副书记、副所长………………………8554640
办公室…………………………………8794651
膨胀管研究室…………………………8550952
综合室…………………………………8550952
水泥浆研究室…………………………8771563
完井工艺研究室………………………8555744

钻井信息中心
书记……………………………………8552240
主任……………………………………8555169
副主任…………………………………8773707
办公室…………………………………8252999
综合信息办公室………………………8701565
设备管理办公室………………………8730527
生产调度室……………………………8730610
工程部…………………………………8730602

钻井测量仪器研究所
书记……………………………………8501086
所长……………………………………8771283
副所长…………………………………8701561
测量实验室……………………………8776708
仪器销售部……………………………8783086

情报档案培训中心
书记……………………………………8718209
主任……………………………………8555885
副主任…………………………………8557490
办公室…………………………………8501058

钻井工程设计研究所
书记……………………………………8705989
所长……………………………………8794923
副所长…………………………………8782475
设计一室………………………………8794902
设计二室………………………………8794871
生产部…………………………………8774357

钻井新技术试验中心
书记……………………………………8785241
主任……………………………………8771915
副主任…………………………………8501165
专家办公室……………………………8793511
后勤办公室……………………………8771933
综合办公室……………………………8555564
生产技术组……………………………8552259

欠平衡技术研究所
书记……………………………………8702313
所长……………………………………8702380

副所长……8799802
专家办公室……8780659
后勤办公室……8553615
东城试验室……8730132
金刚石钻头研发中心
书记……8702351
厂长……8795283
副厂长……8702355
专家办公室……8552451
后勤办公室……8553057
经营部……8702353
生产办……8795902
质检办……8795902
开发部……8552451
西部分院
书记……8703069
副院长……8780851
新疆库尔勒办事处……(0996)2047787
新疆乌鲁木齐办事处……(0991)3673353
四川办事处……(0838)2801287
吉林松原办事处……(0438)2161276
后勤办公室……8780851
汽车队
书记……8773593
队长……8557485
调度……8555882
物资供应中心
主任……8778919
书记……8552461
计划办……8785245
综合服务中心
书记……8552252
副主任……8774212
后勤办公室……8774075
基建办公室……8786174
房产办公室……8796942
维修办公室……8783554
调度办公室……8552273
内勤办公室……8555635
治安值班室……8797540
外勤办公室……8557429
警区办公室……8501312
职工食堂……8773577
老年管理中心
主任……8501156
办公室……8553510
值班室……8557475
老年体协……8557475
综合组……8559532
活动室组……8775360
高新技术开发中心
书记……8553097

勘察设计研究院

地址：东营市东营区济南路49号
邮编：257026

党群工作部
主任……8552551
副主任（纪监）……8551059
办公室……8793499
人力资源（组织）部
经理……8793437
副经理……8552571
办公室（团委）……8552731
工会
办公室……8793451
公司办公室
主任……8551101
副主任……8552621
办公室……8552563
生产管理部
经理……8793439
副经理……8793493
办公室……8552555
技术发展部
经理……8789695
副经理……8552753
办公室……8793419
经营管理部
经理……8782933
副经理……8554276
办公室……8553994
财务资产部
经理……8784964
副经理……8787512
办公室……8552662
工程勘察公司
经理……8552782
副总工程师……8552772
工艺配管设计所
所长……8552513
副总设计师……8793458

总图规划设计所
所长……8782321
副所长……8793473
副总设计师……8782301
管道工程设计所
所长……8501965
副总设计师……8554381
机械设备设计所
所长……8553043
副总设计师……8782371
建筑设计所
所长……8552573
副所长……8552743
电力设计所
所长……8552607
副所长……8552612
副总设计师……8552642
海洋工程设计所
所长……8554932
副总设计师……8793462
自控通信设计所
所长……8551516
副所长……8793440
工程造价中心
主任……8783774
副主任……8793497
新疆分院
院长……(0996)2019806
副院长……(0996)2016108
北京分院
常务副院长……(010)80113787
副院长办公室……(010)80110808
副总设计师……(010)69726721
四川分院
副院长……(028)61967183
地面工程信息中心
主任……8793436
副主任……8793433
副总工程师……8793434
地面工艺技术研究所
所长……8552742
副所长……8555038
副总工程师……8793443
三次采油技术中心
主任……8553197
副主任……8793115

工程监理公司
经理……8793486
副经理……8705530
办公室……8705723
工程监理部……8705531
项目管理公司
经理……8701101
副经理……8555661
副总工程师……8782129
档案管理中心
主任……8793342
副主任……8793491
办公室……8552543
公共事业中心
主任……8793450
副主任室……8776154
市场开发部
经理……8799933
副经理……8793455
科技成果转化中心
经理……8777222
副经理……8558953
治安保卫管理中心
主任……8793424
副主任……8554973
老年管理中心
主任……8793414
副主任……8774363
汽车队
队长……8793482
副队长……8782291
调度室……8554341
员工素质教育办公室
办公室……8558744

胜利医院

地址：山东省东营市东营区北二路107号
邮编：257055

党政办公室
主任……8811099
副主任……8811062
办公室……8811419
党委组织科
科长……8811058
职改办……8811118
组织科……8811118

党委宣传科（团委）
　科长、团委书记……………………8811230
　副科长……………………………8811055
纪监审计科
　副书记、科长……………………8811028
　副科长……………………………8811063
群工科
　科长、工会副主席………………8811061
　办公室……………………………8811554
医务科
　主任………………………………8811087
　副科长……………………………8811759
　办公室……………………………8811207
　健康查体中心……………………8811648
劳资科
　科长………………………………8811059
　办公室……………………………8811475
财务资产科
　科长………………………………8811178
　报销………………………………8811410
经营计划科
　科长………………………………8811179
　办公室……………………………8811783
设备科
　副科长……………………………8811515
　办公室……………………………8811405
门诊部
　书记………………………………8811355
　主任………………………………8811378
　挂号室……………………………8811018
　注射室……………………………8811035
预保科
　科长………………………………8811450
　计划免疫室………………………8811174
　疫情上报…………………………8811271
住院处
　主任………………………………8811651
　精神住院处………………………8811140
　结核住院处………………………8811217
　门诊收费处………………………8811246
　住院处登记室……………………8811309
治安保卫中心
　主任………………………………8811368
　副主任……………………………8811286
　办公室……………………………8811009
科技教育中心
　主任………………………………8811169
　办公室……………………………8811047
信息中心
　支部书记、主任…………………8811111
　副主任……………………………8811333
老年管理中心
　书记、主任………………………8811291
　副主任……………………………8811168
　办公室……………………………8811461
党总支
　内科党总支………………………8811472
　外科党总支………………………8811267
　医技门诊党总支…………………8811100
　中医药党总支……………………8811648
　综服中心党总支…………………8811422
　老年中心党总支…………………8811291
　机关党总支………………………8811028
急诊科
　主任………………………………8811002
　值班室……………………………8811120
内科
　门诊………………………………8811593
　支部书记、主任…………………8811467
外科
　门诊………………………………8811578
　支部书记、主任…………………8811463
麻醉手术科
　支部书记、主任…………………8811556
　手术科护士站……………………8811403
妇产科
　门诊………………………………8811348
　支部书记、副主任………………8811211
　产房………………………………8811222
儿科（3 区）
　门诊………………………………8811550
　支部书记、主任…………………8811122
　儿科护士站………………………8811351
五官科（12 区）
　支部书记…………………………8811770
　耳鼻喉科门诊……………………8811514
　口腔科门诊………………………8811536
　眼科门诊…………………………8811517
　皮肤科门诊………………………8811597
　美容门诊…………………………8811522
中医院（胜利中医分院）
　门诊………………………………8718302

支部书记、院长……8550976
中医科
门诊……8811591
支部书记、主任……8811598
老年病科（老年病医院）
主任……8811078
门诊……8811077
感染性疾病科
支部书记……8811476
主任……8811245
结核科（局结防所）
门诊……8811425
主任……8811436
精神科
门诊……8811051
支部书记……8811276
主任……8811012
影像中心
支部书记、主任……8811446
副主任……8811755
检验科
支部书记、主任……8811576
副主任……8811570
门诊化验室……8811423
理疗科
副主任……8811530
病理科
主任……8811428
药剂科
支部书记、主任……8811065
副主任……8811505
综合服务中心
书记……8811422
主任……8811626
物业管理中心
书记、主任……8811657
副主任……8811712

胜大集团

地址：东营区东二路 179 号
邮编：257055

党群工作部
值班室……8732892
主任……8733556
工会副主席……8733998
纪检监察……8738725
工会计生……8732738
宣传团委……8635799
档案机要……8736711
武装保卫……8733457
人力资源部
主任……8733942
组织科……8733402
劳资科……8635569
企业管理部
主任……8732677
计划……8736419
合同……8733871
安全生产管理部
主任……8733399
安全……8738735
生产……8734613
财务资产部
主任……8633279
书记、副主任……8733516
副主任……8732717
资金会计税务……8733790
成本预算报销……8732885
房产资产管理……8733209
资金结算……8732296
审计部
主任……8732160
办公室……8733261
机关车队
调度……8732786
队长……8731108
农业公司
书记……8769259
经理……8769246
党政办……8769303
综合办……8769301
财务办……8769241
维可得食品厂……8768378
天香油厂……8769183
畜牧养殖厂……8768388
水产公司
书记……8739020
经理……8739023
党政办……8730271
公司财务……8739021
冷藏厂……8730977
奶牛场……8730620

胜大超市公司
书记……8773021
经理……8798398
盛大商场
书记……8632676
经理……8366586
物资公司
书记……8736580
经理……8733158
外经公司……8733826
电力设备厂……8769383
机械厂……8738078
石油工程技术开发中心
书记、经理……8633897
副书记、副经理室……8734616
主任工程师……8734526
党政办公室……8738768
置业公司
书记……8733377
经理……8736277
办公室……8732606
胜利建安公司
书记……8833312
经理……8351831
办公室……8833358
水利公司
书记……8633088
经理……8735888
办公室……8731510
胜明公司
书记……8360706
经理……7399806
办公室……7399812
制罐公司
书记……8738798
经理……8734988
办公室……8736872
化工一厂
书记……8833647
厂长……8833646
副厂长……8833135
硫化厂……8769217
党政办……8833630
财务办……8833328
材料中心……8833130
劳资办……8833683
蒽醌厂……8833632
硫化厂……8769217
二氧化硫厂……8833748
乙炔厂……8833654
老年中心
书记……8734089
主任……8736676
办公室……8633765
胜大酒业
厂办……8833590
经理办……8833639
胜大园林
办公室……8201650

车管中心

地址：东营市东营区西四路600号
邮编：257000

党政办公室
主任……8785767
办公室……8718026
党群工作科
科长……8796198
办公室……8718392
工会
副主席……8719083
办公室……8797755
生产设备技术科
科长……8781762
办公室……8558812
中心调度室……8775361
安全环保科
科长……8559799
办公室……8550672
财务资产科
科长……8550631
办公室……8795994
劳动工资科
科长……8791637
办公室……8797162
经营管理科
科长……8558977
办公室……8797303
修理厂
书记……8772699
厂长……8797310
办公室……8777693

物资供应办公室

主任……………………………8559732

办公室…………………………8777078

综合服务中心

书记……………………………8772899

主任……………………………8702516

办公室…………………………8772312

劳动服务公司

书记……………………………8719899

经理……………………………8784605

办公室…………………………8810805

直属一中队

书记……………………………8776253

队长……………………………8558252

调度室…………………………8552136

直属二中队

书记……………………………8558210

队长……………………………8553005

调度室…………………………8553007

直属三中队

书记……………………………8713807

队长……………………………8713873

调度室…………………………8713632

直属四中队

书记……………………………8710322

副队长…………………………8710172

调度室…………………………8710390

直属五中队

书记……………………………8710611

队长……………………………8710310

调度室…………………………8717031

直属六中队

书记……………………………8701381

队长……………………………8791353

调度室…………………………8559606

直属七中队

书记……………………………8781762

队长……………………………8797746

调度室…………………………8775361

直属八中队

书记……………………………8770177

队长……………………………8770211

调度室…………………………8770215

胜中社区管理中心

地址：东营市东营区济南路258号

邮编：257003

党政办公室

值班室…………………………8712640

传真……………………………8713718

机关党委………………………8711493

信访办公室……………………8712695

人力资源部

组织……………………………8712679

劳资……………………………8557787

再就业中心……………………8711254

思想政治工作部

宣传……………………………8712690

工会……………………………8705579

团委……………………………8717115

物业房产部

物业……………………………8711467

绿化……………………………8559853

房产管理………………………8555422

房产财务………………………8558067

规划计划部

规划计划………………………8771174

设计室…………………………8712181

经营管理部

经营管理………………………8717392

法律事务………………………8712032

安全环保（油地）部

安全环保………………………8555097

土地管理………………………8714225

纪监审计部

纪委……………………………8555680

审计……………………………8797726

老年管理中心

办公室…………………………8775397

老年管理………………………8713880

治安保卫办公室

内勤……………………………8555667

外勤……………………………8556491

财务资产管理中心

资金组…………………………8556366

资产税务组……………………8717233

成本组…………………………8711076

会计组…………………………8717232

物资供应办公室

物资供应………………………8714893

信息（新闻）管理中心

信息……………………………8712657

新闻……………………………………………8714502
劳动就业服务站
劳动就业………………………………………8557094
公共事业管理中心
基建办公室……………………………………8717280
定额预算………………………………………8712024
医疗卫生中心…………………………………8552473
计生……………………………………………8556149
卫生防疫………………………………………8713507
药械管理………………………………………8559265
改制接收人员管理办公室
综合办公室……………………………………8718927
劳资保险办公室………………………………8776307
中心医院老年管理中心
综合办公室……………………………………8779771
文体办公室……………………………………8770230
老年大学………………………………………8779690
中心医院保卫科
人防武装………………………………………8770271
消防管理………………………………………8770174
消防监控室……………………………………8770184
泵公司老年中心
办公室…………………………………………8771020
玉山物业管理公司
书记……………………………………………8817862
经理……………………………………………8817861
副经理…………………………………………8817721
综合管理办公室………………………………8810142
物业管理办公室………………………………8810440
馨园物业管理公司
书记……………………………………………8792200
经理……………………………………………8705966
副经理…………………………………………8771349
综合管理办公室………………………………8771686
劳资办公室……………………………………8552990
物华物业管理公司
书记……………………………………………8772503
经理……………………………………………8777566
副经理…………………………………………8774186
综合管理办公室………………………………8557660
物业管理办公室………………………………8774154
荟萃物业管理公司
书记……………………………………………8777696
经理……………………………………………8701298
副经理…………………………………………8551397
综合管理办公室………………………………8559938

物业管理部……………………………………8787297
汽车大队
大队长…………………………………………8710116
教导员…………………………………………8710085
综合管理办公室………………………………8714119
机动安全办公室………………………………8712643
调度室…………………………………………8778843
城区管理大队
教导员…………………………………………8719969
大队长…………………………………………8551536
综合办公室……………………………………8711374
生产办公室……………………………………8558027
市政管理公司
教导员…………………………………………8776932
经理……………………………………………8797566
公司办公室……………………………………8714892
生产管理办公室………………………………8714873
经营办公室……………………………………8556232
青少年活动中心
书记……………………………………………8710376
主任……………………………………………8711070
办公室…………………………………………8556044
学前教育中心
书记……………………………………………8712692
主任……………………………………………8710030
综合办公室……………………………………8713252
机关医院
教导员…………………………………………8713830
院长……………………………………………8556988
院办公室………………………………………8554637
供应卫生院
教导员、副院长………………………………8785826
院长……………………………………………8787618
办公室…………………………………………8554728
集输卫生院
教导员…………………………………………8783313
院长……………………………………………8775201
办公室…………………………………………8783700
妇幼保健院
教导员…………………………………………8702759
院长……………………………………………8527723
办公室…………………………………………8555445
园林公司
书记……………………………………………8712488
经理……………………………………………8778910
办公室…………………………………………8554862

德尔建材有限责任公司
经理……8183588
副经理……8185088
办公室……8188828
社兴实业总公司
经理……8797699
书记……8788648
综合办公室……8788646
燃料公司
书记……8714177
经理……8714536
办公室……8791169
劳动服务公司
书记、经理……8778316
副经理……8555499
办公室……8711597
科兴建设有限公司
经理……8701557
书记……8550371
综合办公室……8797259
奥达公司
经理……8796745
综合管理办公室……8781854
财务办公室……8793403
胜中宾馆
书记、经理……7661918
副经理……7661989
综合办公室……7661901
总服务台……7661978
齐鲁园
经理……8712760
副经理……8703219
办公室……8711643
盛中大酒店
经理……7662898
副经理……7662889
综合办公室……7662899
加气站
经理……8817612
办公室……8717108
胜通电讯信息技术网络有限公司
书记、经理……8791900
副经理……8775715
综合办公室……8778516
东营市胜中房地产开发有限责任公司
总经理……8502299
副经理……8776994
办公室……8785614
胜中房地产中介……8773803

胜东社区管理中心

地址：东营市东营区东二路169号
邮编：257055

党政办公室
主任……8738289
副主任、信访办主任……8738898
信访办
办公室……8738128
档案室
办公室……8732442
机关车队
调度……8738269
队长……8633282
人力资源（组织）部
主任……8738611
副主任……8733955
思想政治工作部
主任……8738358
副主任……8736768
工会……8738324
纪监审计部
主任……8631209
副主任……8733829
纪监审计……8738084
房产物业生产部
主任……8633556
副主任……8639566
规划计划（技术监督）部
主任……8733390
规划计划……8738911
技术监督……8736733
经营管理部
主任……8631618
副主任……8633851
经营管理……8733966
安全环保部
主任……8738918
副主任……8635977
机动安全……8738906
财务资产管理中心
书记……8737818
副主任……8732068

办公室……8733956

公共事业中心

主任……8731899

书记……8731966

基建办公室……8731979

土地管理……8735989

信息中心……8633140

物资供应办公室

主任……8766966

副主任……8765875

物资供应……8765873

治安保卫办公室

主任……8738811

综治办主任……8731368

劳动就业（培训）中心

主任……8735276

副主任……8635579

劳动就业……8733506

劳动定额定员站

站长……8733955

副站长……8738677

定额定员……8738875

辛兴物业管理公司

书记……8533666

经理……8535001

值班电话……8533388

生产办公室……8532468

经营办公室……8533296

瑞康物业管理公司

书记……8738188

经理……8732825

党政办公室……8737956

经营办公室……8738141

生产办公室……8732781

瑞达物业管理公司

书记……8633568

经理……8731569

党政办公室……8735191

生产办公室……8735190

经营办公室……8633575

莱建物业管理公司

经理……8730211

书记……8739197

党政办公室……8739901

生产办公室……8730495

经营办公室……8739902

锦华物业管理公司

经理……8931998

副书记……8930376

党政办公室……8930372

经营开发部……8930370

物业管理部……8930371

锦苑物业管理公司

经理……8831977

书记……8831988

党政办公室……8831973

生产办公室……8837326

经营办公室……8831976

学前教育中心

书记……8630918

主任……8630768

副主任……8630788

综合办值班电话……8630906

卫生管理中心

书记……8630588

主任……8630667

党政办值班电话……8630509

医药办公室……8630786

经营办公室……8630506

计划生育办公室……8630219

爱卫会办公室……8630596

财务办公室……8630128

老年管理中心（家属管理办公室）

主任……8761581

副书记……8765536

办公室值班电话……8765132

综合办公室……8765039

文体办公室……8765135

后勤（家属）办公室……8765991

房地产开发有限责任公司

经理……8766288

书记……8766788

财务资产部……8766299

生产经营部……8766766

销售部……8766766

胜北社区管理中心

地址：东营市东营区地质巷9号

邮编：257064

党政办公室

主任……8721367

副主任……8721268

值班室……8721053
思想政治工作部
主任……8722131
副主任……8722569
工会……8721294
宣传……8722155
团委……8721137
人力资源（组织）部
主任……8721579
副主任……8721601
规划计划部
主任……8721445
副主任……8722616
信息站
站长……8721966
信息管理……8627645
经营管理部
主任……8628121
副主任……8725878
物业房产部
主任……8721257
副主任……8623988
纪监审计部主任……8722955
杨慧静宿舍……8783288
纪监审计部副主任……8721656
杨佃水宿舍……8628729
纪监审计部
副主任……8622916
纪检监察……8721145
财务审计……8721144
财务资产管理中心
主任……8722769
副主任……8625089
成本……8723921
资产……8722823
报销……8722180
治安保卫办公室
主任……8721133
副主任……8725270
值班室……8626440
老年管理中心（家属管理办公室）
书记……8627395
主任……8722772
办公室……8721489
新闻中心
主任……8629310
副主任……8723167
办公室……8721913
文体中心
主任……8627138
文联……8627684
体育馆……8721993
文化站……8722821
综合档案室
主任……8725658
档案室……8722269
工程定额结算站
站长……8721186
副站长……8625877
预结算室……8721928
医疗卫生管理中心（计划生育办公室）
书记……8629308
主任……8721206
医疗管理……8722364
计划生育……8723020
预防保健……8722411
劳动就业服务站
站长……8629830
办公室……8725504
安泰物业管理公司
经理……8796618
书记……8556475
公司办公室……8558055
胜兴物业管理公司
书记……8629277
经理……8622978
党政办公室……8622946
生产办公室……8626173
经营办公室……8623110
景安物业管理公司
书记……8727988
经理……8720168
党政办公室……8727930
经营办公室……8728581
生产办公室……8728970
景苑物业管理公司
书记……8724771
副经理……8722729
党政办公室……8723123
生产办公室……8725691
经营办公室……8627191
锦霞物业管理公司

书记……8641491
经理……8747155
党政办公室……8747919
经营办公室……8748746
生产办公室……8641816

通明苑物业管理公司
经理……8742727
副书记……8745666
党政办公室……8741421
生产办公室……8745969
经营办公室……8745580

胜北医院
书记……8642608
院长……8627909
党政办公室……8721372
老年管理办公室……8722192
医务办公室……8722693
护理部……8723317
经营办公室……8721128
财务办公室……8723476
劳资办公室……8722371
门诊部……8722990

胜采医院
书记……8628168
院长……8624026
党政办公室……8623019
医务办、护理部……8624460
财务办公室……8621454
工会、信息办公室……8621453
急诊……8621564
住院处……8622457
总务办公室……8621455
糖尿病门诊……8622469
妇产科门诊……8622452

肛肠病防治院
院长……8625317
书记……8747425
党政办公室……8747566
医务办公室……8747783
经营办公室……8747607
护理办公室……8747443
感染办公室……8747469
门诊办公室……8749445
查体办公室……8749441
急诊室……8747547

油建卫生院
书记……8797786
院长……8705735
党政办公室……8554941
医务办公室……8776225
急诊……8558993
护理部……8551764
外科……8551760
经营办公室……8557753
药械办公室……8558992
总务办公室……8553775

东安卫生院
院长……8728699
书记……7398369
党政办主任室……7398326
经营办公室……7398319
财务办公室……7398319
医务办公室……7398326
急诊室……8728595
住院部护士站……8728592

学前教育中心
主任……8723016
副主任……8721465
党政办公室……8721060
经营办公室……8722991
综合办公室……8721625
综合办公室……8721625
教学研究室……8722467

矿建公司
经理……8722536
书记……8629189
党政办公室……8721147
生产技术办公室……8721171
经营办公室……8723697
设计室……8722471
胜北质监分站……8721446
基建办公室……8626775

车辆管理中心
主任……8722474
副主任……8721456
调度……8722220

公共事业中心
书记……8723001
主任……8721426
办公室……8724816

综合维修大队
书记……8722396

经理……8627553
办公室……8721674

胜南社区管理中心

地址：东营市东营区西三路929号
邮编：257068

党政办公室
主任……8613031
副主任……8612526
思想政治工作部
主任……8618955
副主任……8618086
工会……8610416
宣传……8613005
团委……8613051
人力资源（组织）部
主任……8612175
副主任……8618320
房产物业部
副主任……8613161
副主任……8611959
经营管理部
主任……8613033
副主任……8610415
经营管理……8613026
技术监督……8610537
法律事务……8613377
规划计划部
主任……8618557
副主任……8618907
办公室……8613027
计划、统计……8618571
安全环保部
主任……8612510
副主任……8618587
交通、民用气……8610662
设备、环保……8610423
纪监审计部
主任……8613159
副主任……8615067
纪委……8613008
审计……8613020
财务资产管理中心
书记、主任……8618769
副主任……8618261
治安保卫办公室
主任……8613053
副主任……8610065
基建管理中心
书记……8610636
主任……8610410
办公室……8618796
公共事业中心
书记……8613237
主任……8613163
综合办……8613009
医疗卫生中心
主任……8613210
书记……8618612
医疗、计生、防疫……8613011
药械、爱卫……8610421
信息新闻中心
主任……8613172
信息管理……8611045
电视台……8612120
劳动就业服务站
站长……8618956
办公室……8610424
机关车队
队长……8610426
指导员……8618931
调度……8613038
兴河物业管理公司
书记……8701096
经理……8775711
党政办……8702427
生产办……8705043
协解办……8516100
桐凤物业管理公司
书记……8619767
经理……8618967
党政办……8619123
生产办……8619120
经营办……8619100
协解办……8619369
聚华物业管理公司
书记……8856858
经理……8852458
党政办……8296700
生产办……8293088
生产办……8296701
协解办……8291288

纯梁物业管理公司
书记……8752103
经理……8753272
党政办……8757003
生产办……8756827
经营办……8753687
协解办……8753678
胜辛物业管理中心
书记……8859777
主任……8859929
党政办……8859049
生产办……8859261
考核办……8859624
协解办……8859045
老年管理中心
书记……8616059
主任……8613152
党政办……8611610
老年管理办……8611287
综合办……8611289
文体办……8612754
财务办……8611488
学前教育中心
书记……8610955
主任办公室……8613016
党政办……8613379
督导室……8610042
教研室……8619356
财务室……8613048
机厂卫生院
书记、院长……8611946
副院长……8611406
院办……8618248
医务办……8613948
现河卫生院
书记、院长……8782907
副院长……8553987
院办……8705173
急诊……8773453
物探卫生院
书记、院长……8851506
副院长……8851501
办公室……8851501
纯梁卫生院
书记、院长……8753551
院办……8756419
汽修卫生院
书记、院长……8612637
院办……8612580
电厂卫生院
书记、院长……8594596
院办……8595203

仙河社区管理中心

地址：东营市河口区仙河镇
邮编：257237

党政办公室
主任……8581528
副主任……8485145
值班室……8485148
思想政治工作部
主任……8487011
副主任……8580402
宣传……8485749
团委、女工……8588896
人力资源部（组织）
科长……8485849
副科长……8485842
人力资源部（劳资）、劳动就业服务站
科长……8488966
副科长……8485848
劳资科……8485848
就业站……8488965
生产管理部
主任……8580105
副主任……8486140
办公室……8485584
经营管理部
主任……8585348
副主任……8485169
办公室……8485946
计划基建部
主任……8581810
副主任……8582265
计划……8582143
信息……8588960
纪监审计部
主任……8581869
副主任……8582326
办公室……8481989
卫生管理办公室
副主任……8485942

办公室……………………………………8581992

财务资产管理中心

主任……………………………………8586114

副主任…………………………………8482528

财务办公室……………………………8485274

老年管理中心

书记、主任……………………………8582875

副主任…………………………………8483470

综合办…………………………………8582330

公共事业中心

主任……………………………………8485564

副主任…………………………………8588550

预算站

站长……………………………………8581417

办公室…………………………………8588587

电视台

台长……………………………………8586508

书记……………………………………8585021

新闻部…………………………………8581648

播出部…………………………………8581647

有线部…………………………………8581807

技术质量监督中心

队长……………………………………8581358

副队长…………………………………8581127

机关车队

大队长…………………………………8581094

办公室…………………………………8589629

招待所

所长……………………………………8581116

副所长…………………………………8581775

物业管理一公司

书记、教导员…………………………8586235

经理……………………………………8582834

党政办…………………………………8581396

经营办…………………………………8582850

生产办…………………………………8581623

物业管理二公司

书记、教导员…………………………8581111

经理……………………………………8481778

党政办公室……………………………8581193

生产管理办公室………………………8582327

经营管理办公室………………………8586516

市政管理公司

书记……………………………………8581394

经理……………………………………8481060

党政办公室……………………………8486110

生产办公室……………………………8486711

经营办公室……………………………8581152

市政工程处办公室……………………8582382

学前教育中心

书记……………………………………8581050

主任……………………………………8581906

党政办公室……………………………8582360

业务管理部……………………………8485994

经营管理部……………………………8581729

滨海医院

书记……………………………………8588697

院长……………………………………8581211

党政办办公室…………………………8582342

宣传办公室……………………………8581986

工会办公室……………………………8581283

医院总值班室…………………………8582169

医政办办公室…………………………8581010

科教办公室……………………………8581295

病案办公室……………………………8582223

护理部办公室…………………………8582236

经营办办公室…………………………8581195

经营办公室……………………………8582292

后勤办公室……………………………8581593

矿建大队

书记、大队长…………………………8582302

副书记、副教导员……………………8485624

党政办公室……………………………8481979

生产管理部……………………………8581303

经营管理部……………………………8581501

治保大队

书记……………………………………8582961

大队长…………………………………8485926

党政办公室……………………………8589585

生产管理部……………………………8589235

经营管理部……………………………8581945

社区卫生服务中心

书记、主任……………………………8581797

副主任…………………………………8482645

综合办公室……………………………8581519

胜利油田仙河投资发展有限公司

总经理…………………………………8588998

书记……………………………………8588769

党政工作部……………………………8581805

经营管理部……………………………8588166

财务资产部……………………………8587855

财务资产部办公室……………………8585598

孤岛社区管理中心

地址：东营市河口区孤岛镇
邮编；257231

党政办公室
主任……8882156
副主任……8882624
值班室……8881308
人力资源（组织）部
主任……8882452
副主任……8885173
组织……8882674
劳资培训……8886711
思想政治工作部
主任……8886853
副主任……8885353
纪委监察、团委……8882142
宣传……8885025
审计……8898817
工会……8885699
物业管理部
主任……8886973
办公室……8881302
规划计划部
主任……8885111
副主任（油地办主任）……8898079
经营管理部
主任……8882497
副主任……8882499
经营管理……8882504
安全环保部
主任……8882455
副主任……8886511
安全环保……8885336
财务资产管理中心
主任……8882643
副主任……8886277
基建管理中心
书记……8881528
副主任……8885540
物资供应办公室
书记……8885594
主任……8880112
综合办……8899308
劳动就业服务站
站长……8881971
再就业服务……8881972
劳动力资源管理……8889772
治安保卫中心
书记……8882654
政工办……8885589
综合办……8885251
公共事业中心
主任……8885842
副书记……8886227
老年管理中心
书记、校长……8899507
主任、老年大学书记……8889197
办公室……8885270
朝阳物业管理公司
书记……8885978
经理……8885327
党政办……8882647
生产经营办……8886473
财务办……8885585
信息管理办……8886864
值班室……8880186
金星物业管理公司
书记……8893168
经理……8892302
政工办……8891049
经营办……8892687
生产办……8892440
绿化环卫大队
书记……8885670
大队长……8885570
综合办公室……8885417
生产调度……8885095
综合大队
书记……8898378
大队长……8887768
办公室……8886188
学前教育中心
书记……8886315
主任……8899567
党政办……8886920
经营办……8887300
孤岛医院
书记……8885565
院长……8885892
政工办……8885231
医政办……8885593

护理部……………………………………8885602
院内感染…………………………………8886674
女工办……………………………………8885966
工会办……………………………………8885983
安全、保卫办……………………………8885036
设备办……………………………………8885303
财务办……………………………………8885982
劳资办……………………………………8885983
信息科……………………………………8886672
后勤办……………………………………8885643

卫生服务中心
书记………………………………………8881028
主任………………………………………8885895
综合办……………………………………8885512
卫生管理办………………………………8886985
社区卫生办………………………………8897435
劳资办……………………………………8885550
财务办……………………………………8885629
总务办……………………………………8885100
值班室……………………………………8885321

汽车大队
书记………………………………………8885578
大队长……………………………………8899597
调度………………………………………8886166

宏海实业有限责任公司
董事长、总经理…………………………8886369
书记、副董事长…………………………8886729
财务总监办………………………………8889216
党政办公室………………………………8886844
财务管理中心……………………………8880198
生产部……………………………………8885846
技术部……………………………………8886869
经营部……………………………………8885800
预算办公室………………………………8886512
调度室……………………………………8886846

河口社区管理中心

地址：东营市河口区黄河路146号
邮编：257200

党政办公室
主任………………………………………8572212
副主任……………………………………8665675
值班室……………………………………8572202

人力资源管理部
主任………………………………………8662977
副主任……………………………………8665769
劳资………………………………………8572236

思想政治工作部
主任………………………………………8572245
副主任、工会副主席……………………8572226
工会………………………………………8671453
团委………………………………………8572231

纪检监察部
主任………………………………………8572239
办公室……………………………………8572240

规划计划部
主任………………………………………8572887
副主任……………………………………8673964

物业管理部
主任………………………………………8665977
生产办……………………………………8572205

安全环保部
副总监、主任……………………………8572215
办公室……………………………………8572216

经营管理部
主任………………………………………8572225
副主任……………………………………8572222
办公室……………………………………8572221

公共事业服务中心
主任………………………………………8665958
书记………………………………………8661188

房产
房产物业办………………………………8571144
房产信息办………………………………8571783
房产财务办………………………………8571017

文化中心
副站长……………………………………8662774
美工室……………………………………8678442
劳资财务…………………………………8678443

卫生防疫站
卫生科……………………………………8572540
计划免疫办………………………………8573762
食品卫生办………………………………8662784
疾病控制办………………………………8662230

生活公司
生活民用气办……………………………8572903
机关招待所………………………………8572539

治保中心（综治办）
主任………………………………………8573467
户籍办……………………………………8572244
普法、保卫办……………………………8572209
治安办……………………………………8572207

老年管理中心
- 书记……8665671
- 主任……8673841
- 办公室……8662877

信息中心（电视台）
- 书记……8571671
- 主任……8668178
- 新闻部……8572257
- 有线部……8672967
- 播出部……8671940
- 广告部……8573761
- 网络部……8577638

财务资产管理中心
- 主任……8572217
- 副主任……8663591
- 投资、预算组……8663965
- 成本组……8665397
- 资金组……8572220
- 资产综合组……8572238

物资供应办公室
- 主任……8665599
- 供应计划……8667389
- 供应管理……8672184

劳动就业服务站
- 书记……8666338
- 副主任……8665879
- 就业办……8572242

稳定工作信息管理办公室
- 主任……8572208
- 办公室……8662758

物业管理一公司
- 经理……8663766
- 副书记……8666717
- 党政办公室……8672549
- 生产物业办……8577368
- 经营办公室……8662930
- 财务办公室……8671856

物业管理二公司
- 书记……8570103
- 经理……8570013
- 党群工作部……8570524
- 物业管理部……8576284
- 工程维修部……8570764
- 经营管理部……8570641
- 考核办……8667169

绿化环卫公司
- 书记……8660772
- 经理……8660771
- 经营办……8660747
- 生产办……8660722
- 绿化办……8660744
- 财会办……8660237

金色河口科贸中心
- 书记、经理……8572530
- 党政办……8572888
- 生产办……8572532
- 经营办……8572528
- 财务部……8573638

车辆管理中心
- 主任……8571828
- 副书记……8663228
- 党政办公室……8572088
- 经营办公室……8572648
- 机动安全办公室……8572656
- 稳定信息办公室……8572638
- 生产调度室……8572200

房地产开发公司（基建办）
- 书记、副主任……8661141
- 主任……8679518

河口医院
- 书记……8661239
- 院长……8676125
- 党政办……8571558
- 经营办……8665018
- 医务科……8571936
- 护理部……8571589
- 院内感染科……8665182
- 非在职办……8571904
- 老年办……8573028
- 信息科……8662004
- 总值班室……3861120

河口钻井卫生院
- 院长、书记……8666775
- 副院长……8667359
- 党政办……8671239
- 经营办……8570024
- 财务……8667039
- 信息办……8576357
- 医务办 / 护理部……8576377
- 稳定办……8662980

计划生育与学前教育管理中心
- 书记……8666757

主任……8665868
党政办公室……8672767
经营办公室……8672337
服务站……8671326
计生办公室……8571575

滨南社区管理中心

地址：滨州市渤海七路781号
邮编：256601
区号：0543

党政办公室
主任……3463374
值班室……3478941
思想政治部）
主任……3478867
干事……3463986
人力资源部（组织）
主任……3462647
干事……3464942
公共事业部
主任……3478804
副主任……3478894
经营管理部
主任……3461391
副主任……3462724
安全环保部
主任……3479443
干事……3478841
纪监审计部
主任……3460394
干事（纪委）……3479454
干事（审计）……3478972
财务资产管理办公室
主任……3460504
副主任……3460954
计划基建办公室
主任……3479141
副主任……3460062
定额价格管理办公室
主任……3462452
干事……3462452
治安保卫办公室
主任……3461427
副主任……3479401
卫生管理办公室
主任……3461375

副主任……3463494
车辆管理中心
主任……3460843
综合办……3479368
胜滨物业管理公司
书记……3460833
经理……3461843
党政办……3460957
经营办……3461712
物业办……3463654
建翔物业管理公司
书记……3472198
经理……3472767
党政办……3471031
经营办……3471015
物业办……3471457
综合大队
大队长……3471997
书记……3469417
综合办公室……3469143
财务办公室……3469036
经营办公室……3469146
生产办公室……3471369
滨南医院
书记……3462135
院长……3460471
党政办公室……3461558
医务处……3462173
护理部……3478688
总务处……3461583
住院处……3462245
检验科……3462184
眼科……3462235
口腔科……3461571
急诊室……3461499
放射科……3461788
风湿科……3461559
体检中心……3464902
建翔医院
书记……3469216
院长……3469226
党政办……3471587
医务办……3471755
经营办……3460402
教育培训中心
书记……3462147

主任……………………………………3460627
党政办公室……………………………3461316
劳资办公室……………………………3461386
后勤办公室……………………………3462402
督导办公室……………………………3463497

老年管理中心
书记……………………………………3479273
主任……………………………………3479341
党政办公室……………………………3479475
工会 / 计生办公室……………………3479473
劳资 / 宣传办公室……………………3478869

临盘社区管理中心

地址：山东省临邑县
邮编：251507
区号：0534

党政办公室
副主任…………………………………8860419
值班室…………………………………8860949

人力资源部（组织科）
主任……………………………………8868045
组织科…………………………………8860503

人力资源部（劳资培训科）
主任……………………………………8860421
再就业办公室…………………………8862039
劳资科…………………………………8869904

纪检监察部
主任……………………………………8868786
副主任…………………………………8868397
纪检监察部……………………………8868081

思想政治工作部
主任……………………………………8860502
副主任兼团委书记……………………8860167
办公室…………………………………8860050

生产安全部
主任……………………………………8866838
副主任…………………………………8868181
办公室…………………………………8860049
生产调度室……………………………8860045

规划计划部
主任……………………………………8868886
副主任…………………………………8861197
办公室…………………………………8868280

经营管理部
主任……………………………………8860423
副主任…………………………………8860145
办公室…………………………………8860145

财务资产管理中心
主任……………………………………8861907
副主任…………………………………8866886

公共事业中心（房产科）
科长……………………………………8861122
房产科…………………………………8861705

公共事业中心（卫生科）
科长……………………………………8861007
卫生科…………………………………8862340
计生办…………………………………8861430
治安办…………………………………8868099

综合服务中心
教导员…………………………………8868788
主任办…………………………………8868391
办公室…………………………………8868297

老年家属管理中心
教导员…………………………………8861815
主任……………………………………8868422
办公室…………………………………8860377

物资供应办公室
主任……………………………………8867124
财务组…………………………………8868609
计划办…………………………………8862034
配送队…………………………………8865370

物业管理公司
教导员…………………………………8861891
大队长…………………………………8861986
调度……………………………………8861284
安全……………………………………8862421
政工……………………………………8867418
劳资……………………………………8861039
财务……………………………………8869464
企管……………………………………8862420

供热供水大队
教导员…………………………………8869840
大队长…………………………………8860720
调度……………………………………8860144
政工组…………………………………8860142
劳资……………………………………8860470
财务……………………………………8868836
企管……………………………………8860143
安全……………………………………8869845

临盘医院
教导员…………………………………8862906
院长……………………………………8861795

院办……………………………………8861726
医务科…………………………………8866689
劳资……………………………………8862235
财务……………………………………8861665
宣传……………………………………8861491
门诊部…………………………………8861760
内科……………………………………8861285
外科……………………………………8861228
手术室…………………………………8861675
儿科……………………………………8869320
妇产科…………………………………8861452
传染科…………………………………8861442
急诊科…………………………………8861111

文化教育培训中心

教导员…………………………………8861363
主任……………………………………8865128

矿建公司

大队长…………………………………8860486
基建科…………………………………8862973
财务……………………………………8860372
安全……………………………………8869031
技术组…………………………………8865247
土建组…………………………………8861247
土建组…………………………………8862234
安装组…………………………………8862973
预算组…………………………………8869730
工程处…………………………………8865135
基建队…………………………………8869753

德利公司

总经理…………………………………8867108
韦成宿舍………………………………8869018
经营经理办公室………………………8861869
综合办公室……………………………8861930
人力资源部……………………………8869110
财务资产部……………………………8867145
生产安全部……………………………8861788

胜利日报社

地址：东营市胜泰路 14 号
邮编：257012

党政办公室

主任……………………………………8712676
办公室（值班）………………………8555774
工会……………………………………8714282

老年管理中心

办公室…………………………………8713960

资产科

科长……………………………………8554353
副科长…………………………………8714201
财务资产科……………………………8776664
综合管理科……………………………8559207

编辑部

总编室…………………………………8710231
信息网络………………………………8710507
要闻部…………………………………8710075
经济新闻部……………………………8553630
专刊部…………………………………8551361
新生活编辑部…………………………8710273
新闻评论部……………………………8555779
西部分社………………………………8555725
新闻采访部……………………………8710057
摄影部…………………………………8797926
胜利新闻网……………………………8795955
资料室…………………………………8557015
广告发行部……………………………8717200
发行部…………………………………8558466
政策咨询中心…………………………8554368

记者站

中国石化报记者站……………………8554146
大众日报记者站………………………8555782
山东人民广播电台记者站……………8553729

胜利油田胜利报业发展有限责任公司

总经理…………………………………8555199
副总经理………………………………8773439
办公室…………………………………8712358
财务资产部……………………………8557018
市场营销部……………………………8712947
材料部…………………………………8551364
生产经营部……………………………8553590
照排车间………………………………8551359
晒版车间………………………………8713542
彩印车间………………………………8713547
小胶印车间……………………………8713544
胶印车间………………………………8551362
装订车间………………………………8551363
发行中心………………………………8777490
物业管理………………………………8773440
房屋租赁………………………………8712358
石油技术服务…………………………8713420

广播电视中心

地址：东营市影视街 12 号

邮编：257000

党政办公室

主任……8794585

副主任……8556027

车队……8556020

组织劳资科

科长……8794821

办公室……8557685

广电科

科长……8794238

办公室……8777355

财务科

科长……8701261

办公室……8231883

计划财务科

办公室……8556051

经营管理办公室

办公室……8552021

新闻部

主任……8789444

副主任……8771151

记者办公室……8557569

编辑办公室……8556018

新闻部编辑室……8786241

播音员办公室……8772886

社教部

主任……8794793

副主任……8771152

劳动榜样办公室……8557959

新视点办公室……8550659

总编室

主任……8799582

副主任……8777256

编辑办公室……8209978

磁带库……8556008

文艺部

主任……8208886

副主任……8794570

编导室……8558236

制作部

主任……8796797

副主任……8794820

编辑室……8777400

编辑室（2）……8786244

影视部

主任……8794602

编辑室……8556013

广告部

主任……8777367

副主任……8556022

广告业务办公室……8777484

栏目室……8777106

电视周报

副主任……8771750

广告室……8557686

周报编辑室……8794807

图文部

主任……8777365

办公室……8556671

信息部

主任……8558928

副主任室……8797296

编辑办公室……8786242

机房值班室……8224020

播出部

主任……8223577

副主任……8794690

播出机房……8777434

播出值班室……8701881

发射部

主任……8711811

发射播控室……8553763

发射办公室……8713504

网络中心

主任……8777437

教导员……8777356

综合管理室……8789414

技术部

主任……8551854

副主任……8771510

办公室……8786243

配电室……8792877

铁塔管理部

主任……8711970

办公室……8711977

高级人才培训中心党校

地址：东营区济南路169号

邮编：257000

机关党支部

书记……8799976

党政办公室

主任……8710107
办公室……8553698
党群工作部
主任……8551245
纪委……8794994
工会……8551237
计生办……8552728
人力资源部（组织）
副总师……8551243
职改办副主任……8558170
办公室……8551242
财务资产科
科长……8552706
办公室……8558165
教学教务部
主任……8501245
办公室……8717069
中文与法律教研部
主任……8705659
办公室……8702216
马列主义教研部……8559243
主任……8558246
办公室……8559243
管理工程教研部
主任……8714486
办公室……8817268
石油工程教研部
主任……8817620
办公室……8714497
基础理论与信息工程教研部
主任……8714489
办公室……8714469
建筑与电气工程教研部
主任……8714476
办公室……8717010
外语教研部
主任……8714279
办公室……8559243
培训项目开发部
培训一支部……8773274
培训管理部……8717320
培训二支部……8558378
石油工程培训部
主任……8710020
办公室……8710020
高级技能人才培训部
主任……8818763
办公室……8551207
国际石油培训部
主任……8717100
办公室……8714833
马列主义理论研究所
主任……8501242
办公室……8705756
党史党建培训部
主任……8553084
办公室……8799142
党建研究所
主任……8554014
办公室……8797179
政工干部培训部
主任……8705506
办公室……8550379
青年干部培训部
主任……8782505
办公室……8782505
油气开发技术培训部
主任……8551210
办公室……8551210
公共事业培训部
主任……8799920
办公室……8703093
油田地面建设工程培训部
主任……8713844
办公室……8775624
高级人才培训部
主任……8714582
办公室……8551209
管理干部培训部
主任……8775949
办公室……8714001
安全工程培训部
主任……8705273
办公室……8551248
财会培训部
主任……8551247
办公室……8551247
信息工程培训部
主任……8775472
办公室……8775472
外语培训部
主任……8554252

办公室……8554252
法律培训部
主任……8797001
办公室……8797001
职业与继续教育发展中心
主任……8710209
书记……8714011
办公室……8554731
远程教育……8713652
招生学籍……8710620
教学管理……8553699
学生管理……8712374
网络招生……8776294
党校函授……8554549

胜利职业学院

地址：东营区北二路504号
邮编：257097

机关职能部门
党委办公室……8555280
党委组织部……8555204
纪监审计部……8521422
工会办公室……8554955
学生工作处（团委）……8554128
学院办公室……8552793
劳动工资部……8555262
教务处……8554959
经营管理部……8521349
培训管理部……8551304
招生与就业指导处……8557912
直属科级单位
培训市场开发部……8521404
培训项目开发部……8521546
财务资产管理中心……8555202
科研管理中心……8552792
治安保卫中心……8521420
老年管理中心……8521317
后勤管理中心……8555549
科级单位
油气勘察与信息工程系……8521649
石油工程系……8521526
储运与建筑工程系……8521451
机电工程系……8551305
电气与自动控制工程系……8521614
管理工程系……8521634
信息电教中心……8521646
实习工厂……8555419
职业技能训练中心……8795848
学员服务中心……8551611
技术开发中心……8521466
建设工程分院
书记、院长……8799529
党委副书记……8557906
党政办公室……8501205
教务办公室……8502650
成人教学管理部……8551943
图书馆……8502571
石油工程教学部……8502375
管理工程教学部……8502550
实训教学管理办公室……8502532
实验教学部……8501323
信息技术管理部……8502795
培训管理办公室……8502912
培训项目开发部……8502387
培训学员管理部……8501138
学生工作办公室（团委）……8501021
综合治理办公室……8502336
常规管理部……8501021
总务办公室……8501035
交通工程分院
书记、院长……8789098
副院长……8502964
党政办公室……8793964
教务办公室……8791504
公共课教学部……8782632
电子商务教学部……8782711
机电工程教学部……8782663
汽车工程教学部……8782576
教科研管理中心……8782665
图书馆……8782715
实习工厂……8782759
培训管理办公室……8782568
学生工作办公室（团委）……8782559
招生办公室……8553866
总务办公室……8501267
汽车驾驶技能训练中心……8553797
医疗卫生分院
院长……8779286
书记……8551592
党政办公室……8552232
教务办公室……8551593
图书馆……8770225

普通课教研室……8770235
基础临床课教研室……8770234
学生工作办公室（团委）……8551595
培训管理办公室……8770045
总务办公室……8551594
老年工作办……8779028

烟台疗养院

地址：烟台市观海路5号
邮编：264003
区号：0535
总机：6888441

综合科
主任……6883826
副主任……-36373
劳资……-36271
宣传……-36376
工会……-36917
档案室……-36252
经营管理办公室
院长助理、主任……6888180
书记……-36117
办公室……-36915
车队队长……-36991
财务资产科
科长……6889036
副科长……-36575
会计室……-36594
规划计划信息科
科长……-36801
副科长……-36913
营销部
院长助理、主任……6889676
书记……-36997
餐饮部
主任……-35516
副主任……-36273
胜利大酒店……-35508
石油大酒店……-36273
客房部
主任……-36275
副主任……-35117
体检中心
书记……-36677
主任……-30203
总服务台……-30109
健康管理中心
主任……-36693
副主任……-36916
值班室……-30110
前台……-32117
后勤管理中心
书记……-36539
主任……-36282
调度室……-36133
老年管理中心
主任……-36659
办公室……-36374
活动中心……-36355

青岛疗养院

地址：青岛市市南区台湾路4号
邮编：266071
区号：0532

总服务台……66702888
办公室
值班室……66702882
传真……66702859
综合部
劳资……66702857
保险、护理……66702850
医师办公室……66702855
党群部
办公室……66702829
安保管理……66702805
财务部
办公室……66702806
综合统计……66702801
核算出纳……66702807
资产税务……66702809
营销部
办公室……66702890
业务经理……66702891
客房部
办公室……66702075
客房办公室……66702118
餐饮部
办公室……66702860
采购部
办公室……66702819
商品部……66702050
后勤部

办公室……………………………………66702077
维修班……………………………………66702076
锅炉房……………………………………66702006

北京办事处

地址：北京市朝阳区德胜门外北沙滩3号
邮编：100192
区号：010

总机……………………………………64871155
各部室
处办公室…………………………(010)64873607
……………………………………………-1504
……………………………………………-1524
车队 ………………………………………-2206
人事部……………………………………64878023
财务部……………………………………64870614
工会 ………………………………………-1528
公关部……………………………………64873620
前厅部 ……………………………………-1510
客房部 ……………………………………-1509
餐饮部……………………………………64873609
总务部……………………………………64873623
安保部……………………………………64873615
项目办公室 ………………………………-1502
质检部……………………………………64879073
旅行社……………………………………64873621
海霸饭店
总机………………………………………84278888
办公室……………………………………84285959
营销部……………………………………84276284
导医中心…………………………………84271489

济南办事处

地址：济南市经七路556号
邮编：250021
区号：0531

行政办公室
办公室……………………………………87916168
组织劳资科………………………………87923456
……………………………………………-1908
计划财务科………………………………87066368
胜利石油大厦
总机………………………………………87923456
总台………………………………………87933048
客房部……………………………………87923456
……………………………………………-1202
餐饮部……………………………………87910756
营销部……………………………………86808605
安保科……………………………………87923456
……………………………………………-6019
动力部……………………………………87923456
……………………………………………-6018
山东胜利旅行社
办公室……………………………………87917985
奥应科技有限公司
办公室 …………………………(0546)8786687

川东北工委

综合办公室
值班室…………………………(0818)5358700
主任……………………………(0818)5358766
副主任…………………………(0818)5358765
办公室…………………………(0818)5358700
人力资源(组织)部
主任……………………………(0818)5358780
副主任…………………………(0818)5358779
办公室…………………………(0818)5358778
工会
副主席、纪委副书记…………(0818)5358786
生产运行部
主任……………………………(0817)6307330
办公室…………………………(0838)2904894
经营管理部
主任……………………………(0818)5358708
副主任…………………………(0818)5358777
计划财务部
主任……………………………(0818)5358758
办公室…………………………(0818)5358759
技术装备部(技术)
主任……………………………(0818)5358730
副主任…………………………(0818)5358729
安全环保部
主任……………………………(0838)2800271
副主任…………………………(0838)2800271
物资供应部
主任……………………………(0818)5358768
副主任…………………………(0818)5358769
后勤保障中心
主任……………………………(0818)5358718
书记……………………………(0818)5358718
办公室…………………………(0818)5358717

生产支持中心
主任……………………………(0838)2904891
副主任……………………………(0827)5253869
办公室……………………………(0818)5358722
试气工程部
经理……………………………(0818)5828426
固井工程部
经理……………………………(0818)5358799
办公室……………………………(0818)5358756
钻前工程部
经理……………………………(0818)2698896
办公室……………………………(0818)2698898
管具工程部
经理……………………………(0838)2801251
川西前线……………………………(0838)2905930
巴中前线……………………………(0827)5253869
阆中前线……………………………(0817)6307330

海外工程管理中心

地址：东营市胜阳街2号
邮编：257000

中心机关
中心办公室……………………………8555247
办公室主任……………………………8711857
办公室副主任……………………………8712957
人力资源（组织）部……………………………8711563
经营管理部……………………………8711104
安全质量管理部……………………………8713831
财务资产部……………………………8554524
法律事务部……………………………8713741
市场开发部……………………………8552564
项目管理部……………………………8713767
外事管理部……………………………8777507
合作部……………………………8711194
物流装备部……………………………8777363
海外中心项目部
沙特项目部……………………………8713572
阿尔及利亚项目部……………………………8713741
哈萨克斯坦项目部……………………………8713828
埕岛西项目组……………………………8505616
埃及项目部……………………………8713523
墨西哥项目部……………………………8717037
印尼项目部……………………………8714218
土库曼斯坦项目部……………………………8713779
蒙古项目部……………………………8714344
科威特项目部……………………………8713668

教育培训中心

地址：东营市东营区胜泰路28号
邮编：257000

综合管理科
办公室……………………………8556659
值班室……………………………8556170
组织管理……………………………8557894
劳资宣传……………………………8711141
信访保险……………………………8778446
户籍管理……………………………8713864
培训项目审查部
办公室……………………………8776251
项目审查……………………………8713334
培训过程监督部
办公室……………………………8556172
过程监督……………………………8713284
培训效果评价部
办公室……………………………8711147
效果评价……………………………8552328
职业教育科
办公室……………………………8552348
职业教育……………………………8710532
离退休职工管理中心
办公室……………………………8714157
老年管理……………………………8553260
工会计生老年……………………………8713296
工会管理……………………………8711141
生活服务站
办公室……………………………8559886
生活绿化……………………………8772352
房产物业……………………………8772352
技术监督节能……………………………8778769
机动安全……………………………8551500
家属管理……………………………8713279
就业再就业……………………………8775393
综合治理……………………………8775393
山东胜利教育产业发展有限公司
总经理……………………………8559886
公司办公室……………………………8778769
财务办公室……………………………8778407
金桥培训中心……………………………8705080
餐饮服务中心……………………………8710098
胜利油田教育饮用水服务中心……………………………8559136
胜利油田黄河双语学校……………………………8988038
胜利油田蒙氏教育试验幼儿园……………………………8714677

胜利方大外国语学校……………………7857101
胜利新西兰学校……………………8717111
教育书店……………………8773801
教育服装厂……………………7883069

热电联供中心

地址：东营市东营区淄博路204号
邮编：257000

党政办公室
主任……………………8717517
副主任……………………8717502
人力资源（组织）部
主任……………………8717577
副主任……………………8717585
思想政治工作部
主任……………………8717519
副主任……………………8717568
团委……………………8717593
纪检监察部
主任……………………8717516
办公室……………………8717526
生产运行部
主任……………………8717556
副主任……………………8717808
调度室……………………8717500
经营管理部
主任……………………8717588
办公室……………………8717587
安全环保部
主任……………………8717518
副主任……………………8717559
财务资产管理中心
主任……………………8717597
副主任……………………8717927
基建工程管理中心
主任……………………8717583
定额站……………………8717686
规划计划部
主任……………………8717558
设计室……………………8717530
信息中心
副主任……………………8717569
办公室……………………8717939
治安保卫中心
书记……………………8717523
主任……………………8717522
老年管理中心
副书记、主任……………………8717551
办公室……………………8717571
安全环保监督站
主任……………………8717572
办公室……………………8717959
胜中热力
书记、大队长……………………8550639
副大队长……………………8778945
党政办公室……………………8503157
工会……………………8551537
宣传……………………8551537
生产办公室……………………8503101
经营办公室……………………8503037
供热监控中心……………………8502440
胜东热力
书记……………………8765378
大队长……………………8764788
党政办公室……………………8764110
生产办公室……………………8765726
主任技师办公室……………………8762996
生产调度……………………8765440
经营办公室……………………8764418
财务办公室……………………8765863
胜南热力
书记……………………8612568
大队长……………………8610205
党政办公室……………………8610264
生产办公室……………………8610041
调度室……………………8610422
经营办公室……………………8610794
财务办公室……………………8610643
胜北热力
书记……………………8628918
大队长……………………8628919
党政办公室……………………8628916
生产办公室……………………8626159
生产调度……………………8621747
经营办公室……………………8622919
滨南热力
书记……………………3463899
大队长……………………3463776
党政办公室……………………3460294
生产办公室……………………3460403
经营办公室……………………3460147
仙河热力

书记……8485949
大队长……8588186
党政办公室……8581950
生产办公室……8581855
经营办公室……8581855
生产调度室……8485444

河口热力
书记……8663966
大队长……8572689
党政办公室……8572176
生产办公室……8572341
生产调度……8672055
经营办公室……8572120

孤岛热力
书记……8886029
大队长……8885663
党政办公室……8885350
生产办公室……8885500
经营办公室……8881123
调度……8885044

热力水煤浆厂
书记……8595700
厂长……8594006
党政办公室……8594406
经营办……8594962
生产办公室……8594963

热力工程大队
书记……8717809
大队长……8798389
党政办公室……8717816
生产办公室……8717803
经营办公室……8717805
物资办公室……8717811

海上石油工程技术检验中心

综合办公室
主任……8559096
值班……8552324

生产经营科
科长……8788729
副科长……8551792
办公室……8781189

财务资产科
科长……8778936
副科长……8788036
办公室……8787638

发证检验部
书记、经理……8775146
副经理……8717695
综合办公室……8717831

无损检测部
书记……8788580
经理……8501202
党政办公室……8781290
生产经营办……8780964
技术质量办……8701330
生产服务站……8554878

产品认可部
书记、经理……8712937
副经理……8713707
综合办公室……8710913

油田分公司二级单位

孤岛采油厂

地址：东营市河口区孤岛镇
邮编：257231

党政办公室
主任……8885043
副主任兼信访办主任……8886221
值班室……8885112

人力资源（组织）部
副主任……8886551
党务管理……8886547
干部管理……8886547
组织计划管理……8886867
用工管理……8886867
薪酬管理……8886528

思想政治工作部
副总政工师、主任……8885183
副主任……8886566
电视编辑部……8886534
工会……8886798
团委……8886298

纪委监察部
主任……8895168
副主任……8886521
督察巡视组……8885152
纪委办公室……8886349

生产管理部
副总工程师、主任……8886539
副主任……8885127

产能建设项目部……8885513
值班室……8886812
生产管理……8885936

技术管理部
主任……8886911
副主任……8886808
采油……8886897
注水……8886799
热采……8880114
全质……8885481
自动化……8885481
推广……8886316
科研……8886316

安全环保油地部
安全副总监、主任……8886575
安全环保监督站……8885711
安全管理……8885326
环境保护……8886235

物资装备部
主任……8885305
副主任……8889859
设备现场……8886554
车辆管理……8886078

规划计划部
副总经济师、主任……8885533
副主任……8885157
项目前期准备……8886036
生产计划……8885407
规划……8886036

经营管理部
主任……8886576
副主任……8885478
合同管理……8886373
管理创新……8886254
精细管理……8886254
经营考核……8881292
法律事务……8885665

财务资产部
副总会计师、主任……8885718
副主任……8885479
预算组……8886925
成本组……8886545
资金组……8886886

审计部
主任……8899576
基建审计……8885297
财务审计……8885297

油气集输管理部
主任……8885301
副主任……8886171

油地工作部
主任……8889561
综合……8886570
钻井协调……8897707
污染鉴定……8886842
工程协调……8886542
油区管理……8886542
地籍管理……8886842

水电管理部
主任……8886805
副主任……8885057

机关事务管理办公室
副总政工师、主任……8886126
副主任……8886207
综合管理……8885878

综合管理中心
书记……8886899
主任……8886569
综治……8886255

文化管理中心
书记……8880285
主任……8880285
综合……8889240

金岛宾馆
书记……8886508
经理办……8886829
总台……8886168

机关食堂
主任……8885781
办公室……8886147
办公室……8886463

技术质量监督中心
书记……8885995
主任……8885431
中心办公室……8885925

信息（档案）中心
书记……8886972
主任……8882290
网络管理室……8885675
数据管理室……8885196
开发应用室……8885879
综合研究室……8885253

ERP 技术服务室……………………8885399
档案管理室……………………8885260

工程建设管理中心
书记……………………8886302
主任……………………8886526
综合……………………8886738

定额预算管理中心
书记……………………8885521
主任……………………8889020
综合……………………8885319

治安保卫中心
书记……………………8885817
副主任……………………8886272

物资配送中心
书记……………………8885320
主任……………………8880125
调度室……………………8886962

作业管理中心
书记兼主任……………………8885861
大修工艺……………………8886898
作业质量……………………8886898
生产配套……………………8886898
现场管理……………………8886898
作业装备……………………8886689

三采办
主任……………………8885717
注聚工程……………………8885539
注聚综合……………………8885539

老年工作管理中心
书记……………………8882618
主任……………………8886358
中心办……………………8881140

操作技能管理站
党校副校长、站长……………………8886486
综合办……………………8886304
劳资、经营……………………8886304
培训考核……………………8880823

孤岛社保所
所长……………………8882802
副所长……………………8882804

监督稽核四站
站长……………………8585332
办公室……………………8886939

孤一油藏经营管理区
书记……………………8899856
经理……………………8888200
组织……………………8886220
劳资……………………8885268
青年、培训……………………8885268
工会、女工、计生……………………8897658
综合治理及稳定工作……………………8897658
生产管理组组长……………………8885001
油地管理……………………8885265
安全环保……………………8885265
水电气管理……………………8885001
物资装备管理……………………8885265
自动化、技术监督……………………8885001
计划统计……………………8885181
采油……………………8885001
调度室……………………8885277
财务预算管理……………………8885311

孤二油藏经营管理区
书记……………………8889127
经理……………………8885502
组织……………………8886581
劳资培训……………………8886281
宣传统战……………………8886568
工会女工……………………8886568
青年计生……………………8886568
生产组长、调度长……………………8886455
水电油地管理……………………8885376
调度室……………………8886519
作业监督……………………8897056

孤三油藏经营管理区
书记……………………8886621
经理……………………8886273
组织……………………8885345
工会……………………8885345
青年、计生……………………8885345
宣传……………………8885345
保卫……………………8886392
档案……………………8886392
生产办……………………8885775
调度长……………………8885732
机动……………………8885953
安全、采油……………………8885953
注水、热采……………………8885775
计划……………………8885953
调度室……………………8886004
经营组长……………………8886290

劳资、培训……8886290
财务……8885366

孤四油藏经营管理区
书记……8893616
经理……8885175
组织、保卫……8891700
宣传……8891649
工会……8891649
生产办……8891373
机动……8891303
安全环保……8892406
采油……8891303
调度室……8891361
计划……8891639
经营……8893668
劳资……8891644
财务……8886038

垦西油藏经营管理区
书记……8886856
经理……8886759
组织……8886193
经营组长……8886131
调度室……8888349

边远井油藏经营管理区
书记……8885279
经理……8886607
组织、保卫……8885918
生产办……8885511
经营、计划……8886434

垦利油藏经营管理区
书记……8889128
经理……8889127
组织……8889120
生产组长……8889172
计划……8889107
集输、机动……8889107
安全、环保……8889110
调度室……8889118
经营组长……8889114
财务……8889115

集输注水大队
书记……8886577
大队长……8885618
组织……8886288
生产组……8885126
调度室……8886652
技术组……8886613
经营组……8885805
财务……8885136

热采大队
书记……8886360
大队长……8881114
组织、纪检……8885655
宣传、团委……8885757
工会、档案……8886363
女工、计生……8886363
生产运行……8885248
设备、安全管理……8885755
计划、统计……8885755
现场、水电、工农……8885755
调度室……8885362
调度室……8886362
技术管理、培训信息……8885914
劳资……8885654
经营……8885654
材料管理……8886365

作业大队（西区）
书记……8885118
大队长……8885117
主管工程师……8891396
组织……8891088
经营组长……8891199
财务……8891897
调度长……8891111
调度室……8886721
安全……8891206
技术组长……8891331
服务队……8891484
管理队……8891351
维修队……8891145

作业大队（东区）
书记……8891406
大队长……8885902
责任工程师……8880608
组织……8885903
办公室、微机室……8885569
工会、宣传、公共事务……8881056
技术办……8885911
调度长……8886317
调度……8886641
安全环保机动……8881138
经营劳资结算……8885567

财务……8885812

准备大队

书记……8889968
大队长……8885760
主管工程师……8886450
组织……8885970
保卫……8885469
生产管理办公室……8885713
生产调度……8885831
财务……8885972

特车大队

书记……8886901
大队长……8885535
组织……8886646
宣传……8886334
保卫、信息……8886246
财务……8885837
安全……8886880
生产……8885209
调度室……8885242

监测大队

书记……8885267
大队长……8886656
组织……8885619
财务……8885086
调度……8886378
调度……8885378
生产……8886175
主管师……8882401
经营组长……8886377
综合管理站……8880045

护卫大队

大队长……8885052
书记……8891800
组织……8891161
宣传、档案……8885212
经营办……8893610
财务、劳资……8891228
经营、机动、安全、作训……8891228

水电大队

书记……8885658
大队长……8886160
组织……8899157
宣传、综治、青年……8885692
计生、工会、档案……8885692
生产组长……8899189
调度……8886051
经营组长……8885229
计划统计……8885229
会计出纳……8881903
水利管理……8885687
电气队……8886128

地质所

书记……8885358
所长……8885582
组织、纪检、综治……8887805
劳资、经营、培训……8887805
宣传、工会、计生……8886640
后勤、材料……8886640
女工、老年、房产……8886640
工程师办……8886600
生产室主任……8886978
生产室调度……8886550

工艺所

书记……8885238
所长……8885523
组织……8885923
财务……8885729
工会……8886320
劳资……8885529
安全、调度……8885524
综合室……8881227
方案运行室……8897242
工艺研究室……8885556

金岛实业有限责任公司

总经理……8886257
书记……8886792
公司办……8885715

胜岛石油机械厂

经理……8898088
书记……8886376
组织、劳资……8885415
经营……8899260
财务……8886648
安全、调度……8886380
技术质量……8885839

胜鑫防腐公司

书记……8956705
副经理……8956705
公司办……8956701
销售办……8956702
生产部……8956706

质技办……………………………………8956712

思远工程安装公司

经理……………………………………8885965

书记……………………………………8886916

公司办…………………………………8886824

石油工程技术公司

经理……………………………………8899301

书记……………………………………8899551

公司办…………………………………8886783

经营……………………………………8886781

财务……………………………………8885871

生产办…………………………………8888322

运输公司

经理……………………………………8886297

书记……………………………………8897252

公司办…………………………………8886421

生产办…………………………………8886498

经营办…………………………………8880405

调度……………………………………8886709

农工贸分公司

经理……………………………………8885073

书记……………………………………8885730

政工……………………………………8886151

劳资……………………………………8886270

经营……………………………………8886418

财务……………………………………8885710

金岛中心超市

经理……………………………………8899556

书记……………………………………8897610

公司办…………………………………8890995

胜利采油厂

地址：东营市东营区西四路483号

邮编：257051

党委办公室

主任……………………………………8554972

副主任、信访办主任……………………8621317

值班室…………………………………8553017

直属党委

副书记…………………………………8555273

办公室…………………………………8777305

党委组织科

科长……………………………………8623755

副科长…………………………………8553054

办公室…………………………………8776401

党委宣传科

科长……………………………………8777301

副科长、三基办主任……………………8622039

纪委监察科

纪委副书记、监察科科长………………8555812

纪检监察………………………………8622065

工会

副主席…………………………………8622670

办公室…………………………………8777307

计划生育办公室

主任……………………………………8776750

办公室…………………………………8622293

团委

书记……………………………………8622380

办公室…………………………………8552583

厂办公室

主任……………………………………8557573

值班室…………………………………8553322

生产办公室

主任……………………………………8628958

副主任…………………………………8623310

调度值班室……………………………8553075

注采科

科长……………………………………8622932

办公室…………………………………8553150

有杆泵工艺……………………………8622935

注采管理………………………………8622935

注水工艺………………………………8777324

注水地面………………………………8777324

测调管理………………………………8777324

三采办公室

主任……………………………………8623589

注聚工程………………………………8623965

堵调工程………………………………8623965

油气集输科

科长……………………………………8555001

污水处理………………………………8553125

天然气管理……………………………8553125

综合管理………………………………8821212

作业科

科长……………………………………8552523

作业预算………………………………8622062

作业运行………………………………8622062

作业统计………………………………8623309

质量管理………………………………8623309

大修管理………………………………8623309

油地工作科

科长……………………………………………8623035
公路管理………………………………………8796614
协调岗…………………………………………8623070
钻井运行………………………………………8623055
能源岗…………………………………………8623052
综合岗…………………………………………8796614
统计岗…………………………………………8776412

科技管理科
科长……………………………………………8553131
科技计划………………………………………8777329
科研成果推广…………………………………8821515

劳动工资科
科长……………………………………………8556761
统计管理………………………………………8624166
组织计划………………………………………8555494
培训考核………………………………………8555494
合同保险………………………………………8776462
薪酬管理………………………………………8624566
档案管理………………………………………8626055
技师协会………………………………………8625157

经营管理科
副科长…………………………………………8555232
经营管理………………………………………8776440
经营考核………………………………………8629671
项目管理………………………………………8776440
制度管理………………………………………8629671
基础工作………………………………………8776440
管理创新………………………………………8629671

市场办
副科长…………………………………………8623908
市场管理………………………………………8776441

法律事务科
科长……………………………………………8551002
合同管理………………………………………8623733
法律事务、招投标……………………………8629952

设备管理科
科长……………………………………………8776432
计划调配………………………………………8623025
机电管理………………………………………8718156
设备修理………………………………………8625027
设备机加工……………………………………8623025
作业与注汽设备………………………………8718156
抽油机油水管理………………………………8622585
设备综合统计岗………………………………8622585

技术监督科
科长……………………………………………8551018
节能管理………………………………………8623240
用电管理………………………………………8623252
计量标准化管理………………………………8627971
质量管理………………………………………8555819

安全环保科
科长……………………………………………8554928
劳动保护………………………………………8623073
工业管理………………………………………8623095
交通管理………………………………………8623095
综合管理………………………………………8623092
HSE 管理 ……………………………………8622152
环境管理………………………………………8623115
污染治理………………………………………8623113

规划计划科
科长……………………………………………8553120
生产计划………………………………………8623676
生产统计………………………………………8776426
投资计划………………………………………8623137
投资统计………………………………………8623137

物资供应科
科长……………………………………………8778907
副科长…………………………………………8776739

审计科
科长……………………………………………8622070
财务审计………………………………………8777330

财务资产管理中心
书记、主任……………………………………8623273
副书记、副主任………………………………8629696
投资基建………………………………………8625129
资产核算………………………………………8625125
资金报销、内控管理…………………………8551011
预算管理………………………………………8623302
成本核算………………………………………8777332
稽核管理………………………………………8626988
稽核管理、档案管理…………………………8501039
税务管理………………………………………8625122
综合管理、信息管理…………………………8621276

定额价格管理中心
主任……………………………………………8823516
钻井工程造价…………………………………8629762
作业工程造价…………………………………8628535
作业核算、内部定额…………………………8629812
安装工程造价…………………………………8822172
建筑工程造价…………………………………8623155

基建工程管理中心
书记……………………………………………8557618

主任……………………………………8777337
招投标、档案管理……………………8551015
计划统计、合同管理…………………8623315
材料管理………………………………8623336
质量信息管理…………………………8822016
施工管理………………………………8822015
信息中心
书记……………………………………8528326
副主任…………………………………8528338
值班室…………………………………8528336
治安保卫中心
主任……………………………………8623361
书记……………………………………8528301
综合管理………………………………8821713
巡逻大队
办公室…………………………………8744331
消防中队
指导员…………………………………8742711
中队长…………………………………8742119
接警室…………………………………8742734
护卫大队
教导员…………………………………8529195
大队长…………………………………8529678
办公室…………………………………8822239
质量安全监督中心
书记……………………………………8623223
主任……………………………………8626365
办公室…………………………………8822051
生产处党支部
副书记…………………………………8776749
档案室
主任……………………………………8776418
新闻中心
电视台台长……………………………8776404
办公室…………………………………8821091
投资项目管理中心
主任……………………………………8553120
办公室…………………………………8777313
物资质检配送站
书记……………………………………8776240
站长……………………………………8778907
办公室…………………………………8776241
天然气管理队
队部……………………………………8741302
值班室…………………………………8741542
老年管理中心
书记……………………………………8623626
主任……………………………………8623812
办公室…………………………………8623400
地质研究所
教导员…………………………………8823909
副所长…………………………………8823979
办公室…………………………………8784704
工艺研究所
书记……………………………………8520906
所长……………………………………8520908
所办公室………………………………8520257
采油一矿
教导员…………………………………8742909
矿长……………………………………8742598
矿办公室………………………………8742201
组织、纪检……………………………8742953
宣传、稳定……………………………8741736
调度室…………………………………8742278
工程技术管理站………………………8743786
采油二矿
教导员…………………………………8745956
矿长……………………………………8743277
矿办公室………………………………8742714
组织、团委、宣传……………………8742810
调度室…………………………………8742113
工程技术管理站………………………8740186
采油三矿
教导员…………………………………8742463
矿长……………………………………8743766
矿办公室………………………………8742250
组织……………………………………8741985
宣传……………………………………8740216
工会、团委……………………………8743508
调度……………………………………8742159
工程技术管理站………………………8742184
采油四矿
教导员…………………………………8744633
矿长……………………………………8741791
矿办公室………………………………8740042
组织……………………………………8745962
综治……………………………………8745228
工会、女工……………………………8745169
团委……………………………………8745169
调度室…………………………………8742144
工程技术管理站………………………8744545
作业大队

教导员……………………………………………8740915
大队长……………………………………………8741276
生产办公室………………………………………8744273
设计运行…………………………………………8742671
调度长、环保……………………………………8742220
调度室……………………………………………8742380
安全办公室………………………………………8742112
工程技术办公室…………………………………8742546
经营办公室………………………………………8742086
党政办公室………………………………………8742101
劳资办公室………………………………………8742202
大队办办公室……………………………………8742892
物资管理办公室…………………………………8742386

综合大队
教导员……………………………………………8624502
大队长……………………………………………8520006
大队办公室………………………………………8624402
调度室……………………………………………8623213
生产办公室………………………………………8622403
现场调度…………………………………………8624966
经营办公室………………………………………8628566

技术监测大队
教导员……………………………………………8623528
大队长……………………………………………8623502
调度室……………………………………………8554345
机关………………………………………………8520535
综合室……………………………………………8553703

水电讯大队
教导员……………………………………………8624826
大队长……………………………………………8622827
调度室……………………………………………8623365

汽车大队
教导员……………………………………………8554980
大队长……………………………………………8555187
大队办公室………………………………………8722205
调度室……………………………………………8553398

公共事业中心
教导员……………………………………………8528357
主任………………………………………………8528356
党政办公室………………………………………8529203

职工培训学校
教导员……………………………………………8625032
校长………………………………………………8625057
培训办公室………………………………………8623192
教研室……………………………………………8624857
总务………………………………………………8624100
教务办公室………………………………………8624856

滨北分局
局长………………………………………………8557616
指挥中心…………………………………………8506706
国内安全保卫大队………………………………8506719
交通巡逻警察大队………………………………8506732
消防大队…………………………………………8506735

胜兴集团
公司办主任………………………………………8629799
经营管理部………………………………………8795456
人力资源部………………………………………8776470
财务资产部………………………………………8795458
财务结算中心……………………………………8557603

东辛采油厂

地址：东营市黄河路216号
邮编：257094

党委办公室
主任………………………………………………8557389
办公室……………………………………………8531925

党委组织科
科长………………………………………………8533055
办公室……………………………………………8531605

党委宣传科
科长………………………………………………8557391
办公室……………………………………………8557367

纪委监察科
科长………………………………………………8557392
办公室……………………………………………8557386

工会
副主席……………………………………………8532969
办公室……………………………………………8557394

团委
书记………………………………………………8532610
办公室……………………………………………8556902

机关直属党委
副书记……………………………………………8535155
办公室……………………………………………8557726

厂办公室
主任………………………………………………8557703
值班室……………………………………………8531096

生产办公室
主任………………………………………………8532786
生产值班…………………………………………8552474
生产统计…………………………………………8554374
生产综合…………………………………………8557706

采油注水科
　科长……8557375
　办公室……8535110
油气集输科
　科长……8531858
　办公室……8557377
规化计划科
　科长……8557664
　计划规划……8531964
　生产统计……8556877
经营管理科
　科长……8557707
　科技管理……8535232
　经营管理……8533525
　法律事务……8532821
　合同管理……8557712
设备管理科
　科长……8557728
　办公室……8557384
安全环保科
　科长……8535306
　交通安全……8531337
　工业安全……8531369
　安全综合……8531105
　环保统计……8557708
油地工作科
　科长……8557381
　办公室……8532445
水电管理科
　科长……8557388
　办公室……8531350
劳动工资科
　科长……8557379
　培训……8531643
　信息、工资……8532448
　考核、就业……8531824
审计科
　科长……8531167
　办公室……8535130
物资供应科
　科长……8532037
　办公室……8531651
作业科
　科长……8531512
　调度室……8531325
　运行办公室……8535350

公共事业中心
　教导员……8535026
　主任……8533678
　调度……8531353
老年管理中心
　教导员……8531184
　主任……8557727
信息管理中心
　主任……8533507
　办公室……8557372
基建工程管理中心
　主任……8535268
　施工管理……8557383
　质量监督……8532411
　房产管理……8531334
财务资产管理中心
　主任……8531555
　办公室……8531207
治安保卫中心
　主任……8557393
　办公室……8531140
技术质量监督中心
　教导员……8532308
　主任……8535362
　调度……8531502
安全环保监督站
　副主任……8531789
　安全监督室……8532137
　环境监督室……8533564
　环境监测室……8531487
预算定额价格管理办公室
　主任……8533336
　办公室……8531374
档案室
　主任……8533502
　办公室……8533531
边远井管理中心
　主任……8531108
　生产办公室……8535169
　调度……8535272
护卫大队
　教导员……8557363
　大队长……8532453
　办公室……8535072
采油一矿
　矿长……8763021

教导员……………………………………8762166
工会主席…………………………………8763189
党政办公室、组织………………………8763710
生产办公室………………………………8761713
技术办公室………………………………8764843
调度长办公室……………………………8765614
调度室……………………………………8763391

采油二矿

教导员……………………………………8732828
矿长………………………………………8732731
工会主席、纪委书记……………………8732949
党政办……………………………………8732536
生产办……………………………………8552869
调度长……………………………………8734507
调度室……………………………………8732301

采油三矿

教导员……………………………………8766178
矿长………………………………………8766677
党政办……………………………………8766630
生产办……………………………………8763868
调度室……………………………………8766370
综合办……………………………………8762454
技术办……………………………………8763918

采油四矿

教导员……………………………………8559918
矿长………………………………………8559786
党政办……………………………………8778462
经营办……………………………………8552696
生产办……………………………………8713824
调度室……………………………………8558986

采油五矿

矿长………………………………………8531138
教导员……………………………………8635136
工会主席…………………………………8635156
党政办……………………………………8635056
生产办……………………………………8635236
调度室……………………………………8635001
工程技术办………………………………8635106

作业大队

教导员……………………………………8633966
大队长……………………………………8633999
党政办公室………………………………8733971
调度室……………………………………8732052
技术办公室………………………………8735246
安全办公室………………………………8632723
经营办公室………………………………8731519
地质办公室………………………………8632139
机动办公室………………………………8733490
工程办公室………………………………8732987

特种作业项目部

教导员……………………………………8733969
主任………………………………………8732772
调度长……………………………………8631056
调度室……………………………………8633496
党政办公室………………………………8732565
工程办公室………………………………8733338
生产办公室………………………………8731908
地质办公室………………………………8632055
财务办公室………………………………8732626

综合大队

教导员……………………………………8532966
大队长……………………………………8532766
党政办公室………………………………8531347
经营办公室………………………………8533067
财务办公室………………………………8531285
劳资办公室………………………………8531392
安全、机动办公室………………………8531382
信息办公室………………………………8531269
生产调度室………………………………8531304

维修大队

教导员……………………………………8532909
大队长……………………………………8531270
生产调度室………………………………8531240

供电大队

教导员……………………………………8531187
大队长……………………………………8535398
调度室……………………………………8531640

汽车大队

教导员……………………………………8532348
大队长……………………………………8531905
调度室……………………………………8531865

监测大队

教导员……………………………………8531223
大队长……………………………………8532482
调度室……………………………………8531713

地质研究所

副所长……………………………………8531534
办公室、组织……………………………8535166
调度………………………………………8531497
动态室……………………………………8531351
地质一室…………………………………8531532
地质二室…………………………………8557371

勘探室……………………………8533004
综合室……………………………8531390
管理室……………………………8531217
微机室……………………………8531641
钻井办公室………………………8535357
工艺研究所
所长………………………………8531731
教导员……………………………8531896
生产运行…………………………8531349
生产调度…………………………8531989
油层改造室………………………8531897
机械采油室………………………8531637
注水室……………………………8533490
三采室……………………………8531244
规划室……………………………8531480
微机室……………………………8531154
化验室……………………………8532454
党校
教导员……………………………8531143
校长………………………………8533397
培训部……………………………8531414
政研部……………………………8531248
总务部……………………………8531218
山东胜利新大实业集团有限公司
公司办公室………………………8531619
传真………………………………8632915
市场发展部………………………8532876
人力资源与行政管理部…………8531581
经营发展部………………………8535127
内控管理与物资采购部…………8531262
财务资产部………………………8531552
新大科学技术研究所……………8633272
后勤管理办公室…………………8631566

孤东采油厂

地址：东营市河口区仙河镇
邮编：257237

党委办公室
主任………………………………8582221
值班室……………………………8582696
信访办
副主任……………………………8586822
接访专线…………………………8589516
组织科
科长………………………………8582225
办公室……………………………8582224
宣传科
科长………………………………8582226
办公室……………………………8582807
纪委监察科
副书记……………………………8582582
办公室……………………………8582503
工会
副主席……………………………8581562
办公室……………………………8582520
团委
书记………………………………8582230
办公室……………………………8582851
厂办
主任………………………………8582534
值班室……………………………8582111
生产办
主任………………………………8583187
办公室……………………………8583140
注采科
科长………………………………8589532
办公室……………………………8582951
集输科
科长………………………………8582229
办公室……………………………8582854
作业科
科长………………………………8582821
办公室……………………………8583370
设备管理科
科长………………………………8582487
办公室……………………………8582859
安全环保技术科（站）
书记………………………………8581546
科长………………………………8582245
办公室……………………………8581488
规划计划科
科长………………………………8582247
生产统计…………………………8582547
生产计划…………………………8582509
劳动工资科
科长………………………………8582385
办公室……………………………8581309
经营管理科
科长………………………………8581983
合同法律办公室…………………8582364
市场管理办公室…………………8582730
管理创新办公室…………………8482107

油地工作科
　科长……8581237
　综合岗……8582817
　关系协调岗……8582148
审计科
　科长……8481602
　办公室……8481603
财务资产管理中心
　书记、副主任……8580675
　主任……8582293
　成本……8582241
　信息……8582475
　预算……8588435
　资金……8580390
　出纳……8582558
　税务……8581938
　综合……8582396
基建工程管理中心
　书记、副主任……8582580
　主任……8481732
　项目管理室……8581428
　生产运行室……8581428
　安装设计室……8581503
　土建设计室……8581249
　电气设计室……8581270
　综合管理室……8582352
　前线办公室……8583005
定额价格管理中心
　书记……8588057
　主任……8582027
　土建预结算组……8582059
　作业预结算组……8582031
　钻井预结算组……8481843
　安装预结算组……8482017
　土建预结算组……8582025
　定额价格组……8581313
信息工程管理中心
　书记……8586120
　主任……8585121
　综合信息室……8582627
　数据管理室……8581835
　网络信息室……8582127
　网络管理室……8585165
　有线电视室……8486914
　基建档案管理室……8582916
　文书档案管理室……8582965
老年管理中心
　书记……8589767
　主任……8582656
　党政办公室……8581599
　劳资办公室……8581962
　文体办公室……8581709
　后勤办公室……8587361
　图书管理办公室……8582132
　老年大学……8587301
机关车队
　队长……8589456
　政工办公室……8581673
　劳资办公室……8484884
　调度……8582476
银洲宾馆
　经理、书记……8582600
　总台……8581222
文化管理站
　书记、站长……8481426
　办公室……8582505
　文联组……8588132
　文宣组……8581702
　体育组……8581271
职工技能管理站
　书记、站长……8582986
　副站长……8586253
　党政办公室……8582215
　技能培训办公室……8582511
　第一教研室……8482458
　第二教研室……8481425
　第三教研室……8582995
　后勤办公室……8581686
采油一矿
　教导员……8583588
　矿长……8583296
　调度值班室……8583233
　水电讯办公室……8583677
　安全环保组……8583628
　政工组……8583781
　生产组……8583285
　技术办公室……8583308
采油二矿
　教导员……8583441
　矿长……8583420
　首席工程师……8588528
　劳资办公室……8583538

经管办公室……………………………8583383
后勤办公室……………………………8583556
生产运行组……………………………8583422
安全办公室……………………………8583767
机动办公室……………………………8583123
注水办公室……………………………8583957
水电讯办公室…………………………8583757
调度……………………………………8583535
采油三矿
教导员…………………………………8583878
矿长……………………………………8583986
矿办……………………………………8583799
调度室…………………………………8583816
生产组水电讯办公室…………………8583518
动态、注水办公室……………………8583918
作业、措施办公室……………………8583941
计量、综合、信息办公室……………8583260
经管组长办公室………………………8583915
劳资、培训办公室……………………8583682
采油四矿
教导员…………………………………8584202
矿长……………………………………8584203
首席工程师……………………………8584260
矿办……………………………………8584276
调度室…………………………………8584222
劳资办公室……………………………8584266
生产组办公室…………………………8584204
热采管理办公室………………………8583875
地质组办公室…………………………8583043
作业监督办公室………………………8583017
新滩试采矿
教导员…………………………………8583009
矿长……………………………………8583000
首席工程师……………………………8583326
调度……………………………………8589750
生产组…………………………………8583609
经管组…………………………………8583706
安全环保组……………………………8589752
地质组…………………………………8583521
后勤组…………………………………8583008
材料组…………………………………8589753
三次采油技术管理中心
书记……………………………………8583968
主任……………………………………8583615
首席工程师……………………………8583430
调度室…………………………………8583191
地质组…………………………………8583160
经营组…………………………………8583203
安全组…………………………………8583084
后勤组、房产…………………………8583831
作业一大队
教导员…………………………………8583378
大队长…………………………………8583978
首席工程师……………………………8583318
党政办公室……………………………8583093
技术管理办公室………………………8583319
安全环保办公室………………………8583135
设备管理办公室………………………8583791
劳动工资办公室………………………8583387
经营管理办公室………………………8583695
生产管理办公室………………………8583714
作业二大队
教导员…………………………………8583265
大队长…………………………………8583843
首席工程师……………………………8583391
党政办公室……………………………8583186
生产运行办……………………………8583321
技术管理办……………………………8583496
经营管理办……………………………8583078
安全环保办……………………………8583946
机动管理办……………………………8583385
集输大队
教导员…………………………………8583975
大队长…………………………………8583577
大队办…………………………………8583241
生产办…………………………………8583636
调度室…………………………………8583468
准备大队
教导员…………………………………8589509
大队长…………………………………8582646
首席工程师……………………………8581408
政工组办公室…………………………8582458
经营组办公室…………………………8582122
劳资组办公室…………………………8581803
安全办公室……………………………8589587
机动办公室……………………………8581804
质量技术办公室………………………8581946
调度室…………………………………8582289
材料组办公室…………………………8582602
特车大队
教导员…………………………………8583038
大队长…………………………………8583126

首席工程师……8583088
政工办……8583036
经营办……8583225
劳资办……8583220
安全办……8583211
机动办……8583209
生产办主任……8583231
调度室……8583509

监测大队
教导员……8581887
大队长……8581777
首席工程师……8585979
调度室……8582683
政工组……8481445
经营组……8482132
机安组……8582153
劳资组……8482595
后勤组……8481817
材料组……8481387

运输大队
教导员……8582165
大队长……8581031
首席工程师……8581650
政工组……8581529
调度……8582532

综合大队
教导员……8582045
大队长……8582041
首席工程师……8581701
调度……8583305
生产办公室……8583642
安技办公室……8582719
经营办公室……8581679
劳资办公室……8481248

水电大队
教导员……8582791
大队长……8582091
首席工程师……8582311
党群办……8585211
生产办调度室……8483844
经营办……8585207
水电管理办……8585217

治保大队
教导员……8583789
保卫科科长、大队长……8583089
综治办主任、武装部长……8583076
政工办……8583278
生产办……8583033
经营办……8583072

地质所
教导员、副所长……8588394
所长……8582604
首席工程师……8581296
所办公室……8581178
生产管理室……8582211
调度室……8582603
综合室……8581856
三采室……8582626
化验室……8583500

工艺所
教导员、副所长……8582641
所长……8581952
党政办公室……8581386
生产运行办公室……8481824
机械采油办公室……8582623
防砂技术办公室……8581712
油田化学办公室……8581681
信息技术办公室……8581361
经营管理办公室……8581331
综合管理办公室……8581495
调度室……8582612

技术质量监督站
书记……8582347
站长……8582642
首席工程师……8581220
站办公室……8581649
生产调度……8582636
管理室……8581976
节能办……8483684
自动化室……8581972
工程室……8481095
产品室……8580404
开发室……8582761
能测室……8582979
检定室……8582770

后勤综合管理站
教导员……8582408
站长……8581218
党政办公室……8482316
生产经营办……8482876
安全办公室……8486095
调度办公室……8582760

财务办公室……8482554
劳资办公室……8581716
核算办公室……8582176
材料办公室……8482874
生活管理办……8582710
海堤管理站
教导员……8581344
主任……8581425
站办公室……8482667
生产办公室……8481289
经营办公室……8481167
安全办公室……8581468
劳资办公室……8482133
调度室……8582552
物资管理中心
书记……8582726
主任……8581760
党政办……8482644
经营办……8582985
物资办……8582037
物资办……8582008
东方实业投资集团
总经理、党委副书记……8581304
党委书记……8581642
副总经理……8589616
财务管理公司……8582362
经营管理部……8581607
值班室……8581939
作业分公司……8583223
东强设备安装工程有限责任公司……8583717
东营市逸腾石油科贸有限公司……8581772
东营市神舟物流有限责任公司……8581918
盛嘉化工有限责任公司……8583086
饮食服务分公司……8487770
东营力诺玻璃制品有限责任公司……8584199
胜利绿野农药化工有限责任公司……8583867

河口采油厂

地址：东营市河口区黄河路 91 号
邮编：257200

厂办公室
主任……8571509
值班室……8571502
传真……8571330
党委办公室
主任……8571568
办公室……8571634
党委组织科
科长……8571661
办公室……8671961
党委宣传科
副科长……8672110
统战办公室……8571850
新闻办公室……8573306
电视台……8672092
纪委监察科
科长……8571348
办公室……8571592
工会
副主席……8571177
办公室……8571081
团委
副书记……8571706
办公室……8571271
生产办公室
主任……8571771
现场组……8571949
调度室……8571067
综合组……8571717
采注科
科长……8571577
办公室……8571116
基础管理办公室
副主任……8571588
办公室……8571588
作业科
科长……8571624
办公室……8571175
油气集输科
副科长……8571222
办公室……8571222
设备管理科
科长……8571519
办公室……8571337
油地工作科
科长……8665887
办公室……8571066
技术监督科
科长……8571357
办公室……8672905
安全环保科
科长……8571261

办公室……8571077
安全监督站办公室……8666028
经营管理科
科长……8571315
办公室……8571351
规划计划科
科长……8571609
生产办公室……8571396
投资办公室……8571420
财务资产管理中心
主任……8663669
书记……8665097
综合管理办公室……8666506
成本管理办公室……8666507
预算管理办公室……8571680
资金管理办公室……8665016
资产管理办公室……8665009
内控稽核办公室……8676146
档案管理办公室……8666056
劳动工资科
科长……8571938
办公室……8571292
审计科
副科长……8665399
办公室……8571107
法律事务科
科长……8571533
办公室……8571872
科技办公室
主任……8571732
办公室……8571791
计划生育办公室
主任……8571569
办公室……8571843
物资供应科
科长……8571822
办公室……8671096
直属机关办公室
主任……8676031
办公室……8572418
厂档案室
主任……8571651
办公室……8571915
人民武装部
部长……8679334
办公室……8672456
综合治理办公室
主任……8571505
办公室……8671478
公共事业中心
书记……8571763
主任……8571526
生活办公室……8571427
房产办公室……8571219
综合办公室……8672563
基建管理办公室
主任……8571467
办公室……8571653
定额价格管理站
站长……8571323
办公室……8571039
工程质量监督站
站长……8666579
办公室……8672504
信息中心
主任……8672678
网络维护……8571835
综合应用与数据库管理……8672263
采油一矿
书记……8579178
矿长……8579168
主管工程师……8579134
生产组……8579120
地质组……8579491
管理组……8579122
财务组……8579288
采油二矿
教导员……8665869
矿长……8571663
工程办公室……8672561
党政办公室……8679040
生产组……8670335
调度……8571746
技术组……8672538
经管组……8672964
采油三矿
教导员……8571178
矿长……8571083
党政办公室……8666090
经管组组长……8571068
生产组……8571501
技术组……8571659

调度……8571802
采油四矿
教导员……8575918
矿长……8575916
党政办……8575936
调度……8575930
采油五矿
教导员……8800599
矿长……8800598
党政办……8800510
财务组……8800590
经管组……8800511
工程组……8800509
调度室……8800512
油气集输大队
教导员……8571931
大队长……8571317
安全技术管理组……8672849
生产管理组……8571942
经营管理组……8671226
财务组……8666930
党政办……8671823
车管中心
主任……8669996
副教导员……8669997
党政办公室……8669783
调度室……8669756
安全股……8669995
技术股……8669785
经管股……8669993
劳资股……8669983
财务股……8669991
监测大队
教导员……8666006
大队长……8672636
政工股……8665900
生产股……8571195
管理股……8571133
调度室……8571132
物资配送站
站长……8571822
教导员……8571522
办公室……8571443
工艺研究所
教导员……8571570
所长……8671258
调度室……8571048
党政办……8571482
经管办……8571462
地质研究所
教导员……8672458
所长……8571259
综合室……8571933
勘探室……8572633
地质室……8661186
开发室……8672186
管理室……8672124
钻井室……8672762
护卫大队
大队长……8571978
教导员……8571171
党政办公室……8571772
生产指挥室……8572022
经营管理组……8572575
老年中心
书记……8671389
主任……8571049
党政办……8571193
管理股……8672930
党校
书记……8663358
副校长……8571176
教务……8672196
培训办……8571014
党校办……8571136
政工……8571536
计算机组……8572857
专业组……8671391
总务……8571395
准备大队
教导员……8571990
大队长……8571987
党政办公室……8671109
调度室……8571052
特车大队
书记……8665319
大队长……8675146
党政办公室……8571881
生产办公室……8672358
调度室……8571012
水电讯
教导员……8571246

大队长……………………………………8672588
经管办……………………………………8672399
井下大队
教导员……………………………………8571734
大队长……………………………………8672510
党政办公室………………………………8665529
办公室……………………………………8672396
调度………………………………………8672529

滨南采油厂

地址：滨州市黄河六路531号
邮编：256606
区号：0543

厂办公室
副主任……………………………………3461378
值班室……………………………………3461278
油地工作科
科长………………………………………3461343
办公室……………………………………3462478
生产办公室
副主任……………………………………3462213
调度………………………………………3461801
综合………………………………………3461234
调配………………………………………3461225
水电讯……………………………………3463840
开发管理科
科长………………………………………3461422
办公室……………………………………3461262
基建工程管理中心
科长………………………………………3461357
办公室……………………………………3460457
设备管理科
科长………………………………………3461846
办公室……………………………………3462463
安全环保科
副科长……………………………………3461811
办公室……………………………………3461826
规划计划科
科长………………………………………3462243
生产统计…………………………………3461364
基建统计…………………………………3462364
基建计划…………………………………3461108
科技办公室
主任………………………………………3461261
科技管理…………………………………3463246
劳动工资科
科长………………………………………3461328
办公室……………………………………3461239
经营管理科
主任………………………………………3462162
内部承包…………………………………3461163
内部市场…………………………………3461163
法律事务科
副科长……………………………………3462462
法律咨询…………………………………3462168
合同管理…………………………………3462462
审计科
科长………………………………………3461143
办公室……………………………………3479103
公共事业中心
科长………………………………………3462373
办公室……………………………………3462045
党委办公室
主任………………………………………3466131
办公室……………………………………3461662
信访办公室
副主任……………………………………3461662
党委组织科
科长………………………………………3463846
办公室……………………………………3461238
党委宣传科
科长………………………………………3462212
办公室……………………………………3461212
纪委监察科
副书记……………………………………3461365
科长………………………………………3461143
人民武装部
部长………………………………………3461197
值班室……………………………………3461556
工会
副主任……………………………………3461874
办公室……………………………………3462255
团委
副书记……………………………………3462223
办公室……………………………………3461223
机关管理科
副主任……………………………………3461271
办公室……………………………………3461344
设计室
主任………………………………………3461995
办公室……………………………………3460172
定额价格管理办公室

主任……3461997
办公室……3463504
老年管理中心
书记、主任……3460490
办公室……3461231
公共事业中心
主任……3461298
办公室……3461298
信息中心
主任……3461870
办公室……3462051
安全监督站
站长……3463380
办公室……3463073
财务资产管理中心
主任……3461349
办公室……3461633
技术质量安全监督中心
教导员……3463488
主任……3462521
管理室……3460164
综合室……3461599
生产调度室……3461828
经营管理室……3462599
劳资办公室……3461827
采油一矿
矿长……3466212
教导员……3466131
党办……3466122
宣传、团委……3466542
矿办……3466123
经管办……3466242
调度……3466321
采油二矿
教导员……3465432
矿长……3465311
党办……3465421
矿办……3465521
生产办……3465199
调度……3465121
经营办……3465320
采油三矿
教导员……3465217
矿长……3465129
调度室……3465123
经管办……3465627
矿办……3465213
党办……3465313
采油四矿
教导员……3467211
矿长……3467311
党办……3467421
综治办……3467492
矿办……3467521
经营办……3467121
调度……3467231
油气集输大队
教导员……3477642
大队长……3477576
党办……3477860
大队办……3477661
调度……3477727
生产办……3477800
地质研究所
教导员……3462528
所长……3461018
党委办公室……3461382
油田地质室……3461387
方案规划室……3462342
动态室……3461376
生产管理室……3461436
计算机室……3461998
钻井室……3460404
工艺研究所
所长……3461796
教导员……3461821
综合管理室……3461965
注采室……3461651
工艺室……3461996
稠油室……3460424
机采室……3463346
计算机室……3462371
监测大队
教导员……3460046
大队长……3461415
党政办……3460813
技术办……3460746
调度室……3460795
综合大队
教导员……3462488
大队长……3460642
生产办……3460324

党政办……………………………………3460334
经营办……………………………………3461455

水电讯大队
大队长……………………………………3461169
教导员……………………………………3460264
党政办公室………………………………3461454
经营办公室………………………………3464594
生产办公室………………………………3462537
调度………………………………………3464549

职工培训中心
教导员……………………………………3461955
主任………………………………………3461164
中心办公室、教务………………………3460133
职工教育办公室…………………………3461817
教研室……………………………………3462217
党校办公室………………………………3462321

车辆管理中心
教导员……………………………………3462272
主任………………………………………3462281
调度………………………………………3461292
中心办……………………………………3461494
生产办……………………………………3461292

护卫大队
书记………………………………………3460784
副大队长…………………………………3460984
大队办公室………………………………3460784

作业公司
书记………………………………………3460015
大队长……………………………………3460025
党办………………………………………3460085
大队办……………………………………3460970
生产办……………………………………3460063

准备大队
书记………………………………………3468451
大队长……………………………………3468467
调度室……………………………………3468337
党办………………………………………3468187

特车大队
书记………………………………………3468768
大队长……………………………………3768007
党政办……………………………………3468469
安全股……………………………………3468314
调度室……………………………………3477261
技术室……………………………………3468524
经营办……………………………………3468543

胜利油田华滨实业有限公司
总经理……………………………………3460499
副总经理…………………………………3462385
综合办……………………………………3462508
经营部……………………………………3460624
财务部……………………………………3478462
安全部……………………………………3460605
科技研发部………………………………3463287
市场营销部………………………………3460634
农业部……………………………………3461506
服装厂……………………………………3478069
印刷厂……………………………………3462285
水厂………………………………………3462001
油气项目部………………………………3467658
建筑安装工程有限责任公司……………3460506
化工分公司………………………………3468589
运输分公司………………………………3461381
井下作业分公司…………………………3468406
福利机电有限责任公司…………………3479288
修理分公司………………………………3460153
石油机械分公司…………………………3464151
华滨大酒店………………………………3461508

现河采油厂

地址：东营市东营区济宁路 11 号
邮编：257068

政工科室
党委办公室………………………………8556345
组织科……………………………………8556319
宣传科……………………………………8556322
机关党委…………………………………8793944
团委………………………………………8556323
纪委监察科………………………………8556352
工会………………………………………8556360
综治办……………………………………8225454

厂办公室
值班室……………………………………8556327
传真………………………………………8222683

生产科室
计划科……………………………………8556364
注采科……………………………………8556358
油气集输科………………………………8556336
设备管理科………………………………8556383
油地工作科………………………………8774434
经营管理科………………………………8774761
劳资科……………………………………8556391
安全环保科………………………………8518355

作业科……………………………………8556351
审计科……………………………………8556305
财务资产管理中心
稽核税务组………………………………8501051
综合管理组………………………………8501052
资金管理组………………………………8556320
成本基建组………………………………8787574
预算管理组………………………………8773251
档案组……………………………………8556375
资产管理组………………………………8781614
费用报销组………………………………8784834
材料核算组………………………………8519060
基建工程管理中心
工程管理办公室…………………………8774737
质量监督分站……………………………8788446
预算价格管理中心………………………8223357
井下作业工程结算………………………8782964
建房项目部………………………………8518375
公共事业中心
行政办公室………………………………8777571
再就业办公室……………………………8502361
劳资办公室………………………………8771394
财务办公室………………………………8774451
生活办……………………………………8519791
综合队……………………………………8774388
综合办……………………………………8777571
计生办……………………………………8773129
技术质量监督中心
技术监督办………………………………8781142
调度………………………………………8773794
政工………………………………………8774061
劳资组……………………………………8785733
经营办公室………………………………8785213
计量检定室………………………………8773951
能源检测室………………………………8781144
质量综合室………………………………8774846
环境监测监理站…………………………8787657
再就业办…………………………………8785733
信息中心
信息管理…………………………………8774490
信息自动化………………………………8773007
综合档案室………………………………8773405
物资管理中心
调度………………………………………8558641
劳资………………………………………8519475
经管………………………………………8519745
电料………………………………………8518251
钢材………………………………………8518322
劳保………………………………………8518218
统计………………………………………8518237
质检………………………………………8774607
器材配送…………………………………8774971
采油一矿
调度………………………………………8613303
生产管理办公室…………………………8613317
注采组……………………………………8616054
作业运行设计……………………………8613434
作业监督…………………………………8611021
注水………………………………………8613834
机动………………………………………8613511
机电、集输………………………………8615512
统计………………………………………8613729
经营………………………………………8613992
劳资组……………………………………8613004
党政办公室………………………………8613540
地质组……………………………………8613047
微机室……………………………………8613649
采油二矿
党政办公室………………………………8783932
劳资组……………………………………8773037
经营管理…………………………………8774515
生产组……………………………………8774507
统计………………………………………8554840
微机室……………………………………8774736
调度………………………………………8555869
地质综合…………………………………8501232
集输技监…………………………………8788214
工农、环保………………………………8774078
矿机电讯…………………………………8773010
安全………………………………………8792947
机动………………………………………8774058
采油工程…………………………………8792946
井筒室……………………………………8774691
作业运行…………………………………8774694
采油三矿
调度………………………………………8651509
生产管理…………………………………8651250
工农、水电………………………………8651211
采油集输…………………………………8651217
地质组……………………………………8651422
经营………………………………………8651322
劳资人事…………………………………8651216

安全……………………………………8651585
材料组…………………………………8651218
注汽组…………………………………8651583
党政办公室……………………………8651580
统计室…………………………………8651513

采油四矿

调度……………………………………8651320
生产组…………………………………8651377
调度……………………………………8651375
统计……………………………………8651511
培训……………………………………8651435
政工组…………………………………8651228
劳资组…………………………………8651260
地质组…………………………………8651205
微机室…………………………………8651719
微机监控室……………………………8651748
技术监督………………………………8651205
作业监督………………………………8651361
注汽组…………………………………8651274
采油工程………………………………8651741
机动、集输……………………………8651526
电力节能………………………………8651184
企管组…………………………………8651606
材料组…………………………………8651746

作业大队

政工组…………………………………8773337
微机信息………………………………8773498
生产组…………………………………8773374
调度……………………………………8553539
技术组…………………………………8773829
地质……………………………………8773829
工程……………………………………8773829
质检……………………………………8773829
安全环保………………………………8773997
经管组…………………………………8778940

综合大队

调度……………………………………8774609
政工组…………………………………8774522
生产组…………………………………8774542
安全、机动、节能、环保……………8782502
经营组…………………………………8781149
结算……………………………………8774452
劳资、计量……………………………8773927

地质所

政工组…………………………………8773457
所财务直属……………………………8784834
劳资……………………………………8773457
后勤……………………………………8793946
开发一室………………………………8783483
开发二室………………………………8787024
地质室…………………………………8773998
勘探室…………………………………8787624
钻井室…………………………………8773715
综合室…………………………………8703064
开发信息室……………………………8774975
生产管理室……………………………8793946

工艺所

调度……………………………………8785594
政工……………………………………8785374
油层工艺室……………………………8773043
稠油组…………………………………8502357
机采工艺室……………………………8773047
注水工艺室……………………………8782046
化学室…………………………………8783844
自动化室………………………………8773007
综合室…………………………………8773272

水电讯大队

调度……………………………………8553346
生产管理………………………………8781781
党政办公室……………………………8773726
经营管理………………………………8773276
技术组…………………………………8771769
办公室…………………………………8773135

监测大队

调度……………………………………8559794
生产管理………………………………8782254
机动安全………………………………8774203
经营管理………………………………8782224
党政办公室……………………………8774213

汽车运输大队

调度……………………………………8556271
经营……………………………………8789729
生产管理………………………………8777619
统计……………………………………8773039
安全……………………………………8777619
党政……………………………………8773039
劳资……………………………………8789729

维修大队

调度……………………………………8554799
经营组…………………………………8777041
生产管理………………………………8774197
党政办公室……………………………8774297

劳资组……………………………………8774298
护卫大队
调度值班室……………………………8718110
党政办公室……………………………8224551
防控办公室……………………………8795904
作训办公室……………………………8702033
经营办公室……………………………8559493
滨南分局
值班室…………………………………8506914
110 报警服务台………………………8851866
政工科…………………………………8506917
国内安全保卫大队……………………8506926
治安警察大队…………………………8506930
治安防控办公室………………………8506931
刑事警察大队…………………………8851526
兴达公司
公司办…………………………………7757010
油气分公司……………………………7757091
作业工程公司…………………………7757212
采油工程技术公司……………………7757185
机械修造公司…………………………7757717
农副业公司……………………………7757232
电器制修公司…………………………7757154
汽修厂…………………………………8227700
工贸公司………………………………7757240
安装工程公司…………………………7757269
兴盛石油化工公司……………………7759876
房地产开发公司………………………7757287
科技开发项目部………………………7757297

临盘采油厂

地址：山东省临邑县
邮编：251507
区号：0534

党委办公室
主任……………………………………8861881
办公室…………………………………8861230
党委组织科
科长……………………………………8861233
办公室…………………………………8861322
党委宣传科
科长……………………………………8861356
办公室…………………………………8861337
纪委监察科
科长……………………………………8861854
办公室…………………………………8861025
工会（计生办）
副主……………………………………8867068
办公室…………………………………8861121
团委
副书记…………………………………8861272
办公室…………………………………8867194
厂办公室
主任……………………………………8861182
办公室…………………………………8861291
生产办公室
主任……………………………………8866017
办公室…………………………………8861136
调度室…………………………………8861733
水电讯科
科长……………………………………8869445
办公室…………………………………8867658
开发管理科（输油科）
科长……………………………………8866086
办公室…………………………………8861875
作业科
科长……………………………………8861912
办公室…………………………………8861768
设备管理科
科长……………………………………8869348
办公室…………………………………8861208
工农科
科长……………………………………8869701
办公室…………………………………8861202
安全科
科长……………………………………8863552
办公室…………………………………8861702
环保办…………………………………8861017
安全环保监督站………………………8862350
经营管理科
科长……………………………………8861512
办公室…………………………………8861390
计划科
科长……………………………………8869705
办公室…………………………………8862554
劳资科
副科长…………………………………8869426
办公室…………………………………8861189
审计科
科长……………………………………8863351
办公室…………………………………8866725
财务资产管理中心

主任……8863768
预算组……8865009
费用组……8868793
成本组……8861079
会计组……8866073
资金组……8861286
资产组……8861391
稽核组……8868993
综合组……8866186

基建工程管理中心
厂长……8867058
教导员……8862918
工程管理……8861254
办公室……8861329
设计油组……8861959
设计水组……8861448
设计热工组……8861172
设计土建组……8861945
设计电组……8861595
设计预算组……8865382
设计档案组……8865381
设计值班室……8865122
预算地面组……8861163
预算矿建组……8866200
预算综合组……8867417

技术质量监督中心
主任……8861129
教导员……8865227
办公室……8861852
技术监督科……8861694
科技办公室……8861224
节能办公室……8861998
节能队……8861872

公共事业管理中心
厂长办……8861027
教导员……8869906
生活管理……8865430
卫生管理……8863217
房屋租赁……8869843
办公室……8861750
电视台……8861738

老年管理中心
主任……8861827
教导员……8868162
老年办公室……8862124
财务……8867906
老年大学……8861821

综合治理保卫中心
主任……8861302
综治办公室……8861335
油区办公室……8860666
人武部……8861318

信息中心
主任……8867188
网络室……8867414
软件室……8865083
综合室……8867412

机关招待所
所长……8861255
指导员……8861623
财务……8865107
客房部……8865100

采油一矿
教导员……8861925
矿长……8861520
值班调度……8861555
工程……8861684
输油……8869420
地质……8860134
机动……8861570
安全……8861038
工农……8861958
电管……8860424
劳资……8861152
财务……8867463
企管……8867424
质检……8869467
政工……8860346

采油二矿
教导员……8461809
矿长……8461806
调度值班室……8461805
工农关系……8461730
机动组……8461742
工程组……8461739
安全组……8461731
质检组……8461736
计划组……8461807
地质……8461752
地质微机……8461735
综治统战……8461734
生活组……8461698

财务……………………………………8461756

采油三矿

教导员……………………………………8465015
矿长……………………………………8465158
调度……………………………………8465007
调度值班室……………………………………8465067
财务组……………………………………8465018
计划组……………………………………8465095
劳资组……………………………………8465292
工程组……………………………………8465059
地质组……………………………………8465057
质检组……………………………………8465050
安全组……………………………………8465065
机动组……………………………………8465030
工农组……………………………………8465041
电管组……………………………………8465036
生活组……………………………………8465058
材料组……………………………………8465135

采油四矿

矿长……………………………………8861820
教导员……………………………………8861729
调度……………………………………8861776
地质组……………………………………8861558
质检组……………………………………8867104
工程组……………………………………8869474
机动组……………………………………8867154
工农组……………………………………8869477
财务组……………………………………8861680
劳资组……………………………………8869475
生活组……………………………………8869043
计划组……………………………………8869476
安全组……………………………………8861192
电管组……………………………………8867244
政工组……………………………………8869039

作业大队

教导员……………………………………8861471
大队长……………………………………8868576
质检组……………………………………8869549
组织、纪检……………………………………8861671
综治、工会……………………………………8861991
政工……………………………………8861429
调度室……………………………………8861493
工程技术组……………………………………8861611
安全机动组……………………………………8861438
地质组……………………………………8861468
现场验收组……………………………………8866318
经营管理组……………………………………8861090
劳资培训组……………………………………8862886
后勤保障组……………………………………8861449
财务组……………………………………8861488

地质研究所

所长……………………………………8861922
教导员……………………………………8861761
管理室……………………………………8861655
化验室……………………………………8861775
房产、材料……………………………………8865480
财务……………………………………8869457
企管、培训……………………………………8868429
地质室……………………………………8861981
油藏室……………………………………8861201
综合室……………………………………8869233
生产室……………………………………8861703
调度……………………………………8861480

工艺所

教导员……………………………………8861166
所长……………………………………8861783
政工……………………………………8869630
劳资、企管……………………………………8869631
综合室……………………………………8861311
调度……………………………………8861532
机采室……………………………………8861763
油改室……………………………………8869629
注水室……………………………………8861782

供电大队

教导员……………………………………8861650
大队长……………………………………8861721
调度室……………………………………8861444
政工组……………………………………8861421
劳资组……………………………………8861353
技术组……………………………………8861440
节能……………………………………8861717
结算电管办……………………………………8866106
安全、机动……………………………………8861467
材料……………………………………8861457
财务……………………………………8861343

车辆管理大队

教导员……………………………………8867315
大队长……………………………………8867668
调度……………………………………8866998
财务经营……………………………………8868911
经营组……………………………………8865159
安全组……………………………………8866290

机动组……………………………8868229

监测大队

教导员……………………………8868958

大队长……………………………8860331

调度……………………………8861250

技术组……………………………8869026

财务组……………………………8869019

政工组……………………………8861883

劳资、企管组……………………………8869023

安全、机动组……………………………8869025

综合大队

教导员……………………………8861987

大队长……………………………8861098

调度室……………………………8861723

工程组……………………………8861616

机动、安全组……………………………8861988

材料组……………………………8861565

生活组……………………………8861563

劳资组……………………………8861441

政工组……………………………8861700

特车大队

教导员……………………………8863627

大队长……………………………8860686

调度室……………………………8861245

政工……………………………8861722

工会……………………………8869037

劳资……………………………8861424

财务……………………………8861719

安全……………………………8861019

机动……………………………8869034

准备大队

教导员……………………………8869306

大队长……………………………8860137

政工组……………………………8867014

调度室……………………………8861559

安全机动组……………………………8869421

财务资产组……………………………8867024

劳资培训组……………………………8861662

材料组……………………………8861215

供应站

站长……………………………8861715

教导员……………………………8861226

政工组……………………………8861764

生产组……………………………8861220

调度室……………………………8861330

安全……………………………8861676

财务……………………………8861377

管理组……………………………8861730

生活组……………………………8861436

培训学校

教导员……………………………8869138

校长……………………………8869571

校办……………………………8869436

教务处……………………………8862734

总务处办……………………………8868673

党校办……………………………8868672

纯梁采油厂

地址：博兴县陈户镇纯梁采油厂

邮编：256504

区号：0543

党委办公室

主任……………………………8753195

办公室……………………………8753751

组织科

科长……………………………8755573

办公室……………………………8753147

宣传科

科长……………………………8753304

办公室……………………………8753154

纪监审计科

副科长……………………………8753417

纪监审计科……………………………8753032

工会

副主席……………………………8751836

办公室……………………………8753750

团委

书记……………………………8753771

办公室……………………………8753163

厂办

主任……………………………8753148

值班室……………………………8753413

生产办

主任……………………………8753512

值班室……………………………8753400

现场调度……………………………8753122

综合管理……………………………8753189

综合管理……………………………8753197

车辆调配……………………………8753260

生产统计……………………………8753414

电力管理……………………………8753448

注采科

科长……8753404
注采科采油……8753041
注采科注水……8757252
油气集输科
科长……8753931
办公室……8753046
油地科
科长……8757566
办公室……8753252
设备科
科长……8753152
办公室……8753388
经营管理
科长……8753905
办公室……8752236
劳资科
科长……8751303
办公室……8753267
计划科
科长……8756012
基建计划……8753509
综合划划……8753054
生产运行……8753511
物资供应
科长……8751678
办公室……8753242
作业大队
教导员……8753679
大队长……8753331
人力资源组……8753904
组织、纪检……8753834
生产运行组……8753902
经营管理组……8755668
安全机动组……8753907
劳资办公室……8753443
采油一矿
教导员……8753386
矿长……8753221
组织办公室……8756441
调度室……8753358
生产股……8753338
劳资办公室……8753815
机动股……8753824
安全股……8753832
经营股……8755222
采油二矿
矿长……8759211
副矿长……8759289
党政办公室……8759270
矿办公室……8759269
调度室……8759208
生产办公室……8759203
计划办公室……8759287
劳资办公室……8759205
财务办公室……8759298
采油三矿
教导员……8759699
矿长……8759686
党政办公室……8759636
经营办公室……8759656
生产办公室……8759665
调度室……8759628
安全股……8759661
工农股……8759663
车辆管理中心
教导员……8753030
主任……8755801
党政办公室……8753966
中心办公室……8753837
运行办公室……8752502
安全办公室……8753838
设备办公室……8753274
经营办公室……8753492
开发室……8751320
监测大队
教导员……8753068
大队长……8753935
党政办公室……8751389
工团办公室……8753982
生产运行股……8753704
开发管理股……8751351
劳资经营股……8753605
生产准备大队
教导员……8753772
大队长……8753231
党政办公室……8753327
调度室……8753258
生产管理室……8753439
安全办公室……8753877
经营办公室……8757295
劳资办公室……8753875
油气集输大队

教导员……8753462
大队长……8751388
调度室……8753295
生产技术室……8753470
安全环保室……8753166
党政办公室……8757278
经营办公室……8755771
劳资办公室……8757274

供电大队
教导员……8753031
大队长……8753279
党政办公室……8753409
生产办公室……8753944
经营办公室……8753421
安全办公室……8752695
工农办公室……8753487
调度室……8753477

特车大队
教导员……8753973
大队长……8753416
技术办公室……8755731
政工组……8753550
调度室……8751858
经营管理组……8753808
劳资办公室……8753218
安全机动组……8753314

地质研究所
教导员……8753181
所长……8753348
调度室……8753138
综合室……8756148
地质室……8753647
方案室……8753349
管理室……8753137
勘探室……8753245

工艺研究所
教导员……8752881
所长……8753812
政工办公室……8757435
调度室……8753158
劳资办公室……8757436
方案运行室……8753173
油田化学室……8753347

财务资产管理中心
主任……8753706
副主任……8752550
综合办公室……8752339
资金管理组……8753674
预算成本组……8753352
基建税务组……8753345
资产管理组……8757401

作业监督中心
教导员……8753199
主任……8751381
生产管理办公室……8751382
技术管理办公室……8753994
监督管理办公室……8751383
综合办公室……8751396
经营结算办……8753869

科技信息中心
教导员……8753418
主任……8753351
成果推广办公室……8756036
项目管理室……8751363
党校办公室……8752318
职工培训办公室……8753537
成人教育办公室……8752891

治安保卫中心
主任……8751361
教导员……8757783
中心值班室……8753775
监控室……8755237
综合岗……8757237
政工、综治普法岗……8757484
人防武装……8751370
稳定办公室……8751131
劳资经营、机动安全……8751372

工程设计管理中心
教导……8753395
主任……8753303
工艺组……8753591
建筑组……8753829
预算组……8756093
预算组……8753927
综合室……8757280

公共事业管理中心
主任……8755881
副主任……8755215
房产办公室……8753382
绿化办管理室……8753740
综合办公室……8755773
液化气站……8753287

招待所……………………………………8753001

老年管理中心

教导员……………………………………8753016

主任………………………………………8753012

办公室……………………………………8753053

老年大学办………………………………8752157

活动中心值班室…………………………8753799

新建老年中心……………………………8751355

家属办公室………………………………8751357

技术质量安全监督中心

教导员……………………………………8756060

主任………………………………………8753541

组织、计量室……………………………8753572

办公室……………………………………8757217

调度室……………………………………8753543

技术监督…………………………………8753085

节能办公室………………………………8753497

华宇实业总公司

总经理……………………………………8753518

副书记……………………………………8753956

综合办公室………………………………8753888

财税办公室………………………………8752188

工程公司…………………………………8755015

化工公司…………………………………8757922

机电公司…………………………………8753579

农副业公司………………………………8755296

作业公司…………………………………8751968

再就业服务站

站长………………………………………8753827

副站长……………………………………8751365

办公室……………………………………8751385

综合组……………………………………8751306

财务组……………………………………8751308

财务组……………………………………8751309

物资配送队

队长………………………………………8753952

指导员……………………………………8751313

调度………………………………………8753344

废旧物资调剂办…………………………8751626

计划办公室………………………………8753865

劳资办……………………………………8753343

配拔办公室………………………………8753870

库房办公室………………………………8753867

桩西采油厂

地址：东营市河口区仙河镇

邮编：257237

党群科室

党委办公室………………………………8582868

组织科……………………………………8486393

宣传科……………………………………8484430

监察科……………………………………8582131

工会………………………………………8582862

团委………………………………………8581848

机关党委…………………………………8582752

管理科室

厂办………………………………………8582803

劳资科……………………………………8587076

经营管理（法律事务）科………………8589017

审计科……………………………………8582695

油地工作科………………………………8582489

规划计划科………………………………8481673

生产科室

调度值班室………………………………8582691

生产办……………………………………8582168

开发管理科………………………………8581337

设备管理科………………………………8581150

安全环保科………………………………8582361

物资供应科………………………………8588196

财务资产管理中心

主住………………………………………8582567

书记………………………………………8487717

经费报销组………………………………8582886

预算组……………………………………8489245

成本组……………………………………8580330

投资资产组………………………………8484417

会计综合组………………………………8582987

公共事业中心

主任………………………………………8487736

副书记……………………………………8481583

综合办公室………………………………8482881

财务办公室………………………………8588692

经营办公室………………………………8581202

爱卫会办公室……………………………8581379

生活行政监督办…………………………8582130

卫生防疫监督办…………………………8582207

培训监督办公室…………………………8483064

房产监督办公室…………………………8581351

教研室……………………………………8481580

科技信息中心

书记………………………………………8582298

主任………………………………………8487538

信息办公室……8487542
科技办公室……8581289
档案办公室……8482184

基建工程管理中心
书记……8486448
主任……8581910
综合办公室……8484013
党政办公室……8582199
老年办公室……8581279
生产办公室……8581335
调度室……8486457
工程办公室……8585685
设计办公室……8482471
预算办公室……8581278

老年管理中心
书记……8482975
主任……8581160
办公室……8581384
活动中心……8587723
文化事业办公室……8482478
广场管理办公室……8581892
文联办公室……8481591

技术质量安全监督中心
书记……8581644
主任……8581398
综合管理室……8481375
劳资经营……8481507
调度室……8582481
计量检定站……8581385
仪表检定……8482441
自动化技术推广站……8581547
油井自动化……8481587
站库自动化……8581786
能源管理站……8581968
能源监测……8481804
质量监督站……8582974
质量管理……8581904

治安保卫中心
主任……8484429
书记……8581341
党群组……8484184
经营组……8586241
综合组……8582201
综治组……8581908

桩一生产管理区
书记……8871520
经理……8871886
调度……8871305
政工办……8871400
综治办公室……8871384
后勤生活办公室……8871181
管理主任办公室……8871381
管理办公室……8871415
地质办公室……8871527
地质办综合室……8871153
经营办公室……8871336

桩二生产管理区
书记……8871232
经理……8871166
政工办公室……8871492
调度室……8871226
安全管理办公室……8871522
生产管理办公室……8871387
采油办公室……8871418
注水办公室……8871323
地质信息管理办……8871245
督查信息办公室……8871339
经营办公室……8871131
财务办公室……8871345
财务办公室……8871375
劳资办公室……8871286

油气集输大队
教导员……8871448
大队长……8871591
管理办……8871451
生产办……8871515
调度室……8871457

作业大队
教导员……8582439
大队长……8582839
党政办公室……8581162
宣传办公室……8481409
经营办公室……8481108
安全机动办公室……8581125
工程技术办公室……8582171
生产管理办公室……8581140
调度室……8582651

综合大队
教导员……8587863
大队长……8580273
政工办……8488141
生产办……8581825

经营办……………………………………8481720
调度室……………………………………8581753
办公室……………………………………8581473
运输大队
教导员……………………………………8581653
大队长……………………………………8484045
政工办公室………………………………8581824
经营办公室………………………………8486471
调度室……………………………………8582320
安全办公室………………………………8581914
机动办公室………………………………8582725
劳资办公室………………………………8581902
财务办公室………………………………8481189
生产准备大队
教导员……………………………………8582220
政工办公室………………………………8484025
经营办公室………………………………8481638
后勤办公室………………………………8482531
财务办公室………………………………8481736
调度室……………………………………8581268
地质研究所
教导员……………………………………8581460
所长………………………………………8487715
所办公室…………………………………8482845
政工办公室………………………………8487534
高工办公室………………………………8581481
调度室……………………………………8581618
综合室……………………………………8581483
地质室……………………………………8581458
动态室……………………………………8487725
生产管理室………………………………8581876
钻井管理室………………………………8588536
工艺研究所
教导员……………………………………8582748
所长………………………………………8481290
调度室……………………………………8581513
所办公室…………………………………8481272
专题研究室………………………………8482270
综合生产室………………………………8481293
机械采油室………………………………8581371
油层改造室………………………………8581479
注水化学室………………………………8581478
防砂工艺室………………………………8481218
海堤管理站
教导员……………………………………8484055
站长………………………………………8482198

政工办公室………………………………8581965
调度室……………………………………8582410
综合车队
教导员……………………………………8582837
队长………………………………………8581924
劳资经营办公室…………………………8481341
生产、安全办公室………………………8482829
经营办公室………………………………8481951
调度室……………………………………8582714
政工办公室………………………………8482201
机动办公室………………………………8482072

东胜精攻石油公司

地址：东营市西四路
邮编：257000

党政办公室
主任………………………………………8687559
值班室……………………………………8687575
人力资源部
主任………………………………………8688569
思想政治工作部
主任………………………………………8687562
纪监审计部
主任………………………………………8687558
生产管理部
副主任……………………………………8687581
调度………………………………………8687540
规划计划部
主任………………………………………8687577
主任经济师………………………………8687567
经营管理部
主任………………………………………8688776
主任经济师………………………………8687576
安全环保部
主任………………………………………8687758
作业管理部
主任………………………………………8066668
物资装备部
主任………………………………………8687961
基建管理部
主任………………………………………8687697
油地工作部
主任………………………………………8687682
财务资产中心
主任………………………………………8687593
主任会计师………………………………8687695

地质研究中心
书记……………………………………8687666
副主任…………………………………8688656
主任地质师……………………………8688668
主任工程师……………………………8687661
开发技术中心
副主任…………………………………8687651
护卫大队
教导员…………………………………8688567
队长……………………………………8687997
机关综合服务队
值班电话………………………………8687999
牛庄公司
经理……………………………………7757136
办公室…………………………………7759877
调度室…………………………………7759856
无棣公司
经理……………………………(0543)6496088
书记……………………………(0543)6496257
办公室…………………………(0543)6496447
调度室…………………………(0543)6496019
高青公司
书记……………………………(0533)6992209
经理……………………………(0533)6992208
办公室…………………………(0533)6992201
调度室…………………………(0533)6992238
潍北公司
经理……………………………(0536)7806881
办公室…………………………(0536)7806898
调度室…………………………(0536)7802093
河口公司
经理……………………………………8573666
办公室…………………………………8672949
调度室…………………………………8670326
鑫联公司
经理……………………………………8355567
办公室…………………………………8355999
调度室…………………………………8355581
滨南公司
书记……………………………(0543)3460987
经理……………………………(0543)3464700
办公室…………………………(0543)3460374
调度室…………………………(0543)3481689
胜兴公司
书记……………………………(0543)2819111
经理……………………………(0543)2819777
办公室…………………………(0543)2819009
调度室…………………………(0543)2819262
兴东公司
经理……………………………………8583766
办公室…………………………………8583381
调度室…………………………………8583748
胜临公司
经理……………………………………8461196
办公室…………………………………8461392
调度室…………………………………8461776
金角公司
经理……………………………………8871966
办公室…………………………………8871917
调度室…………………………………8871976
信远公司
经理……………………………………8179199
办公室…………………………………8179718
调度室…………………………………8179737
乐安公司
书记……………………………………8631658
经理……………………………………8631796
办公室…………………………………8738887
调度室…………………………………8631916
作业分公司
经理……………………………………8066668
生产办…………………………………8128999
安全组…………………………………8299898
技术组…………………………………8126888
质检组…………………………………8290707
地质组…………………………………8299797
机动组…………………………………8299667
经营组…………………………………8299555
材料组…………………………………8299696
星源公司
书记……………………………………8296555
经理……………………………………8298166
东胜海天酒店公司
书记……………………………………8688916
经理……………………………………8688927
办公室…………………………………8688908
总台……………………………………8687600

石油开发中心

地址：东营市东营区西四路633号胜建大厦
邮编：257000

机关部室

党政办公室……8794233
人力资源（组织）部……8794989
思想政治工作部……8794069
生产管理部……8794067
安全环保部……8794309
油地工作办公室……8794231
经营管理部……8794285
规划计划部……8794216
财务资产部……8794306
审计部……8794106
基建工程管理中心……8715096
技术监督中心……8715171
物资供应办公室……8794169
信息管理中心……8794859
治安保卫中心……8794186

胜科管理区
经理……8651966
书记……8651636
生产运行室……8651667
作业办公室……8651707
生产技术室……8651771
资料室……8651799
生产管理室……8651019
综合管理室（传真）……8651556
人力资源室……8651663
经营室……8651770
安全注汽办公室……8651670

胜凯管理区
书记……8568189
经理……8568123
综合管理室……8568105
生产技术室……8568102
生产运行室……8568108
生产管理室……8568117
经营管理室……8568103
人力资源室……8568160
调度室……8568158

胜龙管理区
经理……8587901
副书记……8587238
生产技术室……8587171
生产管理室……8587960
调度室……8587902
经营管理室……8587002
综合管理室……8587831

胜发管理区
经理……8578181
副书记……8578796
生产技术室……8578767
生产管理室……8578183
经营管理室……8578628

胜鑫管理区
经理……(0534)4570999
生产调度……(0534)4576110
生产技术室……(0534)4577110
经营/综合……(0534)4570666

胜海管理区
书记……8589828
经理……8589776
生产管理室……8589778
生产经营室……8589789
生产技术室……8583127
资料室……8583115
综合管理室……8583117

胜丰管理区
经理……(0534)3231598
副书记……(0534)3232106
生产运行室……(0534)3231401
调度室……(0534)3231632
经营管理室……(0534)3231982
生产管理室……(0534)3232090
资料室……(0534)3231753
综合队……(0534)3231982
综合管理室……(0534)3231395

合作项目部
书记……8716003
经理……8715802
生产管理室……8715270
生产技术室……8715830
综合管理室……8715638

滩海项目部
副书记……8739058
副经理……8739069
综合管理室……8739207
生产管理室……8739202
生产技术室……8739018
临时基层队……8739098
调度室……8739201

地质研究中心
主任……8794158
勘探组……8794219
综合组……8794278

开发组……8794136
数据组……8794351
副主任……8794927
钻井组……8794927
采油工艺研究中心
副主任办公室……8794115
工艺组……8794379
生产服务中心
书记……8555067
经理……8794882
综合办公室……8794153
生产经营办公室……8794655
人力资源办公室……8794892
生产管理办公室……8794165
生产调度……8553200
生产技术办公室……8794150
公共事业管理中心
主任……8716759
副书记……8715828
综合办公室……8794855
经营办公室……8715139
后勤办公室……8794008
非在职管理办公室……8716802
体育活动中心……8715095

鲁明油气勘探公司

地址：东营市济南路57号
邮编：257000

机关部室
党政办公室……8798686
人力资源部……8209088
思想政治工作部……8273699
纪委监察部（治保中心）……8238799
工会……8251986
生产管理部……8202227
规划计划部……8201956
审计部……8211899
经营管理部……8223977
技术管理部……8719958
安全环保部……8717169
物资装备部……8796096
后勤综合服务中心
主任……8551219
办公室……8215145
老年工作办公室……8710839
再就业服务中心……8717186
房产管理／家属办……8215140
科研中心
主任……8714152
书记……8713369
办公室……8712519
地质室……8714151
工艺室……8712733
信息室……8714723
综合室……8714952
动态室……8710902
档案室……8714171
济北公司
书记……8463118
经理……8463009
办公室……8463112
财务部……8463168
技术部……8463142
生产部……8463497
甘泉公司
经理……(0911)4572434
副书记……(0911)4572496
办公室……(0911)4572426
财务部……(0911)2213575
技术部……(0911)4572429
运行部……(0911)4572420
商河公司
经理……(0531)82333667
副书记……(0531)82333676
办公室……(0531)82333686
财务部……(0531)82333690
技术部……(0531)82333679
运行部……(0531)82333661
滨海公司
经理……8877771
书记……8589222
办公室……8589323
财务部……8589315
技术部……8877818
生产部……8589324
滨东公司
经理……8705592
书记……8791196
办公室……8786772
财务部……8786775
生产部……8705581
技术部……8705593

高青公司
办公室……………………………(0533)6358842
财务部……………………………(0533)6358841
沾化公司
经理……………………………(0543)7329917
副书记……………………………(0543)7329918
办公室……………………………(0543)7329935
财务部……………………………(0543)7329933
生产办……………………………(0543)7329937
技术部……………………………(0543)7329939
昌邑公司
经理……………………………(0536)7221136
副书记……………………………(0536)7121759
办公室……………………………(0536)7123126
财务部……………………………(0536)7221218
生产部……………………………(0536)7220876
技术部……………………………(0536)7221600
天然气公司
经理……………………………8797106
书记……………………………8718256
办公室……………………………8775908
财务部……………………………8788278
技术部……………………………8797229
运行部……………………………8797098
富林公司
经理……………………………8880997
书记……………………………8880989
办公室……………………………8889169
财务部……………………………8893333
调度室……………………………8889189
临邑公司
经理……………………………8867738
办公室……………………………8867535
财务部……………………………8867085
技术部……………………………8867260
生产部……………………………8867500
北京海霸饭店
经理……………………………(010)84279326
前台……………………………(010)84285766

新疆勘探开发中心

党政办公室
主任……………………………8559317
办公室……………………………8810089
传真……………………………8558114
办公室（乌鲁木齐）……………………………(0991)7997017
工委综合办公室
主任……………………………8810857
主任(新疆) ……………………………(0996)6793225
办公室……………………………8810857
办公室（新疆）……………………………(0996)6793227
人力资源（组织）部
主任……………………………8558429
办公室……………………………8810509
党群工作部
主任……………………………8810589
办公室……………………………8557807
纪检审计部
主任……………………………8810017
办公室……………………………8810017
生产管理部
主任……………………………8558428
主任（新疆）……………………………(0992)3214629
办公室……………………………8773072
办公室（新疆）……………………………(0992)3215205
科技信息部
主任……………………………8558493
主任（新疆）……………………………(0991)7880507
办公室……………………………8810915
计划经营部
主任……………………………8505595
主任（新疆）……………………………(0991)7802133
办公室……………………………8558087
财务资产部
主任……………………………8556948
办公室……………………………8556426
办公室（新疆）……………………………(0991)7996243
安全环保（油地）部
主任……………………………8810583
主任（新疆）……………………………(0992)3214736
办公室……………………………8810581
办公室（新疆）……………………………(0992)3215291
勘探管理部
主任……………………………8810078
办公室……………………………8505592
办公室（新疆）……………………………(0991)7880507
采油工程部
主任……………………………8810821
主任（新疆）……………………………(0992)3215598
办公室……………………………8810721
办公室（新疆）……………………………(0992)3215626
基建运销部

主任……………………………………8558479
主任（新疆）………………………(0992)3215626
办公室…………………………………8505598
办公室（新疆）……………………(0992)3215315
胜新采油管理一区
经理、书记……………………………7662887
经理、书记（新疆）………………(0992)3983888
办公室…………………………………7662891
办公室（新疆）……………………(0992)3989822
胜新采油管理二区
经理、书记……………………………7662811
经理、书记（新疆）………………(0993)5163796
办公室…………………………………7663159
办公室（新疆）……………………(0993)5161877
地质工艺研究所
书记……………………………………8810701
所长……………………………………8558451
办公室…………………………………8559322
技术质量监督站
副站长…………………………………7662881
工程管理站
主任……………………………………8559227
书记……………………………………8559227
办公室…………………………………8553468
办公室（乌鲁木齐）………………(0991)7996351
办公室（奎屯）……………………(0992)3215567
计量集输站
书记……………………………………7662831
站长……………………………………7662831
办公室…………………………………7662756
办公室（新疆）……………………(0992)3691318
物资管理站
站长……………………………………7662825
办公室…………………………………7662826
综合服务站
书记……………………………………8810170
站长……………………………………8810170
办公室…………………………………8810630
办公室（奎屯）……………………(0992)3212811

油气集输总厂

地址：东营市东营区黄河路680号
邮编：257000

政工科室
党委办公室……………………………8558561
信访办公室……………………………8501206
机关党委………………………………8772406
组织科…………………………………8558590
纪委……………………………………8558581
监察科…………………………………8558583
审计科…………………………………8558587
宣传科…………………………………8558582
工会……………………………………8558579
团委……………………………………8558593
总厂办公室
厂办公室………………………………8558564
信息调研室……………………………8773704
传真……………………………………8558584
生产管理科室
生产调度………………………………8554610
综合室…………………………………8558594
输油科…………………………………8774395
输气科…………………………………8558556
设备管理科……………………………8558551
交通室…………………………………8773956
工业室…………………………………8794264
油地工作科……………………………8791145
燃气管理科……………………………8558373
供应科…………………………………8554074
劳动工资科……………………………8773971
再就业服务中心………………………8224305
经营管理科……………………………8558589
基建工程管理中心
主任……………………………………8558190
教导员…………………………………8794369
基建工程………………………………8555393
定额……………………………………8554072
预算……………………………………8784743
统计……………………………………8771269
科技信息中心
主任……………………………………8558592
科技办公室……………………………8558626
工控室…………………………………8558601
自动化室………………………………8772303
网络室…………………………………8558595
数据中心………………………………8550613
软件室…………………………………8550610
档案室…………………………………8558627
技能鉴定站
副站长…………………………………8552649
办公室…………………………………8558570
财务资产管理中心

主任……8773664
教导员……8557815
财务成本……8780994
财务报销……8774688
财务税务……8557813
财务资产……8774660
财务综合……8793025

技术安全监督中心
主任……8558622
教导员……8778469
技术监督……8558585
节能办……8773713
中心办……8786094
经营管理办公室……8786014
综合办……8786004
计量室……8788884
环保室……8554593
能源室……8786024
质监分站……8774162

治安保卫中心
主任……8784815
教导员……8783721
中心办公室……8786974
保卫办公室……8703119
护卫办公室……8558629

消防中队
指导员……8716651
队长……8716752
值班室……8552480

公共事业中心
教导员……8773380
主任……8789917
中心办公室……8786623
行政办公室……8774908
房管办公室……8784773
文化站……8219657

老年管理中心
教导员……8778832
主任……8792334
中心办公室……8558624

地质所
教导员……8773944
所长……8773945
所办公室……8796572
生产办公室……8781245
地质室……8773943

综合室……8558621
开发室……8701907

职工培训中心
主任……8558610
副主任……8784770
中心办公室……8774709
教务室……8701893
教研办……8778829
总务办公室……8778830
招生办公室……8781818
法制办……8773202

综合维修中心
教导员……8786156
主任……8778822
党群办……8773197
工会、宣传、综治……8784749
生产经营办……8558839
劳资、培训……8774671
计划、节能……8773682
经营管理……8774766
机动安全……8784849
财务……8774690

车输管理中心
教导员……8774252
主任……8784848
党政办……8774552
生产经营办……8773432
调度室……8774223

天然气管理中心
综合办公室……8788327
生产安全办公室……8789609
经营管理办公室……8553755
财务收费办公室……8789705
计量管理办公室……8789002
用气治理办公室……8772782
行管站……8789902
胜中供气站……8776637
胜东供气站……8631979
胜南供气站……8516971
胜北供气站……8721599
滨南供气站……3460082
河口供气站……8571063
仙河供气站……8585163
基地配气队……8776922
副队长办公室……7510163
基地输气队……8781676

输油分厂
- 教导员……8777306
- 厂长……8554025
- 分厂办公室……8774520
- 党群办……8774950
- 经营办……8783888
- 劳资办……8773559
- 生产办……8774179
- 统计办……8774027
- 调度……8553409

输气分厂
- 教导员……8641136
- 厂长……8641613
- 党群办……8641139
- 生产办……8641396
- 生产办……8641516
- 调度……8641347
- 经营办……8641185
- 财务办……8641767

孤岛分厂
- 教导员……8892624
- 厂长……8892667
- 党群办……8892624
- 生产办……8892747
- 调度……8886161
- 油工程……8891442
- 安全……8892308
- 地质……8892348
- 信息……8891775
- 计划……8891433
- 财务……8892744
- 财务……8891419
- 劳资……8892644

集兴石化安装有限公司
- 公司办公室……8793858
- 生产办公室……8781682
- 经营办公室……8773605
- 财务管理中心……8787547
- 通利……8703851
- 消防公司……8772119
- 通惠……8705781
- 胜利油田集兴旅行社……8777199
- 轻烃检修中心……8774844
- 建安分公司……8777119
- 化工分公司……8641146
- 兴源经贸中心……8771673
- 腾龙科技服务中心……8502718

物资供应处

地址：东营市东营区西四路 377 号

邮编：257024

经营管理系统
- 党委办公室……8555424
- 党委组织科……8553277
- 纪委监察科……8558341
- 党委宣传科……8716252
- 工会……8554714
- 团委……8554532
- 经营管理科……8716600
- 劳动工资科……8555157
- 规划计划科……8715906
- 安全环保科……8716621
- 法律事务科……8716019
- 设备管理科……8555788
- 审计科……8778188

物资供应管理系统
- 物资供应办公室……8555085
- 供办调度……8553044
- 金属材料科……8716015
- 石油配件科……8552581
- 设备科……8554785
- 化工材料科……8715700
- 机电科……8716256
- 建材科……8716238
- 工矿配件科……8553094
- 劳保科……8778107
- 国外材料科……8555382
- 工程项目科……8716371
- 物资供应管理办公室……8715890
- 物资管理科……8556731
- 市场管理科……8716133
- 招标办公室……8716478
- 物资检验监督科……8554483

财务资产管理中心
- 书记……8555407
- 主任……8716502
- 材料核算组……8716049
- 费用核算组……8716532
- 资金组……8558395
- 预算管理组……8715975
- 会计稽核组……8716530
- 税务管理组……8716819

资产工程组……………………………………8773659
科技节能办公室
书记……………………………………………8793155
主任……………………………………………8553783
办公室…………………………………………8553133
信息档案中心
书记……………………………………………8558941
主任……………………………………………8558940
综合管理室……………………………………8716300
物流开发室……………………………………8783864
应用开发室……………………………………8558943
系统运行室……………………………………8716237
信息应用室……………………………………8559734
治安保卫中心
书记……………………………………………8557133
主任……………………………………………8553212
值班室…………………………………………8553066
老年管理中心
书记……………………………………………8550983
主任……………………………………………8551099
综合办公室……………………………………8553439
公共事业中心
书记……………………………………………8716728
办公室…………………………………………8716758
劳资办公室……………………………………8715839
物资总库
主任……………………………………………8554142
书记……………………………………………8784294
总库办公室……………………………………8552887
生产办公室……………………………………8716460
财务部…………………………………………8716988
仓储管理部……………………………………8553250
配送部…………………………………………8716466
油料公司
书记……………………………………………8556598
经理……………………………………………8553222
公司办公室……………………………………8553708
劳资……………………………………………8559932
综治、保卫……………………………………8213066
业务……………………………………………8553167
生产办…………………………………………8556580
物资检验所
书记……………………………………………8559326
所长……………………………………………8557567
办公室…………………………………………8558697
生产办…………………………………………8772185
财务……………………………………………8555519
技术室…………………………………………8223660
检验室…………………………………………8557328
无损室…………………………………………8716568
物理室…………………………………………8716675
化验室…………………………………………8716796
计量室…………………………………………8553380
综合大队
书记……………………………………………8716278
大队长…………………………………………8716677
办公室…………………………………………8716876
物资供应部……………………………………8788578
服务队…………………………………………8787827
胜利物流中心
书记……………………………………………8716226
主任……………………………………………8716186
中心办公室……………………………………8716026
经营管理部……………………………………8716027
财务部…………………………………………8716029
配送管理部……………………………………8715067
物流部…………………………………………8716867
市场开发部……………………………………8716867
设备运营部……………………………………8715625
经贸中心
主任……………………………………………8559697
书记……………………………………………8559836
办公室…………………………………………8557000
煤炭公司
书记……………………………………………8594582
经理……………………………………………8594061
公司办公室……………………………………8595684
统计结算办公室………………………………8594362
计划外协办公室………………………………8594144
现场监督办公室………………………………8594350
废旧物资管理中心
书记……………………………………………8551275
主任……………………………………………8551276
办公室…………………………………………8554783
管理办公室……………………………………8555723
仙河物资配送中心
书记……………………………………………8587015
主任……………………………………………8587009
配送计划管理部………………………………8587121
物资仓储管理部………………………………8587070
河口物资配送中心
书记……………………………………………8572702

主任……8572701
配送计划管理部……8572706
仓储管理部……8572709
综合质检……8572703

滨南物资配送中心
书记……3471322
副主任……8463553
配送计划管理部……3471527
物资仓储管理部……3471380
综合管理部……3471306

车辆管理中心
书记……8716763
主任……8554782
办公室……8553914

法制教育中心
主任……8783854
办公室……8554205

实业管理中心
书记……8778904
主任……8558877
办公室……8777973
市场开发部……8795799
房产部……8778903

招待所
书记……8813669
所长……8783686
综合办公室……8813699

物华实业发展有限公司
书记……8559825
副总经理……8773596
公司办公室……8554295

供应方圆石油装备有限责任公司
书记……8558038
副总经理……8715917
办公室……8716783

深圳市胜利通兴工贸有限公司
经理……(0755)83297985
传真……(0535)2171777

烟台恒强工贸有限公司
总经理……8782729
业务室……8716933

海南金时田实业发展有限公司
总经理……8716987
办公室……(0898)66764638

大连保税区胜利国际贸易有限公司
总经理……(0411)82728519
业务部……(0411)82728776
财务部……(024)86429109
东营联络处……(0546)8716976

石油化工总厂

通讯地址：东营市东营区郝纯路
邮编：257019

党委办公室
主任……8597060
办公室……8596282

党委组织科
科长……8596290
职称评聘办公室……8596352

党委宣传科
科长……8596297

工会（计生办、团委）
副主席……8596308
办公室……8596801
团委……8596915

纪委（纪监审计科）
纪委副书记、科长……8596247
财务审计岗……8596259
纪委监察岗……8596262

总厂办公室
主任……8596628
值班室……8596333

经营管理科
科长……8596560
合同管理、市场管理岗……8596422
经营承包、现代化管理岗……8596263
法律事务岗……8596634

劳动工资科
科长……8596266
统计、保险岗……8596435
工资岗……8596322

设备基建科
科长……8596702
办公室……8596284

安全环保科
科长……8596836
安全技术岗……8596254
劳动保护岗……8596264
安全技术……8596042

计划规划科
科长……8596275
生产统计岗……8596285

基建计划、统计岗……8596739
生产计划岗……8596412
生产技术科
科长……8596752
工艺管理岗……8596265
技措管理岗……8596343
生产管理中心（物资供应科）
主任……8596800
物资供应科科长……8596982
生产经营分析和统计岗……8596700
生产管理岗……8596406
能源管理岗……8596840
值班长、车辆调度……8596410
值班调度……8596450
物资管理……8596404
技术质量监督中心
主任、副书记……8596332
书记、副主任……8596791
技术组……8596342
贯标办公室……8596241
财务资产管理中心
主任……8596599
书记、副主任……8596436
报销岗……8596245
资产岗……8596242
预算岗……8596430
材料岗……8597427
成本岗……8597547
综合岗……8597407
税务岗……8597652
信息中心
书记、党校副校长……8596569
主任、副书记……8596140
综合管理岗……8596295
系统管理岗……8596145
网络管理岗……8596358
ERP 管理岗……8596713
综合业务岗……8596146
武装保卫科（护卫大队）
书记……8597721
科长……8596311
外勤办公室……8596300
武装部……8596405
老年管理中心
书记、主任……8596289
活动室管理……8596331
综合办公室……8597434
退管文体办……8596607
销售管理中心
书记、副主任……8597260
主任、副书记……8596307
销售管理岗……8597634
市场办公室……8597358
运输办公室……8596561
营业室……8596024
财务办公室……8596366
综合服务中心
主任、副书记……8596912
设备安全岗……8596942
房产岗……8597142
票证岗……8418777
综合办公室……8596761
常减压车间
书记、副主任……8596690
主任、副书记……8596680
重油催化车间
书记、副主任……8596627
副主任……8596392
加氢重整车间
书记、副主任……8596536
主任、副书记……8596315
硫磺回收车间
书记、副主任……8596528
主任……8596538
气体分馏车间
书记、副主任……8596799
主任、副书记……8596283
延迟焦化车间
书记、副主任……8596326
主任、副书记……8596854
动力车间
书记、副主任……8597662
主任、副书记……8596602
空气分离车间
副书记……8596616
副主任……8597128
油品储运车间
书记、副主任……8596678
主任、副书记……8596638
净化水车间
书记、副主任……8596539
主任、副书记……8596549

供排水车间
书记、副主任……8596687
主任……8596667
电气车间
书记、副主任……8596185
主任、副书记……8596459
仪表车间
书记、副主任……8596592
主任、副书记……8596613
机修车间
主任、副书记……8596348
副主任……8596568
中心化验室
书记、副主任……8596490
主任、副书记……8596480
原油管理中心
书记、副主任……8597459
主任、副书记……8597457
轻烃储运车间
书记、副主任……8597663
主任、副书记……8596511
装运车间
书记、副主任……8597719
副主任……8597432
新闻报道站（党委宣传科）
站长……8596218
《石化通讯》编辑部……8597474
电视宣传……8596287
工程检修质量监督站（设备基建科）
站长……8596722
副站长……8596681
工程施工组……8596742
工程电气组……8596732
资料润滑组……8597101
综合组……8596424
润滑油站……8597242
概预算站（规划计划科）
站长……8596251
电仪岗……8596999
土建安装岗……8597460
检维修岗……8596313
设计室（生产技术科）
指导员……8596391
主任……8596481
土建设备电组……8596292
工艺仪表组……8596409
资料组……8596279
物资配送队（物资供应科）
书记……8596792
队长……8596482
配送调度……8596464
管网管理队（生产管理中心）
队长……8596814
副队长……8596544
办公室……8596361
计量站（技术质量监督中心）
站长……8596425
副站长……8596362
安全环保监督站（安全环保科）
站长……8596836
安全监督……8596709
环保监督……8596426
安全监督……8597191
交通安全……8596174
护卫一中队
书记、指导员……8713135
队长……8713135
护卫二中队
书记、队长、指导员……8596703
副队长……8596277
护卫三中队
书记、指导员……8596301
队长……8596517
消防中队
书记、指导员……8596554
队长……8596564
车队
书记……8596249
队长……8596278
绿化环卫队
书记、副队长……8596298
队长……8596272
综合队
书记……8596006
队长……8418040

海洋石油船舶中心

地址：龙口市环海北路2299号
邮编：265725
区号：0535

党政办公室
值班室……8599967

主任……………………………………8598568
党委组织科
科长……………………………………8598221
办公室…………………………………8598213
群众工作科
副科长…………………………………8598246
办公室…………………………………8599582
纪监审计科
副科长…………………………………8598211
生产办公室
主任……………………………………8599555
调度室…………………………………8599898
设备管理科
科长……………………………………8599255
办公室…………………………………8598200
安全环保科
科长……………………………………8599150
办公室…………………………………8598208
规划计划科
科长……………………………………8598227
办公室…………………………………8598229
劳资培训科
科长……………………………………8598219
办公室…………………………………8598763
经营管理科
科长……………………………………8598235
办公室…………………………………8598599
物资供应科
副科长…………………………………8598469
办公室…………………………………8599216
财务资产部
教导员、副主任………………………8598383
主任……………………………………8598769
办公室…………………………………8598258
信息通讯部
教导员、副主任………………………8599213
主任……………………………………8599567
生产……………………………………8598918
政工……………………………………8598484
经营……………………………………8598483
营业室…………………………………8598556
信息站…………………………………8599157
调度……………………………………8598485
公共事业部
党委书记、副主任……………………8598765
主任、党委副书记……………………8598173
综合办公室……………………………8599662
爱卫会办公室…………………………8599661
治安保卫部
教导员、副主任………………………8599676
主任……………………………………8598537
值班……………………………………8598110
综合办公室……………………………8598536
护卫中队………………………………8598535
船舶一大队
书记、副大队长………………………8598803
大队长、副书记………………………8599615
党政办公室……………………………8599805
生产安全办公室………………………8599550
机务办公室……………………………8599552
经营管理办公室………………………8599576
船舶二大队
书记……………………………………8599718
大队长…………………………………8599893
党政办公室……………………………8598277
生产安全办公室………………………8598725
机务办公室……………………………8598561
经营管理办公室………………………8599721
海洋应急中心
教导员…………………………………8599628
大队长…………………………………8598846
调度办公室……………………………8598474
综合办公室……………………………8598922
政工办公室……………………………8598273
港务管理站
教导员、副站长………………………8599626
站长……………………………………8598307
生产办公室……………………………8598255
货商办公室……………………………8598344
安全机动办公室………………………8598264
劳资办公室……………………………8599372
经营办公室……………………………8598282
码头办公室……………………………8598506
汽车大队
大队长、副书记………………………8599507
生产办公室……………………………8598394
经营办公室……………………………8598240
安全办公室……………………………8598549
机动办公室……………………………8598894
政工办公室……………………………8598773
修船厂
教导员…………………………………8599598

党政办公室……………………………………8599155
生产办公室……………………………………8598499
安全办公室……………………………………8598757
经营办公室……………………………………8598076
技检办公室……………………………………8599177
综合服务大队
书记、副大队长………………………………8598801
大队长…………………………………………8599066
综合办公室……………………………………8598473
经营办公室……………………………………8598952
物资配送队……………………………………8598511
器材批拨办公室………………………………8598461
油料批拨办公室………………………………8598505
海洋培训中心…………………………………8599061
职工住房建设项目部
主任……………………………………………8598606
办公室…………………………………………8598259
桩西前线
调度室…………………………………………8870003
中心领导办公室………………………………8870886
党政办公室……………………………………8870205
生产办公室……………………………………8870215
经营管理科……………………………………8870237
安全环保科……………………………………8870212
设备管理科……………………………………8870021
船舶一大队……………………………………8870825
船舶二大队……………………………………8870239
通讯供应值班室………………………………8870213
船厂航修队……………………………………8870360
汽车大队值班室………………………………8870166
卫生院值班室…………………………………8870537
海洋应急中心…………………………………8870040
海洋消防中队…………………………………8870177
溢油回收队……………………………………8870014
应急抢险队……………………………………8870043
龙口基地管理中心
党委书记、副主任……………………………8598796
副主任…………………………………………8599281
中心办公室……………………………………8598501
生产经营办公室………………………………8598775
人力资源办公室………………………………8598964
规划基建办公室………………………………8598291
财务资产管理中心……………………………8598755
公共事业中心
主任……………………………………………8598764
综合管理办公室………………………………8598077
后勤管理办公室………………………………8598481
房产办公室……………………………………8598503
施工管理室……………………………………8598762
家属管理办公室………………………………8598903
物业管理公司
经理、党总支副书记…………………………8598532
生产办公室……………………………………8598498
440 值班室 ……………………………………8598440
统计收费办公室………………………………8598410
园林绿化队……………………………………8598794
综合维修队……………………………………8598254
环卫队…………………………………………8598245
卫生院
教导员、副院长………………………………8599627
院长、副教导员………………………………8598234
药房……………………………………………8599124
护士值班室……………………………………8599174
门诊值班室……………………………………8598233
120 急救 ………………………………………8598120
胜利油田龙口海舟公司
教导员、副经理………………………………8598948
劳资……………………………………………8599161
综合……………………………………………8598959
财务……………………………………………8598970
招待所…………………………………………8598343
海运分公司……………………………………8598148
建安分公司……………………………………8598400

地质科学研究院

地址：东营市东营区聊城路 2 号
邮编：257015

党政办公室
主任……………………………………………8715153
办公室…………………………………………8552952
组织劳资部
主任……………………………………………8716251
办公室…………………………………………8715260
思想政治工作部
主任……………………………………………8715518
宣传……………………………………………8715247
工会……………………………………………8716153
团委……………………………………………8777882
生产管理部
主任……………………………………………8715003
办公室…………………………………………8552848
科研计划部

主任……………………………………8715309
办公室…………………………………8715303
企管安全部
主任……………………………………8716723
法律事务所……………………………8715546
企管合同………………………………8715546
机动安全………………………………8715314
环保……………………………………8715605
财务部
主任……………………………………8552859
费用……………………………………8715520
报销……………………………………8715522
资产……………………………………8715522
纪监审计部
主任……………………………………8715231
纪检审计………………………………8715245
监察……………………………………8716304
调研室
办公室…………………………………8552952
物资供应中心
主任……………………………………8715125
计划组…………………………………8716203
保管组…………………………………8715524
材料组…………………………………8715976
技术监督中心
主任……………………………………8715705
标准……………………………………8715853
计量……………………………………8715323
生产调度室……………………………8553088
测试中心调度…………………………8715320
公共事业中心
书记……………………………………8715610
主任……………………………………8715551
中心办公室……………………………8715529
行政办公室……………………………8715848
房产办公室……………………………8715777
治安保卫中心
主任……………………………………8716110
综治办…………………………………8715353
老年管理中心
书记……………………………………8715115
主任……………………………………8716051
财务……………………………………8716406
生活组…………………………………8716194
文体组…………………………………8716409
汽车队
书记……………………………………8715015
队长……………………………………8715715
车队调度办公室………………………8715288
勘探综合研究室
书记……………………………………8715455
主任……………………………………8715822
办公室…………………………………8716581
战略组…………………………………8716401
成藏地质组……………………………8715467
储层地质组……………………………8715431
实验组…………………………………8715223
沾车海勘探研究室
书记……………………………………8715498
主任……………………………………8715330
滩海组…………………………………8715579
沾南组…………………………………8715497
车镇组…………………………………8715327
沾北组…………………………………8715496
技术组…………………………………8715326
东昌惠勘探研究室
书记……………………………………8716067
主任……………………………………8715370
综合组…………………………………8715373
南区组…………………………………8715565
北区组…………………………………8715577
临昌组…………………………………8715479
天然气及区域勘探研究室
书记……………………………………8715992
主任……………………………………8716125
中浅层气组……………………………8715342
深层油气组……………………………8716233
外围……………………………………8715072
昌潍组…………………………………8715343
储量管理研究室
书记……………………………………8715416
主任……………………………………8715412
沾车组…………………………………8715413
东部组…………………………………8715536
西部组…………………………………8715414
滩海组…………………………………8715447
信息组…………………………………8715749
油气地质与采收期刊社
副主任…………………………………8715337
编辑组…………………………………8715246
出版组…………………………………8717738
整装油田开发研究室

书记……………………………………8715177
主任……………………………………8715771
地质一组………………………………8716831
地质二组………………………………8715476
地质三组………………………………8715112
开发一组………………………………8715340
综合组…………………………………8716835

断块油田开发研究室

书记……………………………………8715633
主任……………………………………8715280
开发一组………………………………8715396
地质一组………………………………8715279
地质二组………………………………8716702
物探组…………………………………8715331

低渗透油田开发研究室

书记……………………………………8715341
主任……………………………………8715275
地质物探一组…………………………8715333
地质物探二组…………………………8715501
开发一组………………………………8716707
开发二组………………………………8715985

稠油热采开发研究室

书记……………………………………8716366
主任……………………………………8715430
地质一组………………………………8715421
地质二组………………………………8715420
地质三组………………………………8715374

滩海油田开发研究室

主任……………………………………8715399
书记……………………………………8715311
物探组…………………………………8715428
地质一组………………………………8715913
地质二组………………………………8715453
地质三组………………………………8715339
天然气组………………………………8716705
开发一组………………………………8716157
开发二组………………………………8715452

开发综合规划研究室

书记……………………………………8716204
开发规划组……………………………8715277
开发战略组……………………………8715298
储量评价组……………………………8715376
经济评价组……………………………8715278

海外研究中心

书记……………………………………8715301
主任……………………………………8715736
地质组…………………………………8715710
油藏组…………………………………8715649

科技信息研究室

书记……………………………………8715770
主任……………………………………8716483
情报一组………………………………8715045
情报二组………………………………8715251
情报三组………………………………8715493

油田建设规划室

主任……………………………………8715611
规划一组………………………………8553942
规划二组………………………………8553326
规划三组………………………………8716737

地球物理技术研究室

主任……………………………………8715653
书记……………………………………8716320
油藏描述一组…………………………8715300
油藏描述二组…………………………8716781
油藏描述三组…………………………8715757
综合组…………………………………8716725
系统组…………………………………8716451

渗流力学研究室

书记……………………………………8715405
主任……………………………………8715810
软件一组………………………………8715449
软件二组………………………………8715404
软件三组………………………………8716721
软件四组………………………………8715367
软件五组………………………………8715382

计算机技术研究室

书记……………………………………8715863
主任办…………………………………8715426
软件开发组……………………………8715873
网络系统组……………………………8715872
数据库组………………………………8715871
网站信息组……………………………8716823

地层古生物实验室

书记……………………………………8715315
主任……………………………………8715361
介形虫组………………………………8715263
孢粉组…………………………………8715262
岩矿组…………………………………8715265

地球化学实验室

书记……………………………………8716789
主任……………………………………8716602
有机岩石组……………………………8715322

可溶烃组……………………………………8715482
天然气组……………………………………8715584
综合热模组…………………………………8715354
开发试验室
书记……………………………………………8715535
主任……………………………………………8715324
室办组………………………………………8716264
油层物性组…………………………………8715488
特殊物性组…………………………………8715380
热采组………………………………………8715490
物理模拟组…………………………………8715390
油层保护组…………………………………8715489
采收率试验室
主任……………………………………………8716450
书记……………………………………………8715215
油藏组………………………………………8715335
化学组………………………………………8715389
水质组………………………………………8715484
气驱组………………………………………8715485
现代试井室
书记……………………………………………8715241
主任……………………………………………8715363
解释组………………………………………8715381
试井组………………………………………8715471
高压物性组…………………………………8715388
岩心管理室
书记……………………………………………8550474
主任……………………………………………8559308
现场一组……………………………………8550526
现场二组……………………………………8550514
研究组………………………………………8551902
综合档案室
书记……………………………………………8715351
主任……………………………………………8715517
档案一组……………………………………8715254
档案二组……………………………………8715550
档案三组……………………………………8715255
档案四组……………………………………8715234
制图印刷厂
书记……………………………………………8716486
厂长……………………………………………8716060
厂办公室……………………………………8715506

采油工艺研究院

地址：东营市东营区西三路188号
邮编：257000

党政办公室
主任……………………………………………8557219
值班室………………………………………8557203
人力资源（组织）部
主任……………………………………………8557236
组织、教培…………………………………8557213
劳资……………………………………………8781942
纪监审计部
主任……………………………………………8557235
办公室………………………………………8557209
群众工作部
主任……………………………………………8557263
团委书记……………………………………8557231
女工、保险…………………………………8774455
科研计划部
主任……………………………………………8559481
科研项目……………………………………8557266
石油学会……………………………………8777735
基建工程……………………………………8781947
工程预算……………………………………8557238
财务资产部
主任……………………………………………8701266
成本……………………………………………8559473
报销……………………………………………8557318
出纳……………………………………………8551695
资产……………………………………………8557265
税务……………………………………………8718766
经营管理部
主任……………………………………………8557233
办公室………………………………………8559479
工程技术中心
书记……………………………………………8552591
主任室………………………………………8705223
技术管理……………………………………8778276
机加工………………………………………8772241
生产管理中心
主任……………………………………………8701194
安全环保……………………………………8557201
公共事业中心
书记……………………………………………8557317
主任……………………………………………8557268
计生办………………………………………8558802
治安保卫中心
主任……………………………………………8773425
综治消防……………………………………8559483
户籍管理……………………………………8559475

治安保卫……8557275

采油机械研究所

书记……8781220

所长……8789766

主任工程师……8794632

分采工艺……8705853

稠油开采研究所

书记……8557285

所长……8705220

博士后……8793282

三次采油研究所

书记……8701187

所长……8557270

博士后……8777326

数模组……8557217

浅海采油研究所

书记……8797593

所长……8791501

油层保护研究所

书记……8781250

所长……8557280

博士后……8551683

注水工艺研究所

书记……8777752

所长……8557291

注水专家组……8775538

水质专家组……8552593

压裂酸化与天然气开采研究所

书记……8557207

所长……8781579

优化设计……8781237

防砂技术研究中心

书记……8558801

主任……8552225

院厂结合……8553065

微生物采油研究中心

书记……8557241

主任……8705133

博士后……8702014

综合办……8557248

工作液室……8788643

数模组……8781209

修井完井研究中心

书记……8556330

主任……8557289

采油工程信息中心

书记……8557264

主任……8552251

网络机房……8718003

数据机房……8550773

材料检测中心

书记……8555621

主任……8793098

综合业务……8777871

新工具试制中心

书记……8557251

主任……8701078

加工车间……8557795

西部分院

办公室……8781185

办公室（新疆）……(0991)6627298

技术监督室

主任……8557246

综合档案室

主任……8557273

物资供应中心

主任……8557319

材料组……8557256

配拨组……8557218

油料……8557288

汽车队

队办……8557250

调度……8557284

综合维修队

书记……8551687

队长……8791076

环卫绿化队

队长……8559477

综合队

队长……8557277

物探研究院

地址：东营市北一路210号

邮编：257022

党政办公室

主任……8557055

办公室……8553374

组织劳资部

主任……8702602

办公室……8781201

思想政治工作部

主任……8794946

工会……………………………………8557037
宣传……………………………………8771044
科研管理部
副主任…………………………………8778795
经费协会………………………………8791830
生产管理部
主任……………………………………8797276
解释管理………………………………8796637
外部外事………………………………8771373
办公室…………………………………8553502
经营计划部
主任……………………………………8556860
基建工程………………………………8791617
设备安全技监部
主任……………………………………8553524
主任师（设备安全）…………………8702135
纪检监察部
纪委副书记……………………………8553532
纪监员办………………………………8771046
处理一室
书记……………………………………8791132
主任……………………………………8553202
办公室…………………………………8791135
处理二室
书记……………………………………8778812
副主任…………………………………8791180
办公室…………………………………8796905
西部处理室
书记……………………………………8793351
副主任…………………………………8778793
处理一组………………………………8792257
处理二、四组…………………………8796512
处理三组………………………………8796263
处理五组………………………………8796523
机房……………………………………8796193
特殊处理室
书记……………………………………8797203
主任……………………………………8552913
综合分析组……………………………8791311
偏移组…………………………………8796710
反演属性组……………………………8791315
叠前反演组……………………………8796720
东部研究室
书记、主任……………………………8702673
副主任…………………………………8789731
胜坨组…………………………………8550695
东辛组…………………………………8791372
现河组…………………………………8791362
西部研究室
书记、主任……………………………8788895
纯梁组…………………………………8791387
滨南组…………………………………8791380
桩孤研究室
书记……………………………………8702751
主任……………………………………8789701
青东组…………………………………8791507
孤东组…………………………………8771559
沾车研究室
书记……………………………………8791583
主任……………………………………8789685
主任师办………………………………8702773
惠民研究室
书记、主任……………………………8789671
主任师办………………………………8702803
综合研究室
书记……………………………………8702535
主任……………………………………8789733
办公室…………………………………8791325
天然气组………………………………8795972
方法研究室
书记……………………………………8778815
主任……………………………………8557008
处理……………………………………8796631
解释……………………………………8796701
油藏研究室
书记……………………………………8557992
主任……………………………………8794947
主任师办………………………………8792263
计算室
书记……………………………………8791935
主任……………………………………8772914
办公室…………………………………8792370
数据库室
书记……………………………………8792017
主任……………………………………8792025
主任师办………………………………8792073
信息室
书记、主任……………………………8553754
主任师办………………………………8793697
信息组…………………………………8771542
软件一组………………………………8793685
软件二组………………………………8793623

运行室
书记……8778804
主任……8555415
主任师办……8793277
制图室
书记……8796620
主任……8772744
主任师办……8778813
场地室
书记……8551316
主任……8774572
主任师办……8774570
情报室
书记……8553516
主任……8558240
办公室……8792852
档案室
书记……8793061
主任……8792955
主任师办……8793301
办公室……8795303
战略研究室
书记……8772209
主任……8797021
主任师办……8771065
办公室……8797113
信息档案中心
主任……8553570
ERP 支持……8559442
财务资产管理中心
副主任……8771043
主任师办……8796965
公共事业中心
书记……8557994
主任……8701092
办公室……8773213
物资供应中心
书记……8553472
主任……8795006
办公室……8553446
主任经济师……8553923
治安保卫中心
书记、主任……8775858
综治办……8795663
办公室……8778797
护卫中队……8778797
老年管理中心
书记……8771050
主任……8557113
职工文化站
站长……8773177
指导员……8771543
办公室……8797313
车队
书记、队长……8776590
调度……8791101
办公室……8791121

技术检测中心

地址：东营市东营区西二路 480 号
邮编：257062

机关科室
党政办公室……8552877
生产办公室……8552866
组织劳资科……8775347
经营管理科……8558652
财务资产科……8775346
纪监审计科……8792349
群众工作科……8778784
科研技术科……8701202
治安保卫中心
主任……8501605
治安、消防……8776684
普法、综合……8781524
外勤……8719273
特种设备检验所
所长……8551181
书记、副所长……8557445
综合技术管理室……8551176
特检一室……8775340
特检二室……8775214
特检三室……8551173
特检四室……8775241
护品检验室……8775404
安全教育管理站
书记、副站长室……8555848
站长……8792801
综合室……8773614
教研室……8774647
培训一室……8775284
培训二室……8554372
培训三室……8792342

安全环保研究中心
- 主任……8775339
- 书记、副主任……8792374
- 技术管理室……8559873
- 海上评价室……8776010
- 安全评价一室……8797700-6406
- 安全评价二室……8797700-6112
- 安全评价三室……8797700-6319

标准化研究所
- 书记、副所长……8775257
- 所长……8558650
- 综合室……8559877
- 档案室……8501882
- 研究室……8775248
- 标准库……8773490

技术检测信息中心
- 书记、副主任……8701751
- 主任……8551175
- 技术管理室……8773121
- 软件开发室……8702075
- 系统运行室……8701013

腐蚀与防护研究所
- 所长……8559283
- 书记、副所长……8503010
- 信息工程室……8775249
- 质量综合室……8778851
- 技术开发室……8555301
- 管线探测室……8555673
- 腐蚀检测室……8555673

能源监测站
- 书记、副站长……8557144
- 站长……8553675
- 张强宿舍……8208153
- 综合室……8775174
- 开发室……8775134
- 机电室……8775149
- 热工室……8775147
- 技术研究室……8796681

环境监测总站
- 书记、副站长……8556282
- 站长……8552737
- 综合室……8775242
- 检测一室……8559382
- 检测二室……8557024
- 质控室……8775245
- 评价室……8775246
- 治理研究室……8775247

计量测试研究所
- 书记、副所长……8773896
- 所长……8773388
- 综合管理室……8775343
- 计量检定一室……8775341
- 计量检定二室……8773710
- 计量科研室……8775342
- 计量考核室……8554363

质量监督检验所
- 书记、副所长……8556590
- 技术管理室……8775444
- 机械室……8775454
- 电器室……8775457
- 化工室……8559872
- 水质室……8787067

工程质量监督站
- 站长……8773786
- 书记、副站长……8556219
- 技术管理室……8775434
- 监督一室……8775441
- 监督二室……8773392
- 监督三室……8788960
- 监督四室……8557662
- 监测评价室……8705085
- 建材检验室……8557448

流量检定站
- 书记、副站长……8781434
- 站长……8558637
- 技术管理室……8784244
- 检定一室……8784245
- 检定二室……8787244

设备监测站
- 站长……8784840
- 书记、副站长……8718893
- 技术管理室……8784841
- 井架检测室……8773293
- 润滑剂检测室……8784842
- 状态监测室……8559013

防雷与地震评价中心
- 书记、副站长……8558445
- 站长……8778573
- 综合技术管理室……8551554
- 地震安评室……8796644
- 雷电防护技术室……8558446

节能减排研究所

书记、副所长……………………………………8557085
所长……………………………………………8552297
治理研究室……………………………………8719211
分析化验室……………………………………8785901
综合服务中心
书记、副主任…………………………………8558081
主任……………………………………………8559871
综合室…………………………………………8557838
老年党支部
办公室…………………………………………8792345

经济开发研究院

地址：东营市东营区西四路如意街4号
邮编：257001

国际室石油研究室
主任……………………………………………8799347
副主任…………………………………………8787077
办公室…………………………………………8717105
经济运行评价研究室
主任……………………………………………8799346
副主任…………………………………………8713073
主管师办公室…………………………………8554105
办公室…………………………………………8714661
企业发展战略研究室
主任……………………………………………8714418
主任师办公室…………………………………8710133
办公室…………………………………………8710151
经济改革研究室
主任……………………………………………8710646
副主任…………………………………………8710448
办公室…………………………………………8771850
劳动定额定编研究所
所长……………………………………………8554880
副所长…………………………………………8554850
主管师办公室…………………………………8717040
办公室…………………………………………8717621
人才工作研究所
副所长…………………………………………8554195
办公室…………………………………………8713719
法律法规研究所
所长……………………………………………8553791
副所长…………………………………………8550218
办公室…………………………………………8713709
综合研究室
主任……………………………………………8710115
主任师…………………………………………8710227
主管师…………………………………………8712649
办公室…………………………………………8710776
财务科
科长……………………………………………8799348
主管师…………………………………………8710768
党政办
主任……………………………………………8710486
办公室…………………………………………8554003

西部新区研究中心

地址：东营市东营区西四路715号
邮编：257000

综合办公室
主任……………………………………………8512001
值班室…………………………………………8512000
人力资源（组织）科
科长……………………………………………8512011
办公室…………………………………………8512012
科研生产（信息）科
科长……………………………………………8512003
办公室…………………………………………8512015
企管法规科
科长……………………………………………8512009
办公室…………………………………………8512010
财务计划科
科长……………………………………………8512007
办公室…………………………………………8512008
勘探研究一室
书记……………………………………………8715047
主任……………………………………………8715855
主任师办公室…………………………………8716385
室办公室………………………………………8715083
综合组…………………………………………8716382
准一组…………………………………………8715127
准二组…………………………………………8716387
吐哈组…………………………………………8716380
方法信息组……………………………………8716382
勘探研究二室
书记……………………………………………8793855
主任……………………………………………8557993
主任师办公室…………………………………8793820
室办办公室……………………………………8793880
准噶尔中部组…………………………………8778805
准噶尔西缘组…………………………………8793702
准噶尔南缘组…………………………………8793797
勘探研究三室

书记……………………………………8720722
主任……………………………………8792015
六盘山组………………………………8796092
敦煌组…………………………………8550515
银川组…………………………………8793985
室办办公室……………………………8793960
勘探研究四室
书记……………………………………8715571
主任……………………………………8715101
主任师办公室…………………………8716446
室办公室………………………………8715527
柴一组…………………………………8716280
柴二组…………………………………8715230
库木库里组……………………………8715102
综合组…………………………………8715103

2. 中原石油勘探局
中原油田分公司

地址：河南省濮阳市中原路277号
邮编：457001
区号：0393
传真：4828300
E-mail：jbwsk@zpeb.sinopec.com.cn

部门	公网电话

中原石油勘探局

局长办公室
（政策研究室）

主任……4819001
主任（政研室）……4823402
副主任……4733776
副主任（政研室）……4731269
值班室……4822172
传真……4828300
秘书科……4823324
文书科……4821597
政研科……4829230
调研科……4822157
督查科……4818620
接待科……4891934
文印站……4816297

企业管理处

处长……4820758
副处长……4826466
传真……4826920
综合管理科……4823246
战略管理科……4731613
项目管理科……4821653
考核管理科……4731513
承包管理科……4824229
市场管理科……4819601
招标管理科……4892624

部门	公网电话

改革办公室……4733580

规划计划处

处长……4894156
副处长……4893378
副处长……4733576
商务综合科……4816394
规划管理科……4822287
投资计划科……4824193
物资管理科……4732021
统计信息科……4824900

财务资产处

处长……4828899
副处长……4810326
综合科……4810798
传真……4825336
预算管理科……4893818
资金管理科……4824293
成本核算科……4817770
外事财务科……4893531
税务核算科……4821168
资产管理科……4824361
资本运营科……4891452
债权管理科……4824001

人力资源处

处长……4819615
副处长……4826096
干部管理科……4828334

劳动组织科……………………………………4821330
工资保险科……………………………………4824715
培训科…………………………………………4892631
员工管理科……………………………………4894126
社会劳动力管理科……………………………4894176
机关人力资源科………………………………4821860
综合科…………………………………………4821382
传真……………………………………………4817632
职改办…………………………………………4893136
博士后工作站…………………………………4821324

技术安全监督处

处长……………………………………………4826816
副处长…………………………………………4892979
综合科…………………………………………4821305
安全管理科……………………………………4819732
安全监督科……………………………………4819772
特种设备安全科………………………………4819874
外部市场安全环保监督管理科………………4819873
清理占压石油天然气管线违章建筑科………4821516
交通安全科……………………………………4827781
职业卫生科……………………………………4826793
环保科…………………………………………4821040
质量管理科……………………………………4894074
计量科…………………………………………4822959
标准化科………………………………………4894047
节能科…………………………………………4821628

对外关系处

处长……………………………………………4819588
副处长…………………………………………4816258
对外协调科……………………………………4826933
土地管理科……………………………………4826930
地籍管理科……………………………………4819451
资金管理科……………………………………4822901
土地监察科……………………………………4731661
综合办公室……………………………………4822275

生产管理处

处长……………………………………………4810888
副处长…………………………………………4734566
综合科…………………………………………4817132
生产运行科……………………………………4825344
传真……………………………………………4819563
防汛防震办公室………………………………4821828
电信科…………………………………………4823015
运输科…………………………………………4824541
产能运行科……………………………………4829055
井下作业管理科………………………………4818371
公路管理科……………………………………4810237

外事办公室

主任……………………………………………4826268
副主任…………………………………………4827752

外事管理科

科长……………………………………………4893547
值班室…………………………………………4893647
传真……………………………………………4821054

出国管理科

科长……………………………………………4827803
值班室…………………………………………4823433
传真……………………………………………4823433

北京联络点

值班（传真）…………………………(010)64292417

法律事务处

处长……………………………………………4822826
副处长…………………………………………4733552
法律顾问室主任………………………………4731386

综合办公室

主任……………………………………………4822129
办公室…………………………………………4823385

工商诉讼科

科长……………………………………………4816400
办公室…………………………………………4821599

合同项目科

科长……………………………………………4821903
办公室…………………………………………4733532

公司事务科

科长……………………………………………4734205
办公室…………………………………………4824090

法规制度科

科长……………………………………………4891511
办公室…………………………………………4891691

钻井工程处

处长……………………………………………4817136
副处长…………………………………………4821948
办公室主任……………………………………4816006
技术管理科科长………………………………4816010
技术管理科（钻井工程编辑）………………4896135
生产管理科科长………………………………4818005

生产管理科（资料管理）……………………4819531
生产管理科（传真）……………………4822765
市场管理科……………………4820508

基建处

处长……………………4822669
副处长……………………4819238

石油化工工程科

科长……………………4821749
副科级干事……………………4819454
干事……………………4819454

建筑公用工程科
（工程抗震管理办公室）

科长……………………4891340
干事……………………4823936
干事……………………4823936

市场综合管理科
（基建工程招投标管理办公室）

科长……………………4822773
正科级干事……………………4822773
干事……………………4891814
传真……………………4891814

装备处

处长……………………4892826
副处长……………………4820246
综合科……………………4823832
传真……………………4819581
设备配置科……………………4820247
设备运行科……………………4822682

审计处

主任……………………4822091
副主任……………………4825698

综合科

科长……………………4822240
副科长……………………4894228
办公室……………………4828556

项目管理科

科长……………………4891014
办公室……………………4823921

项目审理科

科长……………………4829068
办公室……………………4821342

综合办
（保卫处）

主任……………………4733101
副主任……………………4733103
综合科……………………4826643
传真……………………4826644
协调督查科……………………4825533

武装部
（人防办）

部长……………………4816226
综合办公室……………………4821607
军事科……………………4821842

局党委办公室

主任……………………4816066
副主任……………………4894226
秘书科……………………4894007
综合科……………………4821849
信访办……………………4823984
机要保密科……………………4821578
机要文书……………………4822964
值班电话……………………4822486
传真……………………4822132

局党委组织部

部长……………………4733959
副部长……………………4821693
办公室……………………4732051
干部管理科……………………4824607
技术干部管理科……………………4822827
组织科……………………4824199
机关干部管理科……………………4819477

局党委宣传部
（统战部、文明办、企业文化处）

部长……………………4829169
副部长……………………4828093
统战综合科……………………4822425
新闻宣传科……………………4822841
理论教育科……………………4822877
文明办创建科……………………4822153
企业文化科……………………4828328

局纪委
（监察处）

处领导
　副书记、监察处长……………………4819768
　副书记、监察处副处长……………………4819943
　副处级纪检监察员……………………4892423

办公室
副主任……4821916
办公室……4822816
信访举报……4824627
传真……4822616
纪检监察一室
主任……4823831
办公室……4819945
纪检监察二室
主任……4819941
办公室……4823609
纪检监察三室
主任……4822819
办公室……4893261
纪检监察四室
主任……4733712
办公室……4819942
审理室
主任……4821529
办公室……4822117

局工会机关

副主席……4824269
办公室……4829936
组织民管部……4819725
生产保障部……4824536
宣教部……4821886
女工部……4821086
劳动争议调解办公室……4829248
残联办公室……4829232

局团委

副书记……4733108
办公室……4816035
组织部……4893536
宣传部……4821741
青工部……4822614

局直属机关党委机关

副书记……4893918
工会主席……4824271
党委办公室……4821932
传真……4891699
组织科、团委……4823919
纪检、考核办公室……4817015
工会办公室……4821964

局党委防范和处理邪教问题工作办公室

主任……4816226
副主任……4732256
督查科……4810520
调研科……4731970

生产物资调剂中心

中心领导
主任……4824765
副总会计师……4819703
党政办公室
主任……4819688
办公室……4819678
财务资产科
科长……4819708
办公室……4819246
设备调剂科
科长……4824004
办公室……4823307
物资调剂科
科长……4824629
办公室……4819846
设备租赁科
科长……4734070
办公室……4828696
物资库（北区）
主任……4810210
门岗……4817493
物资库（南区）
主任……4751730
办公室……4753471
舒普凡厂区
办公室……4753734

文化体育活动管理中心

中心领导
主任……4828125
副主任……4819724
综合办公室
主任……4824569
副主任……4817811
文体活动管理科……4817810
文联……4829758
体协……4894454
中石化音乐舞蹈家协会……4824069
中原文化宫……4819843

中原歌舞团……………………………4821015

社会保险统筹中心

中心领导
- 主任……………………………4819802
- 副主任……………………………4803928

主任办公室……………………………4893258
财务科……………………………4828599
养老保险科……………………………4821050
医疗保险科……………………………4894564
工伤保险科……………………………4802941
失业保险科……………………………4820431
统计信息科……………………………4894595
第一管理科……………………………4851862
第二管理科……………………………4844305
第三管理科……………………………4839809
第四管理科……………………………4854660
第五管理科……………………………4812070
第六管理科……………………………4861181
第七管理科……………………………4809002
第八管理科……………………………4865889
第九管理科……………………………4834622
第十管理科……………………………4876395
第十一管理科……………………………4801281
第十三管理科……………………………4819857
第十四管理科……………………………4894570
第十五管理科……………………………4820389
第十六管理科……………………………4818745
第十七管理科……………………………4720931
第十八管理科……………………………4878237

职业指导服务中心

中心领导
- 主任……………………………4731501
- 副主任……………………………4819384

综合科
- 科长……………………………4817560
- 副科长……………………………4824871

职业介绍科
- 科长……………………………4819754
- 副科长……………………………4823328

矿区建设工程部

部领导
- 经理……………………………4816419
- 书记……………………………4824343
- 副经理……………………………4818817
- 副经理……………………………4816415

综合办公室
- 主任……………………………4825036
- 副主任……………………………4825046
- 人事、劳资……………………………4818540
- 财务……………………………4825034
- 传真……………………………4818240

预算科
- 科长……………………………4816412
- 办公室……………………………4821879

合同科
- 科长……………………………4816417
- 办公室……………………………4825042

质检科
- 副科长……………………………4825041

施工科
- 科长……………………………4816363
- 安装工艺科……………………………4825054

中原油田宾馆

总机……………………………4821945

宾馆领导
- 经理……………………………4816234
- 副经理……………………………-4307

党政综合办公室……………………………4816235
人力资源部……………………………-2105
财务资产部……………………………-3101
经营管理部……………………………-3101
会计核算部……………………………-6145
前厅部……………………………-8188
客房部……………………………-5120
餐饮部……………………………-6131
佳名旅行社……………………………4817101
工程部……………………………-4302
安全保卫部……………………………-6150
采购供应部……………………………-8167

局机关车辆管理中心

中心领导
- 经理……………………………4734066
- 书记……………………………4892479

机关科室
- 党政办公室……………………………4817573
- 人力资源办公室……………………………4892344
- 安全保卫办公室……………………………4821239
- 设备管理办公室……………………………4817571
- 生产调度办公室……………………………4822402

经营财务办公室……………………4819225

西部工作委员会

综合办公室

主任……………………4821526

办公室……………………4823800

西部……………………(0991) 3663759

市场工作部

经理……………………(0991) 3679789

副经理……………………(0991) 3679078

HSE 监督管理站

副站长……………………(0991) 3694883

办公室……………………(0991) 3668679

石化质监管理总站

（中原石油分站）

站领导

站长、书记……………………4893978

副书记……………………4821691

综合管理科

科长……………………4821691

办公室……………………4823308

建筑工程质量监督科

科长……………………4818142

办公室……………………4734237

石化工程质量监督科

科长……………………4818141

办公室……………………4810991

投资管理中心

（多元开发处）

中心领导

主任（处长）……………………4894529

党委书记……………………4820686

业务科室

中心办公室……………………4823435

党群办公室……………………4823427

财务资产科……………………4817506

外部投资管理科……………………4828211

商业保险代理科……………………4817503

产权管理科……………………4817501

多种经营科……………………4810917

考核科……………………4817502

南方经营管理科……………………(0755) 27761788

法律事务科……………………4828470

濮阳中原贝德弗化学建材有限公司

总经理……………………4751776

副总经理……………………4752146

财务总监……………………4751797

总工程师……………………4751239

综合办公室主任……………………4751290

市场营销部部长……………………4752148

生产质量管理部部长……………………4751275

财务资产部部长……………………4751221

出口工作部部长……………………4751268

物资采购部部长……………………4751239

营销中心经理……………………4493628

濮阳永辉机械修配有限公司

总经理办公室……………………4875268

公司办公室……………………4875225

经营办公室……………………4875535

修理车间……………………4875806

濮阳中大汽车修理有限公司

总经理办公室……………………4834581

书记……………………4834408

副经理……………………4834408

濮阳拳王日用化工有限公司

总经理……………………4828366

副总经理……………………4894030

总经理办公室……………………4823704

营销管理部……………………4825466

财务部……………………4828144

精细化工厂……………………4871431

气雾剂厂……………………4875488

债权债务清理处

处长……………………4810326

调研员……………………4829255

综合科……………………4893910

清理一科……………………4893901

清理二科……………………4893941

离退休职工管理处

处领导

处长、书记……………………4822770

副书记……………………4823829

副处长……………………4823997

机关

党政办公室……………………4817537

财务资产科……………………4823359

老年管理科……………………4822488

老年文体科……………………4822414

老年思想教育科（关工委）……………………4821095

经营办……………………4828430

老干部管理站……4826242
老年敬托院……4891655

钻井一公司

公司领导
- 经理……4805186
- 书记……4805966
- 副经理……4808967
- 总工程师……4807022
- 总会计师……4800538
- 副经理……4806555
- 工会主席、纪委书记……4809837
- 副总工程师……4808535

经理办公室
- 主任……4806128
- 副主任……4800690
- 办公室……4800251

生产协调科
- 科长……4800277
- 工农科长……4800220
- 副科长……4800227
- 值班室……4800408

质量安全科
- 科长……4800601
- 副科长……4800225

国有资产科
- 科长……4800268
- 副科长……4800432
- 设备库……4800578

计划财务科
- 科长……4806819
- 副科长……4800434
- 报销组……4800114
- 成本组……4800963
- 综合组……4800496
- 结算组……4800636

经营管理科
- 科长……4800316
- 副科长……4800262
- 副科长……4800791

市场开发部
- 主任……4800550
- 副主任……4800257
- 副主任……4800424

国际业务部
- 主任……4807196
- 苏丹办……4807940

人事劳资科
- 科长……4800320
- 劳资……4800141
- 培训……4800321

党委办公室
- 主任……4800687
- 办公室……4800757

组织科
- 科长……4800224
- 办公室……4809747

纪检办公室
- 主任……4800293
- 办公室……4800986

群众工作部
- 主任……4809001
- 副主任……4800460

保卫科
- 科长……4800837
- 教导员……4800319
- 副科长……4800927

文化办
- 主任……4806359
- 办公室……4805359

工程技术大队
- 大队长……4805992
- 书记……4800956
- 副大队长……4807724
- 综合室……4800942
- 计算机室……4800942
- 财务室……4800942
- 调度室……4800593
- 泥浆化验室……4800275

钻前工程大队
- 大队长……4800856
- 书记……4800435
- 副大队长……4800407
- 办公室……4800888
- 技术、安全……4800339
- 财务……4800436
- 职工食堂……4807132

基层队
- 安装队……4800908
- 拖拉机队……4800499
- 搬安队……4806104

车队……………………………………4800488
水电队……………………………………4800813
机械加工队………………………………4800203
设备修理队………………………………4800203

泥浆站
站长……………………………………4753448
书记……………………………………4753678
副站长……………………………………4753420
调度室……………………………………4753659
安全……………………………………4753627
泥浆队……………………………………4753649
运输队……………………………………4753445
化工队……………………………………4753443
综合办……………………………………4753450

供应站
站长……………………………………4806185
书记……………………………………4808292
副站长……………………………………4800566
财务……………………………………4800596
管理……………………………………4800231
安全……………………………………4800428
调度……………………………………4800428
机电……………………………………4800785
三材……………………………………4800530
配件……………………………………4800568

车队
大队长……………………………………4808794
调度……………………………………4800463

生活服务大队
大队长……………………………………4800223
副大队长……………………………………4800644
财务组……………………………………4800929
调度室……………………………………4800472
职工公寓……………………………………4800458
风华公寓……………………………………4806193

培训学校
校长……………………………………4800365

外部市场
东北调度……………………………(0438)6101111
新疆调度……………………………(0991)3854731
西南调度……………………………(0818)4736616
川西调度……………………………(028)84892097
塔海调度……………………………(0470)6607562
冀东调度……………………………(0315)8720751

钻井二公司

公司领导
经理……………………………………4828786
党委书记……………………………………4819358
副经理……………………………………4828890
总工程师……………………………………4828770
财务总监……………………………………4827876
纪委书记、工会主席……………………………4828204

经理办公室
主任……………………………………4827340
文字秘书……………………………………4732015
值班室……………………………………4827430
传真……………………………………4828294

生产协调部
经理助理兼部长……………………………4827738
副部长……………………………………4822184
副部长……………………………………4827092
调度室……………………………………4827150
传真……………………………………4827350
前指调度……………………………………4859562

技术安全监督科（HSE 监督站）
副总师兼科长……………………………4821573
副科长……………………………………4827113
HSE 监督站站长……………………………4733830
办公室……………………………………4827583

装备科
科长……………………………………4891046
副科长……………………………………4825796
副科长……………………………………4827348
基地设备库……………………………………4827550
皇甫设备库……………………………………4710521
油品化验站……………………………………4827432

人事劳资科
科长……………………………………4827360
副科长……………………………………4828267
副科长……………………………………4827302

经营科
科长……………………………………4827170
副科长……………………………………4732246
办公室……………………………………4828293

计划财务科
副总会计师兼科长……………………………4823522
副科长……………………………………4826038
资金报销……………………………………4827362
资产管理……………………………………4892270

党委办公室

主任……………………………………4828247
副主任…………………………………4827149
办公室…………………………………4828512

组织纪检科

科长……………………………………4827212
办公室…………………………………4829205

纪检监察科

科长……………………………………4827062
办公室…………………………………4817909

工团办公室

主任……………………………………4827072
机关总支副书记………………………4827115
女工、计生主任………………………4827022
团委办公室……………………………4827115

武装保卫科

科长……………………………………4827254
副科长…………………………………4829509
交通管理………………………………4827148
办公室…………………………………4822867

市场开发科

科长……………………………………4827096

国际业务部

部长……………………………………4827262
办公室…………………………………4822942
传真……………………………………4891330

技术发展部

副总师兼部长…………………………4827178
书记……………………………………4823326
副总师兼副部长………………………4822567
副部长…………………………………4827272
工艺室副主任…………………………4829260
完井室主任……………………………4827452
综合室主任……………………………4827498
泥浆室副主任…………………………4828610
调度室…………………………………4827552
网管机房………………………………4490323

物资供应站

站长……………………………………4827580
书记……………………………………4827025
副站长…………………………………4827496
计划组…………………………………4827142
管理组…………………………………4828507
财务组…………………………………4827132
配件化工组……………………………4827593
电料杂项组……………………………4827112

调度室…………………………………4828505

职工培训部

部长……………………………………4827176
书记……………………………………4817300
副部长…………………………………4827441
办公室…………………………………4828283

钻前大队

经理助理兼大队长……………………4732128
书记……………………………………4828601
副大队长………………………………4734345
调度室…………………………………4828634
安装队…………………………………4827091
水电队…………………………………4827481
机具队…………………………………4827271

生活服务大队

大队长…………………………………4828314
书记……………………………………4827182
副大队长………………………………4734207
招待所所长……………………………4734207
调度……………………………………4828319
服务队…………………………………4827523
综合队…………………………………4827129
招待所总台……………………………4827409
餐厅……………………………………4827592
纯净水厂………………………………4828832
机关服务队……………………………4827431
大学生公寓……………………………4731207

机修大队

大队长…………………………………4891856
书记……………………………………4828737
调度室…………………………………4827516

小车队

大队长…………………………………4827101
书记……………………………………4734231
副大队长………………………………4894062
调度……………………………………4821669

泥浆回收队

队长……………………………………4892228
办公室…………………………………4827024

钻井三公司

公司领导

经理……………………………………4867688
书记……………………………………4865122
副书记…………………………………4865183
副经理…………………………………4771116

总会计师……………………………………4771428
涉外总监……………………………………4771030
首席技术专家………………………………4771529
专职副总师／技术专家
副总师………………………………………4771981
技术专家……………………………………4771456
技术专家……………………………………4865145
党政办公室
主任…………………………………………4865271
副主任………………………………………4865263
值班室………………………………………4865104
群工部
部长…………………………………………4865812
副部长………………………………………4865953
生产协调部
部长…………………………………………4771528
副部长………………………………………4771407
办公室………………………………………4771400
安全技术监督部
部长…………………………………………4771405
副部长………………………………………4771468
办公室………………………………………4865025
党委宣传部
部长…………………………………………4865026
办公室………………………………………4865434
组织人事部
部长…………………………………………4865024
副部长………………………………………4865855
办公室………………………………………4865143
设备管理部
部长…………………………………………4865145
副部长………………………………………4865231
办公室………………………………………4865585
纪检监察部
部长…………………………………………4865160
办公室………………………………………4865943
市场管理部
部长…………………………………………4771483
副部长………………………………………4771424
办公室………………………………………4771423
企业管理部
部长…………………………………………4771526
副部长………………………………………4771480
办公室………………………………………4771480
国际项目管理部
部长…………………………………………4865664
副部长………………………………………4865664
计划财务资产部
部长…………………………………………4865669
副部长………………………………………4865709
办公室………………………………………4866709
保卫科
部长…………………………………………4771450
办公室………………………………………4865169
技术管理部
部长…………………………………………4771602
副剖长………………………………………4771760
办公室………………………………………4771613
泥浆技术管理部
部长…………………………………………4771408
副部长………………………………………4771403
办公室………………………………………4771060
运输大队
队长…………………………………………4777898
书记…………………………………………4777886
办公室………………………………………4777878
技术服务大队
队长…………………………………………4752738
书记…………………………………………4752738
办公室………………………………………4752576
小车队
队长…………………………………………4865783
书记…………………………………………4865872
办公室………………………………………4865240
钻采设备厂
厂长…………………………………………4865636
书记…………………………………………4865931
办公室………………………………………4865463
钻前大队
队长…………………………………………4887400
书记…………………………………………4720024
办公室………………………………………4887143
试油测试大队
队长…………………………………………4755048
书记…………………………………………4752894
办公室………………………………………4754608
物资供应站
站长…………………………………………4865458
书记…………………………………………4865449
办公室………………………………………4865459

林泉花园
经理……4866196
书记……4865152-8868
总台……4865344
总机线……4865152
生活服务公司
经理……4865128
书记……4865131
办公室……4865741

钻井四公司

公司领导
经理……4835988
书记……4835688
纪委书记……4834425
副经理……4834259
财务总监……4835899
副总师……4834261
经理办公室
主任……4834497
值班室……4834489
传真……4834615
党委办公室
主任……4834011
值班室……4834453
组织纪监科
科长……4836996
值班室……4835978
群众工作部
部长……4834669
值班室……4834434
生产协调科
科长……4834379
副科长……4834554
传真……4834617
值班室……4834394
人事劳资科
科长……4835721
培训……4834440
工资……4834445
财务资产科
科长……4834435
副科长……4834429
装备科
科长……4834420
副科长……4834625
传真……4834420
经营管理科
科长……4836208
副科长……4834619
定额……4834624
合同……4834546
技术安全监督科
科长……4834463
副科长……4834471
办公室……4834217
市场开发科
科长……4834179
副科长……4834119
值班室……4834197
传真……4834350
保卫科
科长……4834637
书记……4834664
技术发展部
部长……4834261
副部长……4834372
综合办公室……4834257
科技办公室……4835527
钻前工程大队
大队长……4834978
书记……4835078
调度……4834177
机修大队
厂长……4834281
书记……4834255
调度……4834291
综合组……4834701
生活服务大队
大队长……4836156
书记……4836066
副大队长……4834208
值班室……4834801
招待所服务台……4834508
客房值班……4834376-8207
物资供应站
站长……4836108
书记……4834365
调度……4834339
计划……4836945
小车队

队长……………………………………4835000
书记……………………………………4834438
副队长…………………………………4834145
调度……………………………………4834149

培训学校

校长……………………………………4834532
书记……………………………………4834672

塔里木中原钻井公司

公司领导

经理………………………………(0996)2173828
党委书记…………………………(0996)2173529
党委副书记………………………(0996)2174303
副经理……………………………(0996)2173522
财务总监…………………………(0996)2174426
总工程师…………………………(0996)2173820
副总工程师………………………(0996)2174784
副总机械师………………………(0996)2173826

机关

经理办……………………………(0996)2173827
传真………………………………(0996)2173822
生产管理科………………………(0996)2173821
轮南调度…………………………(0996)2178167
轮台调度…………………………(0996)4698292
机关党总支………………………(0996)2175366
党群办……………………………(0996)2173520
人力资源科………………………(0996)2173527
计划财务科………………………(0996)2173525
经营管理科………………………(0996)2173526
技术项目部………………………(0996)2173533
市场开发部………………………(0996)2174436
QHSE 管理部 ……………………(0996)2173532
机动科……………………………(0996)2173826
泥浆管理科………………………(0996)2174784
供应站……………………………(0996)2173530
库房办……………………………(0996)2179214
车队………………………………(0996)2173531
招待所……………………………(0996)2173535

办事处

（濮）主任 ……………………………4829689
人事……………………………………4826048
培训……………………………………4823282
尼日利亚项目部………………………4829753
值班室…………………………………4826358
传真……………………………………4894138
（乌）办公室 ……………………(0991)7806016

钻井管具工程处

处领导

经理……………………………………4800015
书记……………………………………4805986
纪委书记／工会主席…………………4805566
副经理…………………………………4800060
财务总监………………………………4800006
首席技术专家…………………………4800003

经理助理、副总师

经理助理………………………………4800058
副总工程师……………………………4800005
经理助理………………………………4800023
副总会计师……………………………4809080
技术专家………………………………4800701

经理办公室

主任……………………………………4800008
值班室…………………………………4800021
传真……………………………………4809066

人事劳资科

科长……………………………………4808593
办公室…………………………………4800029

经营计划科

科长……………………………………4800038
副科长…………………………………4800053
项目办…………………………………4806129

财务资产科

科长……………………………………4800032
成本……………………………………4800041
报销……………………………………4800082

企业管理科

办公室…………………………………4809080

技术科

科长……………………………………4800701
办公室…………………………………4800057

生产协调科

科长……………………………………4800059
值班室…………………………………4800019
值班室…………………………………4800016
传真……………………………………4800783

机动安全科

科长……………………………………4809128
办公室…………………………………4800027

党群工作部

主任……………………………………4800049
副主任…………………………………4800052

信访保密……4809208
纪检监察……4808121
团委……4806055

管修车间
办公室……4800074

井控车间
办公室……4800069

机加工车间
办公室……4800070

技术服务大队
办公室……4800072
值班室……4800558

机械运输大队
大队长……4800071
调度……4800013

卫城管具大队
大队长……4834969
副书记……4835348
副大队长……4835249
高工……4834284
调度……4834401
经管……4834602

兰考管具大队
大队长……4868368
调度……4865420

金刚石钻头厂
办公室……4806633
营销部……4805546

治安保卫大队
大队长……4809924

物资供应站
站长……4800431
计划组……4808148

培训学校
办公室……4800030

新疆轮台管具工处
经理……(0996)4685296
调度……(0996)4685229
财务……(0996)4685288

西南分公司
调度……4736775
传真……4736776

项目办
办公室……4806129

陕北分公司
调度……(0912)4213087

鄂尔多斯项目组
调度……(0912)3410288

冀东项目组
调度……(0315)8835758

哈萨克斯坦项目组
办公室……4800056

也门项目组
办公室……4800056

苏丹项目组
办公室……4800056

沙特项目组
办公室……4808339

固井工程处

总机……4800011

处领导
经理……4805998
书记……4805886
副经理……4805816
财务总监……4805808

副总师（经理助理）
副总工程师……4800826
副总工程师……4800010
经理助理……4800086

经理办公室
主任……4800022
秘书……4800730
值班室……4800066
传真……4800046
打字复印……-8837
收发室……-8838

人事劳资科
科长……4800137
干部管理……-8840
人事、培训……-8841

财务资产科
科长……4805896
副科长……4809052
出纳、报销……4800083

经营管理科
科长……4800037
副科长……-8906
合同、物资……4808305
统计……-8845

装备科（技术安全监督科）

科长……………………………………4800170
副科长……………………………………-8848
装备……………………………………-8847
安全……………………………………4800149
生产协调科
科长……………………………………4809567
科长……………………………………-8852
调度室……………………………………4800079
电话会议机……………………………………4800075
大班……………………………………-8854
资料……………………………………-8858
国际业务部
部长……………………………………4800093
际业务部……………………………………-8910
党群工作部
部长……………………………………4800092
副部长……………………………………4800055
党办、组织……………………………………-8857
纪检、信访……………………………………-8905
女工、计生……………………………………-8860
宣传、团委……………………………………-8861
固井技术研究所
所长……………………………………4800826
副书记……………………………………4800040
副所长……………………………………-8874
政工员……………………………………-8875
施工室……………………………………-8876
研究室……………………………………-8877
科技办……………………………………-8824
化验室……………………………………-8879
灰库化验室……………………………………4721413
流量计室……………………………………-8880
核算、统计……………………………………-8881
固井一分处
经理……………………………………4800086
副经理……………………………………4807279
副书记……………………………………-8867
一分队……………………………………-8864
HSE 政工员……………………………………-8862
一分处储运值班室……………………………………4722737
核算、统计……………………………………-8800
散灰储运中心
主任……………………………………4721406
书记……………………………………4722738
副主任……………………………………4721408
调度……………………………………4721411
调度（传真）……………………………………4721407
储运食堂……………………………………4721791
物资采办部
经理……………………………………4800091
书记……………………………………4807841
副站长……………………………………-8884
核算、统计……………………………………-8885
物资、统计……………………………………-8886
修理班……………………………………-8908
计划组……………………………………4800094
灰库保管员……………………………………4721423
小车队
队长……………………………………4806326
书记……………………………………4800076
HSE 监督员……………………………………-8911
调度……………………………………-8893
核算、统计……………………………………-8894
综合队
队长……………………………………4800068
书记……………………………………4806140
副队长……………………………………-8899
培训学校……………………………………-8907
核算、统计……………………………………-8897
食堂……………………………………-8898
HSE 监督站
站长……………………………………4807941
……………………………………-8882
副站长……………………………………-8883
HSE 监督员……………………………………-8863
检验员……………………………………-8850
外部项目组
新疆项目组……………………………………(0996)4685287
西北项目组……………………………………(0912)4220669
东北项目组……………………………………(0438)2968306
西南项目组……………………………………(0818)5822595
山西项目组……………………………………(0356)7082304
内蒙项目组……………………………………(0478)5688032
南阳项目组……………………………………(0377)68448389

钻井工程技术研究院

院领导
院长……………………………………4899296
总工程师……………………………………4899235
副院长……………………………………4895098
纪委书记、工会主席……………………………………4899697

副院长……4899651

首席技术专家

技术首席专家……4899640

技术首席专家……4899218

院副总师

副总工程师……4899703

院长助理……4899386

副总工程师……4896497

副总工程师……4896705

院长办公室

主任……4899629

办公室……4890027

人事劳资……4899497

传真……4897922

党群工作部

主任……4899103

纪检监察……4890345

团委女工……4899087

科技办公室

主任……4899640

办公室……4899693

生产办公室

主任……4899052

办公室……4899151

调度室……4899520

经营管理科

科长……4899097

办公室……4890470

计划财务科

科长……4899491

资产……4899095

核算……4899030

钻井工艺研究所

所长……4899603

支部书记……4899509

副所长……4899970

油田化学研究所

所长……4899234

支部书记……4899387

所办……4890993

研发组……4899548

中试车间……4825238

钻井机械研究所

所长……4899702

支部书记……4896529

车间……4899754

销售……4771577

钻井仪表研究所

所长……4899094

技术信息研究所

所长……4819280

机房……4899284

油气层保护研究所

主任……4896705

泥浆监测……4899043

探井服务……4899295

泥浆研究……4899460

井下工具研究所

所长……4899191

无损检测……4890657

环境保护研究所

所长……4899843

水处理……4899437

堵漏室……4899333

定向井服务中心

主任……4898940

支部书记……4890854

副主任……4899475

下套管服务中心

主任……4899592

调度……4899393

车队

队长……4899021

调度……4899339

综合服务中心

主任……4899496

办公室……4899049

供应站……4897845

复印室……4899407

博士站

博士……4890307

博士……4899297

院值班室

值班室……4897713

西部分院

院长……(0991)3667295

办公室（传真）……(0991)3661916

调度……(0991)3835729

西南项目部

项目部办公室……(0818)5700350

环境保护研究所……………………(0818)5701597
下套管服务中心……………………(0818)5701886
井下工具研究所……………………(0818)5618407

勘察设计研究院

院领导
院长……………………………………4891990
书记……………………………………4828063
副院长…………………………………4828087
总工程师………………………………4828027
院长办公室
主任……………………………………4828058
副总工程师……………………………4822341
办公室…………………………………4826351
值班室…………………………………4821341
传真……………………………………4491804
党群工作部
主任……………………………………4823784
纪委……………………………………4820064
团委……………………………………4820084
企业文化办公室………………………4823759
人力资源部
主任……………………………………4821138
办公室…………………………………4823184
会计科
主任……………………………………4824903
办公室…………………………………4823273
资产设备科
主任……………………………………4733377
办公室…………………………………4822541
HSE 办公室……………………………4891319
经营管理部
主任……………………………………4497336
办公室…………………………………4824065
项目管理部
主任……………………………………4821338
办公室…………………………………4823259
总工程师办公室
主任……………………………………4823202
办公室…………………………………4818670
办公室…………………………………4823159
市场开发部
主任……………………………………4820043
办公室…………………………………4821133
西北分院
院长…………………………(0991)3667836
书记…………………………(0991)3680796
办公室………………………(0991)3680798
传真…………………………(0991)3680797
办公室…………………………………4821438
工程监理承包部
经理……………………………………4821141
监理部…………………………………4823373
承包部…………………………………4824039
岩土公司
经理……………………………………4823659
地质室…………………………………4825503
钻、触探队……………………………4824185
科研所
所长……………………………………4825504
副所长…………………………………4817824
科研办公室……………………………4826354
防腐室…………………………………4816804
化学、开发室…………………………4822135
石油化工规划设计所
所长……………………………………4819624
书记……………………………………4824474
副所长…………………………………4819507
油田规划室……………………………4823173
化工规划室……………………………4825521
综合规划室……………………………4819564
地面工艺设计所
所长……………………………………4821638
油气一室………………………………4816391
油气二室………………………………4824374
自控室…………………………………4823573
设备室…………………………………4823473
电信设计所
所长……………………………………4821738
电力室…………………………………4822290
通信室…………………………………4822473
建筑设计所
所长……………………………………4821838
副所长…………………………………4817605
结构一室………………………………4823384
结构二室………………………………4823484
建筑室…………………………………4819752
总图规划室……………………………4824674
市政设计所
所长……………………………………4828703
副所长…………………………………4822273

注水污水处理室……4823673
给排水消防室……4818273
热工暖通室……4823584
经济研究所
所长……4817601
概预算室……4823160
勘察大队
队长……4893175
测量室……4824027
测量室……4822673
信息中心
主任……4823684
软件室……4891297
硬件室……4816814
绘图、图书……4820094
综合服务部
主任……4821379
副主任……4823459
晒图室……4824385
保卫科……4823284
收发室……4819753
值班室……4816824
碧波纯净水站……4894262
车队
队长……4817056
值班室……4824485

地球物理测井公司

公司领导
经理……4822581
书记……4824638
副书记、工会主席……4730038
副经理……4823191
财务总监……4733699
公司副总师
副总地质师……4829724
副总地质师……4823124
副总工程师……4822981
副总工程师……4821472
副总会计师……4824958
经理办公室
主任……4733638
副主任……4823581
办公室……4822825
传真……4492841
文印室……4732285
党委工作部
主任……4821633
办公室……4824926
传真……4824926
组织人事部
主任……4810668
办公室……4822481
计划财务部
主任……4739375
副主任……4822303
核算……4891644
办公室……4822663
债权债务清理办公室
主任……4824958
办公室……4731918
经营结算……4822440
市场经营部
主任……4730781
副主任……4823796
传真……4849480
技术装备部
主任……4734351
副主任……4822381
车辆检验……4818774
安全质量监督部
主任……4822168
副主任……4821397
安全质量办……4821397
生产作业部
主任……4816268
副主任……4823691
调度室……4821221
生产协调……4823442
会议专线……4819896
传真……4816789
工团工作部
主任……4821746
副主任……4821746
引进测井中心
主任……4733336
书记……4816368
副主任……4829847
办公室……4825828
生产组……4829847
仪修组……4824120

数控测井中心
主任……4824081
书记……4824083
副主任……4821880
中心办……4821840
生产组……4829474
仪修组……4849144
开发测井中心
主任……4849543
书记……4849434
副主任……4801979
生产组……4849540
经营组……4801973
仪修组……4804581
实验室……4730787
射孔压裂中心
主任……4849244
书记……4801749
副主任……4849541
副主任……4801772
经营组……4849741
生产组……4801772
射孔计算……4824220
射孔器材站
站长……4876579
书记……4875048
传真……4870889
解释计算中心
主任……4819093
书记……4824326
副主任……4732637
办公室……4892442
计算机室……4829374
卫星传输……4822781
东部解释评价室……4822368
西部解释评价室……4734211
套管井解释评价室……4823574
晒图室……4823124
物资供应站
站长……4803326
书记……4823187
副站长……4823187
计划组……4821346
保管组……4803541
管理组……4823502
引进库房……4826479
门卫……4803541
车辆修保站
站长……4848714
书记……4824920
副站长……4824920
润滑站……4802693
综合管理站
站长……4822320
书记……4821446
副站长……4821446
办公室……4823081
保卫部
办公室……4825389
治安队
队办……4823580
职工公寓
队办……4824483
1号公寓……4462015
2号公寓……4849125
职工餐厅
厅办……4820358
水厂……4802348
后勤服务队
队办……4823580
维修队
队办……4824724
新技术研究所
所长……4731528
副所长……4824383
办公室……4731369
工房……4829764
小车队
主任……4849324
调度……4824883
工程技术队
主任……4894014
副主任……4821880
源库……4893417
职工培训站
主任……4892154
副主任……4734191
外部项部
普光项目部……4829724
陕北项目部……4822603

东北项目部……4821872
鄂北项目部……4821672
辽河项目部……4824183
冀东项目部……4849574
东部项目部……4822720
南部项目部……4822281
西北项目部……4821272
吐哈项目部……13939361762
东南项目部……4731261
青海项目部……4731261
特殊项目部……4821489
西部解释计算中心……(0991)7856418

地质录井处

总机……4828461
处领导
经理……4828640
书记……4817886
纪委书记、工会主席……4829128
副经理……4828549
财务总监……4821038
副总师……4828383
经理办公室
主任……4894208
值班室……4828612
服务室……-2154
人事劳资部
主任……4828340
劳动工资……-2024
教育培训……-2110
计划财务部
主任……4893521
财务报销……-2028
市场开发部
主任……4828645
合同办……-2147
科技装备部
主任……4828273
装备办公室……-2034
党群工作部
主任……4828509
组织科……-2022
工会、女工……-2039
纪检……4828732
团委……-2023
稳定办……4732023
党办传真……4824449
技术安全监督部
主任……4824504
标准……-2105
安全……-2194
物资管理中心
主任……4828484
副主任……-2216
录井一大队
大队长……4828701
书记……-2149
副大队长……-2031
劳资组……-2046
生产技术组……4828122
政工组……-2053
数据处理……-2221
生产保障组……-2109
值班室……-2223
生产调度室……4823129
录井二大队
大队长……-2090
录井三大队
大队长……4824459
书记……-2180
录井四大队
大队长……4826376
书记……-3021
副大队长……-3022
生产组……-3025
劳资组……-3026
国际录井项目部
经理……4892835
书记……-2102
综合组……-2207
石油仪器仪表研发中心
大队长……4823772
书记……-2099
副大队长……-2001
调度……-2095
政工……-2092
硬件组……-3033
软件组……-2126
微机维修……-2094
电话维修……-2112
信息管理中心

主任……………………………………4820055
副主任………………………………-2182
综合组………………………………-2052
软件组………………………………-2100
数据组………………………………-2047
档案室………………………………-2057

资料解释中心

主任……………………………………4828130
书记…………………………………-2027
副主任………………………………-2017
分析组………………………………-2043
方法组………………………………-2020
设计组………………………………-2033
质检组………………………………-2204
解释组………………………………-2087
装钉组………………………………-2040
打字组………………………………-2116
综合组………………………………-2177

地质研究所

所长……………………………………4821523
书记…………………………………-2060
副所长………………………………-3023
微机室………………………………-2058
综合研究室…………………………-2049
录井技术室…………………………-2144
综合管理室…………………………-2183
项目组………………………………-2127

测量队

队长……………………………………4824904
书记…………………………………-2084
测量组………………………………-2083
综合组………………………………-2081

生产车队

队长……………………………………4894628
书记…………………………………-2151
副队长………………………………-2048
调度室………………………………-2044
综合组………………………………-2111

综合服务队

队长…………………………………-2120
招待所………………………………-2123
公寓管理……………………………-2122

地球物理勘探公司

总机……………………………………4824418

公司领导

经理……………………………………4897156
书记……………………………………4826799
副经理…………………………………4828101
纪委书记………………………………4890523
经理助理………………………………4899833
副总师…………………………………4824675
副总师…………………………………4898416

经理办公室

副主任………………………………-6238
秘书…………………………………-6143
值班……………………………………4821149
档案…………………………………-6140
传真……………………………………4491162

人事劳资科

副科长………………………………-6158
干部管理……………………………-6124
综合…………………………………-6159

生产调度室

副调度长……………………………-6612
副调度长……………………………-6153
综合……………………………………4898478
工农…………………………………-6564

生产技术科

综合…………………………………-6154
质量管理……………………………-6361

计划财务科

副科长…………………………………4899763
资产…………………………………-6262
报销…………………………………-6624
成本…………………………………-6133

资产装备科

副科长………………………………-6172
设备管理……………………………-6171
综合…………………………………-6212

经营管理科

副科长………………………………-6177
副科长………………………………-6709
综合…………………………………-6322

安全监督科

科长……………………………………4823575
副科长………………………………-6178
综合…………………………………-6175
QHSE…………………………………-6591
交通…………………………………-6275

党委办公室

主任……………………………………4897039
副主任……………………………………-6219
综合……………………………………-6234
传真……………………………………4824131

党委组织科
科长……………………………………4823074
副科长……………………………………-6727

群众工作部
主任……………………………………4898223
副主任……………………………………-6197
团委……………………………………4897275
计生办……………………………………-6287

市场部
副主任……………………………………-6363
综合……………………………………4897018

国际工程项目部
副主任……………………………………-6601
综合……………………………………4497439
投标办……………………………………-6167

治安保卫大队
大队长……………………………………4823951
副大队长……………………………………-6471
内勤……………………………………-6182
涉爆管理……………………………………-6173
消防管理……………………………………-6181
外勤……………………………………-6110
民警队……………………………………-6181

采集方法研究所
所长……………………………………4897268
副所长……………………………………-6225
综合……………………………………-6151
项目管理……………………………………-6284
采集方法室……………………………………-6434
处理方法室……………………………………-6292

设备维修管理站
站长……………………………………4898553
副书记……………………………………-6115
副站长……………………………………-6922
检验……………………………………-6574
油水化验……………………………………-6192

仪器修理厂
副书记……………………………………-6737
副厂长……………………………………-6415
综合……………………………………-6445
修线班……………………………………-6476
爆炸组……………………………………-6477
仪器组……………………………………-6447
388 仪器组……………………………………-6457
财务……………………………………-6462
电台……………………………………-6439

测绘中心
主任……………………………………4890793
副主任……………………………………-6296
综合……………………………………-6474

综合服务队
队长……………………………………4890746
副队长……………………………………-6269
公务员……………………………………-6135
打字室……………………………………-6148
收发室……………………………………-6348
办公用品……………………………………-6146
通讯站……………………………………-6138
招待所……………………………………-6324

综合车队
队长……………………………………-6136
书记……………………………………-6268
综合……………………………………-6173
调度……………………………………4823006

物资供应站
站长……………………………………4821492
书记……………………………………-6826
副站长……………………………………-6226
综合……………………………………-6482
计划……………………………………4890649
保管……………………………………-6485
财务组……………………………………-6484
调度……………………………………-6514

培训站
站长……………………………………-6255
培训管理……………………………………-6145
综合……………………………………-6274

苏丹项目经理部
副经理……………………………………-6362

国内地震队
2313 地震队 ……………………………………-6316
2172 地震队 ……………………………………-6137
2169 地震队 ……………………………………-6291
2155 地震队 ……………………………………-6191
2143 地震队 ……………………………………-6232

国外地震队

96168－1队……………………………………-6325
96168－2队……………………………………-6437
97169－1队……………………………………-6319
97169－2队……………………………………-6329
21166队……………………………………-6267
21196队……………………………………-6332
21199队……………………………………-6233

建设集团公司

公司领导
经理……………………………………4887896
书记……………………………………4887930
副经理……………………………………4887938
副经理……………………………………4887866
总工程师……………………………………4887935
总会计师……………………………………4887966
经理办公室
主任……………………………………4887857
值班室……………………………………4887970
小车队……………………………………4880447
人事劳资科
科长……………………………………4887962
办公室……………………………………4887967
财务科
科长……………………………………4729642
副科长……………………………………4887965
办公室……………………………………4880014
企业管理科
科长……………………………………4728481
副科长……………………………………4887963
办公室……………………………………4728277
市场经营科
科长……………………………………4729265
副科长……………………………………4729255
生产安全科
科长……………………………………4720060
副科长……………………………………4887897
办公室……………………………………4207158
设备管理科
科长……………………………………4729641
副科长……………………………………4270012
办公室……………………………………4887927
技术质量科
科长……………………………………4729643
副科长……………………………………4729801
办公室……………………………………4887964
市场开发部
科长……………………………………4728415
办公室……………………………………4201399
物资供应站
站长……………………………………4728481
办公室……………………………………4720020
试验室
主任……………………………………4720334
党委宣传办公室
主任……………………………………4887971
办公室……………………………………4728877
组织纪检科
科长……………………………………4887664
办公室……………………………………4887349
工团办公室
科长……………………………………4887972
道桥工程一处
经理……………………………………4720022
副书记……………………………………4887351
副经理……………………………………4887353
党政办……………………………………4887350
劳资科……………………………………4887364
财务科……………………………………4887354
经营科……………………………………4889178
设备科……………………………………4887359
技术科……………………………………4887360
材料科……………………………………4756531
调度室……………………………………4751647
道桥工程二处
经理……………………………………13909980727
书记……………………………………13309965930
西部道桥工程处
经理……………………………………13369870162
书记……………………………………13709966800
驻濮办公室……………………………………4888931
道桥工程三处
经理……………………………………4887723
书记……………………………………4729204
副经理……………………………………4887340
党政办……………………………………4887722
劳资科……………………………………4729293
材料科……………………………………4727403
机动安全科……………………………………4887347
财务科……………………………………4887142
合同科……………………………………4729175

开发科……………………………………4729295

道桥工程四处

经理……………………………………4887279

书记……………………………………4880766

副经理…………………………………4889125

党政办…………………………………4880966

工程科…………………………………4880320

养护大队………………………………4889437

路政……………………………………4880707

市政建设工程处

经理……………………………………4820416

书记……………………………………4827339

副经理…………………………………4827587

党政办…………………………………4827269

劳资科…………………………………4894053

财务科…………………………………4894035

经营科…………………………………4891474

技术科…………………………………4827634

材料科…………………………………4827380

预算科…………………………………4828301

设备科…………………………………4827492

建筑安装工程处

经理……………………………………4829116

书记……………………………………4893706

副书记…………………………………4821798

副经理…………………………………4816908

经理办…………………………………4822041

劳资科…………………………………4828982

安全科…………………………………4824680

技术科…………………………………4891005

开发部…………………………………4824960

财务科…………………………………4818857

党群办…………………………………4816609

物资站…………………………………4824811

培训站…………………………………4734592

房建工程部

经理……………………………………4727425

综合办…………………………………4727425

外联事业部

经理……………………………………4889968

工程建设总公司

公司领导

总经理…………………………………4825818

党委书记………………………………4819036

总会计师………………………………4817388

副总经理………………………………4821405

副总经理………………………………4822653

副总工…………………………………4731219

传真……………………………………4492718

总经理办公室

主任……………………………………4892298

值班室…………………………………4826866

企业管理科

科长……………………………………4825816

办公室…………………………………4826413

计划财务科

科长……………………………………4821989

稽核……………………………………4892841

成本……………………………………4810623

计划统计………………………………4821680

机关报销………………………………4891634

核算组…………………………………4892091

工程技术质量管理科

科长……………………………………4820277

副科长…………………………………4821707

微机房…………………………………4826411

人力资源管理科

科长……………………………………4892388

副科长…………………………………4826404

培训……………………………………4826421

焊接培训站……………………………4881314

安全生产环保科

科长……………………………………4894069

安全……………………………………4826402

工农……………………………………4822715

值班室…………………………………4821831

资产管理科

科长……………………………………4829826

党委办公室（机关党委）

主任……………………………………4821323

传真……………………………………4822107

组织科

科长……………………………………4822176

宣传科

科长……………………………………4822154

纪检监察办公室

主任……………………………………4821480

工会

主任……………………………………4821376

副主任…………………………………4821376

团委
书记……4818120
市场开发中心
主任……4821307
副主任……4810648
综合办……4810651
试验室
主任……4818033
第一工程处
经理……4751327
书记……4755202
副经理……4755204
党政办……4755205
工会宣传……4755222
生产办……4755223
劳资……4755220
财务……4751317
预算合同……4755206
计划统计……4755206
技术质量……4755217
安全……4755205
调度……4753231
材料库……4751990
第一项目队……4755214
第二项目队……4755211
第三项目队……4755213
第四项目队……4755210
第五项目队……4753231
第三工程处
经理……4821237
书记……4731176
副经理……4816271
综合办（传真）……4201525
劳资……4816274
经营办……4810370
预算……4731170
财务……4731172
技术办……4731173
生产办……4892678
材料……4201761
调度……4824482
项目一队……4731175
项目二队……4816903
项目三队……4731177
项目四队……4822951
综合队……4731174
人才市场……4826723
综合工程处
经理……4720038
书记……4887740
副经理……4728531
综合办……4887404
预算……4720004
财务技术劳资……4887164
材料组……4720062
电气工程处
经理……4826722
书记……4822907
副经理……4826738
党政办……4826732
生产……4826541
劳资……4826719
财务……4826730
预算……4826736
技术……4826720
材料组……4816132
后勤……4826449
一中队……4826733
二中队……4826735
自动化……4826717
机运队……4826737
调度室……4821819
电气工程二处
经理……4802675
书记……4803527
副经理……4821918
党政办……4802457
经管办……4802425
生产办……4822374
安全……4821918
材料组……4803455
机械化施工处
经理……4881045
书记……4883056
副经理……4721452
党政办……4721471
生产调度……4881584
财务劳资……4881507
安全预算……4721453
材料技术……4721475

油库……………………………………4881294

金属结构厂

经理……………………………………4881620

书记……………………………………4722391

副经理…………………………………4881424

党政办…………………………………4721499

生产办…………………………………4882154

质检……………………………………4881717

财务……………………………………4886507

劳资开发………………………………4886503

材料办…………………………………4885220

技术科…………………………………4886531

物资供应站

站长……………………………………4826518

书记……………………………………4822005

副站长…………………………………4819421

工会……………………………………4821477

财务……………………………………4819946

劳资……………………………………4821847

物管办…………………………………4892147

材料计划………………………………4892143

试压站…………………………………4821031

仓库……………………………………4817494

安全……………………………………4818572

市政工程处

经理……………………………………4825308

书记……………………………………4820433

副经理…………………………………4824503

综合……………………………………4824733

经营……………………………………4733739

财务……………………………………4824503

材料……………………………………4893024

技术……………………………………4893024

生产……………………………………4733739

储罐项目部

经理……………………………………4752801

书记……………………………………4752961

副经理…………………………………4752862

经理办…………………………………4752211

技术办…………………………………4752200

财务……………………………………4752945

材料……………………………………4752962

安全……………………………………4752962

质检办…………………………………4752979

方正公司

经理……………………………………4490570

书记……………………………………4829747

副经理…………………………………4823380

经营办…………………………………4823380

濮城项目部

经理……………………………………4841066

书记……………………………………4841628

副经理…………………………………4841636

劳资……………………………………4841737

技术……………………………………4844918

财务……………………………………4810675

预算……………………………………4810872

材料库…………………………………4841734

保卫……………………………………4841721

黄河南项目部

经理……………………………………4753031

书记……………………………………4752468

副经理…………………………………4752941

综合办（传真）………………………4752942

技术预算………………………………4752486

财务……………………………………4752940

材料……………………………………4753233

黄河南…………………………………4860255

开发事业部

经理……………………………………4752201

书记……………………………………4753089

副经理…………………………………4752209

经营……………………………………4752202

综合办…………………………………4752711

工程造价………………………………4753080

电气开关厂

厂长……………………………………4819960

书记……………………………………4819046

副经理…………………………………4826727

开发办…………………………………4753182

综合办…………………………………4820460

电子信息工程处

经理……………………………………4733766

副经理…………………………………4733766

财务……………………………………4733729

防腐制品厂

厂长……………………………………4753207

书记……………………………………4753209

供水管理处

处领导

经理……………………………………4821102
书记……………………………………4822598
副经理…………………………………4893098
纪委书记、工会主席…………………4732196
副经理…………………………………4824232
财务总监………………………………4817696
经理助理、副总师、高工
经理助理………………………………4823970
副总师…………………………………4828086
高工……………………………………4822004
经理办
主任……………………………………4822798
办公室…………………………………4822295
生产科
科长……………………………………4822623
副科长…………………………………4827845
调度值班室……………………………4824173
人事科
科长……………………………………4820025
工资调配………………………………4820532
培训考核………………………………4821170
财务科
科长……………………………………4891364
核算组…………………………………4823710
营业室
主任……………………………………4816437
结算室…………………………………4816437
计划科
科长……………………………………4827843
项目管理………………………………4822860
工程预算………………………………4810355
水源项目组……………………………4822860
企管科
科长……………………………………4823802
副科长…………………………………4822847
办公室…………………………………4822460
技术科
科长……………………………………4823782
副科长…………………………………4823930
办公室…………………………………4894452
安全科
科长……………………………………4823970
副科长…………………………………4732336
办公室…………………………………4820603
办公室（设备）………………………4825750
党委办
主任……………………………………4824373
秘书……………………………………4823792
宣传、文书……………………………4823227
传真……………………………………4821565
组织科
科长……………………………………4824510
办公室…………………………………4824547
工团办
主任……………………………………4822665
副主任…………………………………4822660
工会、团委、计生……………………4823174
基地中心管理区
主任……………………………………4739350
书记……………………………………4891057
副主任…………………………………4821883
办公室…………………………………4827627
调度室…………………………………4891034
第一管理区（文留）
主任……………………………………4853405
书记……………………………………4852687
副主任…………………………………4851040
调度室…………………………………4850605
第二管理区（濮城）
主任……………………………………4841638
书记……………………………………4841639
副主任…………………………………4841541
调度室…………………………………4843324
第三管理区（文明寨）
主任……………………………………4831567
书记……………………………………4831677
副主任…………………………………4831504
调度室…………………………………4831281
第四管理区（文南）
主任、书记……………………………4855474
副主任…………………………………4855834
副主任…………………………………4855534
第五管理区（东环）
主任……………………………………4815770
书记……………………………………4813180
办公室…………………………………4812947
第六管理区（龙城）
主任……………………………………4753704
书记……………………………………4753211
副主任…………………………………4753142

办公室……………………………………4755642

第七管理区（马庄桥）

主任………………………………………4808107

书记………………………………………4807650

调度室……………………………………4300760

第八管理区（皇甫）

主任………………………………………4710273

副主任……………………………………4710171

第九管理区（卫城）

主任………………………………………4835146

书记………………………………………4836028

副主任……………………………………4835045

第十管理区（柳屯）

主任、书记………………………………4875269

副主任……………………………………4875277

值班室……………………………………4875289

第十一管理区（盟城）

主任………………………………………4881197

书记………………………………………4881056

副主任……………………………………4881372

办公室……………………………………4881157

第十二管理区（东区）

主任………………………………………4731938

书记………………………………………4816015

副主任……………………………………4732134

第十三管理区（西区）

主任………………………………………4892542

书记………………………………………4821779

副主任……………………………………4891294

调度室……………………………………4892790

纯净水厂

厂长………………………………………4828264

书记、副主任……………………………4810091

售水电话…………………………………4894033

黄河水源管理区

办公室……………………………………4730125

供用水监察大队（治保大队）

队长………………………………………4818578

书记………………………………………4730074

副队长……………………………………4818640

办公室……………………………………4821047

水质计量管理中心

主任………………………………………4816933

书记………………………………………4733760

副主任……………………………………4827842

汽车队

队长、书记………………………………4804652

副队长……………………………………4730015

水井钻修工程部

主任………………………………………4824995

书记………………………………………4802252

副主任……………………………………4823128

办公室……………………………………4802837

管道工程施工中心

主任………………………………………4810861

书记………………………………………4827841

副主任……………………………………4810195

办公室……………………………………4734364

生产准备队

队长………………………………………4820061

书记………………………………………4820363

副队长……………………………………4803244

供热管理处

处领导

经理………………………………………4818041

书记………………………………………4828996

副经理……………………………………4828429

工会主席…………………………………4893608

财务总监…………………………………4817019

处机关科室

经理办公室主任…………………………4824398

传真………………………………………4823460

经理办公室………………………………4822529

生产技术科科长…………………………4817141

生产调度室………………………………4816441

办公楼值班室……………………………4818424

人力资源科科长…………………………4827924

电焊工培训办公室………………………4829894

经营管理科科长…………………………4891728

会计核算科科长…………………………4822271

副总师、技术安全监督科科长…………4892044

经理助理、物资管理科科长……………4819654

对外项目管理科科长……………………4891844

党群办主任………………………………4824530

纪检监察科长……………………………4819743

综合服务队队长…………………………4732215

小车队……………………………………4732490

供热一大队

站长………………………………………4855542

副站长……………………………………4854683

调度室……………………………………4854526
采暖收费………………………………4854693

供热二大队

大队长……………………………………4842202
书记………………………………………4843457
副大队长…………………………………4845808
调度室……………………………………4841762
采暖收费…………………………………4841602
老点锅炉房………………………………4846835
油建锅炉房………………………………4842154
一矿锅炉房………………………………4847771
作业三处锅炉房…………………………4847091
综合维修站………………………………4841779

供热三大队

大队长……………………………………4836106
传真………………………………………4836258
副大队长…………………………………4836378
调度室……………………………………4836039
采暖收费…………………………………4836258
三厂供热站………………………………4833214
中心锅炉房………………………………4831165
河西锅炉房………………………………4831021
四公司供热站……………………………4834384
西区锅炉房………………………………4834305

供热四大队

大队长……………………………………4876754
书记………………………………………4870512
副大队长…………………………………4876374
调度室……………………………………4876047
面积收费…………………………………4877146
天然气供热站……………………………4877900
炼化供热站………………………………4872165
井下南区供热站…………………………4876144
井下北区供热站…………………………4875350
输油供热站………………………………4875305

供热五大队

大队长……………………………………4800344
书记………………………………………4808189
副大队长…………………………………4808201
调度室……………………………………4800349
面积收费…………………………………4800750
锅炉车间监控室…………………………4800345
维修站……………………………………4809663

供热六大队

大队长……………………………………4824614
书记………………………………………4892314
副大队长…………………………………4733839
调度室……………………………………4823270
中继线……………………………………4892347
中继线……………………………………4892374
中继线……………………………………4892397

供热七大队

大队长……………………………………4819664
书记………………………………………4828187
副大队长…………………………………4893474
调度室……………………………………4816443
面积收费…………………………………4892584
物探东供热站……………………………4823476
水电供热站………………………………4895927
测井供热站………………………………4890208
采油院供热站……………………………4892514
河东供热站………………………………4822735
录井供热站………………………………4894153
二所供热站………………………………4823242
河西供热站………………………………4821706
二公司供热站……………………………4827381
世景苑供热站……………………………4819464
机厂庆西供热站…………………………4820487

供热八大队

大队长……………………………………4733963
书记………………………………………4824759
副大队长…………………………………4819951
调度室……………………………………4892534
面积收费…………………………………4894607
计量加压站………………………………4882604
供应供热站………………………………4882269
盟城供热站………………………………4882284
皇甫锅炉房………………………………4710543
机运供热站………………………………4882601
盟东供热站………………………………4880564
建工供热站………………………………4887604
添运供热站………………………………4729119
综合维修站………………………………4825264

供热九大队

大队长……………………………………4752881
书记………………………………………4754965
副大队长…………………………………4754247
调度室……………………………………4754554
面积收费…………………………………4754124
五厂供热站………………………………4812293

特修厂供热站……………………………4752347
泥浆供热站………………………………4753264
综合站……………………………………4751344
供热十大队
大队长……………………………………4810801
书记………………………………………4810802
副大队长…………………………………4810803
调度室……………………………………4810571
面积收费…………………………………4817914
锅炉车间…………………………………4810557
机电车间…………………………………4810574
大庆路供热站……………………………4828324
运输北区供热站…………………………4880565
总医院供热站……………………………4821163
任丘路供热站……………………………4821986
文体供热站………………………………4824806
石油学校供热站…………………………4801047
热能环保设备制造厂
厂长………………………………………4893165
书记………………………………………4822733
副厂长……………………………………4894384
调度室……………………………………4892564
工程安装队………………………………4732760
PE 管生产车间 …………………………4823313
聚氨酯生产车间…………………………4728490
制造车间…………………………………4828521

通信管理处

处领导
经理………………………………………4823355
书记………………………………………4818562
副经理……………………………………4823123
总会计师…………………………………4819908
总工程师…………………………………4821360
经理助理…………………………………4821899
经理办公室
主任………………………………………4810769
秘书室……………………………………4822166
值班室……………………………………4821115
打字室……………………………………4822690
传真………………………………………4817817
党群工作部
主任………………………………………4821575
工会副主席………………………………4824026
副主任……………………………………4822838
党办、宣传………………………………4824061
组织、纪检………………………………4821207
传真………………………………………4820547
企业文化办公室…………………………4810025
市场营销科
科长………………………………………4821385
副科长……………………………………4818002
技术策划…………………………………4818838
服务考核…………………………………4818315
传真………………………………………4818000
人力资源科
科长………………………………………4821347
副科长……………………………………4816229
人事培训…………………………………4821315
传真………………………………………4822915
财务资产科
副科长……………………………………4810598
现金报销…………………………………4817127
传真………………………………………4822799
计划经营科
科长………………………………………4893345
副科长……………………………………4893311
法律合同…………………………………4810096
考核招标…………………………………4826123
计划预算…………………………………4826353
技术安全科
副科长……………………………………4822137
副科长……………………………………4819799
通信规划…………………………………4894345
技术监督…………………………………4732137
安全管理…………………………………4732839
交通消防…………………………………4824128
治安保卫大队
队长………………………………………4822698
书记………………………………………4828756
综治办……………………………………4819733
治安………………………………………4893253
警通连……………………………………4810567
传真………………………………………4733414
门卫（西院）……………………………4727424
通信运行维护部
主任………………………………………4821899
书记………………………………………4731791
副主任……………………………………4821855
传真………………………………………4816292
工农………………………………………4823399

调度……………………………………4822192
综合……………………………………4822538
传输数据………………………………4817104
程控……………………………………4817204
电源……………………………………4826612
外线……………………………………4826611
无线……………………………………4893847

营业所

主任……………………………………4810889
传真……………………………………4810040
管理办…………………………………4810990
结算办…………………………………4810995
综合办…………………………………4810556
计费室…………………………………4810223
计费传真………………………………4891094

中心通信站

站长……………………………………4828606
书记……………………………………4829832
督察员…………………………………4823347
传真……………………………………4810899
安全员办………………………………4822821
服务热线………………………………4817111
会议汇接室……………………………4821211
经管组…………………………………4821262
大客户营销班…………………………4828806
社区营销班……………………………4810641
营业大厅………………………………4822238
营业室传真……………………………4816450
传输班…………………………………4732456
程控班…………………………………4732433
测量班…………………………………4816112
电力室…………………………………4732402
话修班…………………………………4823223
电缆班…………………………………4731002
世纪景苑机房…………………………4765004
800M 机房……………………………4822813

第一通信站

站长……………………………………4812018
书记……………………………………4812258
副站长…………………………………4815996
助工办…………………………………4811156
经管办…………………………………4812256
材料室…………………………………4812052
程控班…………………………………4812555
五厂外线………………………………4812382
建设外线………………………………4753456
五厂营业室……………………………4812395
建设营业室……………………………4752345
五厂传真………………………………4812444
建设传真………………………………4752444
五厂机房………………………………4812112
建设机房………………………………4751112

第二通信站

站长……………………………………4800468
书记……………………………………4809219
站办传真………………………………4800444
营业室…………………………………4800947
营业室传真……………………………4809444
机房综合班……………………………4800222
外线班…………………………………4800678
技术组…………………………………4800256
电力室…………………………………4800111

第三通信站

站长……………………………………4882499
书记……………………………………4882588
副站长…………………………………4882528
传真……………………………………4881444
营业室…………………………………4882586
机房……………………………………4881112
话修班…………………………………4882501

第四通信站

站长……………………………………4880169
书记……………………………………4880839
助工办…………………………………4880024
营业室…………………………………4880333
程控机房………………………………4880222
测量台…………………………………4880112
外线班…………………………………4880111
传真……………………………………4880449

第五通信站

站长、书记……………………………4895168
副站长…………………………………4899166
传真……………………………………4899444
助工……………………………………4897762
营业室…………………………………4899555
机房……………………………………4899112
外线班…………………………………4899111

柳屯通信站

站长……………………………………4875189
书记……………………………………4876899

副站长……………………………………4878711
工会主席…………………………………4875612
经营室……………………………………4875632
统计室……………………………………4875628
业务室……………………………………4875315
收费室……………………………………4875634
外线班……………………………………4875678
集输模块局………………………………4878145
炼厂模块局………………………………4872145
传输室……………………………………4875555
程控室……………………………………4875222
测量室……………………………………4875112
资料室……………………………………4876714

卫城通信站

站长………………………………………4831918
书记………………………………………4831414
副站长……………………………………4832126
传真………………………………………4831444
技术组……………………………………4831111
营业室……………………………………4831378
微波室……………………………………4831555
程控室……………………………………4831222
测量室……………………………………4831112
话修班……………………………………4831543
模块局……………………………………4833112

濮城通信站

站长………………………………………4841218
书记………………………………………4842118
副站长……………………………………4844955
传真………………………………………4841444
营业室……………………………………4844444
业务咨询…………………………………4841000
核算保管…………………………………4844855
程控机房…………………………………4842112
微波机房…………………………………4842555
外线班……………………………………4844755
值班室……………………………………4844054

文留通信站

书记………………………………………4858668
副站长……………………………………4851127
技术室……………………………………4853444
传真………………………………………4851444
经营室……………………………………4851126
营业室……………………………………4851168
微波室……………………………………4851555
程控班……………………………………4851222
测量班……………………………………4851112
电力班……………………………………4851111
外线班……………………………………4851317

徐镇通信站

站长………………………………………4856286
书记………………………………………4856156
工程师……………………………………4854218
营业室……………………………………4856699
营业室传真………………………………4856555
资料室……………………………………4855150
程控机房…………………………………4854222
传输机房…………………………………4854555
测量室……………………………………4854112
外线班……………………………………4856281

辛庄通信站

站长、书记………………………………4836266
副站长……………………………………4834866
传真………………………………………4834444
经营组……………………………………4834400
技术组……………………………………4834500
程控班……………………………………4835222
测量班……………………………………4834112
电力、无线机房…………………………4834100
通信维修…………………………………4834200
话修班……………………………………4834300

东明通信站

站长………………………………………4861705
书记………………………………………4861605
传真………………………………………4861444
营业室……………………………………4861297
核算………………………………………4863047
材料组……………………………………4861047
微波组……………………………………4861555
程控班……………………………………4861222
测量班……………………………………4861112
外线班……………………………………4861243
马厂微波…………………………………4860111

兰考通信站

站长、书记………………………………4865996
副站长……………………………………4865560
传真………………………………………4865444
经营组……………………………………4865858
营业室……………………………………4867966
传输班……………………………………4865555

程控班……………………………………4865222
测量班……………………………………4865112
电力班……………………………………4865111
话修班……………………………………4865811
皇甫通信站
站长………………………………………4710913
书记………………………………………4710912
传真………………………………………4710444
工程师……………………………………4710643
营业室……………………………………4710100
程控机房…………………………………4710112
外线班……………………………………4710555
卫星通信地球站
站长………………………………………4821113
书记………………………………………4730985
副站长……………………………………4730985
传真………………………………………4820844
核算保管…………………………………4848679
卫星室……………………………………4848095
营业室……………………………………4849123
营业室传真………………………………4848844
外线班……………………………………4730967
测量班……………………………………4848090
客户服务中心
主任………………………………………4829956
书记………………………………………4826982
传真………………………………………4824111
工程师……………………………………4816126
办公室……………………………………4826981
声讯机房…………………………………4828160
114 机房 …………………………………4816113
机房传真…………………………………4732493
资料室……………………………………4828333
数据业务管理中心
主任、书记………………………………4826926
副主任……………………………………4826707
副主任……………………………………4819739
办公室……………………………………4826991
数据机房…………………………………4816369
网络维护…………………………………4892444
网站维护…………………………………4826660
互联网计费………………………………4817010
传真………………………………………4816377
无线业务部
书记………………………………………4825608
副主任……………………………………4823898
售机业务咨询……………………………4829907
话费业务咨询……………………………4810004
手机维修…………………………………4822628
库房………………………………………4810770
财务办……………………………………4810290
营销办……………………………………4829937
传真………………………………………4810253
通信工程公司
经理、书记………………………………4727144
副经理……………………………………4727134
生产办公室………………………………4727124
经营办公室………………………………4727140
技术办公室………………………………4727154
工程一队…………………………………4727141
工程二队…………………………………4727142
传真………………………………………4727194
汽车队
队长、书记………………………………4727304
副队长……………………………………4727314
副队长……………………………………4727324
调度室……………………………………4727340
办公室……………………………………4727341
传真………………………………………4727334
生产准备队
队长、书记………………………………4732113
副队长……………………………………4825607
督察员……………………………………4821866
传真………………………………………4828901
总务组……………………………………4821865
食堂………………………………………4894489
水房………………………………………4891004
维修………………………………………4823564
图书、收发………………………………4817007
材料站
站长、书记………………………………4727240
副站长……………………………………4727244
计划………………………………………4727164
保管………………………………………4727294
传真………………………………………4727243
油田外部市场通信信息服务部
主任………………………………………4736965
书记、副主任……………………………4736166
普光机房…………………………………4736112
川指机房…………………………………4736670

传真……………………………………………4736674

钻采处

处领导
经理……………………………………………4810126
书记……………………………………………4810028
副经理…………………………………………4826695
……………………………………(0911)4562691
总工程师………………………………………4826811
……………………………………(0911)4562690
总地质师………………………………………4891985
副总师…………………………………………4734378
综合办公室
主任……………………………………………4827789
副主任…………………………………………4816557
值班室…………………………………………4734377
财务资产科
办公室…………………………………………4817567
经营销售科
办公室…………………………………………4731705
人力资源科
办公室…………………………………………4891981
安全科
办公室…………………………………………4826837
地质工艺研究所
综合室…………………………………………4891991
难采储量开发部
一厂前线………………………………………4851109
甘泉油气勘探开发事业部
生产协调科…………………………(0911)4562177
东北项目部
办公室………………………………(0434)4532533
靖边项目部
办公室………………………………(0912)4638060

井下特种作业处

处领导
经理……………………………………………4875115
书记……………………………………………4875926
副经理…………………………………………4875433
副经理财务总监………………………………4875316
工会主席纪委书记……………………………4870218
副总师
副总经济师……………………………………4875519
副总工程师……………………………………4875445
经理办公室
主任……………………………………………4875372
副主任…………………………………………4876717
办公室…………………………………………4875540
党委办公室
主任……………………………………………4875447
党办……………………………………………4875231
宣传……………………………………………4878810
党委组织科
科长……………………………………………4875166
办公室…………………………………………4875373
群众工作办公室
主任……………………………………………4878636
办公室…………………………………………4875243
纪检监察科
科长……………………………………………4876058
副科长…………………………………………4878812
人力资源科
科长……………………………………………4875561
人事……………………………………………4875140
劳资……………………………………………4875102
培训……………………………………………4875160
综合……………………………………………4875068
生产管理科
科长……………………………………………4876915
副科长…………………………………………4876725
值班室…………………………………………4875572
生产会议室……………………………………4875347
传真……………………………………………4875200
技术安全监督科
科长……………………………………………4875357
安全……………………………………………4875457
环保……………………………………………4879146
技术监督………………………………………4878807
交通……………………………………………4875436
三基办公室……………………………………4878052
规划计划科
科长……………………………………………4875519
副科长…………………………………………4875119
统计、定额……………………………………4878817
财务科
科长……………………………………………4875546
资金管理副科长………………………………4875921
预算管理副科长………………………………4875346
成本管理副科长………………………………4875012
综合税务副科长………………………………4878040
审计科

科长……4879467
办公室……4875480
装备管理科
科长……4875293
副科长……4875591
办公室……4875483
法律合同科
科长……4875328
办公室……4875228
企业文化科
办公室……4875253
国际工程部
经理……4875213
办公室……4870714
对外关系科
科长……4875558
副科长……4875418
调度……4875137
修井办……4875137-801
压裂办……4875137-802
侧钻办……4875137-803
试油办……4875137-805
濮城……4847536
中原市场开发部
经理……4875098
副经理……4878092
经营室……4875397
财务室……4878083
修井作业工程部
经理……4878802
书记……4875313
副经理……4875281
生产协调室……4876755
濮城生产室……4847540
技术室……4875322
设备室……4875428
综合室……4870593
工具库……4879142
修井核算组……4879104
试油核算组……4875421
濮城核算组……4847524
试油四队……4875584
试油五队……4878742
试油六队……4876031
试油八队……4876066
修井一队……4879164
修井二队……4879145
修井三队……4879114
修井四队……4879147
修井五队……4879404
修井七队……4875284
修井八队……4875337
修井九队……4875150
修井十队……4875408
修井十一队……4847505
修井十二队……4847506
修井十三队……4847574
修井十四队……4847561
修井十五队……4847042
修井十六队……4847147
修井十七队……4847550
修井十八队……4879124
侧钻一队……4875240
侧钻四队……4875431
侧钻五队……4875020
压裂工程部
经理……4875887
书记……4878057
副经理……4870713
压裂一队……4878610
压裂五队……4879868
酸化队……4875508
酸化队清转罐……4879441
压裂砂厂……4878447
配液站……4878415
特殊作业部……4875326
调度……4875391
设备技术室……4875010
财务……4870607
综合室……4875441
测试工程部
经理……4875805
调度……4875377
市场开发部
经理……4878813
副经理……4876557
调度……4875302
办公室……4870760
陕北压裂项目部
办公室……4875103

陕北钻井项目部
经理……4875236
侧钻三队……4879124
东北项目部
办公室……4875599
内蒙项目部
试油三队……4876059
侧钻二队……4875205
新疆项目部
办公室……4875673
中南项目部
经理……4875927
修井六队……4879117
普光酸压测试项目部
经理……4875236
苏丹工程部
经理……4875822
书记……4879234
办公室……4879243
煤层气工程部
经理……4876636
书记……4875637
办公室……4875130
试油二队……4875327
压裂四队……4870104
生产准备部
经理……4875720
书记……4870274
调度……4875919
工具队……4875259
管具队……4877156
计量站……4875053
特车工程部
经理……4875382
书记……4875482
副经理……4875015
调度……4875142
材料……4875180
核算……4876242
安全……4875190
机动……4875285
经营……4876006
财务……4877134
劳资……4875254
工会……4875165
罐车队……4876061
特车队……4875247
卡车队……4875182
综合队……4875097
物资供应站
站长……4876479
书记……4875164
副站长……4875282
财务……4875576
劳资……4875174
管理组……4875671
计划组……4875376
保管组长……4876009
保管……4875047
综合队……4875446
调度……4875429
修旧利废……4875664
濮城材料组……4847530
油库……4875145
修保厂
厂长……4870127
书记……4876103
副厂长……4870126
调度……4875144
安全劳资……4875184
财务组……4870137
机修一车间……4875548
机修二车间……4876477
机加工车间……4875335
压裂专修……4875158
治安保卫部
经理……4875819
书记……4875149
副经理……4870244
一中队……4875171
二中队……4875702
三中队……4875950
四中队……4875173
办公楼门卫……4870872
濮城前线……4847556
机关小车队
队长……4878055
调度室……4875620
工艺技术研发中心
主任……4878805

书记……4875445
工艺所……4875051
办公室……4875360
地质所……4876934
开发室……4875438
科技室……4875358
钻井工艺研究所……4875445
办公室……4875003
生活服务部
经理……4875105
书记……4876044
副经理……4876481
经营组……4879457
财务组……4877187
综合室……4740329
职工公寓……4875342
职工餐厅……4875790
环卫队……4875343
外宾食宿……4875456
濮城综合……4847556
濮城食堂……4847347
纯净水厂……4740111
培训学校
校长……4877652
副校长……4875559
办公室……4875371
设备安全检测站
站长……4876189
副站长……4875858
杂品油库房……4870908
离岗干部
办公室……4740383

第一社区管理中心

中心领导
主任……4851435
副书记……4859586
副主任……4858588
副主任……4852928
副总经济师……4851206
经营工作督导组
组长……4854423
副组长……4851579
精神文明建设督导组
组长……4854406
主任办公室
主任……4851069
副主任……4853928
办公室……4851711
传真……4855108
政策研究办公室
主任……4851348
党群办公室
主任……4851583
副主任……4850055
办公室……4851015
传真……4854782
生产管理科
科长……4851182
副科长……4856308
副科长……4853519
办公室……4853519
经营管理科
科长……4852116
副科长……4851549
办公室……4851549
人力资源科
科长……4852143
办公室……4859971
财务资产科
副科长……4851944
办公室……4851944
武装部
部长……4855857
副部长……4851267
花园小区房产管理站
站长……4851160
副站长……4851762
腾飞小区房产管理站
站长……4748064
花园小区便民服务站
站长……4851369
书记……4851369
计生办主任……4853974
居委会主任……4852998
关工委……4851367
腾飞小区便民服务站
站长……4854610
书记……4854201
计生办主任……4854298
居委会主任……4854544

关工委……4854610
花园小区环卫绿化大队
队长……4851368
书记……4852122
腾飞小区环卫绿化大队
队长……4854575
书记……4854575
副队长……4854575
副队长……4856134
多种经营服务大队
队长……4855440
书记……4854337
维修站……4855109
440 热线……4854440
花园小区保安大队
队长……4851934
书记……4851934
腾飞小区保安大队
队长……4854615
书记……4854615
社区涂料厂
副厂长……4857698
维修大队
队长……4851019
书记……4851247
综合车队
队长……4852115
书记……4852115
值班室……4854408
物资供应站
站长……4853115
腾飞小区库房……4855224
第一分院
院长……4858578
副院长……4851155
副书记……4851197
办公室……4851911
急诊……4851131
药械科……4851749
内科……4859254
花园服务站……4850019
总机……4853850
第四分院
院长……4854546
副院长……4854567
药房主任……4854466
办公室……4854207
院办……4854207
急诊……4854115
总机……4854323

第二社区管理中心

社区领导
主任……4841435
书记……4842217
副主任……4841806
主任办公室
主任……4842227
副主任……4841501
文书……4842977
党群办公室
科长……4841316
副科长……4842640
办公室……4842701
信访办……4841459
财务资产科
科长……4842168
办公室……4841614
经营管理科
科长……4842170
会计预算……4840265
人力资源科
办公室……4841722
生产协调科
科长……4841812
副科长……4841615
安全督查……4842274
计生办
主任……4843387
办公室……4841116
社区总值班室
值班室（1）……4840440
值班室（2）……4844440
环卫大队
大队长……4841587
书记……4844236
办公室……4845387
环卫一队……4841794
环卫二队……4847159
环卫三队……4846712
环卫四队……4841559

天安小区……………………………………4846597
环卫车队……………………………………4845789
绿化大队
大队长……………………………………4840957
办公室……………………………………4842272
综合维修大队
大队长……………………………………4842378
书记……………………………………4840971
办公室……………………………………4840971
保安大队
大队长……………………………………4840844
书记……………………………………4840673
武装部……………………………………4843274
内勤……………………………………4841627
离退休管理站
站长……………………………………4841217
书记……………………………………4842117
副站长……………………………………4841117
房产管理站
站长……………………………………4844310
书记……………………………………4843178
办公室……………………………………4841904
第二医院
院长……………………………………4841139
副院长……………………………………4841239
办公室……………………………………4841430
文化站
站长……………………………………4841419
站办……………………………………4841319
居委会
居委会（1）……………………………… 4841414
居委会（2）……………………………… 4842252
综合服务大队
办公室……………………………………4841168
综合队……………………………………4842174

第三社区管理中心

中心领导
主任……………………………………4832926
书记……………………………………4831926
副主任……………………………………4832516
副总师及主任助理
副总师……………………………………4832999
副总师……………………………………4831967
主任助理……………………………………4834386
主任办公室
主任……………………………………4831941
副主任……………………………………4831935
秘书……………………………………4831509
传真……………………………………4831047
党群办公室
主任……………………………………4832507
纪检主任……………………………………4831893
工会……………………………………4831264
关工委……………………………………4831518
办公室……………………………………4831501
传真……………………………………4831199
生产协调科
科长……………………………………4831925
副科长……………………………………4831460
办公室……………………………………4831479
财务资产科
科长……………………………………4832999
副科长……………………………………4832376
办公室……………………………………4831274
经营管理科
科长……………………………………4831967
副科长……………………………………4831539
办公室……………………………………4831535
人力资源科
科长……………………………………4831867
办公室……………………………………4831715
就业站……………………………………4834430
计划生育办公室
主任……………………………………4831264
副主任……………………………………4831836
办公室……………………………………4834039
房产管理所
所长……………………………………4831795
书记……………………………………4836067
办公室……………………………………4834180
办公室……………………………………4831576
卫城离退休职工管理站
站长……………………………………4834037
副站长……………………………………4834236
文明寨离退休职工管理站
站长……………………………………4831039
副站长……………………………………4831374
办公室……………………………………4831695
卫城治保大队
大队长……………………………………4834698

书记……………………………………4834002
值班室…………………………………4836011
文明寨治保大队
大队长…………………………………4831008
书记……………………………………4831970
办公室…………………………………4831310
值班室…………………………………4831470
卫城社区管理委员会
书记……………………………………4834611
副主任…………………………………4834519
居委会…………………………………4834535
值班室…………………………………4834001
传真……………………………………4834080
文东社区管理委员会
主任……………………………………4831053
书记……………………………………4832262
居委会…………………………………4833202
绿化站…………………………………4831846
公寓……………………………………4832829
文西社区管理委员会
主任……………………………………4839403
书记……………………………………4839294
居委会…………………………………4833617
绿化站…………………………………4839314
工程维修服务大队
大队长…………………………………4835019
书记……………………………………4834246
办公室…………………………………4831285
综合服务大队
书记……………………………………4834968
调度……………………………………4834369
库房……………………………………4833714
液化气站
站长……………………………………4834906
值班室…………………………………4834707
项目开发部
经理……………………………………4831940
副经理…………………………………4831171
土建队…………………………………4831643
第三医院
院长……………………………………4831676
书记……………………………………4831624
办公室…………………………………4831319
药房……………………………………4831647
第九医院
院长……………………………………4834705
副院长…………………………………4834320
办公室…………………………………4834403
“440”办公室
办公室…………………………………4831440
办公室…………………………………4839440

第四社区管理中心

中心领导
主任、书记……………………………4861689
副书记、工会主席……………………4861212
副主任…………………………………4863422
副总会计师……………………………4861362
党政办公室
主任……………………………………4861681
副主任…………………………………4861434
办公室…………………………………4861682
工会办公室……………………………4863467
财务资产科
科长……………………………………4861113
财务资产科……………………………4861329
人力资源科
科长……………………………………4861680
人力资源科……………………………4863426
安全技术科
科长……………………………………4862188
督查科
科长……………………………………4861685
调度值班室……………………………4861292
热线服务电话…………………………4861440
机关直属单位
房产管理所……………………………4861192
离退休管理站…………………………4861614
人民武装部……………………………4861302
计划生育办公室………………………4861576
劳动就业指导站居民委员会…………4861623
基层单位
供热管理站……………………………4861345
水电管理站……………………………4863367
发电房…………………………………4861337
建筑工程大队…………………………4861683
综合管理站……………………………4861437
环卫绿化站……………………………4861217
治安保卫大队…………………………4862304
马厂物业站……………………………4860074
液化气服务站…………………………4861707

第六医院
　第六分院……………………………………4861259
　住院部………………………………………4862854
　药剂科………………………………………4861754
　医务科………………………………………4861376
　办公室………………………………………4861386
　急诊室………………………………………4861186
社区直属小队
　生活服务队…………………………………4861204

第五社区管理中心

社区领导
　主任兼党委书记……………………………4805999
　党委副书记…………………………………4807928
主任办公室
　办公室………………………………………4800725
　传真…………………………………………4809187
　办公楼门岗…………………………………4807760
440 服务热线
　值班室………………………………………4805440
党群工作部
　办公室………………………………………4800254
　办公室………………………………………4809028
生产协调科
　科长…………………………………………4809986
　办公室………………………………………4800448
经营管理科
　办公室………………………………………4807338
财务资产科
　办公室………………………………………4809990
人力资源科
　办公室………………………………………4809334
劳动就业站
　办公室………………………………………4800335
人民武装部
　办公室………………………………………4800830
关心下一代委员会
　常务副主任…………………………………4800426
第七分院
　院长…………………………………………4800234
　副院长………………………………………4800776
　院办…………………………………………4800445
　总值班室 ……………………………4800216-8688
　财务科、医务处……………………………4800497
　药剂科………………………………………4800654
　钻前卫生所…………………………………4809427
市场开发中心
　市场营销……………………………………4800102
房产管理站（维修大队）
　站长…………………………………………4808366
　书记…………………………………………4800661
居民管理一站
　办公室………………………………………4800186
　居委会………………………………………4800332
居民管理二站
　办公室………………………………………4808264
　中区居委会…………………………………4800440
　南区居委会…………………………………4800567
文化管理站
　办公室………………………………………4800744
物业管理一站
　站长…………………………………………4800673
　办公室………………………………………4800326
物业管理二站
　办公室………………………………………4800340
保安大队
　大队长………………………………………4808601
　办公室………………………………………4807326
　南大门………………………………………4800281
　二中队门岗…………………………………4800031
　三中队门岗…………………………………4800175
液化气站
　办公室………………………………………4809544
　换气队（报警电话）………………………4809564
　办公室………………………………………4808366
综合站
　办公室………………………………………4805989
　车队调度室…………………………………4800317

第六社区管理中心

社区领导
　主任、党委书记……………………………4865871
　党委副书记、纪委书记、工会主席………4866630
　副主任………………………………………4869188
　副总经济师…………………………………4865500
　主任助理……………………………………4865170
主任办公室
　主任…………………………………………4867904
　副主任………………………………………4866705
　值班室………………………………………4865641
　网络管理……………………………………4865937
　机要传真……………………………………4865489

党群办公室
　主任……………………………………………4868521
　副主任（组织纪检）……………………………4865854
　副主作（信访办）………………………………4867127
　武装稳定………………………………………4865849
　残联……………………………………………4865007
　宣传……………………………………………4869226
　工会女工………………………………………4869225
　团委……………………………………………4869681
计划经营财务科
　科长……………………………………………4865723
　副科长…………………………………………4868064
　资产……………………………………………4867884
　经营……………………………………………4868064
　核算……………………………………………4869208
人力资源科
　科长……………………………………………4865391
　薪酬管理………………………………………4869216
　统计信息………………………………………4865264
计划生育办公室
　主任……………………………………………4865708
　统计……………………………………………4869205
安全生产督查科
　科长……………………………………………4869335
　副科长…………………………………………4869320
　设备管理………………………………………4867361
　安全管理………………………………………4865393
　外协残联………………………………………4865646
　HSE 资料 ……………………………………4865393
　设备资料………………………………………4867361
　440 办公室 ……………………………………4868440
治安保卫大队
　大队长…………………………………………4865173
　副大队长………………………………………4866942
　值班室…………………………………………4865101
居民管理服务站
　站长……………………………………………4865861
　书记……………………………………………4869667
　办公室…………………………………………4865302
综合服务站
　站长……………………………………………4865847
　书记……………………………………………4865867
　车队调度………………………………………4865847
　物业值班室……………………………………4865614
　物资计划………………………………………4869697
　物资采购………………………………………4865682
劳动培训就业站
　站长……………………………………………4865468
　办公室…………………………………………4865460
　培训……………………………………………4869065
房产管理科
　科长……………………………………………4868301
　房产管理………………………………………4865673
　房屋维修………………………………………4865115
医院
　院长……………………………………………4865372
　副院长…………………………………………4865370
　医务办…………………………………………4865371
　急诊室…………………………………………4865120
水暖服务站
　站长……………………………………………4865441
　副站长…………………………………………4865338
　办公室…………………………………………4867071
　水暖维修………………………………………4865482
　送水值班室……………………………………4865651
供电服务站
　站长……………………………………………4865221
　副站长…………………………………………4865433
　变电所值班室…………………………………4865439
　发电房值班室…………………………………4865467
　电工班值班室…………………………………4865194
环卫绿化站
　站长……………………………………………4865060
　书记……………………………………………4869159
　副站长…………………………………………4865821
　值班室…………………………………………4866431
收费管理站
　站长……………………………………………4868460
　副站长…………………………………………4865410
　值班室…………………………………………4867013
液化气供应站
　站长……………………………………………4865486
　书记……………………………………………4865249
　副站长…………………………………………4865484
　值班室…………………………………………4865293
　送气电话………………………………………4869333

第七社区管理中心

中心领导
　中心主任………………………………………4878666
　党委书记………………………………………4878668

纪委书记、工会主席……4878966
副主任……4870196
主任助理、办公室主任……4875510
副总会计师、财务科长……4876036

主任办公室
主任……4875510
办公室……4879256
传真……4878988
会议机……4875564

财务资产科
科长……4876036
副科长……4876548
办公室……4878840

生产管理科
科长……4875385
办公室……4875356

人力资源科
科长……4875127

经营管理科
科长……4875551

督查办公室
主任……4740440
440 办公室……4740440

党委工作部
部长……4879118
办公室……4876294
传真……4876294

群工部
部长……4875194

第一居民管理委员会
站长……4875129
书记……4870510
办公室……4875520
职工之家……4875129
常青居委会……4870019

第二居民管理委员会
站长……4874609
书记……4878274
天然退休办……4874609
向阳退休办……4872702
柳香居委会……4877497
天然居委会……4877824
向阳居委会……4872674

房产管理所
所长……4871367
办公室……4878114

计划生育办公室
主任……4875468

武装保卫部
部长……4870937

劳动就业站
站长……4870012

文体活动管理站
站长……4879723

环卫绿化管理一大队
队长……4876297
书记……4876447
办公室……4875146

环卫绿化管理二大队
队长……4875079
书记……4870187
办公室……4870375

环卫绿化管理三大队
队长……4877849
书记……4877803
副队长……4877849

基建维修大队
大队长……4875501
书记……4870643
种养殖项目组经理……4876291
花卉培育项目组经理……4875060
综合办公室……4875355
项目施工监理室……4875354
安装维修项目组……4875422
土木预制项目组……4875682
综合工程项目组……4874756
绿化、防腐工程项目组……4872307

治安保卫一大队
队长……4875203
办公室……4875611

治安保卫二大队
队长……4872706
书记……4872115

生产准备大队
队长……4875153
副队长……4876158
办公室……4879230

第十医院
院长……4876217
办公室……4875148

第十一分医院
　院长……………………………………4877724

第八社区管理中心

总机 ……………………………………4888440
中心领导
　主任……………………………………4728096
　书记……………………………………4727818
　工会主席………………………………4728018
　副主任…………………………………4727698
　财务总监………………………………4880661
主任办公室
　主任……………………………………4889676
　副主任…………………………………4889145
　值班电话………………………………4888440
生产管理科
　科长……………………………………4887760
　副科长…………………………………4888127
经营管理科
　科长……………………………………4880438
　办公室…………………………………4880604
人力资源科
　科长……………………………………4729226
　副科长…………………………………4887763
财务资产科
　科长……………………………………4880468
　副科长…………………………………4880854
房产管理所
　所长……………………………………4728399
　副所长…………………………………4880397
计划生育办公室
　主任……………………………………4888564
　副主任…………………………………4880037
居民管理站
　站长……………………………………4880924
　办公室…………………………………4888235
党委办公室
　主任……………………………………4880410
　副主任…………………………………4889710
　传真……………………………………4880634
　稳定办…………………………………4728610
组织纪检科
　科长……………………………………4880433
　办公室…………………………………4889343
群众工作部
　部长……………………………………4889840
　办公室…………………………………4729301
武装保卫部
　部长……………………………………4880694
　办公室…………………………………4887293
综合服务站
　站长……………………………………4888637
　办公室…………………………………4887084
劳动就业站
　站长……………………………………4880625
　办公室…………………………………4888633
盟城社区
　主任……………………………………4883540
　书记……………………………………4721162
　值班电话………………………………4886440
胜利社区
　主任……………………………………4882496
　书记……………………………………4882570
　值班电话………………………………4883440
临河社区
　主任……………………………………4722067
　书记……………………………………4721215
　值班电话………………………………4722440
盟东社区
　主任……………………………………4720043
　书记……………………………………4727018
　值班电话………………………………4729440
添运社区
　主任……………………………………4888706
　书记……………………………………4888680
　值班电话………………………………4880440
天桥社区
　主任……………………………………4888037
　书记……………………………………4888776
　值班电话………………………………4889440
兴隆社区
　主任……………………………………4829251
　书记……………………………………4825835
　值班电话………………………………4734440
建安社区
　主任……………………………………4755618
　书记……………………………………4755551
　值班电话………………………………4753440
建业社区
　主任……………………………………4752495
　书记……………………………………4755552

值班电话……4752440

建设社区

主任……4752074

书记……4755808

值班电话……4756440

机动车辆管理大队

大队长……4888686

书记……4880376

办公室……4727279

维修大队

大队长……4887488

书记……4889378

综合办公室……4889163

宁安医院

院长……4753477

副院长……4754037

急诊……4753619

总机……4753937

第九社区管理中心

中心领导

主任……4895588

副主任……4895333

财务总监……4899306

主任办公室

主任……4895768

办公室……4899088

打字室……4899814

生产协调科

科长……4771038

副科长……4895972

考核办……4895650

经营管理科

科长……4895631

副科长……4895641

财务资产科

科长……4771133

办公室……4895491

人力资源科

科长……4895560

办公室……4895603

就业站站长……4895973

房产管理科

科长……4826620

副科长……4891976

办公室……4731776

房产维修……4731876

东环房产办……4812670

居民管理科

科长……4895435

办公室……4771298

计生办

主任……4899046

办公室……4899132

党办

主任……4895493

副主任……4771158

传真……4771655

组织纪检科

科长……4893868

办公室……4771112

创建办……4899028

武装部

部长……4895321

办公室……4899160

群工部

部长……4896643

办公室……4899060

关工委……4817297

东环关工委……4812411

办公楼门岗

值班室……4890443

物业管理一区

经理……4896730

书记……4895680

副经理……4890713

综合办……4897810

生产协调办……4899479

经营管理办……4890248

安厦环卫绿化站……4897864

师苑环卫绿化站……4802704

光明环卫绿化站……4802047

康辉环卫绿化站……4895464

综合服务队……4819641

保安队……4895511

外创市场办……4803237

物业管理二区

经理……4771011

书记……4896765

副经理……4771040

办公室……4771041

综合办……4899445
生产协调办……4890272
经营管理办……4897450
超越环卫绿化站……4890455
康乐环卫绿化站……4899114
碧云环卫绿化站……4771013
综合服务队……4890804
保安队……4890592

物业管理三区
经理……4819904
书记……4731151
副经理……4801452
综合办……4816677
生产协调办……4732488
经营管理办……4816617
科技环卫绿化站……4804551
河东环卫绿化站……4892874
紫波环卫绿化站……4732352
综合服务队……4816614
保安队……4803119

物业管理四区
经理……4816879
书记……4894339
副经理……4893229
综合办……4820954
生产协调办……4733072
经营管理办……4892946
世纪景苑环卫绿化站……4893525
绿景环卫绿化站……4828653
登峰环卫绿化站……4891015
综合服务队……4824640
综合维修……4824497
花房……4824726
保安队……4824662

物业管理五区
经理……4812318
书记……4812715
副经理……4812676
综合办……4812056
生产办……4813400
经营办……4812709

工程技术服务大队
大队长……4803306
副大队长……4891714
综合办……4823532
维修一队……4828143
维修二队……4849649

多元开发中心
主任……4891664
书记……4827710
综合办……4816492
经营开发办……4822315
生产协调办……4827712
物探公寓……4771313
东环公寓……4812301

综合服务站
站长……4895601
书记……4898676
办公室……4890620
小车班……4890072
材料组……4890230

文体活动站
站长……4820765
副站长……4895710

光明居民管理站
站长……4803275
书记……4816243
副站长……4730102
综合办……4802307
安厦居委会……4898074

超越居民管理站
站长……4890014
书记……4899027
办公室……4899382

师苑居民管理站
站长……4802410
书记……4849847

康乐居民管理站
站长……4890591
书记……4890591
副站长……4897003
钻井院活动站……4899594
居委会……4890042

康辉居民管理站
站长……4821874
书记……4739117
副站长……4802857
居委会……4826940

科技居民管理站
站长……4820501

书记……………………………………………4891657
副站长…………………………………………4817513
新村活动站……………………………………4848034
科技居委会……………………………………4803314
紫波居委会……………………………………4817513
绿景居民管理站
站长……………………………………………4891401
书记……………………………………………4810630
副站长…………………………………………4810630
绿景居委会……………………………………4829944
蓝盾居委会……………………………………4734374
登峰居民管理站
站长……………………………………………4824278
书记……………………………………………4733762
综合办…………………………………………4891972
一门式…………………………………………4892955
河东居委会……………………………………4819745
登峰居委会……………………………………4734371
世纪景苑居民管理站
站长……………………………………………4893107
书记……………………………………………4893671
居委会…………………………………………4734405
东环居民管理站
站长……………………………………………4812430
书记……………………………………………4812289
副站长…………………………………………4812695
综合办…………………………………………4814440
退休办…………………………………………4815270
第五分院
院长……………………………………………4812273
书记……………………………………………4812278
院办……………………………………………4812274
急诊……………………………………………4812276
中继线…………………………………………4812275
第十三分院
院长……………………………………………4824970
书记……………………………………………4802456
财务……………………………………………4822794
药房……………………………………………4801902
病房……………………………………………4802840
精神科…………………………………………4804354
交换机…………………………………………4824880

第十社区

社区领导
主任……………………………………………4891658
书记……………………………………………4891278
纪委书记．工会席……………………………4893912
副主任…………………………………………4825310
副总会计师……………………………………4828848
主任助理………………………………………4817670
社区机关
办公室主任……………………………………4892336
办公室（传真）………………………………4822534
财务资产科……………………………………4817648
人力资源科
科长……………………………………………4827562
人力资源科……………………………………4827045
生产管理科
生产管理科……………………………………4817046
经营科
科长……………………………………………4825933
经营管理科……………………………………4828581
党群部
主任……………………………………………4822232
副主任…………………………………………4824178
办公室…………………………………………4821634
组织纪检科
组织纪检科……………………………………4828198
纪检办公室……………………………………4828249
稳定办公室……………………………………4732610
武装部
武装部…………………………………………4827031
劳动就业指导站
站长……………………………………………4816404
办公室…………………………………………4894478
房产管理所
所长……………………………………………4828456
房产管理所……………………………………4827839
居民管理站……………………………………4820849
关工委…………………………………………4819731
干城管理委员会
主任……………………………………………4827194
书记……………………………………………4827421
副主任…………………………………………4822267
办公室…………………………………………4829170
居委会…………………………………………4827219
绿化队…………………………………………4894769
停车场…………………………………………4731940
庆北管理委员会
主任……………………………………………4817673

书记……………………………………………4891818
副主任…………………………………………4891349
办公室…………………………………………4816427
生产办…………………………………………4731647
退休办…………………………………………4820653
居委会…………………………………………4817604
绿化办…………………………………………4819540
环卫队…………………………………………4828224
保安队…………………………………………4892214

登月管理委员会

主任……………………………………………4849056
书记……………………………………………4804301
副主任…………………………………………4848615
办公室…………………………………………4804343
退休办…………………………………………4730515
居委会…………………………………………4801941
环卫队…………………………………………4730505
保安队…………………………………………4730210

康平管理委员会

主任……………………………………………4827775
书记……………………………………………4827775
副主任…………………………………………4819074
居委会…………………………………………4825215
保安队…………………………………………4731411

皇甫管理委员会

主任……………………………………………4710599
书记……………………………………………4710211
副主任…………………………………………4710245
办公室…………………………………………4710591
生产办…………………………………………4710550
财务．人事……………………………………4710298
退休办…………………………………………4710276
居委会…………………………………………4710293
维修队…………………………………………4710374
环卫队…………………………………………4710322
绿化队…………………………………………4710029
保安队…………………………………………4710302
巡逻队…………………………………………4710303
污水处理厂……………………………………4710341

工程维修大队

队长……………………………………………4819060
办公室…………………………………………4810838

综合车队

队长……………………………………………4817478
书记……………………………………………4732665
财务……………………………………………4733697
调度……………………………………………4827448

驻北京办事处

总机……………………………………(010)64217203
传真……………………………………(010)64210101
总台……………………………………………-8111
主任……………………………………(010)84251716
副主任…………………………………………-8667
主任办公室……………………………………-8898
接待科…………………………………………-8868
财务科…………………………………………-8080
客房部…………………………………………-8123
餐饮部…………………………………………-8776
总务部…………………………………………-8698
小车队…………………………………………-8172

中原油田郑州金桥宾馆

总机……………………………………(0371)63882888
总台……………………………………(0371)63944007

宾馆领导

经理……………………………………………63882688
副经理…………………………………………63882989

党政办公室

主任……………………………………………63882636
副主任…………………………………………63882686
车班……………………………………………63882659

人事质检部

经理……………………………………………63882638
办公室…………………………………………63882631

计财部

经理……………………………………………63882649
办公室…………………………………………63882642

营销部

经理……………………………………………63882986
办公室…………………………………………63882998

餐饮部

经理……………………………………………63882787
副经理…………………………………………63882768
宴会预订………………………………………63882788

前厅部

办公室…………………………………………63882589
前台接待………………………………………63882881

客房部

经理……………………………………………63882682
房务中心………………………………………63882566

康乐部
经理 ……63882643
商场部
经理 ……63882643
动力部
经理 ……63882629
副经理 ……63882626
办公室 ……63882669
保安部
经理 ……63882615
管家部
物品供应部
副经理 ……63882623
副经理 ……63882578
金桥商务酒店
副经理 ……67996518
总台 ……67996399
客房部 ……67996518
餐饮部 ……67996356
动力部 ……67996516
旅行社
经理 ……63882618
办公室 ……63882619

威海职工教育培训中心

主任……(0535) 6893262
副主任……(0631) 5262266
办公室……(0631) 5261988
办公室主任……(0631) 5310638
接待科长……(0631) 5262660
财务科长……4887528
营销科长……(0631) 5262515
接待科副科长……(0631) 5262622
传真……(0631) 5261988

培训中心

中心领导
主任……4823388
书记……4821756
副书记……4824164
副主任……4731669
主任助理……4731536
机关科室
主任办公室……4822452
传真……4824310
人力资源科……4821589
职改办……4819571
财务资产科……4821389
经营管理科……4824031
安全保卫科……4824561
党委办公室……4824710
党委组织科……4828771
群众工作部……4824410
行政管理科……4810969
幼儿教育科……4824717
科级单位
教师管理部……4821564
培训管理科……4824264
计算机培训部……4730234
涉外培训部……4821220
继续教育部……4848043
技术安全培训部……4821920
钻井作业培训部……4824097
采油技术培训部……4730113
公共事业培训部……4801215
焊接培训部……4848494
汽驾培训学校……4233422
党校教学部……4819574
党校函授部……4822297
理论研究室……4824317
电大教学部……4848374
石大函授部……4816027
后勤服务部……4802949
鉴定综合考务科……4822853
鉴定试题科……4824945
第一鉴定站……4821832
第二鉴定站……4817734
第三鉴定站……4817735
小车班……4821254
中心幼儿园……4734138
中心一幼……4810716
中心二幼……4821815
基地第一幼儿园……4823080
基地第二幼儿园……4899307
基地第三幼儿园……4820683
基地第四幼儿园……4829046
基地第五幼儿园……4891637
基地第七幼儿园……4820141
基地第九幼儿园……4751442
基地第十幼儿园……4819813
基地第十一幼儿园……4888475

基地第十三幼儿园……………………………4882289
基地第十四幼儿园……………………………4710251
登月幼儿园……………………………………4848041
金萌幼儿园……………………………………4886536
钻井第一幼儿园………………………………4800461
钻井第二幼儿园………………………………4827423
钻井第三幼儿园………………………………4865423
钻井第四幼儿园………………………………4834132
采油第一幼儿园………………………………4851510
采油第二幼儿园………………………………4841021
采油第三幼儿园………………………………4831388
采油第四幼儿园………………………………4854639
采油第五幼儿园………………………………4815558
采油第六幼儿园………………………………4861304
井下幼儿园……………………………………4875562
集输第一幼儿园………………………………4877776
集输第二幼儿园………………………………4875608
炼化幼儿园……………………………………4873984

公共事业管理处（卫生处）

处领导
　经理、书记…………………………………4819334
　副经理………………………………………4824477
　经理助理……………………………………4821390
　副总师………………………………………4731382
经理办公室
　主任…………………………………………4824425
　副主任………………………………………4828179
　值班室………………………………………4819334
　传真…………………………………………4819645
　人力资源……………………………………4820021
党群办公室
　主任…………………………………………4732037
　办公室………………………………………4828539
社区管理办公室
　主任…………………………………………4828577
　副主任………………………………………4817314
医疗卫生科（爱卫办）
　科长…………………………………………4822162
　办公室………………………………………4822170
计划生育管理科（宣传科）
　科长…………………………………………4732629
　副科长………………………………………4822265
　办公室………………………………………4822160
　宣传科………………………………………4827144
局机关计划生育科
　科长…………………………………………4828126
　办公室………………………………………4820957
对外协调科（安全环保科）
　科长…………………………………………4819552
　副科长………………………………………4816436
　内考办………………………………………4817314
　办公室………………………………………4732370
　供应站………………………………………4819377
财务资产科
　科长…………………………………………4731382
　副科长………………………………………4822516
　办公室………………………………………4816634
计划经营科
　科长…………………………………………4821390
　副科长………………………………………4823474
　办公室………………………………………4816284
园林绿化新技术推广站
　站长…………………………………………4819192
　书记…………………………………………4819751
　办公室………………………………………4828513
　技术推广站…………………………………4810502
　苗圃值班室…………………………………4819681
公共设施监督管理站
　站长…………………………………………4816323
　副站长………………………………………4820360
医药管理站
　站长…………………………………………4822920
　副站长………………………………………4819671
卫生防疫站
　站长…………………………………………4824322
　书记…………………………………………4819267
　副站长………………………………………4816245
　办公室………………………………………4821486
妇幼保健站
　站长…………………………………………4804376
　书记…………………………………………4804540
　办公室………………………………………4804542
城建监察大队
　大队长………………………………………4828115
　书记…………………………………………4821370
　副大队长……………………………………4826141
　办公室………………………………………4822110
局机关服务中心
　主任…………………………………………4823169

副主任……………………………………………4822471
副书记……………………………………………4829414
办公室……………………………………………4731941
公共事业管理一站
站长………………………………………………4819913
副站长……………………………………………4819993
办公室……………………………………………4822194
公共事业管理二站
站长………………………………………………4816984
副书记……………………………………………4734134
副站长……………………………………………4734134
办公室……………………………………………4819634
新蕾公园
主任………………………………………………4731852
副主任……………………………………………4734216
污水处理厂
厂长………………………………………………4816787
副厂长……………………………………………4824790
副书记……………………………………………4819499
中控室……………………………………………4819677
工程服务大队
大队长……………………………………………4818710
书记………………………………………………4822086
副大队长…………………………………………4816642
办公室……………………………………………4892394
调度………………………………………………4819720
维修队……………………………………………4816574
车队………………………………………………4823708

对外济经贸易总公司

公司领导
总经理……………………………………………4827753
党委书记…………………………………………4823038
副总经理…………………………………………4733286
副总经理…………………………………………4820057
总法律顾问………………………………………4824096
副总师
副总师……………………………………………4733578
副总师……………………………………………4732457
行政管理部
部长………………………………………………4733578
行政办……………………………………………4816171
党群办……………………………………………4732458
信息科……………………………………………4810062
值班室……………………………………………4828008
市场开发部
部长………………………………………………4894299
副部长……………………………………………4892755
投标管理科………………………………………4816697
国内市场科………………………………………4828245
市场研究科………………………………………4893273
综合科……………………………………………4732045
计划财务部
部长………………………………………………4822945
副科长……………………………………………4821160
资金科……………………………………………4822976
成本科……………………………………………4827783
计划统计科………………………………………4732447
综合科……………………………………………4821160
项目管理部
部长………………………………………………4893907
副部长……………………………………………4817150
项目管理科………………………………………4731854
HSE 管理科………………………………………4732413
经营管理科………………………………………4732794
印尼项目部………………………………………4892225
综合科……………………………………………4824472
对外贸易部
部长………………………………………………4732411
副部长……………………………………………4734457
出口科……………………………………………4821363
采办科……………………………………………4821293
储运科……………………………………………4828306
综合科……………………………………………4828306
资产装备部
部长………………………………………………4810942
技术装备科………………………………………4732414
顶驱管理科………………………………………4825303
资产管理科………………………………………4732415
人力资源部
部长………………………………………………4732457
人力资源科………………………………………4732437
薪酬管理科………………………………………4810110
经营条法部
部长………………………………………………4732419
合同管理科………………………………………4891144
法律事务科………………………………………4824402
法律事务科………………………………………4824402

房产管理处

处领导
经理、党委书记…………………………………4816201

纪委书记、工会主席……4829550
副经理、财务总监……4819790
副经理、租赁中心主任……4824465
副经理……4819324
副总经济师……4824692
经理助理……4733966
副总工程师……4816954

综合办公室
主任……4819797
副主任……4822990
秘书……4822701
值班室……4818741
机要室……4819834

人事劳资科
科长……4732696
人事科……4818417

财务科
科长……4732106
会计科……4829327

经营管理科
科长……4826579
经营科……4816964

房改工作科
副科长……4733253
房改科……4823513
档案室……4822251

资产管理科
科长……4893817
资产科……4892131

计划科
科长……4819006
计划科……4892470

技术监督科
科长……4821666
调研员……4818533
技监科……4820920

工程管理科
科长……4733186
副科长……4810793
工程科……4733079

预算管理科
科长……4816928
预算科……4820963

住房资金管理科
科长……4825950
资金科……4825951

材料科
科长……4818397
材料科……4733770

城建监察大队
大队长……4828105
副队长……4828555
值班室……4816134

车队
调度……4819340

住房公积金中心

公积金归集科
科长……4819474
归集科……4816327

公积金核算科
科长……4894049
核算科……4816408

房产交易中心
副主任……4819338

住房交易科
交易科……4733106

房产租赁中心

中心领导
主任……4823679
副书记……4816373

中心办公室
主任……4826636
副主任……4895192
办公室……4824976

经营管理科
科长……4733599
经营科……4894180

财务资产科
科长……4826371
资产科……4821540

安全保卫科
科长……4826372
保卫科……4824916

第一管理区
主任……4884009
书记……4722553
办公室……4884002

第二管理区
主任……4887379
副主任……4880994

第三管理区
主任……4816399
书记……4826651
办公室……4826650
第四管理区
主任……4820206
书记……4826652
办公室……4816365
第五管理区
主任……4824577
书记……4823973
副主任……4822311
第六管理区
主任……4732569
副主任……4826408
办公室……4826635
第七管理区
主任……4825801
副队长……4810173

新世纪房产开发有限公司

公司领导
经理……4819324
副经理……4733966
总工程师……4893597
综合管理办公室
主任……4732777
副主任……4733606
值班室……4733606
市场营销部
经理……4733678
副经理……4733988
售房部……4465858
工程技术部
经理……4733271
办公室……4733996
经营管理部
经理……4824887
办公室……4733808
财务资产部
经理……4733107
办公室……4821406
物业管理部
经理……4733000
副主任……4825802
第八管理区
主任……4826631
书记……4732533
办公室……4810013
综合服务大队
大队长……4826630

中原石油报社

领导电话
社长……4820699
书记……4821969
副社长……4828896
副总编……4824709
社长助理……4829890
社机关
党政办主任……4892380
党政办（党务）……4893340
党政办公办室……4822797
党政办（传真）……4891392
人力资源科科长……4828180
人力资源科办公室……4816424
财务资产科科长……4828793
财务资产科办公室……4893088
综合科主任……4825976
综合科（调度）……4828436
综合科（保卫）……4892257
综合科（报刊发行）……4819157
编辑部
新闻采访部主任……4828563
新闻采访部……4828369
新闻摄影部主任……4828114
新闻摄影部办公室……4828705
编务中心（一版）……4891387
编务中心（网络）……4891383
编务中心（组版）……4819155
编务中心（通联）……4820112
稿件登记室（传真）……4819492
经济新闻采编部……4828954
政文采编部……4828165
社会新闻采编部……4824290
新周末采编部……4816421
新周末教育文化专刊采编部……4819104
西部记者站……4736715
石化记者站
站长……4825629
办公室……4828349
传真……4821386

彩色印刷厂
总机……4821684
厂长、书记……4819156
副厂长……4891390
生产办……4828116
业务联系部……4823890
财务部……-8026
技术安全办……-8007
照排车间……-8005
校对……-8006
组版……-8014
彩拼……-8015
制版车间……-8012
胶印车间……-8011
装订车间……-8013
成品库……-8017
广告公司
广告公司……4828441
文化发展中心……4891791
彩扩部……4828529

广播电视管理处

处领导
台长……4822071
副台长……4802544
副总工程师……4829585
党政办公室
主任……4828926
人力资源科
主任……4823915
计划财务经营科
科长……4817857
副科长……4823741
总编室
主任……4730352
技术部
主任……4894000
副主任……4824441
广告部
主任……4828462
副主任……4491823
新闻部
主任……4848886
副主任……4824147
专题文艺部
主任……4824649
社教经济部
主任……4823166
副主任……4823033
制作部
主任……4892903
综合部
主任……4823889
一站
站长……4851228
副站长……4855429
二站
站长……4841919
三站
站长……4834042
五站
站长……4865674
六站
站长……4861581
七站
站长……4875716
副站长……4875471
八站
站长……4824661
九站
站长……4817065
副站长……4827390
十站
站长……4826078
公共用户管理站
站长……4826290

交通总站

经理……4822339
书记……4822302
副经理……4891974
副经理……4828177
综合办公室……4823747
计财办……4822583
生产办……4822415
一车队……4892842
二车队……4822418
综合队……4822542
交通局驻站办……4822930

中原油田分公司

总经理办公室
（政策研究室）

主任……4819001
主任（政研室）……4823402
副主任……4733776
副主任（政研室）……4731269
值班室……4822172
传真……4828300
秘书科……4823324
文书科……4821597
政研科……4829230
调研科……4822157
督查科……4818620
接待科……4891934
文印站……4816297

规划计划部

主任……4821269
副主任……4822637
综合科
　科长……4822499
　值班……4822499
　传真……4731007
开发项目科
　科长……4824893
　办公室……4821421
配套项目科
　科长……4733376
　办公室……4822487
生产计划科
　科长……4822387
　办公室……4819493
　传真……4822387
规划科
　科长……4824625
　办公室……4818468
　传真……4824625
招标合同科
　科长……4816046
　办公室……4821159

财务资产部

处领导
　主任……4821702
　副主任……4819650
综合管理科
　科长……4732026
　办公室……4821618
成本会计科
　科长……4824943
　办公室……4827838
税务管理科
　科长……4816748
　办公室……4827223
资产装备科
　科长……4822897
　办公室……4825293
管理会计科
　科长……4731001
　办公室……4731557
资金管理科
　科长……4818307
　办公室……4824429
科技部
　主任……4819760
　综合科……4733709
　勘探开发科……4822553
　石油工程科……4823134
　知识产权学会科……4822020

油气销售管理部

处领导
　主任……4822229
　副主任……4893177
综合科
　科长……4818701
　办公室……4818687
油品销售管理科
　科长……4822891
　办公室……4826291
天然气销售管理科
　科长……4891170
　办公室……4819170
轻烃销售管理科
　科长……4816026
　办公室……4810426
销售运行科
　科长……4810202
　办公室……4810203

开发管理部

处领导

主任……………………………………4893010
副主任…………………………………4823126
副主任…………………………………4822956
科室
综合科…………………………………4821506
传真……………………………………4821785
油藏管理科……………………………4821192
气藏管理科……………………………4891573
产能建设科……………………………4821585
油藏监测科……………………………4820010
开发规划科……………………………4824048
生产管理科……………………………4823299
信息管理科……………………………4822509

勘探管理部

部领导
主任……………………………………4893468
副主任…………………………………4825985
副主任…………………………………4822318
科室
综合科…………………………………4822495
传真……………………………………4820114
勘探规划科……………………………4893466
矿权管理科……………………………4820104
勘探项目管理科………………………4824929
新区项目管理科………………………4820105
勘探技术科……………………………4820110
财经管理科……………………………4820113

油气技术管理部

部领导
主任……………………………………4732161
副主任…………………………………4894141
副主任…………………………………4823590
科室
综合管理科……………………………4822987
采油（气）工程科……………………4822087
油田注水科……………………………4821391
井下作业科……………………………4822562
钻井工程科……………………………4823957
地面工程科……………………………4824941
三次采油科……………………………4732160
油田防腐科……………………………4822779

档案管理处

处领导
处长、书记……………………………4731676
副书记…………………………………4731077
副处长…………………………………4822215
副总师…………………………………4732188
科室
综合办公室主任………………………4732186
值班电话………………………………4822357
劳资财务………………………………4731408
安全……………………………………4826089
业务指导科……………………………4823576
史志办公室……………………………4733836
油田志编辑部…………………………4822253
档案管理科……………………………4823689
网络科…………………………………4819432
人事档案科……………………………4891723

概预算中心

处领导
主任……………………………………4810211
副主任…………………………………4816798
副主任…………………………………4892652
综合管理科
科长……………………………………4821350
传真……………………………………4732530
定额价格管理科
科长……………………………………4732462
采油工程定额科
科长……………………………………4824082
石油专业工程定额科
科长……………………………………4892644
油建工程审查科
科长……………………………………4821275
矿建工程审查科
科长……………………………………4732779

信息中心

中心领导
主任……………………………………4823408
副主任…………………………………4825866
副主任…………………………………4825833
中心办
主任……………………………………4824645
人事（副主任）………………………4824946
文秘……………………………………4891240
财务经营科
副总会计师……………………………4823556
科长……………………………………4893188
办公室…………………………………4894437
应用管理室

主任……4825855
办公室……4825857
信息规划室
副总工程师……4825858
主任……4825856
办公室……4894449
综合信息室
主任……4818709
办公室……4823190
技术工程室
支部书记……4819526
副主任……4824676
技术培训室
主任……4819696
副主任……4824276
网络管理室
副总工程师……4891310
主任……4891307
办公室……4818370
图书馆
馆长……4824545
副馆长……4819401
目录厅……4823690
分编……4823645
期刊……4823290

西部勘探经理部

部领导
经理……4732206
书记……4732356
副经理……4732076
副经理……4732346
综合办公室
科长……4732348
办公室……4732347
计划财务科
科长……4732348
办公室……4823016
地质科
办公室……4732349
工程科、安全科
办公室……4732350

内蒙采油事业部

部领导
经理……(0478) 5910333
……4893368
副经理……(0478) 5911078
……4819826
副总经济师……(0478) 5911178
……4828251
党政办公室
主任……(0478) 5917589
……4823181
副主任……(0478) 5911235
……4823181
办公室……(0478) 5912919
……4823181
会议室……(0478) 5918252
留守处科长……4829512
办公室……4823164
经营管理部
经营部主任……(0478) 5917568
……4820134
人事科副科长……4891707
财务科科长……(0478) 5916280
经营科副主任……(0478) 5913289
……4891707
办公室……(0478) 5910667
办公室……4823164
对外关系部
经理助理 / 主任……(0478) 5910038
办公室……(0478) 5919551
生产协调部
调度室……(0478) 5688039
副总工程师……(0478) 5917786
……4818505
副主任……(0478) 5688012
办公室……(0478) 5688039
安全（环保）技术监督部
经理助理 / 主任……(0478) 5917528
……4894232
副主任……(0478) 5911359
……4894233
地质开发工艺技术研究所
副总地质师 / 所长……(0478) 5919908
……4817025
副总地质师……(0478) 5918779
副所长……(0478) 5913615
……4894943
办公室……4893620
办公室……(0478) 5913651

工艺监督……………………………(0478)5915260
地面工程管理部
副总工程师…………………………(0478)5918656
……………………………………………4891510
副主任………………………………(0478)5918255
物资（产品）营销部
主任…………………………………(0478)5910909
办公室………………………………(0478)5689673
银川售油……………………………(0951)2158939
呼市售油……………………………(0471)5606720
综合装备管理部
主任…………………………………(0478)5918285
办公室………………………………(0478)5688007
桑合采油管理区
主任…………………………………(0478)5689601
书记…………………………………(0478)5689601
达尔其采油管理区
主任…………………………………(0478)5689537
书记…………………………………(0478)5689537

陕北油气项目管理部

项目部领导
经理……………………………………………4891185
副经理…………………………………………4819305
综合管理办公室
办公室…………………………………………4893191
陕北前线……………………………(0911)3223130
生产技术管理科
办公室…………………………………………4891021
陕北前线……………………………(0911)3223125
经营管理科
办公室…………………………………………4891180
陕北前线……………………………(0911)3222723

普光气田开发项目管理部

指挥部
综合部…………………………………………4736100
生产技术管理部………………………………4736673
开发部…………………………………………4736680
计划财务部……………………………………4736731
党群部…………………………………………4736840
保障部…………………………………………4736903
HSE 监督管理部 ……………………………4736733
钻采工程项目部………………………………4736791
集输工程项目部………………………………4736725
净化厂工程项目部……………………………4736722
公用工程项目部………………………………4736834
应急求援及环境监测站………………………4736835
工程管理部……………………………………4736726
对外关系部……………………………………4736841
审计监察部……………………………………4736843
其他单位
普光气田通信管理处…………………………4736670
普光气田结算科………………………………4736618
普光气田报社、电视台………………………4736676
普光气田质检站………………………………4736745
普光气田二所…………………………………4736760
普光气田综合档案室…………………………4736833
普光气田技术监测中心………………………4736701
普光气田设计院………………………………4736900
普光气田钻井一公司…………………………4736806
普光气田钻井二公司…………………………4736827
普光气田钻井三公司…………………………4736784
普光气田钻井四公司…………………………2682718
普光气田钻井研究院…………………………2203418
普光气田地质录井……………………………2398916
普光气田测井公司……………………………5700583
普光气田固井工程处…………………………5822595
普光气田管具工程处…………………………4736775
普光气田井下特种作业处……………………4736772
普光气田工程建设总公司……………………4736883
普光气田建筑集团（建工）…………………4736821
普光气田中油工程公司监理部………………4736821
普光气田销售公司……………………………4736770

采油一厂

厂领导
厂长……………………………………………4852666
书记……………………………………………4850116
工会主席………………………………………4851332
副厂长…………………………………………4851769
总会计师………………………………………4852201
厂首席专家
副总地质师……………………………………4851188
副总工程师……………………………………4852191
专职副总师
厂长助理………………………………………4852141
副总工程师……………………………………4852377
副总地质师……………………………………4851562
厂办
主任……………………………………………4851316
主任……………………………………………4851678
副主任…………………………………………4850506

事务秘书……4851890
值班室……4851318
打字室……4851547

党委办公室
主任……4851259
副主任……4851143
团委……4852558
办公室……4851497
传真……4851497

群众工作办公室
主任……4851469
计生主任……4858225
女工主任……4851437
团委书记……4852276
科员……4851681

党委组织科
科长……4851742
副科长……4851173
办公室……4851027

厂机关党总支
书记……4859957

纪检监察科
科长……4858493
办公室……4851205

人力资源科
科长……4852131
统筹保险……4853092
工资统计……4853093
劳动管理……4851721

经管管理科
科长……4853215
副科长……4850127
科员……4852910

计划科
科长……4851592
副科长……4850169
科员……4851685
科员……4850701

财务资产科
科长……4852708
副科长……4851505
办公室……4852706

作业科
科长……4853921
副科长……4852362

注水科
科长……4851363
副科长……4851808

机动科
科长……4851627
副科长……4858618
办公室……4851225

安全环保监督科
科长……4851580
副科长……4858020
办公室……4851323
办公室……4851808

技术管理科
科长……4853969
副科长……4858678
科技办……4851216
办公室……4851419

供应站
站长……4851139
书记……4851779
副站长……4859680
库房……4851165
办公室……4851347
计划组……4852130
电料组……4851375

钻井工程监督站
站长……4858012
书记……4851654
副站长……4851648
经管办……4850909
办公室……4851662

对外关系科
主任……4851922
副主任……4851913
调度……4851352
办公室……4851038

厂调
调度长……4852191
副调度长……4851733
资料室……4851251
调度……4851191
三配一调……4851212
防洪组……4851418
传真……4851492
办公室……4851527

会议专线……………………………………4852743

培训考核站

站长…………………………………………4851241

书记…………………………………………4851265

副站长………………………………………4851249

副书记………………………………………4852138

培训办………………………………………4852142

采油一区

经理…………………………………………4851373

书记…………………………………………4859390

生产副经理…………………………………4850476

工程副经理…………………………………4858340

地质副经理…………………………………4852140

前线调度……………………………………4851020

生产组………………………………………4858343

工程组………………………………………4859079

地质组………………………………………4852402

综合组………………………………………4859353

采油二区

经理…………………………………………4853515

书记…………………………………………4852872

生产副经理…………………………………4859710

工程副经理…………………………………4859051

地质副经理…………………………………4859932

前线调度……………………………………4851016

生产组………………………………………4859823

工程组………………………………………4852139

地质组………………………………………4851311

综合组………………………………………4858404

采油三区

经理…………………………………………4859693

书记…………………………………………4851546

生产副经理…………………………………4852137

工程副经理…………………………………4859691

地质副经理…………………………………4851529

前线调度……………………………………4851392

生产组………………………………………4858440

工程组………………………………………4858433

地质组………………………………………4850734

综合组………………………………………4858413

资料室………………………………………4852637

采油四区

经理…………………………………………4851694

书记…………………………………………4853163

生产副经理…………………………………4859737

工程副经理…………………………………4859178

地质副经理…………………………………4858458

前线调度……………………………………4853475

生产组………………………………………4858474

工程组………………………………………4858251

地质组………………………………………4858475

综合组………………………………………4858476

资料室………………………………………4851441

采油五区

经理…………………………………………4858407

书记…………………………………………4858416

生产副经理…………………………………4859197

工程副经理…………………………………4853612

地质副经理…………………………………4859863

前线调度……………………………………4852194

生产组………………………………………4858473

地质组………………………………………4858472

综合组………………………………………4858471

采油六区

经理…………………………………………4851049

书记…………………………………………4851654

生产副经理…………………………………4851357

工程副经理…………………………………4851046

地质副经理…………………………………4858479

前线调度……………………………………4851926

生产组………………………………………4858477

工程组………………………………………4858478

地质组………………………………………4851712

综合组………………………………………4858482

采油七区

经理…………………………………………4850512

书记…………………………………………4851356

生产副经理…………………………………4851829

工程副经理…………………………………4859551

地质副经理…………………………………4859667

前线调度……………………………………4853057

生产组………………………………………4858483

工程组………………………………………4853414

地质组………………………………………4851760

综合组………………………………………4853417

采油八区

经理…………………………………………4853896

书记…………………………………………4851995

生产副经理…………………………………4851571

工程副经理…………………………………4859861

地质副经理……………………………………4859512
前线调度……………………………………4852972
生产组………………………………………4858257
工程组………………………………………4859114
地质组………………………………………4853469
综合组………………………………………4859512
资料室………………………………………4853724
保管…………………………………………4859490

治保大队

大队长………………………………………4851666
书记…………………………………………4851058
副大队长……………………………………4851175
办公室主任…………………………………4852670

测试大队

大队长………………………………………4851594
书记…………………………………………4851687
副大队长……………………………………4851361
调度室………………………………………4851306
办公室………………………………………4850422
总机…………………………………………4851362
测试四队……………………………………4858574

注水大队

大队长………………………………………4851684
书记…………………………………………4851803
副大队长……………………………………4852771
注水二队……………………………………4851061
政工办………………………………………4851294
注水一队……………………………………4851365
大队资料室…………………………………4851498
注三值班室…………………………………4851961
调度…………………………………………4853123
经营组………………………………………4858037
注三资料室…………………………………4858402

维修大队

大队长………………………………………4851832
副书记………………………………………4851041
副大队长……………………………………4851600
生产组………………………………………4851992
经营组………………………………………4851203
机动组………………………………………4851246
政工组………………………………………4851773

气采队

大队长………………………………………4851664
书记…………………………………………4850467
副大队长……………………………………4850142
调度…………………………………………4851070
气举办………………………………………4850714
站长办………………………………………4858270
副站长办……………………………………4852026

供电大队

大队长………………………………………4851751
副书记………………………………………4852353
副大队长……………………………………4851410
高压队………………………………………4851666
变电队………………………………………4852761
综合队………………………………………4853630
调度…………………………………………4851851

集输大队

大队长………………………………………4851485
书记…………………………………………4852357
副大队长……………………………………4858510
经营办………………………………………4850436
大队调度……………………………………4850309

工艺研究所

所长…………………………………………4851180
书记…………………………………………4851416
副所长………………………………………4850592
机采室………………………………………4851709
计算机室……………………………………4852215
井况室………………………………………4852495
仪表室………………………………………4851509
工艺室………………………………………4858283
综合室………………………………………4851677
电泵室………………………………………4853175
调度…………………………………………4859844
气举室………………………………………4850741
方案室………………………………………4851059

气举采油管理站

站长…………………………………………4851123
副站长………………………………………4851388
办公室………………………………………4850714

地质研究所

所长…………………………………………4851923
书记…………………………………………4851562
副所长………………………………………4858260
方案室主任…………………………………4851159
副主任………………………………………4851201
文中室………………………………………4851471
文东室………………………………………4851523
静态室主任…………………………………4858015

资料室主任……………………………4851861
规划室……………………………4851746
图形室……………………………4851783
动态室……………………………4859713
天然气室……………………………4851014
生产室……………………………4851561
化验室……………………………4850784
信息中心主任……………………………4859711

生产服务大队

大队长……………………………4853303
书记……………………………4852291
副大队长……………………………4852111
小车队队长……………………………4851661
资料室……………………………4852031
综合办……………………………4852165
维修班……………………………4851103
调度……………………………4851453

采油二厂

厂领导

厂长……………………………4840566
书记……………………………4841601
副厂长……………………………4841210
财务总监……………………………4842509
总地质师……………………………4841100
副厂长……………………………4842188
工会主席……………………………4841228
副总工程师……………………………4840658
副总地质师……………………………4841711
副总经济师……………………………4841617
电力副总师……………………………4841301
对外关系办公室……………………………4841629

厂长办公室

主任……………………………4841502
值班室……………………………4841404
政研室……………………………4841604
文书……………………………4841504
打字室……………………………4841704
复印室……………………………4842504

厂办招待所

所长……………………………4841420
副所长……………………………4841317
总服务台……………………………4841010

党委办公室

主任……………………………4841213
副主任……………………………4841113
宣传……………………………4841703
文书（传真）……………………………4841313
机关党委书记……………………………4841903
机关党委……………………………4844821

组织科

科长……………………………4841403
干部管理……………………………4845593
党员管理……………………………4841503

纪检监察科

科长……………………………4840074
副科长……………………………4841803
干事……………………………4840113

群众工作办公室

办公室主任……………………………4846345
女工主任……………………………4842634
团委书记……………………………4842614
工会干事……………………………4841104

人力资源科

科长……………………………4841709
副科长……………………………4843233
干部管理……………………………4841809
人事调配……………………………4841009
工资管理……………………………4841909
统计（档案）……………………………4841710

计划科

科长……………………………4841901
副科长……………………………4841109
生产计划……………………………4841723
预算……………………………4841014
统计……………………………4841309

经营管理科

科长……………………………4841115
副科长……………………………4841797
合同管理……………………………4841509
考核……………………………4841209
经济评价……………………………4841204

财务资产科

科长……………………………4844165
副科长……………………………4841409
老总……………………………4842670
成本……………………………4841214
资金……………………………4842098
机房……………………………4842089

生产调度室

调度长……………………………4841002

副调度长……4841004
综合……4841003
车辆调度……4841515
电力运行……4841951
电力管理（节能）……4841905
值班室……4841215
会议专线……4843644

作业科
科长……4843974
副科长……4841508
油井……4841408
水井……4840374

装备科
科长……4845168
副科长……4841708
设备管理……4841416
资料……4841406
化验室……4846149

安全环保科
科长……4841619
副科长……4841918
安全监督……4841808
环保……4844476
安全管理……4841898
交通管理……4845513
监察室……4844508

技术管理科
科长……4842657
副科长……4843543
科技管理……4842497
集输管理……4843545
地面管理……4841377

注水科
科长……4841634
副科长……4841208
注水管理……4841452

地质研究所
所长……4841924
书记……4841928
副所长……4841932
综合室……4841950
西区室……4843814
东区室……4843824
南区室……4844543
文 51 室……4843442
外围室……4843432
天然气室……4843354
综合开发室……4846563
管理室……4841962
静态室……4841953
化验室……4841960
计算机室……4841961
值班室……4844274

工艺研究所
所长……4843813
书记……4841028
副所长……4841023
综合室主任……4841052
材料……4841053
调度……4841040
财务人事……4843044
机采室……4841047
压裂室……4841413
堵水室……4841051
调堵队……4840142
化验室……4843815
油化室……4841046
电泵管理……4840557
采气室……4846564
注水室……4840624
大修室……4842677
综合室……4845719

采油一区
经理……4846821
书记……4846881
副经理……4846883
生产组长……4846746
地质组长……4846724
综合组长……4846757
调度室……4846842
治保组……4846756
工程组长……4846728

采油二区
经理……4847268
书记……4847298
副经理……4847061
生产组长……4847161
综合组长……4847264
地质组长……4847210
工程组长……4847047

注水组长……………………………4847271
资料班长……………………………4847163
调度室………………………………4847142
治保组长……………………………4847508
中心一站……………………………4847079
中心二站……………………………4847040

采油三区

经理…………………………………4847124
书记…………………………………4847128
副经理………………………………4847131
生产组长……………………………4847146
工程组长……………………………4847794
地质组长……………………………4847154
综合组长……………………………4847136
调度室………………………………4847342
治保组………………………………4847476

采油四区

经理…………………………………4843401
书记…………………………………4841810
副经理………………………………4840578
工程组长……………………………4843455
地质组长……………………………4843449
综合组长……………………………4840638
调度室………………………………4842042
治保组………………………………4841256

采油五区

经理…………………………………4841237
书记…………………………………4842786
副经理………………………………4842756
生产组长……………………………4840197
工程组长……………………………4840294
地质组长……………………………4840497
综合组长……………………………4841163
调度室………………………………4841242
治保组………………………………4843709

采油六区

经理…………………………………4844156
书记…………………………………4842835
副经理………………………………4840619
生产组长……………………………4840004
工程组长……………………………4842114
地质组长……………………………4846247
综合组长……………………………4841212
调度室………………………………4841542
治保组………………………………4842874

采油七区

经理…………………………………4841616
书记…………………………………4844216
副经理………………………………4841781
生产组长……………………………4840547
工程组长……………………………4841545
地质组长……………………………4841064
综合组长……………………………4841957
调度室………………………………4841642
治保组………………………………4840942

零散井开发部

经理…………………………………4841305
书记…………………………………4841807
副经理………………………………4840184
生产组………………………………4841324
卸油点………………………………4840650

油气集输

大队长………………………………4846286
书记…………………………………4840118
副大队长……………………………4842145
生产组长……………………………4844564
政工组长……………………………4841836
综合组长……………………………4841857
机动…………………………………4844974
基建维修（安全）…………………4842297
工会团委……………………………4841103
女工（打字室）……………………4840752
财务…………………………………4840717
人事…………………………………4841205
调度室………………………………4840214
治保组长……………………………4842728
濮一联站长…………………………4841173
濮二联站长…………………………4847073
濮三联站长…………………………4841273
计量队队长…………………………4842164

注水大队

大队长………………………………4841846
调度室………………………………4843233
濮一污站长…………………………4841174
濮一污书记…………………………4843714
濮二污站长…………………………4847375
濮二污书记…………………………4847376
濮三污站长…………………………4841230
濮三污书记…………………………4841245

测试队

队长……………………………………4840370
队总支书记……………………………4840314
副队长…………………………………4842162
综合办主任……………………………4840304
财务经营………………………………4846614
生产组长………………………………4840747
机动员、安全…………………………4841074
技术组长………………………………4840344
测试一队………………………………4841162
测试二队………………………………4841262
测试三队………………………………4841362
测试四队………………………………4841343
测试五队………………………………4841154
调度室…………………………………4840324
库房……………………………………4841065

维修大队

大队长…………………………………4841724
书记……………………………………4841907
副大队长………………………………4842427
生产组长………………………………4841746
调度室…………………………………4841742
现场调度………………………………4841731
党群办…………………………………4844174
人事……………………………………4841736
财务……………………………………4841753
培训……………………………………4841757
安全……………………………………4841056
机动……………………………………4841747
维修五队………………………………4841760
安装队…………………………………4841767
泵修队…………………………………4841848
车队……………………………………4841773
电气维修队……………………………4841029
仪表鉴定队……………………………4841511
综合队…………………………………4841880
库房……………………………………4841735
政工组…………………………………4841751
综合治理………………………………4841732

供电大队

大队长…………………………………4844315
书记……………………………………4842716
生产组长………………………………4843146
技术组组长……………………………4842709
政工组组长……………………………4842717
财务……………………………………4842721
库房……………………………………4843520
变电队…………………………………4844435
车队……………………………………4841750
电气一队………………………………4841775
电气二队………………………………4841756
电气三队………………………………4840154
调度……………………………………4841740
濮一变电所……………………………4841178
濮二变电所……………………………4847087
濮三变电所……………………………4841278
濮四变电所……………………………4846717

派出所

所长……………………………………4841513
内勤中队长……………………………4841713
户证办…………………………………4841813
刑侦中队………………………………4841823
110 值班室 ……………………………4841110
安保办…………………………………4840724

治保大队

大队长…………………………………4841588
书记……………………………………4842674
副大队长………………………………4840417
111 值班室……………………………4845110
办公室主任……………………………4841001
政工组长………………………………4841201

工程监督站

站长……………………………………4846578
副站长…………………………………4841221
项目组…………………………………4844397
钻井监督………………………………4843674

培训考核站

站长……………………………………4841821
副站长…………………………………4844421
培训……………………………………4841977
考核……………………………………4841101

对外关系办公室

主任……………………………………4842193
副主任…………………………………4841605
综合组…………………………………4841164
协调组…………………………………4841306
协调组…………………………………4842047
征地管理………………………………4840124
财务……………………………………4844694

生产服务大队

大队长…………………………………4841798

书记……………………………………4845665
副大队长…………………………………4841720
综合组组长………………………………4841691
综合组……………………………………4842463
调度………………………………………4844290
生产组……………………………………4840024
小车队……………………………………4841657
服务队……………………………………4840046
维修班……………………………………4841831

物资供应站
站长………………………………………4841030
书记………………………………………4841225
副站长……………………………………4842108
管理组组长………………………………4842270
生产组组长………………………………4841147
机电组组长………………………………4841180
配件组组长………………………………4841189
材料组组长………………………………4842352
保管组组长………………………………4841179
财务………………………………………4841158

试采管理区
经理………………………………………4844941
副经理……………………………………4844942
政工、安全………………………………4844930
人力资源…………………………………4844931
经营管理…………………………………4844932
综合办……………………………………4841878

沙一段项目部
经理………………………………………4846801
副经理……………………………………4846803
副经理……………………………………4846802

陕北项目部
经理………………………………………4842826
特车调度…………………………………4841840

采油三厂

厂领导
厂长………………………………………4831459
书记………………………………………4832820
副书记、工会主席………………………4831128
副厂长……………………………………4832108
财务总监…………………………………4831591
副厂长、总地质师………………………4831360
副总师……………………………………4831931
厂长助理…………………………………4831036

厂长办公室
厂办主任…………………………………4832320
传真………………………………………4831707
值班室……………………………………4831156

党委办公室
党办主任…………………………………4831207
传真………………………………………4831807

党委组织科
科长………………………………………4832824
办公室……………………………………4831425

纪检监察科
科长………………………………………4831289
办公室……………………………………4831366

群众工作办公室
主任………………………………………4831585
工会办公室………………………………4831240
团委办公室………………………………4831287
机关总支…………………………………4831505

人力资源科
科长………………………………………4831125
副科长……………………………………4831136
管理岗……………………………………4831072
工资岗……………………………………4831418

计划科
科长………………………………………4831646
副科长……………………………………4831869
办公室……………………………………4831732

经营管理科
科长………………………………………4831129
副科长……………………………………4831787
经管办……………………………………4832584
合同办……………………………………4831959

财务资产科
科长………………………………………4831118
副科长……………………………………4831342
资金组……………………………………4831933
资产组……………………………………4831341
成本组……………………………………4831230
综合组……………………………………4831563
稽核岗……………………………………4831067

装备科
科长………………………………………4831512
副科长……………………………………4831681
办公室……………………………………4831155

生产调度室
调度长……………………………………4831078

副调度长……………………………4831137
综合岗……………………………4831349
值班室……………………………4831121
安全环保监督科
科长……………………………4831157
副科长……………………………4831645
综合岗……………………………4831608
环保岗……………………………4831293
质监岗……………………………4831522
压力容器岗……………………………4831558
技术管理科
科长……………………………4831007
副科长……………………………4831399
科技岗……………………………4831270
采油岗……………………………4831930
集输岗……………………………4831595
作业科
科长……………………………4831026
副科长……………………………4832170
运行岗……………………………4831046
结算岗……………………………4831971
注水科
科长……………………………4831913
办公室……………………………4831410
对外关系办公室
主任……………………………4831932
书记……………………………4832389
副主任……………………………4832312
办公室……………………………4831265
治保大队
大队长……………………………4831566
书记……………………………4831204
值班室……………………………4831448
交通……………………………4831126
户籍……………………………4831158
政工……………………………4831130
明一采油区
经理……………………………4832858
书记……………………………4832465
副经理……………………………4832419
调度室……………………………4831392
生产组……………………………4832497
技术组……………………………4832440
地质组……………………………4832417
政工组……………………………4832426
综合组……………………………4832437
明二采油区
经理……………………………4832061
书记……………………………4832063
副经理……………………………4832062
调度室……………………………4832412
生产组……………………………4832432
技术组……………………………4832502
地质组……………………………4832455
政工组……………………………4832494
综合组……………………………4832087
卫一采油区
经理……………………………4831611
书记……………………………4831012
副经理……………………………4831936
调度室……………………………4831352
生产组……………………………4831468
技术组……………………………4831508
地质组……………………………4831633
政工组……………………………4831450
综合组……………………………4832236
卫二采油区
经理……………………………4831183
书记……………………………4832720
副经理……………………………4831330
调度室……………………………4831492
生产组……………………………4831408
技术组……………………………4831045
地质组……………………………4832142
综合组……………………………4831402
卫三采油区
经理……………………………4831797
书记……………………………4831383
副经理……………………………4832271
调度……………………………4831801
生产组……………………………4831503
技术组……………………………4832273
地质组……………………………4832573
政工组……………………………4832207
综合组……………………………4832794
卫东采油区
经理……………………………4831616
书记……………………………4831702
副经理……………………………4831062
调度室……………………………4832754

生产组……………………………………4831084
技术组……………………………………4831793
地质组……………………………………4831429
综合组……………………………………4831439
卫四采油区
经理………………………………………4831237
书记………………………………………4832725
副经理……………………………………4831483
生产组……………………………………4831872
技术组……………………………………4831022
政工组……………………………………4831743
综合组……………………………………4831461
马寨采油区
经理………………………………………4877402
书记………………………………………4876138
副经理……………………………………4876132
调度室……………………………………4876134
生产组……………………………………4876133
技术组……………………………………4879194
地质组……………………………………4876135
综合组……………………………………4876008
政工组……………………………………4876402
采气区
经理………………………………………4831263
书记………………………………………4831201
副经理……………………………………4831034
调度室……………………………………4831205
生产组……………………………………4831527
政工组……………………………………4831305
经营组……………………………………4831427
资料室……………………………………4831203
油气集输大队
大队长……………………………………4831857
副大队长…………………………………4831032
生产组……………………………………4831367
政工组……………………………………4831582
经营组……………………………………4831744
明一联……………………………………4831037
明二联……………………………………4832014
马寨联……………………………………4876472
液化气站…………………………………4832792
维修大队
大队长……………………………………4831343
书记………………………………………4831907
副大队长…………………………………4831597
调度室……………………………………4831292
生产组……………………………………4831238
政工组……………………………………4831251
人事组……………………………………4831364
经营组……………………………………4831206
维修队……………………………………4831223
安装队……………………………………4831584
机械队……………………………………4831852
供电大队
大队长……………………………………4831538
书记………………………………………4831213
副大队长…………………………………4832029
调度室……………………………………4831441
生产组……………………………………4831134
政工组……………………………………4831904
劳资………………………………………4831194
电工一队…………………………………4831040
电工二队…………………………………4832374
电工三队…………………………………4831024
综合队……………………………………4831905
地质研究所
所长………………………………………4831381
书记………………………………………4831273
副所长……………………………………4831473
大队办……………………………………4831623
生产室……………………………………4831472
明一项目组………………………………4831622
明二项目组………………………………4831654
卫一项目组………………………………4831405
卫二项目组………………………………4831300
卫三项目组………………………………4831588
卫四项目组………………………………4831384
卫东项目组………………………………4831640
马寨项目组………………………………4831840
低速项目组………………………………4831588
油藏项目组………………………………4832274
静态室……………………………………4831841
综合室……………………………………4831661
计算中心…………………………………4831653
工艺研究所
所长………………………………………4831673
书记………………………………………4831613
副所长……………………………………4831671
调度室……………………………………4831241
机采室……………………………………4831059

井况室……4831770
工艺室……4831672
油改室……4831523
经营室……4831635

注水大队
大队长……4832700
书记……4831775
副大队长……4831050
调度……4831973
生产组……4831160
技术组……4831051
经营组……4832771
泵修队……4831420
注水队……4832174
明一污……4832147
明二污……4832486
马寨污……4870541

工程监督站
站长……4832190
书记……4831651
副站长……4831843
监督岗……4832148
综合岗……4831482

测试队
队长……4831548
书记……4832191
副队长……4831432
调度室……4831557

生产服务大队
大队长……4832798
书记……4831596
副大队长……4831122
办公室……4831365
小车队……4831495
纯净水厂……4831871
机关门卫……4831058

物资供应站
站长……4832838
书记……4831550
副站长……4831076
管理组……4831421
统计组……4831261
保管组……4832361
计划1组……4831451
计划2组……4831870
财务组……4831581

职工培训站
站长……4831178
书记……4832033
副站长……4832023
培训管理……4831101
培训班……4831377
综合办……4831311

招待所
所长……4831135
书记……4831115
招待服务台……4831302
餐厅……4831327

采油四厂

厂领导
厂领导……4854456
厂领导……4854116
厂领导……4854155
厂领导……4854338

副总师
副总经济师……4854535
副总会计师……4854006
副总工程师……4854287
副总地质师……4854455

厂长办公室
主任……4854545
副主任……4854510
值班室……4854445
职工热线……4854516
机要传真……4854614

人力资源科
科长……4854566
副科长……4854264
办公室……4854364

计划科
科长……4855020
副科长……4854124
办公室……4854152
办公室……4854324

财务资产科
科长……4854005
副科长……4855578
预算组……4854553
资金组……4855576
成本组……4855282

经营管理科
科长……4855244
办公室……4854357
经营承包……4855202
生产调度室
调度长……4854318
副调度长……4855603
综合组……4854188
节能……4855045
调度……4854229
调派……4854424
电话会议室……4854270
技术管理科
科长……4854379
副科长……4854366
注水科
科长……4855124
副科长……4854503
作业科
科长……4856042
副科长……4854772
办公室……4854442
综合……4854354
调度……4854689
安全环保监督科
科长……4854192
副科长……4854436
交通管理……4854507
办公室……4854521
监控室……4854307
装备科
科长……4854118
副科长……4854425
办公室……4854308
党委办公室
主任……4854148
副主任……4854205
宣传……4854211
机关总支……4854162
党委组织科
科长……4854462
办公室……4854211
群众工作办公室
副主任……4854688
团委书记……4854361
工会办公室……4854101
团委办……4854452
计生办……4854014
维权服务热线……4854666
职工献计献策热线……4857666
纪检监察科
科长……4854316
办公室……4854142
对外关系办公室
主任……4855389
书记……4854446
副主任……4856415
调度……4854347
会计……4855193
协调一组……4854914
协调二组……4854306
工程技术监督站
站长……4854809
书记……4854348
副站长……4854220
综合岗……4855724
钻井工程监督岗……4854554
计量标准化岗……4854253
抄表岗……4854702
项目管理……4854373
作业监督……4854453
质量标准化岗……4854113
老点值班室……4854034
调度……4855247
地质研究所
所长……4854386
书记……4748183
副所长……4748182
经营……4854020
开发主任……4855564
开发一室……4854404
开发二室……4854279
生产调度……4854465
综合室……4854549
滚动室……4855590
天然气室……4855524
信息室……4854094
工艺研究所
所长……4854512
书记……4855727

副所长……4854213
经营室……4854314
分层室……4854135
综合室……4854313
酸化室……4854437
挤堵室……4854350
机采室……4854392
科技图书……4857397
压裂室……4855140
注气站
站长……4854268
书记……4856574
办公室……4856547
注气站……4854141
培训考核站
站长……4854185
办公室……4854494
油藏管理一区
经理……4854741
书记……4854001
副经理……4854145
调度室……4854541
油藏管理二区
经理……4854368
书记……4854275
副经理……4856374
调度室……4854529
油藏管理三区
经理……4854568
书记……4854007
副经理……4854687
调度室……4854378
油藏管理四区
经理……4854175
书记……4854896
副经理……4856904
调度室……4854168
油藏管理五区
经理……4855558
书记……4854431
副经理……4854561
调度室……4854241
油藏管理六区
经理……4855585
书记……4855770
副经理……4856774
调度室……4854129
油气集输大队
大队长……4855060
书记……4854265
副大队长……4854243
安全工程师……4855143
文二联队部……4854106
污水站队部……4854763
维修队队部……4854417
调度室……4854362
生产组……4855027
经营组……4855094
技术组……4854104
政工组……4855086
总机……4854743
集气站……4856422
测试队
队长……4855573
书记……4854830
副队长……4854283
值班室……4854321
资料室……4856974
资料室……4854320
维修大队
大队长……4854513
书记……4854312
副大队长……4854413
经营组……4854459
政工组……4854057
材料组……4854508
工程机械监督……4854193
生产组长……4854345
泵修料房……4854667
材料组……4855577
回厂检查站……4854509
供电大队
大队长……4855906
书记……4854492
副大队长……4855107
工程师……4854478
调度……4854159
政工组……4854166
人事劳资……4855575
经营……4855745

通讯管理……………………………………4748067

治保大队

大队长……………………………………4854305

书记………………………………………4854244

副大队长…………………………………4855071

值班室……………………………………4854475

一中队……………………………………4854215

二中队……………………………………4857879

三中队……………………………………4854203

刑侦中队…………………………………4854474

政工组……………………………………4748148

物资供应站

站长………………………………………4854727

书记………………………………………4854165

副站长……………………………………4854560

经管………………………………………4855434

经营组长…………………………………4854537

核算………………………………………4854565

综合组……………………………………4854303

门岗………………………………………4854322

计划组组长………………………………4854428

计划一组…………………………………4854326

计划二组…………………………………4854479

计划三组…………………………………4854397

库房组……………………………………4854426

润滑油站…………………………………4855684

生产服务大队

大队长……………………………………4855066

书记………………………………………4854105

副大队长…………………………………4855013

公共事业管理……………………………4854506

经营材料政工组…………………………4855571

小车队调度………………………………4854226

采油五厂

厂领导

厂长、党委副书记………………………4812062

党委书记…………………………………4812785

副厂长……………………………………4812640

副厂长、总工程师………………………4814596

工会主席…………………………………4812639

副总地质师………………………………4812145

厂长助理…………………………………4812189

副总工程师………………………………4812014

厂长办公室

主任………………………………………4812263

秘书办公室………………………………4812262

值班室……………………………………4812260

生产调度室

调度长……………………………………4719168

调派………………………………………4719048

副调度长…………………………………4719118

前线值班室………………………………4719006

综合办公室………………………………4812178

计划科

科长………………………………………4812482

投资预算…………………………………4812167

统计………………………………………4812166

土建施工…………………………………4813105

盘库………………………………………4812169

经营管理科

科长………………………………………4812378

副科长……………………………………4812339

经营管理…………………………………4812342

工商管理…………………………………4812341

合同管理…………………………………4814974

财务资产科

科长………………………………………4812381

副科长……………………………………4812172

办公室……………………………………4812171

人力资源科

科长………………………………………4812330

薪酬管理…………………………………4812332

统筹定额…………………………………4812419

干部管理…………………………………4814557

培训考核…………………………………4812067

安全环保监督科

科长………………………………………4812665

副科长……………………………………4814456

环保监督…………………………………4812309

监控室……………………………………4812500

安全监督…………………………………4812086

技术管理科

科长………………………………………4812503

副科长……………………………………4812163

油气集输…………………………………4812164

科技防腐…………………………………4812163

采油管理…………………………………4812303

注水科

科长………………………………………4813102

副科长……………………………………4813044

办公室……………………………………4812398

装备科

科长……………………………………4812156

副科长…………………………………4812184

泵、车辆………………………………4812181

电气管理………………………………4812184

综合……………………………………4813408

作业科

科长……………………………………4812660

副科长…………………………………4812308

办公室…………………………………4812124

党委办公室

主任……………………………………4812712

副主任…………………………………4812703

机要室…………………………………4812634

办公室…………………………………4811246

党委组织科

科长……………………………………4812642

办公室…………………………………4812282

纪检监察科

科长……………………………………4812806

办公室…………………………………4812353

群众工作办公室

主任……………………………………4812360

副主任、团委副书记…………………4812272

女工主任………………………………4812335

工会……………………………………4812662

采油管理一区

经理兼书记……………………………4719002

副经理…………………………………4719001

副书记…………………………………4719178

调度……………………………………4719106

采油管理二区

经理……………………………………4719188

书记……………………………………4719116

副经理…………………………………4719121

调度……………………………………4719105

采油管理三区

经理……………………………………4719588

书记……………………………………4719566

副经理…………………………………4719569

调度……………………………………4719516

采油管理四区

经理……………………………………4759086

书记……………………………………4759088

副经理…………………………………4759095

调度……………………………………4719530

采油管理五区

经理……………………………………4759068

书记……………………………………4759066

副经理…………………………………4759056

调度……………………………………4759060

采油管理六区

经理……………………………………4719166

书记……………………………………4719007

副经理…………………………………4719206

调度……………………………………4719145

油气集输大队

大队长…………………………………4719126

书记兼副大队长………………………4719128

副大队长………………………………4719013

调度……………………………………4719015

维修大队

大队长…………………………………4812366

书记……………………………………4812996

副大队长………………………………4812141

调度……………………………………4812363

供电大队

大队长…………………………………4719098

书记……………………………………4719056

副大队长………………………………4719136

调度……………………………………4719086

治保大队

大队长…………………………………4719156

书记……………………………………4812346

副大队长………………………………4814011

调度室…………………………………4719110

生产服务大队

大队长…………………………………4812689

书记……………………………………4812340

副大队长………………………………4812391

综合办…………………………………4812299

文印站…………………………………4812265

测试队

队长……………………………………4812132

书记……………………………………4812133

副队长…………………………………4811371

调度……………………………………4812134

地质研究所

所长……………………………………4898508

书记兼副所长……………………………4898533
副所长……………………………………4898557
所办………………………………………4898272

工艺研究所

所长………………………………………4812183
书记………………………………………4812336
副所长……………………………………4812162
所办………………………………………4812155

物资供应站

站长………………………………………4812102
书记………………………………………4812246
副站长……………………………………4812399
调度………………………………………4812139

工程技术监督站

站长、副书记……………………………4719158
副站长……………………………………4719031
钻井室……………………………………4812343
调度室……………………………………4719115

对外关系办公室

主任………………………………………4812288
副主任……………………………………4812326
办公室……………………………………4812325

新疆项目部

经理………………………………………4812189
书记………………………………………4812586

内蒙项目部

办公室……………………………………4812717

采油六厂

厂领导

厂长………………………………………4861718
书记………………………………………4861231
副厂长……………………………………4861101
纪委书记…………………………………4861381
副厂长……………………………………4861332

厂长办公室

厂办主任…………………………………4861495
副主任……………………………………4861647
厂办秘书…………………………………4861166
传真………………………………………4861171

党委办公室

党办主任…………………………………4861503
副主任……………………………………4861481
党委办……………………………………4861723

党委组织科

科长………………………………………4861273
办公室……………………………………4861664

纪检监察科

纪委办……………………………………4861904

群众工作办公室

主任………………………………………4861412
副主任……………………………………4861232
办公室……………………………………4861740

生产调度室

调度长……………………………………4861161
副调度长…………………………………4861233
值班调度…………………………………4861451
综合调度…………………………………4863376

计划科

科长………………………………………4861369
副科长……………………………………4861372
办公室……………………………………4861341
办公室……………………………………4861432

财务资产科

科长………………………………………4861459
副科长……………………………………4861303
办公室……………………………………4861074

经营管理科

科长………………………………………4863456
办公室……………………………………4861570

技术管理科

科长………………………………………4861561
副科长……………………………………4861731
办公室……………………………………4861242

作业科

科长………………………………………4861541
办公室……………………………………4863417
办公室……………………………………4862417

装备科

科长………………………………………4861512
办公室……………………………………4861442

天然气管理科

科长………………………………………4861928
办公室……………………………………4862910

人力资源科

科长………………………………………4861162
副科长……………………………………4861272
办公室……………………………………4861552

安全环保监督科

科长………………………………………4861452
副科长……………………………………4861963

办公室……4861742
对外工作办公室
主任……4861482
副主任……4861891
办公室……4861582
工程监督站
站长……4861536
书记……4861377
钻井监督……4861175
作业监督……4861082
职工培训部
办公室……4861340
桥口采油管理区
经理……4861216
书记……4861395
副经理……4861370
生产值班……4861336
生产办……4861506
资料室……4861140
经营……4861240
马厂采油管理区
经理……4860151
书记……4862150
副经理……4860286
综合组……4860138
工程组……4860152
生产值班……4860117
网络……4860186
徐集采油管理区
经理……4861483
书记……4861589
副经理……4861599
资料室……4861674
技术室……4861574
白庙采气管理区
经理……4861351
书记……4861363
副经理……4861563
技术组……4862250
生产值班……4861609
经营组……4863470
采气资料……4861316
输气资料……4861127
配气站……4861416
三春采油管理区
经理……4865754
书记……4865510
副经理……4866843
生产值班……4865611
办公室……4865757
人事……4865724
财务……4865684
机动……4867740
材料……4867764
地质……4865511
桥口联合站
站长……4759018
书记……4759010
副站长……4759016
机动安全……4759011
外输岗……4759012
三相岗……4759017
马厂联合站
站长……4860127
书记……486037
副站长……4860143
计量……4860042
注水……4860133
污水……4860055
分离……4860033
地质研究所
所长……4861136
书记……4861765
副所长……4861526
网络室……4861767
静态室……4861293
天然气室……4861446
生产综合……4861533
开发室……4861546
试井队……4861146
工艺研究所
大队长……4861143
书记……4861227
副大队长……4861356
综合室……4861430
机采室……4861514
资料室……4861556
油化室……4863401
维修大队
大队长……4861306

书记……4861206
副大队长……4861534
大队调室……4861244
维修一队……4861144
润滑油站……4863464
运输队……4861544
经营、材料……4861671
人事政工……4861106
维修二队……4860154
马厂值班……4860141
机动安全……4861465
特车队……4861720

供电大队
大队长……4861105
书记……4863440
副大队长……4863442
调度室……4863441
经营材料……4863452
桥口供电队……4862414
马厂变电所……4860103
桥口变电所……4759013
马厂供电队……4860183

治保大队
办公室……4861142
桥口前指……4759014
马厂前指……4860110
马厂前指……4860210

物资管理站
站长……4861657
副站长……4861172
计划组……4861360
库房……4861655
配拨组……4863437

会计站
总会计师……4862169
办公室……4862840

生活服务大队
队长……4861266
书记……4861420
副队长……4863459
车派……4861141
安全机动……4861401
马厂办……4860013

招待所
宾馆餐厅……4861104
服务台……4861487

马厂上产组
上产组……4860076
招待所……4860026
马厂会议……4860165

大桥收费站
站长……4880615
副站长……4880492
办公室……4887085
中队……4887035

天然气处理厂

厂领导
厂长……4874808
党委书记……4874809
纪委书记、工会主席……4874899
副厂长……4874816
副厂长、总工程师……4878526

副总师（厂长助理）
副总工程师……4877958
副总会计师……4874968
副总经济师……4871588
厂长助理……4878244

厂长办公室
主任……4878523
副主任……4874822
秘书……4877910
值班室……4874858
传真……4878414
网站管理……4877843
网络维护……4871567

生产调度室
副调度长……4877976
综合……4877979
值班室……4874819

计划财务科
副科长……4877053
生产计划……4871256
工程预算……4874890
生产成本……4877894
财务报销……4871559
基建成本……4871369

企业管理科
副科长……4877957
办公室……4871599

安全科

科长……………………………………4877977
副科长…………………………………4877842
办公室…………………………………4874689
机动装备科
科长……………………………………4874859
副科长…………………………………4877938
办公室…………………………………4877887
技术质量管理科
科长……………………………………4874838
副科长…………………………………4877998
工艺……………………………………4874839
质量……………………………………4874437
人力资源科
副科长…………………………………4871598
干部管理………………………………4877904
党委办公室
主任……………………………………4874692
总支书记………………………………4874898
宣传……………………………………4874865
传真（秘书）…………………………4877973
组织纪检科
科长……………………………………4874732
组织……………………………………4874896
纪检……………………………………4874828
工团办公室
主任……………………………………4874826
团委副书记……………………………4874693
女工主任………………………………4874827
计生……………………………………4874827
项目办公室
副主任…………………………………4877968
办公室…………………………………4878174
油气经销部
部长……………………………………4878129
书记……………………………………4874173
副部长…………………………………4874172
劳资政工………………………………4878529
网络信息………………………………4874506
统计结算………………………………4878420
财务……………………………………4877898
铁路……………………………………4874172
传真……………………………………4877891
市场开发………………………………4874174
发泡剂组………………………………4874801
溶剂油组………………………………4874171
单烃组…………………………………4874526
物资供应站
站长……………………………………4874628
书记……………………………………4878245
副站长…………………………………4874670
计划……………………………………4874270
管理……………………………………4874673
保管……………………………………4877844
后勤服务大队
大队长…………………………………4871658
书记……………………………………4874837
副大队长………………………………4874861
调度……………………………………4874821
政工……………………………………4878459
劳资成本………………………………4877717
机动安全………………………………4874141
职工食堂………………………………4878147
前线食堂………………………………4874734
精细化工研究所
所长……………………………………4877792
书记……………………………………4874177
副所长…………………………………4878514
开发组…………………………………4874143
研究组…………………………………4878504
实验室…………………………………4874563
项目室…………………………………4874337
综合组…………………………………4874504
计量化验中心
主任……………………………………4875507
书记……………………………………4875737
副主任…………………………………4875411
技术……………………………………4875409
政工……………………………………4875627
机动……………………………………4875643
中心检定室……………………………4874342
中心化验室……………………………4874811
第一化验室……………………………4852613
第二化验室……………………………4875336
第三化验室……………………………4874812
第四化验室……………………………4875903
三气厂计量站…………………………4874784
柳屯计量站……………………………4876252
维修队
队长……………………………………4878340
书记……………………………………4878341

副队长……………………………………4874453
值班室……………………………………4877834
财务后勤…………………………………4878343
保管………………………………………4878344

治保大队

大队长……………………………………4871899
书记………………………………………4877959
副大队长…………………………………4878419
外勤………………………………………4874043
交管………………………………………4874805
消防………………………………………4874245
工农………………………………………4874470
内勤………………………………………4874793
劳资………………………………………4878554
司机班……………………………………4874792

第一气体处理厂

厂长………………………………………4853848
书记………………………………………4850353
副厂长……………………………………4859176
安全………………………………………4853573
劳资………………………………………4850514
统计工会…………………………………4852415
消防泵房…………………………………4859946
装车………………………………………4851281
材料………………………………………4850563
生产一组…………………………………4852608
生产二组…………………………………4851496
生产三组…………………………………4852617
传真………………………………………4858069

第二气体处理厂

厂长………………………………………4870224
书记………………………………………4878743
副厂长……………………………………4878776
副书记……………………………………4875367
调度………………………………………4875359
工艺………………………………………4870174
项目………………………………………4875332
设备………………………………………4875244
安全………………………………………4875195
材料………………………………………4875366
销售………………………………………4876484
财务………………………………………4877224
劳资………………………………………4875606
成本………………………………………4875614
政工………………………………………4875198
保卫………………………………………4875388
运行一组…………………………………4875610
运行二组…………………………………4875467
运行三组…………………………………4875448

第三气体处理厂

书记………………………………………4871668
副厂长……………………………………4874743
副书记……………………………………4878374
安全保卫…………………………………4874860
机动材料…………………………………4877714
劳资统计政工……………………………4874853
运行组……………………………………4878124
中控室……………………………………4874856
储运组……………………………………4874874
储运岗……………………………………4874857
装车场……………………………………4878347
维修组……………………………………4874855
门岗………………………………………4871669
电梯………………………………………4874610

第四气体处理厂

厂长………………………………………4874852
书记………………………………………4877936
副厂长……………………………………4874240
工艺电器…………………………………4874971
消防保卫…………………………………4874903
中控室……………………………………4874401
燃机组……………………………………4874530
经营组……………………………………4877600

丁烷厂

厂长………………………………………4874140
书记………………………………………4878214
副厂长……………………………………4874892
工艺计量…………………………………4874134
安全材料…………………………………4874893
劳资统计…………………………………4871552
中控室……………………………………4874137

胶乳厂

厂长………………………………………4740145
书记………………………………………4740146
副厂长……………………………………4878023
生产组……………………………………4740144
劳资统计…………………………………4740143

轻烃站

站长………………………………………4875117
书记………………………………………4875267

副站长……………………………………4878789
技术……………………………………4875849
安全保卫…………………………………4875207
运销统计…………………………………4875300
劳资……………………………………4875169
电工……………………………………4875443
计量……………………………………4875301
传真……………………………………4875288

对外技术服务部

经理……………………………………4871926
书记……………………………………4871986
副经理…………………………………4871595
办公室…………………………………4871683

天然气产销厂

厂领导

厂长……………………………………4874629
书记……………………………………4874696
副厂长…………………………………4874779
工会主席、纪委书记……………………4874868
总工程师…………………………………4874665

副总师（厂长助理）

副总地质师………………………………4877853
副总机械师………………………………4878141
副总工程师………………………………4874869
厂长助理…………………………………4874543
副总经济师………………………………4877866

厂长办公室

主任……………………………………4874616
副主任（传真）…………………………4874433
秘书……………………………………4874615
值班室…………………………………4878247
传真……………………………………4874577

生产调度室

调度长…………………………………4877841
副调度长…………………………………4878162
综合……………………………………4874191
值班室…………………………………4874636
值班室…………………………………4874891
电、讯、车辆……………………………4874639
防洪电话…………………………………4770307

安全环保监督科

科长……………………………………4874658
副科长、科员……………………………4874415

采气工程技术科

科长……………………………………4874970
副科长、科员……………………………4878314

集输气技术管理科

科长……………………………………4874869
副科长、科员……………………………4878434

计量管理科

科长……………………………………4874818
副科长…………………………………4878142

计量管理、质量标准化

办公室…………………………………4874412
传真……………………………………4874747

装备科

科长……………………………………4878141
副科长…………………………………4874253
科员……………………………………4871529

人力资源科

科长……………………………………4874676
副科长、工资、统计……………………4877797
培训考核…………………………………4874606
统计……………………………………4874728

财务资产科

科长……………………………………4878433
副科长、报销……………………………4874909
成本、资金预算…………………………4874936
维修队核算站……………………………4874233
濮城核算站………………………………4840091
文留核算站………………………………4851812
治保大队核算站…………………………4874073

计划科

科长……………………………………4871290
副科长…………………………………4877024
科长、概预算……………………………4874385

经营管理科

科长……………………………………4877866
副科长…………………………………4874608

党委办公室

主任……………………………………4874680
副主任、科员……………………………4874685
机要室…………………………………4874785

党委组织科

科长……………………………………4874407
组织干事…………………………………4874931

纪检监察科

科长……………………………………4874705
办公室…………………………………4874960

群众工作办公室

主任……………………………………………4874956
副主任…………………………………………4877795
团委干事………………………………………4874703
工会干事………………………………………4874703

天然气大流量站
站长……………………………………………4874940
副站长…………………………………………4871172
色谱分析室……………………………………4874735
润滑油站………………………………………4874973
办公室…………………………………………4877017
检定室…………………………………………4878417
样品收发室……………………………………4878470
值班室…………………………………………4874840

工程技术监督站
站长……………………………………………4874975
副站长…………………………………………4874242
办公室…………………………………………4871227
局监督中心……………………………………4874975

对外关系办公室
主任……………………………………………4874619
副主任…………………………………………4877763
办公室…………………………………………4874712

物资供应站
站长……………………………………………4874906
书记……………………………………………4874908
副站长…………………………………………4874320
计划组…………………………………………4874661
保管组…………………………………………4874662
经营……………………………………………4874663
管理组…………………………………………4874695
传真……………………………………………4877734
资产监管………………………………………4877805
资产保管………………………………………4877817
值班室…………………………………………4874441

培训考核站
站长……………………………………………4874676
培训考核………………………………………4874606

天然气经销部
部长……………………………………………4874508
副部长…………………………………………4878241
办公室…………………………………………4878427

安全异体监督站
站长……………………………………………4874658
副站长…………………………………………4874130
办公室…………………………………………4878491

集输气技术研究所
所长……………………………………………4878117
副所长…………………………………………4878441
软件维护………………………………………4874040
网络维护………………………………………4874101
防腐工艺………………………………………4874260
计量自控………………………………………4874251
设备技术………………………………………4871589

维修大队
队长……………………………………………4874679
书记……………………………………………4874247
副队长…………………………………………4877082
安全员…………………………………………4874182
预算、成本……………………………………4871509

生产服务大队
队长……………………………………………4874862
书记……………………………………………4874322
副队长、调度…………………………………4874655
劳资……………………………………………4878477
安全员…………………………………………4877741
维修班…………………………………………4874011
餐厅办公室……………………………………4878431
办公室…………………………………………4871137

治保大队
大队长、书记…………………………………4874878
综治办主任、副大队长………………………4877815
副大队长………………………………………4874717
交管站长………………………………………4874715
值班室…………………………………………4874879

气田地质工艺研究所
所长……………………………………………4877737
书记……………………………………………4874980
副所长…………………………………………4874690
人力资源………………………………………4874405
静态室…………………………………………4874403
微机室…………………………………………4877884
工艺室…………………………………………4874404
调度……………………………………………4877877
动态室…………………………………………4878549
机动安全………………………………………4877867
传真……………………………………………4878371

采气管理一区
经理……………………………………………4851782
书记……………………………………………4859686
副经理…………………………………………4851727

技术组……………………………………4851302
计量…………………………………………4852224
劳资、统计…………………………………4851301
输油…………………………………………4851834
净化站………………………………………4853355
化验室………………………………………4850787
食堂…………………………………………4851714
成本…………………………………………4852152
值班室………………………………………4859256

采气管理二区

经理…………………………………………4851828
书记…………………………………………4852525
副经理………………………………………4851964
计量、信息…………………………………4852214
工程地质组…………………………………4851951
劳资、异体监督……………………………4851220
技术、资料…………………………………4858386
值班室………………………………………4858366

采气管理三区

经理…………………………………………4846279
书记…………………………………………4841968
副经理………………………………………4841947
区部…………………………………………4841371
技术组………………………………………4841964

普光采气区

办公室………………………………(0818)5608639

输气管理一区

经理…………………………………………4851071
书记…………………………………………4853524
劳资…………………………………………4852324
技术组………………………………………4853542
文二联增压站………………………………4854219
文二联增压站………………………………4854394
文三联配气站 ……………………………4851617-8018
东明增压站…………………………(0530)7260123
东明增压站…………………………(0530)7260043

输气管理二区

经理…………………………………………4859136
书记…………………………………………4852793
副经理………………………………………4859038
安全、保卫…………………………………4852697
劳资…………………………………………4851658
技术组………………………………………4852779
车辆调度……………………………………4851655
生产调度……………………………………4853544
中开值班……………………………………4852794
中开站………………………………………4852234
文留增压站…………………………………4858446
东明站………………………………(0530)7260123
文一联………………………………………4851047
LNG 配气站 ………………………………4859748
维修班………………………………………4852794

输气管理三区

经理…………………………………………4841929
书记…………………………………………4841265
副经理………………………………………4841934
安全员………………………………………4846465
濮三联增压站………………………………4843505
调度室………………………………………4841941
政工干事……………………………………4845456
技术组………………………………………4846416
人力资源……………………………………4841937
材料库………………………………………4841979
经营…………………………………………4841927
计量室………………………………………4842256
装车班………………………………………4841417

输气管理四区

经理…………………………………………4870183
书记…………………………………………4740102
副经理………………………………………4875830
技术组………………………………………4740104
计量组………………………………………4870307
材料…………………………………………4870194
柳屯配气站…………………………………4875401
柳屯增压站…………………………………4870173
三气配气站…………………………………4874297
三力配气站…………………………………4874573
1# 院配气站…………………………………4877774
区中继………………………………………4740141

输气管理五区

经理…………………………………………4739171
书记…………………………………………4739172
副经理………………………………………4839175
调度室………………………………………4739162
特修配气站…………………………………4821498
劳资、计量组………………………………4739190
技术组………………………………………4739163
市区配气站…………………………………4629348
甲醇…………………………………………4629349
水电配气站…………………………………4802072

五号 CNG 站……………………………………4694533
华龙配气站……………………………………4777161
输气管理六区（区号：0378）
站长……………………………………2923848
书记……………………………………2925252
副站长……………………………………2658452
生产办……………………………………2658845
保卫……………………………………2658451
劳资……………………………………2658520
政工组……………………………………2658610
计量……………………………………2923847
输气工艺……………………………………2658477
财务……………………………………2923844
车调……………………………………2658162
输气一班……………………………………2924863
输气二班……………………………………2925251
维修班……………………………………2658404
兰考站……………………………………6990087
三春集站……………………………………7841013
巡线一支队
大队长……………………………………4859428
书记……………………………………4859440
副支队长……………………………………4859408
人事劳资……………………………………4859527
安全、成本……………………………………4859461
应急班……………………………………4859460
综合班……………………………………4859470
文南班……………………………………4851299
民警班……………………………………4859463
值班室……………………………………4859046
800M 电话 ……………………………………8892353
巡线二支队
大队长……………………………………4841970
书记……………………………………4843654
副支队长……………………………………4846340
劳资……………………………………4840091
安全……………………………………4842293
应急班……………………………………4843774
资料……………………………………4842294
巡线三班……………………………………4878234
乡企供气管理一区
经理……………………………………4851971
书记……………………………………4852642
副经理……………………………………4851645
乡企供气管理二区
经理……………………………………4845438
书记……………………………………4845436
副经理……………………………………4845435
濮企 1 号站……………………………………4841476
濮企 2 号站……………………………………4847414
濮企 3 号站……………………………………4840042
濮企 4 号站……………………………………4844427
濮企 7 号站……………………………………4847748
监督岗……………………………………4846442
值班室……………………………………4843763
资料室……………………………………4845429
人事……………………………………4846442
乡企供气管理三区
经理……………………………………4830965
书记……………………………………4830920
副经理……………………………………4830560
调度……………………………………4830012

石油化工总厂

厂领导
厂长……………………………………4879696
书记……………………………………4879223
纪委书记兼工会主席……………………………………4879011
副厂长……………………………………4879039
副厂长、总工程师……………………………………4879945
副总师
副总工程师……………………………………4879051
副总经济师……………………………………4879004
副总会计师……………………………………4879994
副总机械师……………………………………4879052
厂长办公室
主任……………………………………4879569
副主任……………………………………4879986
办公室……………………………………4879980
人力资源科
科长……………………………………4879020
副科长……………………………………4879025
工资统计……………………………………4879021
调度室
调度长……………………………………4879049
副调度长……………………………………4879743
生产调度……………………………………4879046
机动科
科长……………………………………4879052
副科长……………………………………4879847
设备管理……………………………………4879053

安全科
科长……4879056
副科长……4879058
办公室……4879057
技术科
科长……4879993
副科长……4879062
办公室……4879953
质量管理科
科长……4879068
办公室……4879110
财务资产科
科长……4879994
副科长……4870934
报销……4879081
企业管理科
科长……4879971
副科长……4879812
合同工商……4879002
计划科
科长……4879006
计划统计……4879005
党委办公室
主任……4879074
副主任……4879075
传真室……4879076
组织纪检科
科长……4879974
组织……4879976
纪检……4879784
工团办公室
主任……4879067
女工委主任……4879012
团委副书记……4879015
办公室……4879055
营销部
主任……4879004
副主任……4879889
办公室……4879070
工程部
主任……4879051
副主任……4879903
办公室……4879904
技术研究所
所长……4879060
副所长……4879946
副书记……4879667
资料室……4879978
治安保卫大队
大队长……4879958
书记……4879539
副站长……4879411
常压车间
主任……4879238
书记……4879186
副主任……4879227
值班室……4879247
特种油车间
主任……4879956
书记……4879148
副主任……4879063
副主任……4879643
值班室……4879647
催化车间
主任……4879258
书记……4879346
副主任……4879317
值班室……4879330
气聚车间
主任……4879308
书记……4879559
副主任……4879245
值班室……4879758
二氧化碳车间
主任……4879658
副主任……4879171
值班室……4879231
动力车间
主任……4879343
书记……4879366
副主任……4879959
值班室……4879371
油品一站
站长……4879408
综合服务站
站长……4879311
书记……4879919
副站长……4879722
办公室……4879804
油品二站

站长……………………………………4759126
书记……………………………………4759121
副站长…………………………………4759127
值班室…………………………………4879496

污水处理站
站长……………………………………4879529
副站长…………………………………4879532
值班室…………………………………4879540

化验监测站
站长……………………………………4879546
书记……………………………………4879918
副站长…………………………………4879549
值班室…………………………………4879578

机修车间
主任……………………………………4879593
书记……………………………………4879640
副主任…………………………………4879957
值班室…………………………………4879634

仪表车间
主任……………………………………4879656
书记……………………………………4879676
副主任…………………………………4879678
值班室…………………………………4879645

电修车间
主任……………………………………4879708
副主任…………………………………4879738
值班室…………………………………4879742

运输大队
大队长…………………………………4879429
书记……………………………………4879859
副大队长………………………………4879398
值班室…………………………………4879878

物资供应站
站长……………………………………4879072
书记……………………………………4879990
副站长…………………………………4879689
综合管理………………………………4879071

综合服务站
站长……………………………………4879311
书记……………………………………4879919
副站长…………………………………4879722
办公室…………………………………4879804

物资供应处

处领导
经理……………………………………4883988
书记……………………………………4886686
副经理…………………………………4882163
经理助理………………………………4721656

经理办公室
主任……………………………………4882263
副主任…………………………………4882262
秘书……………………………………4886899
值班室…………………………………4882127
传真……………………………………4882440
打字室…………………………………4882279
收发室…………………………………4882260

机关政工支部
书记……………………………………4885766

人力资源科
科长……………………………………4882625
副科长…………………………………4882254
劳动组织岗……………………………4882226
薪筹保险管理岗………………………4882297

党委办公室
主任……………………………………4882133
副主任…………………………………4885766
秘书……………………………………4883645
宣传……………………………………4883125
传真……………………………………4882076

人事组织科（纪检）
科长……………………………………4882133
副科长…………………………………4882239
纪检办主任……………………………4721719
办公室…………………………………4882452
纪检办…………………………………4882348

群众工作办公室
主任……………………………………4882134
副主任…………………………………4882146
办公室…………………………………4882248
计生办…………………………………4882240

财务科
科长……………………………………4882996
副科长…………………………………4722227
报销岗…………………………………4882362
审核岗…………………………………4882105
税价岗…………………………………4882106
结算岗…………………………………4882630
计算机室………………………………4882309

物资材料核算科
科长……………………………………4722177

副科长……4721718
综合岗……4882627
综合组……4721849
集中核算……4721970
成本核算……4882583

机关生产支部
书记……4722076

企业管理科
科长……4881308
副科长……4882111
办公室……4882113
合同岗……4881547

物资供应管理科
科长……4881549
副科长……4722226
仓储管理……4883012
资源市场管理……4882196
统计……4886084
印刷品发放……4721681

物资计划管理科
科长……4882676
副科长……4721326
计 划 管 理……4886294
一大类……4881564
专用仪表……4721561
专用设备……4722748
化工……4722746
钻采配件……4721383
29 大类……4721063

信息科
科长……4882445
副科长……4881206
系统管理……4882451
系统维护……4722201
ERP 技术支持……4721946
控制室……4722306

调度室
调度长……4722736
副调度长……4882148
值班室……4882188
大班调度……4881391
运费结算……4881146
传真……4882600

生产装备管理科
科长……4882115
副科长……4722076
维修……4882424
设备……4882246

安全质量监督科
科长……4882433
副科长……4882219
交通……4882219
质量管理……4882343

机关供应支部
书记……4721396

配件科
科长……4721109
副科长……4882116
工矿……4721005
大马力……4882117
汽配……4721509
钻配……4721017
专用工具（三吊一卡）……4721031
专用工具（钻头）……4882615

设备科
科长……4883088
副科长……4882107
动力岗……4882677
专用岗……4882109
通用岗……4882108
阀门岗……4882574
电工岗……4721293

化工科
科长……4882364
副科长……4721113
副科长……4722208
橡胶制品……4886446
采油化工……4884594
钻井化工……4884593
火工……4882344

金属材料科
科长……4882075
副科长……4722046
管材型材、有色金属……4882345
线材、板材……4883514

建材科
科长……4885768
副科长……4882119
地方建材、建筑材料……4882140
普通水泥……4882255

油井水泥……………………………4882118
木材、包装物………………………4885107

机电科

科长…………………………………4721329
副科长………………………………4881362
通用工具……………………………4882295
小五金岗和日用电器………………4721462
小五金………………………………4721217
劳保…………………………………4721285
杂品…………………………………4721202
机电门市（运输）…………………4728325

专用管材科

科长…………………………………4882242
副科长………………………………4721546
业务办………………………………4884699

电器仪表科

科长…………………………………4882233
副科长………………………………4721935
电工材料……………………………4882177
电器元件……………………………4721560
通讯器材……………………………4882361
电子产品及元器件…………………4883333
专用仪器仪表………………………4722277
通用仪器仪表………………………4882359

油品燃料科

科长…………………………………4882143
副科长………………………………4882187
煤炭…………………………………4882298
油品…………………………………4882304

普光气田物资采购供应部

部长…………………………………4882110
副部长………………………………4722052
业务办………………………………4721585

西部市场开发部

主任…………………………………4722718
书记…………………………………4722829
副部长………………………………4882696
业务办………………………………4722138
财务…………………………………4721985

物资交易厅

科长…………………………………4721713
副科长………………………………4721556
招标管理……………………………4881208
合同审核……………………………4881792
建材交易……………………………4881793
电器仪表交易………………………4721121
化工交易……………………………4882299
设备交易……………………………4721317
汽配交易……………………………4881506
钻配交易……………………………4881546
五金轻纺交易………………………4721361

中心库

主任…………………………………4882268
书记…………………………………4882325
副主任………………………………4884368
机关支部……………………………4882173
政工组………………………………4882457
人事…………………………………4882172
女工…………………………………4882171
管理组………………………………4882323
生产组………………………………4882621
财务组………………………………4882321
材料组………………………………4882175
计算机室……………………………4882318

物资配送部

主任…………………………………4722499
书记…………………………………4722929
副主任………………………………4722916
综合办………………………………4722733
财务…………………………………4722939
夜班值班室…………………………4722386
配送夜班值班室……………………4722039
生产管理……………………………4722146
配送队………………………………4882472
调运队………………………………4722330
配调…………………………………4882618
热线…………………………………4882619
传真…………………………………4882319
现场调度组…………………………4882149

套管配送大队

大队长………………………………4721536
书记…………………………………4721592
副大队长……………………………4721530
机关支部……………………………4721026
队办…………………………………4721534
财务组………………………………4721535
调度室………………………………4721543
传真…………………………………4722936
管材班………………………………4721542
内线总机……………………………4721537

厂区……………………………………4721029

小车队

队长……………………………………4886638

书记……………………………………4885294

副队长…………………………………4882274

综合办…………………………………4722784

安全……………………………………4722854

治安大队（保卫科）

科长……………………………………4882275

书记……………………………………4882158

副科长…………………………………4881271

内勤……………………………………4882551

外勤……………………………………4882159

技术质量检测站

站长……………………………………4881769

书记……………………………………4722178

副站长…………………………………4882449

综合办公室……………………………4882199

管理组…………………………………4882243

设备计量管理…………………………4721646

阀门检测室……………………………4882245

化验室…………………………………4882470

专用管材室……………………………4882461

值班室…………………………………4883984

物资销售中心

主任……………………………………4889963

书记……………………………………4880229

副主任…………………………………4888518

综合组…………………………………4888606

财务组…………………………………4888070

物资管理组……………………………4888072

物资销售组……………………………4888690

物流项目组……………………………4887116

车队……………………………………4887540

仓储库…………………………………4753915

勘探开发科学研究院

院领导

院长……………………………………4810906

书记……………………………………4731016

副书记…………………………………4823118

副院长…………………………………4821294

副总师

副总地质师……………………………4821881

副总工程师……………………………4825324

副总地质师……………………………4828764

院长助理………………………………4824789

副总工程师……………………………4823453

院长办公室

主任……………………………………4892996

值班室…………………………………4823441

行政……………………………………4819125

传真……………………………………4819744

党群工作部

主任……………………………………4816914

组织……………………………………4821281

工会纪检………………………………4823843

团委宣传………………………………4823043

计生办…………………………………4817617

传真……………………………………4891933

科技管理科

科长……………………………………4732373

传真……………………………………4821581

科研……………………………………4823264

计划经营科

科长……………………………………4821343

合同……………………………………4822319

计划财务科

科长……………………………………4822982

财务……………………………………4824689

统资核…………………………………4824809

人事劳资科

科长……………………………………4816244

劳资……………………………………4823853

培训……………………………………4893240

物资装备科

科长……………………………………4816304

材料……………………………………4816463

维修……………………………………4731273

会计核算站

科长……………………………………4816205

办公室…………………………………4816203

东濮勘探支部

书记……………………………………4824747

勘探规划室

主任……………………………………4825639

办公室…………………………………4810661

濮卫勘探项目

主任……………………………………4821781

明马勘探项目

主任……………………………………4816894

文留勘探项目
　主任……………………………………4829748
　办公室…………………………………4824309
刘庄勘探项目
　主任……………………………………4816197
胡状勘探项目
　主任……………………………………4819487
庆祖集勘探项目
　主任……………………………………4810377
桥口勘探项目
　主任……………………………………4810987
马厂勘探项目
　主任……………………………………4819791
东濮区域勘探项目
　主任……………………………………4816207
　办公室…………………………………4822957
新区勘探支部
　书记……………………………………4816449
白音查干南坡勘探项目
　主任……………………………………4816167
　办公室…………………………………4819011
白音查干北坡勘探项目
　主任……………………………………4816445
　办公室…………………………………4732375
陕北勘探项目
　主任……………………………………4816194
　办公室…………………………………4829295
查干凹陷勘探项目
　主任……………………………………4823314
永利区块勘探项目
　主任……………………………………4810867
海外勘探项目
　主任……………………………………4816832
　办公室…………………………………4816190
钻井工程设计室
　主任……………………………………4825324
　办公室…………………………………4825340
物探技术应用室
　主任……………………………………4821939
　办公室…………………………………4891996
开发支部
　书记……………………………………4816064
开发规划室
　主任……………………………………4823453
　办公室…………………………………4823769
三城油藏评价项目
　主任……………………………………4824451
　办公室…………………………………4823153
文留油藏评价项目
　主任……………………………………4816117
西斜坡油藏评价项目
　主任……………………………………4824057
黄河南油藏评价项目
　主任……………………………………4824106
白音查干油藏评价项目
　主任……………………………………4816164
　办公室…………………………………4816130
低渗油藏开发项目
　主任……………………………………4823869
　办公室…………………………………4893241
断块油藏开发项目
　主任……………………………………4816074
　办公室…………………………………4893243
非均质油藏开发项目
　主任……………………………………4824947
　办公室…………………………………4816104
濮城油田开发项目
　主任……………………………………4893247
　办公室…………………………………4816047
天然气支部
　书记……………………………………4893244
储量管理项目研究室
　主任……………………………………4816344
　办公室…………………………………4823267
普光气田开发研究项目
　主任……………………………………4821543
　办公室…………………………………4816348
北部天然气开发项目
　主任……………………………………4824206
　办公室…………………………………4732850
南部天然气开发项目
　主任……………………………………4823233
　办公室…………………………………4732851
测井技术研究室
　主任……………………………………4816478
　办公室…………………………………4820145
石油地质实验中心支部
　书记……………………………………4824406

地球化学实验室
主任……4823643
办公室……4820147
地层沉积实验室
主任……4816843
办公室……4816214
开发试验室
主任……4816204
办公室……4819012
地层流体实验室
主任……4823132
办公室……4732853
实验办公室
主任……4824840
办公室……4816842
办公室……4816084
采收率研究室
主任……4824940
办公室……4732852
新技术应用所支部
书记……4893242
勘探开发数据中心
主任……4731061
办公室……4816314
勘探开发图形室
主任……4816240
办公室……4816177
计算机管理室
主任……4816224
办公室……4824176
办公室……4822037
决策评估中心支部
书记……4823945
天然气情报室
主任……4823456
办公室……4824045
石油情报室
主任……4823035
办公室……4823356
断块油气田
主任……4824857
办公室……4820093
咨询评估室
主任……4820135
办公室……4820337
经济评价室
主任……4893245
办公室……4891245
综合支部
书记……4816448
综合管理室
主任……4829353
办公室……4824047
稳定办……4731825
纯净水……4816148
综合服务部
经理……4894396
副经理……4825437
办公室……4825354
车队
队长……4829543
办公室……4821043
博士后流动站
勘探博士……4821943
开发博士……4823653

采油工程技术研究院

院领导
院长……4890991
书记……4890172
副院长……4898269
纪检书记……4771179
副总师
副总师……4890057
副总师……4890066
副总师……4890503
院长助理……4899793
院长办公室
主任……4890068
秘书……4897910
值班室……4899338
传真……4890648
党群工作部
主任……4895693
纪检……4890175
工会……4890682
计生办……4890682
团委……4899508
人力资源科
科长……4890795
人力资源科……4890279

财务资产科
科长……4890066
财务资产科……4890872
计划经营科
科长……4890170
计划经营科……4890002
科技生产管理科
科长……4890057
科技生产管理科……4899055
物资管理科
科长……4890111
物资管理科……4890126
技术安全科
科长……4890092
生产技术安全科……4890073
核算站
科长……4890379
核算站……4890131
低渗油藏研究所
所长……4890236
书记……4890121
办公室……4890105
中高渗油藏研究所
所长……4890021
书记……4890572
办公室……4890277
天然气技术研究所
书记……4895701
办公室……4890261
井下工具研究中心
主任……4890102
书记……4895938
办公室……4897715
井况防治技术研究中心
主任……4890361
书记……4771801
办公室……4898531
防腐技术研究中心
主任……4734029
书记……4823977
办公室……4824174
新技术推广中心
主任……4890156
书记……4890778
办公室……4890605
油气层保护中心
主任……4890788
书记……4890478
办公室……4890201
试井技术研究中心
主任……4899331
书记……4771558
办公室……4771282
测井技术研究中心
主任……4890097
书记……4890974
办公室……4896571
测试仪表技术研究中心
主任……4890894
书记……4897399
办公室……4890679
情报信息中心
书记……4890362
办公室……4890472
生产服务中心
书记……4899793
办公室……4890016
综合汽车队
队长……4890727
书记……4896000
调度……4890584

物探研究院

院领导
院长……4821983
书记……4822510
副院长……4824796
涉外总监……4823211
副总师……4819697
副总会计师……4891445
院长办公室
主任……4818376
人事……4829733
值班……4824476
传真……4892480
干部值班室……4823247
党群办公室
主任……4824371
办公室……4828923
计划财务科
科长……4891445

办公室……………………………………4819691

科技生产科

科长……………………………………4824243

办公室……………………………………4823639

综合服务室

主任……………………………………4824896

办公室……………………………………4823683

系统管理室

主任……………………………………4824996

副主任……………………………………4823483

办公室……………………………………4823524

机房值班……………………………………4823283

软件室

主任……………………………………4822986

应用软件开发……………………………………4824445

物探数据管理……………………………………4823583

地震处理系统软件集成……………………………………4818372

苏丹处理中心

项目长……………………………………4824196

办公室……………………………………4819435

处理项目管理办公室

项目长……………………………………4893207

复杂断快地震成像项目

办公室 ……………………………………4891441-8310

马厂高精度整体解释项目

项目长……………………………………4893251

勘探新区地震资料处理项目

项目长……………………………………4824396

储层地球物理研究项目

项目长……………………………………4821725

办公室……………………………………4893844

西部勘探研究项目

项目长……………………………………4824455

东北勘探研究项目

项目长……………………………………4824464

油气储运管理处

处领导

经理……………………………………4870184

书记……………………………………4877470

副书记……………………………………4740388

副经理……………………………………4879972

经理办公室

主任……………………………………4870046

办公室……………………………………4870184

党群办公室

主任……………………………………4870943

副主任……………………………………4877557

团委书记……………………………………4870776

办公室……………………………………4877470

生产调度室

调度长……………………………………4875312

副调度长……………………………………4870777

值班室……………………………………4870203

办公室……………………………………4876540

人力资源科

科长……………………………………4876905

副科长……………………………………4877109

办公室……………………………………4875249

经营财务科

科长……………………………………4870741

办公室……………………………………4875287

技术安全科

科长……………………………………4870740

副科长……………………………………4877482

办公室……………………………………4878874

市场开发部

主任……………………………………4878034

办公室……………………………………4875775

传真……………………………………4877573

会计核算站

科长……………………………………4875126

办公室……………………………………4877659

柳屯油库

主任……………………………………4875197

副主任……………………………………4875279

值班室……………………………………4877274

集输大队

大队长……………………………………4870947

书记……………………………………4875272

办公室……………………………………4878842

计量技术研究所

所长……………………………………4877320

副所长……………………………………4875515

办公室……………………………………4875101

运销办公室……………………………………4875412

网络值班室……………………………………4875522

治保大队

大队长……………………………………4870904

书记……………………………………4740666

副大队长……………………………………4879930

值班室……………………………………4870747
护线大队
大队长……………………………………4870924
书记………………………………………4878849
值班室……………………………………4875497
综合大队
大队长……………………………………4875375
书记………………………………………4877323
车队………………………………………4870477
办公室……………………………………4875495
维修站
站长………………………………………4875298
书记………………………………………4875417
新疆油气集输项目部
主任…………………………(0997)7989318
书记…………………………(0997)7989328

山东天然气集输项目部

济南输气工区
书记 ………………………(0531)81302616
副经理 ……………………(0531)81302618
调度值班室 ………………(0531)81302611
德州筹备组
书记…………………………(0534)2556626
办公室………………………(0534)2556689
济宁筹备组
书记…………………………(0537)4911161
副经理………………………(0537)4911102
办公室………………………(0537)4911109
淄博输气工区
副经理………………………(0533)7320410
办公室………………………(0533)7320457
青岛输气工区
书记 ………………………(0532)87966990
副经理 ……………………(0532)87966971
办公室 ……………………(0532)87966981
治保大队
书记………………………………………4871271
值班室……………………………………4877745

天然气管理中心

中心领导
经理………………………………………4728168
书记………………………………………4728167
副经理……………………………………4728706
副书记……………………………………4728118
经理办公室
主任………………………………………4728158
副主任……………………………………4728176
秘书………………………………………4728199
文书、传真………………………………4728102
信息管理站………………………………4728011
党群办公室
主任………………………………………4728106
副主任……………………………………4728379
女工计生…………………………………4728107
纪检………………………………………4728572
团委………………………………………4728010
生产技术科
科长………………………………………4728190
副科长……………………………………4728189
技术………………………………………4728013
检定站……………………………………4728023
调度室……………………………………4728180
人力资源科
科长………………………………………4728181
副科长……………………………………4728177
劳动管理…………………………………4728182
计划经营科
科长………………………………………4728186
副科长……………………………………4728061
计划经营…………………………………4728187
财务资产科
科长………………………………………4728108
副科长……………………………………4728409
结算………………………………………4728109
核算………………………………………4729610
收费管理站………………………………4729300
技术安全监督科
科长………………………………………4728156
副科长……………………………………4728155
工程项目科
科长………………………………………4728071
副科长……………………………………4728273
资料………………………………………4728007
物资供应站
站长………………………………………4728676
书记………………………………………4728677
采购………………………………………4728116
计划保管…………………………………4728117
管输大队
大队长……………………………………4821775

书记……4816575
副大队长……4816257
值班室……4821751
维修抢险队
队长……4823587
书记……4823719
副队长……4823337
值班室……4823255
维修班……4823563
综合服务队
队长……4728036
书记……4728051
车队
队长……4728160
书记……4728161
调度……4728162
治安保卫大队
大队长……4728196
书记……4728121
办公室……4728111
供气一大队
大队长……4850779
书记……4852486
副大队长……4858187
调度……4852491
经营劳资……4858190
气站……4852533
供气二大队
大队长……4842519
书记……4843404
副大队长……4843744
调度……4843450
财务组……4846443
地方队……4843763
二厂队……4846447
一号站……4841641
二号站……4840654
供气三大队
大队长……4832953
书记……4830745
副大队长……4839456
调度……4831235
经营……4832517
收费室……4830173
一号站……4839572
输配气监督岗……4831833
供气四大队
大队长……4748069
书记……4856274
副大队长……4855368
调度……4854715
经营……4748132
收费室……4854698
输配气监督岗……4748207
一号站……4854698
二号站……4748094
综合队……4855146
供气五大队
大队长……4815653
书记……4813446
副大队长……4812847
经营……4812009
一号站……4815327
综合队……4811273
收费室……4812345
供气六大队
大队长……4871516
书记……4877871
副大队长……4874795
调度室……4874487
经营……4871371
长青站……4876336
天然站……4877971
向阳站……4873895
一号站……4877872
二号站……4877114
三号站……4877142
四号站……4873914
综合队……4877870
供气七大队
大队长……4722369
书记……4722389
副大队长……4722628
调度……4722946
办公室……4722941
综合队……4722619
建工南区……4888030
盟东气站……4888330
添运气站……4729201
兴隆气站……4824301

供气八大队
大队长……4730942
书记……4730462
副大队长……4730463
调度室……4730945
财务组……4730944
综合队……4730947
师苑气站……4898417
光明气站……4821550
超越气站……4898904
碧云气站……4899547
康乐气站……4890919
科技气站……4730604
登峰气站……4817545
世纪景苑……4766129
绿景气站……4817389
供气九大队
大队长……4729511
书记……4729522
副大队长……4729500
调度室……4729906
经营……4729886
综合队……4729116
登月气站……4739265
凌云气站……4824719
液化气服务一大队
大队长……4892292
书记……4822328
副大队长……4824378
办公室……4893655
财务……4826473
调度……4733396
胜利气站……4721497
临河气站……4881041
添运气站……4888413
建安气站……4753864
建业气站……4752311
建设气站……4753257
盟城气站……4885804
液化气服务二大队
大队长……4820199
书记……4827292
副大队长……4828076
调度室……4816409
办公室……4732580
经营管理……4892927
技术安全……4829301
劳资……4820261
充装班……4816075
康平气站……4824114
庆西气站……4819940
绿景气站……4893982
干城气站……4827546
超越气站……4896923
液化气服务三大队
大队长……4711266
书记……4711366
副大队长……4711388
调度室……4710972
经营管理……4710010
技术安全……4710713
劳资……4710011
政工……4710712
管理站……4710535
换气站……4710383
气站……4710456
液化气经销部
经理……4828433
书记……4732097
副经理……4733161
综合办……4823376
经营……4893937
安全……4733161
计财……4817109

供电管理处

机关领导
经理……4719306
书记……4823008
副经理……4819298
财务总监……4892760
副经理……4822647
经理助理……4732008
经理办公室
经理助理……4828028
副主任……4731906
接待室……4823512
打字室……4816644
传真……4821657
生产调度室
经理助理……4823149

副主任……………………………………4732405
统计……………………………………4824533
生产调度……………………………………4822419
企业管理办公室
科长……………………………………4823632
办公室……………………………………4823375
计划项目办公室
科长……………………………………4828609
副科长……………………………………4824849
办公室……………………………………4734024
财务资产科
副总师……………………………………4824685
副科长……………………………………4819396
成本核算……………………………………4823623
报销……………………………………4824331
会计核算科
科长……………………………………4823746
办公室……………………………………4732165
人事劳资科
科长……………………………………4824028
干部统计……………………………………4824473
工资……………………………………4823075
教育培训……………………………………4822670
安全科
科长……………………………………4822021
副科长……………………………………4824494
办公室……………………………………4804322
技术科
科长……………………………………4893656
副科长……………………………………4804005
办公室……………………………………4822010
三电办公室
主任……………………………………4824667
办公室……………………………………4824583
设备资产科
科长……………………………………4732826
办公室……………………………………4820397
对外关系科
科长……………………………………4816294
副科长……………………………………4816334
办公室……………………………………4817452
党委办公室
副总师……………………………………4823732
办公室……………………………………4823115
组织科
科长……………………………………4824273
纪检办公室
主任……………………………………4731327
机关党总支
书记……………………………………4824253
工会办公室
主任……………………………………4731325
女工委员会
主任……………………………………4822072
电力调度中心
副总师……………………………………4824562
书记……………………………………4828560
副主任……………………………………4822219
办公室……………………………………4822128
自动化班……………………………………4731003
电力调度……………………………………4822219
供电线路工区
主任……………………………………4848341
书记……………………………………4893150
副主任……………………………………4893095
办公室……………………………………4893115
调度室……………………………………4821974
变电检修工区
主任……………………………………4848086
副书记……………………………………4818014
副主任……………………………………4893144
办公室……………………………………4824928
材料组……………………………………4893094
调度室……………………………………4824447
变电运行工区
主任……………………………………4730037
书记……………………………………4730048
副主任……………………………………4848734
生产组……………………………………4824337
政工组……………………………………4823447
材料组……………………………………4848743
运行车间
车间主任……………………………………4731021
书记……………………………………4731020
柳屯变电站
站长……………………………………4875318
柳屯变……………………………………4875582
三气变……………………………………4871707
呼坨变电站
站长……………………………………4875895

呼坨变……………………………………4875722
炼厂变……………………………………4875075
马寨变……………………………………4876204
黄庄变电站
站长………………………………………4831618
黄庄变……………………………………4831413
钻四变……………………………………4834335
李拐变电站
站长………………………………………4841054
李拐变……………………………………4841989
水源变…………………………………13839364470
金堤变电站
站长………………………………………4859337
值班室……………………………………4853454
赵村变电站
站长………………………………………4828820
值班室……………………………………4821456
郭村变电站
站长………………………………………4854581
值班室……………………………………4854257
三厂变电队
队长………………………………………4831041
卫一变……………………………………4831845
卫二变……………………………………4831331
卫三变……………………………………4831419
经营计量中心
主任………………………………………4823301
书记………………………………………4804683
副主任……………………………………4804683
技术组……………………………………4848243
营业室……………………………………4816864
配电一工区
经理助理…………………………………4721916
书记………………………………………4721917
副主任……………………………………4721913
政工、材料组……………………………4721913
生产技术组………………………………4721902
财务组……………………………………4721921
调度室……………………………………4721900
配电二工区
主任………………………………………4803041
书记………………………………………4803528
副主任……………………………………4891141
财务组……………………………………4802054
技术政工组………………………………4822075
劳资材料组………………………………4823293
居民补贴…………………………………4822213
值班室……………………………………4823446
水电供电队………………………………4732452
配电三工区
主任………………………………………4893846
书记………………………………………4828026
副主任……………………………………4810456
政工 / 劳资………………………………4816374
财务组……………………………………4894353
材料组……………………………………4823834
调度室……………………………………4828048
配电四工区
主任………………………………………4800860
书记………………………………………4800456
政工………………………………………4809020
劳资………………………………………4808344
材料………………………………………4805610
财务………………………………………4800792
调度室……………………………………4809121
配电五工区
主任………………………………………4833156
书记………………………………………4833028
副主任……………………………………4833840
生产组……………………………………4833845
调度室……………………………………4830508
配电六工区
主任………………………………………4875419
副书记……………………………………4879235
副主任……………………………………4879240
财务………………………………………4876672
治安保卫大队
队长………………………………………4801043
书记………………………………………4823642
办公室……………………………………4734114
值班室……………………………………4891444
汽车队
队长………………………………………4730302
副书记……………………………………4739149
办公室……………………………………4827914
调度室……………………………………4822231
供应站
经理助理…………………………………4819919
副书记……………………………………4823032
副站长……………………………………4810712

计划组……4821913
材料组……4823071
保管组……4821601
废旧物资组……4892294
综合组……4819167
再就业服务中心
主任……4731045
书记……4739107
副主任……4739107
办公室……4849744
教研室……4739105
基础工作办公室……4739145
文体服务站
站长……4739103
书记……4739104
收发室……4893065
活动室……4826731
阅览室……4739120
柳屯供电队
队长……4875803
书记……4876779
调度室……4878724
生产组……4875800

消防支队

支队总机……4818035
支队领导
党委书记、支队长……4893836
副支队长……4818253
纪委书记……4894482
副总经济师……4822371
副总工程师……4822254
政治处
主任……-8239
纪委、文指办……-8226
工会……-8276
团委……-8227
活动室……-8245
办公室
主任……4828658
文秘……-8217
传真……4821735
车队队长……-8230
指挥中心
值班室……4822220
通信室……-8222
防火监督科
副科长……-8252
内勤……-8251
战训科
科长……-8212
副科长……-8253
内勤……-8213
警卫班……-8224
建筑审核科
科长……-8207
内勤……-8237
经管财务科
副科长……-8215
财务……-8281
劳动工资科
科长……-8259
内勤……-8229
函授站……-8258
后勤装备科
科长……-8211
副科长……-8208
装备……-8267
食堂……-8244
机动安全科
科长……-8232
内勤……-8220
安全……-8242
维修……-8243
一中队
值班室……4851532
队部……4851193
二中队
值班室……4841119
队部……4841229
三中队
值班室……4831329
队部……4831359
四中队
值班室……4854119
队部……4854158
五中队
值班室……4719119
队部……4719089
六中队
值班室……4861321

队部……………………………………4861417
七中队
值班室…………………………………4800119
队部……………………………………4800386
八中队
值班室…………………………………4865331
队部……………………………………4865332
九中队
值班室…………………………………4875147
队部……………………………………4875836
十中队
值班室…………………………………4879119
队部……………………………………4875847
十一中队
值班室……………………………(0372)6237894
队部………………………………(0372)6215894
十二中队
值班室…………………………………4821298
队部……………………………………4821537
十三中队
值班室…………………………………4710041
火警电话………………………………4710094
特勤队
值班室……………………………………-8234
队部………………………………………-8236

技术监测中心

中心领导
主任、书记……………………………4898877
副书记…………………………………4897777
副主任…………………………………4898515
副总工程师……………………………4771091
主任办公室
主任……………………………………4771036
副主任…………………………………4828517
传真……………………………………4828520
接待……………………………………4819077
人力资源科
科长……………………………………4896121
办公室…………………………………4828522
党群办公室
党群办主任……………………………4816743
党群办公室……………………………4816578
党委宣传科……………………………4828527
工会、团委、女工、计生办…………4890400
生产技术科
科长……………………………………4828477
办公室…………………………………4828535
计划财务科
科长……………………………………4897121
办公室…………………………………4823778
装备监测总站
书记……………………………………4892889
传真……………………………………4892230
设备检测站站长………………………4824834
技术开发站站长………………………4894237
设备修理站站长………………………4821061
设备润滑站站长………………………4823063
节能监测站
站长、书记……………………………4816043
副站长…………………………………4771050
化工产品监测总站
站长……………………………………4890309
书记……………………………………4897100
办公室…………………………………4890001
水泥室…………………………………4771021
产品质量监测总站
站长、书记……………………………4890856
副站长…………………………………4895057
办公室…………………………………4890242
计量监测站
站长……………………………………4822483
书记……………………………………4890787
综合室…………………………………4890268
监测一室………………………………4890389
监测二室………………………………4822102
监测三室………………………………4822612
监测四室………………………………4890191
环保监测总站
站长、书记……………………………4828850
办公室…………………………………4828547
安全监测站
站长、书记……………………………4895072
副站长…………………………………4895012
办公室…………………………………4895071
大流量监测站
站长……………………………………4875379
办公室…………………………………4875154
会计核算站
站长……………………………………4819390
办公室…………………………………4828525

综合服务站
站长……………………………………4828530
书记……………………………………4890530
办公室…………………………………4771530
调度……………………………………4824905
标准化所
所长……………………………………4828517
副所长…………………………………4828494
办公室…………………………………4824582
网络室…………………………………4890253

财务结算中心

中心领导
主任……………………………………4817158
党委书记………………………………4810506
副主任…………………………………4820486
党政办公室
主任……………………………………4821467
副主任…………………………………4828404
群工办公室
主任……………………………………4821445
计生办主任……………………………4819067
人力资源科
科长……………………………………4826278
财务科
科长……………………………………4828020
结算管理科
副科长…………………………………4821503
电算科
科长……………………………………4825159
副科长…………………………………4829531
综合科
科长……………………………………4829486
副科长…………………………………4732066
保卫科
科长……………………………………4821443
内控稽查科
科长……………………………………4810722
销售资金科
科长……………………………………4826330
副科长…………………………………4891950
销售税务科
科长……………………………………4893934
财产保险科
科长……………………………………4818519
副科长…………………………………4733115
会计档案科
科长……………………………………4817069
分公司机关会计核算科
科长……………………………………4893896
勘探局机关会计核算科
科长……………………………………4820398
副科长…………………………………4732392
分公司结算一科
科长……………………………………4817060
分公司结算二科
科长……………………………………4826216
分公司结算三科
科长……………………………………4891935
副科长…………………………………4894344
胜利路结算科
科长……………………………………4882426
勘探局结算一科
科长……………………………………4817055
副科长…………………………………4817057
探局结算二科
科长……………………………………4826316
勘探局结算三科
科长……………………………………4817050
勘探局结算四科
科长……………………………………4817052
勘探局结算五科
科长……………………………………4817053
普光结算科
科长……………………………………4736619
陕北结算处
主任……………………………(0911)2112297
副主任…………………………(0911)2112197
新疆结算处
主任……………………………(0991)3664361
副主任…………………………(0991)3671622

中原总机厂石油设备有限公司

总机……………………………………4821259
公司领导
董事长、总经理………………………4892500
副总经理、总工程师…………………4892405
书记、副总经理………………………4828357
副总经理………………………………4817676
财务总监………………………………4825158
副总工程师……………………………4816594

总经理办公室
主任……4894119
副主任……4817654
文秘、团委办公室……4817654
保安部……4827894
纪检办公室……4821140

生产部
主任……4892404
副主任……4817988
调度室……4817094

人力资源部
主任……4819182
办公室……4828486

法律合同部
主任……4821839
办公室……4817636

计划财务部
主任……4732109
副主任……4820310
会计核算……4821424
成品库……4823343

装备安全环保部
主任……4821459
办公室……4821392

科技发展部
主任……4820651
办公室……4817637

工会办公室
副主任……4817652

技术开发中心
副主任……4820375
设计室……4824270

质量检测中心
主任……4823966
副主任……4827864
计量室……4827874

销售部
经理……4828654
副经理……4817662
国内市场……4819417
国际市场……4826050

东北销售部
经理……4733043

石化机械车间
主任……4824324
副主任……4817347

钻采设备车间
主任……4829503
副主任……4817043
统计、技术组……4824404

工程技术车间
主任……4817640
副主任……4821859
调度室……4733023

油管抽油杆车间
主任……4827950
副主任……4816593
统计核算……4828740
技术组……4823472

通用机械车间
主任、副主任……4817337
统计、调度室……4733040

井下工具车间
主任……4829137
副主任……4821435
技术组……4817045

钻采配件车间
主任……4817650
副主任……4733021

数控加工车间
主任、副主任……4823864
技术、统计室……4817634
调度室……4820372

铸造车间
主任……4817534
副主任……4733020

抽油机车间
主任……4828741
副主任……4826924

汽车队
队长、副队长……4817716

物资供应站
主任……4732469
副主任……4733110
计划组……4829084
管理组……4824080

中油特种车辆有限公司

公司领导
总经理……4751723
书记……4752363

副总经理……………………………………4752366
工会主席……………………………………4752365
经理办公室
主任…………………………………………4752368
办公室………………………………………4751823
传真…………………………………………4751423
人力资源部
主任…………………………………………4752378
办公室………………………………………4753379
财务资产部
主任…………………………………………4752377
办公室………………………………………4751377
企业发展部
主任…………………………………………4752210
办公室………………………………………4752369
党群工作部
主任…………………………………………4756384
办公室………………………………………4752383
传真…………………………………………4751831
生产组织部
总经理助理、主任…………………………4751822
副主任………………………………………4752370
副经理………………………………………4751963
财务…………………………………………4752832
传真…………………………………………4752431
配件…………………………………………4751414
值班…………………………………………4751273
办公室………………………………………4751711
固压特车厂
厂长…………………………………………4752390
书记…………………………………………4752391
副厂长………………………………………4755392
调度…………………………………………4755392
采油特车厂
厂长…………………………………………4752395
书记…………………………………………4752395
副厂长………………………………………4752394
调度…………………………………………4752394
经营组………………………………………4753393
钻修设备厂
厂长…………………………………………4752437
书记…………………………………………4752396
副厂长………………………………………4752723
经营组………………………………………4752397
测试车辆厂
厂长…………………………………………4752399
书记…………………………………………4752399
副厂长………………………………………4752399
调度…………………………………………4755410
经营组………………………………………4753400
机械制造厂
厂长…………………………………………4752621
副厂长………………………………………4752621
调度…………………………………………4754694
经营组………………………………………4752704
技术部
主任…………………………………………4752372
书记…………………………………………4752237
办公室………………………………………4752373
质量部
主任…………………………………………4752101
副主任………………………………………4751573
办公室………………………………………4752375
物资部
经理…………………………………………4752403
书记…………………………………………4752985
副经理………………………………………4752985
物调站副站长………………………………4752402
调度…………………………………………4752492
采购…………………………………………4751851
招标…………………………………………4752520
传真…………………………………………4752623
后勤部
总经理助理、主任…………………………4752380
书记…………………………………………4754389
副经理………………………………………4751010
生活站………………………………………4752388
车队…………………………………………4752405
治安队………………………………………4751462
调度…………………………………………4751641
市场部
总经理助理、书记…………………………4751955
副经理………………………………………4751963
副经理………………………………………4751963
电缆厂
厂长…………………………………………4880618
书记…………………………………………4780476
副厂长………………………………………4887873
调度…………………………………………4880463
经营组………………………………………4751380

电缆车间……………………………………4880463
胶管车间……………………………………4753020

注采设备厂
厂长……………………………………4898952
副厂长……………………………………4899930
调度……………………………………4890843
经营组……………………………………4898061
技术组……………………………………4890843
加工车间……………………………………4890303
仪表车间……………………………………4890873

特车修理厂
厂长……………………………………4721325
书记……………………………………4881533
副厂长……………………………………4721120
调度……………………………………4881592
经营组……………………………………4721451
材料组……………………………………4721121

金属结构厂
厂长……………………………………4753342
书记……………………………………4752406
副厂长……………………………………4753342
调度……………………………………4752257
经营组……………………………………4752406

濮阳市油田教育中心

中心领导
主任……………………………………4818226
书记……………………………………4824865
纪委书记……………………………………4733788
副主任……………………………………4822457

机关科室
主任办主任……………………………………4821328
主任办……………………………………4823095
传真……………………………………4829234
中教科科长……………………………………4829243
小教科科长……………………………………4891404
招生办主任……………………………………4820666
督导室主任……………………………………4821570
人事科科长……………………………………4829245
退休办……………………………………4824013
财务科科长……………………………………4731838
安全环保科科长……………………………………4817135
行管科科长……………………………………4891396
武保科科长……………………………………4891431
计生办主任……………………………………4731407
校舍服务部副主任……………………………………4819411
经管科科长……………………………………4893687
党委办主任……………………………………4824113
组织科科长……………………………………4829042
团工委书记……………………………………4731437
纪监科科长……………………………………4824959
工会副主席……………………………………4822829
教研室主任……………………………………4819241
教科室主任……………………………………4731702
师训部主任……………………………………4731578
教学服务部主任……………………………………4824802
值班室……………………………………4819278
车队队长……………………………………4733136
印刷厂厂长……………………………………4894347
服装厂厂长……………………………………4894024

第一中学
校长……………………………………4822023
书记……………………………………4893676
校办……………………………………4822372

第二高级中学
校长……………………………………4887373
书记……………………………………4880562
校办……………………………………4880283

第三高级中学
校长……………………………………4821892
书记……………………………………4821105
办公室……………………………………4822525

第四高级中学
校长……………………………………4824810
书记……………………………………4731758
办公室……………………………………4824664

艺术中学
校长……………………………………4848526
副书记……………………………………4821909
办公室……………………………………4821909

职业学校
校长……………………………………4893281
副书记……………………………………4820740
校办……………………………………4825749

第三中学
校长……………………………………4800738
副校长……………………………………4800416
校办……………………………………4800304

第四中学
校长……………………………………4875560
书记……………………………………4875099

传真……………………………………4875560

第五中学

校长……………………………………4882566

副书记…………………………………4722279

校办……………………………………4885364

第六中学

校长……………………………………4817242

书记……………………………………4816678

校办……………………………………4894336

第七中学

校长……………………………………4851798

副校长…………………………………4851570

办公室…………………………………4851570

第八中学

校长……………………………………4841321

书记……………………………………4841421

校办……………………………………4841421

第九中学

校长……………………………………4832887

书记……………………………………4832895

办公室…………………………………4831246

第十中学

校长……………………………………4828418

副校长…………………………………4823406

办公室…………………………………4827183

第十二中学

校长……………………………………4823956

书记……………………………………4818517

校办……………………………………4829631

第十三中学

校长……………………………………4824851

书记……………………………………4827143

校办……………………………………4825412

第十四中学

校长……………………………………4862847

书记……………………………………4861364

第十五中学

校长……………………………………4865119

副校长…………………………………4865113

校办……………………………………4865047

第十七中学

校长……………………………………4897618

书记……………………………………4897057

第十八中学

校长……………………………………4888870

书记……………………………………4888871

办公室…………………………………4729945

第十九中学

校长……………………………………4752451

书记……………………………………4752331

校办……………………………………4752451

第二十中学

校长……………………………………4836986

副校长…………………………………4834317

办公室…………………………………4834327

第二十一中学

校长……………………………………4854483

副校长…………………………………4856946

教务处…………………………………4857834

第二十六中学

校长……………………………………4812877

副校长…………………………………4815676

校办……………………………………4812247

第一小学

校长……………………………………4821925

书记……………………………………4822272

办公室…………………………………4820173

第二小学

校长……………………………………4848140

书记……………………………………4848143

第三小学

校长……………………………………4802141

书记……………………………………4804229

第四小学

校长……………………………………4880374

书记……………………………………4880510

第五小学

校长……………………………………4882286

书记……………………………………4722578

第六小学

校长……………………………………4817625

书记……………………………………4820140

第七小学

校长……………………………………4852091

书记……………………………………4851248

第八小学

校长……………………………………4841323

书记……………………………………4842132

第九小学

校长……………………………………4831198

书记……………………………………4831198

第十小学

校长……………………………………4854375

副校长…………………………………4854682

第十一小学

校长……………………………………4800721

副校长…………………………………4800481

第十二小学

校长……………………………………4865620

副校长…………………………………4865388

第十三小学

校长……………………………………4875351

书记……………………………………4878896

第十四小学

校长……………………………………4872343

书记……………………………………4873756

第十五小学

校长……………………………………4821596

书记……………………………………4849644

中原油田公安局

总机……………………………………4821510

局长……………………………………4818326

政委……………………………………4818346

纪委书记………………………………4893586

副局长…………………………………4823241

政治部主任……………………………4822620

宣　传…………………………………4829654

控申科…………………………………4894335

人事劳资科 ……………………………-39017

办公室…………………………………4821878

装财科 …………………………………-39040

法制科 …………………………………-39090

皇甫拘留所……………………………4710610

网络监察科 ……………………………-39170

国保支队 ………………………………-39060

经侦支队 ………………………………-39070

治安管理支队 …………………………-39504

指挥中心………………………………4824754

刑事侦查支队…………………………4822016

交通管理支队 …………………………-39200

油区警察支队…………………………4870050

中油物流有限公司

公司领导

董事长兼总经理………………………4880626

副董事长兼副总经理…………………4880696

监事会主席……………………………4880651

财务总监………………………………4880726

总经理办公室

主任……………………………………4889577

办公室…………………………………4880672

传真……………………………………4880632

人力资源部

部长……………………………………4729556

办公室…………………………………4888541

经营规划部

部长……………………………………4729305

办公室…………………………………4880646

财务资产部

部长……………………………………4729306

副部长…………………………………4880653

办公室…………………………………4880623

生产协调部

部长……………………………………4889231

办公室…………………………………4889110

技术安全部

部长……………………………………4729557

办公室…………………………………4729304

党群工作部

部长……………………………………4880636

办公室…………………………………4729303

国际项目部

部长……………………………………4729307

办公室…………………………………4729307

一分处

经理……………………………………4887989

书记……………………………………4880401

综合……………………………………4880330

调度室…………………………………4821321

技术安全………………………………4880444

财务……………………………………4880435

二分处

经理……………………………………4880503

书记……………………………………4880314

综合……………………………………4889950

调度室…………………………………4880527

技术安全………………………………4880543

财务……………………………………4880554

三分处

经理……………………………………4834167

书记……………………………………4834120
综合……………………………………4834740
调度室…………………………………4834137
技术安全………………………………4834147
财务……………………………………4834560

修理厂
厂长……………………………………4880517
副厂长…………………………………4729559
综合……………………………………4729460
财务……………………………………4729428
生产办…………………………………4729430

物流市场开发中心
副经理…………………………………4888687
副经理…………………………………4880520
综合……………………………………4880602
财务……………………………………4880653

多元市场开发中心
经理……………………………………4729302
书记……………………………………4889166
副经理…………………………………4880292
综合……………………………………4887922
财务……………………………………4880653

汽配供销中心
经理……………………………………4729136
综合……………………………………4729258

新疆分公司
经理……………………………(0996)4685271
书记……………………………(0996)4685460
综合……………………………………4880621
上海快可物流有限公司……………(021)65619529

濮阳中油工程管理有限公司

公司领导
经理……………………………………4893108
副经理…………………………………4819136
副经理…………………………………4826516

总师办
副总师…………………………………4733056
副总师…………………………………4826459

综合办公室
主任……………………………………4894016
办公室…………………………………4823415
办公室（传真）………………………4826460

财务部
部长……………………………………4822149

计划经营部
部长……………………………………4893579
办公室…………………………………4822350

预算站
站长……………………………………4893610
办公室…………………………………4894241

工程管理站
办公室…………………………………4893470

项目一站
办公室…………………………………4851226

项目二站
办公室…………………………………4841712

项目三站
办公室…………………………………4832564

项目四站
办公室…………………………………4854518

项目五站
办公室…………………………………4812316

项目六站
办公室…………………………………4861532

项目七站
办公室…………………………………4870254

中原油田总医院

总机……………………………………4821116

院领导
院长……………………………………4893588
书记……………………………………4732366
副院长…………………………………4822059
纪委书记………………………………4821743
财务总监………………………………4817550

院长办公室
主任……………………………………4821228
副主任…………………………………4828755
值班室…………………………………4821096
院总值班室……………………………4822696
救护车班…………………………………-6786

人力资源部
副主任…………………………………4821296
办公室…………………………………4817754
职改办…………………………………4817754
综合办…………………………………4825331

财务资产部
主任……………………………………4822796
副主任…………………………………4819139
资金组…………………………………4819139
成本组…………………………………4892453

经营管理部
主任……4819297
合同办……-6669
全质办……4816241
医院发展办公室
主任……4733815
办公室……-6158
党群工作部
主任……4822496
副主任……4816246
机要室……4891154
计生宣传办……4816339
纪检组织办……4821029
工会团委办……4817764
医务部
副主任……4822063
办公室……4816473
护理部
主任……4891432
办公室……-6218
安全保卫部
主任……4827489
书记……4824636
值班室……4822096
信息中心
副主任……4826583
微机室……4826583
统计室……-6328
图书摄影室……-6256
物资供应中心
主任……4824505
办公室……4822896
保管办……-6345
后勤服务中心
主任……4820187
书记……4821882
办公室……-6321
住院处
主任……4821848
书记……4821848
结算室……-6290
登计室……-6289
门诊部
主任……4829564
书记……4821953
办公室……4824135
急诊科
急诊室……120
观察室……-6121
主任……4824566
皮肤科
主任……4828274
办公室……-6814
放射科
主任……4827831
书记……-6278
检验科
主任……4823498
书记……-6292
输血科
办公室……4824114
超声科
主任……-6299
书记……-6300
办公室……4824230
病理科
主任……4816493
办公室……4816493
功能科
主任……4826601
书记……-6866
康复医学中心
主任……4826465
手术麻醉科
主任……4816504
书记……-6259
供应室
主任……4823914
办公室……-6281
一病区儿科
护理站……4823615
监护室……-6006
二病区血液内分泌科
护理站……4823668
透析室……4816495
三病区泌尿中医科
护理站……4823727
四病区骨外科
护理站……4821962
五病区消化科

护理站……………………………………4828924
六病区普外科
护理站……………………………………4822582
七病区神经内科
护理站……………………………………4822342
八病区呼吸肿瘤科
九病区妇科
护理站……………………………………4823107
十病区产科
护理站……………………………………4822537
十一病区心血管内科
护理站……………………………………4828994
十二病区烧伤整形科肛肠科
护理站……………………………………4818544
十三病区耳鼻喉科口腔科
护理站……………………………………4828044
十四病区胸心外科
护理站……………………………………4824257
十五病区神经外科眼科
护理站……………………………………4828054
十六十七病区干部病房科
十六病区护理站………………………4819044
十七病区护理站………………………4819344
十九病区传染一科
护理站……………………………………4821496
十八病区传染二科
护理站……………………………………4823806
药品管理处
门诊西药房………………………………4732727
门诊中药房………………………………4821826
急诊药房…………………………………4810114
住院药房…………………………………4816472
第十四分院
院长………………………………………4882251
副院长……………………………………4882229
所办………………………………………4882667
第十五分院
院长………………………………………4828619
院办………………………………………4891237
第十八分院
院长………………………………………4816367
院办………………………………………4820014
第十九分院
院长………………………………………4828590
院办………………………………………4828385
第二十分院
院长………………………………………4880369
院财务……………………………………4880405
第二十一分院
院长………………………………………4897388
院财务……………………………………4899187

河南中原绿能高科有限责任公司

公司领导
经理………………………………………4826576
副书记……………………………………4825571
副经理……………………………………4893835
副总师（经理助理）
副总工程师………………………………4893834
副总会计师………………………………4828446
副总工程师………………………………4816354
机关部室
经理办……………………………………4893832
值班室……………………………………4826572
党群工作部………………………………4826571
安全生产指挥部…………………………4892937
企业管理部………………………………4893823
人力资源部………………………………4894814
金融财务部………………………………4826570
综合治理办公室…………………………4828864
基层单位
科研所……………………………………4828234
结算站……………………………………4731171
营销中心…………………………………4731459
物资站……………………………………4731707
工程技术部………………………………4826883
工程维修大队……………………………4891495
LNG 工厂
厂长………………………………………4853379
书记………………………………………4853280
副厂长……………………………………4851994
办公室……………………………………4859503
中控室……………………………………4859701
配电室……………………………………4853322
开封燃气中心
开封 1 号站……………………………(0378) 2295866
开封 2 号站……………………………(0378) 3921002
开封 3 号站……………………………(0378) 3866237

中友劳务技术服务有限公司

总经理……………………………………4731501
经理助理兼劳资科长……………………4731503

经理助理兼财务科长……………………………4731502
办公室……………………………………………4732056
值班室……………………………………………4819996
人事劳资科………………………………………4731503
计划财务科………………………………………4732033

濮阳中原劳务技术服务有限公司

公司领导
总经理……………………………………………4896268
　副总经理…………………………………………4890298
经理办公室
　主任………………………………………………4890566
　副主任……………………………………………4890616
　办公室……………………………………………4890616
　传真………………………………………………4896202
人力资源部
　主任………………………………………………4896222
　副主任……………………………………………4890871
　办公室……………………………………………4890871
财务部
　主任………………………………………………4890178
　办公室……………………………………………4890928
党群部
　主任………………………………………………4896203

五大行业公司机关

公司领导
　董事长……………………………………………4777199
　联合党委书记……………………………………4777189
　总经理……………………………………………4777066
　财务总监…………………………………………4777077
机关部室
　办公室主任………………………………………4777258
　办公室……………………………………………4777068
　党群部部长………………………………………4777117
　工会、纪检办……………………………………4777181
　人力资源部部长…………………………………4777326

化工行业

濮阳中原三力实业有限公司
　总经理……………………………………………4800100
　书记………………………………………………4800243
　副经理……………………………………………4800483
　财务总监…………………………………………4809388
　办公室（传真）…………………………………4800609
　财务科……………………………………………4805713
　信息部……………………………………………4800266
　化工一厂…………………………………………4800620
　化工二厂…………………………………………4806626
　化工三厂…………………………………………4800101
　化工四厂…………………………………………4800096
　化工五厂…………………………………………4805675
　化工六厂…………………………………………4800866
　合成化工厂………………………………………4800551
　橡胶制品厂………………………………………4800105
　创高机械…………………………………………4804843
　融发化工…………………………………………8807155
　成邦油气…………………………………………4734520
　圣雅化工…………………………………………8807156
　中新钻采…………………………………………4898008
濮阳市信原实业有限公司
　经理………………………………………………4720078
　副经理……………………………………………4881923
　副经理……………………………………………4734668
　经理办……………………………………………4880321
濮阳市恒美实业开发中心
　董事长……………………………………………8971196
　总经理……………………………………………8971176
　副经理……………………………………………8971171
　办公室……………………………………………8971170
　人事企管部………………………………………4883136
　财务部……………………………………………4884084
　润滑油厂…………………………………………4819683
　涂料厂……………………………………………4886777
　综合化工厂………………………………………4882103
　精细化工厂………………………………………8971173
　市场部……………………………………………4721001
濮阳市濮油化工总厂
　总经理……………………………………………4851938
　书记………………………………………………4853625
　副经理……………………………………………4853637
　办公室主任………………………………………4851940
　财务科……………………………………………4853657
　化学助剂厂………………………………………4851021
　文中化工厂………………………………………4853101
　综合化工厂………………………………………4851479
　制氧厂……………………………………………4851354
濮阳联力化工总厂
　总经理……………………………………………4841906
　生产副总…………………………………………4841913
　财务副总…………………………………………4841326
　经营副总（传真）………………………………4841701
　财务科……………………………………………4841334

生产技术科……………………………………4841412
经营管理科……………………………………4841817
人事科…………………………………………4842143

濮阳宏大化工总厂
总经理…………………………………………4896218
书记……………………………………………4899451
副经理…………………………………………4899809
经营科…………………………………………4899811
财务科…………………………………………4897623
值班室…………………………………………4899762
新区办…………………………………………4777126

濮阳中环橡胶总厂
总经理…………………………………………4800278
副总经理………………………………………4800899
财务总监………………………………………4800951
办公室主任……………………………………4809398
人事劳资科……………………………………4809880
经营管理科……………………………………4809679
安全监督科……………………………………4809420
物资供应科……………………………………4800874
生产协调科……………………………………4809424
销售一科………………………………………4800756
销售二科………………………………………4808441
销售三科………………………………………4809423
技术监督科 …………………4809882 转 8778
计划生育办公室………………………………4809679
化工厂…………………………………………4825948

濮阳市新发展石油化工总厂
经理……………………………………………4753568
副经理…………………………………………4754648
办公室主任……………………………………4753654
值班室…………………………………………4754783
销售科…………………………………………4754648
财务科…………………………………………4754945
分厂……………………………………………4754932

濮阳瑞邦化工有限公司
总经理…………………………………………4829366
办公室…………………………………………4893494

濮阳市金盾消防有限公司
经理……………………………………………4894896
副经理…………………………………………4822717
办公室主任……………………………………4825551
财务科…………………………………………4825557
销售部…………………………………………4752930
供应部…………………………………………4825573
制造厂…………………………………………4752931
工程部一处……………………………………4727137
工程部二处……………………………………4727138
贸易部…………………………………………4727139
国际市场部……………………………………4727690

濮阳市东方贝尔实业有限公司
董事长…………………………………………4895685
副总经理………………………………………4896096
总会计师………………………………………4895915
办公室（传真）………………………………4890956
传真……………………………………………4895568
财务部…………………………………………4895195
销售部…………………………………………4895525
技术安全部……………………………………4896096

濮阳天河化工总厂
总经理…………………………………………4876166
书记……………………………………………4870903
副经理…………………………………………4875273
副经理…………………………………………4875489
办公室主任……………………………………4875500
值班室…………………………………………4870671

濮阳龙泽化建总厂
经理……………………………………………4819398
办公室主任……………………………………4829384

濮阳惠众化工总厂
经理……………………………………………4854422
书记……………………………………………4854620
副经理…………………………………………4854746
办公室主任……………………………………4854489
财务……………………………………………4854464

东明中原金丰化工厂
经理……………………………………………4861730
办公室主任……………………………………4861450

兰考盛达化工总厂
总经理…………………………………………4865350
副经理…………………………………………4865153
财务……………………………………………4865712
办公室…………………………………………4865942
值班室…………………………………………4869118
传真……………………………………………4869568
库房……………………………………………4869626
销售部…………………………………………4866696

濮阳市科润石油工程技术公司
总经理…………………………………………4894644
副经理…………………………………………4893587

办公室主任……………………………4892911
财务科……………………………………4822417
值班室……………………………………4827758
新区办公室………………………………4777055
新区财务办………………………………4777062

濮阳瑞丰精细化工总厂
经理………………………………………4874697

濮阳市科力化工有限公司
办公室……………………………………4841111

濮阳市银太源化工有限公司
经理………………………………………4895328
副经理……………………………………4890256
办公室……………………………………4898606

濮阳市万象化学工程有限公司
经理………………………………………4732195
书记………………………………………4733387
副经理……………………………………4732183
办公室……………………………………4732182

濮阳市盛世龙都化工机械公司
办公室……………………………………4710375

濮阳市铁马科技发展有限公司
办公室……………………………………4891786

濮阳四源化工科技有限公司
董事长……………………………………4777118
总经理……………………………………4777168
副总经理…………………………………4777368
传真………………………………………4777218
值班室……………………………………4777298
工程师……………………………………4777366
财务部……………………………………4777296
经营部……………………………………4777268
综合化工厂………………………………4777388
二分厂……………………………………4468160
三分厂……………………………………4777266
四分厂……………………………………4777216

濮阳市新达化工科技有限公司
办公室……………………………………4464608

濮阳市亚联实业有限公司
经理………………………………………4893603

濮阳合力化工厂
经理………………………………………4828443
厂办………………………………………4827073
营销部……………………………………4827153

濮阳市恒邦化工有限公司
办公室……………………………………4834233

濮阳市宇飞化工有限公司
办公室……………………………………4893390

濮阳市油龙实业有限公司
经理（传真）……………………………4881385
书记………………………………………4887878
副经理……………………………………4722688
值班室……………………………………4887878

濮阳市民安消防器材有限公司
办公室……………………………………4829718

濮阳鑫利特科技发展有限公司
办公室……………………………………4895651

濮阳市瑞特隆消防器材有限公司
办公室……………………………………4732953

濮阳市双峰油漆有限公司
办公室……………………………………4895787
传真………………………………………4771787

濮阳市利东石油工程技术公司
经理………………………………………4777318
副经理……………………………………4777300
办公室……………………………………4777418

濮阳市格瑞特石油科技有限公司
经理………………………………………4895100
书记………………………………………8915908
副经理……………………………………4895077
办公室主任………………………………4233385
值班室……………………………………4898853

濮阳市凯利实业有限公司
办公室……………………………………4733339

濮阳市濮中化工有限公司
董事长……………………………………6686666
总经理……………………………………8977555
副经理……………………………………6686777
值班室……………………………………8961885

濮阳市融发化工有限公司
办公室……………………………………8807155

濮阳市昌龙消防器材有限公司
经理………………………………………8966159

机电行业

濮阳中石集团有限公司
董事长……………………………………4805609
副书记……………………………………4805679
副董事长…………………………………4805579
副总经理…………………………………4800919
副总会计师………………………………8973592
办公室主任………………………………4805719

财务科……………………………………4805729
安全科……………………………………4805749
钻井分公司………………………………4800919
采油分公司………………………………4807996
彩钢分公司………………………………4806919
电气分公司………………………………4809664
钢结构分公司……………………………4827006
抽油泵厂…………………………………4809842
固井附件厂………………………………4800109
濮阳濮中机电制造总厂
董事长……………………………………4823937
总经理……………………………………4824626
副经理……………………………………4824683
副经理……………………………………4816721
办公室……………………………………4824781
财务科……………………………………4891773
机械加工厂………………………………4804042
枪身厂……………………………………4849748
电线厂……………………………………4896073
电瓶厂……………………………………4890645
野营房厂…………………………………4893431
建材助剂厂………………………………4812584
濮阳市信宇石油机械化工公司
董事长……………………………………4818518
副董事长…………………………………4887606
监事会主席………………………………4887956
副总经理…………………………………4887976
总经理办公室……………………………4880272
财经部……………………………………4880290
技术监督部………………………………4888751
科研所……………………………………4729661
生产办……………………………………4729542
营销部……………………………………4888969
汽修一厂…………………………………4887976
汽修二厂…………………………………4728050
汽修五厂…………………………………4729859
汽修六厂…………………………………4880862
汽修八厂…………………………………4729468
机械加工厂………………………………4727237
仪表厂……………………………………4729545
机械修理厂………………………………4729569
发动机厂…………………………………4888689
特车修理厂………………………………4880693
滤芯厂……………………………………4200697
抽油机厂…………………………………4727252
抽油泵厂…………………………………4880228
钻采设备厂………………………………4729640
铸造厂……………………………………4727395
起重机厂…………………………………4728125
联钢机电设备厂…………………………4887907
钻修设备厂………………………………4889782
濮阳满江红电子电器厂
经理………………………………………4822108
副经理……………………………………4894143
综合科……………………………………4894100
财务科……………………………………4892734
一分厂……………………………………4890877
二分厂……………………………………4899528
濮阳市三龙轿车修理有限公司
经理………………………………………4899412
副经理……………………………………4897602
濮阳市皇甫电泵电缆有限公司
办公室……………………………………4884477
濮阳市众兴机械设备有限公司
办公室……………………………………4888361
濮阳市金宝石油机械修造公司
经理………………………………………4821089
书记………………………………………4821063
副经理……………………………………4821037
办公室主任………………………………4824682
值班室……………………………………4821097
开封中原众成综合加工总厂
总经理……………………………………4865929
副经理……………………………………4866106
办公室……………………………………4866154
人事科……………………………………4865921
财务科……………………………………4866106
物资科……………………………………4866116
销售科……………………………………4866234
调度室……………………………………4866720
新区办……………………………………4777226
濮阳市通达石化设备有限公司
董事长……………………………………4722378
财务总监…………………………………4886728
销售部……………………………………4886592
人力资源部………………………………4884911
濮阳中油名辉实业开发中心
办公室……………………………………4722145
濮阳市双发实业有限责任公司
经理………………………………………4710605

生产部主任……………………………4710608
办公室主任……………………………4710102
办公室…………………………………4710604
传真……………………………………4710603
销售部…………………………………4884871
财务部…………………………………4884872
人事部…………………………………4710125
技术部…………………………………4710601
濮阳市中原汇腾实业有限公司
董事长…………………………………4898098
总经理…………………………………4896698
财务总监………………………………4895736
管理部…………………………………4890563
办公室主任……………………………4897276
值班室…………………………………4895731
濮阳市大力科技发展有限公司
经理……………………………………4777008
副经理…………………………………4777186
财务部…………………………………4777009
办公室…………………………………4777186
濮阳市鑫益实业有限公司
总经理…………………………………4777050
书记……………………………………4777036
生产技术科……………………………4777005
办公室…………………………………8807985
濮阳市世纪腾飞机械制造公司
经理……………………………………4771538
副经理…………………………………4771353
办公室主任……………………………4771473
濮阳市瑞璞设备有限公司
办公室…………………………………4499888
濮阳市明乐石油设备修造公司
经理……………………………………4818854
办公室…………………………………4409333
濮阳兴隆综合开发中心
办公室…………………………………4728623
濮阳市誉邦机械安装工程公司
办公室…………………………………4730965
濮阳市诚鑫机械加工有限公司
办公室…………………………………4205827
濮阳市吉立石油机械配件公司
总经理…………………………………4777369
副经理…………………………………4777378
办公室…………………………………4777379
财务……………………………………4777316
濮阳兴泰金属结构制品有限公司
办公室…………………………………4822866
濮阳市历亚电器有限公司
办公室…………………………………4822866
濮阳市丰华科技发展有限公司
经理……………………………………4822707
副经理…………………………………4492950
财务办…………………………………4890607
濮阳市运煌机械制造维修公司
办公室…………………………………4732201
濮阳市中江电子机械有限公司
总经理…………………………………4890300
值班室…………………………………4893788
办公室…………………………………4890048
濮阳市东昊机械电子有限公司
总经理…………………………………8915986
营销部…………………………………8915918
财务部…………………………………8915958
办公室…………………………………8915966
传真……………………………………4771366
值班室…………………………………8915900
濮阳市海华石油机械有限公司
办公室…………………………………4620956
濮阳市豫鑫机械修理有限公司
办公室…………………………………4233685
濮阳市英轩汽车修理有限公司
办公室…………………………………4233908
濮阳市大通机泵有限公司
经理……………………………………4801897
办公室…………………………………8680312
传真……………………………………8680311
濮阳市德强石油机械制造公司
办公室…………………………………4233993
濮阳市亚波石油设备修造公司
办公室…………………………………4233799
北京市东辉永泰信息技术公司
经理……………………………………4895807
副经理…………………………………4896297
办公室…………………………………4897007
值班室…………………………………8920107
濮阳市市区中义兴仪表厂
经理……………………………………4814021
濮阳市宝利通石油机械有限公司
办公室…………………………………4804836
濮阳市宏盛石油配件有限公司

办公室……………………………………4882182

濮阳县中石机械摩擦材料公司

办公室主任…………………………………4875202

传真……………………………………4878696

濮阳市创业电线电缆有限公司

办公室……………………………………4858388

濮阳市思源钻采设备修造公司

经理……………………………………4849864

办公室主任…………………………………4233505

新区办……………………………………4777178

濮阳市慧鑫化工机械有限公司

办公室……………………………………4896050

濮阳市恒立科技发展有限公司

经理……………………………………4205449

副经理……………………………………4205482

办公室主任…………………………………4204428

濮阳市吉源机械电子有限公司

办公室……………………………………4826306

濮阳市住友机械电子有限公司

办公室主任…………………………13623935077

值班室……………………………………8806070

濮阳市康威石油机械制造公司

总经理……………………………………8805997

濮阳市众鑫钻采设备修造公司

办公室……………………………………4696728

濮阳市光华机械电器修造公司

经理……………………………………4848169

办公室主任…………………………………4848598

值班室……………………………………4848628

濮阳市齐力石油机械设备公司

办公室……………………………………4732521

濮阳市浩德机械电子有限公司

经理…………………………………13839276303

副经理………………………………13938309865

办公室主任…………………………13839336090

值班室……………………………………8817899

濮阳市东环路旭日石油机修厂

办公室……………………………………4233939

濮阳市隆盛机械电子有限公司

办公室……………………………………8806072

濮阳市四方装饰工程有限公司

经理……………………………………4887378

办公室……………………………………4887376

濮阳市天地人环保工程技术公司

经理……………………………………4802699

书记……………………………………4892709

副经理……………………………………4822279

办公室主任…………………………………4802699

值班室……………………………………4822279

濮阳市龙泉石油机械有限公司

经理……………………………………4890555

副经理……………………………………4772588

值班室……………………………………8915900

濮阳市中原锐实达石油设备公司

经理……………………………………4203538

财务部（传真）……………………………4203536

销售部……………………………………4203516

生产部……………………………………4203506

技术部……………………………………4203526

值班室……………………………………4203826

濮阳市长安机械修造有限公司

经理…………………………………13803935968

副经理………………………………13803937614

办公室主任…………………………13703475237

值班室……………………………………4816269

濮阳市中德电缆电器有限公司

办公室……………………………………4887152

濮阳市大龙石油机械制造公司

办公室……………………………………7832997

濮阳市九豫机械制造有限公司

办公室……………………………………4828598

濮阳市勇攀石油机械化工公司

经理……………………………………4800151

书记……………………………………4806838

副经理……………………………………4805918

值班室……………………………………4800154

濮阳市巨源电工电器有限公司

办公室……………………………………4729669

濮阳市星科机械设备修理公司

办公室……………………………………4880590

河南省金正石油电器有限公司

值班室……………………………………7223988

濮阳市嘉泰实业有限公司

办公室……………………………………4490770

濮阳市瑞麟机械电子有限公司

办公室……………………………………4898115

濮阳市中江科峰石油新技术公司

办公室……………………………………4801676

濮阳市艺海石油机械有限公司

经理……………………………………4201851
书记……………………………………4205369
副经理…………………………………4201396
濮阳市凯辰电器设备有限公司
办公室…………………………………8800038
濮阳市中软科技发展有限公司
销售部经理……………………………4829211
办公室…………………………………8855719
濮阳市德鑫石油机械有限公司
经理……………………………………13603433159
濮阳市亚太机械修造有限公司
办公室…………………………………4823780
濮阳市宏力机械电子有限公司
经理……………………………………4887804
书记……………………………………4888996
副经理…………………………………8805777
办公室主任……………………………4202550
值班室…………………………………4777007
濮阳市鑫洲机械化工有限公司
办公室…………………………………4734459
河南远博实业有限公司
办公室…………………………………8853386
传真……………………………………8853389
值班室…………………………………8853256
濮阳市珠峰石油机械有限公司
办公室…………………………………4771855
濮阳市中瑞机械修造有限公司
经理……………………………………4804960
濮阳市通达汽车销售服务公司
办公室…………………………………4777716
濮阳新集成实业开发中心
经理……………………………………4777089
副经理…………………………………4777109
财务……………………………………4777096
办公室…………………………………4777095
山东省华东石油管材钻具公司
办公室…………………………………7618888
濮阳市濮东石化机械制造公司
办公室…………………………………4202361
濮阳市军胜实业有限公司
值班室…………………………………4899000
濮阳市方都石油机械有限公司
经理……………………………………4777188
办公室…………………………………4777282
濮阳市皇锦钻采配件加工公司
办公室…………………………………4820546
濮阳市鑫川石化设备有限公司
办公室…………………………………4734459
濮阳市源隆机械设备有限公司
办公室…………………………………4822190
濮阳市益海物资有限公司
经理……………………………………13803936512
副经理…………………………………13193558632
办公室…………………………………4721866

建材行业

濮阳市中建实业中心
经理……………………………………4826726
副经理…………………………………4491258
办公室主任……………………………4826749
办公室…………………………………4826741
财务科…………………………………4826745
生产科…………………………………4826744
乙炔气厂………………………………4751245
钢塑门窗厂……………………………4820967
电气开关厂……………………………4819408
施工大队………………………………4818117
机械运输处……………………………4820946
环宇工程处……………………………4826173
昱通办公室……………………………4810655
濮阳中油化工建材总厂
总经理…………………………………4810568
副经理…………………………………4800873
办公室…………………………………4826617
经营财务科……………………………4826908
PVC 塑钢厂 ……………………………4800988
水泥制品厂……………………………4894504
化工厂…………………………………4818029
开封运杰建材总厂
办公室…………………………………4732808
塑钢厂…………………………………4865461
油毡厂…………………………………4865758
木器厂…………………………………4825382
濮阳市秋实建材有限公司
办公室…………………………………4825758
濮阳市精成彩钢工程有限公司
经理……………………………………4808536
副经理…………………………………4808138
办公室…………………………………4805608
濮阳市中濮综合轻纺厂
办公室…………………………………4881720

濮阳市华龙区宏祥建材厂
办公室……………………………………4827166
濮阳市良坤散热制品有限公司
办公室……………………………………4897946
濮阳市鑫朋金属结构有限公司
经理………………………………………4887804
书记………………………………………4888996
副经理……………………………………8805777
办公室主任………………………………4233119
兰考兰丰木业有限公司
经理………………………………………4866170
办公室……………………………………4866710
濮阳市宏发原工贸有限公司
值班室……………………………………4820531
濮阳市荣盛建材有限公司
经理………………………………………4710088

劳保行业

濮阳中蕾劳保制品总厂
经理………………………………………4897690
值班室……………………………………4890672
濮阳市中原开宇服装鞋帽厂
经理………………………………………4827553
办公室……………………………………4820828
濮阳市锦绣服饰有限公司
办公室……………………………………4885258
濮阳市东旭服饰有限公司
办公室……………………………………4882518
濮阳市春晖服饰有限公司
办公室……………………………………4823547
传真………………………………………4491858
濮阳市源通劳保用品有限公司
办公室……………………………………4824886
濮阳市方华实业有限公司
经理………………………………………4731766
办公室……………………………………4731389
濮阳市双新鞋帽服饰有限公司
办公室……………………………………4885138
濮阳市蓝宝石服饰有限公司
办公室……………………………………4882706
濮阳市宝利来服饰有限公司
经理………………………………………4883573
书记………………………………………8976958
濮阳市丰达劳动防护用品公司
经理………………………………………4880408
副经理……………………………………4463263
濮阳市利达服饰有限公司
办公室……………………………………4426372

施工行业

濮阳市天正电器装配有限公司
总经理……………………………………4899908
副经理……………………………………4899083
财务科……………………………………4899891
预算科……………………………………4890739
办公室……………………………………4895285
濮阳市华达石化机械设备公司
新区办……………………………………4777518
河南中油建设工程有限公司
董事长……………………………………4732088
经理………………………………………4732099
副经理……………………………………4894099
办公室主任………………………………4825176
值班室……………………………………4825718
濮阳市能达建安防腐工程公司
总经理……………………………………4460026
财务科……………………………………4466812
濮阳市中拓管道清洗修复公司
总经理……………………………………4887328
副经理……………………………………4887680
营销部……………………………………4887370
办公室……………………………………4720146
财务部……………………………………4729947
传真………………………………………4887712
修复分公司办公室………………………4887370
试压分公司办公室………………………4729453
濮阳市奥依尔电器仪表有限公司
经理………………………………………4890226
副经理……………………………………4899588
办公室主任………………………………4896557
新区办……………………………………4777083
濮阳市越华工程建设有限公司
经理………………………………………4777016
办公室主任………………………………4777110
财务科长…………………………………4777160
濮阳市非常工程技术有限公司
办公室……………………………………4731115
值班室……………………………………4817777
濮阳市鸿耀防腐工程有限公司
经理………………………………………4897295
副经理……………………………………4823532

值班室……………………………………8705296
传真……………………………………4820243

濮阳市锐达电气自动化有限公司

经理……………………………………4896927
副经理…………………………………4896915

濮阳市中艺文化服务有限公司

办公室…………………………………4897808

濮阳市新振工程技术有限公司

经理……………………………………4895061
副经理…………………………………4890726

濮阳市科力恒石油机械有限公司

办公室…………………………………4824828

濮阳市翔宇石油机械防腐公司

经理……………………………………8116334
副经理…………………………………4427381
办公室主任……………………………8116334

濮阳市洁士建安工程有限公司

经理（传真）…………………………4823218
副经理…………………………………4823811
办公室…………………………………4821911

濮阳市科洋化工有限公司

总经理…………………………………4828039
书记……………………………………4825609
办公室…………………………………4200369

濮阳市晨光建安工程有限公司

办公室…………………………………8959616

濮阳市华瑞机修有限公司

办公室…………………………………4733791

濮阳市海申勘探开发技术公司

办公室…………………………………4771228

濮阳市卯达物资有限公司

办公室…………………………………4828974

濮阳市惠普装饰有限公司

办公室…………………………………4840960

濮阳中原石油助剂有限公司

办公室…………………………………4731887

濮阳市中南科技服务有限公司

办公室…………………………………4490449

濮阳市中建钢结构工程有限公司

办公室…………………………………4659999

濮阳市中原锐驰清洗防腐公司

总经办…………………………………4777198

中国石化中原石油化工有限责任公司

总机……………………………………4471114

总经理办公室

主任……………………………………4471306
副主任…………………………………4471231
秘书科…………………………………4471077
接待科…………………………………4471075

党委办公室

主任……………………………………4471084
秘书科…………………………………4471067
组织科…………………………………4471068

生产调度处

处长……………………………………4471376
调度台…………………………………4471336

机械动力处

处长……………………………………4471234
副处长…………………………………4471360
综合科…………………………………4471526
检修科…………………………………4471475
动力科…………………………………4471390

安全环保处

处长……………………………………4471288
安全科…………………………………4471279
环保科…………………………………4471283

技术监督处

处长……………………………………4471463
技术科…………………………………4471330
计量科…………………………………4471002

综合计划处

处长……………………………………4471307
副处长…………………………………4471108
计划科…………………………………4471356
信息科…………………………………4471315

财务处

处长……………………………………4471117
资产科…………………………………4471441
会计科…………………………………4471092
成本科…………………………………4471090
资金科…………………………………4471048
销售科…………………………………4471093

人事教育处

处长……………………………………4471078
干部科…………………………………4471013
工资科…………………………………4471181
教培科…………………………………4471208

企业管理处

处长……………………………………4471256

企管科……………………………………4471350
合同科……………………………………4471299
审计处
处长………………………………………4471216
工程审计…………………………………4471273
财务审计…………………………………4471551
党委宣传部
部长………………………………………4471237
宣传科……………………………………4471069
电视台……………………………………4472102
监察处
处长………………………………………4471248
办公室……………………………………4471204
监察室……………………………………4471210
审理室……………………………………4471172
工　会
副主席……………………………………4471070
女工部长…………………………………4471071
生产劳保…………………………………4471101
文体中心…………………………………4472294
图书馆……………………………………4472947
退管站……………………………………4472494
青年工作部
部长………………………………………4471219
经营部
主任………………………………………4471042
原料科……………………………………4471438
信息科……………………………………4471431
物资供应处
处长………………………………………4471010
书记………………………………………4471023
管理科……………………………………4471385
器材科……………………………………4471380
化工科……………………………………4471483
备件科……………………………………4471205
库房………………………………………4471341
保卫处
处长………………………………………4471026
综治办……………………………………4471316
治安科……………………………………4471215
工农办……………………………………4471083
消防队……………………………………4471246
经警队……………………………………4471130

华苑实业有限公司

公司领导
总经理……………………………………4821700
副经理……………………………………4732970
财务总监…………………………………4732804
总经理助理………………………………4810455
综合办公室
主任………………………………………4732843
副主任……………………………………4821500
生产技术管理科
科长………………………………………4733223
库房………………………………………4728693
经营管理科
科长………………………………………4733235
销售部
部长………………………………………4810765
财务科
科长………………………………………4733207
人事劳资科
科长………………………………………4733150
化工项目办公室
主任………………………………………4821700
针织一厂
厂长………………………………………4729782
副厂长……………………………………4729870
缝纫车间…………………………………4720954
工艺车间…………………………………4720974
整理车间…………………………………4720994
职工食堂…………………………………4729883
针织二厂
厂长………………………………………4852998
标牌厂
厂长………………………………………4880532
副厂长……………………………………4728532
业务部……………………………………4880432
保温材料厂
厂长………………………………………4710685

公证处

主任………………………………………4826122
办公室……………………………………4828543

濮阳诚德会计师事务所

所长………………………………………4894631
综合办公室………………………………4828416
审计一部…………………………………4810350
审计二部…………………………………4894630
代理记帐部………………………………4824925

代理记帐部……………………………………4824925
综合业务部……………………………………4810360
会计司法鉴定部………………………………4810689
资产平估司法鉴定部…………………………4810532
资产平估部……………………………………4824463
工程预决算审计部……………………………4828523
财务咨询………………………………………4810922
检查培训部……………………………………4810622

卓越彩印有限公司

经理……………………………………………4823256
办公室…………………………………………4821893
业务生产部……………………………………4823312
财务部…………………………………………4825883
业务部…………………………………………4825882
安保值班室……………………………………4823302
传真……………………………………………4821893

3. 河南石油勘探局
河南油田分公司

地址：河南省南阳市宛城区管庄镇
邮编：473132
区号：0377
总机：63839114
传真：63830027
E-mail：mps.hnyt@sinopec.com

部门 公网电话

党政办公室

主任……63836000
副主任……63833269
副主任……63830042
副主任……63830243
秘书科……63830810
值班室……63830011
传真……63830027
文书……63830024
政研室……63830041
调研科……63857007
督查科……63830676
行政科……63830033
机要科……63830043
传真……63830044
接待科……63030514
传真……63830513

组织部

部长……63856989
副部长……63856198
人才配置科……63830046

宣传部

部长……63830058
副部长……63830326
新闻宣传科……63830543

纪委监察处

处长……63830018
副处长……63830697
副处长……63830066
副处长……63854843
办公室副主任……63830065
办公室副主任……63830632
办公室……63835647

武装部（综治办）

部长……63830851
办公室……63837011

局工会

副主席……63835606
办公室主任……63836809
女工委主任……63830868
办公室副主任……63830699

局团委

副书记……63830635
办公室……63830344

信访办

主任……63857007
副主任……63830139
副主任……63830928
综合督察科……63830025

局机关党委

书记……63833198
办公室……63830456
机关保卫科……63830086

勘探事业部

主任……63830642
副主任……63837032
副主任……63830102
副主任……63837902
矿管办……63858045

开发事业部

主任……63830090
副主任……63830637
副主任……63830155
副主任……63830790
副主任……63830638
管理科……63830641

生产协调处

处长……63830181
副处长……63830417
副处长……63830408
副处长……63830863
办公室……63830410

安全环保监察处

处长……63830116
副处长……63830347
副处长……63830819
劳保监察科……63830114

工程技术处

处长……63856969
副处长……63858162
副处长……63830093
资质信息科……63830792

科技处

处长……63830673
副处长……63830607
副处长……63830611

机动处

处长……63830095
副处长……63830678
装备科……63830656

对外合作处

处长……63830629
副处长……63830959
副处长……63830658
副处长……63856696
总会计师……63830188
经营条法科……63830968

规划计划处

处长……63830869
副处长……63830433
副处长……63833400
生产计划处……63830488

人力资源处

处长……63830419
副处长……63833108
副处长……63830753
副处长……63830420
劳动力配置科……63830424

财务处

处长……63858388
副处长……63830618
综合科……63830446

财务资产部

主任……63833233
副主任……63830829
综合科……63830446

改革管理处

处长……63830319
副处长……63836178
副处长……63839789
协会秘书处……63830156

法律事务处

处长……63830483
副处长……63830484
副处长……63830562
合同管理科……63830339

审计处

处长……63830449
副处长……63830668
副处长……63830669
综合审理科……63830451

公共事业部

主任……63836835
副主任……63858289
副主任……63830895
副主任……63830622
协调办主任……63855935

离退休职工管理处

处长……63830430
副处长……63833572
副处长……63830895
综合科……63857781

海外勘探开发研究中心

主任……63801005
副主任……63806108
副主任……63830505

综合科……………………………………63830862

再就服务中心

主任……………………………………63830423
书记……………………………………63830557
副主任…………………………………63855039
人力资源科……………………………63859187

社会保险中心

主任……………………………………63830619
副主任…………………………………63835907
副主任…………………………………63830307
综合科…………………………………63830695

概预算中心

主任……………………………………63836806
副主任…………………………………63830653
副主任…………………………………63857527
工程造价管理科………………………63830110

信息中心

主任……………………………………63839863
副主任…………………………………63837136
综合管理办公室………………………63839973

财务结算中心

主任……………………………………63858877
副主任…………………………………63859404
会计科…………………………………63859446

档案馆

馆长……………………………………63836819
业务指导科……………………………63830581

局机关小车队

队长……………………………………63856639
调度室…………………………………63830485

文体中心

主任……………………………………63855399
办公室…………………………………63830192

二级单位

第一采油厂……………………………63843229
第二采油厂……………………………63840476
研究院…………………………………63837421
工程院…………………………………63837341
物探研究院……………………………63837025
井下作业处……………………………63835215
技术监测中心…………………………63834220
精蜡厂…………………………………63827021
物资供销处……………………………63838397
消防支队………………………………63835481
新疆勘探开发中心 ……………(0996)8768315
地质调查处……………………………63838637
钻井工程公司…………………………63850097
测井公司………………………………63839414
录井公司………………………………63837214
油建公司………………………………63839019
设计院…………………………………63834173
水电厂…………………………………63828308
通信公司………………………………63839834
人力资源中心…………………………63828079
新闻中心………………………………63830363
房地产管理处…………………………63838918
五一社区………………………………63830457
双河社区………………………………63843335
涧河社区………………………………63820922
南阳社区………………………………63577921

4. 江汉石油管理局 江汉油田分公司

地址：湖北省潜江市广华江汉路1号
邮编：433124
区号：0728
总机：6501000
传真：6502784
网址：www.jhpa.com
E-mail: jbzbs@jhpa.com.cn

部门	公网电话

江汉石油管理局

局办公室

部门	公网电话
主任	6586938
副主任	6586995
	6509487
值班室	6502051
	6502074
传真	6502784
秘书科	6502894
政研科	6502556
	6592369
督察科	6502963
文书科	6502086
	6507178
接待科	6502141
	6504743
综合科	6592093

党委办公室

部门	公网电话
主任	6595618
副主任	6500780
秘书科	6502829
	6509921
调研科	6502734
机要科	6502670
保密办	6502730

党委组织部

部门	公网电话
部长	6502961
副部长	6502861
	6509590
组织科	6502450
	6507186
干部管理科	6503132
	6502823
干部培训科	6502688
机关干部科	6502672
技术干部科	6502872
职改办	6502077
综合科	6503383

党委宣传部

部门	公网电话
部长	6502533
副部长	6507430
办公室	6502425
宣传科	6502082
理论科	6502939
企业文化科	6502491
	6507452

纪委监察处

部门	公网电话
处长	6502993
副处长	6502702
	6503456
	6501377

……………………………………6502951
……………………………………6509321
办公室…………………………………6502272
传真……………………………………6506498

局工会

副主席…………………………………6586968
……………………………………6506459
办公室…………………………………6505478
……………………………………6502129
……………………………………6506617
组织部…………………………………6502396
生活部…………………………………6505498
财务部…………………………………6509597
生产部…………………………………6502374
残联办…………………………………6503087

团委、青年工作部

书记……………………………………6502572
办公室…………………………………6502573
宣传部…………………………………6503676
组织部…………………………………6503946
学校部…………………………………6503935

信访办公室

主任……………………………………6503127
副主任…………………………………6586649
接访科…………………………………6502289
……………………………………6501140
信息科…………………………………6503465

机关党委

常务副书记……………………………6595816
副书记…………………………………6509968
……………………………………6592550
党办……………………………………6502690
组织纪检科……………………………6502206
团委青年工作部………………………6502413
工会副主席……………………………6502494
综合科…………………………………6502505

武装保卫部

部长……………………………………6501693
政委……………………………………6502708
副部长…………………………………6592420
……………………………………6592425
……………………………………6592421
综合科…………………………………6503131
610 办公室 ……………………………6500610
值班室…………………………………6506218
军事科…………………………………6502456
人防办…………………………………6502822

计划处

处长……………………………………6586936
副处长…………………………………6504968
……………………………………6504966
……………………………………6504866
主任经济师……………………………6505208
规划科…………………………………6502706
经营科…………………………………6502424
计划科…………………………………6501964
……………………………………6586583
投资科…………………………………6502323
……………………………………6504776
统计科…………………………………6502707
传真……………………………………6503624

企业经营管理处

处长……………………………………6505418
副处长…………………………………6501575
……………………………………6500511
……………………………………6500248
……………………………………6586012
综合科…………………………………6509070
……………………………………6502072
改制办…………………………………6509779
经营科…………………………………6501227
项目科…………………………………6586705
市场科…………………………………6503918
招投标科………………………………6502388

劳动工资处

处长……………………………………6586256
副处长…………………………………6504571
……………………………………6500668
……………………………………6502191
主任经济师……………………………6586694
综合科…………………………………6502909
管理科…………………………………6502313
工资科…………………………………6507938
组织科…………………………………6502924
技能鉴定中心…………………………6503833
监察科…………………………………6504785
劳动仲裁办……………………………6504121
机关劳资科……………………………6504924

工程技术处

处长……………………………………6509681

副处长……………………6504660
……………………6500548
……………………6504660
工程管理科……………………6500459
市场管理科……………………6503179

基建处

处长……………………6503282
副处长……………………6500445
综合科……………………6502195
工程科……………………6502293
矿建科……………………6507403
招标科……………………6502135

安全环保处

处长……………………6503801
副处长……………………6502541
……………………6509292
……………………6503341
……………………6506035
综合科……………………6502454
机关安全科……………………6503803
劳保科……………………6502198
监察科……………………6503802
工业科……………………6502632
交通科……………………6502558
环保科……………………6506703
……………………6502789

财务处

处长……………………6505598
副处长……………………6509557
……………………6595128
资金科……………………6500959
预算科……………………6503306
会计科……………………6501167
价税科……………………6502238
稽查科……………………6502591
综合科……………………6502373
机关财务科……………………6503147

资产装备处

处长……………………6507137
副处长……………………6502127
……………………6502261
……………………6502852
综合科……………………6500071
资产科……………………6502737
设备科……………………6502163
经营科……………………6502083
产权科……………………6506800

审计处

处长……………………6506887
副处长……………………6500249
……………………6504976
……………………6503034
……………………6507046
……………………6505840
综合科……………………6502537
……………………6502091
审理科……………………6502090

科技处

处长……………………6501844
副处长……………………6503162
……………………6505794
综合科……………………6501634
……………………6503423
科研……………………6509991
技术市场……………………6503678
科协……………………6503509
石油学会……………………6502880

劳动就业服务中心

主任……………………6501278
副主任……………………6500476
……………………6500160
综合科……………………6501284
……………………6504507
档案科……………………6500060
职介科……………………6502351
……………………6506677
住处科……………………6503882
培训科……………………6504838
广华管理站……………………6500460
五七管理站……………………6575655
劳务管理科……………………6505449
……………………6502162
财务资产科……………………6503728

机关车队

队长……………………6503453
副队长……………………6500175
……………………6586576
工会主席……………………6501630
综合科……………………6502985
财务科……………………6502682
调度室……………………6502982
……………………6503429

安全组……6501390
修理班……6502460
门卫……6502422

水杉宾馆

经理……6500538
副经理……6500225
办公室……6500370
财务……6500221
总服务台……6503322
……6500122
传真……6500138

北京联络处

办公室……(010)84129988

武汉办事处

处办……(027)84844832
武昌招待所……(027)88871157
汉阳招待所……(027)84844830

钻井公司

办公室……6574514
传真……6571443
调度室……6574161
……6574929

测录井工程公司

办公室……6574172
……6573075
传真……6573013
调度室……6574019
……6574937

地球物理勘探公司

办公室……6590589
……6242567
调度室……6590345
……6242241

油田建设工程公司

办公室……6574318
……6574471
调度室……6574001
……6574541

井下测试公司

办公室……(027)85503058
……(027)83932478

勘探设计研究院

办公室……(027)59722157
……(0728)6596020

第四机械厂

办公室……(0716)8429809
……(0716)8429150
传真……(0716)8429152
调度室……(0716)8429625
……(0716)8429213

第三机械厂

办公室……83248789
……83248702
传真……83248799

钢管厂

办公室……(0716)8302635
……(0716)8301888
传真……(0716)8302564
调度室……(0716)8301420

国际合作公司

办公室……6505155
传真……6505153

运输公司

办公室……6584480
……6584028
调度室……6584569
……6584317

建筑工程公司

办公室……6580641

水电厂

办公室……6588473
……6588475
调度室……6588731
……6588757

通信公司

办公室……6502325
……6501594
传真……6505042

供应处

办公室……6508869
……6508488
调度室……6508883

新闻中心

办公室……6503600
……6502123
新闻部……6502678
通联部……6583465
记者站……6503945

房地产管理处

办公室……6502528
……6503924

农林处

办公室……6503632

职工培训中心

办公室……6574723
传真……6575142

公共事业处

办公室……6500223
……6505101
调度室……6505789
……6502143

广华社区管理服务中心

办公室……6501739
……6503525
传真……6509224
调度室……6506440
……6502475

向阳社区管理服务中心

办公室……6579446
调度室……6580440
……6575312

五七社区管理服务中心

办公室……6574163
传真……6574779
调度室……6574749

离退休管理处

办公室……6503567
……6502106

社会保险服务中心

办公室……6507203
传真……6502640

江汉油田分公司

经理办公室

主任……6586938
副主任……6586995
……6509487
值班室……6502051
……6502074
传真……6502784
秘书科……6502894
政研科……6502556
……6592369
督查科……6502963
文书科……6502086
……6507178
接待科……6502141
……6504743
综合科……6592093

总调度室

总调度长……6586916
副总调度长……6503917
……6586926
……6586704
……6503024
……6502554
生产调度科……6502011
……6502211
传真……6502795
综合科……6507927
能源科……6503611
运输科……6502521
防汛办……6503547
工农办……6502931
土地办……6502232

勘探处

处长……6502965
副处长……6503157
……6501499
……6502698
地质科……6502698
工程科……6502273
综合科……6502732
传真……6503183

开发处

处长……6502881
副处长……6505389
……6502250
……6503153
综合科……6503153
生产科……6502793
油藏科……6501059
工程科……6502320
传真……6504584

计划处

处长……6586936
副处长……6504968
……6504966
……6504866
主任经济师……6505208
规划科……6502706
经营科……6502424
计划科……6501964

……………………………………6586583
投资科……………………………………6502323
……………………………………6504776
统计科……………………………………6502707
传真……………………………………6503624

企业经营管理处

处长……………………………………6505418
副处长……………………………………6501575
……………………………………6500511
……………………………………6500248
……………………………………6586012
综合科……………………………………6509070
……………………………………6502072
改制办……………………………………6509779
经营科……………………………………6501227
项目科……………………………………6586705
市场科……………………………………6503918
招投标科……………………………………6502388

纪委监察处

处长……………………………………6502993
副处长……………………………………6502702
……………………………………6503456
……………………………………6501377
……………………………………6502951
……………………………………6509321
办公室……………………………………6502272
传真……………………………………6506498

安全环保处

处长……………………………………6503801
副处长……………………………………6502541
……………………………………6509292
……………………………………6503341
……………………………………6506035
综合科……………………………………6502454
机关安全科……………………………………6503803
劳保科……………………………………6502198
监察科……………………………………6503802
工业科……………………………………6502932
交通科……………………………………6502558
环保科……………………………………6506703
……………………………………6502789

财务资产处

处长……………………………………6509576
副处长……………………………………6501573
……………………………………6509121
内控管理科……………………………………6504148
稽核科……………………………………6502247
资产科……………………………………6509123
会计科……………………………………6509256
价税科……………………………………6501017
资金科……………………………………6509153
管理科……………………………………6509105
设备房产科……………………………………6509123
机关财务科……………………………………6507946

法律事务处

处长……………………………………6500910
副处长……………………………………6505859
工商科……………………………………6592160
合同科……………………………………6502876
诉讼科……………………………………6501936

审计处

处长……………………………………6506887
副处长……………………………………6500249
……………………………………6504976
……………………………………6503034
……………………………………6507046
……………………………………6505840
综合科……………………………………6502537
……………………………………6502091
审理科……………………………………6502090

科技处

处长……………………………………6501844
副处长……………………………………6503162
……………………………………6505794
综合科……………………………………6501634
……………………………………6503423
科研……………………………………6509991
技术市场……………………………………6503678
科协……………………………………6503509
石油学会……………………………………6502880

经营研究与信息中心

主任……………………………………6504921
副主任……………………………………6502096
……………………………………6503352
综合科……………………………………6505276
信息管理科……………………………………6504222
……………………………………6501714
传真……………………………………6501977
网站编辑部……………………………………6503114
ERP 管理科……………………………………6501450
项目咨询科……………………………………6505475
经济研究科……………………………………6504759

化工科……6503717

概预算与关联交易中心

主任……6504886
副主任……6500468
……6504314
……6503116
主任经济师……6502633
综合科……6503478
建筑造价科……6504314
安装造价科……6503116
石油造价科……6503932
关联交易科……6506547
工程项目科……6506724

地质工程技术监督中心

主任……6506054
副主任……6500498
地质总监……6502097
主任工程师……6502786
设计科……6502417
地质科……6502953
……6502375
工程科……6503016
试油科……6509343
综合科……6505048
……6504181

财务结算中心

主任……6502376
审核科……6503576
会计科……6504214
出纳科……6504234
广华办事处……6504217
向阳办事处……6571004
五七办事处……6571024
红旗办事处……6598941
周矶办事处……6584014

档案馆

馆长……6503287
副馆长……6505324
……6502479
史志办……6503880
综合档案……6502134
编辑部……6509331

江汉采油厂

办公室……6574327
调度室……6574421
……6574629

清河采油厂

办公室……(0546)8838325
传真……(0546)8838627
调度室……(0546)8838338
……(0546)8838571

坪北经理部

办公室……(0911)6448218
传真……(0911)6448052
调度室……(0911)6448012
……(0911)6448022

松滋采油厂

办公室……(0716)6812637
调度室……(0716)6813329

天然气勘探开发处

办公室……(0718)7557155
……(023)58565355
传真……(0718)7557160
……(023)58565360
调度室……(0718)7557122
……(0718)7557101
……(023)58565310
……(023)58565309

盐化工总厂

办公室……6581242
传真……6581940

井下作业处

办公室……6572654
传真……6571949

勘探开发研究院

办公室……6502436
传真……6503622

采油工艺研究院

办公室……6575353
……6574992

物探研究院

办公室……6590332
……6599449

石油天然气销售分公司

办公室……6503112
……6586933

技术监督处

办公室……6505224
……6504849

供应处

办公室……6508869
……6508488

5. 江苏石油勘探局 江苏油田分公司

地址：江苏省扬州市文汇西路1号
邮编：225009
区号：0514
传真：87761111
网址：www.joeco.com.cn
E-mail：joeco@joeco.com.cn

部门	公网电话
江苏石油勘探局	
局党委办公室	
主任	87760023
秘书	87762085
保密办公室（机要）	87762086
传真	87760109
局纪委、监察处	
处长	87760039
副处长	87762102
副处长	87761215
办公室（传真）	87762105
副处长（审理教育室主任）	87762709
主任办公室	87762106
纪检监察一室	87761747
纪检监察二室	86762971
审理教育室	87762107
效能监察室	87762116
组织部、干部处	
部长	87760077
副部长	87762258
组织科	87762096
干部科	87762097
技术干部科	87762098
档案室	87762103
宣传部	
部长	87760960
副部长	87760172
文明办	87762094
编辑部	87762091
宣传科	87762092
办公室	87762088
局工会	
副主席	87766189
副主席	87760512
文联副主席	87762161
生活保障部	87760179
组织民管部	87762165
财务部	87762160
女职工部	87762164
文宣部	87762773
局团委	
副书记	87760129
办公室	87762093
机关党委	
党委副书记	87760663
纪委书记、工会主席	87760187
办公室	87762167
机关工会	87760117
局长办公室	
主任	87760030
副主任	87760051
值班室	87762001
	87762004
接待科	87760170

秘书科……87760186
文书科……87762002
信访科……87762003
档案科……87762007

局机关小车队

队部……87760157
调度……87762011
……87762012
安全技术室……87760725

外事办公室

主任……87762211
主任工程师……87762210
综合科……87762207
财务科……87760053
目开发科……87761332

生产协调处（公共关系处）

处长……87760090
处长（公关）……87762075
生产运行科……87762032
生产值班室……87762033
生产协调科……87760501
生产综合科……87762034

局财务计划处

处长……87766188
副处长……87760659
副处长……87760048
综合科……87760426
会计科……87760427
预算科……87760584
资金科……87760429
价税科……87762550
资产科……87762052
规划科……87762037
统计科……87762038

概预算定额站

站长……87761197
副站长……87760176
综合技术科……87762489
钻井工程定额科……87762252
地面工程定额科……87762701

审计处

处长……87760139
副处长……87760529
综合审计科……87760842
工程审计科……87762110
财务审计科……87762108
审计审理科……87760162

劳资处

处长……87760245
副处长……87760883
劳动工资科……87762080
劳动组织科……87762082
培训考核科……87762083
保险办档案……87760278
保险办财务……87761428

就业服务中心

主任……87760161
综合科……87760422
就业管理科（再就业管理科）……87760458

资金监督服务中心

主任……87760896
副主任会计师……87761359
审核管理科……87760451

人武部

部长……87761781
办公室主任……87762168
办公室（军事）……87760068

安全监察处

处长……87762272
副处长……87760192
交通科……87760189
工业科……87760193
锅炉科……87762130
综合科……87760002

装备处

处长……87760173
设备管理科……87762051
加工管理科……87760463

企管管理处

处长……87761316
物资管理科……87760100
主任经济师……87761861
企业管理科……87762058
……87761412
调研科……87762057

法律事务处

处长……87760047
合同科……87760762
综合科……87762061

科技处

处长……87760155
副处长……87760690

主任工程师……87761402
副主任师……87762122

工程技术管理处

处长……87760016
副处长……87760556
副处长……87760697
综合科……87762441

局基建办

主任……87760884
副主任……87761125
副主任……87762198
综合科……87761874

工程监理部

主任……87766999
综合办公室……87762234
副主任……87762201
经营管理科……87762206
技术质量科……87762203
项目管理科……87762205

销售中心

处长……87760130
副处长……87760096
办公室……87760095
经营科……87760097
储运科……87760093
财务科……87760094

技术监督中心

主任工程师……87760476
节能办副主任……87762604
处办主任……87760061
处办……87762644
质量科……87762603
标计科……87762133

信息中心

主任工程师……87761646
综合信息科……87761641
网络管理科……87761643
信息门户管理……87761642

公共事业处

处长……87760965
副处长……87762233
副处长……87762197
综合办公室……87762215

钻井处

党委书记……86768901
处长……86768908
纪委书记（工会主席）……86768909
副处长……86768912
副处长……86768906
副处长……86760229
主任工程师……86766152
主任工程师……86768910
处长办公室……86760015
市场开发部……86760483
财务科……86762050
劳资科……86766901
生产管理部……86766746
装备科……86760471
安全科……86761351
经营管理部……86760731
技术监督中心……86760772
审计科……86768101
武保科……86761734
就业培训部……86760790
定额结算中心……86761641
家属劳动服务公司……86760747
工程技术部……86761051
技术服务中心……86760314
泥浆公司……86760243
综合运输公司……86763324
钻前工程公司……86763213
安装队……86763321
水电队……86763322
机械施工队……86763316
道桥工程队……86763326
修保站……86767852
机修厂……86763365
固井公司……86763362
管具公司……86763336

地球物理勘探处

党委书记……87763188
处长……87763266
副处长……87763118
副处长……87763128
副处长……87763168
纪委书记（工会主席）……87763001
主任工程师……87763158
党办……87763116
处办……87763018
经营计划科……87763078
劳资科……87763028
财务科……87763088

审计科……………………………………87763011
物资管理科…………………………………87763055
生产技术科…………………………………87763038
物探技术研究所……………………………87763002
生产协调科…………………………………87763099
调度室………………………………………87763101
对外合作中心………………………………87763058
资产装备科…………………………………87763077
安全环保科…………………………………87763068
房产管理站…………………………………87763013
生活管理中心………………………………87763006
测量公司……………………………………87763125
仪修公司……………………………………87763003

安徽勘探开发公司

党委书记 ………………………………(0551)5171758
处长 ……………………………………(0551)5165864
副处长 …………………………………(0551)7611999
处长办公室 ……………………………(0551)5165588
党委工作部 ……………………………(0551)5171762
组干科 …………………………………(0551)5171782
财务科 …………………………………(0551)5171787
企管科 …………………………………(0551)5171790
安全科 …………………………………(0551)5171751
工会 ……………………………………(0551)5171757

地质测井处

党委书记……………………………………87763696
处长…………………………………………87763688
副处长………………………………………87763588
副处长………………………………………87763698
副处长………………………………………87763558
副处长………………………………………87763569
工会主席……………………………………87763609
副主任工程师………………………………87763495
副主任工程师………………………………87763437
处长办公室…………………………………87763406
生产技术科…………………………………87763470
财务计划科…………………………………87763455
企业管理科…………………………………87763415
人事科………………………………………87763509
安全环保科…………………………………87763589
物资装备科…………………………………87763590
域外项目经营管理中心……………………87763579
录井中心……………………………………87763468
勘探测井中心………………………………87763586
生产测井中心………………………………87763597
解释计算中心………………………………87763591

综合车队……………………………………87763526
综合管理站…………………………………87763485
技术研究开发中心…………………………87763479

井下作业处

党委书记……………………………………86769977
处长…………………………………………86769888
纪委书记（工会主席）……………………86767318
副处长………………………………………86763878
副处长………………………………………86767578
副处长………………………………………86767816
主任工程师…………………………………86769986
主任会计师…………………………………86769788
处长办公室…………………………………86763428

采输卤管理处

处长、书记…………………………………82980333
副处长………………………………………82980310
副处长………………………………………82980308
工会主席……………………………………82980306
处办…………………………………………82980309

油田建设处

党委书记……………………………………86760534
处长…………………………………………86760296
副处长………………………………………86762059
副处长………………………………………86760132
副处长………………………………………86762402
主任工程师…………………………………86760520
处长助理……………………………………86768169
处办…………………………………………86760133
计划财务部…………………………………86760021
人力资源部…………………………………86766196
企业管理部…………………………………86762401
工程管理部…………………………………86760135
技术质检部…………………………………86762495
安全保卫科…………………………………86762501
物资装备部…………………………………86762521
检验中心……………………………………86762514
综合服务站…………………………………86762565
安装一公司…………………………………86761893
建筑工程公司………………………………86762515
管道技术工程公司…………………………86762496
石化设备制造厂……………………………86762517
道桥公司……………………………………86762812

运输处

党委书记……………………………………86762805
处长…………………………………………86760033
副处长………………………………………86768815

副处长……………………………………86762196
副处长……………………………………86766581
副书记、纪委书纪…………………………86760035
主任工程师………………………………86762704
处办………………………………………86760038
调度室……………………………………86760115
运达公司…………………………………86762644
安全科……………………………………86760180
财务科……………………………………86762731
审计科……………………………………86762714
技术科……………………………………86762724
劳动人事科………………………………86762716
企管科……………………………………86762710
经营计划科………………………………86760514
汽车修理厂………………………………86762294
车队………………………………………86762788
综合管理站………………………………86762791
油品运输公司……………………………87762293

水电讯处

党委书记…………………………………86760166
处长………………………………………86768988
副处长……………………………………86760006
纪委书记、工会主席………………………86760159
主任工程师………………………………86760991
处办………………………………………86760142
财务科……………………………………86762561
人事科……………………………………86762563
技术质量科………………………………86762772
安全装备科………………………………86762470
经营管理科………………………………86762030
综合服务科………………………………86768553

勘察设计研究院

党委书记…………………………………87760008
院长（副书记）……………………………87762325
副院长……………………………………87760073
副院长（工会主席）………………………87760828
主任师……………………………………87760075
院办………………………………………87760076
党办………………………………………87762302
财务资产部………………………………87762305
设计管理部………………………………87760073
建筑设计分院……………………………87762281
油气设所…………………………………87762308
工艺技术研究所…………………………87762326
造价咨询所………………………………87762324
勘察公司…………………………………87762322

职工培训处

党委书记…………………………………87763302
处长………………………………………87763301
副处长……………………………………87763306
纪委书记…………………………………87763305
处办………………………………………87763310
党办………………………………………87763315
工会………………………………………87763318
劳动人事科………………………………87763323
财务计划科………………………………87763366
教育管理科………………………………87763320
企业安全科………………………………87763326
技能鉴定管理科…………………………87763345
石油工程培训部…………………………86740535
焊接培训部………………………………87763351
计算机培训部……………………………87763337
经济管理培训部…………………………87763336

新闻中心

主任………………………………………87760960
副主任……………………………………87761339
副主任……………………………………87762331
办公室……………………………………87762022
编辑科……………………………………87762023
记者科……………………………………87762740
通联科……………………………………87762541
电视台……………………………………87760067
中石化报记者站…………………………87760066
中石油画报记者站………………………87760222

邵管中心

党委书记（副主任）………………………86766664
主任（党委副书记）………………………86766501
工会主席…………………………………86761960
中心办公室………………………………86766404
协调管理科………………………………86762220
劳动人事科………………………………86766394
财务科……………………………………86762235
安全环保科………………………………86762277

真管中心

党委书记…………………………………86769238
主任………………………………………86769896
副主任……………………………………86763732
工会主席…………………………………86767200
办公室……………………………………86767752
经营科……………………………………86764193
财务科……………………………………86767491
劳资科……………………………………86769231

协调室（安全科）……………………86767895
基建办公室……………………86763837

扬管中心

书记（主任）……………………87760303
副主任……………………87760328
副主任……………………87760305
办公室……………………87760311
财务资产科……………………87760320
经营管理科……………………87760316
……………………87760315
综合服务部……………………87760326

离退休职工管理处

党委书记、处长……………………87766669
党委副书记（副处长）……………………87762069
副处长……………………87760022
工会主席……………………87762710
综合办公室……………………87760894

矿业开发总公司

总经理……………………87760149
党委书记……………………87762081
纪委书记、工会主席……………………87760787
副总经理……………………87760848
副总经理……………………87760108
综合办公室……………………87762336

农工商公司

书记、经理……………………86768148
副经理……………………86760335
副经理……………………86740295
副经理……………………86760139
公司办公室……………………86760973
劳资科……………………86762285
经营管理科……………………86761094
财务科……………………86760463

紫京旅游集团

（区号：025）

党委书记……………………84781588
总经理……………………84781555
工会主席……………………84781566
副总经理……………………84781577
主任会计师……………………84781560
综合办公室……………………84781550
人力资源部……………………84781585

江苏中油天工机械有限公司

党委书记、总经理……………………86765530
副总经理、工会主席……………………86765555
副总经理、总工程师……………………86765535
副总经理、总会计师……………………86765557
党办……………………86765611
总经理办公室……………………86765524
财务科……………………86765542
企管科……………………86765540
生产科……………………86765525
质检科……………………86765570
研究所……………………86765551
供应公司……………………86765567
销售公司……………………86765616
人力资源部……………………86765533

扬州友好医院

党委书记……………………86768042
院长……………………86762416
副院长……………………86762007
副院长……………………86760086
院办……………………86760084
党办……………………86762418

油田公安分局

局长……………………87760058
政委……………………87761378
办公室……………………87762214

江苏油田分公司

经理办公室

主任……………………87760030
副主任……………………87760051
值班室……………………87762001
……………………87762004
接待科……………………87760170
秘书科……………………87762100
文书科……………………87762002
信访科……………………87762003
档案科……………………87762007
收发室……………………87762005

规划计划处

处长……………………87761315
计划科……………………87761313
规划科……………………87761314
项目科……………………87760152
统计科……………………87761312

财务资产处

处　长……………………87761100
副处长……………………87762349
综合科……………………87760614

会计科……87762063
成本科……87762065
价税科……87760612
资产科……87760775
资金科……87762062
机关财务科……87762068
勘探处财务科……87762195
开发处财务科……87762138
开发财务科……87760799

勘探处

处长……87760145
副处长……87760491
主任工程师（物探）……87762732
主任工程师（试油）……87762991
主任工程师（地质）……87762196
处长办公室……87762872
项目部……87761413
财务科……87762195
项目部（高邮、金湖）……87762191
项目部（外围）、监督部……87760431
项目部（调度）……87762193
监督部……87762192
计划经营部……87762194

开发处

处长……87761597
副处长……87760128
主任地质师……87762597
主任工程师……87760964
副主任经济师（项目管理）……87760834
副主任工程师（地面工程）……87762135
副主任地质师（规划部署）……87762417
油藏工程科……87762137
采油工程科……87762134
项目管理科……87762136
财务科……87762138

试采一厂

党委书记……86763536
厂长……86763099
生产副厂长……86763516
经营副厂长……86763505
纪委书记．工会主席……86763513
主任工程师……86763506
党办……86763528
厂办……86763098
计划科……86769443
预（结）算中心……86763594
劳资科……86763670
财务科……86763595
企业管理科……86763423
审计科……86764815
生产调度……86763562
对外项目办……86763512
安全科……86763590
注采工艺所……86763583
地面工程建设站……86763174
机动科……86763587
物资管理站……86764975
土地公关环保科……86763534
地质研究所……86763625
教育培训中心……86763601
技术监督中心……86763618
作业监督站……86763665

试采二厂

党委书记……86741203
厂长……86741201
纪委书记……86741209
副厂长……86741205
副厂长……86741584
主任师……86741215
厂办……86741222
企管科……86741206
审计科……86741424
组织人事科……86741291
财务资产科……86741076
计划经营科……86741214
安全科……86741247
生产调度室……86741003
公关科……86741672
装备科……86741147
物资管理科……86741013
基建办……86744254
作业大队……86744049
运输大队……86741271
综合大队……86741219
生活管理站……86744844
金东采油作业区……86741603
采油一队……(0517)86821143
采油三队……86741606
采油五队……86741621
金西采油作用区……86744005
采油四队……86744017
采油六队……86744058

采油七队……………………(0517)86408702
黄珏作业区……………………87769730
采油八队……………………87769012
采油二队……………………87769746
采油九队……………………87769967
采油十队……………………(0514)83883420
油田工艺研究所……………………86741231
油田开发研究所……………………86741207
技术监督中心……………………86741055

安徽采油厂

党委书记……………………86745555
厂长……………………86745666
副厂长……………………86745688
主任工程师……………………86745588
党办……………………86745558
工会……………………86745556
保卫科……………………86745552
厂办……………………86745678
经营计划科……………………86745516
劳动人事科……………………86745536
财务科……………………86745600
生产调度室……………………86745501
安全科……………………86745616
机动科……………………86745586
地质研究所……………………86745568
原油调运站……………………86745228
运输队……………………86745306
试井队……………………86745308
采油一队……………………(0550)7651040
采油二队……………………(0550)7651725
采油三队……………………(0550)7538567
生活服务站……………………(0550)7315081

物资供销处

党委书记……………………87763999
处长……………………87763998
副处长、工会主席……………………87763866
生产副处长……………………87763816
党办……………………87763801
工会……………………87763805
保卫科……………………87763809
处办……………………87763818
人事教育科……………………87763828
审计科……………………87763899
财务科……………………87763988
调度安全科……………………87763838
企业管理科……………………87763808
技术监督科……………………87763852
材料科……………………87763868
机电科……………………87763878
配件科……………………87763886
油品科……………………87763881
邵伯物资总库……………………87762660
真武供销科……………………87763351
真武成品油库……………………87763821
金湖供销科……………………86741060
安徽汉涧供应站……………………86745253

地质科学研究院

书记……………………87760430
院长……………………87760949
副院长……………………87766186
副院长……………………87761142
主任师……………………87762356
主任师……………………87762357
主任师……………………87762353
党办……………………87760078
组干科……………………87762871
团委．宣传科……………………87762391
工会……………………87762360
院办……………………87762390
劳资科……………………87762366
财务科……………………87762362
科办……………………87761040
生产值班……………………87762358
企管科……………………87760941
勘探一室……………………87762368
勘探二室……………………87762380
勘探三室……………………87761240
开发一室……………………87762385
开发二室……………………87762386
开发三室……………………87761164
储量规划室……………………87762354
开发规划室……………………87762363
储量组……………………87762355
勘探规划……………………87761194
计算机室……………………87762400
制图室……………………87762382
实验中心……………………87762364
岩芯库……………………86762367
管理组……………………87762398
信息档案室……………………87762381

石油工程技术研究院

书记……………………87760296

院长……………………………………87761014
副院长…………………………………87760409
副院长．工会主席……………………87760361
主任师…………………………………87761132
主任师…………………………………87760406
党政办公室……………………………87760701
档案资料室……………………………87760408
计算机房………………………………87760633
院财务…………………………………87760647
钻井工艺研究室………………………87762407
采油工艺研究一室……………………87760907
实验室…………………………………87760410
江苏油田瑞达石油工程技术开发公司……87762405

物探技术研究院

书记……………………………………86743326
院长……………………………………86743332
副院长…………………………………86743292
副院长…………………………………86743396
主任工程师……………………………86743316
主任工程师……………………………86743396
党政、工会办公室……………………86743324
团委……………………………………86743189
人力资源科（组干）…………………86743262
生产技术科……………………………86743328
经营管理科……………………………86743360
财务资产科……………………………86743266
解释研究一部…………………………86743353
解释研究二部…………………………86743356
资料处理一部…………………………86743399
资料处理二部…………………………86743317
计算机服务部…………………………86743339
技术开发部……………………………86743398

扬州石化有限责任公司

（区号 :0514）

总经理…………………………………86850188
书记（副总经理）……………………86850021
副书记（副总经理）…………………86850182
副总经理………………………………86850166
副总经理………………………………86850041
工会主席………………………………86850061
总工程师………………………………86850109
总会计师………………………………86850166
办公室…………………………………86850055
党办……………………………………86850006
企业管理部……………………………86850458
生产运行部……………………………86850090
安全环保部……………………………86850032
机械动力部……………………………86850139
财务资产部……………………………86850035
分析检测中心…………………………86850070
催化车间………………………………86850089
化纤车间………………………………86850416
给排水车间……………………………86850161
聚丙烯车间……………………………86850171
油品车间………………………………86850085
电仪车间………………………………86850186
热电车间………………………………86850048
检修车间………………………………86850083
采购销售部……………………………86850108
三益分公司……………………………86850086
后勤服务中心…………………………86850014
消防经警队……………………………86850120
物资管理站……………………………86850496
小车队…………………………………86850126

6. 新星石油有限责任公司

地址：北京市海淀区北四环中路263号
邮编：100083
区号：010
传真：82335152
网址：www.sinopecstar.com.cn
E-mail：sinopecstar@sinopecstar.com.cn

部门	公网电话
办公室	82335150
传真	82335152
人力资源部	82335257
计划财务部	82312022
企业经营管理部	82335288
审计部	82335264
党群工作部	82335176
纪检监察部	82310837
安全环保部	82327802
法规内控部	82335153
勘探管理部	82335155
地热管理部	82335290
埃及工程管理部	82335154

7. 上海海洋石油局
上海海洋油气分公司

地址：上海市浦东新区商城路 1225 号
邮编：200120
区号：021
总机：68763242
传真：68769284
网址：www.shopc.com.cn

部门	公网电话
机关处室	
办公室	68760385
人事处	68765065
局计划财务处	68768009
分公司计财处	50810877
物资装备处	68766984
勘探处	50589070
开发处	58304072
科技处	68767622
生产技术处	68753818
经营管理处	58307558
安全环保处	58310948
审计处	68766855
法律事务处	68767241
信息管理处	68769416
党办	50819286
工会	68764112
纪检监察室	68762180
下属单位	
第一海洋地质调查大队	68466378
第三海洋地质调查大队	38750228
钻井分公司	38726585
船舶分公司	52378602
研究院	50810704
基地管理服务中心	68760532
培训就业中心	68466380

8. 西北石油局
西北油田分公司

地址：新疆乌鲁木齐市长春南路466号
邮编：830011
区号：0991
总机：3166114
传真：6637597
E-mail: xbytfgs@thof.cn

部门	公网电话
局长／经理办公室	
主任	3166566
副主任	3166576
总值班	3166567
秘书科	3166588
传真	6637597
党委办公室	
主任	3166538
副主任	3166536
办公室	3166533
传真	3166526
生产运行处	
处长	3166635
副处长	3166238
办公室	3166229
传真	3166224
勘探处	
处长	3166369
副处长	3166711
办公室	3166363
传真	3166359
开发处	
处长	3166318
副处长	3166345
办公室	3166320
传真	3166329
钻井完井工程管理处	
处长	3166315
副处长	3166292
办公室	3166308
传真	3166300
采油采气工程管理工程处	
处长	3166802
副处长	3166800
办公室	3166798
传真	3166806
油田建设处	
处长	3166262
副处长	3166285
办公室	3166279
传真	3166264
计划处	
处长	3166690
副处长	3166760
办公室	3166462
传真	3166464
财务处	
处长	3166168
副处长	3166166
办公室	3166146
传真	3166147
审计处	
处长	3166421
副处长	3166406

办公室……………………………3166407
传真……………………………3166418

物资装备处

处长……………………………3166188
副处长……………………………3166176
办公室……………………………3166172
传真……………………………3166184

企业管理处

处长……………………………3166651
副处长……………………………3166448
办公室……………………………3166432
传真……………………………3166425

市场管理办公室

处长……………………………3166206
副处长……………………………3166202
办公室……………………………3166195
传真……………………………3166194

组织／人事处

处长……………………………3166649
副处长……………………………3166398
办公室……………………………3166718
传真……………………………3166717

科技与外事处

处长……………………………3166117
副处长……………………………3166119
办公室……………………………3166108
传真……………………………3166109

质量安全环保处

处长……………………………3166239
副处长……………………………3166241
办公室……………………………3166251
传真……………………………3166255

纪委／检监察处

处长……………………………3166678
副处长……………………………3166708
办公室……………………………3166495
传真……………………………3166486

机关党委

副书记……………………………3166546
副书记……………………………3166546
办公室……………………………3166545
传真……………………………3166547

局工会

副主席……………………………3166706
副主席……………………………3166706
办公室……………………………3166431
传真……………………………3166480

北京联络处

主任……………………………(010)64978295
办公室……………………………(010)64978294
传真……………………………(010)64978294

概预算中心

主任……………………………3166102
副处长……………………………3166106
办公室……………………………3166070
传真……………………………3166099

会计核算中心

主任……………………………3166121
副处长……………………………3166134
办公室……………………………3166132
传真……………………………3166133

信息中心

主任……………………………3166025
副主任……………………………3166000
办公室……………………………3166005
传真……………………………3166014

小车服务中心

主任……………………………3161466
副主任……………………………3166063
办公室……………………………3166060
传真……………………………3166099

档案馆

馆长……………………………3161372
副馆长……………………………3161355
办公室……………………………3161348
传真……………………………3161330

9. 西南石油局
西南油气分公司

地址：四川省成都市青羊区提督街 108 号
邮编：610016
区号：028
传真：86750066
E-mail：dzbgs.xnyq@sinopec.com

部门	公网电话
机关处室	
党政办公室	
主任	86747755
副主任	86748877
副主任	86780743
副主任	86782550
值班科	86787863
党委组织部	
部长	86787512
党委宣传部	
部长	86782943
副部长	86782041
纪委办（监察处）	
部长	86752752
工会办公室	
部长	86782243
团委办公室	
副书记	86782942
机关党办	
主任	86782747
企业管理处	
处长	86756931
副处长	86782449
计划处	
处长	86757623
人力资源处	
处长	86756325
工程技术处	
处长	86781721
生产运行处	
处长	86788391
工程市场处	
处长	86781498
科学技术处	
处长	86787335
油地工作处	
处长	86788373
装备管理处	
处长	86786527
安全环保处	
处长	86750121
法律事务处	
处长	86787662
外事处	
处长	86782467
审计处	
处长	86782460
财务部	
处长	86756372
基地管理处	
处长	86783049
离退休职工管理处	
处长	86755001
勘探处	
处长	86757893
开发处	
处长	86750461
油气销售处	

处长 ……………………………………86787379

财务处

处长 ……………………………………86786957

新闻中心

处长 ……………………………………86787062

二级单位

第二物探大队

办公室……………………………(0838)2310668

传真………………………………(0838)2314000

第五物探大队

办公室……………………………(0732)8558808

传真………………………………(0732)8558800

云南物探公司

办公室……………………………(0871)6146236

传真………………………………(0871)5625381

华星公司

办公室……………………………(028)83355070

传真………………………………(028)83355069

景谷公司

办公室……………………………(0879)5111567

传真………………………………(0879)5111567

陕北指挥部

办公室……………………………(0911)4562743

传真………………………………(0911)4562743

销售公司

办公室……………………………(0871)3392705

传真………………………………(0871)3392705

培训中心

办公室……………………………(028)83502220

传真………………………………(028)83515816

川渝石油基地

办公室……………………………(028)83352653

传真………………………………(028)83352672

云南石油基地

办公室……………………………(0871)6145005

传真………………………………(0871)6145005

湖南石油基地

办公室 ……………………………(0731)85601207

传真 ………………………………(0731)85601321

贵州石油基地

办公室……………………………(0851)6851327

传真………………………………(0851)6854699

广西石油基地

办公室……………………………(0771)2263393

传真………………………………(0771)5626975

北海石油基地

办公室……………………………(0779)6892810

传真………………………………(0779)6892819

勘探开发研究院

办公室……………………………(028)83355335

传真………………………………(028)83355331

工程技术研究院

办公室……………………………(0838)2551501

传真………………………………(0838)2552071

物供处

办公室……………………………(028)86517667

传真………………………………(028)86513213

工程监督中心

办公室……………………………(0838)2904180

传真………………………………(0838)2904180

管具中心

办公室……………………………(0838)2655989

传真………………………………(0838)2653618

川西采气厂

办公室……………………………(0838)2401292

传真………………………………(0838)2408050

川东北采气厂

办公室……………………………(0817)6305477

传真………………………………(0817)6300102

广西采油厂

办公室……………………………(0776)2592120

传真………………………………(0776)5226068

云南采气厂

办公室……………………………(0874)6168565

传真………………………………(0874)6168567

贵州采气厂

办公室……………………………(0852)2870706

传真………………………………(0852)2870705

新场气田

办公室……………………………(0838)2273055

传真………………………………(0838)2270505

联益公司

办公室……………………………(0838)2801089

传真………………………………(0838)2800397

龙星公司

办公室……………………………(028)84863414

传真………………………………(028)84863414

重庆钻井分公司

办公室……………………………(023)68711044

传真………………………………(023)68811081

四川钻井分公司

办公室……………………………(0838)2504317
传真………………………………(0838)2504317

湖南钻井分公司
办公室 …………………………(0731)86907031
传真 ……………………………(0731)86907027

临盘钻井分公司
办公室……………………………(0534)5051001
传真………………………………(0534)5051003

广西钻井分公司
办公室……………………………(0771)2263576
传真………………………………(0771)2263576

地质录井分公司
办公室……………………………(0816)2683505
传真………………………………(0816)2683505

录井二分公司
办公室……………………………(028)88400964
传真………………………………(028)88400965

固井分公司
办公室……………………………(0838)2513129
传真………………………………(0838)2513129

测井分公司
办公室……………………………(028)84876570
传真………………………………(028)84877581

井下作业分公司
办公室……………………………(0838)2409254
传真………………………………(0838)2409414

油田工程服务分公司
办公室……………………………(0816)2301872
传真………………………………(0816)2319063

油田建设工程公司
办公室……………………………(0838)2652006
传真………………………………(0838)2209905

钻井工程研究院
办公室……………………………(0838)2600972
传真………………………………(0838)2601592

10. 东北石油局 东北油气分公司

地址：吉林省长春市西安大街4936号
邮编：130062
区号：0431
总机：87958800
传真：87974693

部门	公网电话
党政办公室	
主任	87987825
副主任	87958806
文秘	87958809
接待	87958808
综合	87958919
驻京办事处	(010)65532382
机关车队	87958825
打字室	87958810
收发室	87958811
三楼会议室	87958812
四楼会议室	87958815
党群工作处	
处长	87975608
副处长	87958908
组织、团委	87958899
宣传、记者	87958907
工会	
副主席	87958900
会计	87958911
人事处	
处长	87993951
副处长	87958867
职工教育	87958865
劳资保险	87958866
企管法律处	
处长	87958802
副处长（法律）	87958913
副处长（三基）	87958920
市场管理	87958803
计划处	
处长	87999820
副处长	87958859
基建统计	87958860
计划	87958861
结算、造价	87958839
财务处	
副处长	87999850
副处长	87968600
副处长	87958960
会计科	87958898
成本科	87958856
资金科	87958856
稽核科	87958853
价税资产科	87958855
机关财务	87958912
局财务科	87958961
生产管理处	
处长	87983610
副处长（生产）	87958869
副处长（物装）	87984450
副处长（节能）	87958878
生产管理	87958843
生产管理	87958891
设备管理	87958821
油地工作	87958879
勘探处	
处长	87984430

副处长……87958830
主任工程师……87958828
测井……87958829
科研……87958831

新区工作部

主任……87958909
副主任……87958896
生产……87958823

开发处

副处长……87958813
副处长……87958870
副处长……87958832
生产管理……87958835

天然气处

处长……87992958
副处长……87958868
销售……87958871
气藏科……87958840

工程技术处

处长……87984428
副处长……87958918
主任工程师……87958837
生产管理……87958841
ERP……87958849

科技处

处长……87958872
副处长……87958873
科技管理……87958800

安全环保处

处长……87984455
副处长……87958846
环保……87958817
综合……87958847

审计处

处长……87968599
内控办……87958903

纪检监察处

副处长……87958880
调研员……87999578
监察科……87958910

信息中心

主任……87999126
ERP 科……87999123
信息管理科……88531906
局 ERP……87958818
局网络管理……87958822

项目部

项目副经理……88531918
项目副经理……88531912

工程监理中心

主任……87999498
副主任……87968601

物资供应中心

主任……87968752
副书记……87968910
副主任……87997525
副主任……87968920

基地管理中心

主任……87990096
副书记……87973468
副主任……87996138
局楼保安……87958848

油田工程维修中心

经理……87999658
副书记……87997871
总工……87983259

勘探开发研究院

院长……87958885
书记……86805699
副院长……86805501
副院长……86805502
副院长……86805505
总工……86805503

工程技术研究院

院长……88531818
副院长……88531819

十屋采油厂

厂长……(0434)6759559
书记……(0434)6759158

长岭采油厂

厂长……(0438)2683063
副书记……(0438)2683059

松南气田采气厂

厂长……(0438)2723001
副书记……(0438)2723002

二氧化碳采气厂

副厂长……86805656
副书记……86805655

11. 华北石油局
华北分公司

地址：河南省郑州市陇海西路199号
邮编：450006
区号：0371
传真：68612902
网址：www.hbfgs.com.cn
E-mail:hbfgsbgs@163.com

部门	公网电话
机关处室	
党委办公室	
主任	68619089
传真	68623367
党委组织部	
部长	86002021
办公室	86002013
	86002228
党委宣传部	
副部长	68629065
办公室	68629213
	86002039
机关党委	
副书记	68629290
办公室	86002016
团委	
副书记	86002013
纪委、监察处	
处长	86002020
纪检员	86002015
办公室	68629204
传真	68619093
工会	
副主席	68629305
办公室	68619085
	68629215
办公室	

部门	公网电话
主任	86002221
副主任	86002200
北京办事处主任	(010)62621319
传真	86002220
打字室	68629222
收发室	86002511
会务	68629223
值班传真	68612902
信访保卫处	
处长	86002017
办公室	86002110
门卫	68619074
信访办	68617390
勘探处	
处长	68619087
副处长	68629216
副处长	68619708
办公室	86002059
传真	68631215
	86002056
开发处	
处长	68619086
副处长	86002065
主任工程师	68619102
办公室	68619101
	86002063
工程管理处	

处长……………………………………68629529
主任工程师………………………………86002066
办公室…………………………………68629231
…………………………………………68619115
传真……………………………………86002231

土地与协调处
处长……………………………………68617630
副处长…………………………………86002007
办公室…………………………………86002092
…………………………………………86002093

工程技术处
处长……………………………………86002105
副处长…………………………………86002060
副处长…………………………………86002062
主任工程师………………………………68629807
办公室…………………………………68619015
…………………………………………68629030

调度处
处长……………………………………86002085
副处长…………………………………86002075
副处长…………………………………86002010
办公室…………………………………68617930
…………………………………………86002082
传真……………………………………68617391

安全环保处
处长……………………………………68629273
副处长…………………………………86002095
办公室…………………………………86002237
…………………………………………68629235
传真……………………………………86002236

资产装备处
处长……………………………………86002191
办公室…………………………………68629266
…………………………………………68629242
传真……………………………………68619109

销售处
处长……………………………………68631216
办公室…………………………………86002038
…………………………………………68629882
传真……………………………………86002101

科技管理处
处长……………………………………86002025
副处长…………………………………86002090
主任工程师………………………………86002091
办公室…………………………………86002030
…………………………………………68619095

计划处
处长……………………………………68619070
办公室…………………………………86002071
…………………………………………68629282

审计处
处长……………………………………68629237
办公室…………………………………86002080
…………………………………………86002081

局财务处
处长……………………………………68629283
副处长…………………………………86002072
办公室…………………………………68629240
…………………………………………86002253
机关财务………………………………68629293

分公司财务处
处长……………………………………68629297
办公室…………………………………86002201
…………………………………………68619679
…………………………………………86002207
机关财务………………………………68629239

预结算中心
处长……………………………………86002208
主任工程师………………………………86002210
办公室…………………………………68629661
…………………………………………86002209

人事处
处长……………………………………68619091
副处长…………………………………86002029
办公室…………………………………68629205
…………………………………………68619061
传真……………………………………68610734

内控办公室
副主任…………………………………86002212
办公室…………………………………86002252
…………………………………………68629302

企业管理处
处长……………………………………68629210
副处长…………………………………86002036
办公室…………………………………86002032
…………………………………………68629687
传真……………………………………86002031

离退休职工管理处
处长……………………………………86002138
书记……………………………………86002226
办公室…………………………………86002227
…………………………………………86002137

附属机构

新闻中心
- 主任……68629218
- 办公室……86002018
- ……86002019

资料档案室
- 主任……68619081
- 办公室……68619082
- 阅览室……68619083

信息网络中心
- 主任……68629296
- 副主任……68629378
- 办公室……68619701
- ……68619623

国际工程公司
- 书记……86002037
- 经理……86002061
- 副经理……86002229
- 副经理……86002078
- 外办……68629253
- 传真……68629768
- 办公室……86002232
- ……68621650
- 财务……86002011

行政处 / 基地服务中心
- 处长……68629625
- 办公室……68629252
- ……68633276
- 财务……68629277
- 小车班……68629275
- 物业管理……68633277
- 物业科……68619764
- 医务室……68629979
- 食堂……68629896
- 电工房……68629258

工程监督中心
- 主任……68619106
- ……(0912) 3629188
- 副主任……86002106
- 办公室……86002117
- ……86002118

物资装备供应中心
- 主任……68619125
- 副主任……68619077
- ……68627171
- 办公室……68629214

鄂南前线指挥部（区号：0934)
- 指挥……8662666
- 办公室……8662918
- 传真……8665508

鄂北前线指挥部（区号：0912)
- 指挥……3629168
- 大牛地前线办公室……3629161
- 传真……3629308

富县项目部（区号：0911)
- 经理……3226799
- 办公室……3226791
- 传真……3226791

新乡办事处（区号：0373)
- 主任……5798601
- 副主任……5798602
- 办公室……5798600
- 传真……5798777

培训中心（区号：0373)
- 主任……5798841
- 办公室……5798840
- 传真……5796887

二级单位

勘探开发研究院（区号：0371)
- 院长……68619318
- 书记……86002009
- 办公室……68619358
- 传真……68624782

工程技术研究院（区号：0371)
- 院长……68629309
- 副院长……87073761
- 办公室……86002181
- 传真……68624772

三普石油工程公司（区号：029)
- 经理……38113001
- 书记……38113333
- 办公室……38113228
- 传真……38113009

地球物理勘探公司（区号：0373)
- 经理……5798401
- 书记……5798402
- 办公室……5798400
- 传真……5793456

五普钻井公司（区号：0373)
- 经理……5798501
- 副书记……5798505
- 办公室……5798500

传真 ……………………………………3056090

油气田维护保障中心（区号：0354）

主任 ……………………………………3038200

办公室 …………………………………3038208

传真 ……………………………………3025873

井下作业公司（区号：0371）

经理……………………………………67814001

书记……………………………………67813881

办公室…………………………………67195368

传真……………………………………67814004

西部工程公司

经理……………………………………86077501

书记……………………………………86077502

办公室…………………………………86077500

传真……………………………………86077512

录井公司

经理……………………………………86077367

书记……………………………………86077356

办公室…………………………………86077363

传真……………………………………86077373

测井公司（区号：0373）

经理 ……………………………………5795601

办公室 …………………………………5798700

传真 ……………………………………5795600

第一采气厂

厂长……………………………………86077557

书记……………………………………86077559

办公室…………………………………86077572

传真……………………………………86077570

镇泾采油厂（区号：0934）

厂长 ……………………………………8618380

办公室 …………………………………8217113

传真 ……………………………………8217113

盐池采油厂（区号：0953）

经理 ……………………………………6010050

书记 ……………………………………6010588

办公室 …………………………………6019056

传真 ……………………………………6010055

华阳矿业开发公司（区号：0395）

办公室 …………………………………7711398

传真 ……………………………………7711398

12. 华东石油局 华东分公司

地址：江苏省南京市建邺区江东中路315号
中泰国际广场6号楼
邮编：210019
区号：025
总机：58822288
传真：58822349

部门	公网电话
华东石油局	
局机关	
办公室	
	58777022
	58777156
	-152
信访办	58777203
纪委	
	58777120
	-157
组织部	
	-021
	-035
宣传部	
	-151
工会	
	-201
	-055
团委	
	-151
国际项目管理部	
	-122
	-126
物资装备处	
	-111
	-115
安全环保处	
	-072
	-098
审计处	
	-123
	-167
信息管理中心	
	-099
	-108
机关党委	
	-063
《华东石油》报社	
	-062
工程技术管理处	
	-138
	-061
计划财务处	
	-045
	-057
企业改革管理处（法律事务处）	
	-052
	-133
基地管理处（土地管理处、保卫处）	
	-118
	-166
人事处	

……………………………………………………-068
……………………………………………………-067
科技处……………………………………………-182
……………………………………………………-106
离退休工作处
……………………………………………………-139

第六物探大队

地址：江苏省南京市马台街141号
邮编：210009
区号：025
办公室……………………………………83640801
传真………………………………………83211506

钻井公司（六普大队）

地址：江苏省镇江市天桥路22号
邮编：212003
区号：0511
办公室……………………………………84406019
传真………………………………………84406061

试采大队（井下作业公司）

地址：江苏省泰州市南通路99号
邮编：225300
区号：0523
办公室……………………………………86662786
传真………………………………………86663677

测井公司

地址：江苏省扬州市邗沟路58号
邮编：225002
区号：0514
办公室……………………………………87621118
传真………………………………………87621110

职业病防治所

地址：江苏省扬州市运河西路143号
邮编：225003
区号：0514
办公室……………………………………87243516
传真………………………………………87243516

华东石油技师学院

地址：江苏省扬州市瓜洲镇翠屏路1号
邮编：225129
区号：0514
办公室……………………………………87501513
传真………………………………………87501513

华东石油局党校（干校）

地址：江苏省扬州市瓜洲镇翠屏路1号
邮编：225129
区号：0514
办公室……………………………………87501082
传真………………………………………87505611

录井公司

地址：江苏省镇江市朱方路94号
邮编：212004
区号：0511
办公室……………………………………85585806
传真………………………………………85585809

工程研究院

地址：江苏省南京市浦口区新马路182号
邮编：210031
区号：025
办公室……………………………………58851792
传真………………………………………58851792

工程建设公司

地址：江苏省南京市下关区四平路51号
邮编：210015
区号：025
办公室……………………………………58806162
传真………………………………………58830927

珍珠泉培训中心

地址：江苏省南京市浦口区珍珠街172号
邮编：210031
区号：025
办公室……………………………………58852523
传真………………………………………58852523

固井公司

地址：江苏省扬州市开发区施桥镇
邮编：225101
区号：0514
办公室……………………………………87573325
传真………………………………………87573482

江苏省华石技工贸总公司

地址：南京市建邺区江东中路中泰国际大厦6幢12楼

邮编：210019

区号：025

办公室……………………………………58828827

传真……………………………………58816060

液碳公司

地址：江苏省南京江东中路315号中泰国际广场06幢1203

邮编：210019

区号：025

办公室……………………………………58817281

西部工作部

地址：新疆乌鲁木齐市北京南路370号银通大厦10楼

邮编：830000

区号：0991

办公室……………………………………3667121

传真……………………………………3667122

华东分公司

公司机关

总经理办公室……………………………………58777022

人力资源处……………………………………-068

……………………………………-067

国际项目管理部……………………………………-122

……………………………………-126

物资装备处……………………………………-111

……………………………………-115

安全环保处……………………………………-072

……………………………………-098

审计处……………………………………-123

……………………………………-167

信息管理中心……………………………………-099

……………………………………-108

计划处……………………………………-049

……………………………………-051

财务处……………………………………-053

……………………………………-041

勘探处……………………………………-078

开发处……………………………………-085

……………………………………-086

工程技术管理处……………………………………-138

……………………………………-061

调度处……………………………………-001

……………………………………-177

销售处……………………………………-101

……………………………………-102

非常规资源处……………………………………-165

……………………………………-163

非常规资源勘探开发指挥部

地址：江苏省南京市建邺区江东中路315号中泰国际广场6号楼

邮编：210019

区号：025

综合办公室……………………………………58777226

勘探开发科学研究院

地址：江苏省南京市江东北路191号春光大厦

邮编：210036

区号：025

办公室……………………………………86224146

传真……………………………………86224146

资料处理中心

地址：江苏省南京市白下区天坛新村9号

邮编：210007

区号：025

办公室……………………………………84878965

传真……………………………………84876065

资料信息中心

地址：江苏省南京市白下区天坛新村9号

邮编：210007

区号：025

办公室……………………………………84270091

传真……………………………………84270091

……………………………………-1209

采油厂

地址：江苏省泰州市南通路99号

邮编：225300

区号：0523

办公室……………………………………86662786

传真……………………………………86663677

物资采供中心

地址：江苏省泰州市五里桥

邮编：225300

区号：0523

办公室……………………………………………86663255

传真……………………………………………86663639

吉林项目部

地址：吉林省长春市绿园区锦西路1151号

邮编：130062

区号：0431

办公室……………………………………………87984970

传真……………………………………………87971415

威诺公司

地址：江苏省南京市建邺区庐山路158号嘉业国际城3幢1201室

邮编：210019

区号：025

办公室……………………………………………87702577

13. 天然气分公司

地址：北京市西城区安德路甲 67 号
邮编：100120
区号：010
电话：51586658
传真：51586668

部门	公网电话
经理办公室	
主任	51586677
党群工作部	
主任	51586616

14. 管道储运公司 管道储运分公司

地址：江苏省徐州市泉山区翟山
邮编：221008
区号：0516
总机：83456114
传真：83888434
E-mail：zhanglh@gdcygs.com

部门	卫星网电话	公网电话
管道储运公司		
公司机关		
总经理办公室		
主任	922-5495	83455495
副主任	922-3129	83453129
秘书科	922-4204	83454204
文书科	922-3144	83453144
传真室	922-3386	83453386
接待科	922-3216	83453216
事务科	922-3384	83453384
信访处		
处长	922-3129	83453129
信访科	922-2296	83452296
	922-3226	83453226
规划计划处		
处长	922-2952	83452952
副处长	922-6570	83456570
计划科	922-3393	83453393
规划科	922-3390	83453390
综合统计科	922-3391	83453391
财务处		
处长	922-3133	83453133
价税科	922-3139	83453139
会计科	922-2148	83452148
机关财务科	922-3189	83453189
资金科	922-2331	83452331
工程核算科	922-2777	83452777
安全环保监察处		
处长	922-3140	83453140
副处长	922-4740	83454740
综合科	922-4965	83454965
安监科	922-4117	83454117
消防交通环保科	922-3142	83453142
资产设备处		
处长	922-5046	83455046
产权管理科	922-3192	83453192
设备管理科	922-3206	83453206
工程处		
处长	922-3223	83453223
综合科	922-2887	83452887
技术科	922-6796	83456796
工程管理科	922-4043	83454043
技术监督处		
处长	922-3128	83453128
能源科	922-3127	83453127
质管科	922-3222	83453222
科技办	922-3132	83453132
人事教育处		
处长	922-2469	83452469
副处长	922-3179	83453179
劳动组织科	922-3130	83453130
工资科	922-3395	83453395
技能鉴定中心	922-2021	83452021

社会保险所……………………922-4075　83454075
人才交流中心…………………922-2058　83452058

劳务管理处

处长………………………………922-5657　83455657
副处长……………………………922-5431　83455431
综合部……………………………922-5645　83455645
经营部……………………………922-6749　83456749

储备油库管理处

处长………………………………922-3209　83453209
综合科……………………………922-2069　83452069
财务科……………………………922-4030　83454030

企业管理处

处长………………………………922-3091　83453091
副处长……………………………922-3205　83453205
综合科……………………………922-2839　83452839
企管科……………………………922-2224　83452224
管理科……………………………922-2780　83452780

审计处

处长………………………………922-5875　83455875
副处长……………………………922-5340　83455340
综合科……………………………922-3135　83453135
财务审计科………………………922-4114　83454114
工程审计科………………………922-2689　83452689

概预算管理处

处长………………………………922-5640　83455640
副处长……………………………922-3389　83453389
综合科……………………………922-5424　83455424
造价科……………………………922-2194　83452194
经济科……………………………922-2140　83452140

内控办

主任………………………………922-3149　83453149
综合管理科………………………922-3302　83453302

保卫处

处长………………………………922-3152　83453152
武装部……………………………922-2653　83452653
综合科……………………………922-3239　83453239
治安科……………………………922-3153　83453153
值班室……………………………922-3383　83453383

党委办公室

主任………………………………922-4007　83454007
综合科……………………………922-2071　83452071
……………………………………922-2010　83452010

组织部

处长………………………………922-5646　83455646
副处长……………………………922-3214　83453214
组织科……………………………922-2532　83452532
干部管理科………………………922-2563　83452563

宣传部

部长………………………………922-2489　83452489
理论科……………………………922-2508　83452508
宣传科……………………………922-2085　83452085

新闻中心

主任………………………………922-3146　83453146
新闻采访部………………………922-2310　83452310
影视编辑部………………………922-2112　83452112
报社编辑部………………………922-2746　83452746
报社通联部………………………922-4247　83454247

监察处（纪委）

处长………………………………922-3213　83453213
案审室主任………………………922-2891　83452891
案审室……………………………922-2378　83452378
检查室主任………………………922-2083　83452083

机关党委

书记………………………………922-3214　83453214

工会

副主席……………………………922-2172　83452172
办公室……………………………922-2368　83452368
生产组织部………………………922-2638　83452638
宣传文体部………………………922-2816　83452816
生活女工部………………………922-2487　83452487

团委

书记………………………………922-2464　83452464
办公室……………………………922-2737　83452737

工程质量监督站

站长………………………………922-3229　83453229
综合科……………………………922-4783　83454783
财务科……………………………922-4324　83454324
监督科……………………………922-3054　83453054

徐州输油管理处

党办………………………………922-2712　83452712
处办………………………………922-2752　83452752
财务科……………………………922-2607　83452607
人事教育科………………………922-2980　83452980
计划工程科………………………922-5614　83455614
安全生产科………………………922-2133　83452133
房产管理站………………………922-2924　83452924
住房资金中心……………………922-4716　83454716
动力管理站………………………922-2443　83452443
液化气站…………………………922-2899　83452899
维修服务站………………………922-2423　83452423
行政管理站………………………922-2992　83452992
绿化管理站………………………922-2062　83452062

物业管理站	922-2400	83452400

管道技术作业分公司

办公室	922-2458	83452458
党群部	922-2634	83452634
人事管理部	922-2823	83452823
财务部	922-2517	83452517
生产计划部	922-2528	83452528
安全资产部	922-2551	83452551
科研所	922-2465	83452465
概预算科	922-2645	83452645
质量部	922-2799	83452799
物资供应部	922-2773	83452773
营销部	922-3304	83453304
机电仪表作业处	922-2038	83452038
SCADA 维护中心	922-2305	83452305
制造分厂	922-2921	83452921
检测中心	922-2724	83452724
热工	922-2415	83452415
弯管分厂	922-2591	83452591
作业一处	922-2578	83452578
作业二处	922-2371	83452371

华东管道设计研究院

院办	922-3382	83453382
生产经营部	922-3210	83453210
财务经营部	922-2344	83452344
信息中心	922-3048	83453048
工艺室	922-3157	83453157
线路规划室	922-5146	83455146
设备室	922-3036	83453036
土建室	922-7217	83457217
水暖室	922-4959	83454959
电气室	922-4955	83454955
仪表室	922-3159	83453159
防腐室	922-4958	83454958
检测中心	922-3200	83453200
技术经济室	922-4952	83454952
出版档案室	922-3082	83453082

华东管道工程有限公司

党群工作部	922-2942	83452942
经理办公室	922-2813	83452813
人力资源部	922-2358	83452358
财务部	922-4014	83454014
设备物资部	922-4044	83454044
经营管理部	922-2357	83452357
安全环保部	922-2732	83452732
技术质量部	922-2549	83452549
工会	922-2871	83452871
团委	922-2407	83452407
第一工程处	922-2282	83452282
第二工程处	922-2024	83452024
第三工程处	922-4052	83454052
第四工程处	922-2452	83452452
设备调剂维修中心	922-2686	83452686

客运处

处办	922-4241	83454225
调度	922-2412	83452412
财务科	922-4262	83454262

接待处

综合办公室	9355-6639	
财务部	9355-6619	
总机	9355-6000	

离退休职工管理处

办公室	922-2336	83452336
人事科	922-2456	83452456
财务科	922-2569	83452569

实业公司

经理	922-5657	83455657
办公室	922-2424	83452424

襄樊管理处

地址：湖北省襄樊市长虹路 41 号

邮编：441002

区号：0710

办公室	9354-6312	3216312
生产科	9354-6512	3216512
安全科	9354-6315	3216315
财务科	9354-6232	3216232
计划科	9354-6541	3216541
人教科	9354-6515	3216515
通信站	9354-6287	3216287
供应站	9354-6580	3216580
抢险队	9354-7738	3217738

南京管理处

地址：江苏省南京市尧化门 4603 信箱

邮编：210046

区号：025

办公室	9351-6350	86336350
生产科	9351-6368	86336368
运销科	9351-6365	86336365
管道科	9351-6373	86336373

安全科	9351-6374	86336374
计划科	9351-6377	86336377
人教科	9351-6380	86336380
财务科	9351-6383	86336383
通信站	9351-6451	86336451
供应站	9351-6401	86336401

新乡管理处

地址：河南省新乡市平原路 506 号

邮编：453003

区号：0373

办公室	9314-2326	3762326
生产技术部	9314-2419	3762419
管道运销科	9314-2442	3762442
安全科	9314-2364	3762364
财务科	9314-2306	3762306
综合计划科	9314-2324	3762324
人教科	9314-2368	3762368
纪监审	9314-2084	3762084
抢修队	9314-2290	3762290
通讯站	9314-2260	3762260
供应站	9314-2361	3762361

鲁宁管理处

地址：山东省邹城市天平路

邮编：273500

区号：0537

处办	9350-3053	5273053
生产科	9350-3028	5273028
安全科	9350-3109	5273109
计划科	9350-3107	5273107
会计核算中心	9350-3126	5273126
人教科	9350-3160	5273160
通信站	9350-3015	5273015
维修队	9350-3219	5273219
供应站	9350-3117	5273117

聊城管理处

地址：山东省聊城市东昌西路 188 号

邮编：252000

区号：0635

处办	9352-8026	6968026
人教科	9352-8051	6968051
计划科	9352-8090	6968090
审计科	9352-8197	6968197
安全科	9352-8046	6968046
财务科	9352-8049	6968049
生产科	9352-8030	6968030

潍坊管理处

地址：山东省潍坊市北宫北街 3 号

邮编：261021

区号：0536

处办	9312-2252	8182252
调度科	9312-2217	8182217
生产科	9312-2206	8182206
抢修队	9312-3116	8183116
运销科	9312-2613	8182613
管道科	9312-2685	8182685
安全科	9312-2259	8182259
计划科	9312-2261	8182261
财务科	9312-2287	8182287
审计科	9312-2723	8182723
人教科	9312-2265	8182265
通信站	9312-2317	8182317

沧州管理处

地址：河北省沧州市吴官屯

邮编：061000

区号：0317

处办	9353-6239	2146239
安全科	9353-6143	2146143
生产科	9353-6240	2146240
管道科	9353-6244	2146244
财务科	9353-6236	2146236
计划科	9353-6267	2146267
人事科	9353-6264	2146264
审计科	9353-6471	2146471

仪长管理处

地址：湖北省武汉市武昌区中北东路 303 号

邮编：430077

区号：027

办公室	9354-3010	86623010
党办	9354-3012	86623012
人事教育科	9354-3021	86623021
生产运销科	9354-3013	86623013
管道安全科	9354-3015	86623015
计划财务科	9354-3022	86623022
供应科	9354-3023	86623023

洪荆管理处

地址：湖北省武汉市荆门市掇刀区炼厂路
邮编：430077
区号：027

办公室 ……………………9354-5010　86625010
党办 ……………………9354-5020　86625020
人事教育科 ……………………9354-5076　86625076
生产技术科 ……………………9354-5030　86625030
安全科 ……………………9354-5053　86625053
计划科 ……………………9354-5063　86625063
财务科 ……………………9354-5070　86625070
供应科 ……………………9354-5080　86625080

京唐管理处

地址：天津市大港区天津炼油厂西侧天津中转油库
邮编：300271
区号：022

办公室 ……………………9353-4007　59724007
党办 ……………………9353-4013　59724013
人事教育科 ……………………9353-3021　59724038
生产运销科 ……………………9353-3013　59724018
安全科 ……………………9353-4035　59724035
管道科 ……………………9353-4368　59724368
计划科 ……………………9353-4366　59724366

青岛管理处

地址：山东省青岛市黄岛区油岗一路8号
邮编：266550
区号：0532

办公室 ……………………9318-2021　86832021
党办 ……………………9318-2022　86832022
计划科 ……………………9318-2027　86832027
生产科 ……………………9318-2031　86832031
安全科 ……………………9318-2033　86832033
财务科 ……………………9318-2043　86832043
综合管理站 ……………………9318-2171　86832171
输油一队 ……………………9318-2121　86832121
输油二队 ……………………9318-2141　86832141
维修队 ……………………9318-2161　86832161
消警队 ……………………9318-2181　86832181

南京培训中心

地址：江苏省南京市江宁区东山街道竹山路151号
邮编：211100
区号：025

处办 ……………………9351-3030　86833030
党办 ……………………9351-3012　86833012
财务科 ……………………9351-3030　86838729
培训科 ……………………9351-3020　86833020

管道储运分公司

机关处室

总经理办公室
主任……………………922-5495　83455495
秘书科……………………922-4204　83454204
文书科……………………922-3144　83453144
档案馆……………………922-3195　83453195

外事办
主任……………………922-6512　83456512
外事办……………………922-2483　83452483

运销处
处长……………………922-3235　83453235
副处长……………………922-2066　83452066
……………………922-3230　83453230
调度室……………………922-3137　83453137
运销科……………………922-3209　83453209
技术科……………………922-3233　83453233
设备科……………………922-2581　83452581
三电办……………………922-3234　83453234
运销处值班室……………………922-5787　83455787

管道管理处
处长……………………922-4775　83454775
管道科……………………922-3218　83453218
综合科……………………922-3333　83453333

港务处
处长……………………922-3220　83453220
管理科……………………922-2279　83452279
港务科……………………922-2507　83452507

安全环保监察处
处长……………………922-3140　83453140
副处长……………………922-4740　83454740
综合科……………………922-4965　83454965
安监科……………………922-4117　83454117
消防交通环保科……………………922-3142　83453142

计划处
处长……………………922-2952　83452952
副处长……………………922-6570　83456570
计划科……………………922-3393　83453393
规划科……………………922-3390　83453390

综合统计科………………922-3391 83453391

财务处

处长………………922-2587 83452587

副处长………………922-2894 83452894

预算科………………922-3193 83453193

会计科………………922-3191 83453191

资产科………………922-2503 83452503

销售科………………922-3194 83453194

人力资源处

处长………………922-2469 83452469

副处长………………922-5657 83455657

………………922-3179 83453179

劳动组织科………………922-3130 83453130

工资科………………922-3395 83453395

技能鉴定中心………………922-2021 83452021

社会保险所………………922-4075 83454075

人才交流中心………………922-2058 83452058

科技处

处长………………922-3128 83453128

能源科………………922-3127 83453127

质管科………………922-3222 83453222

科技办………………922-3132 83453132

审计处

处长………………922-5875 83455875

副处长………………922-5340 83455340

综合科………………922-3135 83453135

财务审计科………………922-4114 83454114

工程审计科………………922-2689 83452689

监察处（纪委）

处长………………922-3213 83453213

案审室主任………………922-2891 83452891

案审室………………922-2378 83452378

检查室主任………………922-2083 83452083

概预算管理中心

主任………………922-5640 83455640

副主任………………922-3389 83453389

综合科………………922-5424 83455424

造价科………………922-2194 83452194

经济科………………922-2140 83452140

内控办

主任………………922-3149 83453149

综合管理科………………922-3302 83453302

通信处

处办………………922-3044 83453044

人教科………………922-2100 83452100

管理科………………922-3003 83453003

财务科………………922-3093 83453093

技术室………………922-3000 83453000

机线班………………922-2355 83452355

市话班………………922-2111 83452111

供应处

处办………………922-2718 83452718

党群………………922-2237 83452237

综合管理科………………922-2940 83452940

财务中心………………922-2647 83452647

安保科………………922-2450 83452450

材料科………………922-3057 83453057

机配科………………922-2087 83452087

仓库………………922-2837 83452837

管道科学研究院

院办………………922-3382 83453382

生产经营部………………922-3210 83453210

财务经营部………………922-2344 83452344

计算机室………………922-3090 83453090

工艺室………………922-3157 83453157

线路规划室………………922-5146 83455146

设备室………………922-3036 83453036

土建室………………922-7217 83457217

水暖室………………922-4959 83454959

电气室………………922-4955 83454955

仪表室………………922-3159 83453159

防腐室………………922-4958 83454958

检测中心………………922-3200 83453200

技术经济室………………922-4952 83454952

出版档案室………………922-3082 83453082

襄樊输油处

地址：湖北省襄樊市长虹路41号

邮编：441002

区号：0710

办公室………………9354-6312 3216312

生产科………………9354-6512 3216512

安全科………………9354-6315 3216315

财务科………………9354-6232 3216232

计划科………………9354-6541 3216541

人教科………………9354-6515 3216515

通信站………………9354-6287 3216287

供应站………………9354-6580 3216580

抢险队………………9354-7738 3217738

南京输油处

地址：江苏省南京市尧化门4603信箱

邮编：210046

区号：025

办公室	9351-6350	86336350
生产科	9351-6368	86336368
运销科	9351-6365	86336365
管道科	9351-6373	86336373
安全科	9351-6374	86336374
计划科	9351-6377	86336377
人教科	9351-6380	86336380
财务科	9351-6383	86336383
通信站	9351-6451	86336451
供应站	9351-6401	86336401

新乡输油处

地址：河南省新乡市平原路506号

邮编：453003

区号：0373

办公室	9314-2326	3762326
生产技术部	9314-2419	3762419
管道运销科	9314-2442	3762442
安全科	9314-2364	3762364
财务科	9314-2306	3762306
综合计划科	9314-2324	3762324
人教科	9314-2368	3762368
纪监审	9314-2084	3762084
抢修队	9314-2290	3762290
通讯站	9314-2260	3762260
供应站	9314-2361	3762361

鲁宁输油处

地址：山东省邹城市天平路

邮编：273500

区号：0537

处办	9350-3053	5273053
生产科	9350-3028	5273028
安全科	9350-3109	5273109
计划科	9350-3107	5273107
会计核算中心	9350-3126	5273126
人教科	9350-3160	5273160
通信站	9350-3015	5273015
维修队	9350-3219	5273219
供应站	9350-3117	5273117

聊城输油处

地址：山东省聊城市东昌西路188号

邮编：252000

区号：0635

处办	9352-8026	6968026
人教科	9352-8051	6968051
计划科	9352-8090	6968090
审计科	9352-8197	6968197
安全科	9352-8046	6968046
财务科	9352-8049	6968049
生产科	9352-8030	6968030

潍坊输油处

地址：山东省潍坊市北宫北街3号

邮编：261021

区号：0536

处办	9312-2252	8182252
调度科	9312-2217	8182217
生产科	9312-2206	8182206
抢修队	9312-3116	8183116
运销科	9312-2613	8182613
管道科	9312-2685	8182685
安全科	9312-2259	8182259
计划科	9312-2261	8182261
财务科	9312-2287	8182287
审计科	9312-2723	8182723
人教科	9312-2265	8182265
通信站	9312-2317	8182317

沧州输油处

地址：河北省沧州市吴官屯

邮编：061000

区号：0317

处办	9353-6239	2146239
安全科	9353-6143	2146143
生产科	9353-6240	2146240
管道科	9353-6244	2146244
财务科	9353-6236	2146236
计划科	9353-6267	2146267
人事科	9353-6264	2146264
审计科	9353-6471	2146471

仪长输油处

地址：湖北省武汉市武昌区中北东路303号

邮编：430077

区号：027

办公室	9354-3010	86623010
党办	9354-3012	86623012
人事教育科	9354-3021	86623021

生产运销科……………………9354-3013　86623013
管道安全科……………………9354-3015　86623015
计划财务科……………………9354-3022　86623022
供应科…………………………9354-3023　86623023

洪荆输油处

地址：湖北省武汉市荆门市掇刀区炼厂路
邮编：430077
区号：027

办公室…………………………9354-5010　86625010
党办……………………………9354-5020　86625020
人事教育科……………………9354-5076　86625076
生产技术科……………………9354-5030　86625030
安全科…………………………9354-5053　86625053
计划科…………………………9354-5063　86625063
财务科…………………………9354-5070　86625070
供应科…………………………9354-5080　86625080

京唐输油处

地址：天津市大港区天津炼油厂西侧天津中转油库
邮编：300271
区号：022

办公室…………………………9353-4007　59724007
党办……………………………9353-4013　59724013
人事教育科……………………9353-3021　59724038
生产运销科……………………9353-3013　59724018
安全科…………………………9353-4035　59724035
管道科…………………………9353-4368　59724368
计划科…………………………9353-4366　59724366

黄岛油库

地址：山东省青岛市黄岛区油岗一路8号
邮编：266550
区号：0532

办公室…………………………9318-2021　86832021
党办……………………………9318-2022　86832022
计划科…………………………9318-2027　86832027
生产科…………………………9318-2031　86832031
安全科…………………………9318-2033　86832033
财务科…………………………9318-2043　86832043
综合管理站……………………9318-2171　86832171
输油一队………………………9318-2121　86832121
输油二队………………………9318-2141　86832141
维修队…………………………9318-2161　86832161
消警队…………………………9318-2181　86832181

15. 北京燕山石油化工有限公司
北京燕山分公司

地址：北京市房山区燕山岗南路1号
邮编：102500
区号：010
总机：69341114
传真：69342736
网址：www.bypc.com.cn
E-mail: office@bypc.com.cn

部门	公网电话
公司机关	
总经理办公室	69342295
党委办公室	69343151
组织干部部	69342083
人力资源部	69342082
党委宣传部	69343944
纪委监察部	69342292
公司工会	69346726
公司团委	69344116
机关党委	69344695
企业管理部	69343619
财务部	69346908
生产管理部	69344930
经营计划部	69348102
发展计划部	69344062
科技部	69342092
机械动力部	69342949
安全监察部	69345945
环境保护部	69342987
工程管理部	69346069
审计部	69347268
保卫武装部	69346866
法律事务室	69347209
信息部	69341378
对外合作部	69349900
接待中心	69348888

部门	公网电话
二级单位	
发展研究中心	69346402
炼油一厂	69343516
炼油二厂	69334844
炼油三厂	69346312
合成橡胶厂	69347472
化工一厂	69342613
化工二厂	69342581
化工三厂	69345272
化工六厂	80344919
化工七厂	69343798
化工八厂	69342120
储运一厂	69334562
储运二厂	69343681
热力厂	69341737
电网管理中心	69342642
生产运保障中心	69341138
气体事业部	69346970
水务管理中心	69341067
研究院	69346146
物资装备中心	69344182
营销中心	69344308
铁路运输部	69345275
树脂应用研究所	69341124
塑料分公司	69341503
消防支队	69345019

电信事业部……69342010
生产厂服务中心……69340241
生活社区服务中心……69347642
质量监督检验中心……69344227
教育培训中心……69343328
离退休人员管理中心……69343878
公务车服务管理中心……69347817
统计调查中心……81344863
档案信息管理中心……69342175
土地房产管理中心……69341428
治安保卫服务管理中心……69345811
社会保险管理中心……80345374
传媒中心……69342889
会计中心……80345030
职业病防治所……69345258
飞燕环保……69342700
锅炉压力容器检验所……80344885
工程质量监督站……69339701

北京东方石油化工有限公司

机关……67712255
东方化工厂……61564901
有机化工厂……69333933
化工四厂……69313551
助剂二厂……67364448
销售中心……61507909
物装中心……61506630

北京燕化天钲建筑工程有限责任公司

公司领导
董事长兼总经理……69341527
人事副经理……69347215
总工程师……69341408
监事会主席兼工会主席……69343897
经营副经理……69341206
副经理（市场）……69342932
生产副经理……69345357

机关部室
总经理办公室……69342840
总经办传真……69341336
企业管理策划部……69341204
施工管理部……69345560
技术管理部……69347471
质量管理部……69342204
经营计划部……69342934
物资供应管理部……69342258
市场部……69346898

16．资产公司齐鲁石化分公司 齐鲁分公司

地址：山东省淄博市临淄区桓公路15号
邮编：255408
区号：0533
传真：7180406
E-mail：bgs.qlsh@sinopec.com

部门	公网电话
公司机关	
办公室	
主任	7588635
副主任	7511266
副主任	7512758
副主任	7512778
秘书一室	7588498
秘书二室	7588649
文书室	7589176
接待室	7511567
机要室	7511593
外事管理室	7582847
公共关系室	7588626
综合室	7588643
值班电话	7180777
	7588648
传真	7180406
	7180798
生产管理部	
部长	7511597
副部长	7588436
副部长	7586975
副部长	7589937
系统工程室	7588434
计划部	
部长	7588208
副部长	7588670
副部长	7588476
规划管理室	7581328
科学技术部	
部长	7511786
副部长	7588376
副部长	7588495
节能管理室	7588478
设备管理部	
部长	7588482
副部长	7511797
资产计划室	7586943
动力计量部	
部长	7588483
副部长	7512787
综合管理室	7511603
安全环保部	
部长	7588382
副部长	7588381
副部长	7586641
综合管理室	7588383
工程部	
部长	7589987
副部长	7588836
投资控制室	7589975
信息技术部	
部长	7588171
副部长	7511451
综合管理室	7588711
企业管理部	
部长	7511599
副部长	7588662

副部长……7588656
综合管理室……7589820

人力资源部
部长……7512797
副部长……7588716
副部长……7582297
副部长……7588720
综合管理室……7512006

齐鲁分公司财务部
部长……7589816
副部长……7512166
副部长……7511357
会计室……7511251

齐鲁石化分公司财务部
部长……7585567
副部长……7588487
会计室……7589485

审计部
部长……7511149
副部长……7588681
审计管理室……7588683

法律事务部
部长……7586615
副部长……7588663
法律事务室……7589673

行政管理部、卫生处
部长……7511701
副部长……7588222
副部长……7581067
综合管理室……7511301

组织部、干部部
部长……7588715
副部长……7588763
综合室……7588767

宣传部、统战部、企业文化部
部长……7588769
副部长……7588768
综合管理室……7588770

纪委、监察部
副书记、部长……7588760
副书记、副部长……7511969
副书记、副部长……7588756
办公室……7588373

工会、团委
副主席……7588453
副主席……7588452
团委副书记……7588467
办公室……7588455

稳定办公室、人民武装部
主任、部长……7588613
副主任……7511523
副主任、副部长……7588490
督导室……7582264

机关党委
书记……7588877
纪委书记……7588738
工会主席……7588078
办公室……7586434

机关事务中心
主任……7588877
副主任……7588078
综合室……7588735

结算核算中心
主任……7586166
副主任……7556633
副主任……7533696
会计核算管理室……7532978

档案馆、史志办公室
主任……7589493
史志编纂室……7582472

齐鲁石化报社
总编……7586145
编辑室……7586139

广播电视中心
主任、台长……7530196
综合室……7552400

工会文体中心
主任……7530040
综合室……7536416

动力管理中心
主任……7580771
综合管理室……7526370

工程质量监督分站
站长……7512466

特种设备检测中心
主任……7582488

机关车队
副队长……7588066
副队长……7588684
综合管理……7589121

计量测试所
所长……7512588

综合管理……7581707
环境和职业卫生监测站
站长……7581655
综合管理……7511509

二级单位

胜利炼油厂、炼油实业部
厂长……7587409
书记……7575798
办公室主任……7574691
办公室……7573196
传真……7180841
烯烃厂
厂长……7580181
书记……7580378
办公室主任……7580558
办公室……7580559
传真……7580559
塑料厂
厂长……7580707
书记……7580208
办公室主任……7580209
办公室……7522656
传真……7580933
氯碱厂
厂长……7580402
书记……7580408
办公室主任……7580400
办公室……7580099
传真……7580785
橡胶厂
厂长、书记……7549766
办公室主任……7544699
办公室……7542512
传真……7548168
第二化肥厂、二化实业部
厂长、书记……7583600
办公室主任……7582684
办公室……7582303
传真……7582773
热电厂
厂长……7580570
书记……7580770
办公室主任……7580233
办公室……7521459
传真……7580768
腈纶厂
厂长、书记……3576677
办公室主任……3576208
办公室……3576018
传真……3580811
供排水厂
厂长、书记……7580685
办公室主任……7580284
办公室……7580676
传真……7580676
储运厂
厂长……7580475
书记……7581169
综合管理部部长……7580036
综合管理部……7521239
传真……7580030
达州化肥分公司
经理……(0818)3536111
书记……(0818)3536001
综合管理部长……(0818)3536007
综合管理部……(0818)3536009
传真……(0818)3536012
物资装备中心
主任……7556377
书记……7556529
办公室主任……7556839
办公室……7556246
传真……7556246
销售运输部
部长……7555813
书记……7555187
办公室主任……7531138
办公室……7581544
传真……7535004
研究院
院长……7512767
书记……7512716
综合管理部部长……7589579
综合管理部……7511366
传真……7512399
一化实业部、劳动事务中心
经理……7549788
书记……7543666
综合管理部部长……7541001
办公室……7543693
传真……7548848
社区管理中心

主任……………………………………7581609
书记……………………………………7554877
办公室主任……………………………7556578
办公室…………………………………7551394
传真……………………………………7581688

电信网络中心

主任、书记……………………………7589066
综合管理部部长………………………7511517
办公室…………………………………7581838
传真……………………………………7585581

服务保障中心

主任、书记……………………………7580188
综合管理部部长………………………7525572
综合管理部……………………………7580917
传真……………………………………7525572

离退休人员管理中心

主任……………………………………7539788
书记……………………………………7536766
办公室主任……………………………7557916
办公室…………………………………7536576
传真……………………………………7536576

车辆管理中心

主任、书记……………………………7539588
办公室主任……………………………7532477
办公室…………………………………7531903
传真……………………………………7531903

消防支队

支队长、书记…………………………7588557
政委……………………………………7582116
综合管理部部长………………………7588002
综合管理部……………………………7582145
传真……………………………………7582145

山东化工职业学院、培训中心、党校

主任、书记……………………………7581775
办公室主任……………………………7581177
办公室…………………………………7581015
传真……………………………………7581177

齐华事务中心

主任、书记……………………………7530866
综合管理部部长………………………7532077
综合管理部……………………………7530633
传真……………………………………7532077

新联事务中心

主任、书记……………………………7537767
综合管理部部长………………………7535607
综合管理部……………………………7536209
传真……………………………………7536209

17. 上海石油化工股份有限公司

地址：上海市金山区金一路 48 号
邮编：200540
区号：021
总机：57941941
传真：57940050
网址：www.spc.com.cn
E-mail：spc@spc.com.cn

部门	公网电话
公司机关	
董事会秘书室	-21416
	57943143
战略研究室	-21432
总经理办公室	-21771
	57952397
总值班室	-21673
	57943337
接待室	-20143
	57943067
党委办公室	-21542
	-21562
	-21581
	57940800
	57939473
	57943234
生产部	-20501
	-20592
	-20504
	57940550
财务部	-20901
	57952834
干部部（组织部）	-21310
	57942641
人力资源部	-21308
	57941091
企业管理办公室	-24109
	57970526
国际部	-20802
	57941068
投资计划部	-21006
	57945605
技术中心	-21101
	57943413
经营计划部	-86058
	57951013
物资供应部	-86648
	57941751
设备动力部	-22772
	57943434
安全环保监督部	-20601
	-20602
	57951943
	57940589
审计部	-21102
	-21163
	57943675
工程部	-24026
	57933759
	-24028
信息管理部	-22601
	57933827
总务部	-86602
	57972651
	-20222
保卫部、综治办、武装部	-22501
	-22502
	-22503

科协 ……………………………………………-24082
……………………………………………57933815
纪委、监察室 ……………………………………-21301
……………………………………………-21203
……………………………………………57957878
……………………………………………57940496
宣传部 …………………………………………-21232
……………………………………………-21242
……………………………………………57933675
工会 ……………………………………………-20702
……………………………………………-20713
……………………………………………57951047
……………………………………………57941526
团委 ……………………………………………-20790
……………………………………………-20791
……………………………………………57943786
机关党委、工会 …………………………………-20785
……………………………………………57942298

炼油事业部

总机 ……………………………………………57943800
查询 ……………………………………………-30114
传真 ……………………………………………57932945
经理办公室 ……………………………………-30051
……………………………………………57932342
党委办公室 ……………………………………-30111
……………………………………………57942983

烯烃事业部

总机 ……………………………………………57943800
查询 ……………………………………………-30114
传真 ……………………………………………57940797
经理办公室 ……………………………………-31051
……………………………………………57930206
党委办公室 ……………………………………-31111
……………………………………………57940917

芳烃事业部

总机 ……………………………………………57943800
查询 ……………………………………………-30114
传真 ……………………………………………57949640
经理办公室 ……………………………………-32051
……………………………………………57931849
党委办公室……………………………………-32111
……………………………………………57949240

化工事业部

总机 ……………………………………………57942323
查询 ……………………………………………-40114
传真 ……………………………………………57943782
经理办公室 ……………………………………-42031
……………………………………………57930063
党委办公室 ……………………………………-42200
……………………………………………57934461

腈纶事业部

总机 ……………………………………………57941699
查询 ……………………………………………-50114
传真 ……………………………………………57942450
经理办公室 ……………………………………-53035
……………………………………………57941070
党委办公室 ……………………………………-53204

涤纶事业部

总机 ……………………………………………57943210
查询 ……………………………………………-70114
传真 ……………………………………………57941295
经理办公室 ……………………………………-72120
……………………………………………57944093
党委办公室 ……………………………………-72213
……………………………………………57944464

塑料事业部

总机 ……………………………………………57943160
查询 ……………………………………………-80114
传真 ……………………………………………57943716
经理办公室 ……………………………………-82031
……………………………………………57933835
党委办公室 ……………………………………-82203
……………………………………………57932036

热电事业部

总机 ……………………………………………57933123
查询 ……………………………………………-20114
传真 ……………………………………………57935483
经理办公室 ……………………………………-23006
……………………………………………57946363
党委办公室 ……………………………………-23117
……………………………………………57941377

物资供应公司

总机 ……………………………………………57932160
查询 ……………………………………………-80114
传真 ……………………………………………57940202
经理办公室 ……………………………………-86666
……………………………………………57941351
党委办公室 ……………………………………-86848
……………………………………………57932423

经营销售公司

总机 ……………………………………………57943160
查询 ……………………………………………-80114

传真 ……………………………………57931823
经理办公室 ……………………………………-86054
……………………………………57931823
党委办公室 ……………………………………-86051
……………………………………57931261

投资发展公司

总机 ……………………………………57941941
查询 ……………………………………-20114
传真 ……………………………………57933508
经理办公室 ……………………………………-25711
……………………………………57942186
党委办公室 ……………………………………-25721
……………………………………57942453

储运部

总机 ……………………………………57943800
查询 ……………………………………-30114
传真 ……………………………………57946539
经理办公室 ……………………………………-39021
……………………………………57946539
党委办公室 ……………………………………-39013
……………………………………57940565

公用事业公司

总机 ……………………………………57941941
查询 ……………………………………-20114
传真 ……………………………………57942303
经理办公室 ……………………………………-26307
……………………………………57958713
党委办公室 ……………………………………-26387
……………………………………57931039

化工研究所

总机 ……………………………………57943800
查询 ……………………………………-30114
传真 ……………………………………57943690
经理办公室 ……………………………………-33205
……………………………………57943296
党委办公室 ……………………………………-33241
……………………………………57940661

环境保护中心

总机 ……………………………………57941941
查询 ……………………………………-20114
传真 ……………………………………57931950
经理办公室 ……………………………………-26009
……………………………………57941133
党委办公室 ……………………………………-26023
……………………………………57931254

水务公司

总机 ……………………………………57941941
查询 ……………………………………-20114
传真 ……………………………………57930400
经理办公室 ……………………………………-26615
……………………………………57941578
党委办公室 ……………………………………-26616

物业公司

总机 ……………………………………57941941
查询 ……………………………………-20114
传真 ……………………………………57959210
综合办 ……………………………………-86605
……………………………………57959210

培训中心（党校）

总机 ……………………………………57941941
查询 ……………………………………-20114
办公室 ……………………………………-25512
……………………………………57941806
党群工作办 ……………………………………-25521
……………………………………57972491

新闻中心

总机 ……………………………………57941941
查询 ……………………………………-20114
传真 ……………………………………57940934
综合办公室 ……………………………………-25313
……………………………………-25316
……………………………………57940934
……………………………………57970185

员工交流安置中心

总机 ……………………………………57941941
查询 ……………………………………-20114
传真 ……………………………………57945300
经理办公室 ……………………………………57941766
党委办公室 ……………………………………57941766

计量所

总机 ……………………………………57941941
查询 ……………………………………-20114
传真 ……………………………………57944006
综合办公室 ……………………………………-22103
……………………………………57944006

金山联合贸易公司

总机 ……………………………………57941941
查询 ……………………………………-20114
传真 ……………………………………57942248
经理办公室 ……………………………………57940433
……………………………………52377301
党委办公室 ……………………………………-22093

……………………………………………52376332

海堤管理所

总机 ……………………………………………57941941

查询 ……………………………………………-20114

传真 ……………………………………………57945276

综合办公室 ……………………………………57941628

……………………………………………-85303

18. 上海赛科石油化工有限责任公司

地址：上海市长宁区仙霞路 299 号远东国际大厦
A 幢 30 层
邮编：200051
区号：021
传真：62097070
网址：www.secco.com.cn
E-mail：contacts@secco.com.cn

部门	公网电话
项目副主任	67250068
党委副书记	67250428
行政部主任	67250428
行政经理	-2200

19. 资产公司上海高桥分公司 上海高桥分公司

地址：上海市浦东大道 3000 号
邮编：200129
区号：021
总机：58711001
传真：58712207
网址：www.sinogpc.com
E-mail：gpcc@sinogpc.com

部门	公网电话
公司机关	
总经理办公室	58712902
总值班室	58711221
经理办公室	
主任	22302
秘书	22301
接待	20120
小车班	20105
电话班	22225
外事办公室	
主任	21110
党委办公室	
主任	22102
秘书	22101
生产调度处	
处长	20508
综合管理	20531
运行调度	20523
节能	20532
调度	29999
设备动力处	
处长	20609
设备管理	20636
机械设备	20631
动力仪表	20632
技术质量处	
处长	20815
炼油工艺	20846
质量管理	20849
化工工艺	20811
HSE 管理处	
处长	20608
安全管理	20664
环保管理	20665
安全技术	20663
发展计划处	
处长	21709
项目投资	21708
规划	20741
综合计划处	
处长	21809
计划	21824
原油	21267
成品油	21264
统计	21832
工程处	
处长	21509
项目前期	21545
项目建设	21568
干部处（组织部、老干部处）	
处长	21939
组织工作	21950

科技干部……………………………………-21927
干部管理……………………………………-21929
企业管理处
处长……………………………………-21310
内控……………………………………-21312
法律事务……………………………………-21325
产业开发……………………………………-21322
企业管理……………………………………-21329
人力资源处
处长……………………………………-21510
保险福利……………………………………-21540
薪酬与激励……………………………………-21555
人力资源……………………………………-21512
培训……………………………………-21538
财务资产处
稽核……………………………………-21751
财务……………………………………-21754
财务部
部长……………………………………-21816
财务……………………………………-21837
会计……………………………………-21821
审计处
处长……………………………………-21341
专项审计……………………………………-21348
综合审计……………………………………-21347
宣传部
部长……………………………………-21605
宣传教育……………………………………-21641
工会
副主席……………………………………-22038
民管宣教……………………………………-22007
生产生活保障……………………………………-22036
办公室……………………………………-22025
团委
书记……………………………………-21638
青年工作……………………………………-21637
监察处
处长……………………………………-22013
办公室……………………………………-22050
纪律检查……………………………………-22040
效能监察……………………………………-22043
案件审理……………………………………-22014
事务管理中心
主任……………………………………-32150
治安综合管理……………………………………-32656
内部保卫……………………………………-32857
交通安全……………………………………-32554
人武……………………………………-33053
职业病防治所
所长……………………………………-32833
综合管理……………………………………-32035
医政医保……………………………………-32638
环境监测……………………………………-32133
职工培训中心
主任……………………………………-34280
办公室……………………………………-32884
培训部……………………………………-34087
教学部……………………………………-34281
信息中心
主任……………………………………-20809
现场运维……………………………………-20840
开发应用……………………………………-20839
档案情报……………………………………-82105
新闻中心
高桥石化报……………………………………-33098
电视站……………………………………-32595
离退休管理中心
主任……………………………………-21939
副主任……………………………………58677063
国事上海分公司
经理……………………………………-21210
炼油事业部
总机……………………………………58611060
综合管理部……………………………………-32288
化工事业部
总机……………………………………58610099
综合管理部……………………………………-42123
聚氨酯事业部
总机……………………………………58613697
综合管理部……………………………………-62205
精细化工事业部
总机……………………………………58611682
综合管理部……………………………………-55006
热电事业部
总机……………………………………58610076
综合管理部……………………………………-77305
供应销售部
总机……………………………………58612861
综合管理部……………………………………-82309
高桥石化宾馆
经理室……………………………………-28880
办公室……………………………………-28881

20. 资产公司金陵石化分公司
金陵分公司

地址：江苏省南京市栖霞区甘家巷街388号
邮编：210033
区号：025
总机：58988114
传真：85410220
网址：www.jlpec.com
E-mail：jlbm.jlsh@sinopec.com

部门	公网电话
公司机关	
总经理（外事）办公室	
主任	58981999
秘书	58980754
总值班室	58989318
党委办公室	
主任	58977671
人力资源（组织）处	
处长	58982999
宣传（统战）处	
处长	58989355
纪委（监察处）	
副书记	58989470
公司工会	
副主席	58986580
机关党委	
书记	58982038
公司团委（青年工作处）	
副书记	58977657
财务处	
处长	58988986
财务资产部	
部长	58977254
企业管理处	
处长	58977357
法律事务室	
主任	58977397
技术质量处	
处长	58987909
生产计划处	
处长	58980282
总调度室	58980354
机动处	
处长	58988066
安全环保处	
处长	58980881
发展项目处	
处长	58989204
审计处	
处长	58981549
保卫处	
处长	58977377
直属单位	
物装中心	
副主任	58987576
销售中心	
主任	58986000
信息中心	
主任	58987958
消防支队	
支队长	58977385
行政管理中心	

主任……………………………………58977416
离退休管理中心
主任……………………………………58977669
教培中心
主任……………………………………58979321
项目管理中心
主任……………………………………58981752
热电运行部
主任……………………………………58970543
煤化工运行部
主任……………………………………58971771
炼油运行一部
主任……………………………………58983350
炼油运行二部
主任……………………………………58989351
炼油运行三部
主任……………………………………58982684
油品储运部
主任……………………………………58989654
芳烃运行部
书记……………………………………58989934
公用工程运行部
主任……………………………………58980147
质检中心
主任……………………………………58989453
计量中心
主任……………………………………58980954
情报档案室
主任……………………………………58980244
烷基苯厂
厂办主任………………………………58975216
总值班室………………………………58975224
化工一厂
厂办主任………………………………58976530
总值班室………………………………58976300

21. 资产公司茂名石化分公司 茂名分公司

地址：广东省茂名市红旗北路2号
邮编：525011
区号：0668
传真：2269317
网址：www.mpcc.com.cn
E-mail：office@mpcc.com.cn

部门	公网电话
办公室	2264248
综合科	2242241
经理专线	2248800
传真	2269317
计划管理部	
生产计划科	2244080
综合管理处	
综合科	2248595
财务部	
综合科	2248501
财务处	
内控科	2244068
企业管理处（企业管理部）	
综合科	2244063
生产管理部	
总值班室	2243571
调度室	2242261
技术质量部	
技术科	2232291
机动部	
设备科	2248318
安全环保部	
安全科	2242381
人事部（组织部）	
综合科	2242586
审计部	
综合审计	2242438
纪委监察处	
办公室	2242282
保卫处	
综合科	2244639
武装部	
综合科	2243482
党委宣传部	
宣传科	2248285
工会	
办公室	2243031
公司团委	
组织部	2248390
机关党委	
办公室	2242731
离退休人员管理处	
办公室	2244006
社会保险管理处	
主任室	2231605
清欠办	2201901
公共关系办	2234206
工程项目经理部	
综合科	2234180
销售中心	
综合科	2242937
供应中心	
综合科	2248397
信息中心	

综合科……………………………………………2248513
生产设备监测中心
综合科……………………………………………2248369
消防支队
综合科……………………………………………2243686
职工培训中心（党校）
综合科……………………………………………2244643
机关事务中心
综合科……………………………………………2243514
炼油分部
办公室……………………………………………2243818
党工部……………………………………………2248468
化工分部
办公室……………………………………………2238358
党工部……………………………………………2237301
动力厂
办公室……………………………………………2240000
党工部……………………………………………2240008
港口分部
办公室……………………………………………2241039
党办………………………………………………2241218
铁运分部
办公室……………………………………………2242606
党工部……………………………………………2248316
小车队……………………………………………2242351
迎宾大厦总台……………………………………2913788
官度邨总台………………………………………2243500
新中美公司 ……………………………(0759)2356881

22. 镇海炼化分公司

地址：浙江省宁波市镇海区
邮编：315207
区号：0574
总机：86440114
传真：86449999
网址：www.zrcc.com.cn
E-mail：jlb@zrcc.com

部门	公网电话
公司办公室	
主任	86445988
办公室	86444213
机要科	86444000
调研室	86444666
接待科	86445513
外事办	86444925
小车队	86444088
东海宾馆总机	86449988
组织部部长、人教处	
处长	86444528
组织科	86445705
干部科	86445019
人力资源科	86445002
薪酬激励科	86444911
教育培训科	86445050
宣传部	
部长	86444431
宣传科	86444803
纪委副书记、监察处	
处长	86445639
检查教育室	86444407
监察室	86444324
工会	
副主席	86444659
民主管理部	86445699
生产保障部	86444248
宣教部	86445016
文化活动中心	86444720
团委	
书记	86444560
办公室	86445671
新闻中心	
主任	86444431
电视台	86449944
镇海炼化报社	86444468
综合计划处	
处长	86445158
计划科	86445443
开发科	86444789
科协	86445521
生产处	
处长	86444264
调度科	86444269
技术科	86445951
综管科	86444239
经贸处	
处长	86445568
市场科	86444028
炼油产品科	86441666
化工产品科	86446233
调运科	86445347
财务处	
处长	86445236
会计科	86445436
成本科	86444335
财务科	86445435
工程科	86444938

综管科……………………………………86444317
材料核算科………………………………86440446
安环处
处长……………………………………86445001
管理科…………………………………86444317
安全科…………………………………86445224
环保科…………………………………86444175
消防大队………………………………86444364
监测站…………………………………86445178
审计处
处长……………………………………86446178
一科……………………………………86444406
二科……………………………………86444726
机动处
处长……………………………………86444227
管理科…………………………………86445957
设备科…………………………………86444656
动力科…………………………………86445379
计量室…………………………………86444713
压检公司………………………………86440419
工程处
处长……………………………………86442814
计划科…………………………………86444824
项目科…………………………………86444748
合同科…………………………………86445847
质监站…………………………………86444038
企业管理处、法律顾问室
处长……………………………………86446211
法律科…………………………………86445223
管理一科………………………………86440145
管理二科………………………………86444534
物资装备中心
主任……………………………………86440443
管理科…………………………………86440441
材料科…………………………………86440447
设备科…………………………………86444652
配件科…………………………………86444808
控制科…………………………………86444057
仓库……………………………………86440018
教育培训中心
主任……………………………………86445898
教务科…………………………………86444851
培训科…………………………………86444365
考核科…………………………………86445806
离退休管理中心
主任……………………………………86446158
办公室…………………………………86444453
管理一科………………………………86446060
管理二科………………………………86445579
信息中心
主任……………………………………86445856
信息科…………………………………86446616
档案馆…………………………………86444426
电讯站…………………………………86442345
商情部…………………………………86445105
行政事务管理中心
主任……………………………………86446556
综管科…………………………………86445404
事务科…………………………………86446196
保卫科…………………………………86440440
职卫科…………………………………86444940
经护大队………………………………86444636
绿化队…………………………………86445430
质量技术中心
主任……………………………………86445028
质管科…………………………………86444743
质检科…………………………………86444164
研究室…………………………………86442574
质量仪表科……………………………86446051
炼油一部
主任……………………………………86445954
干事……………………………………86445882
炼油部
主任……………………………………86445328
干事……………………………………86444638
炼油三部
主任……………………………………86445074
干事……………………………………86444087
炼油四部
主任……………………………………86444838
干事……………………………………86444501
炼油五部
主任……………………………………86444168
干事……………………………………86444169
化工部
主任……………………………………86444933
干事……………………………………86444930
公用工程部
主任……………………………………86445956
干事……………………………………86445260
储运部
主任……………………………………86445956

干事……………………………………86445161

港务储运部

主任……………………………………86448220

综管部…………………………………86448284

机动部…………………………………86448278

安环部…………………………………86448305

营运部…………………………………86448303

电气部

主任……………………………………86444537

干事……………………………………86444242

仪表控制部

主任……………………………………86444645

干事……………………………………86449581

烯烃部主任……………………………86460385

干事……………………………………86446232

23. 资产公司天津石化分公司 天津分公司

地址：天津市滨海新区（大港）北围堤路（西）160 号
邮编：300271
区号：022
传真：25991000
网址：www.tpcc.com.cn

部门	公网电话
公司机关	
总经理办公室	
主任	63807262
秘书	63804611
	63804607
调研	63804585
	63805037
接待	63804789
	63804596
北京办	(010)64664364
小车队	63804632
总值班室	63806666
传真	25991000
发展规划部	
部长	63804664
总图	63804990
（综合管理）	63804666
投资	63804591
	63804592
	63804595
规划	63804663
	63804590
传真	63804991
计划部	
部长	63807659
综合计划	63804681
（综合管理）	
生产计划	63804734
经营预算	63802395
原油采购	63804624
	63804749
原油营运	63804645
综合统计	63804634
传真	25990965
生产部	
部长	63804640
综合管理	63804642
生产管理	63804894
动力管理	63804641
	63804304
调度主任室	63804639
总调度室	63804636
	63804637
	25990134
MES 管理	63804305
节能管理	63804302
传真	63804638
技术质量部	
部长	63804650
综合管理	63804652
科协	63804667
技术创新	63804603
质量	63804656
工艺	63804655
计量	63804677
传真	63804652
设备管理部	
部长	63807533

综合管理……………………………63804559
……………………………63804557
管理……………………………63804583
资产……………………………63804558
备件……………………………63804531
工程……………………………63804680
预算……………………………63804674
电仪……………………………63804672
电力调度……………………………63801011
……………………………63801012
……………………………63801013
传真……………………………63804671

安全环保部

部长……………………………63805209
综合管理……………………………63804648
……………………………63804693
……………………………63804696
监督管理……………………………63804647
……………………………63804699
环保管理……………………………63804682
安全技术管理……………………………63804694
危化管理……………………………63804697
职业卫生管理……………………………63803810
传真……………………………63804695

职业健康与环境中心

主任……………………………63803665
综合管理……………………………63803792
……………………………63803402
传真……………………………63803809

财务部

部长……………………………63804726
综合管理……………………………63804792
……………………………63804490
资金……………………………63804875
资产……………………………63805809
会计……………………………63804788
成本……………………………63804718
机关经费……………………………63804722
价税……………………………63804497
传真……………………………25994229

财务中心

主任……………………………63804535
报销中心……………………………63803605
销售财务……………………………63803896
人事……………………………63803639
内控……………………………63804885
存续财管……………………………63804791
存续资金……………………………63803641
存续会计……………………………63804729

市场部

部长……………………………63804869
综合管理……………………………63803298
统配管理……………………………63804306
统销管理……………………………63804210
自营管理……………………………63804324
物流管理……………………………63804311
聚醚管理……………………………63802610
传真……………………………63804310

工程部

部长……………………………63804477
综合管理……………………………63804487
工程计划……………………………63804340
招标管理……………………………63804335
设计管理……………………………63802309
消防管理……………………………63804339
工程管理……………………………63804264
材料管理……………………………63804334
传真……………………………63804480

质量监督站

站长……………………………63804280
综合管理……………………………63805194
传真……………………………63804939

工程建设中心

主任……………………………63802863
综合管理……………………………63802873
传真……………………………63802867

企业管理部

部长……………………………63805819
综合管理……………………………63805974
绩效考核……………………………63805973
企业管理……………………………63804283
体系管理……………………………63803681
合资管理……………………………63804892
传真……………………………63804608

人力资源部

部长……………………………63804301
综合管理……………………………63805988
劳动组织……………………………63803090
培训开发……………………………63804828
社会保险……………………………63804605
薪酬管理……………………………63804093
传真……………………………63805988

社保中心
主任……62089808
综合管理……62095022
……62095026
传真……62080777
综合管理部
部长……63804668
综合管理……63803650
……63803672
改革改制……63803040
房屋管理……63804897
预留费用管理……63804689
计划生育……63803106
传真……63803672
法律事务部
部长……63804613
法律事务……63804303
合同管理……63804215
诉讼事务……63804606
传真……63804221
信访稳定办公室
主任……63803461
综合管理……63803463
信访管理……63804616
……63804622
信息管理……63803468
专项办……63803469
传真……63083473
审计部
部长……63804880
综合审计……63804343
综合管理……63804342
工程审计……63804598
经营审计……63804599
经济责任审计……63804887
信息审理……63804748
财务收支……63804289
传真……63084343
信息管理部
部长……63804627
综合管理……63803188
修志办……63804754
传真……63804764
档案情报中心
主任……63804686
信息……63804757
档案……63804754
编辑……63804996
大项目档案……63802850
ERP 支持中心
主任……63804107
ERP 管理办……63804961
ERP 业务支持……63803222
网络管理……63804129
计算机维护……63804182
软件开发 IT 培训……63805228
通讯……63803225
外事部
部长……63804715
综合管理……63804771
外联……63804773
翻译……63804774
项目合同……63804797
传真……25997884
保卫部（武装部）
部长……63807689
综合管理……63802177
人民武装……63804830
交通安全……63803847
治安保卫……63804800
综合治理……63804851
传真……63802177
党委办公室
主任……63804099
综合管理……63804855
机关党委……63804866
保密专项……63804839
秘书……63801003
传真……25990969
组织部（干部部）
部长……63804098
综合管理……63804003
组织管理……63804872
统战管理……63804006
干部管理……63804009
传真……63804609
党委宣传部
部长……63804850
综合管理……63804744
党员教育……63804499
传真……63804744
新闻中心

主任……………………………………63803251
报社……………………………………63804745
电视……………………………………62081490
记者站…………………………………63804761

纪委（监察部）

部长……………………………………63802007
综合管理………………………………63803755
效能监察室……………………………63803746
案件室…………………………………63803748
传真……………………………………63803799

工会

副主席…………………………………63804976
综合管理………………………………63804841
传真……………………………………63804843

团委

书记……………………………………63804867
综合管理………………………………63804859
传真……………………………………63804387

乙烯项目经理部

综合办…………………………………63801500
传真……………………………………63807000

二级单位

炼油部

经理……………………………………63807271
书记……………………………………63807275
办公室…………………………………63807360
………………………………………63807268
………………………………………63807632
传真……………………………………25990065

烯烃部

经理……………………………………63822006
书记……………………………………63822345
办公室…………………………………63822011
………………………………………63822012
………………………………………63822035
传真……………………………………25994230

化工部

经理……………………………………63805800
书记……………………………………63805202
办公室…………………………………63805310
………………………………………63805210
传真……………………………………25990844

热电部

经理……………………………………63805081
书记……………………………………63805003
办公室…………………………………63805038
………………………………………63805010
传真……………………………………63805010

动力部

经理……………………………………63805400
书记……………………………………63805401
办公室…………………………………63805420
………………………………………63805376
传真……………………………………63805352

聚醚部

经理……………………………………24377959
书记……………………………………24378805
办公室…………………………………24378628
………………………………………24378969
………………………………………24373262
传真……………………………………24378501

运输部

经理……………………………………63805016
书记……………………………………63803869
办公室…………………………………63804411
………………………………………63804410
传真……………………………………63804400

物资装备部

经理……………………………………63804938
书记……………………………………63802800
办公室…………………………………63803981
………………………………………63805681
………………………………………63805684
传真……………………………………63802277

研究院

院长……………………………………63804001
办公室…………………………………63804041
………………………………………63804011
传真……………………………………63804015

装备研究院

院长……………………………………63804025
办公室…………………………………63804027
传真……………………………………25990700

消防支队

队长……………………………………63804912
办公室…………………………………63804969
………………………………………63804073
火警调度………………………………63800119
………………………………………63801119
传真……………………………………25991201

培训中心

主任……………………………………62085001

办公室……………………………62082442
……………………………62082424
传真……………………………25990224

离退中心
主任……………………………62083643
书记……………………………62083606
办公室……………………………62083664
……………………………62088449
传真……………………………62088449

计量中心
主任……………………………63804422
办公室……………………………63804139
……………………………63804145
技术……………………………63804137
生产……………………………63804178
传真……………………………63804100

销售中心
主任……………………………63804431
办公室……………………………63807270
……………………………63803099

传真……………………………63803005

工程造价中心
主任……………………………63803795
综合管理……………………………63805829
……………………………63805886
合同管理……………………………63805869
概算管理……………………………63805890
建筑审查……………………………63805876
安装审查……………………………63805896
传真……………………………63805829

西青管理中心
主任……………………………87953795
办公室……………………………87953772
传真……………………………27950637

接待服务中心（天华宾馆）
经理……………………………63804806
办公室……………………………63804778
……………………………63804782
总台……………………………63804735
传真……………………………63802888

24. 资产公司扬子石化分公司 扬子石油化工有限公司

地址：江苏省南京市六合区大厂新华路 777 号
邮编：210048
区号：025
总机：57782114
传真：57784389
网址：www.ypc.com.cn
E-mail：jlb.yzsh@sinopec.com

部门	公网电话
党委办公室	
主任	57784413
秘书	57782285
宣传部	
部长	57784590
宣传教育科长	57783190
统战办公室	57782435
石化报记者站（外宣科）	57782007
扬子电视台台长	57786545
扬子报总编	57785437
纪律检查委员会（监察室）	
副书记	57771598
办公室	57771130
工会	
副主席	58560966
办公室主任	57782015
传真	57784193
生产部长	57787249
女工部长	57783685
宣教部长	57784371
组织民管部长	57783691
文体部长	57771123
生活部长	57784487
团委	
书记	57784057
办公室	57783256

部门	公网电话
机关党委	
书记	58560688
办公室	57784061
人民武装部	
部长	57784059
办公室	57783281
组织部、干部部	
部长	58560688
组织科	57786165
干部科	57785751
总经理办公室	
主任	57782200
副主任	58560515
传真	57784389
公司总值班室	57783502
发展计划部	
部长	57783342
副部长	57784451
副部长	58562137
办公室	57782320
生产经营管理部	
部长	57784053
副部长	57784228
副部长	57782421
市场信息科	57782783
财务部	

部长……57785298
副部长……58561169
办公室……57782158

科技信息部

部长……57782942
科技管理科长……57782755

人力资源部

部长……57784051
副部长……57787312
副部长……57784738
副部长……58561088
绩效考核和现代化管理科长……57784550

审计处

主任……57786951
办公室……57782744

保安部

部长……57784537
政委……57782344
综合管理科……57783703

消防支队

支队长……58561660
政委……57784355
办公室……57782040
支队值班室……57782515

档案馆

处长……57787083
综合翻译科长……57784063

外事管理部

部长……57784678
副部长……57771052
办公室……57783297

董秘法律部

部长……57787751
秘书……57787735
秘书……57787739
传真……57787755

生产技术运行部

部长……57785317
副部长……57771395
副部长……57786569
办公室……57785909

HSE 部

部长……57782483
副部长……57771945
管理科长……57787495

机械动力部

部长……57783974
副部长……57785583
副部长……57784027
办公室……57786035

工程管理部

部长……57785979
副部长……57789060
办公室……58561077

资产经营管理处

处长……57771112
副处长……57784387
口岸办……57782385
办公室……57783553

行政后勤处

处长……58561122
办公室……57783066

外事管理处

处长……57784678
副处长……57771052
副处长……57787795
办公室……57783297

离退休职工管理中心

处长……57779772
副处长……57771238
办公室……57771017

房产处

处长……57785089
办公室……57785917

物资装备处

党委书记……57784801
经理……57786963
副总工……57784271
办公室……57788079
财务部主任……57771209
物资管理科长……57771210
质量检验科长……57785029
动设备部科长……57784085
静设备部科长……57784045
通用部部长……57784361
仓储部部长……57784455

热电厂

党委书记……57783304
党委办公室……57783540
纪委办公室……57782009
组织科办公室……57782107
宣传科办公室……57782932

工会主席……………………………57782143
团委办公室…………………………57782240
厂长…………………………………57782688
副厂长………………………………57788715
副厂长………………………………57783130
副总工………………………………57787501
副总工………………………………57771169
厂办主任……………………………57783533
厂办公室……………………………57786271
人教科长……………………………57782533
计划财务科长………………………57783330
行政保卫科长………………………57782939
调度科长……………………………57783414
调度台………………………………57782013
安监科长……………………………57782193

水厂

党委书记……………………………57783921
党委办公室…………………………57783253
纪委办公室…………………………57785927
工会主席……………………………57782500
厂长…………………………………57784709
副厂长………………………………57782616
副厂长………………………………57782922
厂办主任……………………………57782970
人教科长……………………………57783822
计划财务科长………………………57783864
调度科长……………………………57782998
调度…………………………………57773229
安监科长……………………………57782926
机动科长……………………………57784107
生产科长……………………………57783823
行政保卫科长………………………57786309
物资装备科长………………………57784109

烯烃厂

党委书记……………………………57785501
党委办公室…………………………57782490
纪委监察科…………………………57783590
组织科………………………………57787069
宣传科长……………………………57786405
工会主席……………………………57782990
厂长…………………………………57784721
副厂长………………………………57782091
副厂长………………………………57787489
厂办主任……………………………57784799
副厂长………………………………57783811
副总工………………………………57783442
副总工………………………………57784099
厂办主任……………………………57784558
办公室………………………………57783778
总值班室……………………………57787473
人力资源科长………………………57782683
计划财务科长………………………57783863
行政保卫科长………………………57783313
生产技术运行科长…………………57786615
机动科长……………………………57783527
技术改造办公室主任………………57784819
HSE 科长……………………………57783911

炼油厂

党委书记……………………………57783993
党办主任……………………………57782405
纪委办公室…………………………57782779
工会主席……………………………57782601
工会办公室…………………………57782869
团委…………………………………57782337
厂长…………………………………57787849
副厂长………………………………57782600
副厂长………………………………57777957
副厂长………………………………57785961
副厂长………………………………57787833
副总工………………………………57783620
副总工………………………………57783603
厂办办公室…………………………57783491
人教科科长…………………………57785791
财务计划科长………………………57782060
调度台………………………………57772008
调度总值班室………………………57783912
HSE 科长……………………………57786491
机动科长……………………………57784095
技术科长……………………………57783917

芳烃厂

党委书记……………………………57783479
党办主任……………………………57782165
纪委办公室…………………………57786939
组织科………………………………57783415
宣传科………………………………57782358
工会…………………………………57786881
团委…………………………………57786873
厂长…………………………………57783817
副厂长………………………………57782665
副厂长………………………………57782984
厂办主任……………………………57783860
人力资源科长………………………57787031

计划财务科长……57782763
生产科长……57783080
生产科总值班室……57783738
HSE 科长……57783424
机动科长……57784237
技术改造办主任……57782982

化工厂

党委书记……57782960
党办主任……57783734
纪委办公室……57786137
党委办公室……57783551
组织科……57783522
宣传科长……57783054
工会主席……57782961
团委书记……57783551
厂长……57783984
副厂长……57782889
副厂长……57785953
副总工……57781896
副总工……57786529
厂办主任……57782828
人教科长……57783612
计划财务科长……57783737
行政保卫科长……57783723
调度科长……57783895
HSE 科长……57783221
机动科长……57784103
技术科长……57782981
技术改造办公室主任……57783373

塑料厂

党委书记……57783131
党办主任……57782951
党委办公室……57785655
纪委办公室……57787097
纪委副书记……57785219
工会副主席……57771136
工会……57786003
厂长……57784658
副厂长……57782137
副厂长……57783188
副总工……57782402
副总工……57783635
调度科销售联合办……57782153
机动科长……57784121
技监科长……57771069

电仪分公司

党群工作科长……58560482
经理……57787229
副经理……58560597
经理办主任……58561363
办公室……58560391
生产经营科长……58561036
财务计划科长……58560393
计量科长……57783037
计量中心主任……57784081

质检中心

党群工作科长……57782261
厂办主任……57783356
人事科长……57783936
计划财务科长……57787717
行政保卫科长……57785887
调度科长……57782149
调度……57786935
安监科长……57782138
机动科长……57784313
技术科长……57783617

物流部

党办主任……57783632
组织科长……57782290
厂长……57783204
副厂长……57782160
副厂长……57785149
副总工……57783048
厂办主任……57782971
人事科长……57785509
计划财务科长……57785211
安保科长……57782704
调度科长……57782878
主任……57783325
副主任……58561228
人事行政科长……57784615
人事行政副科长……58561312
人事行政科办公室……57782262
财计经营科长……58561315
质量管理科长……57782257
质量检查科长……58561320

物资装备部

党委书记……57784801
经理……57786963
副经理……57784801
副经理……57788534
副总工……57784271

副总工……………………………………………57771226
办公室……………………………………………57788079
财务部主任………………………………………57771209
物资管理科长……………………………………57771210
质量检验科长……………………………………57785029
动设备部科长……………………………………57784085
静设备部科长……………………………………57784045
通用部科长………………………………………57784361
仓储部科长………………………………………57784455

研究院

党委书记…………………………………………57783665
党办主任…………………………………………57782066
党委办公室………………………………………57782105
纪委办公室………………………………………57785597
工会………………………………………………57782167
团委………………………………………………57782065
院长………………………………………………57771083
副院长……………………………………………57771204
副总工……………………………………………57771361
人事行政科长……………………………………57786607
财务科长…………………………………………57787087
供销科长…………………………………………57786611
塑料加工应用中心主任…………………………57771054
物化主任…………………………………………57782935
信息主任…………………………………………57783420
有机所所长………………………………………57784753
蒸汽裂解办公室…………………………………57787787
维修部主任………………………………………57771084
科研开发管理科长………………………………57786613

25. 扬子石化－巴斯夫有限公司

地址：江苏省南京市六合区新华东路8号
邮编：210048
区号：025
电话：57770888
传真：58569811
网址：www.basf-ypc.com.cn
E-mail：lisy@basf-ypc.com.cn

部门	公网电话
总裁办公室	58569702
	58569701
财务、会计、电子数据处理和材料管理部	58569722
	58569721
人力资源和行政部	58569792
	58569791
工程、维修、安全、健康、环保和公用工程部	58569081
	58569278
基础化学部	58569912
	58569911
乙二醇、低密度聚乙烯／醋酸乙烯共聚物部	58569852
	58569851
丙烯酸／丙烯酸酯部	58569872
	58569871
丁辛醇、碳一化学品部	58569892
	58569891

26. 资产公司巴陵石化分公司 巴陵分公司

地址：湖南省岳阳市云溪区
邮编：414014
区号：0730
传真：8481456
E-mail：sinopecblshbgs@sina.com

部门	公网电话
总值班室	
	8492348（昼）
	8492127（夜）
总调度室	
	8493273
	8493899
总经理办公室	
	8499976
	8492255
发展计划部	
	8493873
	8471215
	8498901
经营管理部	
	8493345
	8493350
	8496562
企业管理部	
	8492878
	8492585
	8492581
	8493084
生产部	
	8492271
	8493787
	8495971
设备能源部	
	8492030
	8492217
	8491822
安全环保部	
	8492557
	8492391
	8495171
工程建设部	
	8492691
	8492635
财务资产部	
	8492926
	8492939
	8492758
审计部	
	8493277
	8493089
人事教育部	
	8492276
	8496885
科技信息部	
	8493689
	8492609
	8493782
保卫和社区管理部（综治办、610办、武装部）	
	8494749
	8491067
	8471001
干部部（党委组织部）	
	8493636
	8493585

党委宣传部（统战部）
……………………………………………8492152
……………………………………………8493215
纪委
……………………………………………8495327
……………………………………………8498656
……………………………………………8492154
工会
……………………………………………8492915
……………………………………………8492667
……………………………………………8492069
团委
……………………………………………8493879
烯烃事业部
……………………………………………8493622
……………………………………………8493620
环己酮事业部
……………………………………………8493613
……………………………………………8491932
合成橡胶事业部
……………………………………………8493681
……………………………………………8499294
环氧树脂事业部
……………………………………………8492008
……………………………………………8492344
己内酰胺事业部
……………………………………………8503417
……………………………………………8503421
化肥事业部
……………………………………………8537298
……………………………………………8536767
动力事业部
……………………………………………8537168
……………………………………………8537180
供排水事业部
……………………………………………8493851
……………………………………………8470197
热电事业部
……………………………………………8497426
……………………………………………8492824
供销部
……………………………………………8492968
……………………………………………8493807
物资装备部
……………………………………………8491112
……………………………………………8497300
技术中心
……………………………………………8493675
……………………………………………8493609
岳化社区管理中心
……………………………………………8492819
……………………………………………8492860
城区社区管理中心
……………………………………………8501289
……………………………………………8501290
职工培训学校（党校）
……………………………………………8493251
……………………………………………8492388
金石集团
……………………………………………8822381
……………………………………………8822375
隆兴实业公司
……………………………………………8495855
……………………………………………8495306

27. 资产公司长岭分公司
长岭分公司

地址：湖南省岳阳市云溪区
邮编：414012
区号：0730
总机：8451000
传真：8451824
网址：www.clpec.com.cn
E-mail：cl@clpec.com.cn

部门	公网电话

资产公司长岭分公司

办公室
　主任……8451129
经营管理部
　主任……8452675
工程部
　部长……8451173
财务资产部
　主任……8451999
企业管理部
　主任……8451103
人力资源部
　主任……8451737
审计处
　处长……8451948
党委办
　主任……8451120
组织部
　部长……8451183
宣传部
　部长……8451184
纪委
　副书记……8451188
工会
　副主席……8451107
团委
　书记……8451807
综治保卫部
　主任……8452165
长岭接待会议中心
　总台……8454001
　总经理……8451921
油港处
　处长……8479008
　办公室主任……8479011
沥青厂
　厂长……8452662
　办公室主任……8452067
液化气站
　主任……8450140
长辰公司
　经理……8450135
　办公室主任……8452534
长隆公司
　经理……8451887
　办公室主任……8452516

长岭分公司

经理办
　办公室主任……8451923
计划处

处长……………………………………………8452049

生产质量处

处长……………………………………………8451070

副处长…………………………………………8452052

机动工程处

处长……………………………………………8451102

副处长…………………………………………8450872

技术开发处

处长……………………………………………8450489

副处长…………………………………………8451879

安全环保处

处长……………………………………………8452153

副处长…………………………………………8452803

人力资源处

处长……………………………………………8451050

副处长…………………………………………8452112

财务处

处长……………………………………………8451566

副处长…………………………………………8451777

审计处

处长……………………………………………8451948

副处长…………………………………………8451701

长盛公司

总经理…………………………………………8453811

党委书记………………………………………8450039

物资供应处

处长……………………………………………8451803

书记……………………………………………8452396

中心化验室

主任……………………………………………8452191

书记……………………………………………8478722

计量中心

主任、书记……………………………………8452193

消防支队

支队长…………………………………………8452213

政委……………………………………………8452243

环保监测站

主任……………………………………………8452192

档案馆

馆长……………………………………………8452211

油品管理处

处长……………………………………………8450332

书记……………………………………………8451914

销售公司

经理……………………………………………8451343

书记……………………………………………8450443

信息技术管理中心

主任……………………………………………8451849

书记……………………………………………8450413

28. 资产公司仪征分公司 仪征化纤股份有限公司

地址：江苏省仪征市
邮编：211900
区号：0514
传真：83233880
网址：www.ycfc.com

部门	公网电话
资产公司仪征分公司	
财务资产部	
主任	83233755
财务会计	83235448
经营管理部	
主任	83238778
经营计划管理	83236123
仪化东丽聚酯薄膜公司	
经理	83231068
办公室	83236789
仪化博纳织物有限公司	
总经理	83235538
办公室	83235185
工程塑料厂	
经理	83232052
厂长（党委）办公室	83236518
离退休工作部（社区管理中心）	
经理	83221101
综合办	83221676
仪征化纤股份有限公司	
公司（党委）办公室	
主任	83234569
秘书室	83236238
机要文档	83231693
总值班室	83232235
董事会秘书室	83231888
外事办公室	83233246
法律事务部	83233415
人力资源部（组织部）	
主任	83234798
评价任用与党务管理	83234438
经营计划部	
主任	83235689
投资管理	83233961
资产财务部	
主任	83236826
财务稽核	83235918
生产技术部	
主任	83236878
工艺质量	83232015
规划建设部	
主任	83231743
计划合同	83235079
安全环保监督部	
主任	83237688
环保监测站	83231591
设备管理部	
	83233175
综合室	83233010
企业管理部	
主任	83232271
改革改制	83237915
监察部（纪委）	
主任	83231173

办公室……83232826

审计部

主任……83234169

专项审计……83235233

企业文化部（思想政治工作部）

主任……83231173

青年工作与机关党务……83232280

工会副主席……83234643

综合事务……83233231

PTA 生产中心

主任……83234454

综合办……83235068

党群工作室……83234207

聚酯生产中心

主任……83234586

综合办……83231507

党群工作室……83235307

短纤生产中心

主任……83232443

综合办……83231794

党群工作室……83232678

瓶片生产中心

主任……83233709

综合办……83238066

党群工作室……83233967

长丝生产中心

主任……83232566

综合办……83232763

党群工作……83237630

高纤事业部

主任……83235038

综合办……83235278

化工项目部

主任……83239128

办公室……83239158

热电生产中心

主任……83231001

综合办……83233003

党群工作室……83231986

动力生产中心

主任……83234868

综合办……83236898

党群工作室……83235008

水务中心

主任……83235588

综合办……83235540

销售服务部

主任……83237188

综合办……83237650

技术中心

主任……83232893

综合办……83233906

党群工作室……83231570

采购中心

主任……83233318

综合办……83231736

消防气防中心

主任……83232199

综合办……83232967

物流公司

经理……83232229

综合办……83233166

党群工作室……83233602

仪化经纬化纤有限公司

主任……83231435

办公室……83232666

扬州市公安局仪化公安分局

局长……83236951

办公室……83233430

29. 南京化学工业有限公司

地址：江苏省南京市沿江工业开发区葛关路189号
邮编：210048
区号：025
总机：57764114
传真：57792812
网址：www.ncic.cn
E-mail：ncicjlb@ncic.cn

部门	公网电话
公司机关	
办公室	
主任	57765136
副主任	57766291
秘文科	57766014
文书室	57765017
传真室	57766484
打字室	57764629
油印室	57765649
接待科	57766096
外事科	57766474
信访科、民调办	57765888
纪委、监察处	
副书记	57766603
副主任	57765687
副主任	57766000
办公室	57765149
检查室	57766476
审理室	57766812
效能监察室	57766813
干部处、组织处	
处长	57765782
副处长	57765392
干部管理科	57766396
技术干部科	57766115
技术干部科	57765750
组织科	57766398
机关党委工作科	57765432
政治工作处	
处长	57766056
副处长	57766345
副处长	57765223
副处长	57765131
宣传科	57765709
青年工作科	57766111
报社总编室	57766061
电视台台长室	57765147
武装部	57766386
工会	
主席	57766307
副主席	57766605
办公室	57765871
生产保护部	57766171
生活女工部	57766475
宣传文体部	57765866
计划生育办公室	57766602
社区管理处、离退休管理中心	
处长	57765701
老干部科科长	57765700
退休职工管理科科长	57765903
水电管理科科长	57765813
行政事务科科长	57766693
财务资产处	
处长	57766609
副处长	57765574
成本科	57766338
工程、资产科	57766052
销售、价税科	57765906

销售科……57766413
会计科……57765689
发展计划处
处长……57765217
副处长……57765786
……57765122
……57765280
规划发展……57765901
……57765859
……57765259
综合统计……57766353
……57765313
……57765361
投资计划……57765796
……57766513
……57766121
能源管理科……57765779
审计处
处长……57765533
财务审计科……57765684
财务审计组……57766293
工程审计科……57765037
土建审计组……57765920
安装审计组……57765685
科技处
处长……57766962
副处长……57766593
副处长……57765027
保密办公室……57763641
科协……57766207
档案馆馆长……57765609
信息站站长……57765560
计算站站长……57764381
劳资教育处
处长……57765059
副处长……57765428
工资科……57766153
社会保险科……57765715
……57766148
劳动管理科……57765445
教育科……57766272
企业管理处、法律事务处
处长……57766617
副处长……57765555
企业管理科……57765543
企业管理科……57766445
法律事务科……57765939
生产处
处长……57765793
副处长……57765502
……57766104
总调度长……57765981
综合科科长……57766366
质量管理科科长……57766275
生技科科长……57765778
机动处
处长……57766083
副处长……57765268
副处长……57765798
设备科长……57766253
动力科长……57765621
仪表科长……57766127
自控仪表……57765396
防汛办……57766247
安环处
处长……57766875
副处长……57766210
副处长……57765559
安全监督科科长……57765657
环保技术与管理科科长……57765702
职业卫生科科长……57766337
环境监测站站长……57765943
消防队队长……57765761
工程建设处
处长……57766945
副处……57765482
……57765115
……57766874
计划……57765113
材料……57765105
合同……57766523
设备……57765030
电气……57765079
仪表……57765039
土建……57765012
调度……57765039
保卫处
处长……57765229
副处长……57766073
治安保卫科……57765453
门卫管理科……57765907
质监站

站长办公室……………………………57765348
办公室……………………………………57766048
监督一组…………………………………57765347
监督二组…………………………………57765349
合成氨部
主任………………………………………57766656
书记………………………………………57766426
副主任……………………………………57765375
副主任……………………………………57766300
综合组……………………………………57763674
生产组……………………………………57763695
设备组……………………………………57766835
安全组……………………………………57764989
空分装置…………………………………57765585
气化装置…………………………………57765227
合成装置…………………………………57765585
合成气部
主任………………………………………57765599
书记………………………………………57765128
安全、设备、生产副主任………………57766630
总值班室…………………………………57764818
制气装置…………………………………57765001
净化装置…………………………………57766844
合成装置…………………………………57765454
精细装置…………………………………57766506
硝酸部
主任………………………………………57766062
书记………………………………………57765346
生产副主任………………………………57766502
设备副主任………………………………57765745
稀硝装置…………………………………57765366
浓硝装置…………………………………57765225
硝铵装置…………………………………57765225
苯化工部
主任………………………………………57766517
书记………………………………………57765169
副主任……………………………………57766824
副主任……………………………………57765205
值班室……………………………………57763545
苯胺装置…………………………………57764153
环己酮装置………………………………57765542
硫酸磷肥部
主任………………………………………57765486
书记………………………………………57765475
设备副主任………………………………57766322
行政副主任………………………………57765196
生产副主任………………………………57765874
硫酸装置…………………………………57765647
磷酸装置…………………………………57765028
硫基肥装置………………………………57765406
氯碱部
主任………………………………………57766852
书记………………………………………57766840
生产副主任………………………………57766841
设备副主任………………………………57764301
安全技术管理……………………………57763240
安全环保管理……………………………57766839
设备技术管理……………………………57763242
生产技术管理……………………………57763241
硝基氯苯装置……………………………57766827
离子膜装置………………………………57766830
氯化苯装置………………………………57766828
运行部总值班室…………………………57764156
橡胶化学品部
主任………………………………………57766308
书记………………………………………57765746
行政副主任………………………………57765738
生产副主任………………………………57765747
设备副主任………………………………57765742
RT 装置 …………………………………57765752
RD 装置 …………………………………57765759
NA/4020 装置 ……………………………57765756
造粒装置…………………………………57765759
检验部
主任………………………………………57765062
书记………………………………………57765126
副主任……………………………………57765754
副主任……………………………………57765767
值班室……………………………………57764679
原料检验组………………………………57766265
仪器检验组………………………………57766357
化学检验组………………………………57765601
氯碱助剂检验组…………………………57765186
成品检验组………………………………57765554
安环水质检验组…………………………57765864
检维修部
主任………………………………………57766979
书记………………………………………57766239
副主任……………………………………57766255
副主任……………………………………57765283
检修一队…………………………………57766544
检修二队…………………………………57765817

检修三队……57765490
检修四队……57766553
电修队……57765244
仪表队……57765969

动力部
主任……57765991
书记……57765867
副主任……57766102
副主任……57765335
副主任室……57765997
副主任室……57765420
值班室……57766845
锅炉装置……57766126
汽机装置……57766120
电气装置……57766471
供水装置……57766072
水处理装置……57766173

储运部
书记……57765915
经理……57766591
副经理……57766541
副经理……57765341
主任……57766302
主任……57766138
值班室……57766091
党群工作科科长……57766002
生产科科长……57766621
财务科科长……57766879
安保科科长……57765351
机动科科长……57765830
检测站站长……57765735
储运一分部主任……57765385
储运二分部主任……57765333
储运三分部主任……57765829
储运四分部主任……57765540
电信分部主任……57766341
机修分部主任……57765984
航运分部主任……57765195
铁运分部主任……57765668
汽运分部主任……57765121

供销部
经理……57765365
副经理……57766862
总经济师……57765605
经营管理分部经理……57765603
综合管理分部经理……57765253
财务科科长……57765887
化肥销售分部经理……57765023
化工销售一分部经理……57765013
化工销售二分部经理……57765568
化工销售三分部经理……57765909
副产品销售分部经理……57765673
市场服务分部经理……57765459
原料供应一分部经理……57765101
原料供应二分部经理……57765219
原料供应三分部经理……57765670
设备供应分部经理……57766082
材料供应分部经理……57766212
储运分部经理……57766342

化工机械厂

党委
书记……57765194

纪委
书记……57765784
办公室……57765410

党群部
部长……57766327
政工……57766466
监察室……57765523
审计室……57766716

工会
主席……57765784
工会办……57766116
退管办……57765036
第二俱乐部……57764275
卫生室……57763710

厂部
厂长……57766320
副厂长……57766266
……57766122
总工程师……57766029
办公室主任……57766650

总师办、质管办
主任……57765650
副总工……57765431
……57765703
办公室……57766836
微机房……57765774
档案室……57766690

研究所
所长……57765620
副所长……57765267

副总工……………………………………57764226
办公室……………………………………57765620
设计三组…………………………………57766946
焊接培训室………………………………57765613

经营部
部长………………………………………57766085
副部长……………………………………57766713
副总工……………………………………57765496
经营一组…………………………………57765448
经营二组…………………………………57765148
计划组……………………………………57766331
综合组……………………………………57765448

生产部
部长………………………………………57763750
调度………………………………………57766189
……………………………………………57766853
定额组……………………………………57765633
统计室……………………………………57765640

物供中心
主任………………………………………57766277
计划组……………………………………57764642
采购组……………………………………57765241
……………………………………………57766103
炉料化工库………………………………57764229

质监中心
主任………………………………………57766811
副主任……………………………………57766898

无损检测中心
主任………………………………………57766614
源库………………………………………57766708
机动科科长………………………………57765932
副总工……………………………………57765932
设备室……………………………………57764571
土建室……………………………………57764571

安环保卫科
科长………………………………………57764238
办公室……………………………………57766675

保卫
副科长室…………………………………57766571
办公室……………………………………57766045
值班室……………………………………57766045

财务科
科长………………………………………57765803
成本组……………………………………57764223
资金组……………………………………57763323
会计组……………………………………57763323

劳动人事科
科长………………………………………57765509
副科长……………………………………57764231
工资………………………………………57764231
调配、教育………………………………57765896

容一车间
主任………………………………………57765893

容二车间
主任………………………………………57766838

容三车间
主任………………………………………57766724
重铆焊厂房………………………………57766896

容四车间
主任………………………………………57765211
副主任……………………………………57766711

容五车间
办公室……………………………………57766287

生产准备车间
主任………………………………………57765469

特材车间
主任………………………………………57765275
办公室……………………………………57764239

金一车间
主任………………………………………57766894

金二车间
主任………………………………………57765663
试样加工…………………………………57765170

金四车间
主任………………………………………57766722
副主任……………………………………57765645

热处理
主任………………………………………57766892

成品运输车间
主任………………………………………57763395
副主任……………………………………57766038
运输调度室………………………………57766078

机动车间
主任………………………………………57765419
总机房……………………………………57763821
电工总值班………………………………57763665

永大公司

经理………………………………………57766568
……………………………………………57765451
……………………………………………57766843
办公室……………………………………57766064
财务科……………………………………57766567

生产安全科……57765142
人事保卫科……57766780
门卫……57763488
编织袋……57766532
钾肥厂……57766564
防腐工程处……57766556
电器仪表厂……57766817

研究院

院长……57765076
副院长……57766290
……57765627
……57765450
工会主席……57766720
生产技术部……57766869
……57765792
科研设计管理部……57766186
技术经营部……57763752
计财部……57765162
人力资源部……57766731
……57766163
办公室……57766851
……57766274
小车班……57765677
党群工作部……57765380
市场营销部
　办公室……57765049
　计划组……57766768
　仓库……57763916
信息情报研究所
　办公室……57766663
　资料室……57764554
硫酸研究所
　办公室……57765301
催化研究所
　办公室……57766453
　活性楼……57765254
　试验室（厂区）……57765758
气体净化研究所
　办公室……57765570
　试验室（厂区）……57764302
信息与自动化研究所
　办公室……57765775
　网络组……57764600
标准监测所
　办公室……57764601
　厂区……57764949
物化检测中心
　办公室……57764906
公用工程设计室
　办公室……57764636
　基建办……57766522
精细化工研究所
　办公室……57765839
有机化工研究所
　办公室……57766640
　实验室……57766542
催化中试车间
　办公室……57766505
　一工段……57763262
　二工段……57764599
　脱盐水岗位……57763550
　苯胺装置……57765716
纺丝中心
　办公室……57766524
　操作前纺室……57766559
　操作后纺室……57766384
检修中心
　办公室……57765330

设计院

党工部……57763760
书记室……57766043
纪委……57766776
工会……57763780
办公室……57763114

连云港碱厂

总机……(0518)82310301
办公室……(0518)82311295

30. 福建炼油化工有限公司

地址：福建省泉州市泉港区
邮编：362800
区号：0595
总机：87789188
传真：87976088
网址：www.fjpcl.com
E-mail:yhd@fjpcl.com

部门	公网电话
公司机关	
人事行政处	
副处长	87976080
副处长	87976128
办公室	87976106
党委工作处	
副处长	87976033
机要室办公室	87976109
经营管理处	
副处长	87976027
副处长	87976029
计划财务处	
副处长	87976025
副处长	87976050
项目筹备办	
主任	87976226
办公室	87976134
公司工会	
副主席	87976023
综合部主任	87798251
纪委监察处	
处长	87976022
副处长	87976072
退管中心	
主任	87798976
福建联合石油化工有限公司	
总机	87799000
传真	87023000
总裁办	
主任	87799263
人力资源与行政部	
总经理	87789155
副总经理	87799001
行政助理	87023081
生产部	
总经理	87799216
行政助理	87023055
技术规划部	
副总经理	87789191
行政助理	87023088
机械设备部	
总经理	87799256
行政助理	87023520
HSE 部	
副总经理	87789172
行政助理	87799103
市场部	
总经理	87976300
行政助理	87976339
供应流通部	
副总经理	87789173
行政助理	87023317
财务部	
副总经理	87799050
行政助理	87799052
党群工作部	
主任	87789133
党务办公室	87789190

31. 资产公司广州分公司
广州分公司

地址：广东省广州市黄浦区石化路239号
邮编：510726
区号：020
传真：82399045
E-mail：baomishi@gpc.sinopec.com.cn

部门	公网电话
分公司办公室（党委办公室）	62121666
传真	82399045
企业管理部	62121082
	62121665
劳动人事部（组织部）	62121028
传真	62121668
发展规划部	62121265
传真	62121660
计划部	62121602
传真	82398634
财务部	62121722
	62121627
生产调度部	62128625
	62128619
传真	62128693
机械动力部	62128208
	62128205
传真	62128204
安全环保部	62128087
	62128086
传真	62128099
工程管理部	62120300
	62120320
技术开发部	62120059
	62120027
	62121232
审计部	62121060
传真	62121270
纪委（监察部）	62121069
宣传部、工会、团委	62121041
	62121044
	62121073
行政保卫部（武装部）	62120076
	62120081
传真	62120087
离退休职工管理部	62120629
	62120707
明珠宾馆	62122537
	62122830
物资供应中心	62124838
	62124710
销售中心	62121387
	62121252
仪控中心	62122142
传真	62122069
检验中心	62122086
	62124077
传真	62124077
消防支队	62120061
	62120069
工程质量监督站	62121901
	62121902
炼油一部	62124055
	62124509
炼油二部	62124213
传真	62124100
炼油三部	62124486
	62124482

炼油四部……………………………………62122683
……………………………………………62122597
传真……………………………………62122773
化工一部……………………………………62128838
……………………………………………62128961
化工二部……………………………………62128278
……………………………………………62128362
储运部……………………………………62122868
……………………………………………62122666
……………………………………………62124063
公用工程部……………………………………62128839
……………………………………………62128360
……………………………………………62128778
动力事业部……………………………………62124913
……………………………………………62124904
……………………………………………62124926

32. 资产公司洛阳石化分公司洛阳分公司

地址：河南省洛阳市吉利区
邮编：471012
区号：0379
传真：66993999
网址：www.lypcc.com.cn
E-mail：lyfgs@lypcc.com.cn

部门	公网电话
公司机关	
党委办公室	
主任	66992301
办公室	66992202
组织部	
部长	66992715
组织科	66992340
纪委监察处	
处长	66992733
综合室	66994123
党委宣传部	
部长	66992717
宣传	66994064
工会	
副主席	66992800
办公室	66994369
团委	
书记	66992720
干事	66993550
经理办公室	
主任	66992211
办公室	66992688
生产调度处	
调度	66994092
办公室	66994979
机动处	
处长	66992725
办公室	66994097
安全环保处	
处长	66994673
管理科	66994099
能源管理处	
处长	66992153
管理科	66995224
财务处	
处长	66992392
综合科	66992087
资产管理处	
处长	66992938
综合科	66992499
计划处	
处长	66992766
综合统计	66992297
企业管理处	
处长	66992099
办公室	66992435
发展规划处	
处长	66991895
规划科	66992576
技术质量处	
处长	66992157
质量科	66992418
审计处	
处长	66992729

审计科……………………………………66991246

法律事务处

处长……………………………………66993811

法律顾问………………………………66992085

人力资源处

处长……………………………………66992398

人事科…………………………………66992399

保卫处

处长……………………………………66992513

综合办…………………………………66992417

离退休职工管理办

主任……………………………………66992730

管理科…………………………………66992240

招标办

主任……………………………………66997669

综合办…………………………………66996841

工程项目管理部

主任……………………………………66992168

综合科…………………………………66997118

工程质量监督站

站长……………………………………66992361

办公室…………………………………66995014

原油采购部

主任……………………………………66993983

综合办…………………………………66996154

物资装备部

主任……………………………………66996336

办公室…………………………………66994173

营销部

主任……………………………………66992038

综合办…………………………………66994426

信息中心

主任……………………………………66991289

办公室…………………………………66992886

质检中心

主任……………………………………66996261

综合办…………………………………66997552

仓储中心

主任……………………………………66996013

综合办…………………………………66997601

计量管理中心

主任……………………………………66992726

综合办…………………………………66994143

铁路运输部

主任……………………………………66992760

综合办…………………………………66994970

聚丙烯有限责任公司

经理……………………………………66992727

综合管理………………………………66991298

下属公司以及三产单位

洛阳石化宏达实业总公司

总经理…………………………………66992098

办公室…………………………………66991632

洛阳石化惠康物业管理公司

总经理…………………………………66992421

办公室…………………………………66995449

洛阳炼化工程有限责任公司

总经理…………………………………66992186

办公室…………………………………66994384

洛阳金达石化有限责任公司

总经理…………………………………66992633

办公室…………………………………66994313

洛阳吉利自来水有限责任公司

经理……………………………………66991680

综合办公室……………………………66994457

洛阳石化宏业劳务有限公司

董事长…………………………………66996161

综合管理………………………………66995141

洛阳石化工程设计有限公司

总经理…………………………………66994836

办公室…………………………………66992436

洛阳石化医院

院长……………………………………66994580

办公室…………………………………66992321

洛阳隆惠石化工程有限公司

总经理…………………………………66992107

办公室…………………………………66992108

洛阳石化通达运输工程有限责任公司

总经理…………………………………66992661

办公室…………………………………66992065

洛阳三隆安装检修有限公司

总经理…………………………………66992126

办公室…………………………………66992159

洛阳石化工程建设有限责任公司

总经理…………………………………66992335

办公室…………………………………66991900

33. 资产公司安庆分公司
安庆分公司

地址：安徽省安庆市石化四路20号
邮编：246002
区号：0556
传真：5378299
E-mail：fgsbgs5@apw.com.cn

部门	公网电话
资产公司安庆分公司	
办公室（外事办、法律事务部）	
主任	5374422
副主任	5375522
副主任	5370213
法律事务部部长	5375041
综合计划部	
部长	5374676
副部长	5375631
副部长	5373391
生产部	
部长	5377973
副部长	5377902
副部长	5375122
机动部	
部长	5377746
副部长	5377437
副部长	5375902
安环部	
部长	5375175
副部长	5380296
科技发展部	
部长	5379369
副部长	5374232
副部长	5371034
副部长	5376795
质管部	
部长	5377625
资产财务部	
部长	5375618
副部长	5371974
审计部	
部长	5376676
副部长	5376629
企管部	
部长	5378362
副部长	5377178
工程部	
部长	5374565
副部长	5371736
副部长	5374665
人教部	
部长	5374115
副部长	5375519
副部长	5374316
宣传部	
部长	5379760
副部长	5374135
纪委监察部	
部长	5376821
副部长	5377158
副部长	5374125
保卫部	
部长	5380699

工会

副主席……………………………5375488

团 委

书记……………………………5375324

机关党委

书记……………………………5375129

热电部

主任……………………………5374166

书记……………………………5375366

港贮部

主任……………………………5375251

书记……………………………5375551

电仪部

主任……………………………5375576

书记……………………………5370673

社管部

主任……………………………5372925

书记……………………………5374287

华成公司

主任……………………………5375376

书记……………………………5375026

劳动服务公司

主任……………………………5379820

书记……………………………5374326

预决算中心

主任……………………………5375345

石化宾馆

经理……………………………5375433

安庆分公司

办公室（外事办、法律事务部）

主任……………………………5374422

副主任……………………………5375522

副主任……………………………5370213

法律事务部

部长……………………………5375041

综合计划部

部长……………………………5374676

副部长……………………………5375631

副部长……………………………5373391

生产部

部长……………………………5377973

副部长……………………………5377902

副部长……………………………5375122

机动部

部长……………………………5377746

副部长……………………………5377437

副部长……………………………5375902

安环部

部长……………………………5375175

副部长……………………………5380296

科技发展部

部长……………………………5379369

副部长……………………………5374232

副部长……………………………5371034

副部长……………………………5376795

质管部

部长……………………………5377625

分公司财务部

部长……………………………5379252

副部长……………………………5375318

审计部

部长……………………………5376676

副部长……………………………5376629

企管部

部长……………………………5378362

副部长……………………………5377178

工程部

部长……………………………5374565

副部长……………………………5371736

副部长……………………………5374665

人教部

部长……………………………5374115

副部长……………………………5375519

副部长……………………………5374316

宣传部

部长……………………………5379760

副部长……………………………5374135

纪委监察部

部长……………………………5376821

副部长……………………………5377158

副部长……………………………5374125

保卫部

部长……………………………5380699

工 会

副主席……………………………5375488

团 委

书记……………………………5375324

机关党委

书记……………………………5375129

炼油一部
主任……………………………………5374076
书记……………………………………5374276
炼油二部
主任……………………………………5377785
书记……………………………………5374474
化肥部
主任……………………………………5375356
书记……………………………………5376632
化工部
主任……………………………………5377803
书记……………………………………5375029
腈纶部
主任……………………………………5377973
书记……………………………………5373586
储运部
主任……………………………………5371238
书记……………………………………5377924
公用工程部
主任……………………………………5377346
书记……………………………………5375991
运输部
主任……………………………………5377992
书记……………………………………5375466
销售中心
主任……………………………………5375163
副主任…………………………………5374163
物供中心
主任……………………………………5374246
书记……………………………………5374519
检验中心
主任……………………………………5374021
书记……………………………………5376656
信息中心
主任……………………………………5377689
副主任…………………………………5379003
计量中心
主任……………………………………5375248
培训中心
主任……………………………………5374077
质监站
站长……………………………………5371726
联合党总支
书记……………………………………5376068

34．资产公司荆门分公司
荆门分公司

地址：湖北省荆门市
邮编：448039
区号：0724
总机：2211501
传真：2211539

部门	公网电话
公司办公室	2271440
党委办公室、维稳办	2277286
组织部、干部处	2277281
企业管理处	2273879
生产处	2271822
计划处	2273666
机动工程处	2273090
安全环保处	2277170
	2274585
人力资源处	2271399
财务处	2277306
审计处	2271320
宣传部	2271374
纪律检查委员会、监察处	2277125
工会委员会	2274568
共青团委员会、青年工作处	2270404
人民武装部	2271717
保卫处	2274699
信访办	2271439
计量中心	2271394
质量管理中心	2274747
新闻中心	2276018
信息管理中心	2272833
职工培训中心党校	2271594
物质装备管理中心	2277179
技术处、技术开发与服务中心	2277308
	2211123
后勤服务中心	2276271
劳动事务管理中心	2273308
社区服务中心 离退休管理中心	2275966
石化工程质量监督总站荆门石化分站	2273090
动力厂	2271782
化工厂	2276937
联合一车间	2274422
联合二车间	2276380
联合三车间	2276982
联合四车间	2272558
中转车间	2273212
新分子筛车间	2272176
石蜡车间	2272992
成品车间	2275203
环保车间	2275646
包装车间	2274776
仪表车间	2275435
维修车间	2277039
消防大队	2271084
军代室	2215558

35. 四川维尼纶厂

地址：重庆市长寿区维江路 36 号
邮编：401254
区号：023
总机：68974061
传真：68974009
网址：www.svwpc.com.cn
E-mail：cbmsk@svwpc.com.cn

部门	公网电话
厂部办公室	68974061
党委办公室	68974172
群团工作部	68974758
社区管理处	68974704
纪委办公室	68974653
财务资产处	68974491
审计处	68974916
科技处	68974392
企管处	68974536
环境保护与安全监督处	68974334
生产技术处	68974115
工程处	68974534
质监站	68974480
研究所	68974187
人力资源处	68974136
发展计划处	68974213
设备管理处	68974838
供销公司	68974967
信息中心	68974891

36. 资产公司九江分公司
九江分公司

地址：江西省九江市滨江东路228号
邮编：332004
区号：0792
总机：8492114
传真：8617006
网址：www.jjsh.com.cn
E-mail：jjfgs@jjsh.com.cn

部门	公网电话
总经理办公室	
主任	8495155
综合科科长	8492205
秘书科科长	8492966
政工科科长	8495699
信访办	8495633
值班室	8492326
组织部	
部长	8492534
组织科	8492872
干部科	8492572
纪委监察处	
书记	8492344
副处长	8493306
办公室	8492555
检查室	8492705
审理室	8493121
效能监察室	8493121
宣传部	
部长	8493014
宣传科	8492314
文明办	8494059
电视台台长	8492515
电视台总编室	8492037
江西记者站	8492945
报社总编室	8492380
工会	
主席	8492236
副主席	8493506
办公室	8492325
生产部部长	8492793
组织宣传部	8492195
劳保部部长	8495339
团委	
书记	8493207
办公室	8492207
武装部	
部长办	8494718
办公室	8492418
计划处	
处长	8492545
副处长	8495261
统计科	8492073
计划科	8492419
投资管理科	8492842
预决算中心	8492061
企管处	
处长	8492985
管理科	8492642
基础管理科	8492373
体系管理办公室	8494698
法律事务室	8492632
企咨办	8494776
	8492428
人力资源处	
处长	8493042

劳动科……8492978
工资科……8492967
社保科……8492783
培训科……8492407
……8492567

财务处

处长……8493016
副处长……8495011
财务管理科……8492524
成本科长……8492541
资产科长……8492542
会计科长……8494527
销售财务科……8492575

审计处

处长……8492445
副处长……8495062
工程审计……8492481
财务审计……8492745
价格审计……8494062

生产调度处

处长……8493041
副处长……8492786
副处长……8492224
调度科长……8492225
能源办主任……8493056
节能办……8492213
生产科科长……8494536
生产技术科……8493046

科技开发处

处长……8492647
副处长……8493500
开发科……8492678
技改科……8494045
规划科……8495391
科协
科协秘书长……8492724
办公室……8492989
省石油学会……8492430

机动处

处长……8492697
副处长……8492827
副总工程师……8492033
副总工程师……8493496
综合科科长……8492099
设备科科长……8492958
动力科科长……8492698
电气仪表管理科科长……8493496

安全环保处

处长……8492318
副处长（安全）……8492917
副处长（环保）……8494080
安技科科长……8492657
HSE 办公室……8494571
安全教育科科长……8492548
抗震……8493471
工业卫生科科长……8492519
环保管理科长……8492469
监测站站长……8492017

质管中心

主任……8492180
书记……8494276
生产主任……8494277
设备主任……8494278
质量主任……8494288
工会主席……8494298
综合科主任……8492931
技术科科长……8492933
质检科科长……8492673
质管科科长……8494686

计量中心

主任……8492027
副主任……8492219
……8495183
综合管理科长……8492072
计量统计科科长……8493081
检定站站长……8492219
计量站站长……8493091

技术中心

主任……8492603
综合部主任……8492601
炼油部……8493163
化工技术部……8494720
分析检测部主任……8494101

物资中心

处长……8492824
书记、工会主席……8492654
副处长……8492680
副处长……8492823
综合办主任……8492621
综合办……8493375
计调科科长……8492693
设备科科长……8492902
配件科科长……8492815
材料科科长……8492626
燃料科科长……8495337
保管科科长……8492695

销售中心

经理……8492450
副经理……8493161
纪检特派员……8493171
调运部经理……8492178
原油部经理……8493170
油品部经理……8492275
化肥部经理……8495041
化工部经理……8493230
市场部经理……8493199
石化产品销售热线……8493000

信息中心

主任、书记……8495429
副书记……8492866
副主任……8492266
副主任……8492147
计算机管理科科长……8492220
综合科……8495677
档案情报……8492309
通迅站……8492868
石油化工编辑部……8492707

消防支队

队长……8492444
书记……8492527
副队长……8494822
防火监督科……8493324
战训科……8493325
办公室……8493346
气防站……8494333
气防站值班室……8497917

工程管理中心

主任……8494759
副主任……8495395
总工程师……8493008
工程调度科……8495435
项目一部……8495428
项目二部……8494447

常减压车间

主任……8492371
书记……8492294
工艺副主任……8492951
设备副主任……8492292
设备副主任……8494763
值班室……8493457

催化车间

主任、书记……8492493
副主任……8493493
值班室……8493493
工会……8492492

焦化车间

主任……8495600
书记……8495601
副主任……8495602
……8495603
值班室……8495608

二联合车间

主任……8492666
书记……8493183
新加氢主任……8493181
生产副主任……8494146
设备副主任……8494147
工会……8492837

聚丙烯车间

主任……8493495
书记……8493106
副主任……8494795
综合管理办……8494165

化肥作业部

部长……8494458
书记……8494460
副部长……8494700
副部长……8494461
工会主席……8493084
办公室……8494459
值班室……8494462
工艺组组长……8494290
设备组组长……8494406

动力作业部

部长……8493512
书记……8495141
副部长……8492335
副部长……8492332
副部长……8493415
总工程师……8493052
工会主席……8493137
电力调度中心……8492051
生产组组长……8492051
值班室……8495140
技术组组长……8492336
设备组组长……8492840

码头作业部

部长……8493082
书记……8493087
副部长……8494326
工会主席……8493241
值班室……8492377

生产组组长…………………………………………8493242
技术组组长…………………………………………8495342
设备组组长…………………………………………8495345

油品车间

主任………………………………………………8492375
书记………………………………………………8492495
副主任……………………………………………8492295
技术组组长…………………………………………8495034
设备组组长…………………………………………8494475
生产组组长…………………………………………8495344
综合组组长…………………………………………8494675
值班室……………………………………………8494477

成品车间

主任………………………………………………8494726
书记………………………………………………8494656
工程师……………………………………………8494061
生产副主任…………………………………………8494292
设备副主任…………………………………………8494256
设备副主任…………………………………………8494653
工会主席…………………………………………8494728
值班室……………………………………………8494777

热电作业部

部长………………………………………………8494250
书记………………………………………………8494052
燃运副部长…………………………………………8494260
生产副部长…………………………………………8494560
设备副部长…………………………………………8494549
总工程师…………………………………………8494466
工会主席…………………………………………8494566
综合部……………………………………………8492566
值班室……………………………………………8494384
设备组组长…………………………………………8494550
技术组组长…………………………………………8494559

机运车间

主任………………………………………………8492206
书记………………………………………………8493200
行政副主任…………………………………………8493201
工会主席…………………………………………8493201
生产副主任…………………………………………8493202
设备副主任…………………………………………8493203
值班室……………………………………………8494254

溶脱联合车间

主任………………………………………………8495455
书记………………………………………………8492577
副主任……………………………………………8492507
副主任……………………………………………8495458
气分装置主任………………………………………8494140
值班室……………………………………………8495454

其他单位

铁路工业站长………………………………………8492700
铁路工业车号………………………………………8492701
铁路工业调度………………………………………8492702
铁路工业货运………………………………………8492703
铁路工业运联………………………………………8492209
铁路治安联防………………………………………8493125
仪长原油九江末站…………………………………8495615
公安消防队…………………………………………8492268
驻厂军代表室………………………………………8492223
九江税务驻厂………………………………………8492727
南京油轮公司………………………………………8492725
驻厂九港调度………………………………………8492280
港监………………………………………………8492726
粮站………………………………………………8492338
建设银行…………………………………………8492470
工商行储蓄所………………………………………8492468
邮电支局…………………………………………8492368
化三建东区…………………………………………8492861
湖北保得…………………………………………8495179
省政府液化气………………………………………8493408
浔阳区搬运队………………………………………8494493
浔阳装卸公司………………………………………8495658
华东销售公司………………………………………8494127
波涛科技公司………………………………………8495423
天鑫公司…………………………………………8492785
力生公司…………………………………………8492772
华庐美食…………………………………………8492708
武汉办事处……………………………(027)88077021
上海办事处……………………………(021)56639741
南昌办事处……………………………(0791)8510245
九江办事处…………………………………………8577532
61局营业厅…………………………………………8611288
61局维修点…………………………………………8613488

37. 资产公司宜昌分公司
湖北化肥分公司

地址：湖北省枝江市迎宾大道15号
邮编：443200
区号：0717
总机：4212012
传真：4212660
E-mail：hbhf@hbhf.cn

部门	公网电话
公司机关	
经理办	
主任	4232261
机要室	4232264
计划处	
处长	4232321
财务处	
处长	4232325
人力资源处	
处长	4232335
干部处	
处长	4232333
企业管理处	
处长	4232315
生产调度处	
处长	4232610
机械动力处	
处长	4232291
安全与环保处	
处长	4232311
工程建设管理处	
处长	4232681
监察处	
处长	4232274
审计处	
处长	4232355
物资供应处	
处长	4232791
产品销售部	
主任	4232346
煤炭采购部	
主任	4232742
产品开发部	
主任	4232701
技术信息中心	
主任	4232371
消防队	
队长	4232407
合成车间	
主任	4232511
党支部	4232512
副主任	4232510
工艺组	4232513
技术组	4232515
办公室	4232516
总控室	4232611
合成值班室	4232224
调度台	4232612
一段炉	4232613
压缩	4232614
普利森	4232615
液氢库	4232616
预脱硫	4232618
钳工班	4232619
综合班	4232600
尿素车间	

主任……4232521
党支部……4232522
办公室……4232526
工艺组……4232523
技术组……4232525
材料组……4232520
调度台……4232621
总控台……4232622
大颗粒尿素……4232804
压缩……4232623
现场……4232625
电梯间……4232626
检修班……4232627

油品车间

主任……4232531
党支部……4232532
副主任……4232534
技术组……4232533
办公室……4232535
老油罐区……4232631
新油罐区……4232632
5号趸船……4232634
4号趸船……4232635
综合班……4232654
电工班……4232636

成品车间

主任……4232541
办公室……4232542
技术组……4232543
总控室……4232641
1号趸船……4232642
2号趸船……4232643
3号趸船……4232645
4号趸船……4232644
扒料机……4232647
综合班……4232648
成品班……4232649
运行班……4232640
质保班……4232650

电气车间

主任……4232581
副主任……4232582
办公室……4232584
技术组……4232583
器材组……4232588
变电站……4232585
发电班……4232487
动力班……4232481
合成班……4232517
尿素班……4232528
水厂班……4232507
油品班……4232636
电试班……4232587
标准班……4232590
电机班……4232589

仪表车间

主任……4232591
党支部……4232592
副主任……4232595
办公室……4232594
技术组……4232593
合成班……4232519
尿素班……4232529
锅炉仪表班……4232482
质量班……4232596
金工班……4232597
水汽班……4232509
DCS室……4232984

质检中心

主任、书记……4232561
副主任……4232391
办公室……4232563
统计室……4232569
地磅室……4232392
分析组……4232568
油分析……4232566
生控组……4232564
煤液制配……4232562
煤分析室……4232474
水质分析……4232565
环保分析……4232567
油计量班……4232393
质检组……4232396

动力分厂

主任……4232501
党支部……4232502
副主任……4232638
办公室……4232506
设备组……4232505
工艺组……4232503
值班室……4232508
小煤锅炉……4232724

检修班……………………………………………4232504
快锅………………………………………………4232601
水处理……………………………………………4232602
冰水塔……………………………………………4232603
低锅………………………………………………4232604
水厂泵房…………………………………………4232606
排污泵房…………………………………………4232606
水厂控制室………………………………………4232607
煤锅炉控制室……………………………………4232480
调度室……………………………………………4232484
煤储运控制室……………………………………4232489
煤储运班…………………………………………4232491
煤储运……………………………………………4232490
循环水……………………………………………4232492
灰渣岗位…………………………………………4232493
轨道街……………………………………………4232497
动力 4.2 米办……………………………………4232476

消防队

办公室……………………………………………4232407
值班室……………………………………………4232408

生产准备处

老总办……………………………………………4232836
办公室……………………………………………4232847
综合组……………………………………………4232738
设备组……………………………………………4232774
工艺组……………………………………………4232780
会议室……………………………………………4232809
材料组……………………………………………4232853

煤代油改造项目部

主任………………………………………………4232767
书记………………………………………………4232681
副主任……………………………………………4232684
计财物资组………………………………………4232874
综合办……………………………………………4232719
电气组……………………………………………4232924
值班室……………………………………………4232749
工艺组……………………………………………4232486
工艺组……………………………………………4232734
机械组……………………………………………4232713
工程组……………………………………………4232427
仪表组……………………………………………4232904
设备验收组………………………………………4232864
设备组……………………………………………4232703

38. 资产公司石家庄分公司 石家庄炼化分公司

地址：河北省石家庄市东郊石炼路1号
邮编：050032
区号：0311
总机：80866688
传真：80861234
网站：www.slhec.com
E-mail：slh@slhec.com

部门	公网电话
公司职能处室	
经理办（党办）	
主任	80861126
秘书室	80863108
	80862245
文书室	80862314
档案室	
主管	80863171
办公室	80863201
审计处	
处长	80861353
办公室	80862387
法律事务部	
主任	80862327
办公室	80861510
企管部	
主任	80860629
办公室	80862352
组织部	
部长	80862291
办公室	80862323
宣传部	
部长	80862292
办公室	80863084
纪委（监察处）	
处长	80862486
办公室	80862329
工会	
主席	80862283
办公室	80862345
团委	
书记	80862306
办公室	80862549
总务部	
主任	80862385
办公室	80863147
保卫处	
处长	80862298
办公室	80862416
改制单位管理办公室	
主任	80861686
办公室	80861510
工程管理部	
主任	80860369
办公室	80861785
信息中心	
主任	80860602
办公室	80862516
物装公司	
经理	80862521
办公室	80862384
人力资源处	

处长……80863466
办公室……80862480
财务处
处长……80861103
办公室……80862487
供销公司
经理……80861360
办公室……80862442
炼油计划处
处长……80861121
办公室……80862985
化工计划处
处长……80860262
办公室……80860159
炼油技术开发处
处长……80862357
办公室……80861057
化工技术开发处
处长……80860386
办公室……80860210
消防支队
队长……80862478
办公室……80860191

炼油事业部

炼油生产调度处
处长……80862835
调度室……80862380
调度室……80862381
炼油安全环保处
处长……80862363
办公室……80862424
炼油机动处
处长……80861643
办公室……80862504
环境监测站
站长……80862230
办公室……80861175
技术中心
主任……80861349
办公室……80862052
电仪公司
经理……80863385
办公室……80863103
炼油仪表车间
主任……80861087
办公室……80861481
炼油电工车间
主任……80862710
办公室……80862769
计量站
站长……80862401
办公室……80861314
电信站
站长……80862188
办公室……80868989
炼油质量管理中心
主任……80862429
办公室……80862525
一联合车间
主任……80862475
办公室……80862617
二催化车间
主任……80863434
办公室……80861575
气体分馏车间
主任……80161083
办公室……80162610
延迟焦化车间
主任……80161019
办公室……80162709
重整车间
主任……80862443
办公室……80861184
炼油加氢车间
主任……80861578
办公室……80861187
聚丙烯车间
主任……80862621
办公室……80862485
制氢车间
主任……80861048
办公室……80861679
动力站
主任……80862741
办公室……80862404
给排水车间
主任……80862771
办公室……80862773
炼油环保车间
主任……80862541
办公室……80863113
炼油空分车间

主任……80862605
办公室……80862796
烷基化车间
主任……80862505
办公室……80862501
储运厂
厂长……80861438
办公室……80861525
油品车间
主任……80862607
办公室……80862570
装卸油车间
主任……80862608
办公室……80862707
编组站
主任……80863235
办公室……80863211

化工事业部

化工生产调度处
处长……80860061
调度……80860121
调度……80860122
调度……80860363
化工安全环保处
处长……80860396
办公室……80860323
化工机动处
处长……80861675
办公室……80860307
氧化车间
主任……80860007
办公室……80860118
化工加氢车间
主任……80860221
办公室……80860103
酰胺化车间
主任……80860351
办公室……80860352
精制车间
主任……80860354
办公室……80863330
聚合车间
主任……80860321
办公室……80860322
氨肟化车间
主任……80860385
办公室……80860387
硫酸硫胺车间
主任……80860260
办公室……80860106
包装车间
主任……80860346
办公室……80860236
化工空分车间
主任……80860132
办公室……80860215
供排水车间
主任……80860101
办公室……80860172
储运车间
主任……80860192
办公室……80860222
化工电工车间
主任……80860093
办公室……80863004
化工仪表车间
主任……80860083
办公室……80860034
化工中心化验室
主任……80860196
办公室……80860225
环保车间
主任……80860213
办公室……80860211

石家庄资产分公司

社区管理中心
主任……80863187
离退休办公室
主任……80863187
办公室……80863087
社区文体部
主任……80862013
总居委会
主任……80863187
社区幼儿园
主任……80861210
宾馆
经理……80860680

39. 资产公司济南分公司
济南分公司

地址：山东省济南市工业南路 26 号
邮编：250101
区号：0531
总机：88831114
传真：88983622
E-mail：sjnr@sjnr.com.cn

部门	公网电话
经理办公室	88832202
党委办公室	88832301
组织部统战部	88832306
宣传部	88832310
计划处	88832408
生产调度处	88832432
技术处	88832429
机动处	88832443
安全环保处	88832456
财务处	88832417
人力资源处	88832476
企业管理处	88832231
供应部	88832518
运销部	88832552

40. 资产公司武汉分公司 武汉分公司

地址：湖北省武汉市青山区长青路特1号
邮编：430082
区号：027
总机：86515662
传真：86595188

部门	公网电话
公司机关	
党办	86595202
经理办	86595153
工会	86595231
团委	86595860
组织部	86595213
宣传部	86595302
纪委（行政监察室）	86595221
离退休工作处	86595680
生产调度处	86595500
安全环保处	86595430
机动处	86595460
工程处	86595700
物资处	86595600
技术处	86595560
计划处	86595350
运销处	86595660
财务处	86595340
审计处	86595370
劳动人事处	86595400
综合管理处	86595380
武装保卫处	86595250
教培中心（党校）	86595580
信息中心	86595800
计量办	86595770
汉新公司	83516509
三昌公司	86599650
改制单位	
武汉检安石化工程有限公司	86596710
石化交通运输公司	86599604

武汉炼化工程设计有限公司
……………………………………………86599404
武汉石化液化气公司
……………………………………………86599254
隆达石化有限公司
……………………………………………86599108
武汉博达石化有限公司
……………………………………………86599303
武汉市石化医院
……………………………………………86599505

41. 中原石油化工有限责任公司

地址：河南省濮阳市胜利西路
邮编：457000
区号：0393
总机：4471114
传真：4416227
E-mail：liut.zysh@sinopec.com

部门	公网电话
公司办公室（党委办公室）	
主任	4471256
副主任	4471779
秘书科	4471067
信访科	4471076
机要室	4471335
接待科	4471077
法律事务科	4471299
企业管理科	4471350
生产技术部	
主任	4471376
调度台	4471336
技术科	4471002
质量科	4471479
节能办	4471029
计量管理科	4471377
机动处	
处长	4471234
副处长	4471196
综合管理科	4471526
检修科	4471360
动力科	4471390
综合计划处	
副处长	4471108
计划统计科	4471871
概预算科	4471107
信息科	4471815
技术改造办公室	
主任	4471463
长远规划科	4471453
工程管理科	4471068
对外联络科	4471880
资料室	4471088
安环处	
处长	4471288
安全科	4471773
环保科	4471283
气防站	4471347
防检站	4471265
环境监测站	4471185
思想政治工作部	
副主任	4471678
宣传科	4471879
电视台	4471878
供应处	
处长	4471166
副处长	4471380
物资管理科	4471385
计划科	4471616
化工科	4471436
配件科	4471205
器材科	4471389
机关党委	
副书记	4471133
人力资源部（党委组织部）	
主任	4471237
干部管理科（组织科）	4471013
工资保险科	4471181
劳动组织科	4471443
培训科	4471208

监察（审计）部

主任……4471248

办公室……4471204

案件检查室……4471210

案件审理室……4471172

审计科……4471302

工会

副主席……4471148

生产劳保部……4471101

组织女工部……4471072

办公室……4471789

退管办……4473203

经营管理部

主任……4471231

副主任……4471042

信息科……4471431

运输科……4471626

原料科……4471264

财务处

处长……4471117

销售科……4471093

资产科……4471862

会计科……4471103

成本科……4471090

资金科……4471048

保卫处（人武部）

处长兼政委……4471777

副处长……4471566

武装部……4471289

工农科……4471083

治安科……4471215

综治办副主任……4471337

42. 资产公司沧州分公司
沧州分公司

地址：河北省沧州市交通北大道50号
邮编：061000
区号：0317
传真：3552688
E-mail：czlycbga@163.com

部门	公网电话
办公室	
主任	3552345
秘书	3552247
党办	
主任	3552076
秘书	3552095
组织部	
部长	3552076
副部长	3552449
宣传部	
部长	3552885
办公室	3552549
人力资源处	
处长	3551916
办公室	3552077
纪委办	
主任	3552261
办公室	3552208
工会	
副主席	3552789
办公室	3555275
团委	
书记	3552915
综合管理处	
处长	3551797
办公室	3552463
保卫处	
处长	3552393
办公室	3552325
生产管理处	
处长	3552266
副处长	3552780
副处长	3551908
机械动力处	
处长	3552288
副处长	3552038
安全环保处	
处长	3552625
副处长	3552882
审计处	
处长	3552481
副处长	3551897
财务处	
处长	3552032
副处长	3552716
技术开发处	
处长	3551579
副处长	3552272

43. 润滑油分公司

地址：北京市海淀区安宁庄西路6号
邮编：100085
区号：010
传真：62917732
网址：www.sinolube.com
E-mail：sinolube@sinolube.com

部门	公网电话
总经理办公室	
主任	62949881
办公室	62949873
传真	62917732
综合计划部	
主任	62949830
办公室	62949864
传真	62928148
科技开发部	
主任	62949882
办公室	62941011
传真	62846464
财务资产部	
主任	62949877
办公室	62941227
传真	62928149
市场营销部	
主任	62949841
办公室	62941636
传真	82713833
国际市场部	
主任	62941630
办公室	62941620
传真	82416960
物资供应部	
主任	62949768
办公室	62941476
传真	62916012
人事部	
主任	82817966
办公室	62941036
传真	82713826
审计部	
主任	62949860
办公室	62949829
纪检监察部	
主任	62949731
办公室	62949795
党群工作部	
主任	62949801
办公室	62949803
传真	62914862
安全生产部	
主任	62949867
办公室	62941124
传真	82413946
综合管理部	
主任	62949734
办公室	62949880
传真	62913311
北京分公司	
经理	(010)62949846
办公室	(010)62949898
传真	(010)62913411
重庆分公司	
经理	(023)68799309
综合办	(023)68799306
传真	(023)68799333
济南分公司	
经理	(0531)88833300

综合办 ……………………………(0531)88834054
传真 ……………………………(0531)88834054

荆门分公司
经理……………………………(0724)2277799
综合办…………………………(0724)2271727
传真……………………………(0724)2213278

茂名分公司
经理……………………………(0668)2269783
综合办…………………………(0668)2260095
传真……………………………(0668)2262640

上海分公司
经理……………………………(021)58613366
综合办…………………………(021)58617912
传 真 …………………………(021)58616124

天津分公司
经理 ………………………(022)25668000-8651
综合办…………………………(022)67161091
传真……………………………(022)67161092

滨海分公司
经理……………………………(022)66581122
综合办…………………………(022)66581128
传真……………………………(022)66581106

武汉分公司
经理……………………………(027)82302581
综合办…………………………(027)82310286
传真……………………………(027)82311533

燕化分公司
经理……………………………(010)69347388
综合办…………………………(010)69334963
传真……………………………(010)69346889

郑州分公司
经理 …………………………(0371)67987988
综合办 ………………………(0371)67982356
传真 …………………………(0371)67983954

上海研发中心
主任……………………………(021)65865419
办公室…………………………(021)65458125
传真……………………………(021)65458125

北京研发中心
主任……………………………(010)62949839
办公室…………………………(010)62949746
传真……………………………(010)62949751

北京销售中心
经理……………………………(010)82817926
办公室…………………………(010)62949730
传真……………………………(010)82414470

44. 保定石油化工厂

地址：河北省保定市隆兴西路1791号
邮编：071059
区号：0312
传真：3111701
E-mail: anwt.bdsh@sinopec.com

部门	公网电话
厂部	
厂长	3134584
	3109236
副厂长	3131806
	3109100
调研员	3109168
	3109158
办公室	
厂长助理	3109006
办公室主任	3109099
办公室副主任	3109018
档案	3109015
收发	3109016
打字	3109017
总机	3109101
电视电话会议室	3109007
小车队	3109069
处室	
财务处	3109118
	3109088
	3109116
	3109117
	3109119
法律顾问室	3109126
	3109125
劳资处	3109065
	3109066
	3109067
组织人事部	3109036
	3109037
计划处	3109003
	3109002
生产调度处	3109038
	3109039
安环处	3109128
	3109127
	3109129
供应处	3109026
	3109028
	3109011
库房	3109027
机动处	3109186
	3109187
	3109188
	3112484
技术处	3109096
发展规划处	3109058
	3109170
	3109171
	3109012
	3109013
	3109080
	3109081
信息中心	3109082
	3109083
运销处	3109008
	3109056
保卫处	3109098
	3109172
	3109146
	3109097
南门	3109107

东门……3109093
西门……3109057
车棚……3109052
消防队……3109110
……3109111
宣传处……3109121
……3109122
总务处……3109160
……3109161
食堂……3109162
房管处……3109108
……3109109
卫生所……3109112
五一宿舍医保站……3019661
工会……3109078
……3109009
……3109075
……3109079
党群处……3109095
……3109258
……3109087
……3109090
纪检……3109089
审计处……3109143
……3109092

热电车间

主任……3109044
副主任……3109046
副主任……3109047
办公室……3109045
值长……3109040
安全工程师……3109159
电试……3109041
劳资……3109042
集中控制……3109048
主控室……3109049
燃料……3109113
除盐……3109136
检修……3109137
统计……3109004
材料……3109173
技术……3109043
电检……3109041

质量管理处

处长……3109020
2246 化验室……3109064

供排水车间

主任……3109030
污水……3109033

电气车间

主任……3109073
……3109076
总配电室……3109074
油毡配电室……3109185

仪表车间

主任……3109060
油毡仪表……3109061
热电仪表……3109063

液化气站

站长……3109138
业务……3109140
……3109135

附属综合厂

厂长……3130122
……3109218
书记……3109215
副厂长……3109216
办公室……3109219
财务科……3109212
服务加工……3109213

原油罐机械清洗工程部

经理……3109130
书记……3109132
副经理……3109131
副经理……3109133
一部主任……3109134
二部主任……3109150
三部主任……3109151

防水材料分厂

厂长……3109198
……3130121
副厂长……3109203
副厂长……3109202
总工……3109200
办公室……3109199
……3119464
财务科……3109195
供应科……3109196
销售部……3109197
销售公司……3112485
施工公司……3120154
制毡操作……3109201

联合生产车间

主任……………………………………………3109050
净化场…………………………………………3109005

设备检修安装处

经理……………………………………………3109165
书记……………………………………………3109167
内勤……………………………………………3109166
建北加油站……………………………………3109208
输油管线（孙村站）…………………………8081551

45. 青岛石油化工有限责任公司

地址：山东省青岛市李沧区滨海路8号
邮编：266043
区号：0532
总机：84816591
传真：84816954
网址：www.qdpec.com
E-mail:gsb@qdpec.com

部门	公网电话
经理办公室	
副主任室	66762308
办公室	66762212
文秘管理	66762210
驻京办	66762166
统计	66762220
计生办	66762236
行政管理	66762266
房产管理	66762267
文书档案	66762248
科技档案	66762249
复印室	66762219
收发室	66762213
食堂管理	66762708
食堂办公室	66762382
食堂财务	66762712
食堂三班	66762384
小餐厅	66762726
食堂设备	66762858
党委办公室	
主任	66762177
办公室	66762221
武装部	66762233
纪委	66762222
组织部	
主任	66762237
办公室	66762231
办公室	66762020
宣传部	
主任	66762227
办公室	66762226
报纸编辑室	66762225
电视编辑室	66762228
电视制作室	66762235
刊物编辑室	66762238
工会	
副主席	66762301
主管	66762290
工会办公室	66762291
宣教室	66762292
文体室	66762293
财务办公室	66762229
团委	66762232
人事劳资教育处	
处长	66762223
主任科员	66762245
主管	66762243
人事管理	66762224
劳动工资	66762244
岗检	66762214
培训中心	66762246
教师办公室	66762247
帮扶办	66762160
综合计划处	
处长	66762315
副处长	66762241
主任室	66762317
原油采购	66762281

计划管理……66762316
统计管理……66762239
综合管理……66762240
制度管理……66762021

财务处

处长……66762330
副处长……66762331
资金办公室……66762332
财务（1）……66762335
财务（2）……66762392
财务（3）……66762698
会议室……66762379

审计处

处长室……66762334
主任科员室……66762957
合同审计……66762956
财务审计……66762297

生产调度处

处长……66762311
副处长……66762393
主任工程师……66762391
办公室……66762286
技术组……66762288
能源组……66762284

科技发展处

处长……66762318
副处长……66762320
办公室……66762358
规划主任工程师……66762296
电仪主任工程师……66762890
总图主任工程师……66762202
投资主任工程师……66762796
质监住任工程师……66762193
质量管理……66762195
标准化……66762298
QC 管理……66762201
技改技措……66762319
科研开发……66762206
科协办公室……66762295
图书资料室……66762282
信息管理……66762199
网络系统维护……66762182
网络安全……66762187
ERP 支持中心……66762197
信息技术服务……66762168
卫星技术机房……66762188
卫星会议室……66762189
电话班……66762150

机动处

处长……66762321
书记……66762322
主管……66762325
固定资产……66762323
设备主任工程师……66762811
电气主任工程师……66762813
仪表主任工程师……66762326
电气管理……66762608
档案管理……66762820
转动设备管理……66762324
设备计划管理……66762327
设备预算管理……66762815
工业锅炉管理……66762821
压力容器管理……66762822
设备防腐管理……66762824
仪表管理……66762823
总变主任室……66762610
总变站长室……66762618
安全管理……66762620
总变主控室……66762629
催化配电室……66762615
催化开关站……66762616
常压配电室……66762617
配电中心技术组……66762590
循环水配电室……66762619
加氢配电室……66762842

环保安全处

处长……66762341
书记……66762348
安全主管……66762339
安全办公室……66762340
安保金管理……66762349
劳保管理……66762350
安全主任工程师……66762175
HSE 管理……66762172
安全设施管理……66762173
安全教育……66762580
事故管理……66762179
防火班……66762345
环保主任工程师……66762176
环保管理……66762353
环保现场管理……66762440
环保监测……66762581

消防大队长室……66762342
副队长室……66762357
消防办公室……66762338
消防战训室……66762388
消防通讯室……66762344
消防值班室……66762343
消防门岗值班……66762270
气防站办公室……66762171
气防站护士办……66762269
气防站药房……66762275

工程处

处长……66762911
书记……66762912
主管……66762601
主任工程师……66762914
主任工程师……66762920
办公室……66762913
土建……66762915
安装……66762916
资料室……66762917
安全保卫……66762907
安装预算……66762921
土建预算……66762923

运销处

处长……66762371
主管……66762376
主任……66762381
办公室……66762373
销售计划……66762375
调运室……66762372
销售一室……66762374
销售二室……66762378
信息室……66762385
销售财务……66762380

物资处

处长……66762765
书记……66762767
主任工程师……66762933
主管……66762768
办公室……66762361
物资管理……66762365
统计核算……66762769
合同管理……66762938
安全办公室……66762367
材料计划……66762363
设备计划……66762366
办事员……66762931
材料采购……66762935
阀门采购……66762932
仪表采购……66762764
杂品采购……66762937
设备采购……66762362
紧固件采购……66762369
建材采购……66762770
加油站……66762370
保管班……66762368
配送班……66762934
值班室 / 配送……66762766
一号仓库……66762771
二号仓库……66762772
质验 / 过程控制……66762773
EPC 管理……66762774
项目库……66762753
资料室……66762756
物资编码……66762775

保卫处

处长……66762251
书记……66762252
办公室……66762505
外勤办（1）……66762506
外勤办（2）……66762508
护卫大队办……66762253
护卫大队值班……66762258
护卫交通岗……66762254
办公大楼值班室……66762509
保安办公室……66762503
保安值班室……66762504

计量中心

主任……66762558
数据主任工程师……66762591
数据主任工程师……66762597
设备主任工程师……66762491
办公室……66762354
技术组……66762592
数据组……66762594
计量检定班……66762328
流量仪表班……66762329
流量检定室……66762593
装车计量室……66762596
油品计量……66762355
2 号电子衡……66762656
3 号电子衡……66762649

4 号电子衡……66762595

检验中心

主任……66762346
主管……66762641
主任工程师……66762129
办公室……66762646
技术组……66762642
检查组……66762347
运转检查……66762438
值班室……66762644
成品班……66762436
成品分析室……66762645
色谱分析室……66762336
标准溶液室……66762433
辛烷值机房……66762439
原材料班……66762437
运转班……66762643
中控分析分析室……66762647
仪器维修室……66762337
锅炉分析室……66762568
除盐水站化验……66762573
供排水分析室……66762483
聚丙烯分析……66762127

一联合车间

主任……66762410
副主任……66762411
主任工程师……66762447
办公室 / 工会……66762412
安全……66762417
设备组……66762413
工艺组……66762418
值班室……66762419
焦化高水泵房……66762587
除焦操作室……66762588
除焦班……66762443
焦化交接班室……66762494

二联合车间

主任……66762421
书记……66762429
主任工程师……66762551
主任工程师……66762428
办公室……66762422
技术组……66762529
安全办公室……66762424
工会办公室……66762420
车间维护……66762536
外检室……66762530
机组控制……66762527
精制办公室……66762745
硫磺外操室……66762478
硫磺中控室……66762406
硫磺成型……66762552
II硫磺外操室……66761769

三联合车间

主任……66762541
主任工程师……66762545
主任工程师……66762560
办公室……66762542
安全办公室……66762550
设备组……66762543
工艺组……66762540
车间维护……66762544
值班室……66762548
制氢交接班室……66762492

聚丙烯车间

主任……66762450
副主任……66762479
主任工程师……66762120
办公室……66762442
工艺组……66762451
设备组……66762441
安全……66762445
成品入库……66762477
宣传……66762555
聚合内操……66762121
闪蒸外操室……66762123
聚合外操室……66762124
外操室……66762126
催化剂分装……66762448
值班室……66762556

供排水车间

主任……66762482
主任工程师……66762498
统计核算……66762481
安全工会……66762489
设备管理……66762499
工艺管理……66762488
办公室……66762487
中控室……66762430
循环水操作室……66762484
污水操作室……66762485
提升泵房……66762497

白班隔油…………………………………66762496
事故水站…………………………………66762486

锅炉车间

主任………………………………………66762453
主任工程师………………………………66763577
主任工程师………………………………66762562
办公室……………………………………66762471
技术组……………………………………66762454
安全组……………………………………66762456
值班室……………………………………66762472
空压站技术组……………………………66762455
空压站操作室……………………………66762449
老锅炉操作室……………………………66762473
软化水站操作室…………………………66762475
锅炉技术组………………………………66762565
锅炉 DCS 室………………………………66762566
锅炉分析室………………………………66762568
锅炉外检室………………………………66762569
除盐水站控制室…………………………66762570
除盐水站外操……………………………66762576
除盐水站技术组…………………………66762572
除盐水站化验……………………………66762573
发电主操室………………………………66762561
发电外操…………………………………66762563
发电机柜室………………………………66762564

油品车间

主任………………………………………66762462
副主任……………………………………66762739
主任工程师………………………………66762468
办公室……………………………………66762461
安全办公室………………………………66762469
工艺组……………………………………66762458

储运车间

主任………………………………………66762652
副主任……………………………………66762682
办公室……………………………………66762651
技术组……………………………………66762683
安全组……………………………………66762684
铁路调度室………………………………66762657
铁路卸油班………………………………66762675
铁路卸油泵房……………………………66762659
扳道班……………………………………66762654
扳道房操作室……………………………66762655
耐火扳道房………………………………66762673
聚丙烯库…………………………………66762130
系统管网班………………………………66762759
装车场办公室……………………………66762674
装车场微机操作室………………………66762650
装车场渣油操作室………………………66762660
装车场巡检操作室………………………66762648
装车场西门操作室………………………66762510

输油管道工程

原油施工组………………………………66762998
技术组……………………………………66762999

运输公司

经理………………………………………66762818
大车调度…………………………………66762816
小车调度…………………………………66762817
办公室……………………………………66762801
技术组……………………………………66762802

压力容器检测站

站长………………………………………66762265
综合办公室………………………………66762763
统计室……………………………………66762762
财务………………………………………66762669
检验室……………………………………66762761
检测室……………………………………66762263
安全阀校验室……………………………66762264

成品油输运公司

经理、书记………………………………66762968
副经理……………………………………66762967
办公室……………………………………66762965
主管安全…………………………………66762997

原油输运公司

经理………………………………………66762261
主管………………………………………66762262
办公室……………………………………66762966
值班室……………………………………66762995

高酸原油项目部

项目经理…………………………………66762072
综合部……………………………………66762077
控制部……………………………………66762084
施工部……………………………………66762082
技术部……………………………………66762080
HSE 部……………………………………66762088
生产准备部………………………………66762810
质量部……………………………………66762086
采购部……………………………………66762089
财务部……………………………………66762090
项目部传真………………………………66762076
项目值班室………………………………66762074

青岛石化茂祥公司

经理……66762395
副经理……66762400
业务经理……66762757
办公室……66762398
财务……66762758
销售部……66762397

青岛石化华裕公司

经理……66762701
书记……66762702
副经理……66762703
主任工程师……66762705
主管……66762711
综合办公室……66762706
出纳……66762716
财务……66762710
技术组……66762717
车队……66762707
经营办……66762709
物业……66762713
化工主任……66762722
化工化验……66762718
化工维修……66762719
环烷酸……66762720
化工 600#……66762697
化工 500#……66762680
值班室……66762665
大学生公寓……84852009

青岛石化检安公司

总经理办公室……66762833
人力资源部主任……66762836
计划财务部主任……66762838
安保部主任……66762845
安保部……66762840
市场经营部主任……66762837
物资供应部主任……66762852
技术质量部主任……66762408
工程管理部主任……66762856
生产部主任……66762847
生产部副主任……66762691
仪表专业经理……66762622
动设备专业经理……66762637
静设备专业经理……66762670
电气专业经理……66762661
生产计划……66762839
电仪队队长……66762612
安装队队长……66762696
机械队队长……66762849
制作中心经理……66762689
网络公司经理……66762671

46. 北海分公司

地址：广西壮族自治区北海市北海大道中
26号鸿海大厦
邮编：536000
区号：0779
传真：3079299
E-mail:bhshw@sina.com

部门	公网电话
综合管理部	3079019
项目控制部	3079016
生产准备部	3079660
设计管理部	3079885
机动部	3079828
施工管理部	8525036
质量安环部	8525313
物资装备部	3079191
财务部	3079936

47. 西安石化分公司

地址：陕西省西安市未央区建章路北段6号
邮编：710086
区号：029
传真：84320522
网址：www.xash.com.cn
E-mail：xash@xash.com.cn

部门	公网电话
经理办公室	
文秘管理	84313609
机要	84320007
企业管理	84320103
信息管理	84320089
保卫科	84320060
行政科	84320071
小车队	84320050
生产计划处	
生产管理	84320278
计划统计	84320277
调度管理	84320260
调度室	84320255
节能办	84320520
机动处	
综合管理	84320276
工程管理	84320273
设备管理	84320327
技术质量处	
质量管理	84320073
技术管理	84320111
安全环保处	
环保管理	84320258
安全管理	84320052
环境监测站	84320526
职防卫生科	84310154
财务处	
综合管理	84320523
会计管理	84320056
资金管理	84320057
资产管理	84320100
人力资源处	
人事管理	84320065
教育管理	84320082
监察审计处	
监察设计	84320090
纪委	84320063
政工处	
宣传管理	84320086
组织管理	84320516
团委	84320059
工会	
办公室	84320062
运销处	
综合管理	84311229
传真	84320177
产品销售	84310394
原油供应	84320172
油品运输	84320201
油品运输调度室	84310299
三桥货运场	84320776
供应处	
综合管理	84320151
采购管理	84320200
仓储管理	84320153
工程项目组	
资料室	84320498
技术组	84320348
安全环保组	84320505

48. 塔河分公司

地址：新疆库车县天山东路573号
邮编：842000
区号：0997
传真：7979016

部门	公网电话
综合办公室	
主任	7979009
副主任	7979188
总值班	7979023
传真	7979016
人力资源处	
处长	7979084
副处长	7979152
财务处	
副处长	7979018
传真	7979020
机械动力处	
副处长	7979090
副处长	7979012
传真	7979065
技术质量处	
副处长	7979028
副处长	7979070
传真	7979061
安全环保处	
处长	7979089
副处长	7979187
传真	7979087
生产计划处	
副处长	7979024
传真	7979023
企业管理处	
处长	7979022
纪委监察处	
处长	7979039
工会	
副主席	7979111
团委	
副书记	7979300

部门	公网电话
运销中心	
主任	7979052
物资供应中心	
副主任	7979135
副主任	7979095
传真	7979037
治安消防中心	
主任	7979196
副主任	7979198
常压焦化车间	
主任	7979828
副主任	7979821
加氢制氢车间	
主任	7979817
副主任	7979824
催化重整车间	
主任	7979853
副主任	7979825
硫磺回收车间	
主任	7979820
副主任	7979830
沥青车间	
主任	7979842
副主任	7979852
储运车间	
主任	7979889
副主任	7979885
动力车间	
主任	7979839
副主任	7979499
化验室	
主任	7979818
副主任	7979850

49. 海南炼油化工有限公司

地址：海南省洋浦经济开发区
邮编：578101
区号：0898
传真：28820099

部门	公网电话
综合管理部	
传真	28820099
总值班室	28820000
部长	28820018
文书室	28820068
秘书室	28820039
党群工作室	28820087
监察室	28820011
审计室	28820032
人力资源部	28820881
部长	28820880
办公室	28820882
发展与计划部	
传真	28820566
部长	28820565
办公室	28820567
财务部	
传真	28820816
部长	28820818
副部长	28820822
技术与信息管理部	
传真	28820123
部长	28820081
节能	28820898
技术	28820182
办公室	28820710
机动部	
传真	28820130
部长	28820138
副部长	28820139
综合管理	28820158
HSE 部	
传真	28820062
部长	28820060
副部长	28820105
供应部	
传真	28820071
部长	28820111
副部长	28820107
办公室	28820115
通用物资	28820117
化工	28820118
仪表	28820109
电气	28820112
材料	28820116
管道	28820113
销售部	
传真	28820108
部长	28820104
化工销售	28820103
油品销售	28820101
液化气销售	28820100
工程部	
传真	28820055
部长	28820031
副部长	28820051
办公室	28820052
运行部	
传真	28820030
部长	28820086
副部长	28820025
办公室	28820026
调度	28820020
芳烃部	
传真	28820126
部长	28820096
办公室	28820076

50. 青岛炼油化工有限责任公司

地址：山东省青岛经济技术开发区千山南路827号
邮编：266500
区号：0532
传真：86915988

部门	公网电话
企业资源部	86915629
综合管理部	86915266
发展计划部	86915839
生产技术部	86915597
机动工程部	86915861
HSE管理部	86915860
财务管理部	86915786
销售贸易部	86915881
采购管理部	86915811
信息管理中心	86915699

51. 催化剂分公司

地址：北京市东城区安定门外大街58号
邮编：100011
区号：010
传真：84287023
网址：www.sinopec-catalyst.com

部门	公网电话
公司机关	
经理办公室	
办公室	84274557
	84271833
	84277234
传真	84287023
财务资产部	
办公室	84286040
	84277628
	84277330
传真	84277240
人力资源部	
办公室	84277235
	84274550
	84277238
传真	84275295
企业策划部	
办公室	84277257
	84277247
	84277251
传真	84277247
审计部	
办公室	84279633
	84273936
传真	84275323
党群工作部	
办公室	84277258
	84273200
	84273229
传真	84275251
纪检监察部	
办公室	84277621
	84276872
传真	84276872
生产技术部	
办公室	84271843
	84272316
	84287296
传真	84287105
发展计划部	
办公室	84277249
	84277635
	84270607
传真	84273095
市场营销部	
办公室	84285793
	84277231
	84272340
传真	84272310
物资装备部	
办公室	84287052
	84277625
	84278562
传真	84275989
工程技术中心	
办公室	84276352
	84277239
下属公司	
催化剂长岭分公司	
办公室	(0730)8450231
传真	(0730)8451700
催化剂齐鲁分公司	

办公室 ……………………………(0533)6860019
传真 ………………………………(0533)6861888

催化剂北京奥达分公司

办公室 ……………………………(010)81501264
传真 ………………………………(010)81501420

催化剂北京燕山分公司

办公室 ……………………………(010)69342737
传真 ………………………………(010)69345895

催化剂上海分公司

办公室 ……………………(021)57941941-24255
传真 ………………………………(021)57944734

催化剂南京分公司

办公室 ……………………………(025)85092424
传真 ………………………………(025)85092424

湖南建长石化股份公司

办公室 ……………………………(0730)8455048
传真 ………………………………(0730)8439961

上海立得催化剂有限公司

办公室 ……………………………(021)57294218
传真 ………………………………(021)57294218

中国石化科技开发公司

办公室 ……………………………(010)84275265
传真 ………………………………(010)84271847

52. 化工销售分公司

地址：北京市朝阳区朝阳门北大街22号
邮编：100728
区号：010
传真：59760728
网址：www.chemicals.sinopec.com

部门	公网电话
公司机关	
综合处	
	59966916
	59966918
传真	59760728
党群办	
	59966925
	59966999
传真	59760711
人力资源处	
	59966936
传真	59760710
财务处	
	59966945
传真	59960713
计划信息处	
	59966972
	59966965
	59966966
传真	59760715
客服中心	
	84663320
调度运输处	
	59966957
	59966975
传真	59760714
自备车项目组	
	84663025
合成树脂处	
	59966909
	59966908
传真	59760727
合成橡胶处	
	59966899
	59966902
传真	59760726
有机化工处	
	59966881
	59966889
传真	59760703
合纤原料处	
	59966895
传真	59760725
合成纤维处	
	59966890
	59966893
传真	59760704
出口管理处	
	59966186
	59966176
传真	59760549
进口和自营贸易管理处	
	59966220
	59966218
传真	59760543
审计处	
	59966937
传真	59760709
纪检监察处	
	59966942
传真	59760712
法律事务处	

……59966989
……59966938
传真……59760716

华北分公司

（区号：010）

综合管理部
……51586717
……51586858
……51586708
传真……51586876
党群部
……51586868
……51586812
传真……51586868
计划信息部
……51586866
……51586867
……51586971
传真……51586951
财务部
……51586988
……51586928
……51586902
传真……51587022
合成树脂部
……51586726
……51586828
……51586878
……51586888
传真……51586726
合成橡胶部
……51586816
……51586886
传真……51586816
有机化工部
……51586898
……51586897
……51586896
……51586838
传真……51586898
合纤原料部
……51586806
……51587070
传真……51586806
合成纤维部
……51586836
……51587096
传真……51586836
进出口部
……84663117
……84663115
……84663119
……84663116
传真……84663190
物流部
……51586818
……51586785
……51587057
传真……51586818
齐鲁经营部
……(0533)7582666
……(0533)7581095
传真……(0533)7368551
天津经营部
……(022)23195756
……(022)23195758
……(022)63803890
传真……(022)23195756
驻燕山办事处
……(010)69342278
传真……(010)69342278
驻青岛炼化办事处
……(0532)86907855
传真……(0532)86907855
驻石炼化办事处
……(0311)80860753
传真……(0311)80860754
驻济南炼化办事处
……(0531)88832379
传真……(0531)88832378
驻沧州炼油办事处
……(0317)3551919
传真……(0317)3551919
临沂代表处
……(0539)8322825
传真……(0539)8322825
沈阳代表处
……(024)62636898
传真……(024)62635898
西安代表处
……(029)88830018
传真……(029)88341853

华东分公司

（区号：021）

综合部
……52381898
……52381616
传真……52385083

党群办公室
……52385155
……52385156
传真……52376719

财务部
……52385090
……52385092
……52385117
传真……52385091

计划信息部
……52385069
……52385089
……52385062
传真……52385061

物流部
……52385051
……52385052
……62129493
传真……52385053

合成树脂部
……52385130
……52385131
……52372592
……52385032
传真……52385113

合成橡胶部
……52385132
……52385031
……52385075
传真……52385112

腈纶部
……52385021
……52385025
……52385023
传真……52385110

有机化工部
……52385120
……52385121
……52385109
……52385125
传真……52376717

合纤原料部
……52385070
……52397135
……52385076
传真……52385071

合成纤维部
……52385101
……52385102
……52385103
……52385105
传真……52397137

进出口二部
……(025)57797238
……(025)57055379
……(025)85339855
……(025)57797068
……(025)57797578

驻上海石化办事处
……57937100
……57930127
传真……57943156

驻扬子石化办事处
……(025)57771255
……(025)57783235
传真……(025)57785149

驻镇海炼化办事处
……(0574)86444579
传真……(0574)86366722

驻仪征化纤办事处
……(0514)83237363
传真……(0514)83236602

驻金陵分公司办事处
……(025)58986399
……(025)58980583
传真……(025)58986399

驻高桥分公司办事处
……58618765
传真……58612397

驻安庆分公司办事处
……(0556)5374170
传真……(0556)5377303

驻九江分公司办事处
……(0792)8493161
传真……(0792)8494842

华南分公司

（区号：020）

综合部
……22389698
……22389588
……22389662
传真……22389600

党群办
……22389658
……22389661
传真……22389762

财务部
……22389756
……22389640
……22389623
传真……22389739

计划信息部
……22389788
……22389676
……22389645
传真……22389710

物流部
……22389568
……22389718
……22389609
传真……22389727

合成树脂部
……22389518
……22389536
……22389533
……22389551
传真……22389553

合成橡胶部
……22389508
……22389578
传真……22389516

有机化工部
……22389558
……22389603
……22389576
传真……22389581

合纤原料部
……22389528
……22389506
传真……22389570

合成纤维部
……22387118
……22387116
传真……28387135

进出口部
……(020)38783943
……(020)38783972
……(020)38784095

福建经营部
……(0595)87798936
……(0595)28066679

驻茂名石化办事处
……(0668)2237836
……(0668)2237468

驻广州石化办事处
……62121382
……62121526

驻海南炼化办事处
……(0898)28820411

驻湛江东兴办事处
……(0759)2358938

华中分公司

（区号：027）

综合管理部
……51812808
……51812802
传真……51812988

党群办公室
……51812980
……51812982
传真……51812983

财务部
……51812900
……51812847
传真……51812899

计划信息部
……51812818
……51812817
传真……51812819

物流部
……51812877
……51812836
传真……51812837

树脂橡胶部
……51812918
……51812908
……51812928

……………………………………51812929
传真……………………………………51812912
有机化工部
……………………………………51812998
……………………………………51812958
传真……………………………………51812969
合成纤维部
……………………………………51812938
……………………………………51812937
……………………………………51812936
传真……………………………………51812934
进出口部
……………………………………51812966
传真……………………………………51812995
重庆经营部
……………………………………(023)63738838
……………………………………(023)68974183
传真……………………………………(023)63738383
驻巴陵石化办事处
……………………………………(0730)8496313
……………………………………(0730)8490527
……………………………………(0730)8536257
传真……………………………………(0730)8491248
驻长岭炼化办事处
……………………………………(0730)8452899
传真……………………………………(0730)8452890
驻荆门石化办事处
……………………………………(0724)2210753
传真……………………………………(0724)2222396

驻洛阳石化办事处
……………………………………(0379)66996151
传真……………………………………(0379)66994704

驻武汉石化办事处
……………………………………(027)86595794
传真……………………………………(027)86520628

驻中原石化办事处
……………………………………(0393)4471023
传真……………………………………(0393)4416222
成都代表处
……………………………………(028)66536863
传真……………………………………(028)66536801
长沙代表处
……………………………………(0731)82953022
传真……………………………………(0731)82953002
郑州代表处
……………………………………(0371)60157060
传真……………………………………(0371)60157081

江苏分公司

（区号：025）

经理办
……………………………………84765857
传真……………………………………84765959
综合部
……………………………………84765885
……………………………………84765886
……………………………………84765916
传真……………………………………84765895
客户部
……………………………………84765967
……………………………………84765891
传真……………………………………84765900
财务部
……………………………………84765905
……………………………………84765961
传真……………………………………84765898
物流部
……………………………………84765870
……………………………………84765872
……………………………………84765917
传真……………………………………84765900
安全环保部
……………………………………84765866
传真……………………………………84765900
业务一部
……………………………………84765851
……………………………………84765853
传真……………………………………84765901
业务二部
……………………………………84765856
传真……………………………………84765901
业务三部
……………………………………84765875
……………………………………84765876
……………………………………84765859
……………………………………84765965
传真……………………………………84765901
江阴经营部
……………………………………(0510)88617270
……………………………………(0510)88617273

……………………………………(0510)88617272
传真……………………………………(0510)88617269
无锡州经营部
……………………………………(0510)85011544
传真……………………………………(0510)85058610
苏州经营部
……………………………………(0512)67252499
……………………………………(0512)65720035
传真……………………………………(0512)68832023
昆山经营部
……………………………………(0512)57303655
……………………………………(0512)57389098
传真……………………………………(0512)57329157
镇江经营部
……………………………………(0511)84448748
……………………………………(0511)84409488
传真……………………………………(0511)84416359
南通东海
……………………………………(0513)85507284
……………………………………(0513)85501248
……………………………………(0513)85507443
……………………………………(0513)85991283
传真……………………………………(0513)85520215

香港分公司

（区号：852）

香港公司领导
传真……………………………………28242278
综合部
……………………………………28633048
……………………………………28633042
财务部
……………………………………28638021
……………………………………28633035
有机化工部
……………………………………28638042
……………………………………28638047
合原合纤部
……………………………………28638043
……………………………………28638070
合成材料部
……………………………………28638042
……………………………………28638044
……………………………………28638048
业务发展部
……………………………………28633041
……………………………………28633046
……………………………………28638032
越南办事处（区号：0084）
……………………………………907859688
……………………………………907390688
……………………………………(8)38278586
传真
……………………………………(8)38278587

53. 石化盈科信息技术有限责任公司

地址：北京市东城区东四十条甲22号南新仓国际大厦A座12层
邮编：100007
区号：010
传真：64096213
网站：www.pcitc.com
E-mail：pcitcbd@pcitc.com

部门	公网电话
办公室	84191188
传真	64096213
上海分公司	
办公室	(021)50943218
	(021)50942258
	(021)50942268
陕西赛威监理公司	
办公室	(029)87459100
	(029)87459190
	(029)97459337

54. 资产公司北京石油分公司 北京石油分公司

地址：北京市朝阳区静安里 12 号院
邮编：100028
区号：010
总机：84469988
传真：64678612

部门	公网电话
总经理办公室	
主任	84469096
副主任	84469201
思想政治工作处	
处长	84469338
《北京石油报》副总编辑	84469591
副处长	84469800
团委书记	84469800
工会、离退休管理处	
工会副主席、离退休管理处处长	84469208
副处长	84469373
经营管理处	
处长	84469289
副处长	84469371
副处长	84469510
财务资产处及核算中心	
党总支书记兼核算中心副主任	84469279
副处长兼资产公司财务部经理	84469246
副处长	84469269
副处长兼核算中心副主任	84469278
副处长兼核算中心副主任	84469241
清欠办公室	
主任	84515236
副主任	84540414
发展规划处	
处长	84469116
副处长	84469108
副处长	84469287
企业管理处	
处长	84469581
副处长	84469558
人力资源处	
处长	84469388
副处长	84469569
副处长	84469273
副处长	84469245
安全与设备管理处	
处长	84469256
副处长	84469256
数质量管理处	
处长	84469103
副处长	84469344
北京石油产品质量监督检验站	
站长	67383551
审计处	
处长	84469297
副处长	84469107
监察处	
处长	84469160
信息网络管理处	
处长	84469610
副处长兼网络维护中心主任	84469606
法律事务部	
主任	84469199
实物资产处	
处长	84469543
副处长	84469567
零售中心	

经理兼党委副书记……………………84469615
党委书记兼非油品经营管理中心经理……84469153
……………………………………………67372752
副经理…………………………………84469145
副经理…………………………………84469294
副经理…………………………………84469517
副经理…………………………………84469106
副经理…………………………………84469105
党委副书记……………………………84469382
非油品经营管理中心副经理……………67375307

物流中心

经理兼党委副书记……………………84469688
党委书记兼副经理……………………84469696
副经理…………………………………84469669
副经理…………………………………84469658
副经理…………………………………84469677

商业客户中心

经理兼党委副书记……………………84469231
党委副书记兼副经理…………………84469100
副经理…………………………………84469314
副经理…………………………………84469321

润滑油中心

经理……………………………………67373137
副经理兼党支部书记…………………67378548

燃料油中心

经理……………………………………67371667
副经理兼党支部书记…………………67389697

55. 资产公司天津石油分公司 天津石油分公司

地址：天津市南开区南京路 338 号
邮编：300100
区号：022
传真：27201555

部门	公网电话
经理办公室	
主任	27201566
副主任	27201599
法律顾问	27201533
总值班	27201588
档案	27201511
文书	27201522
传真	27201555
档案室	27201300
财务资产处	
处长	27201666
副处长	27201606
副主任	27201608
副处长	27201859
资金、税务	27201605
核算、报销	27201625
传真	27201601
预算	27201602
报表	27201603
经营管理处	
处长	27201628
副处长	27201609
副处长	27201614
综合	27201617
	27201614
调运	27201688
	27201624
发展规划处	
处长	27201716
副处长	27201706
传真	27201704
	27201705
政工办公室	
主任	27201709
副主任	27201712
副主任	27201712
副主任	27201708
传真	27201711
工会	27201905
健身房	27201109
阅览室	27201107
人力资源处	
处长	27201766
副处长	27201713
副处长	27201837
副处长	27201714
传真	27201739
安全数质量处	
处长	27201700
副处长	27201701
副处长	27201728
传真	27021703
审计处	
处长	27201768
副处长	27201717
监察处	
处长	27201721
	27201726
信息管理处	
副处长	27201990

副处长……27201992

临时机构

调研员室……27201613
清欠办……27201308
……27201306
体改办……27201655
网建办……27201855
……27201922
……27201856
大厦指挥部……27201920

物业公司

管理部……27201916
……27201915
保洁、工程、保安部……27201111
总服务台……27201105
文印室……27201746
车队……27222900
咖啡厅……27201108

商业客户中心

经理……27201821
书记……27201822
副经理……27201825
副经理……27201823
销售……27201615
……27201620
市区客户经理部……29343206
东丽客户经理部……24390828
西青客户经理部……27396367
津南客户经理部……28393924
北辰客户经理部……26392068
滨海客户经理部……66310357
宁汉客户经理部……67111290
大港客户经理部……63222364
武清客户经理部……29333567
静海客户经理部……68698677
宝坻客户经理部……29242377
蓟县客户经理部……29129375

零售中心

常务经理……27201619
书记……27201838
副经理……27201756
副经理……27201833
副经理……27201832
传真……27201751
零管中心区……23120666
零管东区……66312426
零管西区……29343201
零管南区……13602016035
零管北区……29158286

燃料油分公司

经理……23308801
书记……23308812
办公室……23308965
财务科……23308920

润滑油分公司

经理……23374273
书记……23374303
办公室……23374303
业务科……23374332
滑油配送……27391537
销售中心……23340369
长城公司……27370462
海牌润滑油中心……27307216

西青油库

办公室……27390977
……27391521

西郊油库

办公室……87986875
……87989191

物流中心

常务经理……27201801
书记……27201805
副经理……27201803
副经理……27201806
调度室……27201810
车队……24374536
东郊油库……84763037
大港油库……25993724
塘沽油库……66580091
蓟县油库……29158025

商羽公司

办公室……24555329

天泰公司

办公室……63223169
财务科……63223169
业务科……63222723

天昊公司

办公室……68696846
财务科……68696850
业务科……68688479

东方石油公司

办公室……25706972

56．资产公司河北石油分公司 河北石油分公司

地址：河北省石家庄市桥东区槐安东路6号
区号：0311
电话：87182014
传真：87182888

部门	公网电话
办公室	
主任	87182011
副主任	87182012
副主任	87182013
政工办	
主任	87182021
人事处	
主任	87182031
企管处	
主任	87182151
财资处	
主任	87182051
安全数质量处	
主任	87182071
发展规划处	
主任	87182101
信息处	
主任	87182111
审计处	
主任	87182121
监察处	
主任	87182131
经营管理处	
主任	87182161
物流中心	
主任	87182171
商客中心	
主任	87182181
零售中心	
主任	87182191
非油品业务处	
主任	87182209
润滑油中心	
主任	87182221
网络发展办公室	
主任	87182331
实物资产处	
主任	87182081
离退休管理处	
主任	87182091
邯郸石油分公司	
办公室	(0310)8276011
石家庄石油分公司	
办公室	(0311)85964843
保定石油分公司	
办公室	(0312)2095511
张家口石油分公司	
办公室	(0313)7101011
承德石油分公司	
办公室	(0314)2187751
唐山石油分公司	
办公室	(0315)2232318
廊坊石油分公司	
办公室	(0316)7802012
沧州石油分公司	
办公室	(0317)3040687
衡水石油分公司	
办公室	(0318)2020152
邢台石油分公司	
办公室	(0319)8313011
秦皇岛石油分公司	
办公室	(0335)3810011

57. 资产公司山西石油分公司 山西石油分公司

地址：山西省太原市万柏林区大王路8号
邮编：030024
区号：0351
传真：6197567
E-mail：sxsyzgs@public.ty.sx.cn

部门	公网电话
公司机关	
经理办公室	
主任	6197556
办公室	6197557
人事教育处	
处长	6197569
办公室	6197570
业务处	
处长	6197575
办公室	6197579
安全储运处	
处长	6197600
办公室	6197690
企业管理处	
处长	6197603
办公室	6197605
财务资产处	
处长	6197600
办公室	6197586
零售管理处	
处长	6197582
办公室	6197853
直销处	
处长	6197610
审计处	
处长	6197596
办公室	6197597
科技信息处	
处长	6197606
办公室	6197696
纪检监察处	
处长	6197613
办公室	6197615
政工办	
处长	6197610
办公室	6197612
下属单位	
太原公司	(0351)6040524
忻州公司	(0350)3032416
阳泉公司	(0353)2160072
大同公司	(0352)2056691
朔州公司	(0349)2030972
吕梁公司	(0358)8222757
晋中公司	(0354)2401821
长治公司	(0355)2065231
晋城公司	(0356)2022899
临汾公司	(0357)2081028
运城公司	(0359)2123002
介休公司	(0354)7353343

58. 资产公司上海石油分公司
上海石油分公司

地址：上海市中山东一路24号甲
邮编：200002
区号：021
总机：63219490
传真：63210762

部门	公网电话
公司机关	
经理办公室	63290095
政工办公室	63390250
经营管理处	63290178
财务资产处（会计核算中心）	63211929
发展规划处	63213965
人力资源处（组织部）	63390251
安全数质量处	63294970
审计处	63216255
监察处（纪检办）	63232741
信息管理处	33130185
实物资产处	63211805
离退休管理处	63390240
企业管理处	63234692
下属单位	
零售中心	33130095
物流中心	65069222
商业客户中心	63601682
润滑油管理中心	65697416
燃料油管理中心	65064999
非油品管理中心	62124889

59. 资产公司江苏石油分公司
江苏石油分公司

地址：江苏省南京市中山北路 395 号
邮编：210003
区号：025
总机：58808888
传真：58803729
Email：jssy_sinopec@sina.com

部门	公网电话
公司机关	
经理办公室	58767764
政工处	58830831
经营管理处	58817626
财务资产处	58821019
发展规划处	58802701
信息管理处	58757944
安全数质量处	58831976
人力资源处	58807607
企业管理处（法律事务处）	58820729
审计处	58833134
纪检监察处	58802602
管道办	58807029
物资装备处	58801821
零售中心	58813471
商业客户中心	58801417
物流中心	58836946
润滑油中心	58828506
非油品业务处	58802233
实物资产处	58808251
离退休工作处	58823889

南京分公司

地址：江苏省南京市中山东路 416 号
邮编：214031
区号：025

部门	公网电话
经理	84409065
办公室	84400854

无锡分公司

地址：江苏省无锡市健康路 210 号
邮编：214031
区号：0510

部门	公网电话
经理	82722512
办公室	82709927

徐州分公司

地址：江苏省徐州市建国西路永安街堤南 9 号
邮编：221006
区号：0516

部门	公网电话
经理	85957766
办公室	85795412

常州分公司

地址：江苏省常州市小东门桥 76-1 号
邮编：213003
区号：0519

部门	公网电话
经理	88152130
办公室	88170017

苏州分公司

地址：江苏省苏州市竹辉路 358 号
邮编：215007
区号：0512

部门	公网电话
经理	65202233
办公室	65207592

南通分公司

地址：江苏省南通市青年中路 91 号
邮编：226006
区号：0513

经理……………………………………85594371
办公室……………………………………85594410

连云港分公司

地址：江苏省连云港市新浦盐河北路
邮编：222003
区号：0518

经理……………………………………85682666
办公室……………………………………85682807

淮安分公司

地址：江苏省淮安市健康东路 26 号
邮编：223001
区号：0517

经理……………………………………83763333
办公室……………………………………83754052

宿迁分公司

地址：江苏省宿迁市幸福南路 138 号
邮编：223800
区号：0527

经理……………………………………84240090
办公室……………………………………88011222

盐城分公司

地址：江苏省盐城市青年中路 55 号
邮编：224005
区号：0515

经理……………………………………88401776
办公室……………………………………88401711

扬州分公司

地址：江苏省扬州市运河西路 160 号
邮编：225003
区号：0514

经理……………………………………87234226
办公室……………………………………87232695

泰州分公司

地址：江苏省泰州市青年路 10 号
邮编：225300
区号：0523

经理……………………………………86611216
办公室……………………………………86611201

镇江分公司

地址：江苏省镇江市桃花坞新村一区 11 号
邮编：212003
区号：0511

经理……………………………………84429928
办公室……………………………………84423622

江阴分公司

地址：江苏省江阴市滨江中路 213 号
邮编：214431
区号：0510

经理……………………………………86858001
办公室……………………………………86852002

60．资产公司浙江石油分公司
浙江石油分公司

地址：浙江省杭州市河坊街58号
邮编：310009
区号：0571
总机：87818833
传真：87818822
E-mail：zpc@mail.hz.zj.cn

部门	公网电话
办公室	
主任	87809625
副主任	87805087
人事处	
处长	87809625
副处长	87805034
副处长	87822182
财务处	
处长	87805198
副处长	87809635
副处长	87818833-3313
政工处	
处长	87803512
纪检处	
处长	87815479
副处长	88181266
审计处	
处长	87809658
经管处	
处长	87815718
副处长	87800627
副处长	87818833-2503
基建处	
处长	87817726
安全处	
处长	87811437
副处长	87815096
副处长	87816836
企管处	
处长	87816840
法律处	
副处长	87805035
信息处	
处长	87818856
物流中心	
处长	87805060
副处长	87813593
商客中心	
处长	87809637
副处长	87809613
零管中心	
处长	87805197
副处长	87808006
非油品处	
处长	56755101
副处长	56755102
润滑油公司	
处长	87805196
副处长	87830950
燃料油公司	
经理	87805059
杭州分公司	
办公室	(0571)85114743
传真	(0571)85113869

温州分公司
办公室……………………………(0577)88056101
传真……………………………(0577)88056166
嘉兴分公司
办公室……………………………(0573)82224610
传真……………………………(0573)82224630
湖州分公司
办公室 ……………………………(0572)2022320
传真 ……………………………(0572)2022299
金华分公司
办公室……………………………(0579)82323417
传真……………………………(0579)82324566
台州分公司
办公室……………………………(0576)88225274
传真……………………………(0576)88881162
舟山分公司
办公室 ……………………………(0580)2023517
传真 ……………………………(0580)2027753
绍兴分公司
办公室……………………………(0575)85225922
传真……………………………(0575)85115669
衢州分公司
传真 ……………………………(0570)3081426
丽水分公司
办公室 ……………………………(0578)2133056
传真 ……………………………(0578)2156169

61. 安徽石油分公司

地址：安徽省合肥市屯溪路188号
邮编：230009
区号：0551
总机：2212800
传真：2212900
E-mail：ahsyzjb@sina.com

部门	公网电话
公司机关	
总机	2212800
传真	2212900
经理办公室	
主任	2212611
副主任	2212612
值班	2212800
上海办事处	
副主任	(021)58467409
合肥石油分公司	

地址：合肥市芜湖路391号
邮编：230061
传真：(0551)2861374
E-mail：ahhfzyjlb@sina.com

部门	公网电话
经理	2860228
党委书记、纪委书记	2861641
副经理	2863336
副经理	2861441
副经理	2860499
党委副书记、纪委副书记	2861392
工会主席	2861302
经理办	
主任	2861374
财务科	
科长	2861187
副科长	2861187
人力资源科	
科长	2872883
政工办	
主任	2863315
专职纪检监察员	2863315
基建科	
科长	2861485
安保科	
科长	2861816
零售公司	
经理	2861691
书记	2861691
副经理	2861691
轻油公司	
经理	2861044
副经理	2861044
润滑油公司	
经理	2862199
副经理	2862199
油库	
主任	3521035
书记	3521035
副主任	3521035
六安经营部	
经理	(0564)3338876
书记	(0564)3338876
长丰经营部	
经理	6683672
书记	6683672
肥西经营部	
经理	8841507
书记	8841507
肥东经营部	

经理……………………………………7711733
书记……………………………………7711733
叶集经营部
经理……………………………(0564)6496474
书记……………………………(0564)6496474
霍山经营部
经理……………………………(0564)5020549
书记……………………………(0564)5020549
金寨经营部
经理……………………………(0564)7162426
书记……………………………(0564)7162426
舒城经营部
经理……………………………(0564)8621322
书记……………………………(0564)8621322

安庆石油分公司

地址：安庆市长青路 3 号
邮编：246003
传真：(0556)5202485
E-mail：ahaqsygs@mail.hf.ah.cn

经理………………………………………5200479
党委书记、纪委书记…………………5204018
副经理……………………………………5204019
副经理……………………………………5204016
副经理……………………………………5204022
工会主席…………………………………5204035
办公室
主任……………………………………5204058
信息中心
主任……………………………………5204047
人事科
科长……………………………………5204046
财务科
科长……………………………………5204025
副科长…………………………………5204025
安基科
科长……………………………………5204004
业务科
科长……………………………………5204024
副科长…………………………………5204024
配送部
副经理…………………………………5204062
石化产品公司
经理……………………………………5204008
润滑油公司
经理……………………………………5201143
副经理…………………………………5201143
油库
主任……………………………………5201643
书记……………………………………5204033
副主任…………………………………5204056
零售公司
经理……………………………………5204007
副经理…………………………………5204007
政工科
科长……………………………………5204001
纪检员…………………………………5204001
枞阳经营部
经理……………………………………2811881
书记……………………………………2811881
桐城经营部
经理……………………………………6121433
望江经营部
经理……………………………………7171327
怀宁经营部
经理……………………………………4821263
书记……………………………………4821263
岳西经营部
经理……………………………………2176068
经理……………………………………8921872

蚌埠石油分公司

地址：蚌埠市石油路 21 号
邮编：233000
传真：(0552)3010045
E-mail：bbsygs@sina.com

经理………………………………………3015138
党委书记、纪委书记…………………3017895
副经理……………………………………3032997
副经理……………………………………3035197
副经理……………………………………3035197
工会主席…………………………………3015043
经理助理…………………………………3015043
经理办
主任……………………………………3014770
政工办
主任……………………………………3015130
人力资源科
科长……………………………………3016677
安保科
科长……………………………………3019052
财务科

副科长……………………………………3021330
副科长……………………………………3021330
审计科
科长……………………………………3014775
基建科
科长……………………………………3014002
营配中心
经理……………………………………3015844
副经理……………………………………3015844
润润油部
经理……………………………………3035193
零售部
经理……………………………………3019052
书记……………………………………3019052
副经理……………………………………3019052
油库
主任……………………………………3010884
书记、副主任……………………………………3010884
油库
副主任……………………………………3010884
副主任……………………………………3010884
怀远经营部
经理……………………………………8014881
书记……………………………………8011687
副经理……………………………………8011687
固镇经营部
副经理……………………………………6056388
副书记……………………………………6056326
五河经营部
经理……………………………………5021561
副书记……………………………………5020814
副经理……………………………………5020814
凤阳经营部
经理……………………………………6737061
书记……………………………………6737062

芜湖石油分公司

地址：芜湖市天门山西路 119 号
邮编：241000
传真：(0553)5851712
E-mail：whsyzj@163.com

经理……………………………………5862016
党委书记、纪委书记……………………………………5860169
副经理……………………………………5852445
副经理……………………………………5852462
副经理……………………………………5855814
副书记……………………………………5862905
经理助理……………………………………5865032
经理办
主任……………………………………5852462
政工办
主任……………………………………5852362
人力资源科
科长……………………………………5852360
财务资产科
科长……………………………………5850446
副科长……………………………………5862319
安全保卫科
科长……………………………………5863279
发展基建科
科长……………………………………5862835
审计中心
主任……………………………………5853918
零管部
主任……………………………………5861652
副主任……………………………………5861652
油库
主任……………………………………5863852
书记……………………………………5873337
副主任……………………………………5863852
润滑油公司
经理……………………………………5852853
副经理……………………………………4811591
轻油批发部
经理……………………………………5850811
副经理……………………………………5850811
轻油配送部
主任……………………………………5850811
综合管理科
科长……………………………………5851175
车队
队长……………………………………5883732
芜湖经营部
经理……………………………………8814288
南陵经营部
经理……………………………………6823921
书记……………………………………6823921
繁昌经营部
经理……………………………………7872865
书记……………………………………7872865

淮南石油分公司

地址：淮南市田家庵区朝阳中路 47 号
邮编：232007
传真：(0554)2685014
E-mail：hnsybgs@163.com

经理……2676251
党委书记、纪委书记……2683457
副经理……2674362
副经理……2676252
工会副主席……2685034
经理助理……2676261
经理助理……2685034
经理助理……5812014
经理办
　主任……2683771
人力资源科
　科长……2685024
政工科
　科长……2676255
团委
　书记……2676255
　专职纪检员……2676255
股份财务科
　科长……2685044
结算中心
　主任……2676236
基建科
　副科长……2683548
安全储运科
　科长……2676263
零管中心
　主任……6662855
　书记……6644124
客户中心
　主任……5812014
　书记……5813889
物流中心
　主任……5818449
　书记……5815450
润滑油公司
　经理……2516492
　书记……2516491
凤台经营部
　经理……8613536
　副书记……8613536
寿县经营部
　经理……(0564)4225579
　副书记……(0564)4225579
霍邱经营部
　经理……(0564)6022826

宿州石油分公司

地址：宿州市汴河西路 04 号
邮编：234000
传真：(0557)3025648
E-mail：Limail0116@sina.com

经理……3039911
党委书记、纪委书记……3027139
党委副书记……3026602
副经理……3032232
副经理……3050701
副经理、经理办主任……3023950
党委办公室
　主任……3030537
人力资源科
　科长……3026362
　副科长……3026362
财务资产科
　科长……3023517
　副科长……3023517
综合业务科
　科长……3032290
　副科长……3032210
轻油公司
　经理……3322375
润滑油公司
　经理……3024524
零售公司
　经理……3026382
　副经理……3026382
安基科
　科长……3062110
　副科长……3050237
油库
　主任……3311531
　副主任……3311531
泗县经营部
　经理……7010930
　书记……7010930
埇桥区经营部
　经理……3620148
灵璧经营部
　经理……6022280

萧县经营部
经理……5063476
书记……5063981
砀山经营部
书记……8866003

阜阳石油分公司

地址：阜阳市颍州中路 237 号
邮编：236010
传真：(0558) 2587459
E-mail：fsinop@mail.fy.ah163.net

副经理（主持工作）……2589431
副经理……2587359
副经理……2588573
副经理……2588859
党委副书记……2587260
工会主席……2588462
调研员……2588570
经理办
主任……2588654
副主任……2587459
微机室
主任……2580021
组织人事科
科长……2587264
副科长……2587264
政工办
主任……2588462
专职纪检员……2589112
财务科
科长……2588498
副科长……2587275
基建科
科长……2587281
安全保卫科
科长……2589424
副科长……2589424
综合业务科
科长……2588639
副科长……2588639
城西加油中心
副主任……2588639
配送直销中心
主任……2366118
书记……2366118
副主任……2366116
零售管理部
主任……2588459
副主任……2588459
维修部
主任……2587500
润滑油经营管理部
主任……2366098
油库
主任……2365082
副书记……2365082
油库副主任……2365082
界首经营部
经理……4881132
副书记……4881132
太和经营部
经理……8623897
书记……8623897
颍上经营部
经理……4412594
书记……4412594
阜南经营部
经理……6727388
书记……6712663
临泉经营部
经理……6512773
副书记……6512773
利辛经营部
经理……8818622

宣城石油分公司

地址：宣城市梅溪路 55 号
邮编：242000
传真：(0563) 3025095
E-mail：xcshddh@mail.xc.ah163.net

经理……3010698
党委副书记……3015458
副经理……3015458
副经理……3922545
副经理……3022546
政工办
副主任……3025095
财务科
副科长……3010816
副科长……3010816
安基科
副科长……3015949

副科长……………………………………3015949
零售管理部
主任……………………………………3029244
副主任……………………………………3029244
业务科
科长……………………………………3021246
副科长……………………………………3023527
润滑油公司
副经理……………………………………3021579
副经理……………………………………3021579
油库
主任……………………………………2060337
副主任……………………………………2060337
郎溪经营部
副经理……………………………………7025278
书记……………………………………7025278
广德经营部
经理……………………………………6022073
副经理……………………………………6022031
宁国经营部
经理……………………………………4023442
泾县经营部
经理……………………………………5022916
旌德经营部
经理……………………………………8021396
绩溪经营部
经理……………………………………8162559

巢湖石油分公司

地址：巢湖市育才路4号
邮编：238000
传真：(0565)2354626
E-mail：chsyrs@sina.com

经理……………………………………2382198
党委书记、纪委书记……………………2383138
副经理……………………………………2383308
副经理……………………………………2383030
副经理……………………………………2382711
调研员……………………………………2382140
工会主席…………………………………2383138
办公室
主任……………………………………2382137
人事科
科长……………………………………2883839
政工办
主任……………………………………2383628
资产财务科
科长……………………………………2382720
副科长……………………………………2383604
安全基建科
科长……………………………………2383645
副科长……………………………………2383645
综合业务科
科长……………………………………2382323
副科长……………………………………2382323
零售管理科
科长……………………………………2382732
副科长……………………………………2382732
润滑油公司
经理……………………………………2383614
巢湖库
主任……………………………………2383398
副主任……………………………………2382724
筑巢库
主任……………………………………2601754
副主任……………………………………2601754
居巢区经营部
经理……………………………………2321368
书记……………………………………2321368
副经理……………………………………2312363
无为经营部
经理……………………………………6322896
书记……………………………………6322896
副经理……………………………………6322896
和县经营部
经理……………………………………5312932
副经理……………………………………5312932

淮北石油分公司

地址：淮北市古城路88号
邮编：235000
传真：(0561)3056291
E-mail：Ahhbsy@163.com

经理……………………………………3033431
党委书记、纪委书记……………………3021836
副经理…………………………… 3026544-8580
副经理……………………………………3022250
副经理……………………………………3022250
工会主席……………………………… 3026544-8568
经理办
主任……………………………………3022609
副主任……………………………………3022609

财务
科长……3023705
副科长……3027810
业务
科长……3022179
批发部
主任……3026544
安全基建科
副科长……3026544
副科长……3026544
人事科
副科长……3026544
政工科
副科长……3026544
副科长……3026544
综合管理科
科长……3024468
零管部
书记……3195019
副主任……3191696
副主任……3191696
车队
队长……3222085
副队长……3222085
润滑油公司
经理……3029989
书记……3029989
副经理……3029989
配送中心
主任……7021046
百善油库
主任……7021383
书记……(0558)7211948
涡阳油库
主任……(0558)7213776
书记……(0558)5537009
亳州经营部
经理……(0558)5536101
蒙城经营部
经理……(0558)7668062
书记……(0558)7665198
涡阳经营部
经理……(0558)7210588
书记……(0558)7210116
濉溪经营部
经理……6887636
书记……6887636

滁州石油分公司

地址：滁州市环城西路194号
邮编：239000
传真：(0550)3023659
E-mail：Azcty352@hotmail.com

经理……3043871
党委书记、纪委书记……3043870
副经理……3037168
副经理……3043888
副经理……3043865
工会主席……3043850
办公室
主任……3043986
电算中心……3044937
财务科
科长……3043873
劳动人事科
科长……3043874
基建科
科长……3043849
政工办
主任……3043846
安保科
科长……3043923
经营管理科
科长……3043855
物流中心
科长……3043906
副科长……3043906
丰乐油库
主任……3043904
清流油库
主任……3169346
泊岗油库
主任……8095069
润滑油公司
经理……3043900
客户服务部
主任……3043918
零管部
科长……3043854
书记……3043854
天长经营部
经理……7022400

书记……………………………………7022800
副经理……………………………………7022800
定远经营部
经理……………………………………4021369
书记……………………………………4300237
副经理……………………………………4021342
全椒经营部
经理……………………………………5031393
书记……………………………………5031144
来安经营部
经理……………………………………5612134
副经理……………………………………5612134
明光经营部
经理……………………………………8022331
副经理……………………………………8022347

黄山石油分公司

地址：黄山市屯溪区崔山路10号
邮编：245000
传真：(0559)2345897
E-mail：gh_liu@sina.com

经理……………………………………2345937
党委书记、纪委书记……………………2345199
副经理……………………………………2345676
副经理……………………………………2345199
副经理……………………………………2345676
办公室
主任……………………………………2345897
政工办
副主任……………………………………2344711
人力资源科
科长……………………………………2345994
财务资产科
科长……………………………………2345620
油品批发部
副科长……………………………………2353736
储运安全科
科长……………………………………2345537
油品配送部
副科长……………………………………2353548
零管部
科长……………………………………2345643
书记……………………………………2345543
副科长……………………………………2345537
润滑油经营部
副科长……………………………………2353643
油库
主任……………………………………2345242
副主任……………………………………2345242
休宁经营部
经理……………………………………7533581
副书记……………………………………7533581
黄山区经营部
经理……………………………………8532971
书记……………………………………8532971
黟县经营部
经理……………………………………5522370
书记……………………………………5522370
徽州区经营部
经理……………………………………3511307
书记……………………………………3511307
歙县经营部
经理……………………………………6512336
副经理……………………………………6512336
祁门经营部
经理……………………………………4512391
书记……………………………………4512391

池州石油分公司

地址：池州市杏花村西路329号
邮编：247000
传真：(0566)2221124
E-mail：czsy_lsh@sina.com

经理……………………………………2220558
党委书记、纪委书记……………………2220568
副经理……………………………………2220559
副经理……………………………………2220559
副经理……………………………………2220047
办公室
主任……………………………………2220557
副主任……………………………………2220553
政工办
主任……………………………………2220554
人教科
副科长……………………………………2220555
财务科
副科长……………………………………2220047
副科长……………………………………2220551
业务一科
科长……………………………………2124052
副科长……………………………………2221823
业务二科

科长……………………………………2220818
副科长…………………………………2220818
零管部
主任……………………………………2220566
副主任…………………………………2220566
安保科
科长……………………………………2220564
基建科
科长……………………………………2220556
油库
主任……………………………………2123765
副主任…………………………………2123661
副主任…………………………………2123765
东至经营部
经理……………………………………7011205
副书记…………………………………7011205
青阳经营部
经理……………………………………5021553
书记……………………………………5021553
石台经营部
经理……………………………………6022479
副经理…………………………………6027443

马鞍山石油分公司

地址：马鞍山市湖东中路2号
邮编：243000
传真：(0555)2343423
E-mail：maszjb@mail.mas.ah163.net

党委书记、纪委书记……………………2343420
副经理…………………………………2343416
副经理…………………………………2349155
经理助理………………………………2343417
经理助理………………………………2343426
经理办
主任……………………………………2346956
副主任…………………………………2343423
财务科
科长……………………………………2343424
副科长…………………………………2341981
基建科
科长……………………………………2343424
安储科
科长……………………………………2341992
人事科
科长……………………………………2343414
副科长…………………………………2343414
政工科
科长……………………………………2341947
纪检员…………………………………2341947
工会副主席……………………………2341949
零管部
主任……………………………………2345742
书记……………………………………2345742
综合业务科
科长……………………………………2343426
副科长…………………………………2341993
营业部
副主任…………………………………2341976
润滑油公司
经理……………………………………2343425
副经理…………………………………2341972
石化产品经销公司
经理……………………………………2363493
客户经理………………………………2345742
油库
主任……………………………………3550861
书记……………………………………3550804
当涂经营部
经理……………………………………6713479
车队
队长……………………………………2349247

铜陵石油分公司

地址：铜陵市义安南路11号石化大厦
邮编：244100
传真：(0562)2833813
E-mail：tlrds6576@sina.com

经理、党委书记…………………………3814800
副经理…………………………………3814806
副经理…………………………………3814805
工会主席………………………………3814803
省纪检专员……………………………3814807
经理办
主任……………………………………3814804
副主任…………………………………3814809
政工办
副主任…………………………………3814620
人事科
科长……………………………………3814815
副科长…………………………………3814817
财务科
科长……………………………………3814823

副科长（审计）……………………………3814820

安基科

科长………………………………………3814855

副科长……………………………………3814855

轻油公司

经理………………………………………3814842

书记………………………………………3814842

综合业务科

副科长……………………………………3814848

油库

主任………………………………………3814865

副主任……………………………………3814867

零管部

主任………………………………………5816713

书记………………………………………5816713

润滑油

经理………………………………………5810400

综合管理科

科长………………………………………2830883

副科长……………………………………2833813

财务科

科长………………………………………2812602

车队

队长………………………………………3814862

62. 资产公司福建石油分公司
福建石油分公司

地址：福建省福州市中山路 18 号
邮编：350003
区号：0591
传真：87837153
E-mail：fujianshiyou@163.com

部门	公网电话
公司机关	
总经理办公室	
主任	87275399
传真	87837153
政工处（纪检监察）	
处长	87850328
人力资源处	
处长	87878436
财务核算处	
处长	87809857
安全数质量处	
处长	87803253
资产管理处	
处长	87272127
经营管理处	
处长	87801531
燃料油中心	
经理	87853625
润滑油中心	
经理	87875708
管道项目管理部	
经理	87662172

福州石油分公司

地址：福州市鼓屏路 47 号
邮编：350003
传真：(0591) 87843700

部门	公网电话
办公室	87843700

厦门石油分公司

地址：厦门市思明区湖滨北路 10 号新港广场 160
邮编：361000
传真：(0592) 5054799

部门	公网电话
办公室	5064977

宁德石油分公司

地址：宁德市西岭路 5 号
邮编：352100
传真：(0593) 2810019

部门	公网电话
办公室	2825141

莆田石油分公司

地址：莆田市荔城区拱辰街道东圳路邮政大厦 16 层
邮编：351100
传真：(0594) 3589126

部门	公网电话
办公室	2756129

泉州石油分公司

地址：泉州市鲤城区义全街 151 号石油大楼
邮编：362000
传真：(0595) 22201039

部门	公网电话
办公室	22205078

漳州石油分公司

地址：漳州市大通北路 132 号
邮编：363000
传真：(0596) 2038602

办公室……………………………………………2038602

龙岩石油分公司

地址：龙岩市南环西路1号
邮编：364000
传真：(0597)2216001

办公室……………………………………………2292398

三明石油分公司

地址：三明市梅列区崇桂新村48幢2层
邮编：365001
传真：(0598)8249531

办公室……………………………………………8288161

南平石油分公司

地址：南平市东岭路11号
邮编：353000
传真：(0599)8617870

办公室……………………………………………8600316

鹭甬石油化工有限公司

地址：厦门市湖滨南路57号金湖大厦13层
邮编：361004
传真：(0592)2298756

办公室……………………………………………2298751

63. 资产公司江西石油分公司 江西石油分公司

地址：江西省南昌市洪都北大道102号
邮编：330046
区号：0791
传真：8511107
E-mail：bgs_jxsy@yahoo.com.cn

部门	公网电话
公司机关	
经理办公室	8508085
	8512247
	8512108
传真	8511107
党委办公室	8514514
	8514831
纪检监察处	8503532
	8514504
人力资源处	8517423
	8516226
传真	8513409
企业管理处	8510096
	8514044
审计处	8518304
	8500149
财务资产处（会计核算中心）	
	8520572
	8514837
安全数质量管理处	
	8511097
	8501450
发展规划处	
	8513527
	8529291
传真	8523130
零售管理中心	
	8526600
	8514515
传真	8516274
信息管理处	
	8516392
	8514591
传真	8510503
经营管理处	
	8512419
	8508962
传真	8513897
商业客户中心	8516746
	8520821
	8520565
物流中心	
	8509826
	8521582
资产公司综合管理处	
	8523158
	8512992
甬金衢管道项目部	
	8509323
	8509371
润滑油销售中心	
	8502250
	8523733
传真	8527225
非油品业务处	
	8327413
	8327604
青山石化公司	

……………………………………………8307859
……………………………………………8307858
机关工会……………………………………8512688
物业…………………………………………8502371
关工委………………………………………8502272
发卡网点……………………………………8502646
客户服务 …………………………………95105888
…………………………………………95105988

赣州石油分公司

地址：赣州市青年路2号
邮编：341000
区号：0797
传真：8222502

经理…………………………………………8226626
书记…………………………………………8223181
副经理………………………………………8222832
办公室………………………………………8212241
营销管理科…………………………………8223509
零售管理科…………………………………8228500
财务资产科…………………………………8222128
人力资源科…………………………………8222159
综合管理科…………………………………8215844
安全基建科…………………………………8222389
赣县经营部…………………………………4441826
信丰经营部…………………………………3302878
崇义经营部…………………………………7615526
寻乌经营部…………………………………2843171
瑞金经营部…………………………………2523427
定南经营部…………………………………4291518
兴国经营部…………………………………5329475
南康经营部…………………………………6636312
安远经营部…………………………………3736026
宁都经营部…………………………………6832649
上犹经营部…………………………………8542338
会昌经营部…………………………………5638098
龙南经营部…………………………………3511393
石城经营部…………………………………5712730
大余经营部…………………………………8722377
全南经营部…………………………………2606687
于都经营部…………………………………6238262
水东油库……………………………………8467135
合乐油库……………………………………8333412
龙南油库……………………………………3501168

吉安石油分公司

地址：吉安市吉州区井冈山大道215号
邮编：343000
区号：0796
传真：8224272

经理…………………………………………8224646
书记…………………………………………8233589
副经理………………………………………8227234
办公室主任…………………………………8222188
营销管理部…………………………………8224188
零售管理部…………………………………8225772
财务资产部…………………………………8254887
人力资源部…………………………………8223967
安全基建部…………………………………8224406
综合管理部…………………………………8224408
吉安经营部…………………………………8435807
峡江经营部…………………………………3675986
万安经营部…………………………………5715339
遂川经营部…………………………………6326095
吉水经营部…………………………………3534282
永新经营部…………………………………7722165
泰和经营部…………………………………5332230
井冈山经营部………………………………6552446
新干经营部…………………………………2602109
永丰经营部…………………………………2511787
安福经营部…………………………………7698316
河东铁路油库………………………………8188988
永新袍田油库………………………………7735426
峡江油库……………………………………3683420
白塔山油库…………………………………8284335

上饶石油分公司

地址：江西省上饶市上玉路36号
邮编：341000
区号：0793
传真：8266235

经理…………………………………………8266235
书记…………………………………………8266500
副经理………………………………………8266035
经理助理……………………………………8265641
办公室………………………………………8259202
营销管理部…………………………………8259995
零售管理部…………………………………8269001
财务管理部…………………………………8301051
人力资源部…………………………………8259960
安全基建部…………………………………8259130
润滑油公司…………………………………8268571

综合经营部……8268920
三江运输公司……8259329
铅山经营部……5332621
上饶经营部……8467010
玉山经营部……2462128
广丰经营部……2813688
弋阳经营部……5887103
万年经营部……3834164
横峰经营部……5789290
德兴经营部……7522451
灵溪油库……8065810
玉山分销库……2466488
万年分销库……3933240
弋阳分销库……5875713

抚州石油分公司

地址：抚州市赣东大道 676 号
邮编：344000
区号：0794
传真：8263478

经理……8233727
书记……8222926
副经理……8222473
办公室……8263478
营销管理部……8221462
零售管理部……8222804
财务资产部……8234880
人力资源部……8222516
安全基建部……8222445
综合办公室……8263478
润滑油公司……8221462
崇仁经营部……6322305
资溪经营部……5789015
东乡经营部……4232818
南城经营部……7253991
广昌经营部……3622148
南丰经营部……3208911
乐安经营部……6592274
黎川经营部……7523298
宜黄经营部……7602775
白露油库……8352546
资溪油库……5783547

宜春石油分公司

地址：宜春市昌黎路 149 号
邮编：336000
区号：0795
传真：3994587

经理……3994566
书记……3994578
副经理……3994565
办公室……3994586
营销管理部……3994502
零售管理部……3994569
财务资产部……3994558
人力资源部……3994506
安全基建部……3994572
综合管理部……3994580
润滑油公司……3994571
宜春经营部……3273819
丰城经营部……6427247
宜丰经营部……2787625
铜鼓经营部……8722628
高安经营部……5252983
上高经营部……2517637
靖安经营部……4662498
奉新经营部……4622303
万载经营部……8903792
枯桐岭油库……3246205
余上油库……6211242
七宝山油库……2499498
协塘油库……5453550
质检站……3244550

九江石油分公司

地址：九江市浔阳东路 157 号
邮编：332000
区号：0792
传真：8582343

经理……8581340
书记……8578520
副经理……8571110
经理助理……8567189
办公室……8583719
营销管理部……8587719
零售管理部……8563312
财务资产部……8577288
人力资源部……8585938
安全基建部……8583458
综合管理部……8584179
润滑油经营部……8631191
劳动服务公司……8632066

德安经营部……………………………………4332446
永修经营部……………………………………3223428
星子经营部……………………………………2665396
都昌经营部……………………………………5234563
彭泽经营部……………………………………5671799
湖口经营部……………………………………6332551
庐山经营部……………………………………8282059
九江县经营部…………………………………6812313
武宁经营部……………………………………2785288
修水经营部……………………………………7263134
金鸡坡油库……………………………………8632208
永修分销库……………………………………3223427
湖口分销库……………………………………6332749

南昌石油分公司

地址：南昌市孺子路267号
邮编：330009
区号：0791
传真：8582343

经理……………………………………………6769826
书记……………………………………………6786980
副经理…………………………………………6776159
经理助理………………………………………6782986
办公室…………………………………………6777894
工会……………………………………………6771756
营销管理部……………………………………6221669
零售管理部……………………………………6772991
财务资产部……………………………………6776004
人力资源部……………………………………6776094
安全监督部……………………………………6784284
综合管理部……………………………………6772990
网建办…………………………………………6772608
零售东北片区…………………………………8510635
零售西南片区…………………………………6301375
加油站督察大队………………………………6772990
润滑油经营公司………………………………8450608
化工燃料油经营公司…………………………6262891
水上营销中心…………………………………6593304
新建县经营部…………………………………3750565
进贤县经营部…………………………………5655786
南昌县经营部…………………………………5712996
安义县经营部…………………………………3422311
鱼目山油库……………………………………3882071
联民油库………………………………………8671061

景德镇石油分公司

地址：景德镇市江信大厦
邮编：330046
区号：0798
传真：8213401

经理……………………………………………8212678
书记……………………………………………8200752
副经理…………………………………………8212045
办公室…………………………………………8213401
营销管理部……………………………………8212878
润滑油管理部…………………………………8211097
零售管理部……………………………………8210913
财务资产部……………………………………8212724
人力资源部……………………………………8211263
安全基建部……………………………………8212679
浮梁经营部……………………………………8211592
婺源经营部……………………………………8226973

鹰潭石油分公司

地址：鹰潭市南站路63号
邮编：335000
区号：0701
传真：6316000

经理……………………………………………6316088
书记……………………………………………6316068
副经理…………………………………………6316016
经理助理………………………………………6316066
办公室…………………………………………6316000
营销管理部……………………………………6316018
零售管理部……………………………………6316028
财务资产部……………………………………6316048
人力资源部……………………………………6316099
安全基建部……………………………………6316096
润滑油经营部…………………………………6316026
贵溪经营部……………………………………3771327
余江经营部……………………………………5881356
白马油库………………………………………6316098
………………………………………………6316011

萍乡石油分公司

地址：萍乡市跃进北路138号
邮编：337000
区号：0799
传真：6322433

经理……………………………………………6235886

书记……………………………………6233866
副经理…………………………………6237858
办公室…………………………………6334168
业务科…………………………………6332293
零售科…………………………………6332938
财务科…………………………………6331497
人力资源科……………………………6232776
基建科…………………………………6332318
安全科…………………………………6332237
莲花经营部……………………………7221050
上栗经营部……………………………3861210
芦溪经营部……………………………7551562
安源经营部……………………………6220376
湘东经营部……………………………3441233
润滑油经营部…………………………6322866
湘东油库………………………………3441351

新余石油分公司

地址：新余市劳动南路 12 号
邮编：338025
区号：0790
传真：6222915

经理……………………………………6218236
书记……………………………………6249155
副经理…………………………………6249286
办公室…………………………………6249288
纪检监察………………………………6216521
营销管理部……………………………6225651
零售管理部……………………………6212498
财务资产部……………………………6212851
人力资源部……………………………6216521
安全基建部……………………………6212823
润滑油经营部…………………………6217127
樟树经营部……………………………7851002
分宜经营部……………………………5881736
樟树支公司……………………………7333450
章家山油库……………………………6246880
张家山油库……………………………7851374

瑞昌石油分公司

地址：瑞昌市码头镇金城路 8 号
邮编：332207
区号：0792
传真：4886418

副经理…………………………………4886427
实业公司………………………………4886418
办公室…………………………………4886418
政工办…………………………………4889197
综合业务科……………………………4886429
零售管理科……………………………4886555
财务资产科……………………………4886420
发展基建科……………………………4886422
安全储运科……………………………4886438
瑞昌经营部……………………………4215448
油库……………………………………4886424

石油技工学校

地址：南昌市（昌北）双港路
邮编：330013
区号：0791
传真：3888386

校长……………………………………3878728
副校长…………………………………3888386
副书记…………………………………3887642
办公室主任……………………………3888386
培训科长………………………………3878513
学保科长………………………………3888452
鉴定站副主任…………………………3887854
团委书记………………………………3878513
财务主办………………………………3887934

江西省石油航运公司

地址：南昌市桃苑西路 36 号七楼
邮编：330009
区号：0791
传真：6500401

经理、书记……………………………6500401
副经理…………………………………6500401

64．资产公司山东石油分公司
山东石油分公司

地址：山东省济南市历山路 73 号
邮编：250013
区号：0531
传真：86947944
E-mail：office@sdoil.com

部门	公网电话
公司机关	
经理办公室	85870111
政工处	85870610
经营管理处	85870503
财务资产处	85870507
人力资源处	85870603
发展规划处	85870407
安全储运处	85870666
审计处	85870638
纪检监察处	85870307
企业管理处	85870403
信息管理处	85870287
实物资产处	85870277
离退休管理处	85870135
零售中心	85870697
商业客户中心	85870179
润滑油中心	85870136
燃料油中心	85870401
物流中心	85870318
非油品中心	85870408
数质量管理中心	85870107
维护稳定办公室	85870105
清欠办公室	85870270

济南石油分公司

地址：济南市经十路 236 号
邮编：250021
区号：0531

部门	公网电话
经理办公室	87037008

青岛石油分公司

地址：青岛市南区延安三路 105 号汇通大厦 6 ~ 8 层
邮编：266071
区号：0532

部门	公网电话
经理办公室	68896707

淄博石油分公司

地址：淄博市张店区昌国西路 68 号
邮编：255063
区号：0533

部门	公网电话
经理办公室	2686722

枣庄石油分公司

地址：枣庄市青檀南路 92 号
邮编：277103
区号：0632

部门	公网电话
经理办公室	3258780

东营石油分公司

地址：东营市东城开发区登州路 5 号
邮编：257091
区号：0546

部门	公网电话
经理办公室	8301707

烟台石油分公司

地址：烟台市芝罘区幸福中路 3 号
邮编：264000
区号：0535
经理办公室……………………………………6871801

潍坊石油分公司

地址：潍坊市高新区北宫东街 2769 号
邮编：261061
区号：0536
经理办公室……………………………………8911329

济宁石油分公司

地址：济宁市供销路 40 号
邮编：272117
区号：0537
经理办公室……………………………………2167336

泰山石油股份有限公司

地址：泰安市东岳大街 104 号
邮编：271000
区号：0538
经理办公室……………………………………6269686

威海石油分公司

地址：威海市经济技术开发区海瞳路 22 号
邮编：264205
区号：0631
经理办公室……………………………………5969309

日照石油分公司

地址：日照市绿舟南路 68 号海景商务中心
邮编：276826
区号：0633
经理办公室……………………………………3688108

莱芜石油分公司

地址：莱芜市鲁中东大街 95 号
邮编：271100
区号：0634
经理办公室……………………………………8809369

滨州石油分公司

地址：滨州市渤海十一路 656 号
邮编：256600
区号：0543
经理办公室……………………………………3380788

德州石油分公司

地址：德州市铁西南路 53 号
邮编：253004
区号：0534
经理办公室……………………………………2417091

聊城石油分公司

地址：聊城市东昌东路 91 号石油分公司
邮编：252000
区号：0635
经理办公室……………………………………8262688

临沂石油分公司

地址：临沂市河东区顺政路北段
邮编：276034
区号：0539
经理办公室……………………………………8098500

菏泽石油分公司

地址：菏泽市牡丹路 568 号
邮编：274031
区号：0530
经理办公室……………………………………5635558

65. 河南石油分公司

地址：河南省郑州市农业东路与正光路交叉口
邮编：450016
区号：0371
总机：60689600
传真：87520299

部门 公网电话

公司机关

经理办公室……87520290
经营管理处……87520326
物流中心……87520263
零售中心……87520260
商业客户中心……87520262
润滑油中心……87520261
财务资产处……87520270
企业管理处……87520277
人力资源处……87520271
发展基建处……87520279
非油品处……87520259
审计处……87520265
信息处……87520256
纪检监察处……87520255
政工处……87520273
安全处……87520318
稳定办……87520283
实物资产处……87520267
离退休管理处……87520252
培训中心……63937711

郑州石油分公司

地址：郑州市管城区石化路魏庄东里 2 号
邮编：450009
区号：0371
办公室……66897617
传真……66897045

洛阳石油分公司

地址：洛阳市西工区玻璃厂路 15 号
邮编：471000
区号：0379
办公室……63291010
传真……63291011

南阳石油分公司

地址：南阳市工业路 191 号
邮编：473063
区号：0377
办公室……63132927
传真……63137814

新乡石油分公司

地址：新乡市解放大道（南）286 号
邮编：453000
区号：0373
办公室……5060558
传真……5032251

焦作石油分公司

地址：焦作市工业路东段
邮编：454003
区号：0391
办公室……3934886
传真……3935126

平顶山石油分公司

地址：平顶山市矿工路中段北 38 号
邮编：467000
区号：0375
办公室……3831547

传真 ……………………………………3831547

周口石油分公司

地址：周口市七一路东段 80 号

邮编：466000

区号：0394

办公室 ……………………………………8224588

传真 ……………………………………8222473

商丘分公司

地址：商丘市新建南路 124 号

邮编：476000

区号：0370

办公室 ……………………………………2213800

传真 ……………………………………2212996

濮阳石油分公司

地址：濮阳市中原中路 586 号

邮编：457000

区号：0393

办公室 ……………………………………4667017

传真 ……………………………………4667018

中原石油分公司

地址：河南省濮阳市中原路 37 号

邮编：457001

区号：0393

办公室 ……………………………………4821187

传真 ……………………………………4491167

安阳石油分公司

地址：安阳市人民大道 12 号

邮编：455000

区号：0372

办公室 ……………………………………2286948

传真 ……………………………………2925159

信阳石油分公司

地址：信阳市南闸口路 132 号

邮编：464000

区号：0376

办公室 ……………………………………6553767

传真 ……………………………………6554977

三门峡石油分公司

地址：三门峡市崤山路中段 13 号

邮编：472000

区号：0398

办公室 ……………………………………2881060

传真 ……………………………………2882325

驻马店石油分公司

地址：驻马店市白桥路 789 号

邮编：463000

区号：0396

办公室 ……………………………………2975475

传真 ……………………………………2975239

开封石油分公司

地址：开封市卧龙街 218 号

邮编：475000

区号：0378

办公室 ……………………………………5652273

传真 ……………………………………5652273

许昌石油分公司

地址：许昌市仓库路 10 号

邮编：461000

区号：0374

办公室 ……………………………………5122914

传真 ……………………………………5122914

漯河石油分公司

地址：漯河市金山路 74 号

邮编：462003

区号：0395

办公室 ……………………………………2622008

传真 ……………………………………2693016

鹤壁石油分公司

地址：鹤壁市淇滨区淇滨大道中段 160 号

邮编：458030

区号：0392

办公室 ……………………………………3338731

传真 ……………………………………3338528

济源石油分公司

地址：济源市荆梁北街 68 号

邮编：459000

区号：0391

办公室 ……………………………………6692079

传真 ……………………………………6692611

66. 资产公司湖北石油分公司
湖北石油分公司

地址：湖北省武汉市解放大道606号
邮编：430030
区号：027
传真：68837100
E-mail：jlb@sohu.com

部门　公网电话

公司机关

经理办公室
　主任……68837018
　副主任……68837019
政工办
　主任……68837026
　副主任……68837027
经营管理处
　处长……68837058
　副处长……68837036
财务资产处
　处长……68837068
　副处长……68837066
人力资源处
　处长……68837078
　副处长……68837079
发展规划处
　处长……68837088
　副处长……68837089
安全数质量处
　处长……68837108
　副处长……68837109
审计处
　处长……68837118
　副处长……68837119
纪检监察处
　处长……68837136
　副处长……68837166
企业管理处
　处长……68837168
　副处长……68837158
物流中心
　经理……68837039
　副经理……68837280
零售中心
　经理……68837098
　副经理……68837097
非油品业务处
　书记……68837099
商业客户中心
　经理……68837170
　书记……68837171

武汉石油分公司
（区号：027）

经理……85790421
书记、副经理……85551355
副书记……85797021
副经理……85759807
副经理……85766152
副经理……85718289
副经理……85789713
副经理……83606696
副经理……85772855
……83605755
经理办公室……85781439
政治工作部……85756709
经营管理部……85771597
企业管理部……85757897

人力资源部……………………………85771362
发展规划部……………………………85756713
安全数质量部…………………………85802239
零售管理部……………………………85716959
商业客户部……………………………85806061
润滑油经营部…………………………83609870
非油品业务部…………………………83615573
燃料油经营部…………………………83609892
财务核算部……………………………85797020
物流管理部……………………………82323337
审计分部（内控办）…………………85710091
信息分部………………………………85797018
综合办公室……………………………83609850
金狮公司………………………………88117422

宜昌石油分公司

（区号：0717）

经理……………………………………6446832
书记……………………………………6443018
物流配送部经理………………………6913419
副书记…………………………………6443157
副经理…………………………………6446978
副经理…………………………………6444063
经理办公室……………………………6446586
政工人事科……………………………6442801
安全数质量科…………………………6451358
财务核算部……………………………6446535
网点建设办公室………………………6442630
内部控制办公室………………………6443058
零售管理部……………………………6456965
商业客户部……………………………6451616
润滑油经营部…………………………6442130
物流配送部……………………………6913416

恩施石油分公司

（区号：0718）

经理、书记……………………………8413999
副经理…………………………………8411428
副经理…………………………………8413428
副书记…………………………………8412688
物流配送部经理………………………8412428
经理办公室……………………………8413777
政工人事科……………………………8412974
安全数质量科…………………………8412670
财务核算部……………………………8412618
零售管理部……………………………8413715
商业客户部……………………………8410447
物流配送部……………………………8410837
基建办公室……………………………8410089

黄冈石油分公司

（区号：0713）

总机……………………………………8663838
经理……………………………………8382668
书记……………………………………-8889
物流配送部经理………………………-8858
副书记…………………………………-8866
副经理…………………………………-8868
副经理…………………………………-8838
办公室…………………………………-8877
政工人事科……………………………-8865
安全数质量科…………………………-8805
财务核算部……………………………-8853
网点建设办公室………………………-8875
内部控制办公室………………………-8843
零售管理部……………………………-8832
商业客户部……………………………-8826
润滑油经营部…………………………13607255810
物流配送部……………………………-8821

黄石石油分公司

（区号：0714）

经理……………………………………6368626
书记……………………………………6368628
副经理…………………………………6358477
黄石配送部经理………………………6368616
经理助理………………………………6368606
经理办…………………………………6368559
政工科…………………………………6368630
安全数质量科…………………………6368601
基建科…………………………………6368603
财务核算部……………………………6368586
内部控制办公室………………………6368591
零售管理部……………………………6368580
商业客户部……………………………6368610
润滑油经营部…………………………6360928
物流配送部……………………………6411039

荆门石油分公司

（区号：0724）

经理……………………………………2333326
书记……………………………………2355062
物流配送部经理………………………2334902
副书记、副经理………………………2377202
副经理…………………………………2334668
经理助理………………………………2350662
办公室…………………………………2336056

政治工作部……2350575
安全基建部……2332371
财务核算部……2336037
零售管理部……2336718
商业客户部……2332372
润滑油经营部……2337333
燃料油经营部……2335409
物流配送部……2332668

荆州石油分公司

（区号：0716）

经理……8278060
书记……8278098
副经理……8278068
副经理……8278088
副经理……8278089
副经理……8278059
经理助理……8278083
经理办……8270626
政工人事科……8278065
安全数质量科……8278046
财务核算部……8278019
零售管理部……8278038
非油品业务部……8270628
商业客户部……8278053
润滑油经营部……8311616
燃料油经营部……8278092
物流配送部……8328228

燃料油中心

（区号：027）

经理……83601216
副经理……83601219
副经理……83602117
副经理……83602026
副经理……83623950
副经理……83614606
办公室……83601206
财务核算部……83610026
重油部……83632977
轻质燃料油部……83632977
进口加工部……83632977
资源采购岗……83617376

润滑油公司

（区号：027）

经理……83601180
书记……83601082
副经理……83605526
副经理……83608283
副经理……83605033
办公室……83605707
核算部……83605201
采购储运科……83605383
营销管理科……83601205
网络发展科……83601205
车用油经营部……83605501
工业油经营部……83605325
散装油经营部……83605501
特种油经营部……83605501
丹水池油库……82317009

十堰石油分公司

（区号：0719）

经理……8890303
书记……8890330
副经理……8890305
物流配送部经理……8890302
办公室……8890311
……8890310
政工人事科……8890332
安全基建科……8890307
财务核算部……8890325
内控办公室……8890315
零售管理部……8890323
非油品办公室……8102175
商业客户部……8664047
润滑油经营部……8680830
物流配送部……8883368

咸宁石油分公司

（区号：0715）

经理……8272136
书记……8272809
物流配送部经理……8256239
副书记……8272126
副经理……8272128
副经理……8252706
副经理……8255808
办公室……8272138
政工人事科……8271806
安全数质量科……8271836
财务核算部……8271856
零售管理部……8251176
商业客户部……8271976
润滑油经营部……8271936
物流配送部……8369029

小站公司……………………………………8271826

襄樊石油分公司

（区号：0710）

经理……………………………………3232358
书记……………………………………3235758
物流配送部经理……………………………3230076
副经理……………………………………3230058
副经理……………………………………3232068
副经理……………………………………3238166
办公室……………………………………3230181
政工人事科…………………………………3230390
企业管理科…………………………………3231206
财务核算部…………………………………3235118
网点建设办公室……………………………3230488
零售管理部…………………………………3230106
商业客户部…………………………………3230646
润滑油经营部………………………………3400357
物流配送部…………………………………3544606

孝感石油分公司

（区号：0712）

经理、书记…………………………………2325018
物流配送部经理……………………………2327598
副书记……………………………………2322678
副经理……………………………………2321878
副经理……………………………………2316208
办公室……………………………………2328328
政工人事科…………………………………2322926
安全数质量科………………………………2329281
财务核算部…………………………………2321800
网点建设办公室……………………………2323528
企管办……………………………………2325968
零售管理部…………………………………2322393
商业客户部…………………………………2322150
润滑油经营部………………………………2862299
物流配送部…………………………………2880958

67. 资产公司湖南石油分公司 湖南石油分公司

地址：湖南省长沙市湘春路 113 号
邮编：410005
区号：0731
电话：84841848
传真：84841801
E-mail：hnsybgs@vip.sina.com

部门　　公网电话

公司机关

经理办公室……84840848
企业管理处……84840007
人力资源处……84840014
财务资产处……84841837
经营管理处……84841712
零售中心……84840070
非油品处……84841860
发展规划处……84840662
实物资产处……84840136
安全数质量处……84840243
信息管理处……84840696
审计处……84840663
政工办……84840812
监察处……84840568
物流中心……84840008
管道输油处……84874109
长郴娄管道项目部……84840136
燃料油销售中心……84320621
润滑油销售中心……84320620
综合管理处……84841829
离退办……84840206

长沙石油分公司

地址：长沙市开福区芙蓉北路一段 99 号长沙市海事局二楼
邮编：410008
区号：0731
经理办公室……84205198

株洲石油分公司

地址：株洲市建设中路 117 号
邮编：412000
区号：0731
经理办公室……28352294

湘潭石油分公司

地址：湘潭市车站路杨家湾 43 号
邮编：411100
区号：0731
经理办公室……58393110

岳阳石油分公司

地址：岳阳市洞庭北路 8 号
邮编：414000
区号：0730
经理办公室……8299000

衡阳石油分公司

地址：衡阳市蒸湘南路 29 号
邮编：421001
区号：0734
经理办公室……8224902

常德石油分公司

地址：常德市武陵区柳叶大道中段 2527 号
邮编：415000
区号：0736
经理办公室 ……………………………………7224495

益阳石油分公司

地址：益阳市益阳大道西 87 号
邮编：413000
区号：0737
经理办公室 ……………………………………4383098

邵阳石油分公司

地址：邵阳市东大路 396 路
邮编：422001
区号：0739
经理办公室 ……………………………………5224206

娄底石油分公司

地址：娄底市清泉街 9 号
邮编：417000
区号：0738
经理办公室 ……………………………………8313064

永州石油分公司

地址：永州市冷水滩区湘永路 77 号
邮编：425000
区号：0746
经理办公室 ……………………………………8323098

郴州石油分公司

地址：郴州市五岭广场
邮编：423000
区号：0735
经理办公室 ……………………………………2169760

怀化石油分公司

地址：怀化市迎丰东路 58 号
邮编：418000
区号：0745
经理办公室 ……………………………………2722849

湘西自治州石油分公司

地址：吉首市人民中路雅溪
邮编：416000
区号：0743
经理办公室 ……………………………………8222753

张家界石油分公司

地址：张家界市崇文路宝塔岗
邮编：427000
区号：0744
经理办公室 ……………………………………8222190

省销售分公司

地址：长沙市蔡锷北路 411 号兴汉大厦 2 楼
邮编：410005
区号：0731
经理办公室……………………………………84320606

68. 资产公司广东石油分公司 广东石油分公司

地址：广东省广州市体育西路191号中石化大厦A塔
邮编：510620
区号：020
总机：38084345
传真：38081618
E-mail：gdsyjlb@163.com

部门	公网电话
公司机关	
经理办公室	38084101
	38084103
政工办	38084615
人力资源处	38084702
实物资产处	38084715
财务资产处	38084208
	38084202
企业管理处	38084716
信息管理处	38084113
	38084112
业务处	38084403
	38084402
调运处	38084418
	38084417
零配中心	38084309
发展处	38084101
	38084103
零售管理处	38084313
	38084302
非油品中心	38084306
安全储运基建处	38084106
	38084105
审计督查处	38084708
	38084709
监察处	38084712
	38084713
计量质量管理处	38084211
	38084212
经理办公室	83295381
燃料油中心	38084409
	38084411
珠三角管道项目部	38081289
仓储分公司	82050666

……………………………………82050681

润滑油中心

……………………………………38084002

……………………………………38084003

综合管理部

……………………………………38084097

珠海分公司

经理办公室 ……………………(0756)2629183

粤东分公司

经理办公室……………………(0754)88996098

韶关分公司

经理办公室 ……………………(0751)8252828

梅州分公司

经理办公室 ……………………(0753)2253528

惠州分公司

经理办公室 ……………………(0752)2117158

东莞分公司

经理办公室……………………(0769)22762623

中山分公司

经理办公室……………………(0760)88821307

江门分公司

经理办公室 ……………………(0750)3279328

深圳分公司

经理办公室……………………(0755)83546199

广州分公司

经理办公室 ……………………(020)83295381

佛山分公司

经理办公室……………………(0757)83360118

阳江分公司

经理办公室 ……………………(0662)3188999

湛江分公司

经理办公室 ……………………(0759)3389320

茂名分公司

经理办公室 ……………………(0668)2735288

肇庆分公司

经理办公室 ……………………(0758)2900168

清远分公司

经理办公室 ……………………(0763)3371282

69. 资产公司广西石油分公司
广西石油分公司

地址：广西南宁市桃源路67号石油大厦
邮编：530021
区号：0771
总机：5322886
传真：5323338

部门	公网电话
办公室	
主任	5306308
企业管理处、法律事务处	
副处长	5322785
政工处石化报记者站	
处长、站长	5307874
纪委、纪检监察处	
副书记、处长	5330774
审计处	
副处长	5335292
人力资源处	
处长	5323857
财务资产处、会计核算中心	
处长、主任	5312108
经营管理处	
处长	5331185
发展基建处	
处长	5335823
安全数质量处	
处长	5311528
信息管理处	
处长	5327288
实物资产处	
处长	5306951
物流中心	
经理	5318089
商业客户中心	
经理	5327588
零售管理中心	
经理	5327088
非油品经营管理中心	
经理	5327088
润滑油中心	
经理	5319919
驻京办事处	
主任	(010)66057183
高速公路建设办	
主任	5300808

广西中粮生物质能源有限公司

地址：北海市合浦工业园大道606号
邮编：536100
区号：0779
传真：7022688

部门	公网电话
办公室	7022799
副总经理	7022666

广西辉煌交通石化有限公司

地址：南宁市桃源路59号
邮编：530021
区号：0771
传真：5318559

部门	公网电话
办公室	5318559
总经理	5328802
副总经理	5318553
副总经理	5318552
行政部经理	5318931
财务部副经理	5318592

业务部副经理……………………………………5318535
安基加管部经理…………………………………5321190

广西钦州市钦州港鹰岭铁路有限责任公司

地址：钦州市港红林新都A栋10号
邮编：535008
区号：0777
传真：3665568

办公室……………………………………………3665558
总经理……………………………………………2817658
综合部主任………………………………………2856580
财务部主任………………………………………3665558

广西高速石化有限公司

地址：南宁市桃源路67号石油大厦22楼
邮编：530021
区号：0771
传真：5338589

办公室……………………………………………5338898
总经理……………………………………………5338330
副总经理…………………………………………5338653
行政部经理………………………………………5338898
财务部经理………………………………………5359508
财务部副经理……………………………………5339950
业务部副经理……………………………………5328938

广西北投沿海石化有限责任公司

地址：南宁市桃源路67号石油大厦23楼
邮编：530021
区号：0771
传真：5307995

办公室……………………………………………5332070
总经理……………………………………………5560575
副总经理…………………………………………5560070
综合部主管………………………………………5332070
财务部主任………………………………………5307935
业务部主任………………………………………5335706
非油品部主任……………………………………5311776

南宁石油分公司

地址：南宁市龙腾路45-1号
邮编：530003
区号 0771
传真：3157669

办公室……………………………………………3153949
办公室主任………………………………………3150779
人力资源科科长…………………………………3181905
政工办主任………………………………………3174434
工会副主席………………………………………3150769
商业客户部经理…………………………………3153216
财务核算部经理…………………………………3151997
发展基建科科长…………………………………3150024
安全数质量科科长………………………………3847725
信息技术服务部副主任…………………………3179922
实物资产科临时负责人…………………………3168373
非油品经营部经理………………………………3182386
润滑油销售部经理………………………………3155906
零售管理部副经理………………………………3176351
物流中心副经理…………………………………3170799
屯里油库主任……………………………………5662378
崇左油库主任……………………………………7822676
黎塘油库主任……………………………………8203963
中心片区经理……………………………………5624364
西片区经理………………………………………3252122
南片区经理………………………………………4805489
北片区经理……………………………………15878817331
崇左片区经理……………………………………7836868
宾阳片区经理……………………………………8283925
武鸣片区经理……………………………………6222516
邕宁片区经理……………………………………4719734
上林片区经理……………………………………5227199
马山片区经理……………………………………6822343
隆安片区经理……………………………………6522463
天等片区经理……………………………………3521059
大新片区经理……………………………………3622206
龙州片区经理……………………………………8811178
宁明片区经理……………………………………8621015
扶绥片区经理……………………………………7522520
凭祥片区副经理…………………………………8520291
横县片区副经理…………………………………7204968

柳州石油分公司

地址：柳州市航银路29号
邮编：545005
区号：0772
传真：3219791

办公室……………………………………………3219695
办公室主任………………………………………3219695
政工办主任、工会副主席………………………3219563
人力资源科科长…………………………………3219539
财务核算部经理…………………………………3219671
发展基建科科长…………………………………3219650

安全数质量科副科长……………………………3205106
信息技术服务部副科长…………………………3223155
实物资产科科长…………………………………3219675
物流配送中心副经理……………………………3219750
零售管理部副经理………………………………3231275
商业客户部经理…………………………………3219762
非油品经营部经理、零售管理部副经理……3223287
润滑油销售部经理………………………………3219651
鹧鸪江油库主任…………………………………2752595
城站油库主任……………………………………3630573
柳东片区经理……………………………………3176459
柳南片区经理……………………………………3221543
柳北片区经理……………………………………2503153
来宾片区经理……………………………………4212119
鹿寨片区经理……………………………………6813169
武宣片区经理……………………………………5212021
柳江片区经理……………………………………7212551
柳城片区经理……………………………………7620285
象州片区经理……………………………………4362272
金秀片区经理……………………………………6212440
忻城片区经理……………………………………5511472
合山片区经理……………………………………8912348
融安片区经理……………………………………8112455
融水片区经理……………………………………5122529
三江片区经理……………………………………8612274
恒通公司经理……………………………………3205621

桂林石油分公司

地址：桂林市九华路8号
邮编：541001
区号：0773
传真：2698399

办公室……………………………………………2691279
办公室主任………………………………………2691279
政工办主任………………………………………2697139
人力资源科科长…………………………………2696612
财务核算部主办…………………………………2696945
发展基建科科长…………………………………2695543
安全数质量科科长………………………………2692941
信息技术服务部主任……………………………2697137
实物资产科科长…………………………………2690156
物流配送中心副经理……………………………2691768
物流配送中心副经理、羊角山油库主任……3603634
零售管理部副经理………………………………2692853
形象改造办公室助理……………………………2696705
商业客户部经理…………………………………2696850
非油品经营部经理………………………………2695429
润滑油销售部经理………………………………2692517
九华山油库主任…………………………………2696211
全州油库主任……………………………………4913342
恭城片区经理……………………………………8213003
灌阳片区经理……………………………………4212290
临桂片区经理……………………………………5565561
阳朔片区经理……………………………………8820593
荔浦片区经理……………………………………7213583
灵川片区经理……………………………………6812248
资源片区经理……………………………………4318611
永福片区经理……………………………………8551268
龙胜片区经理……………………………………7519899
全州片区经理……………………………………4915715
平乐片区经理……………………………………7895839
兴安片区经理……………………………………6214223

梧州石油分公司

地址：梧州市新兴二路193—1号
邮编：543002
区号：0774
传真：3826550

办公室……………………………………………3828477
办公室主任………………………………………3828477
政工办主任………………………………………3828776
人力资源科科长…………………………………3828778
财务核算部经理…………………………………3827857
发展基建科科长…………………………………3827765
安全数质量科科长………………………………3828713
信息技术服务部主任……………………………3829204
实物资产科科长…………………………………3848675
物流配送中心副经理……………………………3859977
物流配送中心副经理、火山油库主任………2061120
商业客户部经理…………………………………3828985
非油品经营部经理………………………………3828848
润滑油销售部经理………………………………3827394
零售管理部副经理………………………………3828551
本部片区经理……………………………………2024925
苍梧片区经理……………………………………2678568
岑溪片区经理……………………………………8223031
藤县片区经理……………………………………7298038
贺州片区经理……………………………………3302108
富川片区经理……………………………………7717321
昭平片区经理……………………………………6690219
蒙山片区经理……………………………………6282262
钟山片区经理……………………………………8982518

玉林石油分公司

地址：玉林市大南路 115 号
邮编：537005
区号：0775
传真：3837328

办公室……3829001
办公室主任……3829001
政工办主任……3829029
人力资源科科长……3829025
财务核算部经理……3833588
发展基建科科长……3815076
安全数质量科副科长……3829081
信息技术服务部主任……3829030
实物资产科副科长……3829090
物流配送中心副经理、油库主任……3829182
零售管理部副经理……3829076
商业客户部经理、润滑油销售部经理……3829008
非油品经营部经理……3829068
本部片区经理……3829009
北流片区经理……6215578
容县片区经理……5129083
陆川片区经理……7310528
博白片区经理……8329025
兴业片区经理……3765255

贵港石油分公司

地址：贵港市港北区金港大道 823 号
邮编：537100
区号：0775
传真：4566831

办公室……2910011
办公室主任……2910022
政工办主任……4568968
人力资源科科长……4569075
财务核算部经理……4566795
发展基建科科长……4569642
安全数质量副科长……4553303
物流配送中心副经理……4554886
商业客户部经理……4567956
零售管理部副经理……2933799
润滑油销售部经理……4565909
非油品经营部经理……4553336
实物资产科科长……4569122
信息技术服务部主任……4568479
贵港油库主任……4280256
本部一片区经理……4572545
本部二片区经理助理……4552727
平南片区经理……7823396
桂平片区经理……3382038

百色石油分公司

地址：百色市城东大道中段
邮编：533000
区号：0776
传真：2930018

办公室……2931518
办公室主任……2931518
政工办主任……2933011
人力资源科科长……2931698
财务核算部经理……2933108
发展基建科科长……2932598
安全数质量科科长……2932598
信息技术服务部主任……2933122
实物资产科科长……2932155
物流配送中心副经理……2930058
物流配送中心副经理、三雷油库主任……3235218
零售管理部副经理……2931918
商业客户部经理……2939511
非油品经营部经理……2931315
润滑油销售部经理……2931158
百色片区经理……2931319
田阳片区经理……3218670
田东片区经理……5222304
平果片区经理……5821192
靖西片区经理……6212326
德保片区经理……3822331
那坡片区经理……6822208
田林片区经理……7212016
隆林片区经理……8218649
西林片区经理……8682168
凌云片区经理……7612148
乐业片区经理……7922308

河池石油分公司

地址：河池市金城江区中山路 93 号
邮编：547000
区号：0778
传真：2285928

办公室……2235787
办公室主任……2235787
政工办主任……2235253

人资科科长……………………………………2238076
财务核算部经理………………………………2282782
发展基建科科长………………………………2283743
安全数质量科科长……………………………2283126
信息技术服务部主任…………………………2233385
实物资产科经理………………………………2284406
物流配送中心副经理…………………………2235122
物流配送中心副经理、金城江油库主任……2237282
零售管理部副经理……………………………2283922
商业客户部经理………………………………2284700
非油品经营部经理……………………………2235717
润滑油部经理…………………………………2235085
本部西部片区经理……………………………2212722
本部东部片区经理……………………………2235616
宜州片区经理…………………………………3183080
罗城片区经理…………………………………8214385
南丹片区经理…………………………………7214555
东兰片区经理…………………………………6322337
巴马片区经理…………………………………6212275
凤山片区经理…………………………………6822295
天峨片区经理…………………………………7822360
都安片区经理…………………………………5216018
都安片区主办…………………………………5216591
大化片区经理…………………………………5812538
环江片区经理…………………………………8214385

北海石油分公司

地址：北海市北海大道西28号

邮编：536000

区号：0779

传真：3054803

办公室…………………………………………3038603
办公室主任……………………………………3038603
工会主席………………………………………3076833
政工办主任……………………………………3062209
人力资源科科长………………………………3034471
财务核算部经理………………………………3054690
发展基建科科长………………………………3035473
安全数质量科科长……………………………3061865
信息技术服务部主任…………………………3061656
实物资产科科长………………………………3065528
物流配送中心副经理…………………………3903047
零售管理部副经理……………………………3061449
商业客户部经理………………………………3035482
非油品经营部经理……………………………3033180
润滑油经营部经理……………………………3069221
冠头岭油库主任………………………………3903047
本部片区经理…………………………………3061449
海上片区经理…………………………………3903476
合浦片区经理…………………………………7270423

钦州石油分公司

地址：钦州市育才路7号

邮编：535000

区号：0777

传真：2856580

办公室…………………………………………2856580
办公室主任……………………………………2856890
政工办副主任…………………………………2856502
人力资源科科长………………………………2856805
发展基建科科长………………………………2856905
安全数质量科副科长…………………………2856903
实物资产科副科长……………………………2856850
财务核算部经理………………………………2856810
商业客户部经理………………………………2824059
润滑油销售部副经理…………………………2856488
信息技术服务部副主任………………………2856501
物流配送中心副经理、钦州油气库主任……3888808
非油品经营部副经理…………………………2856821
零售管理部副经理……………………………2856820
钦州片区经理…………………………………2854875
灵山片区经理…………………………………6511993
浦北片区经理…………………………………8213810
防城片区经理……………………………(0770)3252515
上思片区经理……………………………(0770)8520043

70. 海南石油分公司

地址：海南省海口市滨海大道163号
邮编：570311
区号：0898
传真：68680909

部门	公网电话
经理办公室	68680800
	68680805
政工处（党委办公室）	68680860
	68680863
人力资源处（组织部）	68680963
	68680967
企业管理处（法律事务处）	68680010
	68680012
经营管理处（商业客户中心）	68680950
	68680955
安全数质量处（保卫处）	68680920
	68680923
发展规划处	68680830
	68680835
财务资产处（会计结算中心）	68680896
	68680919
监察处（纪检办公室）	68680980
	68680059
审计处	68680930
	68680932
信息网络管理处	68680852
	68680853
非油品业务管理处	68680041
	68680050
实物资产处	68680910
	68680890
零售中心	68680829
	68680927
海域油品营销中心	68680039
	68680070
物流中心	68680986
	68680015
液化气营销中心	68680936
	68680817
润滑油中心	68680971
	68680973
海南经济开发有限公司	68535786
	68536245
海南石油太平洋有限责任公司	88913115
	88913116

71. 资产公司贵州石油分公司
贵州石油分公司

地址：贵州省贵阳市解放路21号贵州石化大厦
邮编：550007
区号：0851
传真：5985810
E-mail：gz_sinopec@163.com

部门	公网电话
公司机关	
经理办公室	
副主任	5986622
办公室	5980144
政工办	
处长助理	5987625
纪检监察处	
处长	5986647
人力资源处	
处长	5986341
办公室	5988669
经营管理处	
处长	5986629
办公室	5947564
商业客户中心	
副经理	5989240
物流中心	
副经理	5666463
办公室	5986662
零售中心	
经理	5986229
办公室	5660774
润滑油中心	
处长助理	5951131
办公室	5987663
财务资产处	
副处长	5947411
办公室	5988664
安全数质量处	
处长	5986670
基建发展处	
处长	5986659
企业管理处	
处长	5986644
审计处	
处长	5986643
信息技术处	
副处长	5986633
办公室	5986633
非油品业务处	
副处长	5980331
办公室	5980630
贵阳分公司	
地址：贵阳市都司路都市花园	
邮编：550002	
区号：0851	
经理办公室	5802035
政工办公室	5802144
遵义分公司	
地址：遵义市延安路171号	
邮编：563003	
区号：0852	
经理办公室	8829142
政工办公室	8824355
安顺分公司	

地址：安顺市外环西南路22号

邮编：561000

区号：0853

经理办公室……………………………………3225602

政工办公室……………………………………3225884

黔南分公司

地址：都匀市民族路48号

邮编：558000

区号：0854

经理办公室……………………………………8222745

政工办公室……………………………………8260212

黔东南分公司

地址：凯里市营盘东路44号

邮编：556000

区号：0855

经理办公室……………………………………8276388

政工办公室……………………………………8276374

铜仁分公司

地址：铜仁市大庆北路32号

邮编：554300

区号：0856

经理办公室……………………………………5223226

政工办公室……………………………………5223577

毕节分公司

地址：毕节市环东路德沟路口

邮编：551700

区号：0857

经理办公室……………………………………8316560

政工办公室……………………………………8311560

六盘水分公司

地址：六盘水市钟山路32号

邮编：553001

区号：0858

经理办公室……………………………………8685109

政工办公室……………………………………8685205

黔西南分公司

地址：兴义市南湖街67号

邮编：562400

区号：0859

经理办公室……………………………………3223722

政工办公室……………………………………3237856

72. 云南石油分公司

地址：云南省昆明市拓东路45号世博大厦
邮编：650011
区号：0871
电话：3115099
传真：3115210
E-mail：ynsyfgs@tom.com

部门	公网电话
公司机关	
经理办公室	3115215
人力资源处	3115252
财务资产处	3115284
经营管理处	3115243
零售管理处	3115292
基建发展处	3115226
信息管理处	3115150
企业管理处	3115257
审计督察处	3115274
非油品业务处	3115705
离退休办公室	3115231
新能源办公室	3115239
商业客户中心	3115295
安全数质量管理处	3115263
纪检监察处	3115272
政工办公室	3115236
工会	3115230
综合管理部	3117873
下属分公司	
昆明分公司	
综合办	6113629
玉溪分公司	
综合办	2063606
曲靖分公司	
综合办	3383215
大理分公司	
综合办	(0872)2190596
楚雄分公司	
综合办	(0878)3014649
昭通分公司	
综合办	(0870)2158687
红河分公司	
综合办	(0873)3790913
云川分公司	
综合办	(028)87019272
润滑油分公司	
综合办	(0871)3579102
保山分公司	
综合办	(0875)2134929
临沧分公司	
综合办	(0883)2122013
德宏分公司	
综合办	(0692)4141666
丽江分公司	
综合办	(0888)5116607
怒江分公司	
综合办	(0886)3624923
迪庆分公司	
综合办	(0887)8222140
普洱分公司	
综合办	(0879)2123355
西双版纳分公司	
综合办	(0691)2138967
文山分公司	
综合办	(0876)2183591

73. 四川石油分公司

地址：四川省成都市人民南路一段86号
城市之心七楼
邮编：610016
区号：028
总机：86203022
传真：86203122
E-mail: wangming.scsy@sinopec.com

部门	公网电话
公司机关	
总经理办公室	
主任	86203125
经营管理处	
处长	86202189
副处长	86203914
副处长	86203039
零售中心	
经理	86203360
副经理	86202187
人事政工处	
处长	86202161
副处长	86203974
财务资产处	
处长	86202162
副处长	86203109
副处长	-8403
发展基建处	
处长	86203013
副处长	86202178
副处长	86202176
安全数质量处	
处长	86203107
副处长	-8302
企管法律处	
处长	86203015
信息管理处	
处长	86203101
审计监察处	
处长	86203108
副处长	86203053
成都分公司	
经理	(028)86202179
办公室	(028)86203022-8932
绵阳分公司	
经理	(0816)2561766
办公室	(0816)2565227
攀枝花分公司	
经理	(0812)3320885
办公室	(0812)3320550
泸州分公司	
经理	(0830)2593677
办公室	(0830)2593263
乐山分公司	
经理	(0833)2153386
办公室	(0833)2152029
达州分公司	
经理	(0818)5130266
办公室	(0818)5130126-605
宜宾分公司	
经理	(0831)2336603
办公室	(0831)2336605
巴中分公司	
经理	(0827)5282658
办公室	(0827)5253350
西昌分公司	
经理	(0834)6101388
办公室	(0834)6101386

德阳分公司

经理……………………………………(0838)2230658

资阳分公司

经理……………………………………(028)26659888

办公室……………………………………(028)26736818

南充分公司

办公室……………………………………(0817)6028280

74. 重庆石油分公司

地址：重庆市渝中区青年路38号国贸大厦32楼
邮编：400010
区号：023
总机：63107555
传真：63106320

部门	公网电话
经理办公室	
主任	63106333
副主任	63106360
经营管理处	
处长	63106636
副处长	63106619
零售中心	
经理	63106686
副经理	63106628
人力资源处	
处长	63106676
财务资产处	
处长	63106656
副处长	63106696
安全数质量处	
处长	63106657
发展基建处	
处长	63107983
副处长	63107996
企管法律处	
处长	63106208
副处长	63106209
审计监察处	
处长	63636758
副处长	63106698
信息处	
副处长	63107987
天然气管理处	
处长	13908060686
渝中分公司	
经理	63836816
三峡分公司	
经理	58125679
涪陵分公司	
经理	87888818
黔江分公司	
经理	79232738
惠通公司	
经理	63793189
渝辉公司	
经理	67782086

75. 内蒙古石油分公司

地址：内蒙古自治区呼和浩特市新城区成吉思汗大街26号日新大厦
邮编：010051
区号：0471
电话：5289803
传真：5289808
E-mail: xujb.nmsy@sinopec.com

部门	公网电话
公司机关	
办公室	5289803
人力资源处	5289891
财务资产处	5289871
企管法律处	5289818
经营管理处	5289853
安全数质量处	5289883
零售中心	5289839
发展基建处	5289825
审计监察处	5289882
包头石油分公司	
地址：包头市青山区110国道与青路交汇处西南侧	
邮编：014030	
区号：0472	
办公室	3143330
鄂尔多斯石油分公司	
地址：鄂尔多斯市东胜区杭锦北路（东）3号市党校宾馆6楼	
邮编：017000	
区号：0477	
办公室	8327705
乌海石油分公司	
地址：乌海市海勃湾区110国道1091公里金铃汽车城办公楼4楼	
邮编：016000	
区号：0473	
办公室	2882575
巴彦淖尔石油分公司	
地址：巴彦淖尔市临河区胜利北路	
邮编：015000	
区号：0478	
办公室	7900866
赤峰石油分公司	
地址：赤峰市松山区玉龙大街东段（彩虹桥西）	
邮编：024005	
区号：0476	
办公室	8446197
呼和浩特市石油分公司	
地址：呼和浩特市新城区成吉思汗大街26号日新大厦	
邮编：010051	
区号：0471	
办公室	5289793
锡林郭勒分公司	
地址：锡林浩特市锡林大街火车站西段	
邮编：026000	
区号：0479	
办公室	8816555

76. 陕西石油分公司

地址：陕西省西安市北大街29号
中天国际大厦10层
邮编：710003
区号：029
传真：87257202
E-mail：yul.sisy@sinopec.com

部门	公网电话
公司机关	
经理办公室（企管法律处）	87258678
人力资源处	87255706
安全数质量处	87255919
审计监察处	87257253
财务资产处	87255071
发展规划处	87403812
经营管理处	87255182
零售中心	87257391

西安石油分公司

地址：西安市南二环西段65号煜源大厦18层
邮编：710068
区号：029

部门	公网电话
办公室	85225325

汉中石油分公司

地址：汉中市天汉大道人寿大厦9层
邮编：723000
区号：0916

部门	公网电话
办公室	6219506

咸阳石油分公司

地址：咸阳市金旭大道东段66号冶博粉末厂3层
邮编：712000
区号：029

部门	公网电话
办公室	33196671

宝鸡石油分公司

地址：宝鸡市西凤路2号开发大厦2层
邮编：721000
区号：0917

部门	公网电话
办公室	6883318

渭南石油分公司

地址：渭南市朝阳路2号恒生大厦A座801室
邮编：714000
区号：0913

部门	公网电话
办公室	2052611

安康石油分公司

地址 安康市汉滨区江北大道77号安铁文化宫五楼
邮编：725000
区号：0915

部门	公网电话
办公室	8161102

商洛石油分公司

地址：商洛市商州区北新街西段商洛建行二层
邮编：726000
区号：0914

部门	公网电话
办公室	2980800

榆林石油分公司

地址：榆林市航宇路38排1号
邮编：719000
区号：0912

部门	公网电话
办公室	3897153

77. 吉林石油分公司

地址：吉林省长春市西安大路699号
中银大厦B座11楼
邮编：130061
区号：0431
传真：88409576
E-mail: jilinshiyou2010@sina.com

部门	公网电话
公司机关	
综合处	88409576
财务资产处	88409579
发展基建处	88409561
安全数质量处	88409527
经营管理处	88409545
零售中心	88409569
吉林市分公司	
地址：吉林市船营区新生街1号	
邮编：132012	
区号：0432	
办公室	64884988
天然气分公司	
地址：公主岭市八屋镇中国石化CNG母站	
邮编：136115	
区号：0434	
办公室	6459904

78. 黑龙江石油分公司

地址：黑龙江省哈尔滨市南岗区
长江路 368 号 7 层
邮编：150090
区号：0451
传真：82353759
E-mail:zgshhljzhc@163.com

部门	公网电话
公司机关	
综合处	51997677
经营管理处	51997689
安全数质量处	51997637
财务资产处	51997610
发展基建处	51997667
零售中心	51997601
人力资源处	51997658
哈尔滨石油分公司	
地址：哈尔滨市香坊区进乡街黎明加油站	
邮编：150000	
区号：0451	
办公室	51997560
齐齐哈尔石油分公司	
地址：齐齐哈尔市龙沙区新明大街 12 号	
邮编：161005	
区号：0452	
办公室	2745108
大庆石油分公司	
地址：大庆市高新区产业区安萨路与 301 国道交叉口	
邮编：163000	
区号：0459	
办公室	6030155
佳木斯石油分公司	
地址：佳木斯市东风区建国街南段 8 委中石化油库	
邮编：154002	
区号：0454	
办公室	8335339
牡丹江石油分公司	
地址：牡丹江市西海林街兴平路口	
邮编：157000	
区号：0453	
办公室	6570210
绥化石油分公司	
地址：绥化市北林区黄河北路市政府后身	
邮编：152000	
区号：0455	
办公室	8330988

79. 青海石油分公司

地址：青海省西宁市海湖路 26 号
邮编：810008
区号：0971
传真：6317257

部门	公网电话
公司机关	
经理办公室	6317090
综合处	6309240
财务资产处	6317372
零售中心	6317315
经营管理处	6317312
发展基建处	6317071
安全数质量处	6314628
商客中心	6319038
润滑油配送中心	6321471
西宁石油分公司	
地址：西宁市经济技术开发区金桥路 36 号科技孵化器 6 楼	
邮编：810007	
区号：0971	
办公室	8062656
海东分公司	
地址：平安县古驿大道 237 号青海储备物资管理局二五一处	
邮编：810600	
区号：0972	
办公室	8686801
海西分公司	
地址：德令哈市祥和花园 9 号楼 2 单元 4 楼	
邮编：810001	
区号：0977	
办公室	8220809
格尔木分公司	
地址：格尔木市南海路北侧中石化油库	
邮编：816000	
区号：0979	
办公室	8452061

80．甘肃石油分公司

地址：甘肃省兰州市南昌路1716号
邮编：730030
区号：0931
传真：8833795

部门	公网电话
公司机关	
总经理办公室	8828998
书记办公室	8828938
副总经理办公室	8870580
综合处	8870625
人事处	8870623
财务资产处	8839281
经营管理处	8826293
零售管理中心	8839735
发展基建处	8870538
安全数质量处	8839371

天水石油分公司

地址 天水市秦州区建设路185号天水市工行大楼8楼
邮编：741000
区号：0938

部门	公网电话
办公室	8289529

平凉石油分公司

地址：平凉市西大街17号中国银行6楼
邮编：744000
区号：0933

部门	公网电话
办公室	8236160

白银石油分公司

地址：白银市白银区北京路369号
邮编：730900
区号：0943

部门	公网电话
办公室	6929037

武威石油分公司

地址：武威市南关西路1号4楼
邮编：733000
区号：0935

部门	公网电话
办公室	6181848

张掖石油分公司

地址：张掖市县府街延伸段新合作大厦5楼
邮编：734000
区号：0936

部门	公网电话
办公室	8365875

酒泉石油分公司

地址：酒泉市北大街164号
邮编：735000
区号：0937

部门	公网电话
办公室	6980651

81. 辽宁石油分公司

地址：辽宁省沈阳市于洪区崇山东路 51 号
邮编：110032
区号：024
总机：86625855
传真：86860772

部门 公网电话

公司机关

值班电话……86860007
办公室……86616036
经营管理处……86863840
零售中心……86860979
人力资源处……86863288
……86859496
财务资产处……86859759
……86859759
企管法律处……86621030
发展基建处……86621035
……86621035
安全数质量处……86857427
审计监察处……86621037
实物资产处……86860285

沈阳石油分公司

地址：沈阳市沈河区北站路 146 号嘉兴国际大厦 13 楼
邮编：110013
区号：024
传真：22518200

经理……22518201
办公室……22518160
书记兼综合部主任……22518202
副经理……22518203
副经理……22518205
副经理……22518192

大连石油分公司

地址：大连市中山区中南路 125 号中南阳光酒店 15-16 楼
邮编：116001
区号：0411
传真：82888306

办公室……82891617-8019
经理……82882377
副经理……82888747
经理助理……82888237
综合部主任……82891617-8007

辽宁葫芦岛石油分公司

地址：沈阳市皇姑区长江街 17 号石化大厦 6 楼
邮编：110031
区号：024
传真：86298111

办公室……86298111
经理……86209916
副经理……86298186
经理助理综合部主任……86298111

辽宁铁岭石油分公司

地址：铁岭市银州区南马路 88 号（原龙山宾馆 2 号楼）
区号：0410
邮编：112000
传真：2802801

办公室……2802810
经理……2819922
书记……2821122
副经理……2875511
经理助理……2823322
综合部主任……2802810

营口石油分公司

地址：营口市站前区东新路 51 号
邮编：115002
区号：0417
传真：2837933

办公室 ……………………………………2945174
经理 ………………………………………2835849
副经理 ……………………………………2945173
副经理 ……………………………………2945151
综合部主任 ………………………………2945174

丹东石油分公司

地址：丹东市振兴区七经街 8 号新一百集团有限公司 7 楼中石化办公区
邮编：118002
区号：0415
传真：2218806

办公室 ……………………………………2218806
经理 ………………………………………2211955
副经理 ……………………………………2218810
……………………………………………5109036
综合部主任 ………………………………2218806

82. 宁夏石油分公司

地址：宁夏回族自治区银川市新华西街
313号电力投资大厦5层
邮编：750001
区号：0951
传真：5019813
E-mail：nxzhc@126.com

部门	公网电话
公司机关	
综合处	5019291
人力资源处	5049390
财务资产处	5022908
发展基建处	5019105
经营管理处	5019792
零售中心	5019053
安全数质量处	5016095
油库管理处	5049390

银川石油分公司

地址：银川市新华西街313号电力投资大厦
邮编：750001
区号：0951

部门	公网电话
办公室	5049390

石嘴山分公司

地址：石嘴山市大武口区裕民南路
邮编：753000
区号：0952

部门	公网电话
办公室	2051025

吴忠分公司

地址：吴忠市利通区
邮编：751100
区号：0953

部门	公网电话
办公室	2055616

83. 新疆石油分公司

地址：新疆乌鲁木齐市长春南路466号中石化西北石油科研生产园区B区
邮编：830011
区号：0991
电话：3163087
传真：3163086

部门	公网电话
公司机关	
经理办公室	3163087
政工处（党委办公室）	3163088
经营管理处	3163079
财务资产处	3163066
发展基建处	3163106
人力资源处	3163165
安全数质量处	3163063
企管法律处	3163164
审计监察处	3163169
零售中心	3163073
商业客户中心	3163046
非油品业务中心	3163074

乌鲁木齐石油分公司

地址：乌鲁木齐市迎宾路158号
邮编：830011
区号：0991

部门	公网电话
综合部	3746735
经营管理部	3753473
财务核算部	3768327
发展基建部	3785178
安全数质量部	3759015
零售部	3753949

喀什石油分公司

地址：喀什市多来提巴格路6号集一快捷酒店
邮编：844000
区号：0998

部门	公网电话
综合部	2523639
经营管理部	2667138
财务核算部	2520486
发展基建部	2523589
安全数质量部	2528820
零售部	2520531

阿克苏石油分公司

地址：阿克苏市中原路建筑工程质量检测中心中石化阿克苏石油分公司
邮编：843000
区号：0997

部门	公网电话
综合部	2619090
经营管理部	2617763
财务核算部	2627202
发展基建部	2617733
零售部	2617783

巴州石油分公司

地址：库尔勒市新城辖区新城南路原新城办事处
邮编：841001
区号：0996

部门	公网电话
综合部	2112360
经营管理部	2112191
财务核算部	2112380
发展基建部	2112267
零售部	2112256

哈密石油分公司

地址：哈密市工业园区广东工业加油区
邮编：839000
区号：0902

部门	公网电话
综合部	6971171

经营管理部……6971176
财务核算部……6971175
发展基建部……6971172
安全数质量部……6971173

吐鲁番石油分公司

地址：吐鲁番市亚尔乡戈壁村村委会三楼
邮编：838000
区号：0995

综合部……6290100
经营管理部……6290110
财务核算部……6290106
发展基建部……6290108

伊犁石油分公司

地址：伊宁市解放路273号苏怡园酒店二楼
邮编：835000
区号：0999

综合部……6790107
经营管理部……6790227
财务核算部……6790227
发展基建部……6790097

和田石油分公司

地址：和田市北京西路116号团结广场对面老人民银行三楼
邮编：848000
区号：0903

综合部……2035632

84. 销售有限公司华北分公司

地址：天津市南开区华苑产业园区榕苑路11号
邮编：300384
区号：022
传真：23059522
E-mail:huabeibgs@163.com

部门	公网电话
经理办公室	
主任	23059512
副主任	23059513
政工处	
处长	23059511
经营管理处	
处长	23059530
副处长	23059532
副处长	23059561
管道通讯处	
处长	23059645
副处长	23059571
安全环保处	
处长	23059585
副处长	23059586
人力资源处	
副处长	23059596
财务资产处	
处长	23059606
副处长	23059610
审计监察处	
处长	23059630
副处长	23059631
发展规划处	
处长	23059635
副处长	23059636
企管法律处	
处长	23059628
调控中心	
主任	23059769
副主任	23059768
副主任	23059513

部门	公网电话
设备管理处	
副主任	23059767
质量管理处	
处长	23059660
副处长	23059661
副处长	23059662
计量管理处	
处长	23059594
济南输油管理处	
处长	(0531)80670888
副处长	(0531)80670988
副处长	(0531)80670839
石家庄输油管理处	
处长	(0311)89651011
副处长	(0311)89651001
副处长	(0311)89651002
鲁皖输油管理处	
处长	(0531)80670918
副处长	(0531)80670916
副处长	(0531)80670928
河南输油管理处	
处长	(0371)63358068
书记	(0371)63358015
天津储备库	
主任	66580090
副主任	66580094
副主任	66580092
石家庄储备库	
主任	(0311)85162155
副主任	(0311)85162714
副主任	(0311)85163427

85. 销售有限公司华东分公司

地址：上海市长宁区愚园路819号
邮编：200050
区号：021
传真：62119327
E-mail：xshdgs@hdsx.com

部门	公网电话
办公室	
主任	62119326
副主任	62119291
值班	62119325
传真	62119327
业务处	
处长	62118739
副处长	62118767
副处长	62118925
财务处	
处长	62119212
副处长	62119205
副处长	62119215
调运处	
处长	62119081
副处长	62119225
副处长	62119075
副处长	62119085
综合管理处	
处长	62119329
副处长	62119330
人事处	
处长	62119053
副处长	62119052
监察审计处	
处长	62118948
副处长	62118930

86. 销售有限公司华中分公司

地址：湖北省武汉市汉口精武路 39 号
邮编：430022
区号：027
传真：65798015
E-mail：znshqgc@sian.com

部门	公网电话
办公室	
主任	65798008
值班电话	65798029
政工办	
主任	65798021
经营管理处	
处长	65798051
副处长	65798086
副处长	65798043
财务资产处	
处长	65798061
人力资源处	
处长	65798041
管道油库处	
处长	65798049
安全数质量处	
副处长	65798053
发展规划处	
处长	65798076
审计监察处	
处长	65798078

87. 销售有限公司华南分公司

地址：广东省广州市天河区体育西路191号
中石化大厦A塔38-40楼
邮编：510620
区号：020
传真：38083909
E-mali：xshn@sinopec.com

部门	公网电话
办公室	
主任	38083900
人力资源处	
处长	38083917
财务处	
处长	38083803
审计监察处	
处长	38083812
业务处	
处长	38083809
管道通信管理处	
处长	38084015
安全数质量处	
处长	38083923
发展基建处（物资供应中心）	
处长	38083818
调度控制中心	
主任	39916088
抢维修中心	
主任	39916098

88. 石油勘探开发研究院

地址：北京市海淀区学院路 31 号
邮编：100083
区号：010
传真：82312896
网址：www.pepris.com

部门	公网电话
机关	
院长办公室	82312980
科研管理部	82312051
人力资源部	82312941
生产管理部	82314704
发展计划部	82312038
财务管理部	82312981
党委办公室	82312949

无锡石油地质研究所

地址：江苏省无锡市惠钱路 210 号
邮编：214151
传真：（0510）83202742

部门	公网电话
办公室	83201044

合肥基地

地址：安徽省安徽合肥市九华山路 15 号
邮编：230022
传真：（0551）4652500

部门	公网电话
办公室	4652500

89. 石油工程技术研究院

地址：北京市朝阳区北辰东路8号北辰
时代大厦10层
邮编：100101
区号：010
传真：84988966
E-mail：gongchengyuan@sripe.cn

部门	公网电话
院办公室	84988166
主任	84988001
值班电话	84988166
传真	84988966

90. 石油化工科学研究院

地址：北京市海淀区学院路18号
邮编：100083
区号：010
总机：62327551
传真：62311290
网址：www.ripp-sinopec.com
E-mail：914@ripp-sinopec.com

部门	公网电话
院办公室	82310806
党群工作处	62311559
科研处	62310723
技术开发部	62311535
国际合作处	62310759
人力资源处	62311514

91. 北京化工研究院

地址：北京市朝阳区北三环东路 14 号
邮编：100013
区号：010
总机：59202000
传真：64228661
E-mail：lianjm.bjhy@sinopec.com

部门	公网电话
机关	
院办公室	59202342
财务部	59202696
人力资源部	59202661
科技开发部	59202340
科研管理部	59602670
知识产权办公室	59202378
审计监察室	59202398
安全保卫部	59202559
基建条件部	59202386
国际合作部	59202372
党委办公室	59202419
工会	59202353
法律事务部	59202650
离退休办公室	59202409
有机原料研究所	59202249
精细化工研究所	59202953
塑料加工研究开发中心	59202738
环境保护研究所	59202588
基础研究部	59202712
乙烯裂解研究室	59202775
聚乙烯研究室	59202775
聚丙烯研究室	59202600
新产品开发室	59202618
标准研究室	59202427
生产技术研究室	59202214
分析研究室	59202133
信息中心	59202536
器材部	59202200
燕山分院	
院办公室	69343454
党委工作部	69341907

群众工作部……………………………………69346205
科研管理部……………………………………69346202
人力资源部……………………………………69341923
安全机动部……………………………………69341913
财务………………………………………………81349684
第一研究室……………………………………69347500
精细化工室……………………………………69341925
锂系部…………………………………………69341928
第五研究室……………………………………69346696
分析中心………………………………………69346204
信息中心………………………………………69346224
第八研究室……………………………………69332541
第九研究室……………………………………69344628
条件保障中心…………………………………69346225

92. 抚顺石油化工研究院

地址：辽宁省抚顺市望花区丹东路东段 31 号
邮编：113001
区号：0413
总机：6427881
传真：6429551
网址：www.fripp.com.cn
E-mail public@fripp.com.cn

部门	公网电话
院办公室	6389234
党委办公室	6429543
人力资源部	6428490
纪委	6429974
财务部	6429583
党委组织部	6389432
科研管理部	6429563
党委宣传部	6389263
科技经营部	6389397
工会	6389416
法律事务部	6429834
团委	6389275
国际合作部	6429913

93. 上海石油化工研究院

地址：上海市浦东北路1658号
邮编：201208
区号：021
传真：68462283
网址：www.sript.com.cn

部门	公网电话
院办公室	
主任	68463662
办公室	68463371
科技管理部	
主任	68462925
973项目	68462947
外事办	68462824
人力资源部	
主任	68464779
财务部	
主任	68467146
法律与知识产权部	
主任	68467426
技术市场部	
主任	68462343
办公室	68462737
审计室、监察室	
主任	68462186
条件部	
主任	68463378
安全保卫部	
主任	68466090
主任（保卫）	68463380
基建项目部	
主任	68462534
物资供应部	
主任	68462445
党委工作部	
主任	68463266
工会办公室	
主任	68468655
情报部	
主任	68462433
图书馆	68462820
编辑部	68468623
物化室	
主任	68466285
标准化室	
主任	68462281
全国石化分标会	68462281
研究一部	
主任	68461376
研究二部	
主任	68462542
研究三部	
主任	68464034
研究四部	
主任	68466268
研究五部	
主任	68466018
研究六部	
主任	57942346
研究七部	
主任	68467713
基础部	
主任	68466277
化学工程部	
主任	68465187
开发设计部	
主任	68466280
高分子部	
主任	68462546

评价中心

主任 ……………………………………68468220

装备仪表室

主任 ……………………………………68461754

动力保障部

主任 ……………………………………68461274

金山分部（综合管理部）

主任 ……………………………………57942922

漕泾工程化基地

项目经理部 ………………………………67121391

94. 青岛安全工程研究院

地址：山东省青岛市延安三路 218 号
邮编：266071
区号：0532
传真：83861318
网址：www.qdrise.com.cn
E-mail：office@qdrise.com

部门	公网电话
院办公室	83786201
党委办公室	83786278
技术开发处	83786212
科研管理处	83786718
基建装备处	83786677
人力资源处	83786220
财务处	83786228
综合处	83786286
化学品安全研究室	83786581
设备安全研究室	83786207
储运与安控技术研究室	83786702
安全工程研究室	83786728
监测检验研究室	83786518
事故应急救援研究室	83786571
职业卫生研究室	83786358
环境保护技术研究室	83786658
安全评价研究室	83786318
HSE 研究室	83786678
中化阳光认证中心	83786668
安全生产培训中心	83786631
安全卫生信息中心	83786267
健康监护中心	83786368
化学品登记中心	83786551
国家化学品事故应急咨询专线	83889090

95．石油化工管理干部学院

地址：北京朝阳区立水桥北甲1号
邮编：100012
区号：010
总机：51201188
传真：51201206
网址：www.sinopec.org.cn

部门	公网电话
学院总机	51201188
健翔桥分校区总机	52058888
综合办公室	
主任	51201203
办公室	51201215
办公室	51201245
保卫科	51201213
文体中心	51201132
总值班室	51201112
监控室	51201259
传真	51201206
组织人事部	
主任	51201113
老干部活动中心	51201110
财务部	
主任	51201219
办公室	51201223
教务部	
主任	51201107
办公室	51201168
外事	51201105
管理培训部	
主任	51201305
办公室	51201301
专业技术培训部	
主任	51201327
办公室	51201324
国际化经营培训部	
主任	51201161
办公室	51201314

部门	公网电话
远程培训部	
主任	51201266
办公室	51201103
科研部	
主任	51201311
办公室	51201167
信息资源部	
主任	51201102
网络	51201138
学习资源中心	51201300
电教	51201135
编辑部	
主任	51201233
办公室	51201217
总务部	
主任	51201192
行政科	51201232
接待科	51201257
膳食科	51201126
修缮科	51201260
医务室	51201262
车队	51201127
总服务台（总机转）	-30058
前台（传真机）	51201270
创造学会	
办公室	51201136
健翔桥分校区	
主任	52058807
办公室	52055830
老干部办公室	52055903

96. 工程建设公司

地址：北京市朝阳区安慧北里安园 21 号
邮编：100101
区号：010
总机：84879999
传真：64975660 64963395
网址：www.sei.com.cn
E-mail：office@sei.com.cn

部门	公网电话
总经理办公室	64975658
人力资源部	84876067
财务资产部	84876118
审计部	84876140
党委办公室	84876037
纪委、监察室	84876025
组织部	84878486
宣传部	84876216
工会	84876030
团委	84877164
市场开发部	84876189
项目执行中心	84876288
海外项目部	84876167
技术部	84876217
质量安全标准部	84876233
采购部	84876486
施工管理部	84877018
工程造价部	84876799
信息技术中心	84876412
炼油工艺室	84877080
化工工艺室	84876864
咨询规划室	84878192
配管一室	84877362
配管二室	84877317
电气室	84876626
动设备室	84877495
仪表电控室	84876669
设备一室	84877658
设备二室	84877501

土建一室
……………………………………………84877978

土建二室
……………………………………………84877842

工厂系统室
……………………………………………84876541

环境工程室
……………………………………………84876511

印刷出版室
……………………………………………84877697

档案室
……………………………………………84876218

行政事务部
……………………………………………84878558

离退休工作处
……………………………………………84878050

保卫处
……………………………………………84876447

97. 上海工程有限公司

地址：上海市浦东新区张杨路 769 号
邮编：200120
区号：021
总机：58366600
传真：58358142
网址：www.ssec.com.cn
E-mail：ssec@ssec.com.cn

部门	公网电话
经理办	58354214
经营部	58354305
项目部	58354304
技术质量部	58354262
党委工作部	-5002
人事教育部	-6037
监察审计室	-3606

98.洛阳石油化工工程公司

地址：河南省洛阳市中州西路27号
邮编：471003
区号：0379
总机：64887114
传真：64857177
网址：www.lpec.com.cn
E-mail：jlb@lpec.com.cn

部门	公网电话
经理办公室	
	64887739
	64887749
接待	64887258
人力资源部	
	64887266
	64887308
财务计划部	
	64887566
	64887194
	64887471
企业发展部	
	64887799
法律顾问	64887792
市场开发部	
	64887335
	64887115
技术发展部	
	64887316
期刊	64887689
质量安全部	
	64887120
	64887142
	64887516
审计室	
	64887805
	64887571
党委工作部	
	64887085
	64887109
纪委（监察室）	
	64887625
工会	
	64887299
行政事务部	
	64887078
项目管理部	
	64887590
	64887484
海外项目部	
	64887409
外事	64887549
采购部	
	64887336
施工管理部	
	64887236
广州分公司	
	(020)82121476
	(020)82121430
传真	(020)82121391
工程研究院	
	64330595
	64330751
传真	64310304
北京办事处	
	(010)84987031
传真	(010)84987032

99. 宁波工程有限公司

地址：浙江省宁波市国家高新区
院士路 660 号
邮编：315103
区号：0574
总机：87975660
传真：87915111
网址：www.snec.com
E-mail：snec@snec.com

部门	公网电话
总经理办公室（保卫处）	87975589
	87975505
法律事务部	87975381
企业管理部	87975378
人力资源部	87975268
	87974277
财务计划部	87975676
组织部	87975277
质量管理部	87974678
安全环保部（HSE 管理部）	87974218
基建处（资产设备管理处）	87975286
审计处	87975662
监察处（纪委）	87974228
党群工作部（党委办公室）	87974366
团委	87975260
党委宣传部	87975299
离退休人员管理中心	86433667
经营管理部	87975569
	87906456
海外市场部	87975606
	87974445
北京市场开发部	(010) 51238696
	(010) 51238695
设计生产管理部	87975073
项目管控部	87975266
采购部	87975506
信息中心	87974444
培训中心	86433301
工程造价部	87975081
工艺系统室	87975061
工艺安装室	87975063
设备室	87975501
电控室	87975116
土建室	87975143
环保室	87975611
锅炉及发电项目部	87975258
宁波技术研究院	87974563
概预算中心站	87975231
自控中心站	(021) 64578936
上海公司	(021) 64578884
	(021) 64578633
兰州分公司	(0931) 7556710
	(0931) 7555917
机械制造公司	86433266
	86452688
建设安装公司	86433829
	86455435
机械化施工公司	86433615
	86458585
储运安装公司	86433976
	86458581
上海检维安装公司	(021) 57265399
	(021) 57265219

100. 南京工程有限公司

地址：江苏省南京市江宁区科建路1189号
邮编：211100
区号：025
总机：87117366
传真：85561051
网址：www.sccpec.com

部门	公网电话
公司机关	
总经理办公室	
传真	85561051
主任	87117317
副主任	87117385
秘书	87117369
文书	87117366
企业规划处	
传真	87117418
处长	87117412
综合室	87117418
政治工作部	
传真	87117618
主任	87117548
机要室	87117618
纪检监察处	
传真	87117637
处长	87117623
综合室	87117639
工会	
传真	87117631
主席	87117621
组织女工	87117630
人力资源处	
传真	87117578
处长	87117529
保险	87117571
工资	87117577
财务处	
传真	87117481
处长	87117419
资金	87117490
成本	87117476
市场开发部	
传真	87117103
经理	87117101
综合	87117146
技术	87117120
商务	87117136
保卫处	
处长	87117177
内勤	87117171
造价管理部	
处长	87117420
综合室	87117443
新闻中心	
主任	87117642
记者	87117616
海外事业部	
传真	87117220
处长	87117220
采购管理部	
传真	87117268
处长	87117218
综合室	87117259
施工管理中心	
传真	87117713
处长	87117703
计划	87117718
项目管理中心	

传真……………………………………87118266
主任……………………………………87117252
综合室…………………………………87117251
设计管理中心
主任……………………………………87117211
综合室…………………………………87117751
技术质量部
传真……………………………………87117292
处长……………………………………87117221
综合室…………………………………87117291
安全环保处
传真……………………………………87117513
处长……………………………………87117513
综合室…………………………………87117506
法律事务处
传真……………………………………87117558
处长……………………………………87117523
综合室…………………………………87117527

江苏工业民用建筑设计院

经理……………………………………66607100

上海设计分公司

经理 ……………………………(021)50903340
综合室 …………………………(021)58814979

机械化工程公司

传真……………………………………85561128
经理……………………………………85662006
综合室…………………………………85662106
财务科…………………………………85662202

管道工程公司

传真……………………………………85663104
经理……………………………………85662208
综合办…………………………………85662151

储罐工程公司

传真……………………………………85662163
经理……………………………………85662009
综合室…………………………………85662000

电仪工程公司

传真……………………………………85662199
经理……………………………………85662007
综合室…………………………………85662193

设备工程公司

传真……………………………………85662177
经理……………………………………85662868
综合室…………………………………85662178

扬子分公司

经理……………………………………58560181
书记……………………………………58562660
办公室…………………………………58560140

福建分公司

传真…………………………(0595)87781643
经理…………………………(0595)87781162
办公室………………………(0595)87781343

101．第四建设公司

地址：天津市滨海新区大港世纪大道180号
邮编：300270
区号：022
传真：25990156
网址：www.pfcc.com.cn
E-mail：bgs.ssij@sinopec.com

部门	公网电话
总经理办公室	
主任	63862711
副主任	63863611
文秘科	63862213
传真	25990156
文书	63862214
信访调解	63862427
总值班室	63862313
企业发展规划处、法律事务处	
办公室	63862623
人力资源处	
办公室	63863690
工程管理处	
办公室	63863635
市场开发处	
办公室	63862347
区域营销	63862718
区域营销	63862462
传真	63862714
经营管理处	
办公室	63862083
财务资产处	
办公室	63862097
技术质量处	
办公室	63862545
安全环保处	
办公室	63862816
物资装备处	
办公室	63862378
审计处	
	63862415
党委工作部	
办公室	63862606
传真	63862621
纪律检查委员会办公室、监察处	
办公室	63862632
离退休人员管理处、社会保障服务处	
办公室	63862233
社会保障	63863710
工会	
办公室	63862815
国外项目管理中心	
办公室	63863409
第一设备安装工程公司	
办公室	63862822
传真	25994212
第二设备安装工程公司	
办公室	63862969
传真	63862367
第一管道工程公司	
办公室	63863250
传真	63862590
第二管道工程公司	
办公室	63862912
传真	63866225
基地工程公司	
办公室	63862629
传真	63862656
储罐安装工程公司	
办公室	63862946

传真……………………………………………63862335

电气仪表工程公司

办公室…………………………………………63862401

传真……………………………………………25994922

吊装运输公司

办公室…………………………………………63862831

传真……………………………………………63862786

物业管理公司

办公室…………………………………………63862837

传真……………………………………………63862168

工程项目管理公司

办公室…………………………………………63863861

传真……………………………………………63863798

102. 第五建设公司

地址：甘肃省兰州市西固区康乐路 27 号
邮编：730060
区号：0931
传真：7356578
网址：www.s-fcc.com.cn
E-mail：fcc@public.lz.gs.cn

部门　公网电话

公司机关

总经理办公室
……7961410
……7356519
传真……7356578
市场开发部
……7981847
传真……7354044
财务计划处
……7983341
企业策划部
……7961385
人事教育处
……7961529
法律事务部
……7961483
项目管理部
……7961021
……7982117
工会
……7961554
团委
……7961530
物业管理公司
……7961263
设计研究所
……7961205

二级单位

南京分公司
综合办……(025)58378138
传真……(025)58378330
安装一公司
经理……7962061
综合办……7961269
安装二公司
经理……7961095
综合办……7962475
安装三公司
经理……7961874
综合办……7962487
安装四公司
经理……7361528
副经理、主任……7962463
安全监督处
……7961216
技术开发处
……7961225
质量管理处
……7961207
物资管理处
……7961481
机械动力处
……7981846
审计处
……7961307
纪检监察部
……7961393
武装保卫部
副经理、主任……7962463
机械电仪工程公司

经理……………………………………………7988468

综合办…………………………………………7988472

机施公司

经理………………………………(025)58378559

综合办……………………………(025)58378551

经理………………………………(0931)7961349

综合办……………………………(0931)7961278

储罐公司

经理………………………………(0931)7991056

综合办……………………………(0931)7982084

海外工程公司

综合办……………………………(0931)7983224

办公室……………………………(0931)7360488

103. 第十建设公司

地址：山东省淄博市临淄区建设路29号
邮编：255438
区号：0533
传真：7501126
网址：www.sinopecten.com
E-mail：stcc.shij@sinopec.com

部门	公网电话
总经理办公室	
主任	6295171
副主任	6295123
副主任	6295128
总值班室	7501143
传真	7501126
市场开发部	
部长	6295184
副部长	6295137
副部长	6295997
副部长	6295527
副部长	6295249
副部长	6295768
综合科	6295066
传真	6295678
经营部	
部长	6295720
副部长	6295378
副部长	6295495
传真	7507816
项目管理部	
部长	6295499
副部长	6295467
副部长	6295257
项目管理	6295604
传真	6090777
海外事业部	
部长	6295008
副部长	6295126
综合办	6295231
传真	6295102
人力资源部（组织部）	
部长	6295181
副部长	6295420
副部长	6295511
传真	6299521
财务资产处	
处长	6295136
副处长	6295201
副处长	6295336
传真	6299818
发展规划处	
处长	6295292
副处长	6295221
副处长	6295771
综合科	6295170
技术质量部	
部长	6295194
副部长	6295676
副部长	6295629
副部长	6295318
副部长	6295829
综合办	6295223
	6295594
传真	7508106
安全监督处	
处长	6295211
副处长	6295213
传真	7507192
审计处	

处长……………………………………6295235
副处长……………………………………6295196

物资装备处

处长……………………………………6295421
副处长……………………………………6295422
副处长……………………………………6295262
传真……………………………………6299688

信息管理中心

主任……………………………………6295139
信息管理……………………………………6295493

党群工作部

部长……………………………………6295153
副部长……………………………………6295148
综合办……………………………………6295952
工会……………………………………6295154
团委……………………………………6295163
传真……………………………………7501131
新闻中心……………………………………6295159

纪委（监察处）

处长……………………………………6295166
副处长……………………………………6295151

稳定办

副主任……………………………………6295306

安装一公司

经理……………………………………6295321
书记……………………………………6295322
综合办……………………………………6295323
传真……………………………………6299311

安装二公司

经理……………………………………6295331
书记……………………………………6295332
综合办……………………………………6295333
传真……………………………………6296888

大连分公司

经理 ……………………………………(0411)87644001
综合办 ……………………………………(0411)87644003
……………………………………6295996
传真……………………………………6299888

南方分公司

经理……………………………………(0668)2232258
书记……………………………………(0668)2231949
综合办……………………………………(0668)2240343
……………………………………6295922

仪电公司

经理……………………………………6295351
书记……………………………………6295352
综合办……………………………………6295358
传真……………………………………7501434

储运工程公司

经理……………………………………6295791
综合办……………………………………6295872
传真……………………………………7507806

金海湾工程公司

经理……………………………………6295198
书记……………………………………6295197
综合办……………………………………6295251
传真……………………………………7503002

重机公司

经理……………………………………6295020
书记……………………………………6295349
综合办……………………………………6295340
传真……………………………………7501437

齐安公司

经理……………………………………6295416
副经理……………………………………6295693
综合办……………………………………6295695

上海分公司

综合办……………………………………(021)37565625

管道结构工程公司

经理……………………………………6295295
综合办……………………………………6295817

建筑工程管理公司

综合办……………………………………6295580

社区事务管理中心

主任……………………………………6295028
综合办……………………………………6295795
传真……………………………………6295795

保卫处（人武部）

处长……………………………………6295933
综合办……………………………………6295226
传真……………………………………7501139

离退休管理处

处长……………………………………6295219
综合办……………………………………6295624

定额管理站

站长……………………………………6295187

104. 国际石油勘探开发有限公司

地址：北京市海淀区北四环中路 263 号
邮编：100083
区号：010
传真：82310841
E-mail：sipcinfo22@sipc.com

部门	公网电话
办公室	
副主任	82310779
人力资源部	
经理	82310872
副经理	82312996
计划部	
经理	82312843
财务资产部	
经理	82310842
副经理	82328336
法律合同部	
经理	82310919
副经理	82312994
公共事务部	
经理	82310839
副经理	82328205
资产运营部	
经理	82310873
副经理	82318727
西非—亚太区项目部	
经理	82332959
副经理	82335306
规划和科技部	
经理	82332953
副经理	82332818
工程技术部	
经理	82332961
副经理	82332755
采办贸易部	
经理	82332963
副经理	58754005
HSE 部	
副经理	82332973
	82332817
信息部（总值班室）	
经理	82310907
副经理	82328769
审计部	
经理	82310840
办公室	82327860
企业文化部（党群工作部）	
经理	82310920
办公室	82333202

105. 国际石油工程有限公司

地址：北京市西城区安德路甲67号
邮编：100120
区号：010
传真：51586550
网址：www.sipsc.com
E-mail:office.sips@sinopec.com

部门	公网电话
总经理办公室	
主任	51586396
办公室	51586500
企业文化部	
经理	51586528
办公室	51586510
人力资源部	
经理	51586528
办公室	51586349
财务部	
经理	51586542
办公室	51586442
钻井工程部	
经理	51586471
办公室	51586484
计划经营部	
经理	51586596
办公室	51586352
审计部	
经理	51586468
办公室	51586447
法律合同部	
经理	51586451
办公室	51586452
地面工程中心	
经理	57972266
办公室	57972241
物流管理部	
经理	51586488
办公室	51586492
装备管理部	
经理	51586488
办公室	51586515
物探工程部	
经理	51586348
办公室	51586409
HSE 部	
经理	51586366
办公室	51586581
海洋工程部	
经理	51586366
办公室	51586378
信息管理部	
经理	51586511
办公室	51586585
巴西分公司	
经理	0055-21-32619919
办公室	0055-21-32619888
哈萨克斯坦子公司	
经理	007-701-7354388
办公室	007-727-3956828
厄瓜多尔子公司	
经理	00593-3238818-109
办公室	00593-3238818-135
墨西哥子公司	
经理	0052-833-3068356/57/58/59
办公室	0052-833-3068356/57/58/59
哥伦比亚子公司	
经理	0057-1-6228938-115
办公室	0057-1-6228938-116

阿尔及利亚子公司

经理 ……………………………00213-21-945248

办公室 …………………………00213-21-945249

伊朗分公司

经理 ……………………………0098-2188206218

办公室 …………………………0098-2188206218

阿联酋子公司

经理……………………………00971-04-3943521

办公室…………………………00971-50-1168086

叙利亚分公司

经理 ……………………………00963-933896586

办公室 …………………………00963-994436051

科威特分公司

办公室…………………………00965-25314234

俄罗斯子公司

经理 ……………………………007-924-2808166

缅甸子公司

经理 ……………………………0095-1-556693

办公室 …………………………0095-1-556693

加蓬分公司

经理……………………………00241-07500729

办公室…………………………00241-07968129

沙特分公司

经理……………………………00966-3-8575801-1111

办公室…………………………00966-3-8575801-1113

106. 财务有限责任公司

地址：北京朝阳区朝阳门北大街22号
邮编：100728
区号：010

部门	公网电话
公司机关	
办公室	59966700
人事劳资部	59966390
风险控制（法律事务）部	59966460
经营管理部	59966473
财务会计部	59966381
稽核部	59966458
资金计划部	59966394
国际业务部	59966401
信贷部	59966410
投资银行部	59966418
结算部	59966363
信息部	59966435
燕山营业处	69341713

上海分公司

地址：上海市浦东新区张扬路500号时代广场25楼
邮编：200122
区号：021

部门	公网电话
办公室	58367877
传真	69368600

南京分公司

地址：江苏省南京市中山北路45号
邮编：210008
区号：025

部门	公网电话
办公室	83322967
传真	83322960

广州分公司

地址：广东省广州市天河区体育西路191号中石化大厦A塔1701室
邮编：510620
区号：020

部门	公网电话
办公室	38081709
传真	38081730

山东分公司

地址：山东省青岛市市南区山东路2号甲华仁国际大厦26层
邮编：266071
区号：0532

部门	公网电话
办公室	83096195
传真	83096198

郑州分公司

地址：河南省郑州市郑东新区商务内环2号中油新澳大厦16层
邮编：450000
区号：0371

部门	公网电话
办公室	60126969
传真	60123000

武汉分公司

地址：湖北省武汉市江汉区建设大道709号建银大厦28楼2809室
邮编：430015
区号：027

部门	公网电话
办公室	85495937
传真	85495900

成都分公司

地址：四川省成都市青羊区提督街108号西南石油大厦
邮编：610016
区号：028

办公室……………………………………………86789325
传真……………………………………………86786237

新疆分公司

地址：新疆乌鲁木齐市高新区长春南路466号中国石化西北石油科研生产园区办公大楼C601室
邮编：830011
区号：0991
办公室 ……………………………………………3163001
传真 ……………………………………………3163029

天津分公司

地址：天津市河西区南京路20号天津金皇大厦26层
邮编：300042
区号：022
办公室……………………………………………58780873
传真……………………………………………58780870

107. 百川经济贸易公司

地址：北京市朝阳区朝阳门北大街22号
邮编：100728
区号：010
传真：59960901

部门	公网电话
公司机关	
办公室	59960509
党委办公室	59960508
人力资源处	59960556
财务处	59960285
企业管理处	59969911
房产管理处	59960173
基建工程处	59960166
安全保卫处	59960210
设备工程处	59960366
服务处	59960099
餐饮处	59960125
交通处	59960158
医务处	59960258
供应处	59960858

部门	公网电话
实华饭店	
经理	64679688
办公室	64674113
总机	64665522
旅行社	
经理	59960768
办公室	59960643
订票	59960055
会议中心	
经理	60712108
办公室	60713513
总机	60713333
和园景逸大酒店	
经理	69453319
办公室	69457777-8011
酒店预订	69455588

108. 经济技术研究院

（咨询公司）

地址：北京市朝阳区安外小关街24号
邮编：100029
区号：010
传真：64449005

部门	公网电话
院办公室	64449006
党委办公室	64449039
人事教育处	64449085
财务处	64449035
行政处	64449067
经营部（综合管理处）	64449036
发展战略研究所	64449090
市场营销研究所	64449075
评估部	64449051
经济政策研究所	64449083
信息研究所	64449065
中石化上海咨询公司	64414501
基础部	64449144
图书馆	64449109

部门	公网电话
科技查新部	64414508
中国石油化工信息学会	64449036
中国工程咨询协会石化分会	64449098
石化咨询信息网	64449098
《当代石油石化》编辑部	64449093
《世界著名石油石化公司手册》编辑部	64449015
《石油化工要闻》编辑部	64449097
《中国石化文摘》编辑部	64449014
《参数与数据》编辑部	64449155
《中国石油石化产业经济研究年度报告》编辑部	64449083
《中国石化经济技术网》	64449104
图书发行部	64449124

109. 中国石化报社

地址：北京市东城区安定门外大街58号
邮编：100011
区号：010
传真：84271822
网址：www.sinopecnews.com.cn

部门	公网电话
总编室	
	84289766
	84274940
	84274953
传真	84273681
新闻部	
	84274942
	84274952
专刊部	
	84278920
	84274931
杂志编辑部	
	84281006
	84273198
电视部	
	84271863
	84271840
网络新闻部	
	84271824
	84274936
周刊部	
	84271835
	84287691
记者部	
	84273202
	84277218
通联部	
	84271829
	84274941
经营管理部	
	84285157
	84271810
广告部	
	84286617
	84271799
综合办公室	
	84271813
	84280007

车友报

部门	公网电话
编辑部	
	84280006
	84280202
传真	84280801

110．中国石化出版社

（国内展览办公室）

地址：北京市东城区安定门外大街58号
邮编：100011
区号：010
传真：84289982
网址：www.sinopec-press.com
E-mail：press@sinopec.com.cn

部门	公网电话
副总编	
	84289920
	84275549
办公室	
	84289981
	84278950
传真	84289982
财务处	
	84289917
	84289918
	84283241
传真	84289917
总编室	
	84289920
	84289932
	84271850
传真	84287871
炼油化工编辑室	
	84289924
	84289921
	84275561
	84289934
传真	84289968
装备综合编辑室	
	84289935
	84289937
	84289938
传真	84289978
年鉴编辑室	
	84289951
	84289953
传真	84289951
展览处	
	84275563
	84289952
传真	84275563
勘探开发编辑室	
	84289980
	84279923
传真	84275523
教育编辑室	
	84287511
	84289961
发行部	
	84289971
	84289974
	84289976
	84277922
	84289973
	84289975
	84289974
传真	84289972
印务部	
	84289983

……………………………………………84289927
……………………………………………84289954
传真…………………………………………84289980

储运部
……………………………………………61569515
传真…………………………………………61569525

111. 国际事业有限公司

地址：北京市朝阳区朝阳门北大街22号
邮编：100728
区号：010

部门	公网电话
办公室（党委办公室）	59966055
物装公司综合协调办公室	59968966
人事处（组织部）	59968957
财务处	59966343
风险控制处	59966047
供应链管理处	59966132
重点工程供应协调处	59966252
电子商务处	59966148
材料管理处	59966248
燃料化工管理处	59966166
设备管理处	59966274
技术与科研条件采购部	59966285
化工原辅料采购部	59966262
煤炭采购部	59966198
钢材采购部	59966249
动设备与油田装备采购部	59966253
静设备与电气仪表采购部	59966272
炼化产品出口部	59966188
设备材料出口部	59966335
招标部	59966233
国际物流部	59966133

112. 中国国际石油化工联合有限责任公司

地址：北京市朝阳区朝阳门北大街22号
邮编：100728
区号：010

部门	公网电话
公司机关	
办公室	59966528
党委办公室	59966529
财务部	59966662
审计部	59966671
纪检监察处	59966516
原油部	59966538
成品油部	59966644
天然气部	59966609
运输及执行部	59966536
计划信息部	59966487
风险控制部	59966501
发展部	59966488

联合石化亚洲有限公司

地址：1202,OfficeTower,ConventionPlaza,1 HarbourRoad,Wanchai,HongKong
电话：00852-28796688
传真：00852-25272868

联合石化英国有限公司

地址：UNIPECU.K.CO.LIMITED20th Floor,MarbleArchTower，55 BryanstonStreet,LondonWW1H7AAU.K.
电话：0044-2076169888
传真：0044-2076169855

联合石化新加坡有限公司

地址：9RafflesPlace#56-01RepublicPlaza Singapore048619
电话：0065 - 68269812
传真：0065 - 68269800

联合石化美洲有限公司

地址：410ParkAvenue,22ndFloor,NewYorkNY10022USA
电话：001 - 2127595085-302
传真：001 - 2129915609

联合石化越南代表处

地址：2ndfloor,B14BlockC4-1,KTMPhuMY HUNGIternationalFinancial&TradeCenter HoangVanThaiStreet,TanPhuWard Distract7,HoChiMinhCtiy,Vietnam
电话：0084-854135882
传真：0084-854121728

113. 燃料油销售有限公司

地址：北京市朝阳区北辰西路8号北辰世纪中心D座15层
邮编：100101
区号：010
传真：84370234

部门　公网电话

公司机关

综合办公室
……84378160
……84370234
经营管理部
……84370309
……84370234
国内业务部
……84378346
……84370234
保税油业务部
……84371151
……84370234
安全储运部
……84370252
……84370234
财务资产部
……84371020
……84370234
人力资源部
……84378420
……84370234

天津分公司

地址：天津市河西区南京路20号天津市金皇大厦写字楼2801-2803室
邮编：300042
区号：022
办公室……23118983
传真……23308920

部门　公网电话

山东分公司

地址：济南市历下区经十路13777号中润世纪广场第9栋
邮编：250014
区号：0531
办公室……85856920
传真……85870200

江苏分公司

地址：南京市鼓楼区中山北路395号
邮编：210003
区号：025
办公室……58805712
传真……58832864

上海分公司

地址：上海市军工路2488号
邮编：200438
区号：021
办公室……65067555
传真……65887868

浙江分公司

地址：杭州市河坊街54号6楼
邮编：310009
区号：0571
办公室……87025925
传真……87809519

福建分公司

地址：福州市鼓楼区鼓屏路47号
邮编：350003

区号：0591
办公室……………………………………87802553
传真……………………………………87872917

广东分公司

地址：广州市体育西路191号中石化大厦A塔4409室
邮编：510625
区号：020
办公室……………………………………38084473
传真……………………………………38084409

中国石油化工股份有限公司荆门分公司
中国石化集团资产经营管理有限公司荆门分公司

荆门石化位于湖北省荆门市掇刀区，东望武汉，南眺荆州，西临三峡，北接襄樊，焦柳铁路、长荆铁路、荆沙铁路和襄荆高速、荆宜高速、武荆高速在此交汇，207国道贯通南北，企业占地面积11.67平方公里，社区总人口3万多人。

荆门石化经过40年的建设发展，已从单一的燃料油型炼油厂转变为集燃料油、润滑油、化工生产于一体的特大型综合石油化工企业。现有生产装置43套，能生产燃料油、润滑油（基础油）、石蜡、聚丙烯等共9大类、44种、100多个牌号的产品，炼油加工规模达到600万吨/年,成为中国石化系统内加工手段较为齐全、生产灵活性较大的企业，成为中部地区润滑油基础油、石蜡的生产基地。

荆门石化建厂以来，在国家直接投入3亿多元的情况下，通过滚动发展,固定资产原值从1975年底的2.95亿元增加到2009年底的58.11亿元。累计加工原油突破1亿吨，为社会提供石化产品超过9000万吨，向国家上缴税收207亿元，为国民经济建设和地方经济发展作出了应有的贡献。

2009年，荆门石化加工原油480万吨，实现利润10.03亿元，税收45.25亿元，原油加工量、利润总额在沿江炼化企业名列前茅，创荆门石化历史新高。同时，安全生产实现三连冠，企业保持了总体稳定。2010年，荆门石化原油加工量将突破500万吨。

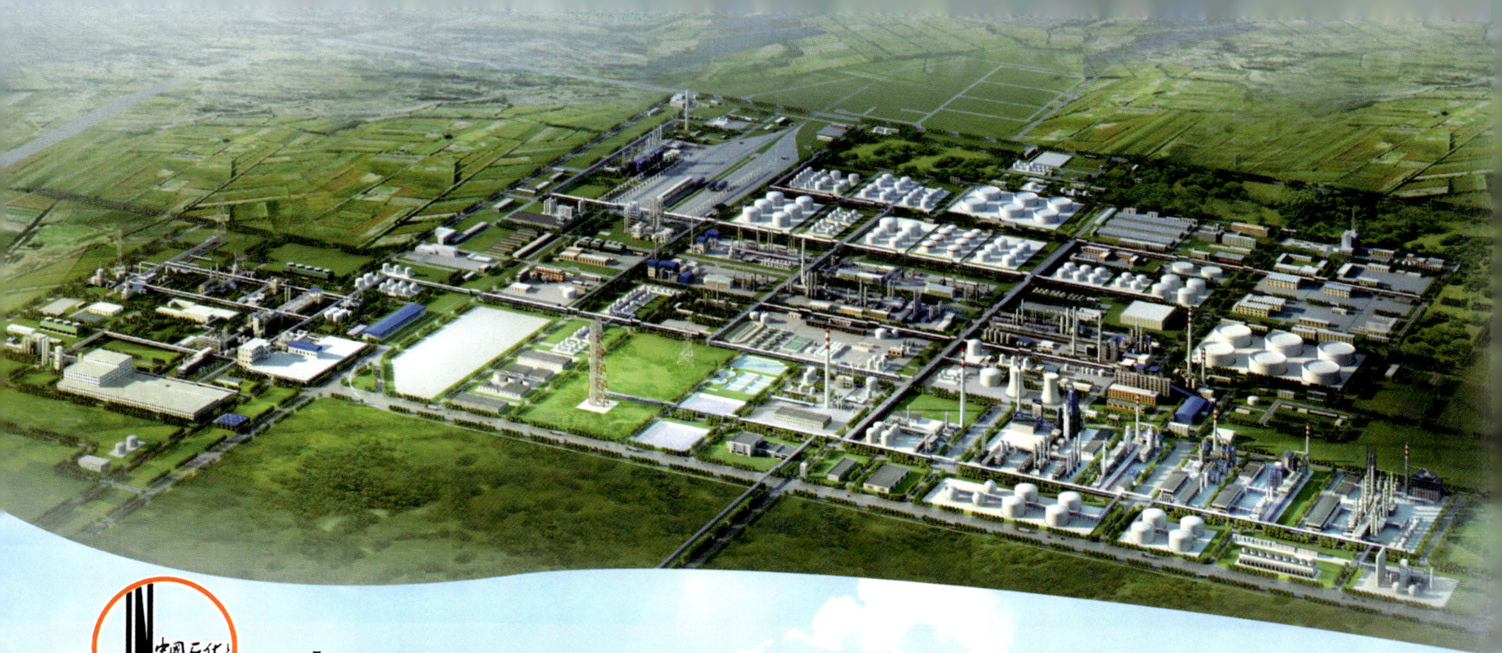

中国石化石家庄炼化分公司

中国石化石家庄炼化分公司位于河北省省会石家庄市东南25公里处，其前身为石家庄炼油厂，始建于1978年，1997年采用局部改制方式，募集发起设立石家庄炼油化工股份有限公司（简称石炼化），上市所筹集资金全部投入当年成立的石家庄化纤有限责任公司（简称石化纤）的5万吨/年己内酰胺工程。为落实中国石化一体化战略，2006年注销石家庄炼油厂，注册成立中国石化集团资产经营管理有限公司石家庄分公司（简称石家庄资产分公司），2007年石炼化体制转换注册成立中国石油化工股份有限公司石家庄炼化分公司（简称石家庄炼化分公司）。2009年5月根据总部整体部署，公司进行了“一企一制”整合，石化纤整体、石家庄资产分公司部分资产和人员并入石家庄炼化分公司。

目前，石家庄炼化分公司炼油部分原油一次加工能力达到500万吨/年，全流程配套能力达到420万吨/年，现拥有500万吨/年常减压蒸馏、200万吨/年重油催化裂化、80万吨/年延迟焦化等22套生产装置。化工部分经过“5改6.5”和16万吨/年扩容改造，现拥有16万吨/年己内酰胺和2.5万吨/年锦纶等装置。公司主要产品有汽油、柴油、航空煤油、液化石油气、聚丙烯、液化气、己内酰胺、硫酸铵、聚酰胺切片、苯甲醛等30多个品种、牌号。

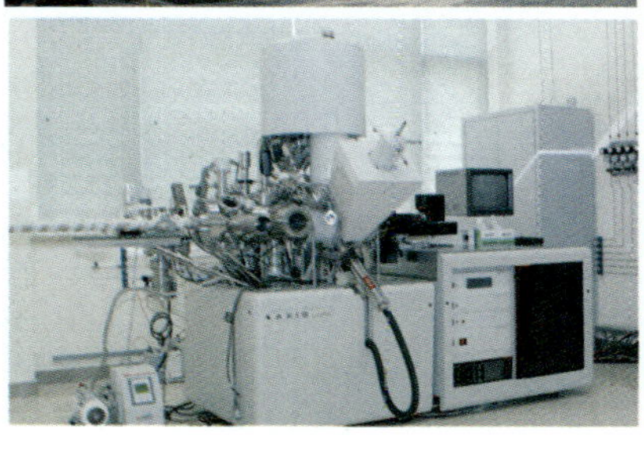

中国石油化工股份有限公司
东北油气分公司

东北油气分公司(石油局)机关位于吉林省长春市，油气田主要分布在吉林省的前郭、乾安、公主岭、长岭、农安、德惠等县市。现辖油气勘查与采矿区块44个,总面积约111040Km^2，分布在吉林、黑龙江、辽宁省和内蒙古自治区。其中油气勘查区块36个，勘查面积约110415Km^2，采矿区块8个，开采面积约625.52Km^2。目前，拥有石油探明储量7000余万吨，天然气探明700多亿m^3，已动用石油可采储量400余万吨，天然气可采储量135亿m^3，年油气生产能力达100万吨油当量，油气资源潜力巨大。

新的东北油气分公司组建后，紧紧围绕党组要求的三大战略任务，坚定实施“两步走”奋斗目标，坚持树立科学发展理念，全力建设百万吨级油气田。通过深入开展“基础建设年”、“基础建设提升年”等主题活动，解放思想，转变观念，上下同心，开拓奋进，取得了良好经营业绩和文明建设的丰硕成果。组建不到两年时间，即提前完成中国石化党组赋予的战略任务：“十一五”末建成年产能百万吨级的油公司目标；建立精干高效的油公司；培育和谐的企业文化等三大战略任务。以“十屋油田可动用储量攻关”、“长岭火山岩气藏勘探开发关键技术研究”十条龙重点攻关项目为代表的科技攻关和技术创新初见成效，石油勘探取得三个重要进展。2009年8月，以十屋8井喜获高产自喷油流为突破，成功发现了七棵树油田，为百万吨油气田早日建成奠定了坚实的资源基础。2009年底，中国石化重点工程松南气田十亿方产能项目顺利投产，天然气发展跨入新的历史阶段，日外输天然气能力达110万m^3以上，天然气供给量占到吉林省市场的“半壁江山”。油田开发工作成效显著，油气生产任务超额完成。企业改革稳步推进，“一厂两制”初见成效，“油公司”体制机制逐步完善。党建、思想政治工作和企业文化建设进一步加强，“心齐、气顺、家和”的发展环境更加和谐，企业发展跨入历史新纪元。

立足黑土地，着眼大发展。作为负责的央企，分公司始终牢记自己所肩负的社会责任、政治责任、经济责任，全力树立中国石化的良好形象和品牌。去冬今春东北地区遭遇五十年一遇的严寒天气，东北油气分公司急地方政府所急，想群众所想，全力保障天然气供应，日输送气叠创新高，圆满完成了保供目标，受到当地政府和群众的高度赞誉。

“一家人，一股劲，一条心”

统一品牌、统一市场、
统一管理、统一经营

一面旗帜、一个品牌、统一对外

公司在境外设立了6个分公司和4个代表处：

中东（沙特）公司、俄罗斯分公司、哈萨克斯坦分公司、
阿布扎比分公司、尼日利亚分公司、新加坡分公司、越南代表处、巴西代表处、
科威特代表处和阿尔及利亚代表处。

炼化工程公司（工程企业管理部）成立2年多来，不断深化板块管理，凝聚板块合力，提升竞争能力，拓展海外市场，先后在沙特、阿联酋、科威特、伊朗、孟加拉、哈萨克斯坦等多个国家承担EPC、CM、C等数十余工程项目的建设，在海外特别是中东市场声誉鹊起，初步形成了中国石化炼化工程的统一品牌。

中国石化集团炼化工程板块包括5家工程公司和3家施工企业，分别是：中国石化工程建设公司（SEI）、中国石化上海工程公司、中国石化洛阳工程公司、中国石化宁波工程公司、中国石化南京工程公司、中国石化第四建设公司、中国石化第五建设公司、中国石化第十建设公司。

神华包头MTO装置

福建炼油乙烯一体化工程

中国石化集团第十建设公司

中国石化集团第十建设公司是中国石化集团公司直属的大型综合性施工企业。公司以承建石油化工、煤化工、油气储运、医药、市政、环保、锅炉、电站及送变电等工程为主，兼营设备制造、大型设备运输、吊装、大型吊装机械修理及工程项目监理业务，拥有化工石油工程施工总承包一级、对外承包工程等多项资格资质证书。

公司项目施工管理经验丰富，技术装备实力雄厚，在15万立方米储罐组焊、大型乙烯装置和大型设备统一吊装施工组织、大型压缩机组安装调试、大型液压吊车维修、特种钢材焊接、长输管道SCADA系统及装置DCS和SIS系统安装与调试等方面具有核心技术优势。

公司成立40年来，高标准建成了几十项国家重点工程以及国内外800多套大中型装置，是目前国内承建乙烯等石化工程较多的企业，所建工程获鲁班奖4项、国家优质工程奖6项、新中国成立60周年“百项经典暨精品工程”3项、全国企业新纪录4项。

青岛1000万吨炼油

茂名100万吨乙烯改扩建工程

地址：山东省淄博市临淄区建设路29号　　邮编：255438

电话：0533-7501143　　传真：0533-7501126

网址：www.sinopecten.com　　E-mail：stcc.shij@sinopec.com

中国石化管道储运(分)公司

中国石化集团管道储运公司暨中国石油化工股份有限公司管道储运分公司（以下统称管道公司）是中国石化从事原油储运的专业化管理企业，成立于1975年2月，现有在册职工7625人，资产总计459.26亿元，所辖管道全长6132.24公里，在用和在建30万吨级原油码头7座，总罐容2356万立方米（包括托管的国家石油战略储备库和原油商业储备库），业务范围涉及北京、天津、河北、河南、山东、江苏、安徽、上海、浙江、湖北、湖南、江西、广西、重庆14个省、自治区和直辖市，担负着胜利、中原、河南、江汉等5个油田的原油以及部分进口原油输送任务，为燕山、齐鲁、仪征、扬子、上海、镇海、安庆、九江、荆门、洛阳等20个长江中下游及华北、东南沿海地区的炼化企业输转原油。

近年来，在中国石化集团的正确领导和地方政府的大力支持下，管道公司抢抓机遇，乘势前进，综合实力大幅度提升，实现了跨越式大发展，已发展成为集陆地管道、海底管道、大型油库、原油码头建设和管理于一身的国内大型专业化原油储运管理企业。

办公楼

输油站

册子岛码头油库

岚山输油站

化工销售铁路自备车管理中心

中国石化化工销售铁路自备车管理中心成立于2010年2月，隶属于化工销售分公司，具体负责中国石化化工铁路自备车的集中管理工作。

中心成立以来，在化工销售分公司的统一安排部署下，按照集中、统一、标准、规范的管理思路，持续加强与国家有关部门、集团公司总部以及相关生产企业的沟通协调，建设和完善铁路自备车管理信息系统，积极开展自备车管理在北京铁路局的试点工作，成功实现苯类车辆统装，在中国石化大型乙烯装置投产中发挥了积极作用。

展望未来，化工销售铁路自备车管理工作中心将秉承中国石化“诚信规范、合作共赢”的经营理念，以“提高中国石化化工铁路自备车利用效率、增强中国石化相关企业产品出厂能力、打造化工销售物流核心竞争力”为己任，在化工销售为客户和企业创造更高价值的进程中作出应有的贡献。

中国石化化工销售客户服务中心

客服电话：400-818-9100

为客户提供自助查询账户余额服务；解答相关产品咨询；查询产品订单开立、物流信息；提供产品销售渠道的联系方式；提供主要产品的销售报价；受理您的意见建议；受理您的投诉；温馨提示。

同时，为企业反馈市场信息，反映客户需求；反馈客户的意见、建议；协助企业进行专项调研；搭建与客户沟通的平台。

服务宗旨

为企业提升价值，助客户更加成功

与员工共同成长，促社会和谐发展

服务标准

热情，高效，细致，周到

服务内容

服务企业，服务客户，服务员工，服务社会

服务行为

客户有多远，员工行多远

产品到哪里，服务到哪里

核心理念

诚信赢得市场、服务提升价值

工作时间： 8:00—17:00(工作日)

地址：北京市朝阳区惠新东街4号富盛大厦7层　　邮编：100029

邮箱：4008189100@sinopec.com　　传真：010-84663323

网址：www.chemicals.sinopec.com

中国石化上海沥青销售分公司
服务于用户、服务于企业

某开发区污水处理及回用工程
博大为浩
高远为蓝

特别鸣谢

北京阀门集团 BEIJING VALVE GROUP

TISCO

中联重科

天津钢管集团股份有限公司

BAOSTEEL

中国航天

JULAN

太原钢汇不锈钢有限公司 Taiyuan Ganghui Stainless Steel Co.,Ltd

LUYANG 鲁阳股份

HomeLand

Talent Relays 钛 能 电 气

中国·天水长城开关厂有限公司 TIANSHUI CHANGCHENG SWITCHGEAR CO.,LTD · CHINA

三聚环保 SJ Environmental Protection

长利集团 CHANGLI GROUP

金山石化物流 JINSHAN PETROCHEMICAL LOGISTICS

NIBBE

KSB

江苏富陶集团 FuTao

DEPAMU 德帕姆 · 全球计量泵的领跑者

流体密封 LIUTIMIFENG

无锡市第二标准件制造有限公司 WuXi The Second Component Co,.Ltd

中达电通 动力、视讯及自动化集成方案专家

鹤舞 中国驰名商标

BOER 博耳电力 BOER POWER

CEEC 扬州澄露环境工程有限公司 YangZhou ChengLu Environmental Engineering Co.,Ltd.

久事赛事 Juss Event

石化盈科 PCITC

socomec UPS Innovative Power Solutions

OILGAS www.oilgas.com.cn 东方油气网

KINGBOND 金版国际文化传播

HAN 上海华篷防爆科技有限公司 SHANGHAI HUAPENG EXPLOSION-PROOF TECHNOLOGY CO.LTD.

四川大川压缩机有限责任公司 SiChuan DaChuan Compressor Co.,Ltd

四、中国石油天然气集团、股份有限公司

中国石油天然气集团公司

地址：北京市东城区东直门北大街9号
中国石油大厦
邮编：100007
区号：010

部门	公网电话
办公厅（总裁办）	
办公室	59984538
	62094205
综合处	
办公室	59984089
传真	62099275
文电处	
办公室	59985302
	59984055
传真	62094576
公共关系处	
办公室	59984096
	59984395
传真	62095200
网站管理处	
办公室	59984057
传真	62096271
档案处（史志办公室）	
办公室	59984006
	59984488
行政事务处	
办公室	59982330
	59982326
传真	62099279
定点扶贫与援藏工作领导小组	
办公室	59984116
传真	62094935
政策研究室	
综合处	
办公室	62094942
传真	62094512
政策信息处	
办公室	62094121
发展战略处	
办公室	62094376
传真	62094857
经济管理处	
办公室	59985650
传真	59984125
调研一处	
办公室	59984650
传真	62094961
调研二处	
办公室	59984438
传真	59985140
规划计划部	
综合处（土地管理办公室）	
办公室	59984815
	59985042
	59984812
传真	62095911
战略规划处	
办公室	59984543
	59984327
	59984126
传真	62094412
勘探开发项目处	
办公室	59983218
传真	62096184
炼油化工项目处	
办公室	59983179
油气储运项目处	
办公室	59983159
	59983171
	59983172
传真	62096167
销售项目处	
办公室	59983153

传真……62096147

工程技术项目处

办公室……59984168

……59984520

传真……59984168

投资处

办公室……59984571

……59984207

……59984601

传真……62094504

生产处（资源配置协调领导小组办公室）

办公室……59983154

……59983141

……59983155

传真……62093150

基建管理处（石油工程建设协会秘书处）

办公室……59984462

……59985187

……59984119

传真……59984392

概价处

办公室……59983217

……59983182

……59983123

传真……62096211

后评价处

办公室……59983212

……59983207

……59985103

传真……62096194

综合统计与分析处

办公室……59984083

……59984429

……59984929

传真……62095184

装备制造项目处

办公室……59985602

……59984570

传真……62094614

会议室……59982309

财务资产部

综合处

办公室……59984335

……59984081

……59984480

传真……62094381

资金处

办公室……59984097

……59984599

……59985125

传真……62094620

境外资金管理处

办公室……59984699

……59984052

……59984700

传真……62094709

企业年金资金管理处

办公室……59985450

……59984674

……59984472

传真……62094843

会计处

办公室……59984279

……59984622

……59984147

传真……62094093

清欠办公室

办公室……59986854

……59986496

……59986876

传真……62094560

财务稽查处

办公室……59984372

……59985925

举报……62094391

传真……62094360

财政税收处

办公室……59984625

……59985215

……59984092

传真……62095126

储备办

办公室……59985795

……59984600

……59984032

传真……62094632

综合授信处

办公室……59985933

……59985401

……59985978

传真……62095014

融资工作组

办公室……59982504

……59982502

传真……………………………………59982501
财务部
办公室……………………………………59986392
……………………………………59986161
……………………………………59982865
传真……………………………………62099402
资金出纳处
办公室……………………………………59986883
……………………………………59986941
……………………………………59986857
传真……………………………………62099403
资金结算处
办公室……………………………………59986970
……………………………………59986730
……………………………………59986717
传真……………………………………62099406
资金运行与控制处
办公室……………………………………59986984
……………………………………59986942
……………………………………59986180
传真……………………………………62099408
债务管理处
办公室……………………………………59986154
……………………………………59982170
……………………………………59982174
传真……………………………………62099410
祥云项目组
办公室……………………………………59986745
……………………………………59986652
资产处
办公室……………………………………59986495
……………………………………59982317
……………………………………59986204
传真……………………………………62099411
合并报表处
办公室……………………………………59986134
传真……………………………………59986932
会计核算处
办公室……………………………………59986897
……………………………………59986129
……………………………………59982176
传真……………………………………62098415
财务保告处
办公室……………………………………59986810
……………………………………59986895
……………………………………59986097
传真……………………………………62099413

信息管理处
办公室……………………………………59986145
……………………………………59986817
……………………………………59986007
传真……………………………………62099417
税收价格处
办公室……………………………………59986130
……………………………………59986488
……………………………………59986435
传真……………………………………62099418
稽查处
办公室……………………………………59986929
……………………………………59986691
……………………………………59986606
传真……………………………………62090402
风险业务处
办公室……………………………………59986689
……………………………………59986207
……………………………………59982573
传真……………………………………62099421
财务研究所
办公室……………………………………62093103
总监秘书
办公室……………………………………59986357
人事部
综合处办公室……………………………59984721
……………………………………59984580
……………………………………59984340
传真……………………………………62095679
企业领导人员管理一处
办公室……………………………………59983305
……………………………………59983306
……………………………………59983307
传真……………………………………62096304
企业领导人员管理二处
办公室……………………………………59985181
……………………………………59985175
……………………………………59983369
传真……………………………………62094362
企业领导人员管理三处
办公室……………………………………59983310
……………………………………59984559
……………………………………59985677
传真……………………………………62095663
机关人事处
办公室……………………………………59983308
……………………………………59985918

……………………………………………59983345
传真……………………………………………62096300

专业技术人员管理处
办公室……………………………………………59984574
……………………………………………59983311
……………………………………………59984562
传真……………………………………………62094572

员工培训处
办公室……………………………………………59984822
……………………………………………59984753
……………………………………………59983315
传真……………………………………………62094710

组织机构处
办公室……………………………………………59983317
……………………………………………59984102
……………………………………………59984630
……………………………………………59984700
传真……………………………………………62096323

薪酬制度处
办公室……………………………………………59984268
……………………………………………59984170
传真……………………………………………62094179

工程技术财务处
办公室……………………………………………59984031
……………………………………………59984035
……………………………………………59984931
传真……………………………………………62099428

工程建设财务处
办公室……………………………………………59983417
……………………………………………59983418
……………………………………………59983419
……………………………………………59983420
传真……………………………………………62099428

数据与信息项目组
办公室……………………………………………59982535
……………………………………………59982293
传真……………………………………………62099429

费用标准处
办公室……………………………………………59986107
……………………………………………59986030
……………………………………………59986588
传真……………………………………………62099429

资金计划处
办公室……………………………………………59986930
……………………………………………59986678
……………………………………………59986095
……………………………………………59986993

关联交易处
办公室……………………………………………59986135

资本运营部

专职董监事办
办公室……………………………………………59984808
……………………………………………59983128
……………………………………………59983139
传真……………………………………………59986124

资本企划处
办公室……………………………………………59983121
……………………………………………59983122
传真……………………………………………62096114

资本市场处
办公室……………………………………………59984749
……………………………………………59984969
……………………………………………59985306
传真……………………………………………62096104

收购兼并处
办公室……………………………………………59983102
……………………………………………59983135
……………………………………………59985373
传真……………………………………………62096113

股权投资处
办公室……………………………………………59983132
……………………………………………59984551
……………………………………………59983131
传真……………………………………………62094567

股权管理处
办公室……………………………………………59983133
……………………………………………59984588
……………………………………………59984746
传真……………………………………………62094518

股权处置处
办公室……………………………………………59984113
……………………………………………59984546
……………………………………………59984573
传真……………………………………………62094143

法律事务部

综合处
办公室……………………………………………59986217
……………………………………………59982191
传真……………………………………………62099435

法律业务一处
办公室……………………………………………59984639
……………………………………………59984640
……………………………………………59984759
传真……………………………………………62094009

法律业务二处
办公室……………………………………59986221
………………………………………………59986060
………………………………………………59986756
传真……………………………………………62099436
法律业务三处
办公室……………………………………59986220
………………………………………………59986755
………………………………………………59986759
传真……………………………………………62099437
企业法律工作处
办公室……………………………………59982361
………………………………………………59982803
………………………………………………59982362
传真……………………………………………62099438
行政法律事务处
办公室……………………………………59982363
………………………………………………59982364
………………………………………………59982272
传真……………………………………………62099439
规章制度管理处
办公室……………………………………59986761
………………………………………………59982365
………………………………………………59986979
传真……………………………………………62099450

安全环保部

综合处
办公室……………………………………59986237
………………………………………………59982643
………………………………………………59986239
传真……………………………………………62099455
安全监督处
办公室……………………………………59986952
………………………………………………59986758
………………………………………………59982549
传真……………………………………………62099456
环境保护处
办公室……………………………………59986053
………………………………………………59986241
………………………………………………59986242
传真……………………………………………62099460
消防与交通安全处
办公室……………………………………59986951
………………………………………………59982783
传真……………………………………………62099461
HSE 体系处
办公室……………………………………59982571
………………………………………………59982569
………………………………………………59982562
传真……………………………………………62099462
海洋作业安全监督处
办公室……………………………………59986945
………………………………………………59982259
传真……………………………………………62099463
应急管理处
办公室……………………………………59986234
传真……………………………………………62099467

质量管理与节能部

综合处
办公室……………………………………59984161
………………………………………………59984902
传真……………………………………………62094482
质量处
办公室……………………………………59984783
………………………………………………59984262
………………………………………………59984785
传真……………………………………………62095414
标准计量处
办公室……………………………………59984483
………………………………………………59984329
………………………………………………59985961
传真……………………………………………62094521
节能节水处
办公室……………………………………59984900
………………………………………………59984695
………………………………………………59984803
传真……………………………………………62094802
石油质协秘书处
办公室……………………………………62095986
………………………………………………62095006

科技管理部

综合处
办公室……………………………………59986659
………………………………………………59986261
………………………………………………59986231
传真……………………………………………62099469
规划计划处
办公室……………………………………59986087
………………………………………………59982970
………………………………………………59986090
传真……………………………………………62099470
项目管理一处
办公室……………………………………59986062
………………………………………………59982116

……………………………………59986067
传真……………………………………62099471

项目管理二处
办公室……………………………………59986981
……………………………………59982792
……………………………………25998182
传真……………………………………62099472

科技平台管理处
办公室……………………………………59986706
传真……………………………………62099473

科技交流与合作处
办公室……………………………………59986252
……………………………………59982115
传真……………………………………62099475

成果与知识产权处
办公室……………………………………59986253
……………………………………59982578
传真……………………………………62099476

国家专项管理处
办公室……………………………………59982215
传真……………………………………62099476

信息管理部

信息综合处
办公室……………………………………59986995
……………………………………59982808
……………………………………59982359
传真……………………………………62090505

项目一处
办公室……………………………………59982337
……………………………………59982533
……………………………………59982592
传真……………………………………62090504

项目二处
办公室……………………………………59986991
……………………………………59986996
……………………………………59982117
传真……………………………………62090503

项目三处
办公室……………………………………59982536
……………………………………59982317
……………………………………59984098
传真……………………………………62090506

网络安全处
办公室……………………………………59986249
……………………………………59982568
传真……………………………………62090507

物资采购管理部
办公室……………………………………59982153
……………………………………59986843
……………………………………59982655
传真……………………………………62099509

物资装备采购管理处
办公室……………………………………59986847
……………………………………59986737
……………………………………59982067
传真……………………………………62099510

商务管理处
办公室……………………………………59986846
……………………………………59986850
……………………………………59986833
传真……………………………………62099511

进出口管理处
办公室……………………………………59986842
……………………………………59986844
……………………………………59986852
传真……………………………………62099512

工程项目采购管理处
办公室……………………………………59982252
……………………………………59986848
传真……………………………………62099513

国际事业部（外事局、外事办公室）

综合处
办公室……………………………………59984221
……………………………………59984103
……………………………………59984938
传真……………………………………62095148

联络处
办公室……………………………………59986762
……………………………………59986763
……………………………………59986764
传真……………………………………62099515

对外合作与交流处
办公室……………………………………59984100
……………………………………59984751
……………………………………59984717
传真……………………………………62095367

中亚俄罗斯处
办公室……………………………………59984983
……………………………………59984679
……………………………………59984623
传真……………………………………62094828

西亚非洲处
办公室……………………………………59983293
……………………………………59985869

……………………………………59983292
……………………………………59984248
传真……………………………………62095865

美洲亚太处
办公室……………………………………59984798
……………………………………59984397
传真……………………………………62094806

出国管理与财务处
办公室……………………………………59984469
……………………………………59986350
……………………………………59986354

海外防恐安全与 HSE 办公室
办公室……………………………………59984545
……………………………………59984128
……………………………………59983291
传真……………………………………62094167

中加中心
办公室……………………………………59988526
……………………………………59988530
……………………………………59988550
传真……………………………………62098522

国外市场开发室办公室
出国外联室……………………………………59981453

国际工程公司出口部
办公室……………………………………59985592

国际工程公司办公室
办公室……………………………………59984598

党组纪检组 监察部

办公室
办公室……………………………………59983584

案件检查室
办公室……………………………………59984903
传真……………………………………59985370

效能监察室
办公室……………………………………59984775
传真……………………………………62095841

审计部

综合处
办公室……………………………………59984174
……………………………………59984064
……………………………………59984143
传真……………………………………62095635

财务收支审计处
办公室……………………………………59983231
……………………………………59984068
……………………………………59983243
传真……………………………………62099519

经济责任审计处
办公室……………………………………59983237
……………………………………59984613
……………………………………59984437
传真……………………………………62099521

信息管理审计处
办公室……………………………………59984185
……………………………………59985702
……………………………………59984837
传真……………………………………62099525

内控与风险管理部

综合处
办公室……………………………………59986957
……………………………………59986958
……………………………………59986960
传真……………………………………62099527

体系规划处
办公室……………………………………59986938
……………………………………59986961
……………………………………59982829
传真……………………………………62099528

风险管理处
办公室……………………………………59986126
……………………………………59986813
……………………………………59986177
传真……………………………………62099529

矿区服务工作部、综合管理处、绿化办公室
办公室……………………………………59984577
……………………………………59984245
……………………………………59984091
传真……………………………………62094122

规划处
办公室……………………………………59984199
……………………………………59984501
……………………………………59984967
传真……………………………………62094979

运行管理处
办公室……………………………………59984453
……………………………………59984079
传真……………………………………62094475

住房管理处
办公室……………………………………59984463
……………………………………59985425
传真……………………………………62094239

安全环保与质量节能处
办公室……………………………………59982312
传真……………………………………62094030

思想政治工作部（企业文化处）
办公室……………………………………59984636
……………………………………………59984382
传真………………………………………62095156
思想教育工作处
办公室……………………………………59984069
……………………………………………59984602
传真………………………………………62099532
基层建设工作处
办公室……………………………………59985136
传真………………………………………62094423

维护稳定办公室

综合督办处
办公室……………………………………59984139
……………………………………………59984563
传真………………………………………62099550
信访接待处
办公室……………………………………59984435
……………………………………………59986052
……………………………………………59984016
传真………………………………………62094312
政策研究室
办公室……………………………………59984055
……………………………………………59984302
……………………………………………59984645
传真………………………………………62094303
直属党委
办公室……………………………………59984665
……………………………………………59984669
传真………………………………………62094671
组织、宣传（统战）部
办公室……………………………………59984861
……………………………………………59984539
传真………………………………………62094659
群工部
办公室……………………………………59984660
……………………………………………59984663
……………………………………………59984975
传真………………………………………62094663
直属机关纪委办公室
办公室……………………………………59984869
……………………………………………59984506
传真………………………………………62094071
机关行政事务中心
办公室……………………………………62094037
传真………………………………………62094970
文印收稿…………………………………59984347
电话受理…………………………………59982112
车队调度…………………………………59986666
文印处
办公室……………………………………59984865
……………………………………………59985701
……………………………………………59984323
传真………………………………………62094473
通信处
办公室……………………………………59984255
……………………………………………59984278
……………………………………………59984232
传真………………………………………62099292
机关车队
办公室……………………………………59985499
……………………………………………59985596
……………………………………………59984800
传真………………………………………62094858

中国石油天然气股份有限公司

地址：北京市东城区东直门北大街9号
中国石油大厦
邮编：100007
区号：010

部门 公网电话

办公厅（总裁办）
办公室……………………………………59984538
……………………………………62094205
综合处
办公室……………………………………59984089
传真……………………………………62099275
文电处
办公室……………………………………59985302
……………………………………59984055
传真……………………………………62094576
公共关系处
办公室……………………………………59984096
……………………………………59984395
传真……………………………………62095200
网站管理处
办公室……………………………………59984057
传真……………………………………62096271
档案处（史志办公室）
办公室……………………………………59984006
……………………………………59984488
行政事务处
办公室……………………………………59982330
……………………………………59982326
传真……………………………………62099279
定点扶贫与援藏工作领导小组
办公室……………………………………59984116
传真……………………………………62094935

政策研究室

综合处
办公室……………………………………62094942
传真……………………………………62094512
政策信息处
办公室……………………………………62094121
发展战略处
办公室……………………………………62094376
传真……………………………………62094857
经济管理处
办公室……………………………………59985650
传真……………………………………59984125
调研一处
办公室……………………………………59984650
传真……………………………………62094961
调研二处
办公室……………………………………59984438
传真……………………………………59985140

规划计划部

综合处（土地管理办公室）
办公室……………………………………59984815
……………………………………59985042
……………………………………59984812
传真……………………………………62095911
战略规划处
办公室……………………………………59984543
……………………………………59984327
……………………………………59984126
传真……………………………………62094412
勘探开发项目处
办公室……………………………………59983218
传真……………………………………62096184
炼油化工项目处
办公室……………………………………59983179
油气储运项目处
办公室……………………………………59983159
……………………………………59983171
……………………………………59983172
传真……………………………………62096167
销售项目处
办公室……………………………………59983153

传真……………………………………62096147

工程技术项目处

办公室……………………………………59984168

……………………………………59984520

传真……………………………………59984168

投资处

办公室……………………………………59984571

……………………………………59984207

……………………………………59984601

传真……………………………………62094504

生产处（资源配置协调领导小组办公室）

办公室……………………………………59983154

……………………………………59983141

……………………………………59983155

传真……………………………………62093150

基建管理处（石油工程建设协会秘书处）

办公室……………………………………59984462

……………………………………59985187

……………………………………59984119

传真……………………………………59984392

概价处

办公室……………………………………59983217

……………………………………59983182

……………………………………59983123

传真……………………………………62096211

后评价处

办公室……………………………………59983212

……………………………………59983207

……………………………………59985103

传真……………………………………62096194

综合统计与分析处

办公室……………………………………59984083

……………………………………59984429

……………………………………59984929

传真……………………………………62095184

装备制造项目处

办公室……………………………………59985602

……………………………………59984570

传真……………………………………62094614

会议室……………………………………59982309

财务资产部

综合处

办公室……………………………………59984335

……………………………………59984081

……………………………………59984480

传真……………………………………62094381

资金处

办公室……………………………………59984097

……………………………………59984599

……………………………………59985125

传真……………………………………62094620

境外资金管理处

办公室……………………………………59984699

……………………………………59984052

……………………………………59984700

传真……………………………………62094709

企业年金资金管理处

办公室……………………………………59985450

……………………………………59984674

……………………………………59984472

传真……………………………………62094843

会计处

办公室……………………………………59984279

……………………………………59984622

……………………………………59984147

传真……………………………………62094093

清欠办公室

办公室……………………………………59986854

……………………………………59986496

……………………………………59986876

传真……………………………………62094560

财务稽查处

办公室……………………………………59984372

……………………………………59985925

举报……………………………………62094391

传真……………………………………62094360

财政税收处

办公室……………………………………59984625

……………………………………59985215

……………………………………59984092

传真……………………………………62095126

储备办

办公室……………………………………59985795

……………………………………59984600

……………………………………59984032

传真……………………………………62094632

综合授信处

办公室……………………………………59985933

……………………………………59985401

……………………………………59985978

传真……………………………………62095014

融资工作组

办公室……………………………………59982504

……………………………………59982502

传真……………………………………………59982501

财务部

办公室……………………………………59986392

……………………………………………59986161

……………………………………………59982865

传真……………………………………………62099402

资金出纳处

办公室……………………………………59986883

……………………………………………59986941

……………………………………………59986857

传真……………………………………………62099403

资金结算处

办公室……………………………………59986970

……………………………………………59986730

……………………………………………59986717

传真……………………………………………62099406

资金运行与控制处

办公室……………………………………59986984

……………………………………………59986942

……………………………………………59986180

传真……………………………………………62099408

债务管理处

办公室……………………………………59986154

……………………………………………59982170

……………………………………………59982174

传真……………………………………………62099410

祥云项目组

办公室……………………………………59986745

……………………………………………59986652

资产处

办公室……………………………………59986495

……………………………………………59982317

……………………………………………59986204

传真……………………………………………62099411

合并报表处

办公室……………………………………59986134

传真……………………………………………59986932

会计核算处

办公室……………………………………59986897

……………………………………………59986129

……………………………………………59982176

传真……………………………………………62098415

财务保告处

办公室……………………………………59986810

……………………………………………59986895

……………………………………………59986097

传真……………………………………………62099413

信息管理处

办公室……………………………………59986145

……………………………………………59986817

……………………………………………59986007

传真……………………………………………62099417

税收价格处

办公室……………………………………59986130

……………………………………………59986488

……………………………………………59986435

传真……………………………………………62099418

稽查处

办公室……………………………………59986929

……………………………………………59986691

……………………………………………59986606

传真……………………………………………62090402

风险业务处

办公室……………………………………59986689

……………………………………………59986207

……………………………………………59982573

传真……………………………………………62099421

财务研究所

办公室……………………………………62093103

总监秘书

办公室……………………………………59986357

人事部

综合处办公室……………………………59984721

……………………………………………59984580

……………………………………………59984340

传真……………………………………………62095679

企业领导人员管理一处

办公室……………………………………59983305

……………………………………………59983306

……………………………………………59983307

传真……………………………………………62096304

企业领导人员管理二处

办公室……………………………………59985181

……………………………………………59985175

……………………………………………59983369

传真……………………………………………62094362

企业领导人员管理三处

办公室……………………………………59983310

……………………………………………59984559

……………………………………………59985677

传真……………………………………………62095663

机关人事处

办公室……………………………………59983308

……………………………………………59985918

……………………………………………59983345
传真……………………………………………62096300
专业技术人员管理处
办公室……………………………………………59984574
……………………………………………59983311
……………………………………………59984562
传真……………………………………………62094572
员工培训处
办公室……………………………………………59984822
……………………………………………59984753
……………………………………………59983315
传真……………………………………………62094710
组织机构处
办公室……………………………………………59983317
……………………………………………59984102
……………………………………………59984630
……………………………………………59984700
传真……………………………………………62096323
薪酬制度处
办公室……………………………………………59984268
……………………………………………59984170
传真……………………………………………62094179
工程技术财务处
办公室……………………………………………59984031
……………………………………………59984035
……………………………………………59984931
传真……………………………………………62099428
工程建设财务处
办公室……………………………………………59983417
……………………………………………59983418
……………………………………………59983419
……………………………………………59983420
传真……………………………………………62099428
数据与信息项目组
办公室……………………………………………59982535
……………………………………………59982293
传真……………………………………………62099429
费用标准处
办公室……………………………………………59986107
……………………………………………59986030
……………………………………………59986588
传真……………………………………………62099429
资金计划处
办公室……………………………………………59986930
……………………………………………59986678
……………………………………………59986095
……………………………………………59986993

关联交易处
办公室……………………………………………59986135

资本运营部

专职董监事办
办公室……………………………………………59984808
……………………………………………59983128
……………………………………………59983139
传真……………………………………………59986124
资本企划处
办公室……………………………………………59983121
……………………………………………59983122
传真……………………………………………62096114
资本市场处
办公室……………………………………………59984749
……………………………………………59984969
……………………………………………59985306
传真……………………………………………62096104
收购兼并处
办公室……………………………………………59983102
……………………………………………59983135
……………………………………………59985373
传真……………………………………………62096113
股权投资处
办公室……………………………………………59983132
……………………………………………59984551
……………………………………………59983131
传真……………………………………………62094567
股权管理处
办公室……………………………………………59983133
……………………………………………59984588
……………………………………………59984746
传真……………………………………………62094518
股权处置处
办公室……………………………………………59984113
……………………………………………59984546
……………………………………………59984573
传真……………………………………………62094143

法律事务部

综合处
办公室……………………………………………59986217
……………………………………………59982191
传真……………………………………………62099435
法律业务一处
办公室……………………………………………59984639
……………………………………………59984640
……………………………………………59984759
传真……………………………………………62094009

法律业务二处
办公室……………………………………59986221
……………………………………59986060
……………………………………59986756
传真……………………………………62099436
法律业务三处
办公室……………………………………59986220
……………………………………59986755
……………………………………59986759
传真……………………………………62099437
企业法律工作处
办公室……………………………………59982361
……………………………………59982803
……………………………………59982362
传真……………………………………62099438
行政法律事务处
办公室……………………………………59982363
……………………………………59982364
……………………………………59982272
传真……………………………………62099439
规章制度管理处
办公室……………………………………59986761
……………………………………59982365
……………………………………59986979
传真……………………………………62099450

安全环保部

综合处
办公室……………………………………59986237
……………………………………59982643
……………………………………59986239
传真……………………………………62099455
安全监督处
办公室……………………………………59986952
……………………………………59986758
……………………………………59982549
传真……………………………………62099456
环境保护处
办公室……………………………………59986053
……………………………………59986241
……………………………………59986242
传真……………………………………62099460
消防与交通安全处
办公室……………………………………59986951
……………………………………59982783
传真……………………………………62099461
HSE 体系处
办公室……………………………………59982571
……………………………………59982569
……………………………………59982562
传真……………………………………62099462
海洋作业安全监督处
办公室……………………………………59986945
……………………………………59982259
传真……………………………………62099463
应急管理处
办公室……………………………………59986234
传真……………………………………62099467

质量管理与节能部

综合处
办公室……………………………………59984161
……………………………………59984902
传真……………………………………62094482
质量处
办公室……………………………………59984783
……………………………………59984262
……………………………………59984785
传真……………………………………62095414
标准计量处
办公室……………………………………59984483
……………………………………59984329
……………………………………59985961
传真……………………………………62094521
节能节水处
办公室……………………………………59984900
……………………………………59984695
……………………………………59984803
传真……………………………………62094802
石油质协秘书处
办公室……………………………………62095986
……………………………………62095006

科技管理部

综合处
办公室……………………………………59986659
……………………………………59986261
……………………………………59986231
传真……………………………………62099469
规划计划处
办公室……………………………………59986087
……………………………………59982970
……………………………………59986090
传真……………………………………62099470
项目管理一处
办公室……………………………………59986062
……………………………………59982116

……………………………………59986067
传真……………………………………62099471
项目管理二处
办公室……………………………………59986981
……………………………………59982792
……………………………………25998182
传真……………………………………62099472
科技平台管理处
办公室……………………………………59986706
传真……………………………………62099473
科技交流与合作处
办公室……………………………………59986252
……………………………………59982115
传真……………………………………62099475
成果与知识产权处
办公室……………………………………59986253
……………………………………59982578
传真……………………………………62099476
国家专项管理处
办公室……………………………………59982215
传真……………………………………62099476

信息管理部

信息综合处
办公室……………………………………59986995
……………………………………59982808
……………………………………59982359
传真……………………………………62090505
项目一处
办公室……………………………………59982337
……………………………………59982533
……………………………………59982592
传真……………………………………62090504
项目二处
办公室……………………………………59986991
……………………………………59986996
……………………………………59982117
传真……………………………………62090503
项目三处
办公室……………………………………59982536
……………………………………59982317
……………………………………59984098
传真……………………………………62090506
网络安全处
办公室……………………………………59986249
……………………………………59982568
传真……………………………………62090507
物资采购管理部
办公室……………………………………59982153
……………………………………59986843
……………………………………59982655
传真……………………………………62099509
物资装备采购管理处
办公室……………………………………59986847
……………………………………59986737
……………………………………59982067
传真……………………………………62099510
商务管理处
办公室……………………………………59986846
……………………………………59986850
……………………………………59986833
传真……………………………………62099511
进出口管理处
办公室……………………………………59986842
……………………………………59986844
……………………………………59986852
传真……………………………………62099512
工程项目采购管理处
办公室……………………………………59982252
……………………………………59986848
传真……………………………………62099513

国际事业部（外事局、外事办公室）

综合处
办公室……………………………………59984221
……………………………………59984103
……………………………………59984938
传真……………………………………62095148
联络处
办公室……………………………………59986762
……………………………………59986763
……………………………………59986764
传真……………………………………62099515
对外合作与交流处
办公室……………………………………59984100
……………………………………59984751
……………………………………59984717
传真……………………………………62095367
中亚俄罗斯处
办公室……………………………………59984983
……………………………………59984679
……………………………………59984623
传真……………………………………62094828
西亚非洲处
办公室……………………………………59983293
……………………………………59985869

……………………………………………59983292
……………………………………………59984248
传真……………………………………………62095865

美洲亚太处
办公室……………………………………………59984798
……………………………………………59984397
传真……………………………………………62094806

出国管理与财务处
办公室……………………………………………59984469
……………………………………………59986350
……………………………………………59986354

海外防恐安全与 HSE 办公室
办公室……………………………………………59984545
……………………………………………59984128
……………………………………………59983291
传真……………………………………………62094167

中加中心
办公室……………………………………………59988526
……………………………………………59988530
……………………………………………59988550
传真……………………………………………62098522

国外市场开发室办公室
出国外联室……………………………………………59981453

国际工程公司出口部
办公室……………………………………………59985592

国际工程公司办公室
办公室……………………………………………59984598

党组纪检组 监察部

办公室
办公室……………………………………………59983584

案件检查室
办公室……………………………………………59984903
传真……………………………………………59985370

效能监察室
办公室……………………………………………59984775
传真……………………………………………62095841

审计部

综合处
办公室……………………………………………59984174
……………………………………………59984064
……………………………………………59984143
传真……………………………………………62095635

财务收支审计处
办公室……………………………………………59983231
……………………………………………59984068
……………………………………………59983243
传真……………………………………………62099519

经济责任审计处
办公室……………………………………………59983237
……………………………………………59984613
……………………………………………59984437
传真……………………………………………62099521

信息管理审计处
办公室……………………………………………59984185
……………………………………………59985702
……………………………………………59984837
传真……………………………………………62099525

内控与风险管理部

综合处
办公室……………………………………………59986957
……………………………………………59986958
……………………………………………59986960
传真……………………………………………62099527

体系规划处
办公室……………………………………………59986938
……………………………………………59986961
……………………………………………59982829
传真……………………………………………62099528

风险管理处
办公室……………………………………………59986126
……………………………………………59986813
……………………………………………59986177
传真……………………………………………62099529

矿区服务工作部、综合管理处、绿化办公室
办公室……………………………………………59984577
……………………………………………59984245
……………………………………………59984091
传真……………………………………………62094122

规划处
办公室……………………………………………59984199
……………………………………………59984501
……………………………………………59984967
传真……………………………………………62094979

运行管理处
办公室……………………………………………59984453
……………………………………………59984079
传真……………………………………………62094475

住房管理处
办公室……………………………………………59984463
……………………………………………59985425
传真……………………………………………62094239

安全环保与质量节能处
办公室……………………………………………59982312
传真……………………………………………62094030

思想政治工作部（企业文化处）

办公室……………………………………59984636
……………………………………………59984382
传真……………………………………62095156

思想教育工作处
办公室……………………………………59984069
……………………………………………59984602
传真……………………………………62099532

基层建设工作处
办公室……………………………………59985136
传真……………………………………62094423

维护稳定办公室

综合督办处
办公室……………………………………59984139
……………………………………………59984563
传真……………………………………62099550

信访接待处
办公室……………………………………59984435
……………………………………………59986052
……………………………………………59984016
传真……………………………………62094312

政策研究室
办公室……………………………………59984055
……………………………………………59984302
……………………………………………59984645
传真……………………………………62094303

直属党委
办公室……………………………………59984665
……………………………………………59984669
传真……………………………………62094671

组织、宣传（统战）部
办公室……………………………………59984861
……………………………………………59984539
传真……………………………………62094659

群工部
办公室……………………………………59984660
……………………………………………59984663
……………………………………………59984975
传真……………………………………62094663

直属机关纪委办公室
办公室……………………………………59984869
……………………………………………59984506
传真……………………………………62094071

机关行政事务中心
办公室……………………………………62094037
传真……………………………………62094970
文印收稿…………………………………59984347
电话受理…………………………………59982112
车队调度…………………………………59986666

文印处
办公室……………………………………59984865
……………………………………………59985701
……………………………………………59984323
传真……………………………………62094473

通信处
办公室……………………………………59984255
……………………………………………59984278
……………………………………………59984232
传真……………………………………62099292

机关车队
办公室……………………………………59985499
……………………………………………59985596
……………………………………………59984800
传真……………………………………62094858

五、中国石油天然气集团、股份有限公司企事业单位

1. 中国石油勘探与生产分公司

地址：北京市东城区东直门北大街9号
中国石油大厦
邮编：100007
区号：010

总经理办
办公室……59986381
……59986274
……59986380
……59982198
传真……62099564
生产运行处
办公室……59986279
……59986294
……59986278
值班室……59986442
……59986443
传真……62090565
数据传输……62096283
综合计划处
办公室……59982580
……59986290
……59986944
……59986298
传真……62099556
财务处
办公室……59986301
……59986307
……59986305
……59986303
传真……62099288
矿区管理处
办公室……59986314
……59986784
传真……62099568
储量管理处
办公室……59986312
……59986315
……59986032
……59986232
传真……62099569
质量安全环保处
办公室……59986318
……59986319
……59986766
……59986955
传真……62099570
科技与信息管理处
办公室……59986324
……59986288
……59986323
传真……62099571
物探技术管理处
办公室……59986770
……59986329
……59986331
……59982576
传真……62099572
勘探项目处
办公室……59986011
……59986338
……59986340
……59986284
传真……62099573
油藏评价处
办公室……59986943
……59986339
……59986353
……59986271
传真……62099574
天然气处
办公室……59986347
……59986348
……59986346
……59986894
传真……62099575
油藏管理处
办公室……59986943
……59986339
……59986352
……59986349
传真……62099574
采油采气工艺处
办公室……59986361
……59986360
……59986277
……59982579
传真……62099577
地面建设管理处

办公室……………………………………59986363
……………………………………………59986362
……………………………………………59986365
……………………………………………59982809
传真……………………………………62099578
装备处
办公室……………………………………59986878
……………………………………………59986368
……………………………………………59986369
传真……………………………………62099579
工程技术与监督处
办公室……………………………………59986327
……………………………………………59986374
……………………………………………59986334
……………………………………………59986505
传真……………………………………62099580
市场管理处
办公室……………………………………59986379
……………………………………………59986383
……………………………………………59986371
传真……………………………………62099581
新能源处
办公室……………………………………59982263
……………………………………………59982256
传真……………………………………62090584
合作开发管理处
办公室……………………………………59986377
传真……………………………………62099582
油气储量评审办公室综合处
办公室……………………………………59986213
传真……………………………………62098651
海洋工程管理处
办公室……………………………………59986437
……………………………………………59986440
……………………………………………59986438
……………………………………………59986439
传真……………………………………62099583

2. 中国石油炼油与化工分公司

地址：北京市东城区东直门北大街9号
中国石油大厦
邮编：100007
区号：010

总经理办公室
办公室……………………………………59986570
……………………………………………59986560
……………………………………………59986573
传真……………………………………62099585
总调度室
办公室……………………………………59986544
……………………………………………59986540
……………………………………………59986541
……………………………………………59986164
值班室……………………………………59986424
……………………………………………59986712
规划计划处
办公室……………………………………59986529
……………………………………………59986713
……………………………………………59982278
……………………………………………59986038
传真……………………………………62099588
财务处
办公室……………………………………59986537
……………………………………………59986532
……………………………………………59986538
……………………………………………59986865
传真……………………………………62099589
科技信息处
办公室……………………………………59986577
……………………………………………59986481
……………………………………………59986567
……………………………………………59986576
传真……………………………………62099591
装备处
办公室……………………………………59986591
……………………………………………59986714
……………………………………………59986173
传真……………………………………62099592
质量安全环保处
办公室……………………………………59986564
……………………………………………59986562
……………………………………………59986478
传真……………………………………62099593
建设项目处
办公室……………………………………59986584
传真……………………………………62099594
化工产品营销处
办公室……………………………………59986887
……………………………………………59986553
……………………………………………59986864

……………………………………59986864
传真……………………………62099595
价格商情处
办公室…………………………59986587
……………………………………59986863
传真……………………………62099596
专业技术培训处
办公室…………………………59986733
……………………………………59986592
传真……………………………62099597

3. 中国石油销售公司

地址：北京市东城区东直门北大街9号
中国石油大厦
邮编：100007
区号：010

总经理办公室
办公室…………………………59986413
……………………………………59986400
……………………………………59986517
……………………………………59986920
传真……………………………62099304
总调度室
办公室…………………………59986420
……………………………………59986422
……………………………………59986418
……………………………………59986421
值班室…………………………59986515
……………………………………59986516
传真……………………………62099305
规划计划处
办公室…………………………59986412
……………………………………59986409
……………………………………59986411
……………………………………59986079
传真……………………………62099306
财务处
办公室…………………………59986489
……………………………………59986483
……………………………………59986493
……………………………………59986492
传真……………………………62099307
油品一处
办公室…………………………59986452
……………………………………59986353
……………………………………59986455
……………………………………59986467
传真……………………………62099309
油品二处
办公室…………………………59986454
……………………………………59986645
……………………………………59986466
……………………………………59986399
传真……………………………62099310
非油品业务处
办公室…………………………59986482
……………………………………59986456
……………………………………59986922
传真……………………………62099311
加油站管理处
办公室…………………………59986508
……………………………………59986512
……………………………………59986462
……………………………………59986974
传真……………………………62099312
卡中心
办公室…………………………59986191
……………………………………59986480
……………………………………59986473
……………………………………59986397
传真……………………………62099313
工程建设处
办公室…………………………59986395
……………………………………59986385
……………………………………59986476
……………………………………59986465
传真……………………………62099315
油库管理处
办公室…………………………59986393
……………………………………59982355
……………………………………59986523
传真……………………………62099316
质量安全环保处
办公室…………………………59986416
……………………………………59986700
……………………………………59986468
……………………………………59986406
传真……………………………62099317
价格商情处
办公室…………………………59986457
……………………………………59986460

传真……………………………………62099318

信息化管理处

办公室…………………………………59982120

……………………………………………59986479

……………………………………………59986487

传真……………………………………62099319

股权管理与法律事务处

办公室…………………………………59986401

……………………………………………59986539

……………………………………………59986734

传真……………………………………62099320

专业技术培训处

办公室…………………………………59986509

……………………………………………59986407

……………………………………………59982121

传真……………………………………62099321

4. 中国石油天然气与管道分公司

地址：北京市东城区东直门北大街9号
中国石油大厦

邮编：100007

区号：010

总经理办公室

办公室…………………………………59986602

……………………………………………59986603

……………………………………………59986597

……………………………………………59982223

传真……………………………………62099323

计划处

办公室…………………………………59986621

……………………………………………59986742

……………………………………………59986093

……………………………………………59983470

传真……………………………………62099325

财务处

办公室…………………………………59986642

……………………………………………59986646

……………………………………………59986742

……………………………………………59982432

传真……………………………………62099326

油气调运处

办公室…………………………………59986612

……………………………………………59986607

……………………………………………59986608

……………………………………………59986610

调度值班………………………………59986593

……………………………………………59986594

传真……………………………………62099327

天然气销售处

办公室…………………………………59986740

……………………………………………59986643

……………………………………………59986595

……………………………………………59982250

传真……………………………………62099328

建设项目管理处

办公室…………………………………59982150

……………………………………………59986636

……………………………………………59986638

……………………………………………59982380

传真……………………………………62099329

质量安全环保处

办公室…………………………………59986917

……………………………………………59982103

……………………………………………59986609

……………………………………………59986640

传真……………………………………62099330

科技信息处

办公室…………………………………59986639

……………………………………………59986613

……………………………………………59986711

传真……………………………………62099331

液化天然气管理处

办公室…………………………………59982161

传真……………………………………62099332

管道与储运管理处

办公室…………………………………59986634

……………………………………………59986625

……………………………………………59982165

……………………………………………59982307

传真……………………………………62099334

天然气利用管理处

办公室…………………………………59986616

……………………………………………59986617

……………………………………………59986055

……………………………………………59983472

传真……………………………………62099335

5. 中国石油海外勘探开发公司

地址：北京市西城区阜城门北大街6号-1

邮编：100034

区号：010

总经理办公室

办公室……………………………………58551831
……………………………………58551795
……………………………………58551866
……………………………………58551850

战略发展中心

办公室……………………………………58551558
……………………………………58551758
……………………………………58551865
……………………………………58551887

经营计划部

办公室……………………………………58551526
……………………………………58551752
……………………………………58551791
……………………………………58551787

财务与资本运营部

资金一部……………………………………58551517
……………………………………58551709
……………………………………58551575

资金二部……………………………………58551579
……………………………………58551934
……………………………………58551705

会计一部……………………………………58551716
……………………………………58551715
……………………………………58551784
……………………………………58551718

会计二部……………………………………58551559
……………………………………58551581
……………………………………58551712
……………………………………58551870

预算管理分部……………………………………58551903
……………………………………58551905
……………………………………58551743
……………………………………58551513

资本运营分部……………………………………58551776
……………………………………58551707
……………………………………58551713
……………………………………58551719

税收保险分部……………………………………58551802
……………………………………58551711
……………………………………58551722

关联交易分部……………………………………58551847
……………………………………58551883
……………………………………58551535

机关财务分部……………………………………58551708
……………………………………58551726
……………………………………58551523
……………………………………58551782

党群工作部

办公室……………………………………58551811
……………………………………58551859
……………………………………58551520
……………………………………58551777

人力资源部

办公室……………………………………58551724
……………………………………58551857
……………………………………58551798
……………………………………58551703
……………………………………58551702

销售采办部

办公室……………………………………58851871
……………………………………58551873
……………………………………58551765
……………………………………58551720

法律事务部

办公室……………………………………58551539
……………………………………58551768
……………………………………58551794
……………………………………58551770

审计部

办公室……………………………………58551731
……………………………………58551732
……………………………………58551548
……………………………………58551735
……………………………………58551735

内控部

办公室……………………………………58551556

健康安全环保部

办公室……………………………………58551877
……………………………………58551736
……………………………………58551109
……………………………………58551308

科技信息部

办公室……………………………………58551102
……………………………………58551103
……………………………………58551737
……………………………………58551108

业务发展部

办公室……………………………………58551904
……………………………………58551907
……………………………………58551759

……………………………………………58551749

中亚－俄罗斯部

办公室……………………………………58551563

……………………………………………58551928

……………………………………………58551562

……………………………………………58551510

勘探部

办公室……………………………………58551117

……………………………………………58551842

……………………………………………58551545

……………………………………………58551884

油气开发部

办公室……………………………………58551778

……………………………………………58551728

……………………………………………58551940

……………………………………………58551912

生产作业部

办公室……………………………………58551856

……………………………………………58551751

……………………………………………58551863

……………………………………………58551756

管道部

办公室……………………………………58551537

……………………………………………58551135

……………………………………………58551137

炼化化工部

办公室……………………………………58551808

……………………………………………58551775

……………………………………………58551901

……………………………………………58551554

6. 中国石油工程技术分公司

地址：北京市东城区东直门北大街 9 号

中国石油大厦

邮编：100007

区号：010

总经理办公室

办公室……………………………………59984217

传真………………………………………62095207

计划处

办公室……………………………………59984155

……………………………………………59984585

传真………………………………………62094272

生产运行处

办公室……………………………………59984241

……………………………………………59984157

……………………………………………59985282

……………………………………………59985375

传真………………………………………62094031

钻井工程处

办公室……………………………………59984419

……………………………………………59985167

……………………………………………59985183

……………………………………………59985087

传真………………………………………62095844

地球物理处

办公室……………………………………59985201

……………………………………………59985418

……………………………………………59984151

……………………………………………59984385

传真………………………………………62094339

试油压裂处

办公室……………………………………59984997

传真………………………………………62094124

装备处

办公室……………………………………59984996

……………………………………………59984332

……………………………………………59985789

传真………………………………………62094035

质量安全环保处

办公室……………………………………59984999

……………………………………………59985127

……………………………………………59984673

……………………………………………59984419

传真………………………………………62094498

科技信息处

办公室……………………………………55985075

……………………………………………59984923

……………………………………………59985146

传真………………………………………62095365

7. 中国石油工程建设分公司

地址：北京市东城区东直门北大街 9 号

中国石油大厦

邮编：100007

区号：010

总经理办公室

办公室……………………………………59983407

……………………………………………59983408

…………………………………………59983409
…………………………………………59983410
传真……………………………………62099351
规划计划处
办公室…………………………………59983412
…………………………………………59983413
…………………………………………59983415
传真……………………………………62099352
油田地面与管道工程处
办公室…………………………………59983421
…………………………………………59983422
…………………………………………59985789
…………………………………………59984332
传真……………………………………62099354
炼油工程与构件管理处
办公室…………………………………59983441
…………………………………………59983445
…………………………………………59983424
…………………………………………59983447
传真……………………………………62099353
装备管理处
办公室…………………………………59983426
…………………………………………59983427
传真……………………………………62099357
质量安全环保处
办公室…………………………………59983430
…………………………………………59983428
…………………………………………59983429
传真……………………………………62099358
科技信息处
办公室…………………………………59983450
…………………………………………59983452
…………………………………………59983454
传真……………………………………62099359
专业技术培训处
办公室…………………………………59983433
…………………………………………59983434
…………………………………………59989360
…………………………………………59983431
传真……………………………………62099360

8. 中国石油装备制造分公司

地址：北京市东城区东直门北大街9号
中国石油大厦
邮编：100007
区号：010
总经理办公室
办公室…………………………………59983508
…………………………………………59983509
…………………………………………59983510
…………………………………………59983511
传真……………………………………62096700
规划计划处
办公室…………………………………59984392
…………………………………………59983514
…………………………………………59983515
…………………………………………59983516
传真……………………………………62096855
财务处
办公室…………………………………59983520
…………………………………………59983521
…………………………………………59983522
…………………………………………59983523
传真……………………………………62096600
质量安全环保处
办公室…………………………………59983524
…………………………………………59983544
…………………………………………59983525
…………………………………………59983526
传真……………………………………62096847
科技信息处
办公室…………………………………59983528
…………………………………………59983529
…………………………………………59983530
传真……………………………………62096919
发展研究处
办公室…………………………………59983532
…………………………………………59983533
…………………………………………59983534
传真……………………………………62096618
钻采装备管理处
办公室…………………………………59983536
…………………………………………59983538
…………………………………………59983539
传真……………………………………62096715
制管及炼化装备管理处
办公室…………………………………59983545
…………………………………………59983541
…………………………………………59983542
…………………………………………59983543
传真……………………………………62096957

9．石油勘探开发研究院

地址：北京市海淀区学院路20号
邮编：100083
区号：010

院办
……83597599
……83597521
……83597470
政研室……83597090
秘书科……83597210
……83597205
……83597268
值班室……83597229
接待科……83597998
房产科……83598086
……83597521
……83597281
保密办……83597119
交安办……83597959
计生办……83597784
科研管理处
……83597709
……83597405
项目管理室……83593541
……83597758
……83592320
信息管理室……83598505
……83597402
……83592341
科研条件室……83598013
……83597660
综合管理室……83598250
……83598249
人事劳资处
……83598681
……83598502
干部管理……83597520
办公室……83597705
……83597520
计划财务处
……83597339
……83592158
计划科……83598010
财务一科……83598059
……83597122
财务二科……83598091
会计科……83597361
资产科……83598096
……83597999
综合科……83598679
企管法规处
……83597336
……83597024
国际合作处
……83597451
……83598176
办公室……83597978
项目协调……83597522
安全环保处
……83598264
……83597757
办公室……83593032
党委办公室
……83597458
……83597233
党委组织部……83598196
……83597345
纪检审办公室……83597217
……83597365
院工会……83597261
……83597346
团委……83597540
石油地质研究所
所办……83597543
……83597477
东部室……83597972
……83597583
机房……83597321
西部室……83597043
……83597965
中部室……83597701
……83597970
新区室……83597581
……83597582
塔里木室……83597382
……83598456
机房……83597262-2
国外室……83598042
油气资源规划研究所

所长……………………………………83597987
书记……………………………………83593520
副所长…………………………………83598476
总地质师………………………………83597289
副主任…………………………………83598459
………………………………………83598105

储量评价与管理室
主任……………………………………83597426
办公室…………………………………83593648

资源评价室
主任……………………………………83598178
副主任…………………………………83598666
办公室…………………………………83593061
………………………………………83597190
中长远规划室…………………………83597440
………………………………………83598590

经济评价室
主任……………………………………83598591
办公室…………………………………83598088

测井与遥感所
所长……………………………………83598112
副所长…………………………………83598470
主任……………………………………83597563
………………………………………83598479
测井应用室主任………………………83598482
………………………………………83597203

遥感应用室
主任……………………………………83597391
办公室…………………………………83597270
………………………………………83597391

石油物探技术研究所
所长……………………………………83598414
书记……………………………………83597576
副所长…………………………………83598076
所办主任………………………………83598139
办公室…………………………………83597769

石油地质实验研究中心
主任……………………………………83598360
书记……………………………………83597380
副主任…………………………………83593571
………………………………………83598113
总工……………………………………83597266
主任地质师……………………………83598348

油气地球化学研究室
主任……………………………………83598619
副主任…………………………………83598349
办公室…………………………………83598481
………………………………………83592318

沉积储层研究室
主任……………………………………83598216
副主任…………………………………83598409
办公室…………………………………83597483
………………………………………83598623

油气成藏研究室
………………………………………83598620
………………………………………83597197

油气田开发研究所
所长……………………………………83597220
副所长…………………………………83598445
………………………………………83597906
所办主任………………………………83597298
办公室…………………………………83597754
………………………………………83597165

油气田开发战略规划研究所
所长……………………………………83598070
书记……………………………………83598028
总工办…………………………………83597649
所办主任………………………………83597735
………………………………………83597734

石油采收率研究所
所长……………………………………83598378
副所长…………………………………83593019
总工……………………………………83597396
办公室主任……………………………83597299
………………………………………83598079

油层物理室
………………………………………83597995
………………………………………83598373
化学驱室………………………………83598376
………………………………………83593013

计算机应用技术研究所
所长书记………………………………83597175
副所长…………………………………83597410
副书记…………………………………83597449

办公室
………………………………………83597449
………………………………………83598211

热力采油研究所
所长……………………………………83598258
书记……………………………………83598071
总工……………………………………83597857

采油工程研究所

所长……………………………………83598254
书记……………………………………83598278
副所长…………………………………83597171
所办主任………………………………83598252
办公室…………………………………83597561
书记……………………………………83597431

石油工业标准化研究所
所长……………………………………83597571
……………………………………………83597633
副所长…………………………………83597689
……………………………………………83597689

采油采气装备研究所
所长……………………………………83598276
副所长…………………………………83598271
……………………………………………83597253
办公室…………………………………83597500
……………………………………………83597659

鄂尔多斯分院
院长……………………………………83597972
副院长…………………………………83597710
综合办公室……………………………83598663
……………………………………………83593214
油田化学研究所………………………83597565
……………………………………………83598392
工程监督中心…………………………83598672
……………………………………………83598326

工程技术研究所
所长……………………………………83593555
副所长…………………………………83593238
总工……………………………………83593555
所办主任………………………………83593556
……………………………………………83593232
培训中心………………………………83597063
……………………………………………83597477
综合办公室……………………………83597037
……………………………………………83597063

石油勘探院廊坊分院

地址：河北省廊坊市44号信箱
邮编：065007
区号：010

天然气地质所…………………………69213045
……………………………………………69213606
……………………………………………69213165

天然气开发所
……………………………………………69213295

完井工艺研究所
……………………………………………69213303
……………………………………………69213176

煤层气项目管理部
……………………………………………69213595
……………………………………………69213510

地球物理与信息研究所
……………………………………………69213331
……………………………………………69213162

石油勘探院西北分院

地址：甘肃省兰州市城关区雁儿湾路277号
邮编：730020
区号：0931

办公室…………………………………8686622
……………………………………………8686016
……………………………………………8686015
传真……………………………………8686017
党群处…………………………………8686014
……………………………………………8686029

计划财务处
……………………………………………8686041
……………………………………………8686042

油气地质研究处
……………………………………………8686120
……………………………………………8686123

西部勘探研究所
……………………………………………8686084
……………………………………………8686085

数据处理研究所
……………………………………………8686270
……………………………………………8686071
……………………………………………8686078

计算机技术研究所
……………………………………………8686095
……………………………………………8686174

杭州地质研究所

地址：浙江省杭州市西溪路920号
邮编：310023
区号：0571
传真：85229509

办公室…………………………………85224906
……………………………………………85224963
……………………………………………85224905

科技办公室

……………………………………………85224958

人力资源部

……………………………………………85224913

科研技术支持部门

……………………………………………85224956

……………………………………………85224947

10. 规划总院

地址：北京市海淀区志新西路3号

邮编：100083

区号：010

值班室……………………………………82383300

综合办

……………………………………………82383223

……………………………………………82383011

总工办

……………………………………………82383116

……………………………………………82383026

……………………………………………82383029

人教处

……………………………………………82383009

……………………………………………82383038

计财处

……………………………………………82383040

……………………………………………82383034

战略所

……………………………………………82383269

……………………………………………82383270

油气田所

……………………………………………82383184

……………………………………………82383198

海外管道所

……………………………………………82383299

……………………………………………82383298

管道所

……………………………………………82383288

……………………………………………82383410

炼化所

……………………………………………82383156

……………………………………………82383157

公用所

……………………………………………82383283

……………………………………………82383085

经济所

……………………………………………82383207

……………………………………………82383222

市场营销所

……………………………………………82383140

……………………………………………82383240

咨询部

……………………………………………82383118

……………………………………………82383192

造价中心

……………………………………………82383137

……………………………………………82383141

节能中心

……………………………………………82383070

……………………………………………82383241

计算机信息中心

……………………………………………82388253

……………………………………………82388633

11. 石油化工研究院

地址：北京市海淀区学院路20号59号楼一层东段

邮编：100083

区号：010

项目管理一处

……………………………………………62097842

……………………………………………62098987

……………………………………………62097894

项目管理二处

……………………………………………62097843

……………………………………………62098985

……………………………………………62098901

发展战略研究处

……………………………………………62097845

……………………………………………62097851

……………………………………………62097554

综合办公室

……………………………………………62097847

……………………………………………62097846

……………………………………………62097005

12. 经济技术研究院

地址：北京市西城区六铺炕

邮编：100724

区号：010

综合办公室

……………………………………………62065180
……………………………………………62069321
……………………………………………62065127

科研管理部
……………………………………………62065930
……………………………………………62065198
……………………………………………62065382

人事劳资部
……………………………………………62065935
……………………………………………62065148
……………………………………………62065146

财务资产部
……………………………………………62064736
……………………………………………62065120
……………………………………………62065112

发展战略研究部
……………………………………………62065190
……………………………………………62065192
……………………………………………62065171

市场研究所
……………………………………………62065279
……………………………………………62065169
……………………………………………62065167

海外投资环境研究所
……………………………………………62065370
……………………………………………62065216
……………………………………………62065368

石油科技研究所
……………………………………………62065046
……………………………………………62065048
……………………………………………62065219

信息资源开发中心
……………………………………………62065235
……………………………………………62065260
……………………………………………62065259

13. 钻井工程技术研究院

地址：北京市海淀区四季青镇北坞村路甲25号静芯园M座
邮编：100195
区号：010

综合管理处
……………………………………………52781878
……………………………………………52784821
……………………………………………52781718

党群工作处
……………………………………………52781835
……………………………………………52781772
……………………………………………52784823

科研管理处
……………………………………………52781809
……………………………………………52784817
……………………………………………52781809

财务资产处
……………………………………………52781858
……………………………………………52781788
……………………………………………52784816

14. 安全环保技术研究院

地址：北京市海淀区志新西路8号
邮编：100083
区号：010

办公室
……………………………………………82379611
……………………………………………82379999

15. 石油管工程技术研究院

地址：陕西省西安市电子二路32号
邮编：710065
区号：029

办公室
……………………………………………82726190
……………………………………………82726111
……………………………………………82726100

人事劳资处
……………………………………………88726113
……………………………………………88726090
……………………………………………88726118

科技管理处
……………………………………………88726151
……………………………………………88726388
……………………………………………88726126

财务资产处
……………………………………………88726130
……………………………………………88726134
……………………………………………88726132

质量安全处
……………………………………………88726070
……………………………………………88726129
……………………………………………88726122

油井管与管柱研究中心

……………………………………………88726157

……………………………………………88726399

技术监督中心

……………………………………………88726156

……………………………………………88726073

……………………………………………88726274

16. 中国石油报社

地址：北京市西城区六铺炕街1号

邮编：100011

区号：010

副总编

……………………………………………62095978

……………………………………………62095930

……………………………………………62095796

党政办公室

……………………………………………62095074

……………………………………………62095501

……………………………………………62095851

计划财务部

……………………………………………62095089

……………………………………………62095830

经营管理部

……………………………………………62095273

……………………………………………62095095

新闻部

……………………………………………62095385

……………………………………………62095383

经济部

……………………………………………62095786

……………………………………………62095389

综合部

……………………………………………62095736

……………………………………………62095415

副刊部

……………………………………………62095436

……………………………………………62095456

企业部

……………………………………………62095768

……………………………………………62095739

市场部

……………………………………………62095768

……………………………………………62095739

国际部

……………………………………………62095963

……………………………………………62095472

采访部

……………………………………………62095137

专题新闻采访部

……………………………………………62095831

……………………………………………62095832

摄影部

……………………………………………62095775

……………………………………………62095276

总编室

……………………………………………62095538

……………………………………………62095530

17. 审计服务中心

地址：北京市西城区六铺炕街1号南楼

邮编：100120

区号：010

审计一处

……………………………………………62095200

……………………………………………62095217

审计二处

……………………………………………62095231

……………………………………………62095243

审计三处

……………………………………………62095257

……………………………………………62095267

审计四处

……………………………………………62095233

……………………………………………62095242

审计五处

……………………………………………62095247

……………………………………………62095245

审计六处

……………………………………………62095269

……………………………………………62095525

审计七处

……………………………………………62095224

……………………………………………62095253

审计八处

……………………………………………62095849

审计业务管理处

……………………………………………62095221

……………………………………………62095479

中心办公室
……………………………………62095236
……………………………………62095298

hh 党群处
……………………………………62095225
……………………………………62095601

人劳处
……………………………………62095676
……………………………………62095483

计财处
……………………………………62095658
……………………………………62095718

后勤管理中心
……………………………………69216834
……………………………………69216824

机房
……………………………………62095696
……………………………………62095244

18. 石油管理干部学院

地址：北京市海淀区西三旗东
邮编：100096
区号：010

学院办公室
……………………………………69216002
……………………………………69216006
……………………………………69216008

组织人事部
……………………………………69216032
……………………………………69216035
……………………………………69216036

党群工作处
……………………………………69216021
……………………………………69216027

纪检监察处
……………………………………69216025
……………………………………69216022
……………………………………69216022

计划财务部
……………………………………69216051
……………………………………69216055
……………………………………69216052

培训部
……………………………………69216061
……………………………………69216023
……………………………………69216067

教学部
……………………………………69216166
……………………………………69216160
……………………………………69216198

学员管理办公室
……………………………………69216178
……………………………………69216066
……………………………………69216199

科研处
……………………………………69216101
……………………………………69216103
……………………………………69216106

信息部
……………………………………69216081
……………………………………69216062
……………………………………69216085

后勤处
……………………………………69216121
……………………………………69211919
……………………………………69216126

物业处
……………………………………69216151
……………………………………69216152
……………………………………69216155

党校办公室
……………………………………69216016
……………………………………69216019
……………………………………69216018

党校函授部
……………………………………69216012
……………………………………69216018

集团公司考试中心
……………………………………62098283

石油教育与人才研究所
……………………………………64856196
……………………………………64837599
……………………………………62094543

19. 广州培训中心

地址：广东省广州市沙太路 169 号
邮编；510510
区号：020

党群工作处
……………………………………87231553

……………………………………87231033

党委、行政办公室

……………………………………87231685

……………………………………87231375

人事劳资处

……………………………………87231039

……………………………………87231101

培训管理处

……………………………………87231039

……………………………………87231455

财务资产处

……………………………………87231456

……………………………………87231030

教学管理处

……………………………………87231040

……………………………………87231021

学生工作处

……………………………………87231031

……………………………………87231032

后勤处

……………………………………87231041

……………………………………87231043

外语培训部（系）

……………………………………87231332

……………………………………87231439

经济管理培训部（系）

……………………………………87231335

……………………………………87231333

信息管理培训部（系）

……………………………………87231302

……………………………………87231334

行政管理培训部（系）

……………………………………87231318

……………………………………87231004

20. 大连培训中心

地址：辽宁省大连市高新技术产业园区七贤岭亿阳街8号

邮编：116025

区号：0411

总机……………………………………84796789

传真……………………………………84798066

综合办公室……………………………84788086

后勤办公室……………………………84799860

人力资源部……………………………84799827

教育培训部……………………………84799829

财务资产部……………………………84797989

21. 大庆油田公司

地址；黑龙省江大庆市让胡路区龙南

邮编；163453

区号：0459

总经理办公室

……………………………………5967707

……………………………………5967977

……………………………………5955200

人事部

……………………………………5967598

……………………………………5951702

……………………………………5973769

勘探部

……………………………………5985325

……………………………………5972536

……………………………………5994052

开发部

……………………………………5983167

……………………………………5983213

……………………………………5996574

规划计划一部

……………………………………5990100

……………………………………5990190

……………………………………5999276

规划计划二部

……………………………………5967882

……………………………………5962305

……………………………………5999156

财务资产一部

……………………………………5967508

……………………………………5965699

……………………………………5967778

财务资产二部

……………………………………5977119

……………………………………5965536

……………………………………5999580

生产运行部

……………………………………5990666

……………………………………5967117

……………………………………5965300

土地资源管理部

……………………………………5950577

……………………………………………5967808
……………………………………………5963577

安全环保部
……………………………………………5965166
……………………………………………5990271
……………………………………………5995549

资产设备管理部
……………………………………………5965022
……………………………………………5965733
……………………………………………5967199

技术发展部
……………………………………………5999145
……………………………………………5994232
……………………………………………5997863

质量节能部
……………………………………………5998800
……………………………………………5996154
……………………………………………5990605

审计部
……………………………………………5997941
……………………………………………5936187
……………………………………………5936186

纪委监察部
……………………………………………5959929
……………………………………………5997157
……………………………………………5996162

市场开发部
……………………………………………5967890
……………………………………………5951150
……………………………………………5972908

外事管理部
……………………………………………5988732
……………………………………………5995110
……………………………………………5988725

企管法规处
……………………………………………5995721
……………………………………………5966041
……………………………………………5966290

综合经济管理部
……………………………………………5965336
……………………………………………5965005
……………………………………………5967003

工会
……………………………………………5973378
……………………………………………5951328

团委
……………………………………………5983713
……………………………………………5983722

机关党委
……………………………………………5998800
……………………………………………5963193

勘探分公司

地址：大庆市昆仑大街

邮编：163453

中浅层勘探项目部 ……………………5989117
深层勘探项目部 ……………………5950509
外围勘探项目部 ……………………5972863
井筒技术与监督部 ……………………5992296
物质技术与监督部 ……………………5992263
生产运行与信息部 ……………………5993735
财务经营部 ……………………5989582

大庆钻探工程公司

地址：大庆市爱国路

区号：163453

总经理办公室
……………………………………………5935208
……………………………………………5935523

人事处
……………………………………………5935336
……………………………………………5935213

企业文化处
……………………………………………5935390
……………………………………………5935376

规划计划处
……………………………………………5935389
……………………………………………5335718

财务资产处
……………………………………………5935375
……………………………………………5935387

企管法规处
……………………………………………5935257
……………………………………………5935379

工程技术管理处
……………………………………………5935329
……………………………………………5935327

生产运行处
……………………………………………5935369

副处长 ……………………………………5935215

安全环保质量节能处
……………………………………………5935362

……5935361

设备管理处

……5935306

……5935960

会计核算中心

……5935396

……5935392

指挥调度中心

……5935301

……5935302

内部市场监管科

……5935367

……5935215

市场开发中心

……5935402

……5935230

信息中心

……5935558

……5935382

定额造价中心

……5935240

……5935246

综合整治与稳定服务中心

……5935339

……5935226

物资管理中心

……5935372

……5935373

HSE 监督站

……5935232

……5935247

钻井一公司

地址：大庆市乘风南路 10 号

邮编：163411

办公室

……5602442

……5602211

规划计划与投资管理部

……5602909

……5602302

人力资源部

……5602351

……5602234

财务部

……5602240

……5602745

生产运行部

……5602950

……5602906

安全质量环保部

……5602271

……5603329

企业文化部

……5603758

……5602309

纪委监察部

……5602970

……5603717

土地管理部

……5602348

……5602364

经理管理与法律事务部

……5603545

……5602721

装备资产管理部

……5603593

……5603572

市场开发中心

……5602617

……5602374

HSE 监督部

……5602323

……5602942

钻前分公司

……5602613

……5603600

物资供应分公司

……5602558

……5603096

钻井工程技术服务分公司

……5602927

……5602928

钻井二公司

地址：大庆市八百垧中路

邮编：163413

办公室

……4893495

……4893464

行政办

……5608000

……………………………………………4892311

人力资源部

……………………………………………4893578

……………………………………………5608093

企业文化部

……………………………………………4893713

……………………………………………5608043

纪检监察部

……………………………………………4893253

……………………………………………4893510

生产运行部

……………………………………………4892575

……………………………………………4892213

规划经营部

……………………………………………4893643

……………………………………………4897001

生产准备部

……………………………………………4895007

……………………………………………4894776

安全质量环保部

……………………………………………4893488

……………………………………………5608072

装备资产部

……………………………………………5608037

……………………………………………4892102

财务部

……………………………………………4893569

……………………………………………5609751

技术发展部

……………………………………………4893358

……………………………………………5609047

物资供应分公司

……………………………………………4193708

……………………………………………4193898

技术管理中心

……………………………………………4892375

……………………………………………4893307

HSE 监督站

……………………………………………4892588

……………………………………………5608616

市场开发中心

……………………………………………5609471

……………………………………………5608593

钻前分公司

……………………………………………5608521

……………………………………………4984300

钻井四公司

地址：大庆市八百垧中路

邮编：163413

办公室

……………………………………………4989218

……………………………………………5609688

人力资源部

……………………………………………5609288

……………………………………………5609330

企业文化部

……………………………………………5609855

……………………………………………5609455

纪检监察部

……………………………………………4898218

……………………………………………5609899

安全质量环保部

……………………………………………4895900

……………………………………………5609600

HSE 监督站

……………………………………………4898298

……………………………………………5609882

生产运营部

……………………………………………4985017

……………………………………………4985003

规划经营部

……………………………………………5609118

……………………………………………5609305

生产准备部

……………………………………………5609566

……………………………………………5609286

财务

……………………………………………4893569

……………………………………………5609488

会计核算中心

……………………………………………5609568

……………………………………………5609358

装备资产部

……………………………………………4986879

……………………………………………5609770

技术发展部……………………………………5609211

……………………………………………5609314

技术管理中心

……………………………………………4987009

……………………………………………4987008

市场开发中心

……4987016
……4987031

综合服务中心
……4898009
……4985079

钻井五公司

地址：大庆市八百垧北路
邮编：163413

办公室
……4983058
……4983128

人力资源
……4983019
……4963016

企业文化部
……4983237

安全质量环保部
……4983027
……4895338

生产运行部
……4891988
……4983289

规划经营部
……4983028
……4983133

技术管理中心
……4983100
……4983566

物资管理中心
……4983018
……4983368

综合服务中心
……4987729
……4987727

工程开发分公司
……4897333
……4988918

物探公司

地址：大庆市杏五井西路
邮编：163357

办公室
……4102915
……4102935

人力资源部
……4102566
……4103234

企业文化部
……4102685
……4103263

纪委监察部
……4102649
……4103360

群工部
……4102578
……4102565

采集工程技术部
……4102367
……4103042

公共关系部
……4102788
……4102718

装备管理部
……4103895
……4102598

安全质量环保部
……4102537
……4102597

钻井生产技术服务公司

地址：大庆市张铁匠六街6号
邮编：163358

总经理办公室
……4193236
……4180757

人力资源部
……4193319
……4196720

企业文化部
……4192081
……4193895

纪检监察部
……4199559
……4194809

机关党委
……4994218
……4198775

行政管理部
……4195065
……4191061

财务资产部

……………………………………………4197866
……………………………………………4197588

计划经营法规部
……………………………………………4191193
……………………………………………4193475

生产运行部
……………………………………………4193491
……………………………………………4197608

质量安全环保部
……………………………………………4992136
……………………………………………4197836

市场开发中心
……………………………………………4197916
……………………………………………4191446

设备管理部
……………………………………………4193423
……………………………………………4194987

HSE 监督站
……………………………………………4193502
……………………………………………4994154

稳定工作协调服务中心
……………………………………………4985356
……………………………………………4985315

钻井工程技术研究院

地址：大庆市八百垧中路
邮编：163413

办公室
……………………………………………4893585
……………………………………………4985680

党群工作部
……………………………………………4892731
……………………………………………4893458

人力资源部
……………………………………………4891963
……………………………………………4898233

技术发展部
……………………………………………4985588
……………………………………………4893474

安全质量环保部
……………………………………………4893424
……………………………………………4893515

规划经营部
……………………………………………4893497
……………………………………………4893334

财务资产部
……………………………………………4892405
……………………………………………4893624

市场运营部
……………………………………………4892402
……………………………………………4893737

测井公司

地址：大庆市测井路
邮编：163412

综合办公室
……………………………………………5686548
……………………………………………5685960

人力资源部
……………………………………………5686658
……………………………………………5680559

计划经营部
……………………………………………5689087
……………………………………………5685118

财务资产部
……………………………………………5798570
……………………………………………5680559

装备管理部
……………………………………………5798862
……………………………………………5693342

生产作业部
……………………………………………5672569
……………………………………………5685750

安全质量环保部
……………………………………………5695088
……………………………………………5691309

审计监察部
……………………………………………5672731
……………………………………………5671569

群团工作部
……………………………………………5683277
……………………………………………5680707

科技信息部
……………………………………………5686327
……………………………………………5692093

市场管理中心
……………………………………………5686658
……………………………………………5796919

第一采油厂

地址：大庆市中七大路 34 号
邮编：163000

领导
……5815025
……5815008
综合办
……5827916
……5813919
油田管理部
……5812038
……5812165
生产运行部
……5815033
……5812800
安全环保部
……58152056
……5813775
技术发展部
……5882376
……5886256
财务资产部
……5883662
……5814216
企管法规部
……5825178
……5882369
计划规划部
……5824107
……5826312
人事部
……5815189
……5883400
物资管理部
……5181992
……5399699
审计监察部
……5886232
……5814033
工会
……5882500
……5883683
团委
……5823703
……5886240
稳定办
……5813919
……5883503
第一油矿
……5570398
……5570066
第二油矿
……5851799
……5861115
第三油矿
……5196116
……5390600
第四油矿
……5827269
……5883337
第五油矿
……5819022
……5819779
第六油矿
……5810155
……5811699
第七油矿
……5819777
……5819122
实验大队
……5816118
……5882141
仪表安装维修大队
……5196574
……5183189
地质大队
……5823955
……5886289
工程技术大队
……5886126
……5881231
电力维修大队
……5881058
……5824999
规划设计研究所
……5886266
……5812102
基建工程管理中心
……5886816
……5883462
抽油泵厂
……5886560
……5883795
机采大队
……5814460

…………………………………………5825453

生产准备大队

…………………………………………5811186

…………………………………………5813399

经保大队

…………………………………………5814816

…………………………………………5883799

油田资源管理大队

…………………………………………5886535

…………………………………………5883677

信息中心

…………………………………………5823950

…………………………………………5814195

文化活动中心

…………………………………………5813489

…………………………………………5814325

第二采油厂

地址：大庆市图强西街

邮编：163414

厂长 ……………………………………5295555

书记 ……………………………………5281007

综合办

主任 ……………………………………5295123

副主任 …………………………………5281610

协调办

副主任 …………………………………5297820

办公室 …………………………………5297824

机关党委

书记 ……………………………………5281006

办公室 …………………………………5296629

人事部

副主任 …………………………………5281618

办公室 …………………………………5295582

生产运行部

主任 ……………………………………5295777

副主任 …………………………………5297125

调度 ……………………………………5295554

油田管理部

主任 ……………………………………5281511

副主任 …………………………………5298479

质量安全环保部

主任 ……………………………………5281606

副主任 …………………………………5296361

办公室 …………………………………5290885

技术发展部

主任 ……………………………………5281612

副主任 …………………………………5296609

办公室 …………………………………5297736

计划规划部

主任 ……………………………………5281627

副主任 …………………………………5281613

企业法规部

主任 ……………………………………5281615

副主任 …………………………………5296255

办公室 …………………………………5296294

财务资产部

主任 ……………………………………5281538

副主任 …………………………………5281525

办公室 …………………………………5295381

审计监察部

主任 ……………………………………5281528

副主任 …………………………………5295988

物资管理部

主任 ……………………………………5281533

副主任 …………………………………5298927

第三采油厂

地址：大庆市拥军西路

邮编：163113

厂长 ……………………………………5860036

书记 ……………………………………5860009

油田管理部

主任 ……………………………………5863600

副主任 …………………………………5863160

物资管理部

主任 ……………………………………5860020

副主任 …………………………………5863069

生产运行部

主任 ……………………………………5861001

副主任 …………………………………5862057

质量安全环保部

主任 ……………………………………5863789

副主任 …………………………………5858128

综合办公室

主任 ……………………………………5860238

副主任 …………………………………5862313

人事部

主任 ……………………………………5859933

副部长 …………………………………5852789

副主任 …………………………………5863120

财务资产部

主任 ……5860239
副主任 ……5862765
计划规划部
主任 ……5861077
副主任 ……5863973
企管法规部
主任 ……5863081
副主任 ……5861606
法律顾问 ……5863083
技术发展部
主任 ……5862001
副主任 ……5861170
审计监察部
主任 ……5861018
副主任 ……5862871
工会、共青团
副主席 ……5862152
团委副书记 ……5857199

第四采油厂

地址：大庆市红岗西街4号
邮编：163511

书记 ……4180111
厂长 ……4180055
综合办公室
主任 ……4179133
副主任 ……4191642
油田管理部
主任 ……4192099
副主任 ……4196001
生产运行部
主任 ……4180019
副主任 ……4192673
综合调度 ……4191201
计划规划部
主任 ……4192208
副主任 ……4199608
生产计划 ……4192509
技术发展部
主任 ……4191783
副主任 ……4195783
基建工程管理部
主任 ……4193686
合同管理 ……4193497
财务管理部
主任 ……4191163
副主任 ……4192452
结算中心
主任 ……4192754
业务 ……4192755
人事部
主任 ……4180008
副主任 ……4192865
企管法规部
主任 ……4192446
副主任 ……4197009
审计监察部
主任 ……4192051
副主任 ……4191789
质量安全环保部
主任 ……4191943
副主任 ……4192675
物资管理部
主任 ……4180017
副主任 ……4191196
工会
副主席 ……4191064

第五采油厂

地址：大庆市杏南村东街6号
邮编：163513

书记 ……4593111
厂长 ……4599007
综合办公室
主任 ……4599606
副主任 ……4596026
秘书 ……4596358
生产运行部
主任 ……4591700
油田管理部
主任 ……4596066
副主任 ……4596645
计划规划部
主任 ……4594001
副主任 ……4596559
质量安全环保部
主任 ……4596616
副主任 ……4599900
技术发展部
主任 ……4596395
副主任 ……4596218
财务资产部

主任 ……………………………………4591366
副主任 ……………………………………4596463
人事部
主任 ……………………………………4597777
副主任 ……………………………………4596434
综合管理 ……………………………………4596029
企管法规部
主任 ……………………………………4596283
副主任 ……………………………………4597736
审计监察部
主任 ……………………………………4596815
副主任 ……………………………………4597372
审计办公室 ……………………………………4596256
物资管理部
主任 ……………………………………4597667
副主任 ……………………………………4596820
生产维修 ……………………………………4597799
基建工程管理部
主任 ……………………………………4596818
副主任 ……………………………………4597035
基建综合 ……………………………………4596951
稳定工作服务中心
主任 ……………………………………4596659
副主任 ……………………………………4596362
闭路台
编辑部 ……………………………………4596592
记者室 ……………………………………4597250
播音室 ……………………………………4596314
老年活动中心
办公室 ……………………………………4597866
培训中心
主任 ……………………………………4596442
书记 ……………………………………4596131
教务办 ……………………………………4598077

第六采油厂

地址：大庆市北三东路
邮编：163114

书记 ……………………………………5837700
厂长 ……………………………………5838801
综合办公室
主任 ……………………………………5836079
副主任 ……………………………………5836037
企业法规部
主任 ……………………………………5836183
副主任 ……………………………………5836095
物资管理部
主任 ……………………………………5831464
副主任 ……………………………………5831465
办公室 ……………………………………5836460
计划规划部
主任 ……………………………………5835562
副主任 ……………………………………5839158
办公室 ……………………………………5835801
技术发展部
主任 ……………………………………5836007
副主任 ……………………………………5835356
财务资产部
主任 ……………………………………5835758
副主任 ……………………………………5835745
生产运行部
主任 ……………………………………5835666
副主任 ……………………………………5831423
办公室 ……………………………………5835258
油田管理部
主任 ……………………………………5836165
副主任 ……………………………………5835297
办公室 ……………………………………5836066
基建工程管理部
主任 ……………………………………5836452
副主任 ……………………………………5838705
计划统计 ……………………………………5833652
质量安全环保部
主任 ……………………………………5835337
副主任 ……………………………………5835695
综合 ……………………………………5836823
人事部
主任 ……………………………………5838703
副主任 ……………………………………5836481
办公室 ……………………………………5836039
审计监察部
主任 ……………………………………5836490

第七采油厂

地址：大庆市庆葡大街
邮编：163517

厂长 ……………………………………4497677
书记 ……………………………………4496877
综合办
主任 ……………………………………4499943
宣传部
主任 ……………………………………4495366

油田管理部
　主任 ……………………………………4497113
生产运行部
　主任 ……………………………………4498612
质量安全环保部
　主任 ……………………………………4498775
计划规划部
　主任 ……………………………………4498567
财务资产部
　主任 ……………………………………4490666
企管法规部
　主任 ……………………………………4499306
技术发展部
　主任 ……………………………………4498604
人事部
　主任 ……………………………………4492700
审计监察部
　主任 ……………………………………4498076
物资管理部
　主任 ……………………………………4495461
信息中心
　主任 ……………………………………4497101

第八采油厂

地址：大庆市高十一路
邮编：163514

厂长 ……………………………………4515001
书记 ……………………………………4515077
综合办
……………………………………4511292
机关党委
……………………………………4512858
审计监察部
……………………………………4511928
人事部
……………………………………4511216
计划规划部
……………………………………4511462
财务资产部
……………………………………4512656
企管法规部
……………………………………4512779
技术发展部
……………………………………4511187
质量安全环保部
……………………………………4515066
生产运行部
……………………………………4511177
油田管理部
……………………………………4511389
规划设计研究所
……………………………………4515811
信息中心
……………………………………4512009

第九采油厂

地址：大庆市元丰路
邮编：163853

厂长 ……………………………………4699009
综合办公室
……………………………………4698381
生产运行部
……………………………………4695333
油田管理部
……………………………………4698149
技术发展部
……………………………………4698429
基建工程管理部
……………………………………4697151
质量安全环保部
……………………………………4698728
人事部
……………………………………4699329
审计监察部
……………………………………4698494
计划规划部
……………………………………4698964
财务资产部
……………………………………4696117
企管法规部
……………………………………4690199

第十采油厂

地址：大庆市朝阳沟镇
邮编：164405

厂长
……………………………………4390001
综合办公室
……………………………………4390016
油田管理部
……………………………………4390026
生产运行部

……………………………………………4390028

计划规划部

……………………………………………4390509

财务资产部

……………………………………………4390061

人力资源部

……………………………………………4390532

质量安全环保部

……………………………………………4390110

企管法规部

……………………………………………4390052

技术发展部

……………………………………………4390093

审计监察部

……………………………………………4390090

榆树林油田开发有限责任公司

地址：大庆市榆树林

邮编：151100

总经理办

……………………………………………4651263

……………………………………………4651105

人力资源簿

……………………………………………4651271

基建工程部

……………………………………………4651408

财务资产部

……………………………………………4651295

质量安全环保部

……………………………………………4651466

工程技术研究所

……………………………………………4651055

作业分公司

……………………………………………4651175

维修分公司

……………………………………………4651285

测试分公司

……………………………………………4651180

头台油田开发有限责任公司

地址：大庆市头台

邮编：163517

经理办

……………………………………………4464188

人事监察部

……………………………………………4464234

……………………………………………4464100

经营管理部

……………………………………………4464229

……………………………………………4464146

生产部

……………………………………………4464158

开发技术中心

……………………………………………4464051

……………………………………………4464238

信息中心

……………………………………………4464331

采气分公司

地址：大庆市爱国路玉门街

邮编：163453

综合办公室

……………………………………………5959320

……………………………………………5959303

党群工作部

……………………………………………5959306

……………………………………………5959308

审计监察部

……………………………………………5959305

……………………………………………5959535

人事部

……………………………………………5959317

……………………………………………5959313

计划规划部

……………………………………………5959301

……………………………………………5959510

技术发展部

……………………………………………5959509

……………………………………………5959309

财务资产部

……………………………………………5960177

……………………………………………5959315

质量安全环保部

……………………………………………5958566

……………………………………………5970588

储运销售分公司

地址：大庆市西宾路

邮编：163453

经理

……………………………………………5183133

经理办

……………………………………………5181986
生产运行部
……………………………………………5198288
人力资源部
……………………………………………5196633
财务部
……………………………………………5182706
质量安全环保部
……………………………………………5199926
规划计划部
……………………………………………5199597
技术发展部
……………………………………………5183901
审计监察部
……………………………………………5183538
油品管理部
……………………………………………5183435
企管法规部
……………………………………………5183903

建设集团

地址：大庆市昆仑大街
邮编：163453

党委书记
……………………………………………5959888
经理
……………………………………………5965899
办公室
……………………………………………5959105
计划规划部
……………………………………………5959199
财务资产部
……………………………………………5959336
经营法规部
……………………………………………5965191
人力资源部
……………………………………………5959155
生产协调部
……………………………………………5959079
市场开发部
……………………………………………5959087
安全环保部
……………………………………………5959033
纪检监察部
……………………………………………5959118
审计中心
……………………………………………5959129
企业文化部
……………………………………………5959059

油建公司

地址：大庆市西静路 2 号
邮编：163712

经理
……………………………………………5098383
办公室
……………………………………………5098928
财务管理部
……………………………………………5088907
经营法规部
……………………………………………5092007
人力资源部
……………………………………………5595543
生产协调部
……………………………………………5088901
市场开发部
……………………………………………5095687
安全环保部
……………………………………………5592519
纪委监察部
……………………………………………5096278
企业文化部
……………………………………………5097210

管道工程公司

地址：大庆市西静路 2 号
邮编：163712

经理
……………………………………………5093459
书记
……………………………………………5098289
办公室
……………………………………………5089786
财务管理部
……………………………………………5593919
资产管理部
……………………………………………5090283
经营法规部
……………………………………………5593931
人力资源部
……………………………………………5593912
生产协调部

……………………………………………5595666

市场开发部

……………………………………………5089790

安装工程公司

地址：大庆市乘风大街

邮编：163411

书记

……………………………………………5712118

经理

……………………………………………5713218

办公室

……………………………………………5713208

人力资源部

……………………………………………5712400

企业文化部

……………………………………………5710135

群团工作部

……………………………………………5710217

纪委监察部

……………………………………………5712406

生产计划部

……………………………………………5712917

技术质量部

……………………………………………5710837

安全环保部

……………………………………………5712811

市场开发部

……………………………………………5722834

22. 辽河油田公司

地址：辽宁省盘锦市兴隆台区石油大街98号

邮编：124010

区号：0427

总经理办公室

……………………………………………7298877

……………………………………………7298019

党委办公室

……………………………………………7299055

……………………………………………7298676

勘探处

……………………………………………7398096

……………………………………………7299936

开发处

……………………………………………7298048

……………………………………………7298658

采油工艺处

……………………………………………7298885

……………………………………………7298377

科技处

……………………………………………7298376

……………………………………………7299800

生产运行处

……………………………………………7298899

安全环保处

……………………………………………7829121

财务处

……………………………………………7298277

……………………………………………7298266

……………………………………………7298255

人事处

……………………………………………7298585

……………………………………………7299178

企管法规处

……………………………………………7298967

……………………………………………7299188

多种经营处

……………………………………………7299216

……………………………………………7299218

人力资源部

……………………………………………7299833

……………………………………………7299402

党群工作部

……………………………………………7299926

……………………………………………7299916

党委宣传部

……………………………………………7298039

……………………………………………7299296

……………………………………………7298668

纪委监察处

……………………………………………7298808

……………………………………………7299052

……………………………………………7299590

审计处

……………………………………………7298106

……………………………………………7299929

工会

……………………………………………7822361

……………………………………………7825339

文化体育管理中心

……………………………………………7803799

……………………………………………7820161

团委

……………………………………………7829393

……………………………………………7822180

直属部门

钻井工程部

……………………………………………7298828

……………………………………………7299320

质量节能管理部

……………………………………………7825086

……………………………………………7828602

储气库项目管理部

……………………………………………7298750

……………………………………………7805861

工程技术部

……………………………………………7299727

……………………………………………7299669

冀东油田项目管理部

……………………………………………7299727

……………………………………………7299209

国际合作部

……………………………………………7298869

……………………………………………7852929

资产装备部

……………………………………………7299508

……………………………………………7298555

资本运营部

……………………………………………7298693

……………………………………………7299966

概预算管理中心

……………………………………………7298696

……………………………………………7299569

市场管理部

……………………………………………7299619

……………………………………………7299628

物资管理部

……………………………………………7826600

……………………………………………7298180

信息管理部

……………………………………………7298818

……………………………………………7298303

结算部

……………………………………………7298699

……………………………………………7298161

勘探项目管理部

……………………………………………7298816

……………………………………………7298515

新区勘探项目管理部

……………………………………………7298501

……………………………………………7298925

海洋勘探项目管理部

……………………………………………7298536

开发项目管理部

……………………………………………7298655

……………………………………………7298633

燃气事业部

……………………………………………7821799

……………………………………………7821966

燃料结构调整管理部

……………………………………………7822866

……………………………………………7831618

机关党委

……………………………………………7299880

……………………………………………7299990

武装部

……………………………………………7285029

……………………………………………7822297

外围能源勘探开发项目部

……………………………………………7893555

直属公司

销售公司

……………………………………………7823906

天然气公司

……………………………………………7298401

油田化学公司

……………………………………………7298078

海南油气勘探分公司

……………………………………………7298919

进出口公司

……………………………………………7802700

技术经济咨询有限公司

……………………………………………7820160

……………………………………………7820165

辽河石油工程建设监理有限公司

……………………………………………7833100

……………………………………………7803703

辽河石油房地产开发有限公司

……………………………………………7296666

……………………………………………7296000

大连保税区辽河经贸有限公司

……………………………………(0411)87543373

……………………………………(0411)87543371

离退休管理中心
……………………………………7828001
……………………………………7288356

再就业协调管理办公室
……………………………………7800178
……………………………………7800778

曙光采油厂
……………………………………7536228
……………………………………7539368

曙光工程技术处
……………………………………7536066
……………………………………7536038

欢喜岭采油厂
……………………………………7547999
……………………………………7548466

欢喜岭工程技术处
……………………………………7549388
……………………………………7543229

锦州工程技术处
……………………………………7550230
……………………………………7553777

兴隆台采油厂
……………………………………7811015
……………………………………7850368

兴隆台工程技术处
……………………………………7860600
……………………………………7260696

沈阳采油厂
……………………………………7569889
……………………………………7569002

沈阳工程技术处
……………………………………7568168
……………………………………7560598

高升采油厂
……………………………………7505789
……………………………………7500090

高升工程技术处
……………………………………7506789
……………………………………7506788

茨榆坨采油厂
……………………………………7578671
……………………………………7578672

茨榆坨工程技术处
……………………………………7575001
……………………………………7573173

油气集输公司
……………………………………7651009
……………………………………7651088

油气工程技术处
……………………………………7653777
……………………………………7652018

金马油田开发公司
……………………………………7899018
……………………………………7899017

冷家油田开发公司
……………………………………7899008
……………………………………7802020

特种油开发公司
……………………………………7802800
……………………………………7829807

浅海石油开发公司
……………………………………7298819
……………………………………7298827

油气试采公司
……………………………………7828028
……………………………………7829592

钻采工艺研究院
……………………………………7801022
……………………………………7803303

勘探开发研究院
……………………………………7825531
……………………………………7820519

消防支队
……………………………………7819119
……………………………………7811709

石油化工总厂
……………………………………7659199
……………………………………7658661

井下作业公司
……………………………………7515678
……………………………………7510901

中油辽河工程有限公司
……………………………………7820315
……………………………………7826923

油田建设工程一公司
……………………………………7580921
……………………………………7580464

油田建设工程二公司
……………………………………7811186
……………………………………7811957

筑路工程公司
……………………………………7585006

……………………………………………7581152

物资公司

……………………………………………7853388

……………………………………………7811481

总机械厂

……………………………………………7648996

……………………………………………7649400

辽河石油装备制造总公司

……………………………………………7822811

……………………………………………7828980

通信公司

……………………………………………7827991

……………………………………………7803766

电力集团公司

……………………………………………7539777

……………………………………………7530765

经济贸易置业总公司

……………………………………………7288450

……………………………………………7288498

华油实业公司

……………………………………………7801888

……………………………………………7820848

辽河石油职业技术学院

……………………………………………7638077

……………………………………………7638164

辽河油田党校

……………………………………………7861622

……………………………………………7861175

兴城疗养院

……………………………………………7639498

……………………………………………7639420

供水公司

……………………………………………7868158

……………………………………………7861391

辽河石油报社

……………………………………………7822189

……………………………………………7822064

振兴公用事业公司

……………………………………………7823526

……………………………………………7822098

兴隆台公用事业处

……………………………………………7866333

……………………………………………7866907

渤海公用事业处

……………………………………………7819267

……………………………………………7812663

于楼公用事业处

……………………………………………7584779

……………………………………………7580338

曙光公用事业处

……………………………………………7530666

……………………………………………7539393

欢喜岭公用事业处

……………………………………………7549509

……………………………………………7549310

辽河油田中心医院

……………………………………………7650999

……………………………………………7650589

第二职工医院

……………………………………………7810051

……………………………………………7810776

社区卫生服务中心

……………………………………………7820462

……………………………………………7820051

辽宁天意实业股份有限公司

……………………………………………7821359

……………………………………………2897079

……………………………………………2897079

盘锦辽河油田辽海集团有限公司

……………………………………………7541159

……………………………………………7644021

盘锦辽河油田裕隆实业有限公司

……………………………………………7811870

……………………………………………7812157

……………………………………………7811640

辽宁辽河油田泰华建设集团有限公司

……………………………………………3211600

……………………………………………3211617

辽宁辽河油田开阳建设集团有限公司

……………………………………………7831212

……………………………………………7808486

盘锦辽河油田康达实业有限公司

……………………………………………7820966

……………………………………………7821282

盘锦辽河油田天都实业有限公司

……………………………………………7821662

……………………………………………7821945

辽宁华商能源有限公司

……………………………………………7852626

……………………………………………7850788

盘锦辽河油田双兴实业有限公司

……………………………………………2899388

……………………………………………2897203

盘锦辽河油田泰成公司

……………………………………………7803162

……………………………………………7822139

盘锦辽河油田欧泰隆实业有限公司

……………………………………………7802366

……………………………………………7820158

东方地球物理公司辽河物探分公司

……………………………………………7266400

……………………………………………7266555

辽河有议案基础教育管理中心

……………………………………………7829009

……………………………………………7822127

辽河润滑油厂

……………………………………………7658448

……………………………………………7659824

23. 长庆油田公司

地址：陕西省西安市长庆兴隆园小区

邮编：710021

区号：029

总经办

……………………………………………86592368

……………………………………………86592308

油田开发处

……………………………………………86596676

……………………………………………86591933

油藏评价处

……………………………………………86593387

……………………………………………86598974

气田开发处

……………………………………………86593443

……………………………………………86591503

生产运行处

……………………………………………86595010

……………………………………………86595789

技术发展处

……………………………………………86592382

……………………………………………86597329

人事处

……………………………………………86592275

……………………………………………86593428

劳动工资处

……………………………………………86593410

……………………………………………86594992

规划计划处

……………………………………………86593384

……………………………………………86590902

审计处

……………………………………………86592263

……………………………………………86595155

法律事务处

……………………………………………86594002

……………………………………………86593960

安全环保处

……………………………………………86592396

……………………………………………86594305

质量管理与节能处

……………………………………………86595606

……………………………………………86592302

内部控制处

……………………………………………86599588

……………………………………………86598003

设备管理处

……………………………………………86592418

……………………………………………86592987

纪检监察处

……………………………………………86592287

……………………………………………86592270

党委宣传部

……………………………………………86592525

……………………………………………86593439

公共关系处

……………………………………………86592038

……………………………………………86593972

教育处

……………………………………………86592013

……………………………………………86593105

工会

……………………………………………86593089

……………………………………………86591755

团委

……………………………………………86591420

……………………………………………86595544

行政事物中心

……………………………………………86598638

……………………………………………86595301

资金结算中心

……………………………………………86978516

……………………………………………86978515

信息中心

……………………………………86978021
……………………………………86978003

油气田规划所
……………………………………86592069
……………………………………86594306

咨询中心
……………………………………86978116
……………………………………86978118

审计中心
……………………………………86978816
……………………………………86978801

职业技能鉴定中心
……………………………………86978196
……………………………………86978188

苏里格气田开发指挥部
……………………………………86978861
……………………………………86575898

北线指挥部
……………………………………86503942
……………………………………86503945

陇东指挥部
……………………………………8598222
……………………………………8595713

勘探部
……………………………………86978668
……………………………………86978661

对外合作部
……………………………………86592121
……………………………………86596725

基建工程部
……………………………………86978236
……………………………………86978266

工程技术管理部
……………………………………86978303
……………………………………86978285

超低渗透油藏开发部
……………………………………86978699
……………………………………86978686

数字化管理项目部
……………………………………86591255
……………………………………86599187

物资装备部
……………………………………86596236
……………………………………86596535

工程造价管理部
……………………………………86978386
……………………………………86978389

保卫部
……………………………………86592118
……………………………………86596017

资本运营部
……………………………………86978788
……………………………………86978789

陕西省石油石化企业协调组办公室
……………………………………86592308
……………………………………86592119

档案馆
……………………………………86590627
……………………………………86590626

第一采油厂
……………………………………86506136
……………………………………86506173

第二采油厂
……………………………………86592588
……………………………………86598288

第三采油厂
……………………………………86935168
……………………………………86935188

第四采油厂
……………………………………86505518
……………………………………86505388

第五采油厂
……………………………………86517198
……………………………………86517207

第六采油厂
……………………………………86565218
……………………………………86565228

第七采油厂
……………………………………86522221
……………………………………86522222

第八采油厂
……………………………………86586599
……………………………………86586598

第一采气厂
……………………………………86505086
……………………………………86505188

第二采气厂
……………………………………86502188
……………………………………86574708

第三采气厂
……………………………………87229888
……………………………………87229808

长北天然气开发项目经理部
……………………………………………86978598
……………………………………………86978585

第一输油处
……………………………………………86590168
……………………………………………86590288

第二输油处
……………………………………………86598599
……………………………………………86598858

第三输油处
……………………………………………86952882
……………………………………………86952883

甲醇厂
……………………………………………86505098
……………………………………………86505925

勘探开发研究院
……………………………………………86598085
……………………………………………86591594

油气工艺研究院
……………………………………………86590655
……………………………………………86590658

西安长庆化工集团有限公司
……………………………………………86022295
……………………………………………86022299

西安长庆科技工程有限责任公司
……………………………………………86592061
……………………………………………86592068

西安长庆工程建设监理有限公司
……………………………………………86593878
……………………………………………86597540

长庆钻井总公司
……………………………………………86598268
……………………………………………86593521

长庆井下技术作业公司
……………………………………………86599099
……………………………………………86599089

工程技术研究院
……………………………………………86591552
……………………………………………86592859

长庆录井公司
……………………………………………86599109
……………………………………………86599119

长庆固井公司
……………………………………………86598250
……………………………………………86597889

长庆管具公司
……………………………………………86598261
……………………………………………86598976

24. 塔里木油田公司

地址：新疆维吾尔族自治区库尔勒市
邮编：841000
区号：0996

办公室
……………………………………………2171150
……………………………………………2171370

人事处
……………………………………………2172099
……………………………………………2173883

生产运行处
……………………………………………2173118
……………………………………………2176318

财务处
……………………………………………2171658
……………………………………………2175373

党群工作处
……………………………………………2171162
……………………………………………2171988

审计处
……………………………………………2171763
……………………………………………2171811

纪检监察处
……………………………………………2171830
……………………………………………2172061

企管法规处
……………………………………………2175319
……………………………………………2171969

规划计划处
……………………………………………2172373
……………………………………………2176165

技术发展处
……………………………………………2172320
……………………………………………2171080

外事装备处
……………………………………………2176269
……………………………………………2171925

质量安全环保处
……………………………………………2171662
……………………………………………2175618

炼化管道处
……………………………………………2172761

…………………………………………2172760

勘探开发研究院

…………………………………………2171398

…………………………………………2171782

勘探事业部

…………………………………………2171597

…………………………………………2171185

开发事业部

…………………………………………2176338

…………………………………………2173633

伦南作业区

…………………………………………2178001

…………………………………………2178002

塔中作业区

…………………………………………2177217

…………………………………………2177168

东河作业区

…………………………………………2133202

…………………………………………2133203

哈德作业区

…………………………………………2177999

…………………………………………2177996

桑吉作业区

…………………………………………2136500

…………………………………………2136600

天然气事业部

…………………………………………2174351

…………………………………………2172227

塔西南勘探开发公司

地址：新疆维吾尔族自治区喀什泽普塔

邮编：844804

区号：0998

办公室

…………………………………………7522047

…………………………………………7522618

生产运行部

…………………………………………7522047

…………………………………………7523612

人事组织部

…………………………………………7523567

…………………………………………7523612

计划财务部

…………………………………………7523593

…………………………………………7522634

企管法规部

…………………………………………7523688

…………………………………………7522757

工程技术部

…………………………………………7523312

…………………………………………7522736

质量安全环保部

…………………………………………7522917

…………………………………………7522617

党群工作部

…………………………………………7522902

…………………………………………7522547

纪检监察部

…………………………………………7522983

…………………………………………7522421

审计中心

…………………………………………7521195

…………………………………………7522733

石化厂

…………………………………………7520232

…………………………………………7520917

炼化销售部

…………………………………………7520310

…………………………………………7520258

电力工程部

…………………………………………7520397

…………………………………………7520851

物资供应部

…………………………………………7523669

…………………………………………7523620

运输部

…………………………………………7522512

…………………………………………7522949

工程项目管理部

…………………………………………7522079

…………………………………………7523427

25. 新疆油田公司

地址：新疆克拉玛依市迎宾路 66 号

邮编：834000

区号：0990

总经理办公室

…………………………………………6881419

…………………………………………6887908

党委办公室

…………………………………………6881121

……………………………………………6882092

党委组织部

……………………………………………6889786

……………………………………………6884808

党委宣传部

……………………………………………6886692

……………………………………………6882712

机关预算办

……………………………………………6881978

……………………………………………6887720

开发处

……………………………………………6884579

……………………………………………6886088

基建工程处

……………………………………………6881317

……………………………………………6883381

安全环保处

……………………………………………6222523

……………………………………………6884472

质量管理与节能处

……………………………………………6887766

……………………………………………6886909

企业管理处

……………………………………………6883601

……………………………………………6886916

法律事物处

……………………………………………6861191

……………………………………………6886607

审计处

……………………………………………6883132

……………………………………………6883572

资本运营处

……………………………………………6889162

……………………………………………6888148

数据中心

……………………………………………6889160

……………………………………………6880756

资金结算中心

……………………………………………6880329

……………………………………………6887193

新疆石油学院（0991）

……………………………………………7850815

……………………………………………7850849

准东采油厂（0994）

……………………………………………3837888

……………………………………………3833389

采油一厂

……………………………………………6841079

……………………………………………6841115

采油二厂

……………………………………………6827238

……………………………………………6827634

采气一厂

……………………………………………6813112

……………………………………………6812891

重油开发公司

……………………………………………6881197

……………………………………………6881993

百口泉采油厂

……………………………………………6875066

……………………………………………6804261

风城油田作业区

……………………………………………6849921

……………………………………………6802330

井下作业公司

……………………………………………6884061

……………………………………………6884486

工程建设有限责任公司

……………………………………………6232163

……………………………………………6233792

勘探开发研究院

……………………………………………6884053

……………………………………………6886011

机械制造总公司

……………………………………………6846454

……………………………………………6847816

物资供应总公司

……………………………………………6846420

……………………………………………6852991

26. 西南油气田公司

地址：四川省成都市府青路一段5号

邮编：610051

区号：028

总经理办公室

……………………………………………86011655

勘探处

……………………………………………86012539

……………………………………………86012038

科技信息处

……………………………………………86011375

……………………………………86011204

规划计划处

……………………………………86011783

……………………………………86011780

财务处

……………………………………86011791

……………………………………86011873

人事处

……………………………………86011663

……………………………………86011391

安全环保处

……………………………………86011366

……………………………………86011018

营销处

……………………………………86011945

……………………………………86012136

企管与内控处

……………………………………86011521

……………………………………86012268

装备处

……………………………………86011723

……………………………………86013495

监察处

……………………………………86011122

……………………………………86012412

审计处

……………………………………86013766

……………………………………86013078

思想政治工作处（企业文化处）

……………………………………86011310

……………………………………86011017

工会

……………………………………86011953

……………………………………86011124

开发部

……………………………………86011712

……………………………………86012568

工程项目造价管理部

……………………………………86011679

……………………………………86012791

矿区服务事业部

……………………………………86012917

……………………………………86012963

27. 吉林油田公司

地址：吉林省松原市沿江路1219号

邮编：138000

区号：0438

总经理（党委）办公室

……………………………………6258021

……………………………………6258187

生产运行处

……………………………………6258066

……………………………………6258067

规划计划处

……………………………………6258089

……………………………………6258090

财务处

……………………………………6258126

……………………………………6258196

人事处

……………………………………6258538

……………………………………6258977

劳动工资处

……………………………………6258208

……………………………………6258851

纪委（监察处）

……………………………………6258898

……………………………………6258899

内部控制处

……………………………………6258616

……………………………………6258209

安全环保处

……………………………………6258960

……………………………………6258962

科技处

……………………………………6258276

……………………………………6258183

装备管理处

……………………………………6258978

……………………………………6258979

质量与节能处

……………………………………6258667

……………………………………6258269

审计处

……………………………………6258166

……………………………………6258233

法律事务处

……………………………………6258812

……………………………………6258813

党委工作处

……………………………………………6258296
……………………………………………6258297
工会
……………………………………………6258825
……………………………………………6258824
勘探事业部
……………………………………………6258317
……………………………………………6258341
开发事业部
……………………………………………6258418
……………………………………………6258011
天然气事业部
……………………………………………6258446
……………………………………………6258328
工程技术与市场部
……………………………………………6258501
……………………………………………6258568
基建工程部
……………………………………………6258810
……………………………………………6258633
质量安全环保监督站
……………………………………………6258508
……………………………………………6258509
信息管理部
……………………………………………6258277
……………………………………………6258290
培训部
……………………………………………6258866
……………………………………………6258868
机关事务部
……………………………………………6258999
……………………………………………6258588
稳定办
……………………………………………6224600
……………………………………………6274328
相关产业部
……………………………………………6258788
……………………………………………6258786
合资合作部
……………………………………………6258355
……………………………………………6258371
工程造价中心
……………………………………………6258092
……………………………………………6258123
价格定额中心
……………………………………………6258886
……………………………………………6258889
财务结算中心
……………………………………………6258359
……………………………………………6258057
资产处置中心
……………………………………………6226730
……………………………………………6225686
审计中心
……………………………………………6258819
……………………………………………6258775
咨询巡视中心
……………………………………………6258016
……………………………………………6258506
锅炉压力设备检验中心
……………………………………………6224270
……………………………………………6274420
矿区服务事业部
……………………………………………6258530
……………………………………………6258696
党群工作部
……………………………………………6258535
……………………………………………6258298
人事劳资部
……………………………………………6258668
……………………………………………6258533
计划财务资产部
……………………………………………6258531
……………………………………………6258532
质量安全环保部
……………………………………………6258260
……………………………………………6258709
物业管理部
……………………………………………6258545
……………………………………………6258601
公用公益事业管理部
……………………………………………6258679
……………………………………………6258677
扶余采油厂
……………………………………………6393001
……………………………………………6393002
乾安采油厂
……………………………………………6236331
……………………………………………6236501
英台采油厂
……………………………………………6234390
……………………………………………6234326

红岗采油厂
……6232071
……6232094
新立采油厂
……6231310
……6231313
新民采油厂
……6338788
……6338891
新木采油厂
……6228785
……6228801
松原采气厂
……6223020
……6240155
长春采油厂
……6239111
……6239112
试油测试公司
……6336352
……6336836
试采公司
……6337150
……6337151
井下作业工程公司
……6330325
……6330356
修井作业公司
……6330516
……6330500
建设公司
……6398015
……6397638
矿区工程建设项目部
……6227319
……6227322
勘探开发研究院
……6226052
……6227325
钻井工艺研究院
……6337730
……6337732
勘察设计院
……6259718
……6259999
储运销售公司
……6226616
……6226352

28. 大港油田公司

地址：天津市大港油田3号院
邮编：300280
区号：022

总经理办公室
……25966221
……25922663
党委办公室（机关党委）
……25922180
……25925585
维护稳定办公室
……25927011
……25922204
人事处
……25923527
……25972898
劳动工资部
……25975588
……25924668
企业文化处（党委宣传处）
……25939666
……25922169
工会
……25923468
……25926495
团委
……25924753
……25914065
规划计划处
……25978668
……25979880
财务处
……25928017
……25915304
审计处
……25966144
……25939156
企管法规处
……25976598
……25972104
内控管理处
……25966230

……………………………………………25922175

资本运行处

……………………………………………25924937

……………………………………………25923149

物资装备处

……………………………………………25969188

……………………………………………25969666

土地管理处

……………………………………………25926989

……………………………………………25918447

科技信息处

……………………………………………25926989

……………………………………………25923066

采油和地面工程处

……………………………………………25966229

……………………………………………25966275

油气藏评价事业处

……………………………………………25979888

……………………………………………25976988

油气开发事业处

……………………………………………25913387

……………………………………………25973315

工程监督服务中心

……………………………………………25967618

……………………………………………25914825

资金结算中心

……………………………………………25966338

……………………………………………25920157

生产运行处

……………………………………………25978988

……………………………………………25966068

勘探处

……………………………………………25966072

……………………………………………25948941

油气开发处

……………………………………………25928212

……………………………………………25966233

井筒工程处

……………………………………………25924816

……………………………………………25918904

安全环保处

……………………………………………25912422

……………………………………………25966231

纪检监督处

……………………………………………25923169

……………………………………………25966225

勘探事业部

……………………………………………25966072

……………………………………………25925051

销售公司

……………………………………………25924398

……………………………………………25916022

工程造价中心

……………………………………………25978668

……………………………………………25966246

审计中心

……………………………………………25914051

……………………………………………25914058

孔南开发项目部

……………………………………………25975634

……………………………………………25973124

冀东项目部（区号 0315）

……………………………………………8763312

……………………………………………8763805

勘探开发研究院

……………………………………………63960599

……………………………………………63959992

采油工艺研究院

……………………………………………63962998

……………………………………………63959288

钻采工艺研究院

……………………………………………25924908

……………………………………………25921423

第一采油厂

……………………………………………25920966

……………………………………………25928922

第二采油厂

……………………………………………25946828

……………………………………………25947297

第三采油厂

……………………………………………25941888

……………………………………………25944417

第四采油厂

……………………………………………25919966

……………………………………………25966011

第五采油厂

……………………………………………25930698

……………………………………………25930909

第六采油厂

……………………………………………25947779

……………………………………………25947780

赵东开发项目经理部

……………………………………………25973666
……………………………………………25966123
原油集输公司
……………………………………………25923508
……………………………………………25915969
天然气公司
……………………………………………25923690
……………………………………………25924755
井下作业公司
……………………………………………25932818
……………………………………………25931888
井下技术服务公司
……………………………………………25931876
……………………………………………25933399
测试公司
……………………………………………25966599
……………………………………………25922919

29. 青海油田公司

地址：甘肃省敦煌市七里镇
邮编：736202
区号：0937

总经理（党委）办公室
……………………………………………8932106
……………………………………………8932435
人事处（组织部）机关党委
……………………………………………8933217
……………………………………………8934479
企业文化处（宣传部）
……………………………………………8920291
……………………………………………8934277
纪委、监察处
……………………………………………8934622
……………………………………………8934237
工会
……………………………………………8920802
……………………………………………8934233
团委
……………………………………………8921023
……………………………………………8932821
审计处
……………………………………………8934225
……………………………………………8920011
生产运行处
……………………………………………8933857
……………………………………………8932468
油气开发处
……………………………………………8933792
……………………………………………8928588
采油气工艺处
……………………………………………8932516
……………………………………………8923985
钻井处
……………………………………………8939011
……………………………………………8934018
炼油化工处
……………………………………………8920899
……………………………………………8938287
质量安全环保处
……………………………………………8921693
……………………………………………8931753
地面建设处
……………………………………………8933782
……………………………………………8933172
科技处
……………………………………………8934255
……………………………………………8934264
工程技术发展处
……………………………………………8936909
……………………………………………8934276
规划计划处
……………………………………………8933231
……………………………………………8938287
财务处
……………………………………………8932385
……………………………………………8920788
企管与法规处
……………………………………………8933169
……………………………………………8934375
内部控制区
……………………………………………8921612
……………………………………………8921613
工程造价中心关联交易处
……………………………………………8920001
……………………………………………8934114
信息中心
……………………………………………8923055
……………………………………………8962616
财务结算中心
……………………………………………8921114
……………………………………………8926176

人事服务中心
……………………………………8934946
……………………………………8935337
住房公积金管理中心
……………………………………8932027
……………………………………8932649
机关行政站
……………………………………8926820
……………………………………8934474
矿区服务事业部
……………………………………8920569
……………………………………8932203
采油一厂
……………………………………8923486
……………………………………8911205
采油二厂
……………………………………8911299
……………………………………8921820
采油三厂
……………………………………8912780
……………………………………8921180
边远油田开发公司
……………………………………8912278
……………………………………8937303
冷湖油田管理处
……………………………………8910168
……………………………………8921810
天然气开发公司
……………………………………8917303
……………………………………8916710
管道输油处
……………………………………8917004
……………………………………8917006
勘探开发研究院
……………………………………8938415
……………………………………8935294
钻采工艺研究院
……………………………………8933291
……………………………………8938502
测试公司
……………………………………8911100
……………………………………8921979
勘探处（勘探事业部）
……………………………………8932503
……………………………………8920685
销售公司
……………………………………8916476
……………………………………8918836
井下作业公司
……………………………………8912413
……………………………………8933645
井下作业二公司
……………………………………8911757
……………………………………8925957
工程建设公司
……………………………………8939098
……………………………………8920732
路桥建设公司
……………………………………8920733
……………………………………8920159
物资装备公司
……………………………………8935366
……………………………………8932269
机械厂
……………………………………8934577
……………………………………8932956

30．华北油田公司

地址：河北省任丘市会战道
邮编：062552
区号：0317

公司机关处室总经理办公室
……………………………………2723212
……………………………………2729688
生产运行处
……………………………………2721550
……………………………………2756397
规划计划处
……………………………………2725702
……………………………………2725617
财务资产处
……………………………………2725868
……………………………………2753049
人事处（组织部）
……………………………………2723959
……………………………………2724848
劳动工资处
……………………………………2722193
……………………………………2723208
人事服务中心
……………………………………2723208

……2722220
企管法规处
……2723158
……2719779
资本运营处
……2721747
……2752016
质量安全环保处
……2755596
……2782938
质量安全监督中心（华北工程质量监督站）
……2782938
……2723718
装备管理处
……2701719
……2721919
科技信息处
……2755706
……2705968
审计处
……2725868
……2701774
党委办公室
……2726779
……2723290
纪委监察处
……2725320
……2701994
企业文化处（宣传部、团委）
……2701746
……2724089
工会
……2718219
……2722928
维护稳定工作办公室
……2755266
……2722880
保卫处（武装部、综治办）
……2728760
……2723270
勘探部
……2721823
……2721503
开发部
……2723716
……2725182

钻采工程部
……2711981
……2781237
油藏评价部
……2725406
……2726203
基础工程部
……2710396
……2724047
工程监督部
……2721822
……2721367
工程造价与价格定额部
……2727876
……2726293
电子商务部
……2706966
……2705073
……2726203
经济研究部
……2722519
……2725850
审计中心
……2725593
……2785192
资产处置中心
……2723302
……2722256
运销部
……2723279
……2723151
翼东项目部
……8728188
……8728182
风险作业项目部
……2750317
……2755981
机关事务部
……2726706
……2725696
第一采油厂
……2722722
……2727867
第二采油厂
……2561582
……2561283

第三采油厂
……………………………………………2586290
……………………………………………2589987
第四采油厂
……………………………………………2569619
……………………………………………2569158
第五采油厂
……………………………………………2741371
……………………………………………2742285
煤层气勘探开发分公司
……………………………………………7064369
……………………………………………2286665
勘探开发研究院
……………………………………………2727952
……………………………………………2722549
地球物理勘探研究院
……………………………………………2725810
……………………………………………2703235
采油工艺研究院
……………………………………………2750958
……………………………………………2750968
苏里格项目部（0477）
……………………………………………7217918
……………………………………………7217922
井下作业公司
……………………………………………2725315
……………………………………………2722146

31．吐哈油田公司

地址：新疆维吾尔自治区哈密石油基地
邮编：839009
区号：0902（哈密），0995（鄯善）

总经理办公室
……………………………………………2766999
……………………………………………2765241
党委办公室
……………………………………………2772356
……………………………………………2765246
规划计划处
……………………………………………2772316
……………………………………………2772315
财务处
……………………………………………2772365
……………………………………………2772543
人事处（组织处）
……………………………………………2772787
……………………………………………2767527
企业管理法规处
……………………………………………2764842
……………………………………………2772340
生产运行处
……………………………………………2772300
……………………………………………2772301
质量安全环保处
……………………………………………2772306
……………………………………………2772305
工程技术与市场处
……………………………………………2770798
……………………………………………2767260
机动设备处
……………………………………………8377596
……………………………………………8374026
科技与信息处
……………………………………………2772868
……………………………………………2772311
国际合作处
……………………………………………2764067
……………………………………………2763673
审计处
……………………………………………2772366
……………………………………………2772328
审计中心
……………………………………………2773622
……………………………………………2765405
纪委监察处
……………………………………………2772336
……………………………………………2772337
工会
……………………………………………2772332
……………………………………………2761292
团委
……………………………………………2772788
……………………………………………2772335
勘探处（勘探事业部）
……………………………………………2772779
……………………………………………8371618
开发处
……………………………………………2772763
……………………………………………8375676
炼油化工与销售处
……………………………………………8371682

……………………………………………2767585

销售事业部

……………………………………………8371996

……………………………………………8373973

招投标管理中心

……………………………………………2765588

……………………………………………2763758

定额定价中心

……………………………………………2772325

……………………………………………8374071

会计核算中心

……………………………………………2767201

……………………………………………2764484

工程质量监督站

……………………………………………2763809

……………………………………………8371995

基本建设管理处

……………………………………………2772685

……………………………………………2761974

矿区服务事业部（0902）

……………………………………………2768989

……………………………………………2772658

勘探开发研究部

……………………………………………2765325

……………………………………………2765370

工程技术研究院

……………………………………………8374027

……………………………………………2771450

鄯善采油厂

……………………………………………8379966

……………………………………………8379986

吐鲁番采油厂

……………………………………………8371997

……………………………………………8372007

温米采油厂

……………………………………………8379878

……………………………………………8379860

丘东采油厂

……………………………………………8376588

……………………………………………8379696

三塘湖采油厂

……………………………………………2773588

……………………………………………2773288

鲁克沁采油厂

……………………………………………8378968

……………………………………………8402001

天然气化工厂

……………………………………………8401108

……………………………………………8377108

井下技术作业公司

……………………………………………8373316

……………………………………………8373658

机械厂

……………………………………………2767079

……………………………………………8372070

甲醇厂

……………………………………………8371595

……………………………………………8401266

技术监测中心

……………………………………………8378938

……………………………………………8372259

油田建设有限责任公司

……………………………………………8371339

……………………………………………2772528

信息产业处

……………………………………………2767880

……………………………………………8372880

32. 冀东油田公司

地址：河北省唐山市新华首道光明西里 51 号
邮编：063004
区号：0315

总经理办公室

……………………………………………8766249

……………………………………………8766064

党委办公室（企业文化处、团委）

……………………………………………8766048

……………………………………………8766111

生产运行处

……………………………………………8765001

……………………………………………8765726

规划计划处

……………………………………………8766150

……………………………………………8765710

财务处

……………………………………………8766181

……………………………………………8763881

资金结算中心

……………………………………………8765860

……………………………………………8766122

党委组织部

……………………………………………8766932
……………………………………………8766099

企管法规处
……………………………………………8766325
……………………………………………8766074

质量安全环保处（海监处、安全环保监督中心）
……………………………………………8765673
……………………………………………8765685

纪检监察处
……………………………………………8766295
……………………………………………8766149

审计处
……………………………………………8766295
……………………………………………8766156

科技信息处
……………………………………………8766657
……………………………………………8766793

土地管理处
……………………………………………8765796
……………………………………………8765699

工会办公室
……………………………………………8766046
……………………………………………8766338

机关党委
……………………………………………8766202
……………………………………………8766289

勘探部
……………………………………………8763885
……………………………………………8766539

开发部
……………………………………………8765822
……………………………………………8765025

工程技术部
……………………………………………8765869
……………………………………………8765216

基建海工部
……………………………………………8765869
……………………………………………8765216

勘探开发研究所
……………………………………………8766016
……………………………………………8766715

开发技术公司
……………………………………………8765625
……………………………………………8763836

油气集输公司
……………………………………………8761123
……………………………………………8761088

勘探开发建设项目部
……………………………………………8765259
……………………………………………8763216

南堡油田采油作业区
……………………………………………8860098
……………………………………………8860028

工程监督中心
……………………………………………8765264
……………………………………………8765926

供应处
……………………………………………8765985
……………………………………………8763839

油气销售公司
……………………………………………8766400
……………………………………………8766383

高尚堡油田采油作业区
……………………………………………8761196
……………………………………………8761209

柳赞油田采油作业区
……………………………………………8761399
……………………………………………8761308

老爷庙油田采油作业区
……………………………………………8761601
……………………………………………8761602

井下作业公司
……………………………………………8765493
……………………………………………8763218

北田公司
……………………………………………8765232
……………………………………………8763655

能源开发公司
……………………………………………8766005
……………………………………………8763974

工程造价公司
……………………………………………8766823
……………………………………………8766242

勘察设计研究院
……………………………………………8766819
……………………………………………8766738

油建公司
……………………………………………8765453
……………………………………………8765539

机械公司
……………………………………………8765638
……………………………………………8763359

瑞丰化工公司
……………………………………………8761102
……………………………………………8761007
科达化学有限公司
……………………………………………3933058
……………………………………………3925301
规划设计院
……………………………………………3921926
……………………………………………3923666
建筑安装工程处
……………………………………………3921861
……………………………………………3923935
勘探开发研究院
……………………………………………3921223
……………………………………………3921668
矿区服务事业部
……………………………………………3921023
……………………………………………3921813
老君庙油田作业区
……………………………………………3921855
……………………………………………3931458
鸭儿峡油田作业区
……………………………………………3932612
……………………………………………3926733
青西油田作业区
……………………………………………3932828
……………………………………………3924368
炼油化工总厂（销售公司）
……………………………………………3921561
……………………………………………3933556

33. 玉门油田公司

地址：甘肃省酒泉市新城区玉门石油基地
邮编：735019
区号：0937

总经理（局长）办公室
……………………………………………3921236
……………………………………………3921267
党委办公室
……………………………………………3921248
……………………………………………3921239
党委宣传部（统战部，企业文化部）
……………………………………………3921268
……………………………………………3924790
工会
……………………………………………3921328
……………………………………………3923186
团委
……………………………………………3923386
……………………………………………3921500
纪委监察处
……………………………………………3921298
……………………………………………3921351
质量安全环保处
……………………………………………3921269
……………………………………………3921320
生产运行处
……………………………………………3921058
……………………………………………3921282
开发事业部
……………………………………………3923396
……………………………………………3921257
勘探事业部
……………………………………………3926766
……………………………………………3926767
财产资产处
……………………………………………3926508
……………………………………………3921661
规划计划处
……………………………………………3922042
……………………………………………3921310
基建工程管理处
……………………………………………3921608
……………………………………………3921504
经济技术合作与开发处
……………………………………………3921898
……………………………………………3925525
科技信息处
……………………………………………3938228
……………………………………………3922142
企管法规处
……………………………………………3921508
……………………………………………3921290
人事处（组织部）
……………………………………………3921295
……………………………………………3921505
物资采购管理中心
……………………………………………3923112
……………………………………………3923377
信息中心
……………………………………………3921611

……………………………………………3921293

矿区前线指挥部

……………………………………………3921809

……………………………………………3921815

综合服务处

……………………………………………3921558

……………………………………………3928007

油田作业公司

……………………………………………3925459

……………………………………………3920512

34. 浙江油田公司

地址：浙江省杭州市西湖区留下镇

邮编：310013

区号：0571

总经理办公室

……………………………………………56318511

……………………………………………56318512

勘探开发部

……………………………………………56318533

……………………………………………56318535

生产运行部

……………………………………………56318567

……………………………………………56318568

人事（组织）部

……………………………………………56318522

……………………………………………56318526

财产资产部

……………………………………………56318611

……………………………………………56318613

综合管理部

……………………………………………56318805

……………………………………………56318803

质量安全环保部

……………………………………………56318636

……………………………………………56318633

党群工作部

……………………………………………56318799

……………………………………………56318797

物资装备部

……………………………………………56318808

……………………………………………56318806

科技信息中心

……………………………………………56318656

……………………………………………56318655

档案馆

……………………………………………56318989

……………………………………………56318865

兴泽作业区

……………………………………………56318677

……………………………………………56318865

地质研究所

……………………………………………56318811

……………………………………………56318876

采油工艺研究所

……………………………………………56318679

……………………………………………56318676

培训中心

……………………………………………56318832

35. 中石油煤层气有限责任公司

地址：北京市朝阳区太阳宫金星园8号B座

邮编：100028

区号：010

综合办公室

……………………………………………63591288

……………………………………………63591188

计划财务处

……………………………………………51278849

安全环保处

……………………………………………51278834

科技信息处

……………………………………………51278657

勘探开发处

……………………………………………51278970

国际合作处

……………………………………………51278840

36. 南方石油勘探开发有限责任公司

地址：广东省广州市江南西路111号

邮编：510240

区号：020

综合办公室

……………………………………………84242065

……………………………………………34358806

党群工作部

……………………………………………84241609

……………………………………………34358804

人事劳资部

……………………………………………84421378

……………………………………34358707

计划经营部

……………………………………84241392

……………………………………34358705

财务资产部

……………………………………84240093

……………………………………34358710

勘探开发部

……………………………………84241370

……………………………………34358711

合同条法部

……………………………………84423787

内控审计部

……………………………………34358706

综合研究室

……………………………………84241407

海南办公室

……………………………(0898)66808986

……………………………………84423974

37. 大庆石化公司

地址：黑龙江省大庆市龙凤区

邮编：163714

区号：0459

总经理办公室

……………………………………6915099

……………………………………6915369

人事处

……………………………………6743879

……………………………………6762011

企业文化处

……………………………………6915427

……………………………………6764518

纪委

……………………………………6761399

……………………………………6761755

财务处

……………………………………6767123

……………………………………6763407

计划经营处

……………………………………6761536

……………………………………6769829

生产运行处

……………………………………6761777

……………………………………6761996

科技信息处

……………………………………6762110

……………………………………6761879

机动设备处

……………………………………6914866

……………………………………6703015

质量安全环保处

……………………………………6760924

……………………………………6761700

电气管理处

……………………………………6738210

……………………………………6915001

工程管理处

……………………………………6739399

规划处

……………………………………6769345

企管法规处

……………………………………6765045

……………………………………6743518

审计处

……………………………………6763406

……………………………………6763600

维护稳定工作办公室

……………………………………6707123

……………………………………6919901

工会

……………………………………6762069

……………………………………6764918

团委

……………………………………6705516

……………………………………6705157

机关党委

……………………………………6743333

……………………………………6704359

武装部

……………………………………6762352

……………………………………6762350

工程预决算部

……………………………………6915007

……………………………………6762413

乙烯工程指挥部

……………………………………6760309

……………………………………6765863

38. 吉林石化公司

地址：吉林省吉林市龙潭区龙潭大街9号
邮编：132022
区号：0432

总经理办公室
……23903986
……23903397

生产运行处
……23903506
……23903350

安全环保处
……23996333
……23903521

机电设备处
……23903850
……23903796

质量节能处
……23903239
……23903507

党委工作处
……23903701
……23903199

计划经营处
……23903566
……23903968

财务处
……23903229
……23903029

发展规划处
……23903058
……23903479

科技处
……23903218
……23903591

人事处
……23900373
……23903190

劳资培训处
……23903709
……23903599

内控处
……23903671
……23903580

商务管理处
……23903806
……23903808

审计处
……23903069
……23903326

法律事务处
……23903655
……23903439

纪委监察处
……23903567
……23903195

党委工作处
……23903701
……23903179

机关党委
……23903195
……23903215

维护稳定工作办公室
……23903789
……23903215

信息处
……23903858
……23903590

工程预决算部
……23903297
……23903017

电子商务部
……23985929
……23903435

销售管理部
……23903421
……23903423

运输仓储部
……23987467
……23983015

39. 抚顺石化公司

地址：辽宁省抚顺市新抚区凤翔路45号
邮编：113008
区号：0413

总经理办公室
……2997419
……2997319

生产运行处
……2997526
……2997680

计划处
……2997534

………………………………………2997506

财务处

………………………………………2997230

………………………………………2997232

人事处

………………………………………2997316

………………………………………2997318

企管处

………………………………………2997608

………………………………………2997610

质量安全环保处

………………………………………2997528

………………………………………2997518

技术发展处

………………………………………2997613

………………………………………2997617

机动设备处

………………………………………2997536

………………………………………2997538

纪委监察处

………………………………………2997634

………………………………………2997618

群团工作处

………………………………………2997606

………………………………………2997609

宣传部

………………………………………2997632

………………………………………2997615

维稳办

………………………………………2997116

………………………………………2997121

工程管理部

………………………………………2997126

………………………………………2997178

工程建设指挥部

………………………………………2998611

………………………………………2998933

石油一厂

………………………………………3807738

………………………………………3807760

石油二厂

………………………………………4667473

………………………………………4636711

石油三厂

………………………………………6427928

………………………………………6429402

乙烯化工厂

………………………………………4652978

………………………………………4634926

腈纶化工厂

………………………………………4410518

………………………………………4411638

洗涤剂化工厂

………………………………………2995464

………………………………………2995199

热电厂

………………………………………2992142

………………………………………2992132

合成洗涤剂厂

………………………………………4630688

………………………………………4630012

化工塑料厂

………………………………………2332270

………………………………………2331442

催化剂厂

………………………………………2995577

………………………………………2995511

储运厂

………………………………………6520986

………………………………………6320786

设备检测监理研究中心

………………………………………2432211

………………………………………2426288

40. 辽阳石化公司

地址：辽宁省辽阳市宏伟区火炬大街5号

邮编：111003

区号：0419

总经理（党委）办公室

………………………………………5351567

………………………………………5153560

生产运行处

………………………………………5154336

………………………………………5350290

财务处

………………………………………5152965

………………………………………5154322

技术处

………………………………………5351660

………………………………………5152135

人事处

……………………………………………5152887
……………………………………………5155066

企管法规处
……………………………………………5153598
……………………………………………5152378

内部控制处
……………………………………………5152839
……………………………………………5151472

维护稳定工作办公室
……………………………………………5157711
……………………………………………5152666

宣传部（企业文化处）
……………………………………………5155470
……………………………………………5150953

纪委（监察处）
……………………………………………5159405
……………………………………………5152690

工会
……………………………………………5150366
……………………………………………5151282

铁路运输部
……………………………………………5153635
……………………………………………5156487

产品销售管理部
……………………………………………5153042
……………………………………………5153052

工程预决算部
……………………………………………5152999
……………………………………………5154808

设备检修部
……………………………………………5152367
……………………………………………5153663

工程公司
……………………………………………5156776
……………………………………………5156183

运输公司
……………………………………………5151288
……………………………………………5156888

联合对外贸易有限公司
……………………………………………5152755
……………………………………………5156203

矿区服务事业部
……………………………………………5157678
……………………………………………5153989

亿方公司
……………………………………………5154506
……………………………………………5150256

炼油厂
……………………………………………5154531
……………………………………………5153752

芳烃厂
……………………………………………5157321
……………………………………………5155867

聚酯厂
……………………………………………5155763
……………………………………………5159698

烯烃厂
……………………………………………5157566
……………………………………………5152636

尼龙厂
……………………………………………5152889
……………………………………………5154702

热电厂
……………………………………………5154013
……………………………………………5157755

动力厂
……………………………………………5153765
……………………………………………5152478

机械厂
……………………………………………5153268
……………………………………………5153241

仪表厂
……………………………………………5351919
……………………………………………5350702

41. 兰州石化公司

地址：甘肃省兰州市西固区兰炼街10号
邮编：730060
区号：0931

总经理办公室
……………………………………………7932205
……………………………………………7932164

维护稳定办公室
……………………………………………7935232
……………………………………………7936717

档案中心
……………………………………………7933714
……………………………………………7924100

其他电话
……………………………………………7930952
……………………………………………7933686

党委办公室
…………………………………………7933446
…………………………………………7933709
规划处
…………………………………………7931656
…………………………………………7930992
计划处
…………………………………………7932269
…………………………………………7932631
价格规划处
…………………………………………7932266
…………………………………………7936298
财务处（内控办公室）
…………………………………………7930983
…………………………………………7930076
干部处
…………………………………………7932156
…………………………………………7932517
人事处
…………………………………………7932518
…………………………………………7931482
生产处
…………………………………………7931539
…………………………………………7930476
机动处
…………………………………………7936698
…………………………………………7933266
技术处
…………………………………………7932270
…………………………………………7934490
安全处
…………………………………………7933421
…………………………………………7930246
环保处
…………………………………………7934689
…………………………………………7932388
审计处
…………………………………………7934786
…………………………………………7936660
企管法规处
…………………………………………7936336
…………………………………………7930928
企业文化处
…………………………………………7932509
…………………………………………7936671
纪委监督处
…………………………………………7935516
…………………………………………7936248
工会
…………………………………………7930929
…………………………………………7932471
团委
…………………………………………7934118
…………………………………………7932532
工程部
…………………………………………7935228
…………………………………………7931739
采购部
…………………………………………7931399
…………………………………………7936772
工程造价部
…………………………………………7936761
…………………………………………7932181
质检部
…………………………………………7933417
…………………………………………7932870
计量部
…………………………………………7933638
…………………………………………7935105
原油采购部
…………………………………………7935579
…………………………………………7933925
资本运营部
…………………………………………7930076
…………………………………………7936709

42. 独山子石化公司

地址：新疆维吾尔自治区克拉玛依市独山子区北京路6号
邮编：833600
区号：0992

总经理办公室
…………………………………………3871075
…………………………………………3871069
生产运行处
…………………………………………3871255
…………………………………………3871260
规划计划处
…………………………………………3871156
…………………………………………3865668
财务处

……………………………………………3871018
……………………………………………3871170

人事处（党委组织部）
……………………………………………3871240
……………………………………………3872710

企管法规处
……………………………………………3871100
……………………………………………3871271

安全质量环保处
……………………………………………3871130
……………………………………………3871041

科技信息处
……………………………………………3871134
……………………………………………3871138

机动设备处
……………………………………………3871262
……………………………………………3875396

审计处
……………………………………………3871250
……………………………………………3871272

纪委（监察处）
……………………………………………3871169
……………………………………………3871167

企业文化处（党委宣传部）
……………………………………………3871030
……………………………………………3871032

工会（团委）
……………………………………………3872006
……………………………………………3872273

政法委
……………………………………………3872102

工程项目管理部
……………………………………………3876283
……………………………………………3871122

电子商务部
……………………………………………3862468
……………………………………………3862070

工程造价管理部
……………………………………………3872722

炼油厂
……………………………………………3863996
……………………………………………3869295

乙烯厂
……………………………………………3865117
……………………………………………3864506

热电厂
……………………………………………3870396
……………………………………………3870253

研究院
……………………………………………3862400

营销调运处
……………………………………………3871566
……………………………………………3864244

工程公司
……………………………………………3872799
……………………………………………3866904

供应处
……………………………………………3862468
……………………………………………3881767

信息中心
……………………………………………3868450
……………………………………………3868449

外事处
……………………………………………3887620
……………………………………………3887611

原油处
……………………………………………3863076
……………………………………………3861443

动力公司
……………………………………………3869040
……………………………………………3869049

工程质量监督站
……………………………………………3868491
……………………………………………3875049

计量检测中心
……………………………………………3860349
……………………………………………3862880

环境监测中心
……………………………………………3860463

工程建设指挥部
……………………………………………3887689

43．乌鲁木齐石化公司

地址：新疆维吾尔自治区乌鲁木齐市米东区
邮编：830019
区号：0991

总经理（党委）办公室
……………………………………………6903011
……………………………………………6900028

人事部
……………………………………………6902088

……………………………………………6901786

机动设备部

……………………………………………6902455

……………………………………………6901345

计划部

……………………………………………6903833

……………………………………………6903000

企管法规部

……………………………………………6902201

……………………………………………6901060

监察处

……………………………………………6901350

……………………………………………6902330

综合事务处

……………………………………………6901011

……………………………………………6900127

工会

……………………………………………6901350

……………………………………………6902492

团委

……………………………………………6901256

……………………………………………6903736

原料处

……………………………………………6902265

……………………………………………6902613

工程项目管理部

……………………………………………6901129

……………………………………………6901760

工程监理公司

……………………………………………6902443

……………………………………………6903126

档案馆

……………………………………………6912903

……………………………………………6901365

检测中心

……………………………………………6901818

……………………………………………6902934

物资装备公司

……………………………………………6900240

……………………………………………6901042

造价中心

……………………………………………6903833

……………………………………………6903029

44. 宁夏石化公司

地址：宁夏银川市西夏区北京西路1338号

邮编：750026

区号：0951

总经理（党委）办公室

……………………………………………2972569

……………………………………………2974830

人事处（组织部）

……………………………………………2972659

……………………………………………2972229

规划计划处

……………………………………………2972266

……………………………………………2972764

财务处

……………………………………………2972447

……………………………………………2974723

企管法规处

……………………………………………2972168

……………………………………………2972166

纪委监察处

……………………………………………2972189

……………………………………………2972376

审计处

……………………………………………2974300

……………………………………………2972404

生产运行处

……………………………………………2974402

……………………………………………2972550

机动设备处

……………………………………………2974901

……………………………………………2974238

质量安全环保处

……………………………………………2974798

……………………………………………2972925

科技处（总工办）

……………………………………………2972580

……………………………………………2974402

党群工作处（团委、企业文化处）

……………………………………………2972477

……………………………………………2974118

工会

……………………………………………2972249

……………………………………………2974900

经营管理部

……………………………………………2974292

……………………………………………2974993

电子商务部（工程管理部）

……………………………………………2972818

……………………………………………2972308

工程预决算部

……………………………………………2972326

……………………………………………2972650

安全环保监督部

……………………………………………2972254

……………………………………………2972535

物资保管配送部

……………………………………………2972118

……………………………………………2972302

营销调运部

……………………………………………2972667

……………………………………………2974606

治安管理部

……………………………………………2974495

……………………………………………2972772

图书情报信息部

……………………………………………2972816

……………………………………………2972406

消防气防管理部

……………………………………………2974146

……………………………………………2972900

工程质量监督站

……………………………………………2974131

……………………………………………2972849

职业技能鉴定中心

……………………………………………2972743

……………………………………………2972230

工程管理部

……………………………………………2972559

……………………………………………2974123

合成氨一部

……………………………………………2972121

……………………………………………2972889

合成氨二部

……………………………………………2974259

……………………………………………2974717

尿素一部

……………………………………………2974201

……………………………………………2972215

尿素二部

……………………………………………2974262

……………………………………………2974955

水汽部

……………………………………………2972180

……………………………………………2972635

中心化验室

……………………………………………2972554

……………………………………………2972545

电议部

……………………………………………2972432

……………………………………………2974125

复合肥部

……………………………………………2974158

……………………………………………2972226

安检公司

……………………………………………2972263

……………………………………………2974810

综合部

……………………………………………2972364

……………………………………………2972493

生产部

……………………………………………3865117

……………………………………………3864506

维修部

……………………………………………2972621

……………………………………………2972513

工程部

……………………………………………2972765

机加部

……………………………………………2972443

……………………………………………2972206

45. 大连石化公司

地址：辽宁省大连市甘井子区山中街1号

邮编：116032

区号：0411

总经理（党委）办公室

……………………………………………86670557

……………………………………………86672517

党委工作处

……………………………………………86671096

人事（组织）处

……………………………………………86773166

……………………………………………86671435

纪委（监察处）

……………………………………………86774819

……………………………………………86772514

工会

……………………………………………86773101

……………………………………86772284

企管法规处

……………………………………86772103

……………………………………86772548

审计处

……………………………………86774118

……………………………………86774862

规划计划处

……………………………………86774376

……………………………………86775554

生产运行处

……………………………………86772318

……………………………………86774674

科技管理处

……………………………………86772456

……………………………………86773352

机动设备处

……………………………………86774492

……………………………………86672186

安全环保处

……………………………………86672604

……………………………………86672604

财务处

……………………………………86772248

……………………………………86774025

营销处

……………………………………86772412

……………………………………86672904

信访办

……………………………………86775041

……………………………………86773622

保卫处

……………………………………86773312

……………………………………86671471

信息中心

……………………………………86772407

……………………………………86774300

物资采购管理部

……………………………………86773330

……………………………………86773330

添加剂厂

……………………………………85916288

……………………………………85916283

有机合成厂

……………………………………86772072

……………………………………86671253

46. 大连西太平洋石油化工有限公司

地址：辽宁省大连市经济科技开发区海青岛

邮编：116600

区号：0411

总务部

……………………………………87510025

……………………………………87510012

安全运行部

……………………………………87510006

……………………………………87506753

设备部

……………………………………87510026

……………………………………87506639

经营部

……………………………………87510009

……………………………………87506782

技术部

……………………………………87510005

……………………………………87506764

发展部

……………………………………87514089

……………………………………87506867

物资供应部

……………………………………87514088

……………………………………87506865

财务部

……………………………………87510030

……………………………………87506829

人力资源部

……………………………………87510015

……………………………………87514221

47. 锦州石化公司

地址：辽宁省锦州市古塔区重庆路2号

邮编：121001

区号：0416

总经理办公室

……………………………………4153699

……………………………………4153521

生产技术处

……………………………………4152937

……………………………………4154043

机动设备处

……………………………………………4158187

……………………………………………4152547

安全环保处

……………………………………………4151358

……………………………………………4155877

规划计划处

……………………………………………4152681

……………………………………………4157476

财务处

……………………………………………4155507

……………………………………………4158060

人事处

……………………………………………4155003

……………………………………………4152215

质量管理（企管法规）处

……………………………………………4268198

……………………………………………4267767

审计处

……………………………………………4152909

……………………………………………4152244

纪委、监察处

……………………………………………4154540

……………………………………………4152808

党委宣传部

……………………………………………4152258

……………………………………………4152802

工会

……………………………………………4155168

……………………………………………4152837

机关党委

……………………………………………4152385

……………………………………………4153565

咨询办公室

……………………………………………4155951

工程处

……………………………………………4153278

……………………………………………4152235

工程管理部

……………………………………………4154115

……………………………………………4154539

工程预决算部

……………………………………………4151008

……………………………………………4151229

电子商务部

……………………………………………4153453

……………………………………………4157473

营销调运部

……………………………………………4152361

……………………………………………4153740

供应公司

……………………………………………4154470

……………………………………………4152720

质检部

……………………………………………4152572

……………………………………………4151204

计量部

……………………………………………4152776

……………………………………………4152853

保险中心

……………………………………………4154579

……………………………………………4154434

集体企业管理中心

……………………………………………4265158

信息中心

……………………………………………4152175

……………………………………………4150061

48. 锦西石化公司

地址：辽宁省葫芦岛市新华大街42号
邮编：125001
区号：0429

总经理办公室

……………………………………………2179867

……………………………………………2179216

计划发展处

……………………………………………2178080

……………………………………………2175520

人事劳资部

……………………………………………2178121

……………………………………………2179856

动力处

……………………………………………2179901

……………………………………………2178129

环境保护处

……………………………………………2175671

……………………………………………2178139

安全监督处

……………………………………………2179469

……………………………………………2175671

生产处

……………………………………………2179678

……………………………………………2177049

技术发展处

……………………………………………2178558

……………………………………………2179858

财务处

……………………………………………2179573

……………………………………………2178991

审计处

……………………………………………2179952

……………………………………………2177315

组织部

……………………………………………2179898

……………………………………………2179636

党委办公室

……………………………………………2176611

……………………………………………2179870

纪委（监督处）

……………………………………………2175358

……………………………………………2179445

党委宣传部

……………………………………………2179866

……………………………………………2179110

团委

……………………………………………2175293

……………………………………………2175723

工会

……………………………………………2179261

……………………………………………2179264

企管法规处

……………………………………………2178954

……………………………………………2178568

保卫处

……………………………………………2178030

……………………………………………2175030

工程管理中心

……………………………………………2185422

……………………………………………2186539

营销调运中心

……………………………………………2188999

……………………………………………2189913

造价中心

……………………………………………2188231

……………………………………………2186453

造价二中心

……………………………………………2188856

……………………………………………2189642

物资采购中心

……………………………………………2188978

……………………………………………2185075

物资采购二中心

……………………………………………2189218

……………………………………………2187189

信息管理中心

……………………………………………2189980

……………………………………………2189072

计量中心

……………………………………………2189957

……………………………………………2188645

化验中心

……………………………………………2187534

……………………………………………2189959

蒸馏车间

……………………………………………2188208

……………………………………………2189752

催化气分车间

……………………………………………2188808

重整车间

……………………………………………2185760

……………………………………………2185246

糠醛酮苯车间

……………………………………………2185784

……………………………………………2185407

白土石蜡车间

……………………………………………2189904

……………………………………………2187748

制氢加氢车间

……………………………………………2189255

……………………………………………2188496

焦化车间

……………………………………………2188509

……………………………………………2188377

煅烧焦车间

……………………………………………2185385

……………………………………………2185456

重油催化车间

……………………………………………2186949

……………………………………………2186040

东油品车间

……………………………………………2188611

……………………………………………2187402

西油品车间

……………………………………………2189212

……………………………………………2189213

调合车间

……………………………………………2188813

……………………………………………2187403

气体车间

……………………………………………2187671

……………………………………………2187527

供水车间

……………………………………………2189797

新水车间

……………………………………………2187144

……………………………………………2185307

成品车间

……………………………………………2189923

……………………………………………2189924

零售车间

……………………………………………2188524

……………………………………………2189141

机车队

……………………………………………2189926

……………………………………………2189927

聚丙烯车间

……………………………………………2188621

……………………………………………2188374

苯乙烯一二甲酯联合车间

……………………………………………2185172

……………………………………………2185194

仪表车间

……………………………………………2189416

……………………………………………2189415

电气车间

……………………………………………2189613

……………………………………………2189614

热电公司

……………………………………………2163098

……………………………………………2182751

研究院

……………………………………………2188094

机械厂

……………………………………………2188261

设计院

……………………………………………2189981

……………………………………………2188062

工程总公司

……………………………………………2188426

……………………………………………2188427

工程质量监督站

……………………………………………2188055

……………………………………………2188056

培训中心

……………………………………………2186421

渤海集团公司

……………………………………………2188869

……………………………………………2188870

49．大庆炼化公司

地址：黑龙江省大庆市让胡路区马鞍山

邮编：163411

区号：0459

总经理办公室

……………………………………………5616118

……………………………………………5613072

人事处

……………………………………………5616017

……………………………………………5616165

生产运行处

……………………………………………5616088

……………………………………………5613016

机动设备处

……………………………………………5616130

……………………………………………5616075

安全环保处

……………………………………………5616193

……………………………………………5616129

科技信息处

……………………………………………5616248

……………………………………………5616005

质量与节能管理办公室

……………………………………………5613906

……………………………………………5613907

规划计划处

……………………………………………5612599

……………………………………………5616131

财务处

……………………………………………5616117

……………………………………………6561979

审计处

……………………………………………5616116

……………………………………………5616668

企业文化处

……………………………………………5613079

………………………………………5612405

团委

………………………………………5613067

………………………………………5616081

炼油一厂

………………………………………5612329

………………………………………5612128

炼油二厂

………………………………………5612808

………………………………………5612370

润滑油厂

………………………………………5613719

………………………………………5613713

聚合物一厂

………………………………………5613618

………………………………………5613611

聚合物二厂

………………………………………5613375

………………………………………5613329

腈纶厂

………………………………………5614366

………………………………………5612192

聚丙烯厂

………………………………………5616868

………………………………………5616067

储运厂

………………………………………5612886

………………………………………5613125

综合办

………………………………………2561175

………………………………………5612184

动力一厂

………………………………………5613366

………………………………………5612362

动力二厂

………………………………………5619056

………………………………………5619552

机电仪厂

………………………………………5613811

………………………………………5616316

检维修厂

………………………………………5612916

………………………………………5612958

50. 哈尔滨石化公司

地址：黑龙江省哈尔滨市道外区化工路173号

邮编：150056

区号：0451

总经理（党委）办公室

………………………………………55606265

………………………………………55606260

生产运行处

………………………………………55606656

………………………………………55606655

规划计划处

………………………………………55606087

………………………………………55606587

财务处

………………………………………55606288

………………………………………55606810

人事处（组织部）

………………………………………55606225

………………………………………55606279

质量安全环保处（体系办）

………………………………………55606666

………………………………………55606667

科技信息处

………………………………………55606699

………………………………………55606096

机动设备处

………………………………………55606262

………………………………………55606263

审计监察处

………………………………………55606627

………………………………………55606681

党群工作处

………………………………………55606012

………………………………………55606595

矿区服务事业部

………………………………………55606677

………………………………………55606692

工程管理部

………………………………………55606421

………………………………………55606694

营销调运部

………………………………………55606768

………………………………………82421280

电子商务部

………………………………………82421843

………………………………………55606231

工程质量监督站

……………………………………………55606693
……………………………………………55606636

质检部
……………………………………………55606452
……………………………………………55606339

计量部
……………………………………………55606423
……………………………………………55606349

信息中心
……………………………………………55606830
……………………………………………55606131

通信中心
……………………………………………55606000

节能节水办公室
……………………………………………55606459

联合装置项目指挥部
……………………………………………55606888
……………………………………………55606188

51. 广西石化公司

地址：广西壮族自治区钦州市钦州港经济开发区富源新区
邮编：535008
区号：0777

……………………………………………3885138
……………………………………………3885238

52. 四川石化有限责任公司

地址：四川省成都市金牛区金科南路一号黑格中心
邮编：610031
区号：028

……………………………………………87512025
……………………………………………87512051

53. 大港石化公司

地址：天津市大港油田花园路东口
邮编：300280
区号：022

总经理（党委）办公室
……………………………………………25979920
……………………………………………25924112

生产运行处
……………………………………………25972242
……………………………………………25972146

规划计划处
……………………………………………25972203
……………………………………………25972926

财务处
……………………………………………25972116
……………………………………………25972914

质量安全环保处
……………………………………………25972220
……………………………………………25972700

人事处（组织部）
……………………………………………25972206
……………………………………………25972490

企管法规处
……………………………………………25972062
……………………………………………25972246

QHSE 监督中心
……………………………………………25972281
……………………………………………25972282

科技信息处
……………………………………………25978682
……………………………………………25924131

机动设备处
……………………………………………25972900
……………………………………………25972227

审计监察处（纪委办公室）
……………………………………………63983829
……………………………………………63983945

党群工作处
……………………………………………25972913
……………………………………………25972397

工程管理部
……………………………………………25972549
……………………………………………25972421

电子商务部
……………………………………………25972702
……………………………………………25972985

质检计量部门
……………………………………………25972923

54. 华北石化公司

地址：河北省任丘市北环路
邮编：062552
区号：0317

总经理办公室

……………………………………………2735118
……………………………………………2735075

生产运行处
……………………………………………2735163
……………………………………………2735076

机动设备处
……………………………………………2735966
……………………………………………2735137

质量安全环保处
……………………………………………2735138
……………………………………………2735207

规划计划处
……………………………………………2735030
……………………………………………2735142

财务处
……………………………………………2735288
……………………………………………2735078

人事处
……………………………………………2735150
……………………………………………2735696

企管法规处
……………………………………………2735161
……………………………………………2735903

党群工作处
……………………………………………2735167
……………………………………………2735168

工会
……………………………………………2735174
……………………………………………2735175

审计监察处
……………………………………………2735172
……………………………………………2735722

科技信息处
……………………………………………2735281
……………………………………………2735004

营销调运处
……………………………………………2736921
……………………………………………2736234

培训中心
……………………………………………2735291
……………………………………………2735819

工程管理部
……………………………………………2736355
……………………………………………2736540

电子商务部
……………………………………………2735122
……………………………………………2735951

55.呼和浩特石化公司

地址：内蒙古自治区呼和浩特市塞罕区
邮编：01070
区号：0471

总经理（党委）办公室
……………………………………………3351103
……………………………………………3351388

生产运行处
……………………………………………3351350
……………………………………………3351069

机动设备处
……………………………………………3351043
……………………………………………3351357

安全质量环保处
……………………………………………3351641
……………………………………………3351068

技术发展处
……………………………………………3351039
……………………………………………3351068

科学技术协会
……………………………………………3351087
……………………………………………3351249

人事处
……………………………………………3351028
……………………………………………3353395

财务处
……………………………………………3351028
……………………………………………3352767

规划计划处
……………………………………………3351081
……………………………………………3351428

党群工作（企业文化）处
……………………………………………3351437
……………………………………………3352223

纪委、审计监察处
……………………………………………3351054
……………………………………………3352779

项目前期办公室
……………………………………………3351081
……………………………………………3351409

营销调运部
……………………………………………3351215
……………………………………………3351380

工程管理部
……………………………………3351092
……………………………………3351211
工程质量监督办公室
……………………………………3351052
……………………………………3351300
电子商务部
……………………………………3351666
……………………………………3351423
设计所
……………………………………3351425
……………………………………3351430
安全与管理监督中心
……………………………………3351651
……………………………………3351432
工程预决算部
……………………………………3351080
……………………………………3351090
多种经营管理部
……………………………………3352613
……………………………………3351045
计量部
……………………………………3351082
……………………………………3351270
质检部
……………………………………3351272
……………………………………3351650
研究所
……………………………………3351522
……………………………………3351213
消防大队
……………………………………3351331
……………………………………3351330
矿区服务事业部
……………………………………3351280
……………………………………3353786
常减压联合车间
……………………………………3351626
……………………………………3351649
催化裂化联合车间
……………………………………3351634
……………………………………3351599
重整加氢车间
……………………………………3351312
……………………………………3351108
聚丙烯车间
……………………………………3351009
……………………………………3351341
油品车间
……………………………………3351207
……………………………………3351627
装洗车间
……………………………………3351718
……………………………………3351324
铁路车间
……………………………………3351689
自控车间
……………………………………3351584
电气车间
……………………………………3351658
……………………………………3351660
维修车间
……………………………………3351655
……………………………………3351182
供排水车间
……………………………………3351056
……………………………………3351645
动力车间
……………………………………3351601
……………………………………3351567
空压空分车间
……………………………………3351633
……………………………………3351491

56. 辽河石化公司

地址：辽宁省盘锦市兴隆台区新工街
邮编：124022
区号：0427

总经理办公室
……………………………………7658011
……………………………………7658707
信访办
……………………………………7659971
……………………………………7658558
生产运行部
……………………………………7658419
……………………………………7659858
调度中心
……………………………………7659141
……………………………………7658688
规划计划处

……………………………………………7658160
……………………………………………7658977

财务处
……………………………………………7658552
……………………………………………7658286

人事处
……………………………………………7658278
……………………………………………7658201

培训中心
……………………………………………7659569
……………………………………………7658539

安全环保处
……………………………………………7658178
……………………………………………7658716

现场监察中心
……………………………………………7658129
……………………………………………7658273

科技信息处
……………………………………………7658221
……………………………………………7658811

信息中心
……………………………………………7658777
……………………………………………7658601

机动设备处
……………………………………………7658912
……………………………………………7658537

审计处
……………………………………………7658242
……………………………………………7658641

企管法规处
……………………………………………7658225
……………………………………………7658366

党群工作处
……………………………………………7658844
……………………………………………7658048

新闻活动中心
……………………………………………7659634
……………………………………………7658187

运销公司
……………………………………………7659331
……………………………………………7659774

清欠办
……………………………………………7659020

工程管理部
……………………………………………7658969
……………………………………………7658168

电子商务部
……………………………………………7659677

工程预决算部
……………………………………………7659274

计量部
……………………………………………7658023
……………………………………………7659592

原油部
……………………………………………7658095
……………………………………………7659705

研究院
……………………………………………7659101
……………………………………………7658429

设计所
……………………………………………7658751
……………………………………………7659794

催化车间
……………………………………………7658658
……………………………………………7659374

焦化车间
……………………………………………7659304
……………………………………………7658063

净化车间
……………………………………………7658964
……………………………………………7658060

加氢车间
……………………………………………7658646
……………………………………………7658260

制氢车间
……………………………………………7658197
……………………………………………7658477

气分－聚丙烯车间
……………………………………………7658901

东蒸馏车间
……………………………………………7658677

南蒸馏车间
……………………………………………7658916
……………………………………………7659975

西蒸馏车间
……………………………………………7658867
……………………………………………7659548

糠醛白土车间
……………………………………………7659344
……………………………………………7658429

水处理车间
……………………………………………7658165

……………………………………7659974

供水车间

……………………………………7658863

……………………………………7659537

空分车间

……………………………………7658723

……………………………………7659062

油品车间

……………………………………7658408

……………………………………7659475

原油车间

……………………………………7659417

……………………………………7659348

销售车间

……………………………………7659002

……………………………………7659967

鲅鱼圈储运公司

……………………………(0417)6151147

……………………………(0417)6154147

分析化验中心

……………………………………7658192

……………………………………7658368

钳工车间

……………………………………7658325

……………………………………7659097

电工车间

……………………………………7658758

……………………………………7658033

仪表车间

……………………………………7658376

……………………………………7658819

工程质量监督站

……………………………………7658069

……………………………………7659030

57. 长庆石化公司

地址：陕西省咸阳市金旭路

邮编：712000

区号：029

总经理办公室

……………………………………86509126

……………………………………86509125

党群工作处

……………………………………86509137

……………………………………86509135

人事处

……………………………………86509122

……………………………………86509803

财务处

……………………………………86509169

……………………………………86589730

生产运行处

……………………………………86021292

……………………………………86509150

工艺技术设备处

……………………………………86509325

……………………………………86509218

审计监察法规处

……………………………………86589062

……………………………………86529783

质量安全环保处

……………………………………86509428

规划计划处

……………………………………86589733

……………………………………86509156

物资采办部

……………………………………86509231

……………………………………86509234

营销调运部

……………………………………86509285

……………………………………86509682

信息科技部

……………………………………86509939

……………………………………86509484

安全监督部

……………………………………86021293

……………………………………86509428

综合管理办公室

……………………………………86509842

……………………………………86509130

油品运行部

……………………………………86509236

……………………………………86509237

运行保障部

……………………………………86509109

……………………………………86509152

运行一部

……………………………………86021291

……………………………………86021290

运行二部

……………………………………86509021

……………………………………86509190

运行三部

……………………………………86509431

质检部

……………………………………86509138

……………………………………86509303

储运区块

……………………………………86509420

……………………………………86509422

58. 克拉玛依石化公司

地址：新疆维吾尔自治区克拉玛依市金龙镇

邮编：834000

区号：0990

总经理办公室

……………………………………6833629

……………………………………6833669

财务处

……………………………………6833594

……………………………………6831926

人事处

……………………………………6833529

……………………………………6833822

党群工作处

……………………………………6833812

……………………………………6833638

科技信息处

……………………………………6831529

……………………………………6831348

质量安全环保处

……………………………………6831071

……………………………………6833541

规划计划处

……………………………………6833437

……………………………………6833323

工程服务系统部

……………………………………6833437

……………………………………6833323

生产运行处

……………………………………6833549

……………………………………6831787

机动设备处

……………………………………6831547

……………………………………6831546

电子商务部

……………………………………6833542

……………………………………6833946

企业法规处

……………………………………6831534

……………………………………6830096

审计监察处

……………………………………6833091

……………………………………6831540

武装部

……………………………………6833164

……………………………………6834336

炼油化工研究院

……………………………………6881996

……………………………………6886131

热电厂

……………………………………6832886

……………………………………6832784

检维修中心

……………………………………6833536

……………………………………6830675

销售总公司

……………………………………6832203

……………………………………6834571

化验室

……………………………………6833521

……………………………………6831106

原油车间

……………………………………6833543

……………………………………6833231

轻质油车间

……………………………………6833065

……………………………………6833063

环境检测站

……………………………………6831103

……………………………………6831824

销售车间

……………………………………6833098

……………………………………6834667

润滑油车间

……………………………………6833261

……………………………………6834344

丙烷车间

……………………………………6833568

……………………………………6833306

蒸馏车间

……………………………………6833267

……………………………………………6833179

脱硫车间

……………………………………………6833377

气分车间

……………………………………………6831364

制加氢车间

……………………………………………6833668

……………………………………………6833673

高压加氢车间

……………………………………………6834124

……………………………………………6834147

催化车间

……………………………………………6833606

……………………………………………6830774

重整车间

……………………………………………6834284

工业水车间

……………………………………………6833994

……………………………………………6833814

供排水车间

……………………………………………6833643

……………………………………………6833647

焦化车间

……………………………………………6831483

……………………………………………6833372

物资装备公司

……………………………………………6833417

……………………………………………6831412

计量检定所

……………………………………………6833462

……………………………………………6831714

59. 庆阳石化公司

地址：甘肃省庆阳市西峰区董志政

邮编：745002

区号：0934

总经理党委办公室

……………………………………………3266577

……………………………………………3266204

生产运行处

……………………………………………3266389

……………………………………………3266403

人事处

……………………………………………3266529

……………………………………………3266549

财务资产处

……………………………………………3266505

……………………………………………3266398

规划计划处

……………………………………………3266429

……………………………………………3266518

审计监察处

……………………………………………3266429

……………………………………………3266938

质量安全环保处

……………………………………………3266291

……………………………………………3266776

机动设备处

……………………………………………3266479

……………………………………………3266367

党群工作处（企业文化处）

……………………………………………3266309

……………………………………………3266275

工程建设管理处

……………………………………………3266477

……………………………………………3266782

保卫消防部

……………………………………………3266216

……………………………………………3266584

销售部

……………………………………………3266335

……………………………………………3266422

工程预决算部

……………………………………………3266589

……………………………………………3266894

物资采供站

……………………………………………3266467

……………………………………………3266407

矿区事业部

……………………………………………3266408

……………………………………………3266523

270 万吨项目部

……………………………………………8368036

60. 东北炼化工程有限公司

地址：辽宁省沈阳市沈河区青年大街 167 号

邮编：110016

区号：024

总经理办公室

……………………………………………23182908

…………………………………………23182909

财务处

…………………………………………23182987

…………………………………………23182968

人事处

…………………………………………23182919

…………………………………………23182920

规划计划处

…………………………………………23182925

…………………………………………23182931

检修管理处

…………………………………………23182988

…………………………………………23182936

工程管理处

…………………………………………23182956

…………………………………………23182955

安全环保处

…………………………………………23182826

…………………………………………23182961

机动装备处

…………………………………………23182935

…………………………………………23182938

企管法规处

…………………………………………23182945

…………………………………………23182951

审计监察处

…………………………………………23182978

…………………………………………23182977

党群工作处

…………………………………………23182980

…………………………………………23182983

物资管理中心

…………………………………………23182989

…………………………………………23182924

审计中心

…………………………………………23182973

…………………………………………23182975

61. 炼化工程建设项目部

地址：北京市西城区鼓楼外大街5号

邮编：100029

区号：010

项目经理

…………………………………………62096495

…………………………………………62096489

综合处

…………………………………………62096516

…………………………………………62096515

计划处

…………………………………………62096518

…………………………………………62096517

财务处

…………………………………………62096476

…………………………………………62096478

QDSE 处

…………………………………………62096468

…………………………………………62096470

技术与设计管理处

…………………………………………62096466

…………………………………………62096467

工程管理处

…………………………………………62096488

…………………………………………62096487

项目控制处

…………………………………………62096496

…………………………………………62096511

物质采购处

…………………………………………62096490

…………………………………………62096492

锦西项目部

…………………………………………62096489

…………………………………………62096514

宁夏项目部

…………………………………………62096486

…………………………………………62096514

呼和浩特项目部

…………………………………………62096498

…………………………………………62096514

62. 东北化工销售公司

地址：辽宁省沈阳市沈河区北站路59号财富中心大厦E座9F

邮编：110013

区号：024

总经理办公室

…………………………………………82517700

…………………………………………82517701

财务处

…………………………………………82517727

…………………………………………82517729

人事处
……………………………………………82517869
……………………………………………82517749
规划计划处
……………………………………………82517717
……………………………………………82517714
党群工作处
……………………………………………82517757
……………………………………………82517756
市场信息与价格处
……………………………………………82517767
……………………………………………82517763
技术服务处
……………………………………………82517886
……………………………………………82517880
有机化工处
……………………………………………82517807
……………………………………………82517809
企管法规处
……………………………………………82517776
……………………………………………82517783
化肥处
……………………………………………82517829
……………………………………………82517834
橡胶塑料处
……………………………………………82517797
……………………………………………82517802
储运处
……………………………………………82517837
……………………………………………82517836
调度中心
……………………………………………82517877
……………………………………………82517865
大庆分公司（0459）
……………………………………………6707418
……………………………………………6768364
吉林分公司（0432）
……………………………………………2702666
……………………………………………2799102
抚顺分公司（0413）
……………………………………………7670789
……………………………………………7670788
辽阳分公司（0419）
……………………………………………5153003
……………………………………………5350860
大连分公司（0411）
……………………………………………85811399
……………………………………………88878899

63. 西北化工销售公司

地址：甘肃省兰州市安宁区北滨河西路85号
邮编：730070
区号：0931

办公室
……………………………………………7703003
……………………………………………7703000
值班电话
……………………………………………7703004
……………………………………………7703114

64. 华东化工销售公司

地址：上海市浦东新区东方路969号中油大酒店9楼
邮编：200122
区号：021

办公室
……………………………………………50589669
……………………………………………50589360
财务处
……………………………………………50587533
……………………………………………50589562
人事处
……………………………………………50589382
……………………………………………50583660
规划计划处
……………………………………………50812322
……………………………………………50585069
党群工作处
……………………………………………58313663
……………………………………………58303654
企管法规处
……………………………………………58304698
……………………………………………50580330
内控处
……………………………………………50589701
……………………………………………50589702
审计处
……………………………………………50589211
……………………………………………50589210
业务一处

……………………………………………58316573
……………………………………………68751242

业务二处

……………………………………………58316572
……………………………………………58313050

业务三处

……………………………………………58313663
……………………………………………68769123

业务四处

……………………………………………68751335
……………………………………………58209642

业务五处

……………………………………………68752933
……………………………………………50587912

业务六处

……………………………………………68760925
……………………………………………68751217

信息部

……………………………………………68752343
……………………………………………68762451

技术服务部

……………………………………………50585956
……………………………………………50585953

65. 华北化工销售公司

地址：北京市西城区阜成门外大街2号万通写字楼A座22层

邮编：100037

区号：010

总经理办公室

……………………………………………68062268
……………………………………………68062386

财务处

……………………………………………68062233
……………………………………………68062252

人事处

……………………………………………68062289
……………………………………………68062286

企业管理处

……………………………………………68062367
……………………………………………68062357

审计处

……………………………………………68061122
……………………………………………68062253

党群工作处

……………………………………………68062386
……………………………………………68062385

调运处

……………………………………………68062269
……………………………………………68062282

市场处

……………………………………………68062371
……………………………………………68062280

业务一处

……………………………………………68062301
……………………………………………68062302

业务二处

……………………………………………68062309
……………………………………………68062338

业务三处

……………………………………………68062313
……………………………………………68062339

业务四处

……………………………………………68062329
……………………………………………68062318

业务五处

……………………………………………68062332
……………………………………………68062356

天津分公司（区号：022）

……………………………………………66218598
……………………………………………66218599

任丘分公司（区号：0317）

……………………………………………2755516
……………………………………………2755504

潍坊分公司（区号：0536）

……………………………………………8215888
……………………………………………8257676

武汉分公司（区号：027）

……………………………………………84212076
……………………………………………84212063

66. 华南化工销售公司

地址：广东省广州市天河区体育东路114号财富广场西塔16-17楼

邮编：510620

区号：020

综合部

……………………………………………38847755
……………………………………………38847727

财务部

……………………………………………38847785
……………………………………………38847787

管理部
……………………………………………38847736
……………………………………………38847735

技术服务部
……………………………………………38848314
……………………………………………38932009

业务一部
……………………………………………38931501
……………………………………………38847756

业务二部
……………………………………………38847768
……………………………………………38847900

业务三部
……………………………………………38847778
……………………………………………38847771

福州销售部（区号：0591）
……………………………………………87666868
……………………………………………87666611

厦门销售部（区号：0592）
……………………………………………8066833
……………………………………………8066830

汕头销售部（区号：0754）
……………………………………………88849799
……………………………………………88833716

深圳销售部（区号：0755）
……………………………………………33340658
……………………………………………33340670

南宁销售部（区号：0771）
……………………………………………5531529
……………………………………………5531532

海口销售部（区号：0898）
……………………………………………68515551
……………………………………………68515550

韶关销售部（区号：0751）
……………………………………………8220805
……………………………………………8220577

湛江销售部（区号：0759）
……………………………………………3390816
……………………………………………3399166

67. 西南化工销售公司

地址：四川省成都市顺城大街206号四川国际大厦15楼

邮编：610015

区号：028

综合部
……………………………………………86520958
……………………………………………86520059

管理部
……………………………………………86521341
……………………………………………86520556

财务部
……………………………………………86521723
……………………………………………86521571

业务一部
……………………………………………86521209
……………………………………………86520823

业务二部
……………………………………………86521207
……………………………………………86521055

业务三部
……………………………………………86521481
……………………………………………86520239

技术服务部
……………………………………………86520501
……………………………………………86520502

重庆分部（区号：023）
……………………………………………62955108
……………………………………………62955107

长沙分部（区号：0731）
……………………………………………2811129
……………………………………………2811127

西安分部（区号：029）
……………………………………………88386009
……………………………………………88386281

昆明分部（区号：0871）
……………………………………………3107309
……………………………………………3107151

贵州分部（区号：0851）
……………………………………………5835016
……………………………………………8665576

68. 吉林燃料乙醇有限责任公司

地址：吉林省吉林市经济技术开发区

邮编：132101

区号：0432

办公室
……………………………………………3501035

……………………………………3501166

发展规划部

……………………………………3501097

……………………………………3501050

人力资源部

……………………………………3501046

……………………………………3501095

计划财务部

……………………………………3501036

……………………………………3501034

生产技术部

……………………………………3501053

……………………………………3501091

安全环保部

……………………………………3501015

……………………………………3501196

机动部

……………………………………3501118

……………………………………3501077

工程部

……………………………………3501023

……………………………………3501028

设计管理部

……………………………………3501051

……………………………………3501054

供应分公司

……………………………………3501060

……………………………………3501061

销售分公司

……………………………………3501199

……………………………………3501071

69. 东北销售公司

地址：辽宁省沈阳市皇姑区陵东街105号

邮编：110032

区号：024

值班电话

……………………………………88559607

……………………………………88559609

办公室

……………………………………88559341

……………………………………88559337

70. 西北销售公司

地址：甘肃省兰州市定西南路18号

邮编：730000

区号：0931

总经理办公室

……………………………………8637129

……………………………………8637170

党委工作部

……………………………………8637139

资源配置处

……………………………………8627627

调度运行处

……………………………………8632871

财务资产处

……………………………………8637209

储运安全处

……………………………………8637193

规划发展处

……………………………………8637163

企业管理处

……………………………………8627456

科技信息处

……………………………………8637151

人事处

……………………………………8637217

审计监察处

……………………………………8637157

新疆分公司（区号：0991）

……………………………………3767776

川渝分公司（区号：028）

……………………………………86520903

……………………………………86521300

西安分公司（区号：029）

……………………………………82492285

……………………………………82480148

玉门分公司（区号：0937）

……………………………………3244807

宝鸡分公司（区号：0917）

……………………………………6410036

永登分公司（区号：0931）

……………………………………6413500

宁夏分公司（区号：0951）

……………………………………6198378

青藏分公司（区号：0971）

……………………………………8232152

宝鸡制桶厂（区号：0917）

……………………………………6410333

宝鸡西北石油运销公司（区号：0917）

……………………………………………8618863

71. 华北销售公司

地址：北京市朝阳区北苑路86号院嘉铭桐城2区11号楼
邮编：100101
区号：010

总经理办公室
……………………………………………84869789
……………………………………………84869797

党群工作处
……………………………………………84869871
……………………………………………84869872

人事处
……………………………………………84869851
……………………………………………84869852

审计监察处
……………………………………………84869880
……………………………………………84869883

加油站管理处
……………………………………………84869802
……………………………………………84869803

营销处
……………………………………………84869788
……………………………………………84869719

非油品处
……………………………………………84869801
……………………………………………84869936

调运处
……………………………………………84869985
……………………………………………84869756

油库管理处
……………………………………………84869953
……………………………………………84869752

规划计划处
……………………………………………84869768
……………………………………………84869901

基建工程处
……………………………………………84869930
……………………………………………84869882

质量安全环保处
……………………………………………84869765
……………………………………………84869766

信息统计处
……………………………………………84869898
……………………………………………84869897

股权法规处
……………………………………………84869867
……………………………………………84869869

财务资产处
……………………………………………84869817
……………………………………………84869818

油库项目开发办公室
……………………………………………84869767
……………………………………………84869776

董监事办公室
……………………………………………84869868
……………………………………………84869775

72. 华东销售公司

地址：上海市浦东新区东方路
邮编：200122
区号：021

总经理办公室
……………………………………………68671699
……………………………………………68756666

党群工作处
……………………………………………68758068
……………………………………………68671696

营销一处
……………………………………………68760136
……………………………………………68752822

营销二处
……………………………………………68763029
……………………………………………68763060

调运配送中心
……………………………………………68750178
……………………………………………68670590

人事处
……………………………………………58316496
……………………………………………58301654

审计监察处
……………………………………………50580995
……………………………………………50819016

企业管理处
……………………………………………68763017
……………………………………………68763022

财务资产处
……………………………………………68766782
……………………………………………50813291

加油站管理处
……………………………………………68763100
……………………………………………68763105
投资计划处
……………………………………………68671693
……………………………………………58204068
油库管理处
……………………………………………50581019
……………………………………………50581020
安全环保处
……………………………………………68767917
……………………………………………68767923
信息化管理处
……………………………………………50815002
……………………………………………68670915
内控管理处
……………………………………………68763716
……………………………………………68763717

73. 华中销售公司

地址：湖北省武汉市武昌区徐东大街7号
邮编：430063
区号：027

总经理办公室
……………………………………………86837813
……………………………………………86830967
人事处
……………………………………………86831192
……………………………………………86830900
财务处
……………………………………………86839956
……………………………………………86831895
营销处
……………………………………………86837871
……………………………………………86831031
调度储运处
……………………………………………86830971
……………………………………………86830962
加油站管理处
……………………………………………86830897
……………………………………………86832702
质量环保处
……………………………………………86738816
……………………………………………86830897
投资计划处
……………………………………………86839966
……………………………………………86815726
工程建设处
……………………………………………86830979
……………………………………………86839151
信息化管理处
……………………………………………86738616
……………………………………………86831023
企管法规处
……………………………………………86831119
……………………………………………86831169
党群工作处
……………………………………………86830959
……………………………………………86813636
审计监察处
……………………………………………86833360
……………………………………………86811121

74. 华南销售公司

地址：广东省广州市珠江新城花城大道66号
检验大厦C塔16楼
邮编：510623
区号：020

总经理办公室
……………………………………………38291236
营销处
……………………………………………38290688
加油站管理处
……………………………………………38291550
调度运输处
……………………………………………38290168
油库管理处
……………………………………………38291216
规划计划处
……………………………………………38290068
工程建设处
……………………………………………38291101
质量安全环保处
……………………………………………38291358
财务处
……………………………………………38291578
综合管理处
……………………………………………38291150
人事处
……………………………………………38291179

党群工作处
……………………………………………38291515
审计监察处
……………………………………………38291110
信息化管理处
……………………………………………38291135
法律事务管理中心
……………………………………………38291596
广州代表处
……………………………………………38665519

75. 西南销售公司

地址：云南省昆明市青年路志远大厦 26 楼
邮编：650021
区号：0871

总经理办公室
……………………………………………3160102
人事处
……………………………………………3161373
党群工作处
……………………………………………3193312
审计监察处
……………………………………………3161773
财务资产处
……………………………………………3180361
营销处
……………………………………………3161913
综合计划处
……………………………………………3161863
调度运输处
……………………………………………3161932
质量安全环保处
……………………………………………3162833
综合管理与法律事务处
……………………………………………3161963
信息化管理处
……………………………………………3162835
项目建设管理办公室
……………………………………………3163650
广西分公司
……………………………………(0771)5532012
……………………………………(0771)5532390
贵州分公司
……………………………………(0851)5868118
……………………………………(0851)5867133

76. 黑龙江销售公司

地址：黑龙江省哈尔滨市道里区高谊街 58 号
邮编：150018
区号：0451

值班电话
……………………………………………84612530
……………………………………………84654934
办公室
……………………………………………84613077
……………………………………………84619265

77. 吉林销售公司

地址：吉林省长春市普庆路 111 号
邮编：130061
区号：0431

总经理办公室
……………………………………………88509116
营销处
……………………………………………88509115
调运处
……………………………………………88509295
财务资产处
……………………………………………88509151
仓储安全环保处
……………………………………………88509166
加油站管理处
……………………………………………88509212
投资与建设管理处
……………………………………………88509172
人事处
……………………………………………88509195
内控管理处
……………………………………………88509188
审计监察处
……………………………………………88509355
党群工作处
……………………………………………88509128
信息中心
……………………………………………88509186
综合管理办公室
……………………………………………88509236
清欠办公室
……………………………………………88509303
培训中心

……………………………………88509688

78. 辽宁销售公司

地址：辽宁省沈阳市皇姑区昆山中路1号
邮编：110031
区号：024

值班电话
……………………………………86268680

办公室
……………………………………86256620
……………………………………86221662

传真
……………………………………86221131

79. 大连销售公司

地址：辽宁省大连市中山区昆明街200号
邮编：116001
区号：0411

值班电话
……………………………………82303475

办公室
……………………………………82307139

传真
……………………………………82303569

80. 内蒙古销售公司

地址：内蒙古自治区呼和浩特市新城区成吉思汗大街东段
邮编：010015
区号：0471

经理办公室
……………………………………6490429
……………………………………6490428

党群工作处
……………………………………6490725
……………………………………6490170

营销处
……………………………………6587929
……………………………………6490737

成品油调运运输处
……………………………………6490755
……………………………………6588478

人事处
……………………………………6490478
……………………………………6490418

财务处
……………………………………6490148
……………………………………6490559

审计监察处
……………………………………6490675
……………………………………6490730

仓储安全环保处
……………………………………6589683
……………………………………6490579

加油站管理处
……………………………………6490438
……………………………………6490127

投资与计划管理处
……………………………………6490537
……………………………………6490738

企业管理处
……………………………………6490697
……………………………………6490724

81. 陕西销售公司

地址：陕西省西安市西一路55号
邮编：710004
区号：029

总经理办公室
……………………………………87455176
……………………………………87428345

值班电话
……………………………………87451902

传真
……………………………………87425267

营销处
……………………………………87420352

加油站管理处
……………………………………87453072

82. 甘肃销售公司

地址：甘肃省兰州市甘南路702号
邮编：730030
区号：0931

经理办公室
……………………………………8448003
……………………………………8448001

经营销售处

……………………………………………8448093
……………………………………………8448091

财务资产处
……………………………………………8448491
……………………………………………8448115

加油站管理处
……………………………………………8448065
……………………………………………8448073

资源调运处
……………………………………………8448429
……………………………………………8448337

仓储安全环保处
……………………………………………8448556
……………………………………………8448588

投资管理处
……………………………………………8448016
……………………………………………8448340

工程管理处
……………………………………………8448588
……………………………………………8448340

市场协调处
……………………………………………8448015
……………………………………………8448287

企业法规处
……………………………………………8448139
……………………………………………8448092

审计监察处
……………………………………………8448038
……………………………………………8448387

人事处（组织部）
……………………………………………8448006
……………………………………………8448010

综合管理办公室
……………………………………………8448550
……………………………………………8448099

83. 宁夏销售公司

地址：宁夏回族自治区银川市凤凰南街 149 号
邮编：750001
区号：0951

总经理办公室
……………………………………………4108282
……………………………………………4108283

人事组织处
……………………………………………4110334
……………………………………………4110570

零售配送处
……………………………………………4110408
……………………………………………4110544

非油品管理处
……………………………………………4114600
……………………………………………4107713

财产资产处
……………………………………………4108100
……………………………………………4108291

安全质量环保监察处
……………………………………………4110482
……………………………………………4110336

信息管理处
……………………………………………4108260
……………………………………………4111823

党群工作处（工会）
……………………………………………4111783
……………………………………………4108210

纪检审计法规处
……………………………………………4108276
……………………………………………4110337

离退休人员管理处
……………………………………………4108113
……………………………………………4108521

联络办公室
……………………………………………4111783
……………………………………………4108219

84. 青海销售公司

地址：青海省西宁市成北区柴达木路 126 号
邮编：810017
区号：0971

总经理办公室
……………………………………………5223780
……………………………………………5225136

党群工作处
……………………………………………5221631
……………………………………………5223827

财产资产处
……………………………………………5223967
……………………………………………5223975

核算中心
……………………………………………5223975
……………………………………………5229715

营销调运处
……………………………………………5223865
……………………………………………5223812
调度指挥中心
……………………………………………5223812
……………………………………………5229701
仓储安全环保处
……………………………………………5223857
……………………………………………5225103
人事处（组织部）
……………………………………………5223936
……………………………………………5223982
投资规划处
……………………………………………5223762
……………………………………………5221871
工程管理处
……………………………………………5223960
……………………………………………5220671
审计监察处
……………………………………………5223937
……………………………………………5223053
矿区事业部
……………………………………………5220671
……………………………………………5223873
企业管理处
……………………………………………5224635
……………………………………………5223770
信息管理中心
……………………………………………5221675
……………………………………………5222012
加油站管理处
……………………………………………5223753
……………………………………………5223750
综合处
……………………………………………5225069
……………………………………………5221086
物业管理服务中心
……………………………………………5223971
……………………………………………5225091

85．新疆销售公司

地址：新疆维吾尔自治区乌鲁木齐市民主路8号
邮编：830002
区号：0991
总经理办公室
……………………………………………2352988
……………………………………………2352891
营销处
……………………………………………2352665
……………………………………………2834448
调度运输处
……………………………………………2352996
……………………………………………2352660
质量安全环保处
……………………………………………2352678
……………………………………………2303634
财务处
……………………………………………2352801
……………………………………………2352803
人事处
……………………………………………2352618
……………………………………………2352668
企业管理处
……………………………………………2352960
……………………………………………2352800
党群工作处
……………………………………………2352891
……………………………………………2352899
审计监察处
……………………………………………2840599
……………………………………………2362090

86．西藏销售公司

地址：西藏自治区拉萨市北京中路71号
邮编：850001
区号：0891
总经理办公室
……………………………………………6718137
……………………………………………6718276
后勤服务中心
……………………………………………6718295
……………………………………………6718239
营销处
……………………………………………6718180
……………………………………………6718168
零售管理处
……………………………………………6718179
……………………………………………6718174
投资于建设管理处
……………………………………………6718160

……………………………………6718171

质量安全环保处

……………………………………6718173

……………………………………6718170

财务处

……………………………………6718122

……………………………………6718126

人事处

……………………………………6718136

……………………………………6718135

企业管理与法规事务处

……………………………………6718127

……………………………………6718128

纪检审计监察处

……………………………………6718130

……………………………………6718159

党群工作处

……………………………………6718141

……………………………………6718133

信息管理办公室

……………………………………6718199

调度中心

……………………………………6718180

……………………………………6718306

87. 四川销售公司

地址：四川省成都市西顺城街 206 号

邮编：610015

区号：028

机关处室营销管理处

……………………………………86520315

……………………………………86520270

调度运输处

……………………………………86520020

……………………………………86520053

规划计划处

……………………………………86520546

……………………………………86520151

财务资产处

……………………………………86520012

……………………………………86521681

人事处

……………………………………86521106

……………………………………86520046

仓储安全环保处

……………………………………86520536

……………………………………86520780

加油站管理处

……………………………………86520267

……………………………………86520537

工程建设处

……………………………………86520919

物资采购处

……………………………………86520317

……………………………………86520590

信息管理处

……………………………………86521035

……………………………………86520539

内控和审计处

……………………………………86520007

……………………………………86521676

法律和股权管理处

……………………………………86520015

……………………………………86520792

党群工作处

……………………………………86520276

……………………………………86520802

监察处

……………………………………86521677

……………………………………86520025

综合管理办公室

……………………………………86520920

……………………………………86521173

后勤管理处

……………………………………86521175

……………………………………86520930

88. 重庆销售公司

地址：重庆市渝中区邹容路 131 号

邮编：400010

区号：023

办公室

……………………………………67325508

党群处

……………………………………67325688

营销处

……………………………………67325546

调运处

……………………………………67325562

储安处
……67325553
加管处
……67325553
投资处
……67325581
财务处
……67325577
人事处
……67325658
企管处
……67325585
审计处
……67325516
综合办
……63843334

89. 山东销售公司

地址：山东省青岛市南区东海中路2号环海大厦19楼
邮编：266071
区号：0532

……85063621
……85063130

90. 山西销售公司

地址：山西省太原市长风西街丽华大厦11层
邮编：030021
区号：0351

工会
……7048039
办公室
……7040918
……7059084
人事（组织）处
……7051739
……7063103
纪检审计法规处
……7061690
……7057553
信息管理处
……7089394
……7062339
质量安全环保处
……7069629
……7058447
投资工程处
……7048038
……7089914
财务资产处
……7086945
……7068568
营销调度指挥中心
……7062107
……7060917

91. 江苏销售公司

地址：江苏省南京市北京西路69-2号
邮编：210024
区号：025

经理（党委）办公室
……83759600
……83759603
审计监察部
……83759613
……83759727
调运中心
……83759708
……83759726
综合业务处
……83759703
……83759706
工程建设管理部
……83759685
……83759686
企管法规部
……83759636
……83759635
非油业务中心
……83759769
……83759693
财务资产处
……83759658
……83759656
市场开发部
……83759680
……83759679
加油站管理部
……83759696
……83759637

储运安全部

……………………………………………83759621

……………………………………………83759628

人力资源部

……………………………………………83759616

……………………………………………83759615

培训中心

……………………………………………83725699

……………………………………………83725299

92. 浙江销售公司

地址：浙江省杭州市黄龙路5号黄龙恒励大厦6楼

邮编：310007

区号：0571

办公室

……………………………………………87636667

93. 安徽销售公司

地址：安徽省合肥市庐阳区濉溪路278号财富广场17楼1721室

邮编：230041

区号：0551

办公室

……………………………………………5633055

……………………………………………5681166

94. 河南销售公司

地址：河南省郑州市郑东新区CBD商务内环路2号

邮编：45001

区号：0371

95. 湖南销售公司

地址：湖南省长沙市芙蓉中路二段湘豪大厦18层

邮编：410005

区号：0731

办公室

……………………………………………2584599

……………………………………………2584622

96. 福建销售公司

地址：福建省福州市五一中路18号正大广场C区御景台29层

邮编：350005

区号：0591

总经办

……………………………………………88590268

信息化管理处

……………………………………………88590332

97. 广西销售公司

地址：广西壮族自治区南宁市金浦路8号联通大厦9楼

邮编：530012

区号：0771

办公室

……………………………………………5532012

98. 江西销售公司

地址：江西省南昌市高新开发区火炬大街801号

邮编：330096

区号：0791

经理（党委）办公室

……………………………………………8168287

……………………………………………8168279

99. 贵州销售公司

地址：贵州省贵阳市新华路126号富中国际广场22楼

邮编：550002

区号：0851

总经办

……………………………………………5868118

100. 大连海运公司

地址：辽宁省大连市中山区人民路68号宏誉大厦703室

邮编：116001

区号：0411

总经理（党委）办公室

……………………………………………82736879

……………………………………………82717796

航运部（调度中心）

……………………………………………82725489

……………………………………………82739202

船舶管理部

……………………………………………82739239

……………………………………………82733923

安全环保处

……………………………………………82728897
……………………………………………82739240

财务部
……………………………………………82728887
……………………………………………82739259

人事部
……………………………………………82739225
……………………………………………82739226

企管法规部
……………………………………………82739221
……………………………………………82726798

审计监察部
……………………………………………82733130
……………………………………………82739230

台州公司
……………………………………………82741228
……………………………………………82715763

101. 润滑油公司

地址：北京市朝阳区亚运村北辰东路8号北京国际会议中心八层
邮编：100101
区号：010

总经理（党委）办公室
……………………………………………84883009
……………………………………………84883010

生产技术处
……………………………………………84883031
……………………………………………84883032

规划计划处
……………………………………………84883091
……………………………………………84883092

市场开发处
……………………………………………84883071
……………………………………………84883201

财务处
……………………………………………84883111
……………………………………………84883112

人事处
……………………………………………84883131
……………………………………………84883132

审计监察部
……………………………………………84883151
……………………………………………84883152

党群工作（企业文化）处
……………………………………………84883161
……………………………………………84883160

销售部
……………………………………………84883051
……………………………………………84883052

物流部
……………………………………………84883181
……………………………………………84883182

工程管理与采办部
……………………………………………84883171
……………………………………………84883172

海外业务工作组
……………………………………………84883191
……………………………………………84883197

快速换油项目组
……………………………………………84883201
……………………………………………84883053

兰州润滑油厂
……………………………………0931-7931896
……………………………………0931-7933368

大连润滑油厂
……………………………………0411-86788701
……………………………………0411-86782492

华东润滑油厂
……………………………………0512-53648518
……………………………………0512-53640381

克乐玛依润滑油厂
……………………………………0990-6834580
……………………………………0990-6834579

大庆润滑油一厂
……………………………………0459-6756846
……………………………………0459-6758908

独山子润滑油厂
……………………………………0992-3681618
……………………………………0992-3681656

玉门润滑油厂
……………………………………0937-3926708
……………………………………0937-3935552

成都润滑油厂
……………………………………028-83587199
……………………………………028-83587399

102. 中油燃料油股份有限公司

地址：北京市朝阳区建国路71号惠通时代广场B3座

邮编：100025
区号：010

办公室
……58630296
……58630201

人事处
……58630299
……58630301

市场处
……58630298
……58630503

储运处
……58630031
……58631201

财务处
……58630289
……58630601

生产处
……58630016
……58631601

市场二处
……58631010
……58631018

工程与计划处
……58630644
……58630805

质量安全环保处
……58630285
……58630901

审计监察处控与风险管理处
……58630286
……58630701

党群工作处
……58630669
……58631101

103. 北京油气调控中心

地址：北京市东城区东直门北大街9号
中国石油大厦
邮编：100007
区号：010

综合办公室
……59983888
……59983989

调度一处
……59983898
……59983896

调度二处
……59983818
……59983987

技术处
……59983968
……59983966

安全处
……59983979
……59983977

计划财务处
……59983959
……59983958

投产办公室
……59983850
……59983851

104. 管道建设项目经理部

地址：北京市朝阳区安立路80号马哥孛罗大厦
邮编：100101
区号：010

综合办公室
……59636625
……84889757

人事处（党委组织部）
……59636675
……84889977

计划处
……84889969
……84889968

财务处
……84889988
……59636658

企管法规处
……84889855
……59636697

工程管理处
……84889816
……59636631

工程技术处
……84889850
……84889852

质量安全环保处
……84889936

……………………………………59636675

物资采购处

……………………………………84889876

……………………………………59636635

公共关系处

……………………………………84889955

……………………………………59636605

审计监察处

……………………………………84889518

……………………………………84889502

宣传支持

……………………………………84889706

……………………………………84889702

网络维护

……………………………………84889995

……………………………………84889964

兰郑长（豫鄂）项目部

……………………………(029)87688919

……………………………(029)87688911

兰成项目部

……………………………(010)84889820

……………………………(010)84889837

漠大项目部

……………………………(010)84889058

……………………………(010)84889863

新疆项目分部

……………………………(0991)3221661

……………………………(0991)3791679

甘肃项目分部

……………………………(0937)2671993

……………………………(0937)2672381

宁陕项目分部

……………………………(0951)4080843

……………………………(0951)4080975

涩宁兰复线项目部

……………………………(0971)8868472

……………………………(0971)8868465

锦州（秦沈）项目部

……………………………(010)84889539

……………………………(010)84889534

陕京三线项目部

……………………………(010)84889063

……………………………(010)84889072

压缩机项目部

……………………………(010)84889836

……………………………(010)84889851

中缅项目前期组

……………………………(010)84889838

……………………………(010)59636632

105. 管道公司

地址：河北廊坊市广阳道87号甲

邮编：065000

区号：0316

总经理办公室（党委办公室）

……………………………………2170633

……………………………………2170690

发展研究室

……………………………………2170108

……………………………………2170538

生产处

……………………………………2170089

……………………………………2170211

工程处

……………………………………2170778

……………………………………2170219

管道处（保卫处）

……………………………………2170208

……………………………………2170013

质量安全环保处

……………………………………2170130

……………………………………2170261

科技处

……………………………………2170201

……………………………………2170065

信息管理处

……………………………………2170732

……………………………………2170134

规划计划处

……………………………………2170836

……………………………………2170577

财务资产处（财务结算中心）

……………………………………2170838

……………………………………2170360

人事处（党委组织部）

……………………………………2170867

……………………………………2170528

企管法规处

……………………………………2170222

……………………………………2170586

商务处

……………………………………………2170088
……………………………………………2170056

审计处
……………………………………………2170898
……………………………………………2170886

内部控制处
……………………………………………2170234
……………………………………………2170316

纪检监察处
……………………………………………2170505
……………………………………………2170683

企业文化处（思想政治工作处）
……………………………………………2170551
……………………………………………2170509

公司工会
……………………………………………2170606
……………………………………………2170608

矿区服务事业部
……………………………………(0316)2170508
……………………………………(0316)2170166

离退休管理处
……………………………………(0316)2170532
……………………………………(0316)2170900

沈阳调度中心
……………………………………(024)22983822
……………………………………(024)22983362

信息中心
……………………………………(024)2170097
……………………………………(024)2170086

工程造价管理中心
……………………………………(024)2170126
……………………………………(024)2170199

廊坊基地建设办公室
……………………………………(0316)2079813
……………………………………(0316)2079171

大庆输油气分公司
……………………………………(0459)6020758
……………………………………(0459)6020802

长春输油气分公司
……………………………………(0431)86130168
……………………………………(0431)86130007

长吉输油气分公司
……………………………………(0431)86133169
……………………………………(0431)86133175

沈阳输油气分公司
……………………………………(024)22983976
……………………………………(024)22982069

大连输油气分公司
……………………………………(0411)85550224
……………………………………(0411)85550237

锦州输油气分公司
……………………………………(0416)2540114-40235
……………………………………(0416)2540114-40656

丹东输油气分公司
……………………………………(0415)4181001
……………………………………(0415)4181028

秦京输油气分公司
……………………………………(0335)3857612
……………………………………(0335)3857615

秦皇岛输油气分公司
……………………………………(0335)3857601
……………………………………(0335)3857603

长庆输油气分公司
……………………………………(0951)6936100
……………………………………(0951)6936801

106．西气东输管道（销售）公司

地址：上海市浦东福山路458号同盛大厦17-21层
邮编：200122
区号：021

总经理办公室
……………………………………………58848811
……………………………………………58848805

规划计划处
……………………………………………58848055
……………………………………………58848050

财务处
……………………………………………58848876
……………………………………………58848885

人事处
……………………………………………58849766
……………………………………………58849769

审计监察处
……………………………………………58848859
……………………………………………58848858

企业文化处
……………………………………………58848832
……………………………………………58848807

质量安全环保处
……………………………………………58848148
……………………………………………58848080

科技信息处
…………58848848
…………58848057

生产运行处
…………58848016
…………58848017

压缩机处
…………58848181
…………58848182

管道处
…………58849955
…………58848101

工程技术处
…………58848058
…………58848065

采办处
…………58848118
…………58848116

市场开发与销售部
…………58848125
…………58848128

内部控制
…………58848090
…………58848286

二线生产准备领导小组
…………58848848
…………58848213

房改办公室
…………58848156
…………58848163

新疆管理处
…………021-58848600
…………021-58848601

甘肃管理处
…………021-58848880
…………021-58848778

宁陕管理处
…………021-58849090
…………021-58849089

山西管理处
…………58849190
…………58849192

豫皖管理处
…………58849382
…………58849383

苏浙沪管理处
…………58849500
…………58849501

苏北管理处
…………58847188
…………58847166

翼鲁管理处
…………58849816
…………58849818

储气库项目部
…………(0519)82875601
…………(0519)82875602

翼宁管道工程项目部
…………(0523)86397616
…………(0523)86397673

压缩机站工程项目部
…………(0523)58848183
…………(0523)58848189

长宁输气分公司
…………(0951)5033152
…………(0951)5034764

107. 北京天然气管道有限公司

地址：北京市朝阳区大屯路9号
邮编：100101
区号：010

总经理（党委）
…………84884560
…………84884385

生产运行处
…………84884425
…………84884416

科技与信息处
…………84884253
…………84884235

财务处
…………84884267
…………84884399

人事处（党委组织部）
…………84884462
…………84884418

企业文化处（党群工作处）
…………84884567
…………84884248

108. 西部管道分公司

地址：新疆维吾尔自治区乌鲁木齐市北京中路666号迎宾楼
邮编：830012
区号：0991

总经理办公室党委办公室
……6996828
……6996801

党群工作处企业文化处
……6996750
……6996749

生产运行处应急管理办公室
……6996481
……6996484

规划计划处企管法规处
……6996805
……6996468

财务资产处
……6996712
……6996728

党委组织部人事处
……6996810
……6996812

管道处保卫处
……6996841
……6996842

质量安全环保处
……6996483
……6996489

纪委审计监察处
……6996825
……6996049

科技信息处
……6996820
……6996821

工程技术处
……6996485
……6996823

物资处
……6996837
……6996499

机关党委
……6996749

团委
……6996828

原油销售处
……6996486
……6996744

内控办公室
……6996808

行政事务中心
……6996736
……4522220

科技服务中心
……6996823

一工程项目部
……6996495
……6996743

原油商业储备库工程项目经理部安全总监
……3791663

技能培训中心
……6996863

造价中心
……6996727

档案馆
……6996802

109．唐山液化天然气项目经理部

地址：北京市朝阳区北辰东路8号汇宾大厦311室
邮编：100101
区号：010

综合办
……84982912
……84980267

人事处
……84982979
……84985080

计划处
……84980627
……84980635

财务处
……84980080
……84982875

技术处
……84980116
……84980219

生产处
……84980226
……84980591

采办处
……84986175

……………………………………………84989468

QHSE 处

……………………………………………84985639

……………………………………………84988912

内控组

……………………………………………84985418

……………………………………………84989826

110. 大连液化天然气项目管理部

地址：辽宁省大连市中山区人民路 23 号宏源大厦 34 层

邮编：116600

区号：0411

领导

……………………………………………82566601

……………………………………………82565988

综合办公室

……………………………………………82566628

……………………………………………82566616

人事处

……………………………………………82566639

……………………………………………82566616

技术处

……………………………………………82566105

……………………………………………82566613

生产处

……………………………………………82566127

……………………………………………82566626

质量安全环保处

……………………………………………82594333

……………………………………………82566620

财务处

……………………………………………82566133

……………………………………………82566637

采办处

……………………………………………82566120

……………………………………………82566126

董事会秘书

……………………………………………82566632

小车队

……………………………………………82566621

……………………………………………82566107

兴油监理

……………………………………………82566642

……………………………………………82566643

111. 江苏液化天然气项目经理部

地址：江苏省南通市如东县友谊东路

邮编：226400

区号：0513

综合办

……………………………………………84151581

……………………………………………84151585

财务处

……………………………………………84151886

……………………………………………84151390

人事处

……………………………………………84151889

……………………………………………84151589

计划处

……………………………………………84151159

……………………………………………84151590

技术处

……………………………………………84151336

……………………………………………84151332

生产处

……………………………………………84151668

……………………………………………84151565

采办处

……………………………………(010)64478197

……………………………………(010)64478177

QHSE 处

……………………………………………84151593

……………………………………………84151591

112. 华北天然气销售公司

地址：北京市朝阳区大屯路 9 号

邮编：100101

区号：010

综合办

……………………………………………64968101

……………………………………………64967280

财务处

……………………………………………64961209

……………………………………………64968997

人事处

……………………………………………64960753

……………………………………………64965291

资金结算中心

……………………………………………64969608

……………………………………………64964314

市场开发部

……………………………………………64985591

……………………………………………64967304

营销处

……………………………………………64987370

……………………………………………64989692

计量调运处

……………………………………………64962838

……………………………………………64963515

113. 昆仑燃气有限公司

地址：北京市朝阳区亚运村安立路101号名人大厦

邮编：100101

区号：010

总经理办公室

……………………………………………84836606

……………………………………………84836607

生产运行处

……………………………………………84836598

……………………………………………84836600

规划计划处

……………………………………………84836596

……………………………………………84836595

市场营销处

……………………………………………84836583

……………………………………………84836581

财务处

……………………………………………84836388

……………………………………………84836389

人事处（组织部）

……………………………………………84836386

……………………………………………84836385

资本运营处

……………………………………………84836378

……………………………………………84836377

企管法规处

……………………………………………84836369

……………………………………………84836368

质量安全环保处

……………………………………………84836366

……………………………………………84836365

工程管理处

……………………………………………84836359

……………………………………………84836357

党群工作处

……………………………………………84836350

……………………………………………84836353

审计监察处

……………………………………………84836348

……………………………………………84836347

工会

……………………………………………84836341

……………………………………………84836342

信息中心

……………………………………………84836337

……………………………………………84836336

调控中心

……………………………………………84836333

……………………………………………84836620

114. 昆仑天燃气利用有限公司

地址：深圳市南山区南山大道1100号中油大厦24楼

邮编：518052

区号：0755

总经理办公室（党群工作处）

……………………………………………33226016

……………………………………………33226017

人事处

……………………………………………33226028

……………………………………………33226029

财务处

……………………………………………33226037

……………………………………………33226038

市场开发处

……………………………………………33226079

……………………………………………33226092

市场开发一部

……………………………………(010)64523085

市场开发二部

……………………………………(021)58312896

……………………………………(021)58312852

市场开发四部

……………………………………(0931)8865989

……………………………………(0477)8317664

资本运营处

……………………………………………33226370

……………………………………………33226371

压缩天然气管理处
……………………………………………33226210
……………………………………………33226221

液化天然气管理站
……………………………………………33226271
……………………………………………33226279

质量安全环保处
……………………………………………33226415
……………………………………………33226416

审计监察处
……………………………………………33226010
……………………………………………33226411

机关事务管理中心
……………………………………………33226017
……………………………………………33226423

115．中亚天然气管道

地址：北京市东城区东直门北大街9号
中国石油大厦
邮编：100007
区号：010

综合办公室
……………………………………………59985571
……………………………………………59985570

经营计划部
……………………………………………59983373
……………………………………………59985662

财务资产部
……………………………………………59983361
……………………………………………59983362

人力资源部
……………………………………………59985619
……………………………………………59985625

中哈天然气管道项目
……………………………………………59983393
……………………………………………62095871

中乌天然气管道项目
……………………………………………59983363
……………………………………………62095440

116．中俄合作项目部

地址：北京市东城区东直门北大街9号
中国石油大厦
邮编：100007
区号：010

综合处
……………………………………………59986024
……………………………………………59986169

天然气处
……………………………………………59986975
……………………………………………59982787

勘探开发处
……………………………………………59982065
……………………………………………59982063

工程处
……………………………………………59986731
……………………………………………59982073

计划财务处
……………………………………………59982630

117．西部钻探工程公司

地址：新疆维吾尔自治区乌鲁木齐市河滩北路153号
邮编：830000
区号：0991

总经理办公室
……………………………………………7613222
……………………………………………6569069

党委工作部
……………………………………………7613001
……………………………………………7613002

规划计划处（设备管理处、价格定额中心）
……………………………………………7613031
……………………………………………7613032

人事处（组织部）
……………………………………………7613869
……………………………………………7613066

财务资产处
……………………………………………7613056
……………………………………………7613058

生产协调处
……………………………………………7613048
……………………………………………7613049

工程技术与市场处
……………………………………………7613079
……………………………………………7613080

质量安全环保处（HSE监督中心）
……………………………………………7613086
……………………………………………7613088

企管法规处
……………………………………7613076
……………………………………7613078
科技信息处（信息中心）
……………………………………7613102
……………………………………7613103
审计处
……………………………………7613279
……………………………………7613113
国际合作处
……………………………………7613096
……………………………………7613097
纪检监察处
……………………………………7613116
……………………………………7613114
群众工作处
……………………………………7613216
……………………………………7613177
物质管理中心
……………………………………7613345
……………………………………7613298
克拉玛依钻井公司
……………………………(0990)6828117
……………………………(0990)6927198
准东钻井公司
……………………………(0994)3835366
……………………………(0994)3835566
吐哈钻井公司
……………………………(0995)8373225
……………………………(0995)8373283
青海钻井公司
……………………………(0937)8956939
……………………………(0937)8912672
国际钻井公司
……………………………(0937)4585698
……………………………(0937)3828344
克拉玛依录井工公司
……………………………(0990)6840402
……………………………(0990)6840400
吐哈录井工程公司
……………………………(0995)8372260
……………………………(0995)8378681
测井公司
……………………………(0990)6846810
……………………………(0990)6848519
克拉玛依钻井工艺研究院
……………………………(0990)6882182
……………………………(0990)6884169
塔里木勘探公司
……………………………(0997)6788900
……………………………(0997)2690889
新疆油田生产协调部
……………………………(0990)6837012
……………………………(0990)6895579
固井压裂公司
……………………………(0990)6928278
……………………………(0990)6827976

118. 长城钻探工程公司

地址：北京市朝阳区安立路101号
邮编：100101
区号：010

总经理办公室
……………………………………59286888
……………………………………59285027
党委办公室（信访稳定办公室）
……………………………………59285035
……………………………………59285030
规划计划处（设备管理中心）
……………………………………59285809
……………………………………59285168
生产协调处（总调度室）
……………………………………59285158
……………………………………59285288
财务资产处
……………………………………59285080
……………………………………59285180
人事处
……………………………………59285280
……………………………………59285100
企管法规处
……………………………………59285218
……………………………………59285216
质量安全环保处
……………………………………59285806
……………………………………59285418
科技处
……………………………………59285311
……………………………………59285258
审计处
……………………………………59285306

……59285308

纪委、监察处

……59285808

……59285099

群众工作处（工会、团委）

……59285059

……59285399

国际事业部

……59285366

……59285250

工程技术部

……59285338

……59285088

市场管理部

……59285128

……59285116

新闻中心

……59285001

……59285023

物资管理中心

……59285316

……59285321

员工培训中心

……59285907

……59285910

技能鉴定中心

……(0427)7297771

……(0427)7297770

资金结算中心

……59285180

……59285060

信息管理中心

……59285385

……59285108

机关事务管理中心

……59285989

……59285278

HSE 监督中心

……59285415

……59285286

生产远程控制中心

……59285528

……59285540

测井技术研究院

……67856166-8053

……67856766-8028

测试事业部

……59285600

……59285650

解释研究中心

……59285501

……59285503

东部服务中心

……59285481

……68680808

钻井一公司

……(0427)7822515

……(0427)7827108

钻井二公司

……(0427)7540752

……(0427)7540696

国际钻井公司

……51238535

……51238552

测井公司

……(0427)7811382

……(0427)7811787

录井公司

……(0427)7821835

……(0427)7285600

工程技术研究院

……(0427)7822705

……(0427)7803736

井下作业公司

……(0427)7515999

……(0427)7510029

钻井液公司

……59285858

……(0427)7283177

固井公司

……(0427)7285818

……(0427)7285755

能源事业部

……(0427)7829608

……(0427)7829668

苏里格气田项目部

……(0427)7826169

……(0477)7228299

煤层气开发公司

……(0427)7866158

……(0427)7861668

稠油技术中心

…………………………………(0427)7653171
…………………………………(0427)7653172

119. 渤海钻探工程有限公司

地址：天津市经济技术开发区黄海路106号
邮编：300457
区号：022

总经理办公室
……………………………………66252001
……………………………………66252002

党委办公室
……………………………………66252018
……………………………………66252019

市场与生产协调处
……………………………………66252226
……………………………………66252228

质量安全环保处
……………………………………66252208
……………………………………66252198

工程技术处
……………………………………66252236
……………………………………66252239

科技开发处
……………………………………66252081
……………………………………66252087

企管法规处
……………………………………66252096
……………………………………66252098

规划计划处
……………………………………66252062
……………………………………66252058

劳动工资处
……………………………………66252188
……………………………………66252180

财产资产处
……………………………………66252155
……………………………………66252165

财务结算中心
……………………………………66252158
……………………………………66252159

党委办公室
……………………………………66252018
……………………………………66252019

市场与生产协调处
……………………………………66252226
……………………………………66252228

质量安全环保处
……………………………………66252208
……………………………………66252198

科技开发处
……………………………………66252081
……………………………………66252087

企管法规处
……………………………………66252096
……………………………………66252098

规划计划处
……………………………………66252062
……………………………………66252058

劳动工资处
……………………………………66252188
……………………………………66252180

财务资产处
……………………………………66252155
……………………………………66252165

财务结算中心
……………………………………66252158
……………………………………66252159

人事处（党委组织部）
……………………………………66252288
……………………………………66252168

纪检监察处
……………………………………66252088
……………………………………66252086

群众工作处
……………………………………66252055
……………………………………66252039

审计处
……………………………………66252082
……………………………………66252083

装备处
……………………………………66252116
……………………………………66252099

井控管理中心
……………………………………66252255
……………………………………66252256

华北工程事业部
…………………………………(0317)2723338
…………………………………(0317)2724006

大港石油工程事业部
……………………………………25966821
……………………………………25928702

物资管理中心
………………………………66252118
………………………………66252119

国际合作事业部
………………………………66252122
………………………………66252123

信息中心
………………………………66252056
………………………………66252070

机关事务中心
………………………………66252299
………………………………66252266

新闻文体中心
………………………………66252020
………………………………66252023

第一钻井公司
………………………………(022)25924705
………………………………(022)25921095

第二钻井工程公司
………………………………(0317)2551706
………………………………(0317)2551502

第三钻井工程公司
………………………………(022)25923007
………………………………(022)25927460

第四钻井工程公司
………………………………(0317)2712408
………………………………(0317)2726710

第六钻井工程公司
………………………………(0317)2745925
………………………………(0317)2745429

塔里木钻井分公司
………………………………(0996)2173559
………………………………(0996)2173233

第一固井公司
………………………………(0317)2751096
………………………………(0317)2751086

第二固井公司
………………………………(022)25963518
………………………………(022)25961703

第一定向井公司
………………………………(022)25925153
………………………………(022)25925138

第二定向井公司
………………………………(0317)2750683
………………………………(0317)2750850

第一录井公司
………………………………(022)25920828
………………………………(022)25917085

第二录井公司
………………………………(0317)2727610
………………………………(0317)2781240

钻井工艺研究院
………………………………(0317)2723544
………………………………(0317)2727528

工程技术研究院
………………………………(022)25921430
………………………………(022)25921417

120. 川庆钻探工程有限公司

地址：四川省成都市府青路一段3号
邮编：610051
区号：028

总经理办公室（党委办公室）
………………………………86011661
………………………………86011894

党群工作处（工会、企业文化处、团委）
………………………………86011051
………………………………86012703

规划计划处
………………………………86011515
………………………………86011748

生产运行处
………………………………86011668
………………………………86011703

财产资产处
………………………………86012035
………………………………86012158

人事处（党委组织部）
………………………………86011148

企管法规处
………………………………86011027
………………………………86011633

工程技术处
………………………………86011745
………………………………86013167

质量安全环保处
………………………………86011183
………………………………86011072

装备处
………………………………86012387
………………………………86013164

科技信息处
……86011978
……86011810

审计处
……86011801
……86012586

监察处、纪委办公室
……86011161
……86012909

川东钻探公司
……(023)67321156
……(023)67321129

川西钻探公司
……(023)86012676
……(023)86012608

长庆钻井总公司
……(029)86598278
……(029)86598237

塔里木工程公司
……(0996)2173731
……(0996)2173439

苏里格项目经理部
……(0477)7217626
……(0477)7217626

地球物理勘探公司
……85608211
……85608210

井下作业公司
……86019188
……86019288

长庆井下技术作业公司
……(029)86599001
……(029)86599000

四川川庆国际石油工程有限公司
……86012409
……86012407

钻井工艺技术研究院
……(0838)5151365
……(0838)5152350

工程技术研究院
……(029)86591779
……(029)86591699

长庆录井公司
……(029)86599111
……(029)86599111

121. 东方地球物理勘探有限责任公司

地址：河北省涿州市范阳西路189号
邮编：072751
区号：0312

公司办公室
……3821205
……3822673

公司党委办公室（董事会秘书处）
……3821496
……3822336

总师办公室
……3828840
……3824736

专家监督与咨询部
……3821205
……3824730

企业发展部
……3821953
……3822302

科技发展部
……3737388
……3824221

计划经营部
……3822629
……3822628

财务资产部
……3822271
……3822959

人力资源部
……3822581
……3822983

党委组织部
……3822983
……3822581

人才劳动力交流中心
……3822976
……3824592

设备物资部
……3824937
……3739099

信息管理部
……3739862
……3739861

市场营销部
……3822528

……………………………………………3824978

生产管理部

……………………………………………3739882

……………………………………………3739026

安全卫生环保（HSE）部

……………………………………………3825387

……………………………………………3822479

审计部

……………………………………………3822320

……………………………………………3821242

公司纪委

……………………………………………3821347

监察部（纪委办公室）

……………………………………………3821075

……………………………………………3821077

公司监事会秘书处

……………………………………………3821346

机关党委

……………………………………………3824523

……………………………………………3739802

党群工作部（企业文化部）

……………………………………………3739802

……………………………………………3822539

公司团委

……………………………………………3822855

石油物探证研分会

……………………………………………3822314

工会

……………………………………………3824523

……………………………………………3738656

新闻中心

……………………………………………3822670

……………………………………………3822025

西部前线指挥部

……………………………………(0991)4295283

……………………………………(0991)4296130

塔里木前线指挥部（塔里木经理部）

……………………………………(0996)6764395

……………………………………(0996)6764344

北疆经理部（新疆地质调查处）

……………………………………(0991)4296277

……………………………………(0991)4296261

吐哈经理部（吐哈地球物理勘探公司）

……………………………………(0995)8375503

……………………………………(0995)8371075

装备事业部

……………………………………(0312)3825543

……………………………………(0312)3823025

井中地震中心

……………………………………(0312)3825052

……………………………………(0312)3824622

海上勘探事业部

……………………………………(022)25963020

……………………………………(022)25963032

综合物化探事业部

……………………………………(0312)3736067

……………………………………(0312)3736023

西安物探装备公司

……………………………………(029)86583806

……………………………………(029)86583816

采集技术支持部

……………………………………(0312)3825104

……………………………………(0312)3824810

物资供应中心

……………………………………(0312)3735981

……………………………………(0312)3825412

122. 测井有限公司

地址：陕西省西安市未央路142号

邮编：710021

区号：029

公司（党委）办公室

……………………………………………86530301

……………………………………………86529845

人力资源部（党委组织部）

……………………………………………86598833

……………………………………………86530208

财务资产部作业解释部

……………………………………………86563852

……………………………………………86563851

科研制造部计划经营部（市场部）

……………………………………………86598831

……………………………………………86530181

质量安全环保处

……………………………………………86530336

……………………………………………86530109

党群工作部

……………………………………………86530316

……………………………………………86591499

纪检监察（审计）部

……………………………………………86530018

……………………………………86530328

信息管理部

……………………………………86598892

……………………………………86563865

123. 海洋工程有限公司

地址：北京市亦庄经济技术开发区宏达北路16号

邮编：100176

区号：010

办公室（党委办公室）

……………………………………67885916

……………………………………67886080

运行处

……………………………………67885284

……………………………………67885008

技术处

……………………………………67885385

……………………………………67885749

规划计划处

……………………………………67885603

……………………………………67885381

装备工程处

……………………………………67885537

……………………………………67885855

质量安全环保处

……………………………………67885901

……………………………………67885209

人事处（党委组织部）

……………………………………67885230

……………………………………67885416

财务资产部

……………………………………67885489

……………………………………67885460

审计监察处（纪委办公室）

……………………………………67885792

……………………………………67885662

企管法规处

……………………………………67885820

……………………………………67885804

群众工作处

……………………………………67885218

……………………………………67882644

国际事业处

……………………………………67885912

……………………………………67885124

……………………………………67882592

审计研究中心

……………………………………67882781

……………………………………67882077

124. 管道局

地址：河北省廊坊市广阳道87号

邮编：065000

区号：0316

机关局办公室（党委办公室）

……………………………………2075803

……………………………………2171010

人事部（党委组织部）

……………………………………2171269

……………………………………2171315

规划计划处

……………………………………2171776

……………………………………2171103

财务资产部

……………………………………2171035

……………………………………2171203

工程部

……………………………………2171960

……………………………………2171460

安全环保处

……………………………………2171509

……………………………………2171512

企业管理部

……………………………………2171580

……………………………………2171107

技术服务与燃气部

……………………………………2171135

……………………………………2171399

质量节能部

……………………………………2171953

……………………………………2171526

科技部

……………………………………2171566

……………………………………2171401

外事办

……………………………………2171602

……………………………………2171606

法律事务部

……………………………………2171102

……………………………………2171410

审计部
…………2171902
…………2171909

企业文化部（党委宣传部）
…………2171805
…………2171806

纪委（监察）部
…………2171903
…………2171503

工会
…………2171702
…………2171870

管道工程有限公司
…………2074599
…………2072303

国际公司
…………2171885
…………2171667

管道第一工程分公司
…………2077196
…………2077006

管道第二工程分公司
…………(0516)83622408
…………(0516)83622310

管道第三工程分公司
…………(0371)62152256
…………(0371)62152652

管道第四工程分公司
…………2172053
…………2172935

管道穿越分公司
…………5919818
…………5919819

管道海洋工程分公司
…………2171669
…………2172889

管道建设工程有限公司
…………6070429
…………6070425

管道物资装备总公司
…………2075560
…………2073476

管道科学研究院
…………2176681
…………2077607

管道应急抢修中心（管道维创修分公司）
…………2077050
…………2173019

中国石油管道西部抢修中心（西北石油管道公司）
…………(029)87662918
…………(029)87662499

125. 工程建设公司

地址：北京市东城区鼓楼外大街28号
邮编：100011
区号：010

总经理办公室
…………58192921
…………58192663

党委办公室
…………58192971
…………58192702

经营计划处
…………58192923
…………58192828

人力资源部
…………58192932
…………58192933

财务处
…………58192811
…………58192830

资产装备处
…………58192997
…………58192785

审计处
…………58192807
…………58192821

合同条法处
…………58192994
…………58192992

技术发展处
…………58192712
…………58192657

安全环保处
…………58192852
…………58192751

质量管理处
…………58192893
…………58192951

信息管理处
…………58192997

……………………………………………58192795

群众工作处

……………………………………………58192964

……………………………………………58192987

后勤管理处

……………………………………………58192967

……………………………………………58192958

市场开发部

……………………………………………58192990

……………………………………………58192741

投标报价管理部

……………………………………………58192739

……………………………………………58192434

设计管理部

……………………………………………58192763

……………………………………………58192681

采购管理部

……………………………………………58192201

……………………………………………58192991

项目管理部

……………………………………………58192842

……………………………………………58192792

126. 工程设计有限公司

地址：北京市海淀区上地信息路 8 号 CPE 大厦

邮编：100011

区号：010

总经理办公室

……………………………………………82778001

……………………………………………82778003

财务资产处

……………………………………………82778011

……………………………………………82778012

人事处、党委组织部

……………………………………………82778031

……………………………………………82778033

市场开发处、计划经营处

……………………………………………82778041

……………………………………………82778042

项目管理处

……………………………………………82778669

……………………………………………82778051

技术质量处、科技发展处、安全环保处

……………………………………………82778061

……………………………………………82778053

企业文化处、党群工作处

……………………………………………82778071

……………………………………………82778072

审计处、纪委监察处

……………………………………………82778032

……………………………………………82778073

127. 中国寰球工程公司

地址：北京市朝阳区樱花东街 7 号

邮编：100029

区号：010

总部机关部室总经理办公室

……………………………………………58675538

……………………………………………58676851

战略研究与规划发展部

……………………………………………58675538

……………………………………………58676871

财务与资本运营部

……………………………………………58676891

……………………………………………58675560

人力资源部（外事办公室）

……………………………………………58676810

……………………………………………58676812

合同与法务部

……………………………………………58675489

……………………………………………58675528

专利与技术开发部

……………………………………………57686642

……………………………………………58676789

QHSE 管理部

……………………………………………58675602

……………………………………………58675868

信息中心

……………………………………………58675866

……………………………………………58675859

监察审计部（纪委）

……………………………………………58676909

……………………………………………58676911

企业文化部（党委工作部）

……………………………………………64425201

……………………………………………58675966

安全保卫部

……………………………………………58676868

……………………………………………58676857

行政管理部

…………………………………………58676918
…………………………………………58676602

离退休办公室

…………………………………………64428847
…………………………………………64424195

工会

…………………………………………58676918
…………………………………………58676916

团委

…………………………………………58676027
…………………………………………58675958

128. 纺织工业设计院

地址：北京市海淀区增光路 21 号
邮编：100037
区号：010

办公室

…………………………………………68395212
…………………………………………68395100

129. 石油技术开发公司

地址：北京市朝阳区太阳宫金星园 8 号
邮编：100029
区号：010

办公室

…………………………………………63591666
…………………………………………63591500
…………………………………………63590723

130. 宝鸡石油机械有限责任公司

地址：陕西省宝鸡市东风路 2 号
邮编：721002
区号：0917

公司办公室

…………………………………………3462021

市场发展部

…………………………………………3462051

规划计划部

…………………………………………3462083

人力资源部

…………………………………………3462065

财务资产部

…………………………………………3462088

生产制造部

…………………………………………3462109

安全健康环保部

…………………………………………3462122

技术质量部

…………………………………………3462760

定额价格部

…………………………………………3462756

审计部

…………………………………………3462130

党群工作部

…………………………………………3462050

纪检监察部

…………………………………………3462133

工会

…………………………………………3462138

行政服务中心

…………………………………………3462038

技术中心

…………………………………………3462170

销售公司

…………………………………………3462153
…………………………………………3462154

进出口贸易公司

…………………………………………3462386
…………………………………………3462388

海油工程部

…………………………………………3462206
…………………………………………3462085

质检中心

…………………………………………3462466

钻机分厂

…………………………………………3462226

泵业分厂

…………………………………………3462255

结构分厂

…………………………………………3462270

部件一分厂

…………………………………………3462330

部件二分厂

…………………………………………3462350

铸造厂

…………………………………………3462285

锻造厂

…………………………………………3462310

热处理厂

…………………………………………3462340

钻采工具公司
………………………………………………3462360
动力公司
………………………………………………3462391
储运公司
………………………………………………3462391
采购配套中心
………………………………………………3462426
文化传媒中心
………………………………………………3462057
信息中心
………………………………………………3462676
档案管理中心
………………………………………………3462716
房地产开发公司
………………………………………………3462076
特车公司
………………………………………………3388001

131. 宝鸡石油钢管厂

地址：陕西省宝鸡市姜潭路10号
邮编：721008
区号：0917

………………………………………………3398784
………………………………………………3398385
………………………………………………3398326
………………………………………………3398313
………………………………………………3398396
………………………………………………3390847

132. 济南柴油机厂

地址：山东省济南市经十西路1999号
邮编：250306
区号：0531

办公室
………………………………………………87422201
战略发展处
………………………………………………87422702
财务资产处
………………………………………………86976785
经营管理处
………………………………………………87422869
人事劳资处
………………………………………………87422757
质量安全环保处
………………………………………………87422332
信息技术管理处
………………………………………………87423030
审计处
………………………………………………87422348
党委工作处
………………………………………………87422203
纪检监察处
………………………………………………87422351
工会
………………………………………………87422240
销售处
………………………………………………87423080
………………………………………………87423065
国内贸易部
………………………………………………87422722
客户服务部
………………………………………………87423328
河北分公司
………………………………………(0317)2572271
………………………………………(0317)2572540
内燃机研究所
………………………………………………87423188
市场开发部
………………………………………………87422276
………………………………………………87422277
技术标准处
………………………………………………87422397
生产运行部
………………………………………………87422810
产品配套部
………………………………………………87422573
物质供应部
………………………………………………87422843
质量检测部
………………………………………………87422842
大件一分厂
………………………………………………87423223
大件二分厂
………………………………………………87423222
中小件分厂
………………………………………………88526624
部件分厂
………………………………………………87422891
热处理分厂
………………………………………………87423064

总装分厂
…………87422417

动力服务部
…………87422689

绿色能源公司
…………86964643
…………86552118

中油西瓦克
…………87422298
…………86971119

液力传动事业部
…………87422883
…………87422426

燃气机事业部
…………88937657
…………87423310

行政服务部
…………87422967
…………87422567

档案管理部
…………87422386

离退休服务部
…………86113236

物业管理部
…………86015307

招待所
…………86565511

医院
…………81931853

基建工程部
…………82965971

133. 渤海石油装备制造有限公司

地址：天津市开发区第二大街35号银座大厦
邮编：300457
区号：022

总经理办公室
…………59839189
…………59839123

党群工作处（党办）
…………59839148
…………59839140

规划发展处
…………59839163
…………59839103

生产运行处
…………59839173
…………59839125

质量安全环保处
…………59839187
…………59839147

市场营销处
…………59839158
…………59839116

科技管理处
…………59839169
…………59839126

财务资产处
…………59839198
…………59839179

审计监察处（纪委）
…………59839157
…………59839178

人事处
…………59839150
…………59839141

内控与风险管理处
…………59839171
…………59839192

行政服务中心
…………59839189
…………59839123

物资管理中心
…………59839173
…………59839130

质量安全监督站
…………59839187
…………59839144

财务结算中心
…………59839198
…………59839190

人事服务中心
…………59839150
…………59839149

第一机械厂
…………(0317)2572618
…………(0317)2572686

石油机械厂
…………(0317)2730999
…………(0317)2729629

河北华北石油机械化工有限公司

……………………………………(0317)2788619
……………………………………(0317)2789161

134. 国际事业有限公司

地址：北京市西城区成方街27号（国际实业大厦）
邮编：100032
区号：010

办公室
……………………………………66227119
……………………………………66227001
……………………………………66227002

135. 对外合作经理部

地址：北京市东城区东直门北大街9号中国石油大厦
邮编：100007
区号：010

综合处
……………………………………59986831
……………………………………59986778

计划发展处
……………………………………59986826
……………………………………59986782

财务资产处
……………………………………59986812
……………………………………59986815

法律事务处
……………………………………59986792
……………………………………59986793

项目管理处
……………………………………59986781
……………………………………59986909

天然气项目管理处
……………………………………59986806
……………………………………59986895

新项目处
……………………………………59986822
……………………………………59986825

136. 工程咨询有限责任公司

地址：北京市西城区六铺炕街6号
邮编：100724
区号：010

综合技术处
……………………………………62094416
……………………………………62094299

勘探部
……………………………………62094328
……………………………………62095295

开发部
……………………………………62094310
……………………………………62094532

炼化部
……………………………………62094962
……………………………………62095286

工程经济部
……………………………………62094345
……………………………………62094683

137. 物资公司

地址：北京市西城区鼓楼外大街5号
邮编：100029
区号：010

办公室
……………………………………62096765
……………………………………62096818

人事处
……………………………………62096829
……………………………………62096821

财务处
……………………………………62096773
……………………………………62096737

党群工作处
……………………………………62096842
……………………………………62096720

法律事务处
……………………………………62096775
……………………………………62096846

审计监察处
……………………………………62096831
……………………………………62096917

计划运行处
……………………………………62096719
……………………………………62096966

项目管理处
……………………………………62096705
……………………………………62096722

仓储安全环保处
……………………………………62096778

……………………………………62096725

运输保障处

……………………………………62096626

……………………………………62096879

石油专用管采购处

……………………………………62096896

……………………………………62096889

通用金属材料采购处

……………………………………62096746

……………………………………62096686

非金属材料采购处

……………………………………62096872

……………………………………62096615

设备采购一处

……………………………………62096756

……………………………………62096857

设备采购二处

……………………………………62096728

……………………………………62096742

设备采购三处

……………………………………62096932

……………………………………62096787

采购招标处

……………………………………62096740

……………………………………62096810

信息中心

……………………………………62096861

……………………………………62096759

行政服务中心

……………………………………62096736

……………………………………62096735

138. 信息技术服务中心

地址：北京市东城区东直门北大街9号
中国石油大厦

邮编：100007

区号：010

综合办公室

……………………………………59985209

……………………………………59985809

网络运行部

……………………………………59984963

……………………………………59985883

工程服务系统部

……………………………………62095213

……………………………………59985483

门户网站部

……………………………………59985230

……………………………………59985817

机关服务部

……………………………………59985859

……………………………………59985872

139. 运输公司

地址：新疆维吾尔自治区乌鲁木齐市西环北路
2219号（石油新村）

邮编：840014

区号：0991

经理办公室

……………………………………3724895

规划计划处

……………………………………3724131

企管法规处

……………………………………3714130

财务资产处

……………………………………3715943

人事劳资处

……………………………………3715854

基建工程处

……………………………………3724334

总调度室

……………………………………3761617

北京调度中心

……………………………(010)62095503

安全环保处

……………………………………3722641

质量设备处

……………………………………3711664

监察处

……………………………………3783009

审计处

……………………………………3715433

工会

……………………………………3714655

思想政治工作处

……………………………………3723482

纪检监察处

……………………………………3745586

塔运司经理党委办公室

……………………………(0996)2130011

沙运司党政办公室
……………………………………(0996)2135800

一公司办公室
…………………………………………3714133

新疆配送公司办公室
……………………………………(0991)3780518

140. 中油财务有限责任公司

地址：北京市东城区东直门北大街9号
中国石油大厦
邮编：100007
区号：010

总经理办公室（党群工作部）
…………………………………………59983617
…………………………………………59983616

财务处
…………………………………………59983676
…………………………………………59983672

营业部
…………………………………………59983697
…………………………………………59983695

信贷部
…………………………………………59983620
…………………………………………59983623

证券部
…………………………………………59983678
…………………………………………59983679

国际事业部
…………………………………………59983637
…………………………………………59983638

管理稽核部
…………………………………………59983631
…………………………………………59983633

信息发展部
…………………………………………59983652
…………………………………………59983651

人事劳资部
…………………………………………59983579
…………………………………………59983578

审计部
…………………………………………59983583
…………………………………………62099393

金融与会计研究所
…………………………………………59983588
…………………………………………59983587

141. 华油集团公司

地址：北京市朝阳区安立路101亚运村
名人大厦27层
邮编：100101
区号：010

办公室
…………………………………………84836859
…………………………………………84836860

规划计划部
…………………………………………84836832
…………………………………………84836833

财产资产部
…………………………………………84836861
…………………………………………84836822

预算内控部
…………………………………………84836822
…………………………………………84836875

干部管理部
…………………………………………84836816
…………………………………………84836817

人事劳资部
…………………………………………84836816
…………………………………………84836819

资本运营部
…………………………………………84836864
…………………………………………84836867

安全环保部
…………………………………………84836818
…………………………………………84836857

法律事务部
…………………………………………84836839
…………………………………………84836831

设备物资部
…………………………………………84836905
…………………………………………84836909

审计部
…………………………………………84836850
…………………………………………84836851

阳光酒店集团
……………………………………(0898)88599999
……………………………………(0898)88815666

华油实业公司
…………………………………………82032866
…………………………………………82035281

上海浦东华油实业有限责任公司
……………………………………(021)68758888
……………………………………(021)68752698
中国石油化学公司
………………………………………………58780808
………………………………………………58780909
中国石油化学公司驻外机构
………………………………………………62371668
………………………………………………62018011
廊坊中油建材总公司
……………………………………(0316)6089120
……………………………………(0316)6089950
华油房地产开发公司
………………………………………………51359068
………………………………………………51359083
油气资源事业部
………………………………………………84836939
………………………………………………84836923
采油五厂第一项目经理部
……………………………………(0311)84583603
……………………………………(0311)84583616

142. 华油北京服务总公司

地址：北京市西城区六铺炕6号
邮编：100724
区号：010

总经办
………………………………………………62095158
………………………………………………62095856
党办
………………………………………………62094796
………………………………………………62095474
人劳处
………………………………………………62095262
………………………………………………62095595
计财处
………………………………………………62095587
………………………………………………62095309
经营管理处
………………………………………………62095056
………………………………………………62094643
审计处
………………………………………………62095309
中油宾馆
………………………………………………62095311
………………………………………………62094296
科技开发公司
………………………………………………62095504
………………………………………………62095863
工程公司
………………………………………………84064155-808
………………………………………………84064155-805
住管中心
………………………………………………62095386
………………………………………………62095554
科隆公司
………………………………………………62094957
………………………………………………62094954
房管公司
………………………………………………62095655
………………………………………………62095268
生活公司
………………………………………………62095070
………………………………………………62095473
门诊部
………………………………………………62095694
………………………………………………62094436
退休科
………………………………………………62047660
………………………………………………62095020

143. 中国（香港）石油有限公司

地址：香港干诺道西118号39写字楼
区号：00852

………………………………………………25222282
………………………………………………28681741

144. 中国华铭国际投资公司

地址：北京市东城区东直门外大街46号
天恒大厦A座18层
邮编：100027
区号：010

总经办
………………………………………………84608926
………………………………………………84606201
财务部
………………………………………………84608936
………………………………………………84606301
人力资源部

……………………………………84608946
……………………………………84606401

工程部
……………………………………84606505
……………………………………84606506

商务发展部
……………………………………84608966
……………………………………84606601

莫斯科代表处
……………………………………84608976
……………………………………84606701

145. 中油资产管理有限公司

地址：北京市东城区东直门外大街9号
中国石油大厦
邮编：100007
区号：010

直接投资部
……………………………………59982090
……………………………………59984549

金融投资部
……………………………………59984993
……………………………………59984904

资产管理部
……………………………………59984989
……………………………………59985803

企划研究部
……………………………………59984994
……………………………………62094715

财务部
……………………………………59984713
……………………………………59984505

综合管理部
……………………………………59984530
……………………………………59984515

146. 北京华昌置业有限公司

地址：北京市东城区东直门北大街7号
邮编：100007
区号：010

公司领导
……………………………………84064155-802
……………………………………84064155-806

综合办公室
……………………………………84064155-810

工程管理部
……………………………………84064155-852

经济管理部
……………………………………84064155-866

147. 石油企业协会

地址：北京市西城区六铺炕街6号
邮编：100724
区号：010

专职副会长
……………………………………62094137

办公室（秘书处）
……………………………………62095138
……………………………………62095027

咨询研究部
……………………………………62094109
……………………………………62094105

企业工作部
……………………………………62095111
……………………………………62095028

《中国石油企业》杂志社
……………………………………62358528
……………………………………62357808

148. 石油学会

地址：北京市西城区六铺炕街6号
邮编：100724
区号：010

秘书处
……………………………………62094082

办公室
……………………………………62095614

财务办公室
……………………………………62094450

学术交流部
……………………………………62094590

SPE 北京联络处
……………………………………62095529

科普咨询部
……………………………………62094154

《石油学报》编辑部
……………………………………62094537

《石油加工》编辑部
……………………………………62327551
……………………………………62310752

《石油知识》编辑部
……………………………………………62094178

149. 中心医院

地址：河北省廊坊市新开路51号
邮编：065000
区号：0316

领导
……………………………………………2077261
……………………………………………2076962
要害部门
……………………………………………2075900
……………………………………………2077847
院办（党办）
……………………………………………2075450
……………………………………………2075452
人事劳资处
……………………………………………2072021
……………………………………………2075756
医务处
……………………………………………2075457
……………………………………………2075667
专家咨询委员会
……………………………………………2073142
科教处
……………………………………………2077746
……………………………………………2077487
经营财务处
……………………………………………2075896
……………………………………………2073775
党群工作处
……………………………………………2073632
……………………………………………2073446
政策理论与管理研究会
……………………………………………2075851
……………………………………………2077202
事业发展部
……………………………………………2077845
……………………………………………2077259
保健工作室
……………………………………………2072418
……………………………………………2073932
门诊科室
……………………………………………2075201
……………………………………………2074317
病区
……………………………………………2072178
……………………………………………2077499
保健中心
……………………………………………2073778
……………………………………………2073886
医技部门
……………………………………………2077436
……………………………………………2075827
医疗辅助部门
……………………………………………2073872
……………………………………………2075325
职业卫生技术服务中心
……………………………………………2077824
……………………………………………2075715
卫生处
……………………………………………2075839
……………………………………………2075319
后勤部门
……………………………………………2076036
……………………………………………2076093

六、中国海洋石油总公司

中国海洋石油总公司

地址：北京市东城区朝阳门北大街25号
邮编：100027
区号：010
网址：www.cnooc.com.cn

办公厅

总值班室……84521999
……84521010
传真……64602600
综合办……84521786
传真……84521799
秘书处（传真）……84521013
信息公关处……84521041
文书档案处……84521266
行政处……84521280
传真……84521289

财务部

值班室……84521218
文秘……84521246
传真……64602484
机关财务处……84521250
……84521251
资金处……84521248
……84521246
会计处……84521219
……84521241
税务处……84521220
……84521229
保险处……84521242
……84521239
信息处……84521228
……84521230
资产处……84521232
……84521236

计划部

值班室……84521302
……84521291
计划处……84521300
统计处……84521297
……84521298
物资办……84521292
……84521293

人力资源部

值班室……84521366
文秘……84521387
传真……64602518
人事培训处……84521357
劳动组织处……84521355
工资分配处……84521369
……84521371
劳动保险处……84521636
……84521373
离退休处……84521351
……84521352

法律部

值班室……84521178
传真……64602834
合同处……84521171
……84521170
法规处……84521173
……84521172
咨询处……84521183
……84521182
对外联络部……84521057
文秘……84521071
传真……84521080
出国管理处……84521072
……84521074
对外联系处……84521066
……84521064
外事管理处……84521070

……84521079

企改办

值班室……84521101
文秘……84521108
传真……64602830
政策研究处……84521102
……84521107
体制改革处……84521115
……84521114
基地管理处……84521106
……84521105

监察部

值班室……84521376
……84521377
案件检查处……84521382
……84521383
效能监察处……84521379
……84521380
党风党纪处……84521385
……84521388

思想政治工作部

值班室……84521138
文秘……84521144
传真……64602875
宣传教育处……84521683
……84521141
党建工作处……84521139
……84521149
群众工作处……84521639
……84521637

审计部

值班室……84521116
……84521117
传真……64602846
审计一处……84521118
……84521126
审计二处……84521125
……84521121
审计三处……84521143
……84521145
项目处……84521130
……84521131

信息技术管理部

值班室……84521333
文秘……84521338
传真……64602531
应用管理处……84521343
……84521339
技术管理处……84521335
……84521341
网络运行处……84521581
……84521585

作业部

值班室……84521150
……84521152
传真……64602847
技术装备处……84521168
……84521161
信息管理处……84521158
……84521159
经营管理处……84521166
……84521157
市场协调处……84521153
……84521154

石化管理部

值班室……84521658
文秘……84521655
传真……64602541
项目开发处……84521400
……84521397
经营管理处……84521661
……84521659

安全环保办公室

值班室……84521698
……84521099
传真……64602710
安全办公室……84521094
安全环保管理处……84521097
……84521093

天然气项目办公室

值班室……84521208
……84521207
市场处……84521209
……84521204

化肥项目办公室

值班室……84521098
……84521100
传真……64602832
工程管理处……84521084
……84521087
技术经济处……84521091
……84521088

油气开发利用公司

值班室 ……84521788
……84521188
传真 ……64602565
沥青开发经营部 ……84521195
……84521194
油品开发经营部 ……84521191
计财部 ……84521672
……84521675
三鼎公司 ……84521190

1. 渤海公司

地址：天津市塘沽区河口街2-37号501信箱
邮编：3004452
区号：022
传真：25807332

办公室 ……25801700
……25807332
秘书 ……25807322
经营管理部 ……25809913
传真 ……25807369
财务部 ……25809497
传真 ……25809643
人事劳资部 ……25801765
传真 ……25807427
综合协调部 ……25801465
传真 ……25801356
安全环保部 ……25807410
传真 ……25800064
审计部 ……25807424
传真 ……25807424
行政部 ……25807755
传真 ……25801471
党委工作部 ……25807276
传真 ……25807241
工会 ……25807260
传真 ……25807265
纪委监察部 ……25807286
传真 ……25807287
团委 ……25807295
传真 ……25807242
职工交流中心 ……25807380
传真 ……25809444
小车队长 ……25807350
调度 ……25807352
招待所总服务台 ……25807339
传真 ……25807340
工程部 ……25809745
办公室 ……25807460
传真 ……25807461
采油公司 ……66916201
办公室 ……66916205
传真 ……66916252
水电服务公司 ……66916495
办公室传真 ……66916492
装备技术服务公司 ……66917331
传真 ……66917338
社区服务中心 ……25808945
传真 ……25808907
教育处 ……25808392
办公室传真 ……25808303
工贸公司 ……25808856
传真 ……25808850
物业管理公司 ……25808626
传真 ……25808580
职工医院 ……25808733
传真 ……25808730
航务建筑工程公司 ……25808139
传真 ……25808125
物资供应公司 ……25808190
传真 ……25808186
公安处 ……25808311
办公室 ……25808314
传真 ……25809492
实业有限公司 ……25807490
传真 ……25801273
油气销售公司 ……25807648
传真 ……25807445
运输公司 ……66916301
传真 ……66916328
科技开发公司 ……25800443
传真 ……25807536

2. 南海西部公司

地址：广东省湛江市坡头区11号信箱
邮编：524057
区号：0759
传真：3900151

办公室……3900388
值班室……3900392

传真……………………………………3900151
财务部……………………………………3901831
传真……………………………………3901832
计划部……………………………………3900407
审计部……………………………………3900458
安全环保部………………………………3900376
企管部……………………………………3900468
人劳部……………………………………3900440
……………………………………………3901886
三委办……………………………………3901910
组织部、机关党委………………………3900482
宣传部……………………………………3901270
纪委、监察室……………………………3900487
工会………………………………………3900493
团委………………………………………3900500

二级单位

采油公司…………………………………3902041
……………………………………………3902042
总机械厂…………………………………3900909
奥盛公司……………………………(0775)6892157
……………………………………(0775)6865998
特普公司…………………………………3901012
……………………………………………3901013
特力公司…………………………………3909998
……………………………………………3900826
物资公司…………………………………3900247
……………………………………………3900788
化建公司…………………………………3901111
……………………………………………3901208
设计公司…………………………………3901630
……………………………………………3901631
振海公司…………………………………3901271
……………………………………………3901128
物业公司…………………………………3900171
……………………………………………3900172
信安公司…………………………………3901460
……………………………………………3901462
房地产公司………………………………3901421
销售公司…………………………………3900130
教培中心…………………………………3901231
……………………………………………3901219
职工医院…………………………………3901338
……………………………………………3901337
保卫处……………………………………3901389
……………………………………………3901384
离退休……………………………………3901445

……………………………………………3901444
华海公司……………………………(0757)6667210
……………………………………(0757)6662398
广州办事处
总机…………………………………(020)87750421
北海办事处
总机…………………………………(0779)3032292
海口办事处
总机…………………………………(0878)6779458
三亚办事处
总机…………………………………(0898)8710171

3. 南海东部公司

地址：广东省广州市江南大道中168号
邮编：510240
区号：020
传真：84420984
总机：84429072

办公室……………………………………-2463
值班室………………………………84418847
传真………………………………84420984
党委工作部…………………………84232599
工会…………………………………84418849
审计部……………………………………-2451
人事劳资部………………………………-2233
财务部………………………………84418841
经营管理部………………………………-2106
安全保卫部………………………………-2483

4. 蛇口地区机关

地址：广东省深圳市蛇口
邮编：518067
区号：0755
总机：76692880

公司领导…………………………………-3358
……………………………………………-3332
协调办公室………………………………-3168
……………………………………………-3228

5. 华东能源公司

地址：上海市徐汇区零陵路583号
海洋石油大厦24层
邮编：200030
区号：021

传真：64876800

总机：64395300

办公室 ……………………………64876797

……………………………64876285

联络 ……………………………64395300-32410

人事部 ……………………………64811808

计划部 ……………………………64876669

企业策划部 ……………………………64814873

经营销售部 ……………………………64876671

作业服务部 ……………………………64695962

技术安全部 ……………………………64395300-32824

大楼管理处 ……………………………64814828

物业管理部 ……………………………64813138

浦东公司 ……………………………64876672

申兴公司 ……………………………64876412

通信公司 ……………………………64874112

LNG 项目组 ……………………………64876156

6. 测井公司

地址：北京 255 信箱

邮编：101149

区号：010

传真：61593636

总机：84522288

办公室 ……………………………84522310

秘书 ……………………………84522309

传真……………………………84523636

党委办公室 ……………………………84522311

纪检监察室 ……………………………84522313

国际事务部 ……………………………84522314

行政事务部 ……………………………84522321

调度 ……………………………84522322

质量保证部 ……………………………84522315

人事部 ……………………………84522316

计划财务部 ……………………………23188452

作业部 ……………………………84522306

传真……………………………64522300

市场部 ……………………………84522327

采办部 ……………………………84522329

装备供应中心 ……………………………84522330

培训学校 ……………………………84522331

资料解释中心 ……………………………84522333

技术发展中心 ……………………………84522337

科技办 ……………………………84522332

射孔器材厂 ……………………………84522326

塘沽分公司……………………………(022)66913740

新疆分公司……………………………(0996)2060069

湛江分公司……………………………(0759)3901738

LCC 合资公司 ……………………………(0755)66991525

7. 物探公司

地址：天津市塘沽区 502 信箱

邮编：300451

区号：022

传真：25822156

办公室 ……………………………25822162

传真……………………………25822156

总调度室 ……………………………25822062

计划财务部 ……………………………25822160

科技质量部 ……………………………25822164

人事劳资部 ……………………………25822157

国际市场部 ……………………………25824424

物资装备部 ……………………………25822155

安全作业部 ……………………………25822167

党群办公室 ……………………………25822418

8. 中海油田服务有限公司

地址：北京 232 信箱

邮编：101149

区号：010

传真：84522133

总机：84522288

市场营销部 ……………………………84523345

办公室 ……………………………84522100

传真……………………………84522133

党委工作部 ……………………………84522101

人事劳资部 ……………………………84522135

计财部 ……………………………84522102

作业部 ……………………………84522134

审计部 ……………………………84522120

科技部 ……………………………84522124

行管部 ……………………………84522106

质保部 ……………………………84522121

销售公司 ……………………………84522129

油藏公司 ……………………………84522126

定向井公司 ……………………………84522125

固井公司 ……………………………84522127

泥浆公司 ……………………………84522128

井下作业公司 ……………………………84522249

技术发展中心 ……………………………84522112

塘沽分公司……………………(022)66916154
塔里木分公司……………………(0996)2175309
中法地质服务有限公司……………(022)66916447
麦克巴泥浆有限公司 ………………(0755)76692412
奥帝斯完井服务有限公司…………(022)66916153

9. 南方钻井公司

地址：广东省湛江市坡头区 11 号信箱
邮编：524057
区号：0759
传真：3900631

办公室……………………………3900658
党委办公室…………………………3900629
工会…………………………………3900630
人事劳资部…………………………3900639
计划财务部…………………………3900642
安全质量部…………………………3900645
经营部………………………………3900653
作业部………………………………3900646
装备部………………………………3900649
南海一号……………………………3900674
南海二号……………………………3900675
南海三号……………………………3900676
南海五号……………………………3900677
南海六号……………………………3900678
劳务公司……………………………3900679
海上工程服务公司…………………3900679
物资供应部…………………………3900665
深圳分公司 ……………(0755)76691053-630
钻井技术所…………………………3900614
综合管理站…………………………3900682
平台服务站…………………………3900681
汽车队………………………………3900687
调度…………………………………3900648

10. 北方钻井公司

地址：天津市塘沽区 521 信箱
邮编：300452
区号：022
传真：66913040

办公室 ……………………………66916059
　传真………………………………66913040
经营部 ……………………………66916091
中日合营公司 ……………………66916090
装备部 ……………………………66916078
健安环保部 ………………………66916085
人力资源部 ………………………66916092
财务部 ……………………………66916056
党群办公室 ………………………66916086
钻具维修中心 ……………………66916111
设备维修中心 ……………………66916084
物资供应站 ………………………66916099

11. 南方船舶公司

地址：广东省湛江市坡头区 11 号信箱
邮编：524057
区号：0759
传真：3900631

办公室………………………………3900698
　传真………………………………3900572
党委办公室…………………………3900690
企管部………………………………3901922
人事部………………………………3900256
采办部………………………………3900709
作业部………………………………3900245
安全环保部…………………………3900720
经营部………………………………3900700
装备部………………………………3900246
计财部………………………………3900704

修理公司

值班…………………………………3900714
综合公司……………………………3900244
车队…………………………………3900241
蛇口区 ……………………(0755)76861538
三亚办 ……………………(0898)88251849

12. 北方船舶公司

地址：天津市塘沽区 602 信箱
邮编：300452
区号：022
传真：25808054

办公室 ……………………………25808068
　传真 ……………………………25808054
党委办公室 ………………………25808104
工会 ………………………………25809285
市场经营部 ………………………25808634
人事劳资部 ………………………25808076
财务部 ……………………………25808069
作业部 ……………………………25808072
技安环保部 ………………………25808095

物资装备部
办公室 ……………………………………25808067
传真 ……………………………………25801459

13. 海洋工程公司

地址：天津市塘沽区闸北路3号536信箱
邮编：300452
区号：022
传真：25808480

办公室 ……………………………………25807809
传真 ……………………………………25808480
财务部 ……………………………………25807814
人事劳资部 ……………………………………25807801
企业管理部 ……………………………………25808484
党委办公室 ……………………………………25808492
工会 ……………………………………25808001
采办部 ……………………………………25807825
经营市场部 ……………………………………25808018
生产部 ……………………………………25801402
装备部 ……………………………………25807654
技安环保部 ……………………………………25808006
设计公司 ……………………………………25808513
建造公司 ……………………………………25807803
安装公司 ……………………………………25807994
维修公司 ……………………………………25807818
机械设备公司 ……………………………………25809457
检验公司 ……………………………………25807817
供应公司 ……………………………………25807853
服务公司 ……………………………………66918419

14. 中海信托投资公司

地址：上海市淮海路238号
邮编：200021
区号：021
传真：53066638

总机 ……………………………………53062288
办公室 ……………………………………53066213
传真 ……………………………………53066638
党委办公室 ……………………………………53066213
计财部 ……………………………………53066642
证券部 ……………………………………53067182
信贷部 ……………………………………53067181
营业部 ……………………………………53068525
投资部 ……………………………………53067183
工会 ……………………………………53066641
房产公司 ……………………………………64389447

15. 中海实业公司

地址：北京市朝阳区九仙桥路乙21号
邮编：100016
区号：010
传真： 64377025

总机 ……………………………………64376622
办公室 ……………………………………64386531
安全保卫 ……………………………………64381639
财务部 ……………………………………64380152
人劳部 ……………………………………64380137
经营部 ……………………………………64381643
北京基地公司 ……………………………………64388305
燕郊基地公司 ……………………………………84522268
汇海实业公司 ……………………………………64386529
物业管理公司 ……………………………………84521839

16. 海洋石油报社

地址：北京市4705信箱海洋石油大厦
邮编：100027
区号：010
传真： 84522157

总编室 ……………………………………84522147
新闻部 ……………………………………84522142
专刊部 ……………………………………84522149
广告发行部 ……………………………………84522151
出版室 ……………………………………84522152
办公室 ……………………………………84522153
蓝办 ……………………………………84522157

七、中海石油（中国）有限公司

中海石油（中国）有限公司

地址：北京市东城区朝阳门北大街25号
邮编：100027
区号：010
网址：www.cnooc.com.cn

公司机关

行政管理部……84521606
……84521910
人力资源岗……84521620
……84521924
行政岗……84521626
……64602503
外事岗……84521628
……84521923
合同管理……84521615
……84521614
合作矿管岗……84521591
勘探岗……84521641
作业岗……84521496
综合岗……64671493
开发生产部……84521596
……84521488
钻完井办……84521483
项目管理岗……84521949
综合技术岗……84521946
油藏储委……84521948
生产管理岗……84521478
工程建设部……84521432
……64602796
工程协调岗……84521457
项目管理岗……84521461
技术管理岗……84521446
调财部……84521528
……84521537
计划岗……84521526
资金岗……84521519
会计岗……84521523
税务保险岗……84521520
机关财务岗……84521509
经济评价岗……84521508
健康安全环保部……84521958
……64602557
原油销售岗……84521436
新加坡公司……84521435
天然气岗销售……84521430
海外部……84521419
综合处……84521648
马六甲处……84521427
中东处……84521422
亚太处……84521423

1. 天津分公司

地址：天津市塘沽区河口街2-37号
邮编：300452
区号：022
传真：25809547

行政管理部……25807231
勘探开发部……25807470
钻井部……25807651
生产部……25801955
协调部……25807501
安全环保部……25807520
财务部……25801936
人力资源部……25807365
对外合作处……25808845
工程部……25809745
秦皇岛32-6作业分公司……25801211

2. 湛江分公司

地址：广东省湛江市坡头区11号信箱

邮编：524057
区号：0759
传真：3901918

行政部……………………………………3900384
钻井部……………………………………3900590
生产部……………………………………3900073
协调部……………………………………3900348
工程部……………………………………3900330
安全环保部………………………………3900365
人力资源部………………………………3900432
阿科合作 …………………………(0755) 76671212

3. 深圳分公司

地址：广东省深圳市蛇口工业区二路一号海洋石油大厦
邮编：518067
区号：0755
传真：76674641
总机：76692880

勘探部…………………………………………-3806
作业部…………………………………………-3248
行政管理部……………………………………-3257
计财部…………………………………………-3305
安全环保部……………………………………-3378
公共关系部……………………………………-3359
人力资源部……………………………………-3383

4. 上海分公司

地址：上海市徐汇区零陵路583号
邮编：200030
区号：021
传真：64811259
总机：64395300

勘探部 ……………………………………64814874
开发生产部 ………………………………64814806
安全环保部 ………………………………64873361
作业部 ……………………………………64876542
总经理办公室 ……………………………64877052
计划财务部 ………………………………64877051
人力资源部 ………………………………64877179
平湖生产项目组 …………………………64814090
平湖完井项目组 …………………………64876336
虹桥小楼 …………………………………62082200

八、部分石油石化厂商名录

上海东方泵业（集团）有限公司

地址：上海市富联路 1588 号
邮编：201906
电话：021-33718888
传真：021-56025566

上海大田阀门管道工程有限公司

地址：上海市浦东新区周祝公路 3223 号
邮编：201323
电话：021-58108666
传真：021-58109777
E-mail：business@dtjt.com
网址：www.dtjt.com

启东安升润液设备有限公司

地址：江苏省启东市久隆镇新港工业集中区 118 号
邮编：226222
电话：0513-83852668
传真：0513-83852108
E-mail：anrun001@163.com

北京三聚环保新材料股份有限公司

地址：北京市海淀区人大北路 33 号大行基业大厦 9 层
邮编：100080
电话：010-82684990
E-mail：sanju@sanju.cn

洛阳市旭龙石化科技有限公司

地址：河南省洛阳市高新开发区丰华路 6 号银昆科技园
邮编：471003
电话：0379-64310918
E-mail：wxa111@163.com
网址：www.xlshkj.com

北京奥林天成科技有限公司

地址：北京市海淀区知春路 49 号希格玛大厦 A1902 室
电话：010-88096107/06
网址：www.bjolym.com/
E-mail：bjaolin@126.com

兰州兰泰塑料机械有限公司

地址：甘肃省兰州西固区合水北路 3 号
邮编：730060
电话：0931-7311394 7311614 7369030
传真：0931-7315137
E-mail：lantai@lantai.com.cn
网址：www.lantai.com.cn

北京天一指航通讯技术有限公司

地址：北京市中关村西一区 1+1 大厦 508 室
电话：010-51722508 51722500
传真：010-51722510
E-mail：ty@firstnav.com
网址：www.Firstnav.com

抚顺市红连石化密封材料有限公司

地址：辽宁省抚顺市东洲区腈纶小区 8-1 号
电话：0413-4647396
传真：0413-8242242
网址：www.liqinglian.com

江苏昆山开发区兴昆石化有限公司

地址：江苏省昆山市娄江大桥南堍
电话：0512-57898208
传真：0512-57898868
网址：www.ks-xinkun.com

江苏天鹏石化特种工程公司

地址：江苏省南京市中山北路 406 号
电话：025-58771910
传真：025-58771772
网址：www.jstp.com

北京金达太钢石化配件有限公司

地址：北京市海淀区清华东路 2 号金码大厦 A 座
电话：010-82838548
传真：010-82838179
网址：www.bjjd-steel.com

河北超越滤芯厂

地址：河北省廊坊开发区
电话：0158-32632168
传真：0158-32632168
E-mail：chaoyuelvye@163.com

靖江华泰机械制造有限公司

地址：江苏省靖江市新桥镇飞跃路20号
电话：0523-84310585
传真：0523-84310318
网址：www.htm-cn.com.cn

鞍山鑫泰精密铸造有限公司

地址：辽宁省鞍山市大屯经济开发区
邮编：114229
电话：0412-3540449
传真：0412-3543009
E-mail：whd119@163.com

北京思凯特商贸发展有限公司

地址：北京市昌平区沙河工业园区（SKT集团）
邮编：102206
电话：010-80705588
传真：010-80705858
E-mail：sktbj@skthk.com
网址：www.skthk.com

思凯特国际贸易（上海）有限公司

地址：上海市浦东新区民生路1518号金鹰大厦B幢804A室
邮编：200135
电话：021-61049228
传真：021-61049229
E-mail：sktsh@skthk.com
网址：www.skthk.com

沈阳市新航五金防爆器材厂

地址：辽宁省沈阳市文官西路404号金德工业园东侧
电话：024-86672366 86673943
E-mail：xhfb@xhfb.cn
网址：www.xhfb.cn

北京金达凌石油科技发展中心

地址：北京市西城区六铺炕二区甲11号楼
邮编：100011
电话：010-8201152 62095553 62095581
传真：010-62095581
E-mail：goldenline@shou.com
网址：www.goldenline.com.cn

江苏宏泰石化机械有限公司

地址：江苏省阜宁经济开发区204国道66号
邮编：224400
电话：0515-8209999 82099568 82099558
传真：0515-87290768
E-mail：jiangyuhu@vip.sina.con.cn

通化石油化工机械制造有限责任公司

地址：吉林省通化市建设大街2607号
电话：0435-3946866 3946898
传真：0435-3616476
E-mail：thpetro@gmail.com
网址：www.thpetro.com

北京捷锐创能工程技术有限公司

地址：北京市海淀区学清路科贸楼B座205室
电话：010-62399489
传真：010-62335674
邮编：100083
网址：relida@sina.com

江苏惠利特环保设备有限公司

地址：江苏省扬中市沿江工业仓储区
电话：051188455210
传真：0511-88455396
E-mail：hewlett-yx@163.com
网址：www.jshtl.com

北京康吉森自动化设备技术有限责任公司

地址：北京市朝阳区北苑五号院五区
邮编：100012
电话：010-84928166
传真：010-84926181
网址：www.consen.com

福建省泉州市英侨阀门有限公司

地址：福建省南安市英都工业区
邮编：362305
电话：0595-86166853
传真：0595-86162212
E-mail：hxq@yingqiao.com
网址：www.yingqiao.com

襄樊五二五泵业有限公司

地址：湖北省襄樊市襄城区檀溪路 146 号
电话：0710-3566525
传真：0710-3560788
E-mail：info@525pump.com
网址：www.525pump.com

泰州市升拓精密仪器有限公司

地址：江苏省泰州市姜堰市高新技术创业中心
邮编：225500
电话：0523-88812586
传真：0523-88812586
网址：www.suntoc17.com

惠利特环保设备有限公司（北京办事处）

地址：北京市丰台区北甲地路 6 号玺萌丽苑 6 号楼 19/D
邮编：100067
电话：010-67584819
传真：010-67585419

北京沙驼石化工程技术开发有限公司

地址：北京市朝阳区太阳宫夏家园 16 号楼 1 单元 1002 室
邮编：100028
电话：010-84419416 84419417 84419419
传真：010-84419418
E-mail：beijingcamel@263.net
网址：www.bjcamel.com

重庆仪表材料研究所

地址：重庆市北碚龙凤桥
电话：023-68862721
传真：023-68863932

荆州市元泽石油设备有限公司

地址：湖北省荆州市沙市农场窑湾
邮编：434000
电话：0716-8352660
传真：0716-8352665

北京华夏石化工程监理有限公司

地址：北京朝阳区惠新里甲 10 号泰德商务花园 B 座 501
邮编：100029
电话：010-84631380
传真：010-84631386
E-mail：bjhx@bj-hx.com

新乡市胜达过滤净化技术有限公司

地址：河南省新乡市八一路西段
电话：0373-2626111
传真：0373-2642112
邮编：453000
网址：www.sdfilters.com

大连北良石化有限公司

地址：辽宁省大连市经济技术开发区北良港
电话：0411-88999100
邮编：116600
E-mail：shihua@beiliang.com
网址：www.beiliangshihua.com

上海宝临防爆电器有限公司

地址：上海市宝山区铁锋路
总机：021-63099999
电话：021-33793331
E-mail：shblfbdqyxgsyxb@3158.com

巨力索具股份有限公司

地址：河北省保定徐水巨力路
邮编：072550
电话：0312-8999999
传真：0312-8555555
E-mail：juli@julisling.com
网址：www.julisling.com

武汉钢铁（集团）公司

地址：湖北省武汉市青山区厂前
邮编：430083
电话：027-86893691
传真：027-86862325
网站：www.wisco.com.cn

上海大宇阀业制造有限公司（上海大宇阀门厂）

地址：上海市宝山区潘泾路 1280 号
邮编：201908

电话：021-56018899
传真：021-56018666
E-mail：xieyu2013@163.com
网址：www.shdayu.com

上海精泰实业（集团）有限公司

地址：上海市闸北区天目西路290号康吉大厦21F
邮编：200070
电话：021-64530737
传真：021-64530736
E-mail：info@kingtacn.com
网址：www.kingtacn.com

四川仁智油田技术服务股份有限公司

地址：四川省绵阳市临园西路53#地税附楼
邮编：621000
电话：0816-2378665
传真：0816-2378665
E-mail：office@chinarenzhi.com
网址：www.chinarenzhi.com

新乡市金鑫化工设备有限公司

地址：河南省新乡市东风路51号
邮编：453002
电话：0373-3386202 13938718004
传真：0373-3381742
E-mail：xxjxhg@126.com

哈尔滨庆功林泵业有限公司

地址：黑龙江省哈尔滨市香坊区公滨路51号
电话：0451-55139128
传真：0451-55113614

上海新世纪石化设备有限公司

地址：浙江省海盐县百步镇福田弄2号
电话：0573-86776735
传真：0573-86776985

江苏潜龙泵业集团

地址：江苏省丰县解放中路68号
邮编：221700
电话：0516-4223741
传真：0516-4222053

E-mail：shihua@mail.jxptt.zj.cn
网址：www.hypetrifaction.com

四川天府仪表有限公司

地址：四川省成都市彭州市天彭镇安兰
邮编：611930
电话：028-83880669
传真：028-83871148
网址：www.4885.com/ent-1313374.html

江阴金童石化管件有限公司

地址：江苏省江阴市滨江开发区
邮编：214437
电话：0510-86131727
传真：0510-86131337
E-mail：sales@js-pt.com

扬州旭日泵业有限公司

地址：江苏省江都市经济开发区浦江路38号
邮编：225200
电话：0514-86972983 86881886
传真：0514-86836168
E-mail：hanyu@torchsky.com

湖南长盛石化有限公司

地址：湖南省岳阳市云溪区长炼
邮编：414012
电话：0730-8457276
传真：0730-8437575
网址：hunancs.b2b.hc360.com

上海西尔除尘设备有限公司

地址：上海青浦区重固镇赵重路2292号
邮编：200233
电话：021-54451773 54451887
传真：021-54450525
E-mail：xier@sh-xier.com

北京承天倍达过滤技术公司

地址：北京天竺空港工业区（首都国际机场西侧）天竺西路18号
邮编：101312
电话：010-80489677
传真：010-80489679

淄博博山邀兔油泵厂

地址：山东省淄博市博山区北博山镇
邮编：255200
电话：0533-4548288
网站：www.changren.net/ent-1654686.html

上海东方环保科技公司

地址：上海市浦东新区浦东大道1200号
巨洋大厦20楼
邮编：200135
电话：021-50937867 50937868 50937869
传真：021-50937865
E-mail：sdheec@shdonghua.com

淄博汇丰石油化工有限公司

地址：山东省淄博市桓台县
邮编：266520
电话：0533-8409658
传真：0533-8409658
网址：huifengshihua.b2b.hc360.com

河南省伟业石化特油有限公司

地址：河南省郑州市润滑油市场B区11号
邮编：450009
电话：0371-66804923 13938289304
传真：0371-66804489

上海蓝科石油化工有限公司

地址：上海浦东桃林路18号环球广场A座
1106室
邮编：200135
电话：021-68539894
传真：021-68535442
网址：www.lankepec.com.cn

济南奔腾泵业制造公司

地址：山东省济南市历城区华信路15号
凯贝特高新产业基地大厦A-1002室
邮编：250400
电话：0531-88019861
传真：0531-88326108
E-mail：sales@bentengpump.com
网址：www.bentengpump.com

长沙金龙电缆公司

地址：湖南省长沙市马栏山
邮编：410003
电话：0731-2421550
传真：0731-2421550
E-mail：shanshan331888@163.com
网址：shanshan331888.bmlink.com

南通工业炉有限公司

地址：江苏省南通市如皋市
邮编：226561
电话：0513-7371319
网址：www.changren.net/ent-1122856.html

山东莱州三维集团公司

地址：山东省莱州市路旺镇高新技术工业区
电话：0535-2349558
传真：0535-2342288
E-mail：info@laizhousanwei.com
网址：www.laizhousanwei.com

河南许昌市许继集团有限公司

地址：河南许昌市建设路178号
电话：0374-3212620
传真：0374-3315248

洛阳奥凯石化科技有限公司

地址：河南省洛阳市高新技术产业开发区
河洛大道10号
邮编：471003
电话：0379-64316082
传真：0379-64331797
E-mail：lyak@lyak.com.cn
网址：www.lyak.com.cn

郑州富龙新材料科技有限公司

地址：河南郑州市陇海西路328号
邮编：450006
电话：0371-68615854 68623427
传真：0371-68623423

无锡采油设备有限公司

地址：江苏省无锡市滨湖区太湖镇苏锡路524号
邮编：214121

电话：0510-85061094
传真：0510-5061841
网站：www.changren.net/ent-1241919.html

无锡新亚石油机械厂

地址：江苏省无锡市锡山区安镇镇厚桥镇西路1号
邮编：214106
电话：0510-88726776
传真：0510-8726776
网址：www.4885.com/ent-1241876.html

无锡大功机械制造有限公司

地址：江苏省无锡市锡山区锡北镇锡港东路
邮编：214194
电话：0510-83798226
网址：www.4885.com/ent-1229412.html

贵州宏福石业开发总公司

地址：贵州省福泉市马场坪镇
邮编：550501
电话：0854-2184114 2184624
传真：0854-2444190
网址：www.changren.net/ent-1641318.html

茂名市科成精细化工有限公司

地址：广东省茂名市官山三路313号
邮编：525000
电话：0668-2867671
传真：0668-2880230
网址：www.kesoon.com

浙江嘉上不锈钢有限公司

地址：浙江省嘉兴市平湖市乍浦镇经济开发区外环西路388号
邮编：314201
电话：0573-85587017
传真：0573-85587077
E-mail：sales07@jss100.com
网址：www.jss100.com

中海能源发展股份有限公司管道工程公司

地址：天津市塘沽区渤海石油路688号
电话：022-25808377 25808626
传真：022-25808580
E-mail：kangxj@cnooc.com.cn
网址：www.cnoocpipeline.com

颇尔过滤器（北京）有限公司

地址：北京市经济技术开发区宏达南路12号
电话：010-67802288
传真：010-67802329

扬州罗克阀锁科技有限公司

地址：上海市虹口区虬江支路181号1307室
邮编：200080
电话：021-63069000
传真：021-6147158
网址：www.yz-lock.com

航天科工惯性技术有限公司

地址：北京市丰台区海鹰路1号院2号楼3层
电话：010-63795988 83681983
传真：010-83681887
网址：www.cnasit.com

久茂自动化（大连）有限公司

地址：辽宁省大连市经济技术开发区东北三街29号1号楼3层
邮编：116600
电话：0411-87189010
传真：0411-87189020
E-mail：info@jumo-china.com
网址：www.jumo-china.com

大连金鼎石油化工机器有限公司

地址：辽宁省大连市金州区三十里堡街道东山后
邮编：116103
电话：0411-87363058 87360082
传真：0411-87362588
网址：www.dljdsh.com

西安秦森科技有限公司

地址：陕西省西安市东高新区新科路2号
电话：029-82213232 82236210
传真：029-82217838
E-mail：xaqskj@yahoo.com.cn
网址：www.xaqs.com

加拿大GPT集团公司

（北京金阳普泰石油技术股份有限公司）

地址：北京市海淀区东北旺西路8号中关村软件园信息中心A202室
邮编：100193
电话：010-62800059
传真：010-62800058
E-mail：gpt@gptoil.com
网址：www.gptoil.com

西安森舍电子科技有限责任公司

地址：陕西省西安市国家民用航天产业基地工业二路
邮编：710100
电话：029-85674673 85674651
传真：029-85674670
E-mail：senshe@263.com
网址：www.senshe.com

图尔克（天津）传感器有限公司

地址：天津市西青经济开发区兴华四支路18号
邮编：300381
电话：022-83988188 83988199
传真：022-83988146
E-mail：jun.tian@turck-china.com

北京恒合信业技术有限公司

地址：北京市海淀区普惠南里14号
邮编：100036
电话：010-68235091 68235092
传真：010-68235102
E-mail：service@henghe.com.cn
网址：www.henghe.com.cn

浙江千秋环保水处理有限公司

地址：浙江省临安市於潜镇环城西路188号
邮编：311311
电话：0571-63889338
传真：0571-61072310
E-mail：xxb571-cnqq@yahoo.com.cn
网址：www.china-qianqiu.com

天邦膜技术国家工程研究中心有限责任公司

地址：辽宁省大连市高新园区火炬路28号
邮编：116023
电话：0411-84790077
传真：0411-84795533
E-mail：service@tbm.cn
网址：www.tbm.cn

江阴市富仁高科有限公司

地址：江苏省江阴市通渡路8号
邮编：214433
电话：0510-86105880 86105883

浙江迪元仪表有限公司

地址：浙江省义乌市春晗路106号
邮编：322018
电话：0579-85260678
传真：0579-85260658
E-mail：yycorp@public.ywptt.zj.cn
网址：www.zjdiyuan.com

北京市百家力合科技发展有限责任公司

地址：北京市海淀区知春路锦秋家园5号楼E2-203
邮编：100088
电话（传真）：010-82356495
网址：www.baijialihe.com

河北沧海管件集团有限公司

地址：河北省盐山县城南工业区
邮编：061300
电话：0317-6310289
传真：0317-6310448
网址：www.canghaicc.cn

盘锦辽河油田天意石油装备有限公司

地址：辽宁省盘锦市经济开发区石油高新技术产业园
邮编：124010
电话：0427-3219728
传真：0427-3219922
E-mail：chongy1007@163.com
网址：www.tydingqu.com

连云港市德威机械设备有限公司

地址：江苏省连云港市大浦工业园临浦路9号
邮编：222000
电话：0518-85155808/809
传真：0518-85155818
E-mail：dmco@dmco.com.cn
网址：www.dmco.com.cn

科特勒咨询集团

地址：广东省深圳市福田区深南大道4019号航天大厦A座607室
电话：0755-88265430
传真：0755-82024280
E-mail：chenlan@kotler.com.cn
网址：www.kotler.com.cn

大连华氏流体设备有限公司

地址：辽宁省大连甘井子区辛寨子由家工业园168号
邮编：116039
电话：0411-62619318 85866886
传真：0411-62619368 62619378
E-mail：filters@dlcrest.com
网址：www.dlcrest.com

温州市正辉灯具有限公司

地址：浙江省永嘉县瓯北香港城中环阁8楼
邮编：325102
电话：0577-67991188 67991166
传真：0577-67991133
E-mail：chhi@zhenghui.com
网址：www.zhenghui.com

江苏联冠科技发展有限公司

地址：江苏省张家港市锦丰镇三兴白熊路2号
邮编：215624
电话：0512-58578000
传真：0512-58570215
E-mail：ceo@liangguan.cn

江钻股份钻头事业部

地址：湖北省潜江市广华
邮编：433124
电话：0728-6502035
传真：0728-6518529

网址：www.kingdream.com

沈阳天星试验仪器有限公司

地址：辽宁省沈阳市东陵区长青街35号
邮编：110015
电话：024-2420000 224200003
传真：024-24230003
E-mail：sales@tianxing.com
网址：www.tianxing.com.cn

建湖刚玉金属复合材料有限公司

地址：江苏省建湖县庆丰镇十八团东湖118号
邮编：224721
电话：0515-86381046 86382791
传真：0515-86380303
E-mail：sg863@21cn.com
网址：www.shigeng.com

宝鸡宝石特种车辆有限责任公司

地址：陕西省宝鸡市高新大道75号
电话：0917-3388011
传真：0917-3388019-22
E-mail：bstc_shougui@163.com

河南中原总机厂石油设备有限公司

地址：河南省濮阳市华龙区大庆路465号
邮编：457001
电话：0393-5380059
传真：0393-4892525
网址：zpebmach.com

西安塞舍尔石油勘探仪器有限公司

地址：陕西省西安市西影路53号副2号
邮编：710054
电话：029-82224770
传真：029-82229504
E-mail：customer_support@xian-sercsl.com

西安维纳信息测控有限公司

地址：陕西省西安市雁翔路99号博源大厦B402室
邮编：710054
电话：029-83399535
传真：029-83399505

网址：www.winner18.com

重庆康明斯发动机有限公司

地址：重庆市沙坪坝区壮志路1号
邮编：400031
电话：023-65335888
传真：023-65315379
网址：www.cummins-cq.com

山东美陵中联环境工程有限公司

地址：山东省淄博市临淄区齐陵路56号
电话：0533-7086706 7086727
E-mail：meilingzhonglian@163.com
网址：www.sdmeiling.com.cn

上海瑞涵商贸有限公司

地址：上海青浦区赵巷镇崧泽公寓15号504室
电话：021-27762972 69751410
传真：021-69751410
E-mail：jacky@shruihan.com
网址：www.shruihan.com

北京声瑞高科贸有限公司

地址：北京市朝阳区北三环中路6号华亭嘉园D座3C 100029
电话：010-82844555
E-mail：honda@soundrey.com
网址：www.soundrey.com

北京声华兴业科技有限公司

地址：北京市朝阳区北三环中路6号华亭嘉园D座1B 100029
电话：010-82846705 82846706-618
E-mail：shf@soundwel.cn
网址：www.soundwel.cn

深圳市联创环保节能设备有限公司

地址：广东省深圳市龙岗区布吉李朗大道29号联创科技园
邮编：518112
电话：0755-28244071
网址：www.zddg.com.cn

正丰石油化工技术装备有限公司

地址：甘肃省兰州市七里河区安西路622号亚太西苑6层
电话：0931-2353245
传真：0931-2320733
E-mail：zhengfeng101@vip.163.com

烟台冰轮集团有限公司

地址：山东省烟台市芝罘区西山路80号
邮编：264000
电话：0536-6697122 6269158
传真：0536-6647784
网址：www.yantaimoon.com

嘉利特荏原泵业有限公司

地址：浙江省瑞安市北工业园区
电话：0577-65322260
传真：0577-65322257
网址：www.ebaragreat.com

贺尔碧格上海有限公司

地址：上海漕河泾新兴技术开发区贺阁路39号
电话：021-64850855
传真：021-64850958
网址：www.hoerbiger.com

上海特耐防腐设备有限公司

地址：上海市嘉好路700号
电话：021-69170677 66958934
传真：021-69170661
网址：www.tenai.net

广东省广州石油机械厂

地址：广东省广州市番禺区沙湾镇大巷涌路107号
电话：020-84738727 84737193
传真：020-84731766 34735730
网址：www.gzdongsu.cn

沈阳佳益油雾技术有限公司

地址：辽宁省沈阳市和平区三好街79号A1005
电话：024-23849180
传真：024-23847210

E-mail：jiayi23842082@163.com
网址：www.syjiayi.com

江苏长江石油化工有限公司

地址：江苏省太仓港港口开发区石化工业区
电话：0512-53645771
传真：0512-53645994
网址：www.yzpc.com.cn

沈阳鼓风机集团有限公司

地址：辽宁省沈阳市经济技术开发区开发大路16号
电话：024-25800200
网址：www.shengu.com.cn

苏州纽威阀门有限公司

地址：江苏省苏州市高新区湘江路999号
电话：0512-66651365
传真：0512-66651390
网址：www.neway.com.cn

四川宏华石油设备有限公司

地址：四川省广汉市中山大道南二段
电话：0838-5152023
传真：0838-5104035
网址：www.hhcp.com.cn

天华化工机械及自动化研究设计院

地址：甘肃省兰州市西固区合水北路3号
电话：0931-7310658
传真：0931-7301459
网址：www.thpipe.com

天津立林机械集团有限公司

地址：天津市津南区葛沽立林工业园
电话：022-28696968
传真：022-28697891
网址：www.lilingroup.com

任丘市京开管道配件制造有限公司

地址：河北省任丘市燕山中道
电话：0317-2223360
传真：0317-2232006
网址：www.rqjkwz.com.cn

上海锐迈五金有限公司

地址：上海市闵行区都会路
电话：021-34304280
传真：021-34304003
网址：www.roc-master.com

中交天津港湾工程研究院有限公司防腐技术研究所

地址：天津市河西区
电话：022-28341204
传真：022-28176143
网址：www.tpei.cn

唐山松下产业机器有限公司

地址：河北省唐山高新技术产业园区庆南道9号
电话：0315-3206060 3206066
传真：0315-3206018 3206018
网址：www.pwst.panasonic.cn

广立重钢

地址：浙江省绍兴袍江工业区康宁路
电话：0575-8813858
传真：0575-88131305
网址：www..zjglgg.com.cn

浙江省永嘉振华机械厂

地址：浙江省温州上塘下堡工业区
电话：0577-67253963
传真：0577-67265629
网址：www.zhenhua-machine.com

沈阳飞研航空设备有限公司

地址：辽宁省沈阳市于洪区白山路149-8号
邮编：110034
电话：024-89289289 89289389
传真：024-89289288
网址：www.fffyyy.cn

天津扬奇机电技术开发有限公司

地址：天津市南开区南开工业园昌平道7号内4号楼首层
电话：022-89880978

传真：022-27634097

上海前山管道技术有限公司

地址：上海市奉贤区齐贤工业园区锦墩路 15 号
电话：021-57574032
传真：021-57574023
网址：www.qiansh.com

保一集团有限公司

地址：浙江省温州市瓯北三桥工业区
邮编：325105
电话：0577-67986666
传真：0577-67986667
E-mail：baoyi@baoyi.com
网址：www.baoyi.com

重庆市正华钻采设备有限公司

地址：重庆市北碚区复兴镇
电话：023-68238088
传真：023-68236988
网址：www.cqzhenghua.com

陕西微浪进出口有限公司

地址：陕西省西安市唐延路 35 号旺座现代城 b 座 17 层
电话：029-88331700
传真：029-88331358
网址：www.welong-oiltools.com

河南省洛阳市文昌石油化工厂

地址：河南省偃师市高龙镇
邮编：471000
电话：13939936136
网址：www.changren.net/ent-1482359.html

北京凌天世纪自动化技术有限公司

地址：北京市海淀区清河西街 71 号 44 号楼嘉和楼 204
邮编：100085
电话：010-86577368
传真：010-68966019
网址：www.changren.net/ent-1588510.html

河北中泊防爆工具集团

地址：河北省泊头市河东大街 12 号
邮编：062150
电话：0317-8185783
传真：0317-8293899
网址：www.safetytools.com.cn

深圳泰顺化工油品商贸公司

地址：广东省深圳市南山区蛇口工业区南康路
邮编：518000
电话：0755-89808057
传真：0755-89808057
网址：www.changren.net/ent-1655976.html

台州市德曼压缩机销售有限公司

地址：浙江省临海市崇和路 122 号
邮编：317000
电话：0576-85119622
传真：0576-85119692
网址：www.1j79.cn

上海在高阀门有限公司

地址：上海市闵行区莘朱路
邮编：210000
电话：021-51873926
传真：021-51873926
网址：www.51873926.com

常州风特安泵业有限公司

地址：江苏省常州市武进卢家巷卢政街 2 号
邮编：213168
电话：0519-86356115
传真：0519-86358115
网址：fentea.cn.china.cn

宁波宝仕达机械设备有限公司

地址：浙江省宁波鄞州区天童北路 1317 号
邮编：315100
电话：0574-27780888
传真：0574-27780917
网址：www.ballstar.com.cn

淄博博山邀兔油泵厂

地址：山东省淄博市博山区北博山镇
邮编：255200

电话：0533-4548288
网址：www.changren.net/ent-1654686.html

德国普罗名特流体控制（中国）有限公司

地址：辽宁省大连经济技术开区辽河西三路14号
邮编：116600
电话：0411-7315738
传真：0411-7315730
E-mail：info@prominent.com.cn
网址：www.prominent.cn

上海杜科泵业有限公司

地址：上海市松江区洞泾镇洞泾工业区洞凯路505号
邮编：201619
电话：021-67679390
传真：021-67679396
E-mail：sl@doochpump.com.cn
网址：www.doochpump.com.cn

上海正茂阀门有限公司

地址：上海市江宁路1251弄3号
邮编：200060
电话：021-62771673
传真：021-62278776
E-mail：sale@zm-v.com
网址：www.zm-v.com

浙江永久科技实业有限公司

地址：浙江省瑞安市5501信箱
邮编：325200
电话：0577-65663844
传真：0577-65664570
E-mail：yongjiu@chinayongjiu.com
网址：www.chinayongjiu.com

天津市天工工程机械有限公司

地址：天津市华苑产业区海泰南北大街5号
邮编：300180
电话：022-58396192
传真：022-58396192
E-mail：hongxiao88@eyou.com
网址：www.tgem.com.cn

射阳县赛福探伤设备制造有限公司

地址：江苏省射阳县合德工业集中区大兴路3号
邮编：224300
电话：0515-82393000
传真：0515-82381066
网址：www.dzsb.com

上海亚州泵业制造有限公司

地址：上海市江宁路1306弄7号富丽大厦1508室
邮编：200060
电话：021-62991911 52892819
传真：021-52521168

上海梅香仪器有限公司

地址：上海市杨浦区延吉西路凤城三村98-503号
邮编：200093
电话：021-65039821 82385948
传真：021-65039821
网址：www.shmxyq.cn

盐城新旺阀门制造厂

地址：江苏省阜宁县阜城镇东风北路569号
邮编：224400
电话：0515-87381561
传真：0515-87739373
网址：www.ycxwfy.cn

石家庄兰宇科技有限公司

地址：河北省石家庄市泰华街310号北楼
邮编：050071
电话：0311-87826776 87063660
传真：0311-87063660
网址：www.lanyukeji.com.cn

广州市科达威企业有限公司

地址：广东省广州市天河北路天润路祥兴大厦A806
邮编：510635
电话：020-38492861 38492863
传真：020-38492860
网址：www.gzkindway.com

北京市北方思源电子技术中心

地址：北京市海淀区大柳树路17号富海中心4号楼105室
邮编：100081
电话：010-62123258 62123259
传真：010-62123259
网址：www.buy17.com

湖南长沙长兴高教仪器设备开发有限公司

地址：湖南省长沙市新中路口他城时代A920室
邮编：410007
电话：0731-5526366
传真：0731-2294026
网址：cxgjyq.b2b.hc360.com

南京润宇分析仪器制造有限公司

地址：江苏省南京市高淳双塔工业园
邮编：211300
电话：025-57889018
传真：025-57889028
网址：www.jsrunyu.com

南京久测仪器技术有限公司

地址：江苏省南京市和燕路7号燕语华庭商务广场314室
邮编：210037
电话：025-85692932 85692932
传真：025-86971700
网址：www.nj5117.com

大连苏尔寿泵及压缩机有限公司

地址：辽宁省大连市沙河口区春光街98号
邮码：116022
电话：0411-87581888

浙江天德泵业有限公司

地址：浙江省苍南县灵溪镇工业路4号B幢
电话：0577-64838179 64838252
传真：0577-64838178
E-mail：zjtdby@vip.163.com

山东龙兴化工机械集团

地址：山东省莱州市路旺镇
邮编：261432
电话：0535-2348158 2342538

中能环康科技（北京）有限公司

地址：北京海淀区体院西路甲2号10号楼A101
电话：010-51288432

山东天成阀门制造有限公司

地址：山东省潍坊市长松南路3588号
电话：0536-8901398 8903359
传真：0536-8907016
E-mail：tiancheng@tianchengvalve.com
网址：www.tianchengvalve.com

武汉嘉铭激光有限公司

地址：湖北省武汉市东湖新技术开发区华师园北路16号
邮编：430223
电话：027-87925586
传真：027-87925600
E-mail：zwb@gemming.cn
网址：www.gemminglaser.com

乐清市宏丰石化机械有限公司

地址：浙江省乐清市宁康西路341号2楼
邮编：325600
电话：0577-62510556 62519939
传真：0577-62519967

天津市润通石油设备有限公司

地址：天津市津南经济技术开发区双港工业园发港路南端
邮编：300350
电话：022-8882365
传真：022-88823327
网址：www.tjruntong.com

黄石山力大通热工设备有限公司

地址：湖北省黄石市团城山开发区广州路2号
邮编：435003
电话：0714-6368466
传真：0714-6368467
E-mail：market@hssldt.com
网址：www.hssldt.com

淄博万昌化工设备有限公司

地址：山东省淄博市临淄区皇城镇东路1号
邮编：255424
电话：0533-7883598
传真：0533-7885222
网址：www.wanchangcn.com

沈阳鑫联石化设备有限公司

地址：辽宁省沈阳市道义经济开发区京沈西一街1-1号
电话：024-89738367 89738368
传真：024-89738366 89738365
E-mail：syxl@syxl.cn
网址：www.syxl.cn

江苏中圣高科技产业有限公司

地址：江苏省南京市江宁科学园诚信大道2111号
邮编：211112
电话：025-52169777
传真：025-52169700
E-mail：sales@sunpower.com.cn
网址：www.sunpower.com.cn

上海神开石油化工装备股份有限公司

地址：上海市浦星路1769号
电话：021-54332841 54332843
传真：021-54336696
邮编：201114

青岛澳波环保科技有限责任公司

地址：山东省青岛市经济技术开发区丹江路15号
电话：0532086721363
传真：0532-86721964
E-mail：aoboep@sohu.com
网址：www.ocep.com

山东长青石油液压机械有限公司

地址：山东省青州市青州南路4158号
电话：0536-3530889
传真：0536-3530079
E-mail：zgcqjx@hotmail.com
网址：www.zgcqjx.com

松原大多油田配套产业有限公司

地址：吉林省松原经济技术开发区镜湖北路299号
电话：0438-2164333
传真：0438-2168333
E-mail：sydaduo@163.com
网址：www.sydaduo.com

广东省南海石化仪表厂

地址：广东省佛山市南海区桂城简平路一号天佑创富大厦9楼
邮编：528200
电话：0757-86773786 86776305
传真：0757-86762698
E-mail：gd_ny@163.com
网址：www.ny268.com

北京华德广研密封件有限公司

地址：北京市海淀区建材城东路10号
电话：010-82931070
传真：010-82921695

河南省新消消防安全设备有限公司

地址：河南省新乡市凤泉区新路路119号
邮编：453011
电话：0373-3098482 3091802
传真：0373-3090275
E-mail：xinxiaoxiaofang@126.com
网址：www.zgxxa.com

上海材料研究所

地址：上海市邯郸路99号
电话：021-655330300
传真：021-55541225

浙江三方集团有限公司

地址：浙江省富阳市金秋大道41号
邮编：311400
电话：0571-6336825563367411
E-mail：service@zjsanfang.com
网址：www.zjsanfang.com

南阳二机石油装备集团有限公司

地址：河南省南阳市中州西路869号
电话：0377-63577535

传真：0377-63577535
网址：www.ejpetro.com

黑龙江北方双佳钻采机具有限责任公司

地址：黑龙江省牡丹江市西三条路8号
邮编：157003
E-mail：postmaster@sj-drilling.com
网址：www.sj-drilling.com

高邮市华兴石油机械制造有限公司

地址：江苏省高邮市经济开发区凌波路68号
邮编：225600
电话：0514-84642542
传真：0514-84640290
E-mail：gyhx@mechhx.com
网址：www.mechhx.com

北京埃彼咨石化科技有限公司

地址：北京市朝阳区拂林路9号A-802
邮编：100107
电话：010-84945075
传真：010-84945091
网址：www.apcpipeline.com

欧美大地仪器设备中国有限公司

地址：广东省广州市广仁路1号广仁大厦16层
邮编：510030
电话：020-83361533
传真：020-83362080
E-mail：epcgz@epc.com.hk
网址：www.epc.com.hk

天津南华劳保皮件有限公司

地址：天津市东丽区程林庄工业区
电话：022-2478538224785381
E-mail：tjnhlbtrade@yahoo.com
网址：www.tjnhlb.com

海南盛之业高新技术有限公司

地址：海南省海口市港澳工业区兴业路21号
邮编：570314
电话：0898-68664042
传真：0898-68645174
E-mail：hnszy@vip.163.com
网址：www.zshhnjz.com

荆州市元泽石油设备有限公司

地址：湖北省荆州市沙市区沙市农场育才路东
电话：0716-8352666
传真：0716-8352665
E-mail：yzkj168@vip.sohu.com

上海弗鲁克流体机械制造有限公司

地址：上海市恒丰路600号16楼B座
电话：021-63178096

内蒙古北方重工业集团有限公司特种机械厂

电话：0472-3385683
传真：04723384142
E-mail：tezhongjixie@yahoo.com

广州华侨减振器有限公司

地址：广东省广州市东风西路120号
电话：020-81087302 81083908
传真：020-88901008
邮编：510170
E-mail：hq228@163.com
网址：www.hq123.com

北京美华博大环境工程有限公司

地址：北京市东城区安外大街丙88号中路大厦
邮编：100011
电话：010-65133856

焦作盛世达轻合金技术有限公司

地址：河南省焦作市武陟工业园区工业路156号
电话：0391-7268278
传真：0391-7268218
网址：www.jzssd.com

霸州市海鸥滤芯厂

地址：河北省霸州市南孟镇王村
邮编：065700
电话：0316-7281034
传真：0316-7281034
E-mail：bzhwsh@163.com
网址：www.bzhaiou.cn

营口艾美斯石油化工有限公司

地址：辽宁省营口市西市区镜湖西路
邮编：115003
电话：0417-4820877
传真：0417-2151699

万新石油化工有限公司

地址：广东省广州市黄埔区南岗镇
电话：020-61136516
传真：020-62351032
网址：www.elube.cn

中海壳牌石油化工有限公司

地址：广东省惠州市大亚湾石油化学工业区
邮编：516086
电话：0752-3682228
传真：0752-3681188
E-mail：webmaster@cnoocshell.com

宝鸡嘉诚石油化工机械有限公司

地址：陕西省宝鸡市大庆路中段
邮编：721001
电话：0917-3420459 8884775
传真：0917-3420458 3421465
E-mail：xhhgkj@baoshihua.com
网址：www.baoshihua.com

安徽新源石油化工技术开发有限公司

地址：安徽省安庆市经济技术开发区天柱山路12号
邮编：246005
电话：0556-5349809 5370196
传真：0556-5349866
E-mail：ahxyshgs@mail.hf.ah.cn

北京燕通石油化工有限公司

地址：北京市通州区云景南大街134号
邮编：101121
电话：010-81529128 81529108 81579199
传真：010-81529896
E-mail：bjyt81529108@yahoo.com.cn
网址：www.bjytsh.com

隆亿集团

地址：辽宁省辽阳市宏伟区西环路12号
邮编：113003
电话：0419-156082 5165333
传真：0419-5177299
E-mail：fs@longyi-group.com
网址：www.longyi-group.com

抚顺隆亿化工有限公司

地址：辽宁省抚顺市东洲区搭连街北龙凤路12号
邮编：113004
电话：0413-4630634 13470546088
传真：0413-4630631

抚顺市天赋化工制造有限公司

地址：辽宁省抚顺市东洲区搭连街北龙凤路12号
电话：13841307378 13898340473
传真：0413-4630631
E-mail：fslysyhggs@163.com
网址：www.longyi-group.com

辽阳隆源特种油业制造有限公司

地址：辽宁省辽阳市宏伟区西环路12/19号
邮编：111003
电话：0419-5154516
传真：0419-5151318

辽阳隆兴石油化工机械有限公司

地址：辽宁省辽阳市宏伟区西环路19号
邮编：113003
电话：13604190377

抚顺市化工油品研究所

地址：辽宁省抚顺市东洲区搭连街北龙凤路12号
邮编：113004
电话：0413-8245784
传真：0413-8245784

杭州新港石油化工有限公司

地址：浙江省建德市新安江望江路22号
电话：400-883-1518
邮编：311600

莱芜力特石油化工有限公司

地址：山东省莱芜市凤城工业园
电话：0634-8859589
传真：0634-8859969
E-mail：lite@163169.net
网址：www.lite.net.cn

牡丹江首控石油化工有限公司

地址：黑龙江省牡丹江市爱民区大庆街85号
邮编：157009
电话：0453-6823341
传真：0453-6820513
E-mail：refnery@mail.hl.cn

洛阳轻捷石油化工有限公司

地址：河南省偃师市火神凹
电话：0379-67548005
E-mail：lyqj@lyqj.com
网址：www.lyqj.com

洛阳市粤凯驾驶室制造有限公司

地址：河南省洛阳市工业园区经五路1号
电话：0379-62189001
传真：0379-62189002
E-mail：xkch8@126.com

登封市蓝天石化光伏电力装备有限公司

地址：河南省郑州市君召乡大滹沱村
电话：0398-2285619
E-mail：smxxinde@vip.163.com
网址：www.zgltsh.com

泰州市百新波纹管厂

地址：兴化市东郊经济开发区
电话：0523-83432888
传真：0523-83300888
E-mail：bx@jsbaixin.com
网址：www.jsbaixin.com

吴桥春盈铸钢有限公司

地址：河北省吴桥县城南1公里104国道西
邮编：061800
电话：0317-7340155
传真：0317-7366698
网址：www.cyzg.net.cn

西克麦哈克（北京）仪器有限公司

地址：北京市海淀区温泉北清路160号75幢西侧
电话：010-62406092
传真：010-62406090
网址：www.sickmaihak-bj.com

洛阳高新柯恒石化技术有限公司

地址：河南省洛阳市高新开发区洛宜南路火炬园
邮编：471003
电话：0379-64315482
传真：0379-64314572

上海大川原干燥设备有限公司

地址：上海市斜土路768号致远大厦5楼E座
邮编：200023
电话：021-53028877
传真：021-53960405
E-mail：sales@ojn-sel.com
网址：www.ojn-sel.com

沧州中油固控设备有限公司

地址：河北省沧州市黄河路欣欣工业园B座
电话：0317-5638866 5638868
传真：0317-5679977
E-mail：cz-zk@vip.sohu.com
网址：www.czcnpc.net

海盐新世纪石化设备有限公司

地址：浙江省海盐县百步镇工业园
邮编：314312
电话：0573-86776735
传真：0573-86776985
E-mail：hywjd@126.com
网址：www.hgtl.com

启东市施耐德防爆电器有限公司

地址：江苏省启东市城北工业园区跃龙路12号
电话：0513-83630898
传真：0513-83630678
E-mail：snd@sndex.com
网址：www.sndex.com

北京燕昌石化制品有限公司

地址：北京市房山区燕山双泉路3号
邮编：102502
电话：010-69346919
传真：010-69346917

希望森兰科技股份有限公司

地址：四川省成都市机场路181号
邮编：610225
电话：028-85960127
传真：028-85962488
E-mail：markd@chinavvvf.com
网址：www.chinavvvf.com

北京澳尔金石油技术开发有限公司

地址：北京市朝阳区北苑路172号欧陆经典17号楼2402室
邮编：100101
E-mail：public@oilkinggroup.com
网址：www.oilkinggroup.com

北京中建建筑科学研究院有限公司建筑新技术公司

地址：北京市丰台区南苑新华路1号
邮编：100076
电话：010-67996033
传真：010-67996033
E-mail：xxx0504@sohu.com
网址：www.jz2000.com

福建省南岳润滑油有限公司

地址：福建省南安市
电话：0595-86891259
传真：0595-86891759
网址：nyrhy.wanye68.com

湖北省松滋市龙海化工有限公司

地址：湖北省松滋市刘家场镇龙潭路2号
邮编：434217
电话：0716-6512861 6515002
传真：0716-6518765

天津大港油田科远石油工程有限责任公司

地址：天津市大港区海滨街道
邮编：300280
电话：022-25975772 25923770
传真：022-25923770-11
E-mail：zq17196@163.com.cn
网站：www.petrolky.com.cn

天津市津宝石油设备新技术开发有限公司

地址：天津市河西区黑牛城道与紫金山路交口澳隆花园
邮编：300061
电话：022-88292990
传真：022-88292990
E-mail：jinbao@jinbaotj.cn
网址：www.jinbaotj.cn

山东惠工仪器有限公司

地址：山东省淄博市高新区政通路135号创业园E座4楼
电话：0533-3163227
传真：0533-3187339
E-mail：huigong@huigongyq.com
网址：www.huigong.com

玉环县楚门密封件厂

地址：浙江省玉环县芦蒲镇医药包装工业园区
邮编：317608
电话：0576-81716188 81716189
传真：0576-87411279

北京普安科技有限公司

地址：北京市石景山区晋元庄路5号北方工业大学教学实习楼
邮编：100041
电话：010-68875555
传真：010-88803800
E-mail：puan@china.com

北京普安科技有限公司成都办

地址：成都市致民路34号凯莱国际1-2-1904
邮编：610021
电话：028-85483527
传真：028-85483527
E-mail：heshouxia@bjpuan.com.cn

北京普安科技有限公司东北办事处

地址：沈阳市和平区三好街五里河城 C3-604
电话：024-31888572
传真：024-31888573
E-mail：hexin@bjpuan.com.cn

北京普安科技有限公司杭州办
地址：杭州市上塘路1号
邮编：310014
电话：0571-85262537
传真：0571-85262539
E-mail：wangtao@bjpuan.com.cn

深圳市弗赛特检测设备有限公司
地址：深圳市宝安区西乡西部开发区九华科技园1栋5楼A单元
电话：0755-26736076 26736086 26736091
传真：0755-26406227 26736097
网址：www.sz-fst.com

天津凯德实业有限公司
地址：天津市空港物流加工区保税路350号
电话：022-24895688
传真：022-24896196
网址：www.tj-hitech.cn

辽宁洪江汇海防爆电器制造有限公司
地址：辽宁省海城经济开发区后力街297号
邮编：114200
电话：0412-3135123
传真：0412-3135234
E-mail：9999abc@163.com
网址：www.hjhhex.com

山东省淄博市临淄宝鑫石化配件厂
地址：山东省淄博市临淄区乙烯路6号
邮编：255400
电话：0533-7112361
传真：0533-7119988
E-mail：market@zbbx.cn
网址：www.zbbx.cn

河南神龙石油钻具有限公司
地址：河南省济源市科技工业园区
邮编：454650
电话：0391-6635039
传真：0391-6635036
E-mail：info@petrodrillingtools.com
网址：www.petrodrillingtools.com

北京菲斯罗克仪器科技有限公司
地址：北京市朝阳区大屯路科学园南里西奥中心B1103
邮编：100101
电话：010-64851455
传真：010-64871290
E-mail：wangqa@phase-lock.com.cn
网址：www.phase-lock.com.cn

北京三兴惠生重型机械设备有限责任公司
地址：北京市丰台区建国街一里三六零三工厂宿舍50幢
邮编：100070
电话：010-63785059
传真：010-63711970
E-mail：bjsxzg@163.com
网址：www.bjsxhs.com

刻宝（上海）雕刻设备有限公司
地址：上海市沪闵路3388号
邮编：201108
电话：021-51591828
传真：021-51591823
E-mail：jnanty@cn.gravotech.com
网址：www.gravograph.cn

任丘市京开管道配件制造有限公司
地址：河北省任丘市经济技术开发区
邮编：062550
电话：0317-2276788
传真：0317-2232006
E-mail：zhangpeimin_163@163.com
网址：www.rqjkwz.com.cn

温州合力自动化仪表有限公司
地址：浙江省温州市北白象镇龙湖东路65号
邮编：325603
电话：0577-62927688 62929666 62925511
传真：0577-62927699
E-mail：heli@cnheli.com

网址：www.cnheli.com

武汉市天鸣服饰有限公司

地址：湖北省武汉市汉阳区鹦鹉大道46号长江广场28层
电话：027-59335517
传真：027-59335510
E-mail：tmyx2006@126.com
网址：www.tianmingnet.com

武汉博达特种润滑技术有限公司

地址：湖北省武汉市雄楚大街699号
电话：027-87446460
销售部：027-51778209 51778478
传真：027-87446440
E-mail：master@wuhanboda.com.cn
网址：www.wuhanboda.com.cn

陕西威能检验咨询有限公司

地址：陕西省西安市高新区科技路37号海星城市广场A1506室
邮编：710075
电话：15091331195
传真：029-88348326
E-mail：steve@sfic.com.cn
网址：www.forenergy.com.cn

抚顺石油机械有限责任公司

地址：辽宁省抚顺市东州绥化路西段50号
邮编：113004
电话：0413-4631317
传真：0413-4630256
E-mail：fpmc@163.com

北京华科仪电力仪表研究所

地址：北京市昌平区沙河镇七里渠南村工业园区
邮编：102206
电话：010-80705660
传真：010-80705682
E-mail：hky@huakeyi.com

苏州兰炼富士仪表有限公司

地址：江苏省吴江市经济开发区江陵西路1333号
电话：0512-88812966
传真：0512-88812972
邮编：215200
网址：www.lanlianfuji.com

德州联合石油机械有限公司

地址：山东省德州市经济技术开发区晶华南路
邮编：253034
电话：0534-2237988
市场部：0534-2237888
传真：0534-2237889

青岛科华石油机械有限公司

地址：山东省青岛市胶州市山东胶州市胶州东路朱家庄
邮编：266100
电话：0532-82263205
传真：0532-82263201
网址：gmy19830410.b2b.hc360.com

原子高科股份有限公司

地址：北京275信箱70分箱
邮编：102413
电话：010-69358926
传真：010-69358925
E-mail：sunhy@ciae.ac.cn

传特板式换热器（北京）有限公司

地址：北京市天竺空港工业开发区B区安庆大街5号
邮编：101318
电话：010-64379490
传真：010-80491434

河北华北石油荣盛机械制造有限公司

地址：河北任丘市华北油田会战南道
邮编：062552
传真：0317-2712730 2756870

浙江新欧自控仪表有限公司

地址：浙江省永嘉县区瓦北镇礁下工业区
邮编：325102
电话：0577-21822002
传真：0577-21822005

E-mail：shkp1976@126.com
网址：www.zjxno.com

湖北江汉石油仪器仪表有限公司

地址：湖北省武汉市东湖新技术开发区
邮编：430205
E-mail：mail@hbjpim.com

山东胜利新大实业集团有限公司

地址：山东省东营市东营区北二路230号
邮编：257055
电话：0546-8531619
传真：0546-8531619
网址：www.slxdsy.cn

北京永兴精佳仪器有限公司

地址：北京市朝阳区豆各庄北里22号
电话：010-87392939
E-mail：yx@bjyx.net.cn

北京疏水阀门厂

地址：北京市房山区阎村镇炒米店村二街132号
邮编：102488
电话：010-89313169
传真：010-55795589
E-mail：market@waterdvalve.com
网址：www.waterdvalve.com

北京长森石油科技有限公司

地址：北京市上地信息路2号国际创业园2号楼11C
电话：010-82896607 82894349
E-mail：bj.csoil@163.com
网址：www.csoil.com

大连正兴电气控制有限公司

地址：辽宁省大连市经济开发区东北四街12号
邮编：116600
电话：0411-66775999
传真：0411-66775900
E-mail：Seiko@cjdss.com
网址：www.cjdss.com

豪顿华公司

地址：北京市西城区宣武门西大街甲129号金隅大厦12B层
邮编：100031
电话：010-66419988
传真：010-66410071
网址：www.howden.com.cn

大连四方电泵有限公司

地址：辽宁省大连市旅顺经济开发区大盐路方家段69号
邮编：116045
电话：0411-86229396
传真：0411- 86227007
E-mail：market@dlsfdb.com

温州市正辉灯具有限公司

地址：浙江省温州市车站大道财富中心10楼
邮编：325088
电话：0577-88005888 88005666 88101555
E-mail：chhi@zhenghui.com
网址：www.zhenghui.com

北京杰利阳科技发展有限责任公司

地址：北京市朝阳区北辰东路8号江宾大厦B座920-921室
邮编：100101
电话：010-84976926
传真：010-84976930
网址：www.jerrywon.com.cn

大连四方佳特流体设备有限公司

地址：辽宁省大连市旅顺经济开发区兴源路29
邮编：116045
电话：0411-86227306-8001
传真：0411-86227309
E-mail：dlsfjt@163.com

陕西百川投资管理有限公司

地址：陕西省西安市未央路132号经发大厦1008室
邮编：710018
传真：029-86510567
电话：029-86528888

辽宁恩德工程建设有限公司

地址：辽宁省抚顺市经济开发区科技城4号路
邮编：113122
电话：0413-6607360 6607350
传真：0413-6607390 6607391
E-mail：fsnd@263.net

大连劳雷石油化工泵制造有限公司

地址：辽宁省大连市大连普兰店市瓦窝镇工业园区
邮编：116202
电话：0411-3360020
传真：0411-3360788
网址：www.dllaurel.com

天津市润通石油设备有限公司

地址：天津市津南区双港工业园发港路
电话：022-88823659
传真：022-88823327
E-mail：tjtintl@yahoo.cn

天津井通石油钻杆有限公司

地址：天津市津南区双港工业园发港路
电话：022-88823659
传真：022-88823327
E-mail：tjtintl@yahoo.cn

大连道盛仪表有限公司

地址：辽宁省大连市甘井子区红旗街道棠梨沟村马工机械院内2号楼
邮编：116025
电话：0411-39526789 39526781
传真：0411-39526780
E-mail：tuf2000@126.com
网址：www.taosonics.com

北京朗润达科贸有限公司

地址：北京市东城区胜古北路5号胜古办公楼402室
邮编：100029
电话：010-64449938
传真：010-64449915
E-mail：sales@longradar.com.cn
网址：www.longradar.com.cn

四机赛瓦石油钻采设备有限公司

地址：湖北省荆州市荆州区西环路
邮编：434024
电话：0716-8428889 8428114
传真：0716-8016063
E-mail：js@ServaCorp.com
网址：www.sjs.ServaCorp.com

厦门品威石油设备工程有限公司

地址：福建省厦门市建业路三号吉祥大厦六楼C座
邮编：361012
电话：0592-5099852 5099853
传真：0592-5097685
E-mail：sale@ppee.com.cn

广州森纳士仪器有限公司

地址：广东省广州市天河区科韵路102号科韵大厦3楼
邮编：510665
电话：020-85520500
传真：020-85520503
网址：www.sales@senex.cn

淄博弘扬石油设备有限公司

地址：山东省淄博市淄川松龄东路78号
邮编：255100
电话：0533-5153401 0533-6225786
传真：0533-6225785
E-mail：zhang6225797@163.com
网址：www.zbsysb.com

廊坊开发区新赛浦石油设备有限公司

地址：河北省廊坊市经济技术开发区花园道
邮编：065001
电话：0316-6072686
传真：0316-6072688
E-mail：hmpetro@heinfo.net
网址：www.hmpetro.com

上海东方石油设备有限公司

地址：上海市浦东新区黄赵路378号
邮编：201205
电话：021-58947290 58947380

传真：021-58947292
E-mail：shdfsy@shdfsy.com
网址：www.shdfsy.com

成都天立化工科技有限公司

地址：四川省成都市龙泉驿区成都经济技术开发区北京路367号
邮编：610100
电话：028-84879806、028-84876328
传真：028-84873506
E-mail：syw@tianli-tech.com
网址：www.tianli-tech.com

北京华晖盛世技术开发有限公司

地址：北京市朝阳区安惠东里17号成宏酒店A212室
邮编：100101
电话：(8610) 64965604
传真：010-64983394
手机：13911660815
E-mail：xiaojing@huahuitech.com
网址：www.huahuitech.com

北京奥宇可鑫表面工程技术有限公司

地址：北京市怀柔区金台园甲一号
邮编：101400
电话：010-69657197 69620134 69655371
E-mail：aykx@aoyuksin.com
网址：www.aoyuksin.com www.xlcn.cn

北京时林机电设备有限公司

地址：北京市海淀区学院路40号研8楼
邮编：100029
电话：010-62304389-856
E-mail：salien_lrs@126.com

太原钢汇不锈钢有限公司

地址：山西省太原市三墙路坝陵北街东大盛世华庭B1 - 13号
邮编：030009
总机：0351-3238222
传真：0351-3238668
E-mail：tyghxx@tyghbxg.com
网址：www.tyghbxg.com

太原钢汇无锡分公司

地址：江苏无锡市北环路东方钢材城二期六幢A116-119
邮编：214191
电话：0510-82120092
传真：0510-83632261

太原钢汇沈阳分公司

地址：辽宁省沈阳市大东区工农路205号20门
邮编：110044
电话：024-88150980
传真：024-88150195

太原钢汇哈尔滨分公司

地址：黑龙江省哈尔滨市香坊区公滨路162号235处
邮编：150030
电话：0451-55152199
传真：0451-55152279

太原钢汇佛山分公司

地址：广东省佛山市禅城区澜石（国际）金属交易中心13楼2层10号
邮编：528041
电话：0757-83819418
传真：0757-83819418

太原钢汇北京分公司

地址：北京市丰台区西四环南路72号2号楼302室
邮编：100071
电话：13834530770

胜利油田胜机石油装备有限公司

地址：山东省东营市东营区西四路906号
邮编：257067
电话：0546-8612231
E-mail：zsp761016@sina.com

青岛青锅环保设备有限公司

地址：山东省青岛平度市蓼兰工业园
邮编：266731
电话：0532-82301237
E-mail：office_qg@163.com

江苏省连云港羽高流体设备制造有限公司

地址：江苏省连云港市大浦经济技术开发区
邮编：222000
电话：0518-86050669
传真：0518-85628109
E-mail：yorgo@yorgo.cn
网址：www.yorgo.cn

大连泰沣焊材有限公司

地址：辽宁省大连市沙河口区长生街56号
邮编：116021
电话：0411-83613008　83613118
传真：0411-83693650
E-mail：chenrenli0929@163.com
网址：www.dltaifeng.com

河北省沧州恒通管件制造有限公司

地址：河北省盐山县韩集镇
邮编：061300
电话：15832706455
E-mail：15832706455@139.com
网址：www.hengtonggj.com

日照东成国际贸易有限公司

地址：山东省日照市海滨二路156号东维大厦3楼
邮编：276800
电话：0633-2278228
传真：0633-2278227
E-mail：1581986638@qq.com
网址：www.rzdcgj.com

河南省新乡市矿山起重机有限公司

地址：河南省新乡市长恼工业区
邮编：453400
电话：0373-8732592
传真：0373-8671777
E-mail：wangcl186@163.com

沧州中渤重工机械装备有限公司

地址：河北省沧州市泊头南付庄工业区
邮编：062150
电话：0317-8308877　8308878
E-mail：wangcz999@163.com
cnzbzg@sina.com

网址：www.safetytoolszb.com

成都华时工程配套服务有限公司

地址：四川省成都市武侯区武青北路9号
邮编：610045
电话：028-87487622 66225133
传真：028-87484833
E-mail：huashi@cdhuashi.com
网址：www.cdhuashi.com

保定起通索具设备有限公司

地址：保定市阳光北大街1788号
邮编：071000
电话：0312-3159533
传真：0312-3139533
E-mail：wb0843@sina.com
网址：www.bdqt.com

伯特利阀门集团有限公司

地址：浙江省温州市三桥工业区伯特利工业园
邮编：325105
电话：0577-67315777
传真：0577-67376678
E-mail：maofanmin@163.com
网址：www.boteli.com

深圳市倍通控制技术有限公司

地址：广东省深圳市福田区天安数码城劲松大厦18G
邮编：518040
电话：0755-83476819
传真：0755-83476548
网址：www.sz-beit.com
E-mail：zzj1578@163.com

南通曙光波纹管制造有限公司

地址：江苏省海安县曲塘东工业园区
邮编：226661
电话：0513-88602288　88602188
传真：0513-88608600
E-mail：sgzg@vip.163.com
网址：www.china-ntsg.com

北京金瑞恒信高科技有限公司

地址：北京海淀区双榆树东里甲八号
邮编：100086
电话/传真：010-82118048
E-mail：jueding001@126.com
网站：www.jrhxgk.com

江苏华程工业制管股份有限公司

地址：江苏省张家港市塘桥镇人民东路337号
邮编：215611
电话：18962235773
传真：0512-58923580
E-mail：jesse0086@hotmail.com
网址：www.hc-pipe.com

温州海米特集团有限公司

地址：浙江省温州市龙湾区海城华盖街67号
邮编：325055
电话：0577-85220538　85222520

阜宁县通用阀门有限公司

地址：江苏省阜宁经济开发区4028信箱
邮编：224400
电话：0515-87216358. 87070880.
传真：0515-87231158
E-mail：fntyfm@126.com
网址：www.tyfm.net

天成元钢管制造有限公司

地址：河北省沧州市盐山县城南开发区
邮编：065001
电话：0317-6090780
传真：03176090780
E-mail：hbtcyhwy@163.com
网址：www.hbtcy.com

四川省科学器材公司

地址：成都市青羊区东城根南街19号
邮编：610015
电话：028-86124911 86123413
传真：86643809
E-mail：simc@canas.cn
网址：www.simc.org.cn

德国卡帕尔国际香港有限公司

地址：广东省东莞市厚街镇康乐南路泽美工业区
邮编：523000
电话：0769-33354620
网址：www.kapper.cn

天津众力联盈石油设备有限公司

地址：天津市红桥区西青道六十五号金兴大厦二一一八室
邮编：300122
电话：022-2771729
传真：022-2771729

杭州凯丰工业设备制造有限公司

地址：浙江省杭州市沈半路2号
邮编：310015
电话：0571-88088633
E-mail：hzkfgs@163.com
网址：www.chhzkf.cn

东营博深石油机械有限责任公司

地址：山东省东营市东营区莒州路38号
邮编：257091
电话：0546-8304978
传真：0546-8303444
E-mail：liangzi-xun@hotmail.com
网址：www.dybosun.com

江苏海狮泵业制造有限公司

地址：江苏省靖江市新桥镇新桥中路一号
邮编：214537
电话：0523-84327068
传真：0523-84321103
E-mail：jshsbylzy@126.com
网址：www.haishipump.com

湖北沃能光电科技有限公司

地址：湖北省武汉市东湖高新技术开发区联合国际大厦14楼
邮编：430074
电话：027-87568568 87568688
传真：027-87568668
E-mail：whvonno@yahoo.cn
网址：www.whvonno.com

上海天阳钢管有限公司

地址：上海市奉贤区前桥金钱公路4638号
邮编：201407
电话：021-57596031
E-mail：shtya2@126.com
MSN：tianyangsteeltube2010@hotmail.com

上海东流高压管件广东分公司

地址：广东省深圳市宝安区龙华上塘综合办公大楼
邮编：518105
电话：0755- 28092920
传真：0755- 28092920
E-mail：761440267hulilong@163.com

北京安兴达工贸有限公司

地址：北京市朝阳区朝阳路67号财经中心9号楼1单元702室
邮编：100025
电话：010-52012270/80
传真：010-52012290
E-mail：axd@bjaxd.com
网址：www.bjaxd.com

江苏中圣高科技产业有限公司

地址：江苏省南京市江宁科学园诚信大道2111号
邮编：211112
电话：025-52169777
传真：025-52169700
E-mail：：sales@sunpower.com.cn
网址：www.sunpower.com.cn

安徽伽伽集团

地址：安徽省天长市工业园区伽伽工业园区
邮编：239300
电话：0550-7722988
传真：0550-7722528

北京拓川石化评价装置技术开发有限公司

地址：北京市海淀区王庄路1号清华同方科技广场B座1001室
邮编：100083
电话：010-82379336　82379337
传真：010-82379335
网址：www.torchnet.com

北京朗润德科技有限公司

地址：北京市朝阳区安华里504号D座二层
邮编：100011
电话：010-64268300
网址：www.lorun.net

沈阳圣丰石化机械有限公司

地址：沈阳市皇姑区三台子经济开发区
邮编：110034
电话：024-89247689
传真：024-89248582
网址：www.sysfsh.cn

北京航天世纪星科技有限公司

地址：北京海淀区厂洼街5号深博达商务楼106室
邮编：100089
电话：010-51588446
传真：010-51588445
E-mail：acstarhyh@163.com

福建纳川管材科技股份有限公司

地址：福建省泉州市泉港区普安工业区
邮编：362800
电话：0595-87767777
传真：0595-87962111
网址：www.superpipe.cn

河北龙力管业有限公司

地址：河北省景县杜桥工业区
邮编：053500
电话：0318-4308303
传真：0318-4308303

陕西航天动力高科技股份有限公司

地址：陕西省西安市高新技术产业开发区锦业路78号
邮编：710077
电话：029-81881811
传真：029-81881812
E-mail：power@china-htdl.com

美顿贸易（上海）有限公司

地址：上海市长宁区番禺路300弄7号汉森商务楼A座303室

邮编：200052
电话：021-54253311-135
传真：021-54894226-135
E-mail：jing.chen@mayerton.com
网址：www.mayerton.com.cn

余姚市名航贸易有限公司

地址：浙江省余姚市新建北路232号中塑大厦806
邮编：315400
电话：0574-62555818
传真：0574-62555806

浙江玉环天邦消防器材有限公司

地址：浙江台州玉环
电话：0576-81729090
传真：0576-81729292
网址：www.topan119.com

广州气宇消防设备有限公司

地址：广州市天河区龙洞银湖工业区西面16栋
邮编：510520
电话：020-28910831
网址：www.fm200-119.com

合肥精大仪表股份有限公司

地址：安徽省合肥市高新区科学大道75号
邮编：230088
电话：0551-5312888
传真：0551-5319917
E-mai：wy0551@163.com
网址：www.jingdake.com

西安信诺德传动设备有限公司

地址：陕西省西安市高新四路丹枫国际A807
电话：029-84503917/27/37
传真：029-84503957
E-mail：timken@timken.com

河北九安门业有限公司

地址：河北省保定市七一东路民营科技园区凤栖街531号
邮编：071051
电话：0312-5971009　0312-5971018
传真：0312-5971010
E-mail：chinajiuan@126.com
网址：www.chinajiuan.com

河北景县三友石油机械有限公司

地址：河北省景县城西开发区
邮编：053500
电话：0318-7766002
传真：0318-7766002
E-mail：lhz_3388@163.com

东营市东达机械制造有限责任公司

地址：山东省东营市东营区经济开发区莒州路10号
邮编：257091
电话：86-0546-7767588
E-mail：dongda0546@163.com

阜新市东方防爆器材厂

地址：辽宁省阜新市太平区太平东街20-4
邮编：123000
电话：0418-2466119
手机：15042559689
传真：0418-2466119
E-mail：dongfang.ex@163.com
网址：www.dongfangex.com

东莞凯丰电线厂

地址：广东省东莞茶山镇孙屋工业区
邮编：523380
电话：0769-86402281
传真：0769-81811681
手机：13662940694

珠海联盈石油化工有限公司

地址：广东省珠海市拱北迎宾南路2188号名门大厦1607室
邮编：519020
联系人：李胜欣
电话：0756-8129001
传真：0756-8129003

苏州宇力管业有限公司

地址：江苏省苏州吴江市松陵镇友谊工业区
邮编：215200

电话：0512-63348888
传真：0512-63349999
E-mail：fittingsales@hotmail.com

武汉高新鼓风机制造有限公司

地址：湖北省武汉市武昌区中山路317号现代大厦北楼402室
邮编：430050
电话：027-88856628
传真：027-88862318
E-mail：whgxfj@126.com
网址：www.gxfj.com.cn

上海旗升电气有限公司

地址：上海市松江区香闵路1289号
邮编：210611
电话：021-60901787
传真：021-60901789

沧州瑞海管道制造有限公司

地址：河北盐山县城东工业开发区正港路36号
邮编：061001
电话：0317-5305317
传真：0317-6089088
网址：www.ruihaigd.com
QQ：790992493

永嘉县德隆阀门制造有限公司

地址：浙江省温州市瓯北新桥工业区新华路12号
邮编：325105
电话：0577-67310739
传真：0577-67310729
E-mail：wzdlvfm@163.com
网址：wzdlv.com

烟台运盛石油机械有限公司

地址：山东省烟台市莱山盛泉工业园
邮编：264003
电话：86-0535-6908536
E-mail：sissy@ytyunsheng.com

江西华业精工有限公司

地址：江西省九江市星子县工业园
邮编：230304
电话：0792-2653333
传真：0792-2653797
E-mail：jxhuaye@163.com
网址：www.jxhuaye.com

兰州富华专用汽车销售有限公司

地址：甘肃省兰州市城关区大砂坪左家湾190号
邮编：730046
电话：0931-8390303
E-mail：lanzhoufuhua@163.com

武汉铭宝激光科技有限公司

地址：湖北省武汉市洪山区珞瑜路716号
邮编：430050
电话：027-87440921　87440943
传真：027-87440943
E-mail：angelcai2005@sohu.com
QQ：907848679

山东水龙王集体有限公司

地址：山东省济南市长清区水龙王工业园
邮编：250001
电话：0531-87488229
传真：0531-87488112
E-mail：2SLWPK@163.COM
网址：www.shuilongwang.com

温州市南方不锈钢材料有限公司

地址：浙江省温州市龙湾区高新技术园
邮编：325024
电话：0577-56905992
传真：0577-56905991
E-mail：Rtty-888@163.com
网址：www.wznfgg.com
QQ：1520335604

天津百利展发集团有限公司

地址：天津市双港工业区鑫港五号路7号
邮编：300350
电话：022-28571885
传真：022-28571881
E-mail：valve@chinablzf.com
网址：www.chinablzf.com

温州市三泰阀门管件厂

地址：浙江省温州市龙湾沙城工业区
邮编：325402
电话：0577-86991211
传真：0577-86991211
E-mail：WANGYUNLULL@126.com
QQ：469992945

俊豪贸易有限公司

地址：浙江省温州市龙湾区永中镇镇南村天中路1992-1994号
邮编：325024
电话：0577-86924288
传真：0577-86924287

永嘉县嘉博隔膜泵制造有限公司

地址：浙江省永嘉县瓯北镇浦西工业区仓后路19号
电话：0577-57771118 57770707
传真：0577-57771117
E-mail：jiabo@qbydby.com
网址：www.qbydby.com
QQ：173299553

南通海鹰机电集团

地址：江苏省启东市汇龙镇海洪路898号
邮编：226200
电话：021-68975339
手机：18621099325
E-mail：cuinaiwen971@163.com

程氏（上海）泵业有限公司

地址：上海市青浦区华新镇腾溪开发区凤中路251号
邮编：200436
电话：021-60520605 59775106
传真：021-59775106
E-mail：154986154@qq.com
网址：www.shcspv.com

聊城市博达润通机械有限公司

地址：山东省聊城市东昌府区凤凰工业园
邮编：252000
电话：0635-8578258
传真：0635-8326366
网址：www.bodaruntong.com

珠海市丰钿节电器有限公司

地址：广东省珠海市金湾区红旗镇联港工业园恒利路1号
邮编：519090
电话：0756-7252388
传真：0756-7252300
E-mail：sales@zh-gp.cn
网址：www.zh-gp.cn

无锡市通达石化配件厂

地址：江苏省无锡市滨湖区胡埭鸿翔南路5号
邮编：214161
电话：0510-85599955
传真：0510-85599676
E-mail：sales@tdshpj.com

北京佳讯飞鸿电气股份有限公司

地址：北京市海淀区北清路中关村环保科技示范园地锦路5号院1号楼
邮编：100095
电话：010-62460088
传真：010-62492088
网址：www.jiaxun.com

温州市铁龙阀门有限公司

地址：浙江省温州市龙湾区瑶溪镇方山头苏川路164弄2号
邮编：325038
电话：0577-86610665 86618727
传真：0577-86615198
E-mail：telon2010@163.com
yu-anming@163.com
MSN：yu-anming@163.com
网址：www.telonvalve.com

成都华西科技集团

地址：四川省成都市马家花园路2号通锦大厦
邮编：610031
电话：028-87701001
E-mail：zengke@hxhg.cn

江苏科威环保技术有限公司

地址：江苏省南通市通富北路 52 号
邮编：226010
电话：0513-85960600
传真：0513-85960611
E-mail：kwhb@vip.163.com
网址：www.kwhb.com.cn

威格流体机械有限公司

地址：浙江省嵊州市甘林工业区
邮编：312400
电话：0575-83275179
传真：0575-83061990
E-mail：wgltgwd@163.com
网址：www.zjxsby.com

中航工业惠阳航空螺旋桨有限责任公司

地址：河北省保定市 818 信箱 803 分箱
邮编：072152
电话：0312-7051814

武汉港迪电气集团

地址：湖北省武汉东湖新技术开发区理工大科技园理工园路 6 号
邮编：430223
电话／传真：027-87927347

长沙明天机电设备有限公司

地址：湖南省长沙市芙蓉中路二段 144 号城市之心大厦 912 室
邮编：116001
电话：0731-85190279 88901352

正泰电气股份有限公司

地址：上海市松江区文合路 1255 号
邮编：201614
电话：021-67777777

上海伟创标准气体有限公司

地址：上海松江区九亭镇久富工业区盛龙路 58 号
电话：021-37820693-8003
传真：021-37820690
E-mail：finerich@126.com
网址：www.wetry-sh.com

大连海奥膜技术有限公司

地址：大连市中山区祝贺街 35 号锦联大厦 1409 室
邮编：116001
电话：0411-82528172
0411-82528175
传真：0411-82590375
E-mail：jackxy@126.com
网址：www.haomem.com

中国石油化工股份有限公司武汉分公司

武汉石化是中国石化集团公司直属大型工业企业，现由中国石油化工股份有限公司武汉分公司（简称武汉分公司）和中国石化集团资产经营管理有限公司武汉分公司（简称武汉资产分公司）两部分组成，对外统称武汉石化。武汉石化位于青山区，北临长江黄金水道，南接武汉钢铁集团公司，占地面积239公顷。

武汉石化始建于1971年，扩建于1975年，投产于1977年，企业原油一次加工能力850万吨/年。主要产品有：汽油（90#、93#、95#、97#）、灯用煤油、3#喷气式航空燃料油、轻柴油（5#、0#、-10#）、石脑油、溶剂油、烷基苯料、环烷酸、MTBE、专用重油（1#、2#、3#）、30#和180#燃料油、工业片状硫磺、石油焦、聚丙烯树脂（粉料、粒料）、“三苯”（苯、甲苯、二甲苯）、石油液化气等19种产品。其中13种产品获部优、省优，-10#柴油获国家银质奖。产品行销鄂、湘、川、渝等12个省区。

武汉石化投产30年来，从一个只有250万吨/年加工能量、3套装置的炼油厂建设成为850万吨/年原油加工能力，拥有28套生产装置的大型炼油化工企业。

2009年，武汉石化经营环境发生重大而深刻的变化，保安全、保稳定、保达标，不断提高经济效益和企业管理水平，实现了主要技术经济指标全部达标，加工原料油454.26万吨，实现销售收入188.47亿元，吨油完全费用279.28元/吨，合并实现利润8.02亿元。原油加工量、利税、利润均创历史水平，打了一场漂亮的效益翻身仗；80万吨/年乙烯工程全面启动；生产经营、工程建设、改革发展取得了较好成绩。

百舸争流，千帆竞渡，机遇与挑战并存。面对挑战，武汉石化将迎难而上；抓住机遇，武汉石化将再写辉煌。

地址：湖北省武汉市青山区长青路特1号　邮编：430082　总机：027-86515662　传真：027-86595188

以人为本，创造价值
People-oriented&create Value
www.snec.com

丹阳市明宇润滑油添加剂有限公司

丹阳市明宇润滑油添加剂有限公司是一家专门生产和销售石油添加剂的化工企业。本公司技术力量雄厚，设备先进，竭诚与广大用户共同发展。

丹阳市明宇润滑油添加剂有限公司产品目录表

系列	序	商品名称	包装/kg	备注
清净剂	1	T106 高碱值合成碳酸钙	200	油漆桶
	2	T154 双烯基丁二酰亚胺	170	油漆桶
抗氧剂	3	T202 硫磷丁辛基锌盐	200	镀锌桶
	4	T203 硫磷双辛基碱性锌盐	200	镀锌桶
抗磨剂	5	T301 氯化石蜡52℃	250	油漆桶
	6	T305 硫磷酸含氨衍生物	200	镀锌桶
	7	T306 磷酸三甲酚酯	200	镀锌桶
	8	T307 硫代磷酸胺盐	200	镀锌桶
	9	T321 硫化异丁烯	200	镀锌桶
油性剂	10	T404 硫化棉子油	180	镀锌桶
	11	T405 硫化烯烃棉子油	180	镀锌桶
	12	T406 苯三唑脂肪酸胺盐	20	纸板桶
抗氧剂	13	T501 2，6-二叔丁基对甲酚	25	复合袋
	14	T551 苯三唑衍生物	25	镀锌桶
增黏剂	15	T612 乙丙共聚物	170	油漆桶
防锈剂	16	T701 石油磺酸钡（≥55浅色透明）	20、180	铁　桶
	17	T702 石油磺酸钠	180	油漆桶
	18	T704 环烷酸新	180	油漆桶
	19	T705 二壬基萘硫酸钡（碱性）	200	油漆桶
	20	T706 苯骈三氮唑（≥99.7）	20	编织袋
	21	T743 氧化石油脂钡皂（≥8）	25	纸　箱
	22	T746 十二烯基丁二酸（≥280）	20	铁　桶
降凝剂	23	T803B降凝剂	170	铁　桶
破乳剂	24	T1001润滑油抗氧化剂	25	镀锌桶
防锈剂	25	精制羊毛脂美皂	25	纸　箱
	26	乳化剂S-80（浅色）	200	油漆桶
	27	工业凡士林	165	油漆桶
	28	精制植物油酸	180	塑料桶
复合剂	29	通用齿轮油复合剂	200	镀锌桶
	30	高效柴油汽油机复合剂	200	镀锌桶
	31	通用内燃机复合剂	200	镀锌桶
	32	抗磨液压油复合剂	200	镀锌桶

热线电话：010-58604600
我们和您一起：找到目标，精准投放，达成目标
媒体传播、广告代理、公关企划、产品推广、市场营销
KINGBOND金版
服务客户
Microsoft
SONY
TOTAL
伊利
北京银行 BANK OF BEIJING
Amway安利

开封仪表有限公司

开封仪表有限公司是国家大型骨干企业，是原机械工业部直属重点企业，是研制、生产流量仪表和流量测量装置及液位仪表的专业公司。国家水大流量计量站、机械工业第十三计量测试中心站、机械工业流量仪表产品质量检测中心均设于我公司。是国内介质较全、流量范围领先的流量仪表生产试验基地，可对公称通径 3～3000mm 的流量计进行实流检测标定。

公司竭诚为冶金、石油、化工、石化、轻工、市政等行业提供理想的计量仪表和优质服务。产品广泛的应用于在石化和化工行业中，如扬子石化、辽阳石化、齐鲁石化、茂名石化、仪征化纤、丹东化纤公司的供排水厂；兰州、洛阳炼油厂的污水处理项目；南化公司等。

在石油行业中，为全国各大油田如大庆、辽河、胜利、中原、河南、玉门、江汉、吉林、长庆、青海、塔里木、克拉玛依、吐哈等提供了电磁、金属管浮子、腰轮、涡轮、蒸汽、涡街、节流装置等流量仪表和体积管流量测量校准装置。

地址：河南省开封市汴京路 38 号　邮编：475002
电话：0378-2950843　传真：0378-2950880

山东临朐胜潍特种水泥有限公司

山东临朐胜潍特种水泥有限公司是中国特种水泥的主要生产基地之一，是中国石油天然气物资一级供应商。“胜潍”牌各种水泥畅销国内各大油田及俄罗斯、叙利亚等国家，在国内外市场享有很高的知名度。现产 G 级高抗等油井、抗硫酸盐、白色、道路等特种水泥 30 万吨，固定资产 1.6 亿元，年销售收入 1.5 亿元。

公司采用新型干法回转窑生产，装备水平高，技术力量雄厚，与中国石油大学、济南大学等建立了密切的合作关系，有着很强的新产品研发能力。

公司于 2001 年获得美国石油协会 API 花押字使用权，先后通过了 ISO 9001-2000 质量体系认证、国家清洁生产工厂等多项管理认证，标志着山东临朐胜潍特种水泥有限公司走在了同行业前列。

地址：山东省临朐县冶源镇
邮编：262605
电话：0536- 3336008
传真：0536- 3631058
手机：15053689629
联系人：马瑞庆
E-mail：shengweishuini@sina.com

临朐石化物资经销有限公司

临朐石化物资经销有限公司是专业经营无缝钢管、H 型钢的公司。多年来服务于中国石化、中国石油各企业项目用料，公司长期和国内各大生产厂家建立了合作伙伴的代理制，长期经营 8162、8163、6479、5310 及美标钢管。公司以优质的服务理念，树立信誉至上、品质第一、服务到位的作风，愿诚交各界朋友，携手共创辉煌。

总经理：李德元
电话：0536-3211895
传真：0536-3212657
手机：13806475709
地址：山东临朐城南东朱封路 30 号

舟山世纪太平洋化工有限公司

舟山世纪太平洋化工有限公司是集储存、中转、分拨、保税于一体的国际大型液体石油化工仓储企业，现正建设经营浙江舟山液体化工品中转基地项目。浙江舟山液体化工品中转基地位于浙江省舟山市，规划使用土地 1700 亩，使用岸线 2500 米。项目规划建设罐容 400 万立方米，建设 15 万吨级卸船泊位 1 座（可兼靠 2 个 1 万吨装船泊位）、5 万吨级卸船泊位 1 座（可兼靠 8 万吨）、3 万吨级和 1 万吨级装船泊位各 1 座、5000 吨级装船泊位 4 座（其中 2 座可兼靠 10 万吨卸船）、3000 吨级装船泊位 2 座。项目分两期实施，其中一期部分工程已于 2009 年投入试运行，一期其余工程计划于 2010 年竣工投产。

电话：0580-2609397
传真：0580-2067089
电邮：zcpc@chinazcpc.com
地址：浙江省舟山市定海区海韵大厦 15 层

南京工大建设工程技术有限公司

Nanjing Gongda Construction Technology Co.,Ltd

公司业务

- 工程结构
- 土木工程材料与制品
- 道路桥梁
- 岩土工程等领域

的质量鉴定检测

钢烟囱安全性不停产鉴定检测

钢筋混凝土烟囱安全性不停产鉴定检测

钢结构火炬鉴定检测

公司简介

南京工大建设工程技术有限公司（南京工业大学建工综合实验室）位于南京市鼓楼区虹桥和浦口区珠江镇，建筑面积1800多平方米，为南京工业大学控股的独立法人单位。公司是依托南京工业大学，以建设工程技术服务为特色、以工程质量检测为主体的科技服务型企业。公司业务范围包括工程结构、土木工程材料与制品、道路桥梁、岩土工程等领域的质量鉴定检测。1991年通过江苏省土建一级实验室资质审查。1994年、1999年和2006年先后通过了江苏省质量技术监督部门的计量认证。2009年4月份通过国家实验室认可，2010年8月通过国家检查机构认可。

地址：江苏省南京市中山北路200号　　邮编：210009

电话：025-83587713　83587846(结构检测部)

　　　025-83239923　83587847(市场拓展部)

传真：025-83587846　83239923

E-mail：njgdyf@163.com　　网址：www.gdjiance.com

装置主管廊鉴定检测

冷却塔鉴定检测

生化池鉴定检测

DOUSON 苏州道森压力控制有限公司

苏州道森压力控制有限公司座落在美丽的苏州，占地面积70000平方米
其中包括42000 平方米的厂房。人才优势和地理位置得天独厚；拥有各类
良加工装备以及现代化的检测、试验设施，是集开发、设计、制造、销售
服务为一体的现代化石油装备的专业制造企业。拥有锻造、焊接、机加工
热处理、装配、压力测试和油漆流水线等。职工总数420人，其中60为工
技术人员。拥有自营进出口权。企业具有完善的质量管理体系，公司已取
了ISO 9001、API 6D和API 6A资质证书。道森依据大量的标准和规范来生产
造各种产品，在公司内部建立局域网，使用ERP系统进行生产管理，与高等
校联合开发井口设备和设计软件。

道森公司坚持科技化、品质化、国际化的发展战略，树立以客户要
为企业宗旨，坚持科技进步、自主创新，已拥有多项国家专利，产品用于中国
油、中国石化、中国海油陆上及海上油气田，在美国休斯顿设有销售分支机构
出口到美国、西班牙、英国、澳大利亚、加拿大、新加坡、伊朗、哈萨克
坦等国家和地区。（专利号：ZL200920235921.0）

道森产品经过近十年的打造和市场的考验，已成为中国石油设备行业
著名生产企业.热诚期待能与贵公司合作。我们相信：本公司一流的产品
量和优惠的价格一定会使贵公司获得较大的收益。

1 井口装置、采油树设备调试中

2 各种大型加工中心

3 各种闸阀整机产品

4 各种节流阀整机产品

中国

地址:苏州市相城区太平镇

电话:0512-65435543

0512-65995063

传真:0512-65431375

邮箱:dousonsales@gmail.com

Info@douson.cn

Http://www.douson.cn

美国

10700 Richmond Ave.Suite2

休斯顿，德克萨斯州，770

电话:713-782-6613

传真:713-782-6658

邮箱:douson@sbcglobal.ne

甲醇燃料的开拓者

开发有限责任公司

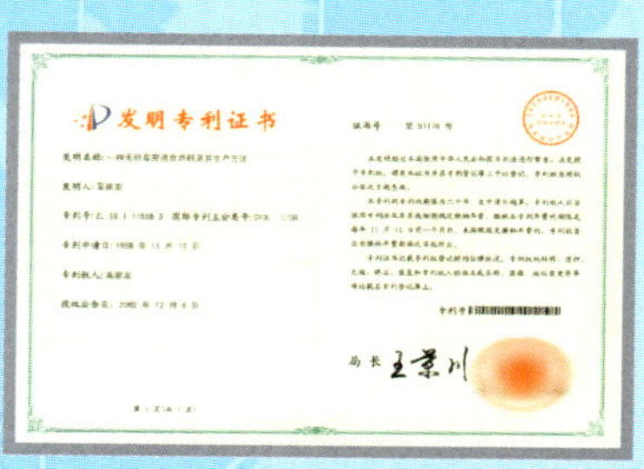

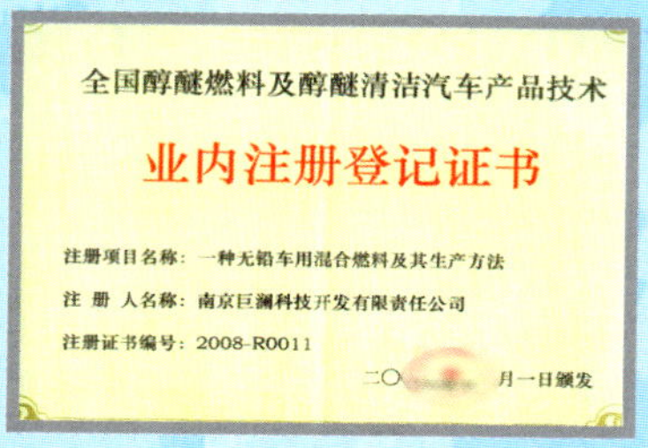

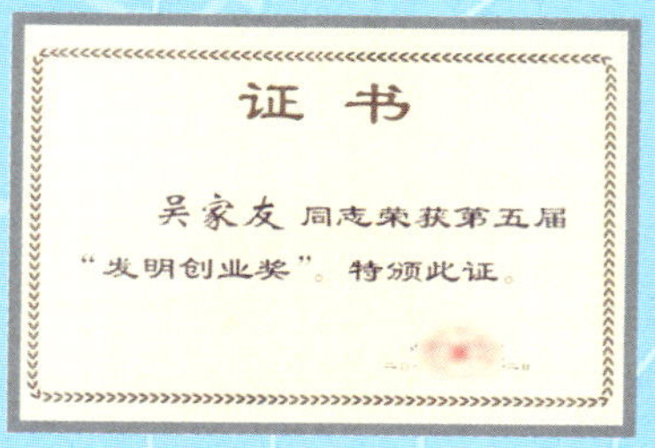

大比例甲醇催化燃烧技术使用的添加剂显著特点如下：

1．大比例甲醇催化燃烧添加剂的添加量仅在1％以下，占吨产品成本低（是第二代助溶剂类添加剂的1/2～1/4），效果卓越；

2．大比例甲醇催化燃烧添加剂不含铁、锰、锌等任何金属型化合物，尤适合当代高精密度的汽车发动机使用；

3．使用大比例甲醇催化燃烧添加剂生产甲醇汽油，常温常压，无须长时间搅拌、反应、静置、沉淀分离等复杂工艺，即配即用；

4．使用大比例甲醇催化燃烧添加剂生产甲醇燃料，不再需要添加其它任何辅料，如MTBE（甲基叔丁基醚）等，即可以彻底解决动力不足、油耗高、冷启动难、热气阻、遇水分层、腐蚀溶胀及高温润滑等系列问题。

2008年5月，在第十一届北京科博会中国能源战略高层论坛上，“大比例甲醇催化燃烧技术和醇醚燃料尾气净化技术”被授予改革开放30年中国能源产业新能源类优秀科技创新项目，同年10月荣获第六届国际发明展览会金奖，2010年4月，公司董事长吴家友先生在北京人民大会堂获得中国第五届“发明创业奖”。

目前，总投资近亿元年产10万吨的巨澜牌大比例甲醇催化燃烧添加剂项目公司正在招商，建成投产后可供国内外调配1000多万吨各种规格的大比例车用甲醇燃料。

2009年我国石油的对外依存度已超过国际公认的50%警戒线，达到创纪录的51.3%，一个巨大的车用新型替代能源市场已呼之欲出！

一个利国利民利企利环保年千亿元的巨大商机正期待着您的英明决策！

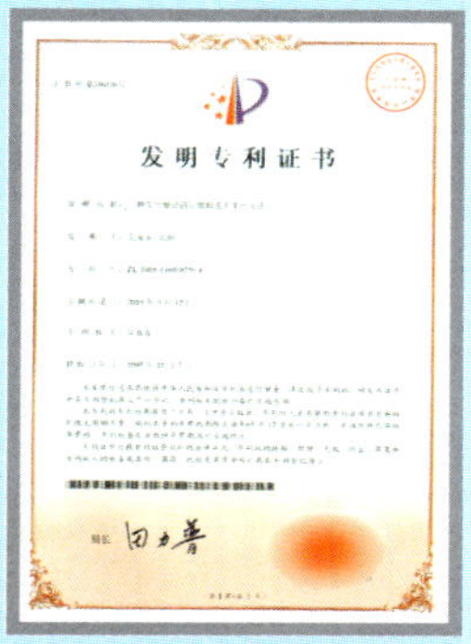

邮政编码：210002　　公司网站：www.jvlan.com　　电子信箱：info@jvlan.com

京润石化
JINGRUN PETROCHEMICAL

浙江三方控制阀股份有限公司

浙江三方控制阀股份有限公司注册资金5000万元，专业从事调节阀研究设计及制造，属浙江省高新技术企业，座落于长江三角洲风景秀丽的富春江畔，距离杭州30公里，距上海200公里。

公司占地面积71000平方米，现建有26000平方米的生产车间及库房，建有5000余平方米的科研办公楼，公司拥有加工中心及数控车床30余台，各类金加工设备200余台套，检测设备20余台套，从材料分析、理化及X射线、磁粉、超声波探伤到调节阀的流通能力、密封性能、回差死区等项目都能进行一系列测试。公司拥有员工400余人，其中各类中高级技术人员40余人。

公司致力于生产经营各类气（电）直行程、角行程控制阀、自力式控制阀、核电控制阀、变形及特殊产品。其中调节阀已有20多年生产历史，为公司核心业务，已形成80余个系列、7000余个品种规格，公司生产的调节阀产品广泛应用于原油开采、天然气输送、核能、火力发电、生物制药、炼油、化工、冶金、造纸、空分、食品酿造、城市供热、污水处理等项目的生产过程的自动调节与远程控制。优质的产品、诚信的服务,赢得了客户的广泛赞誉，公司连续十年被评为AAA

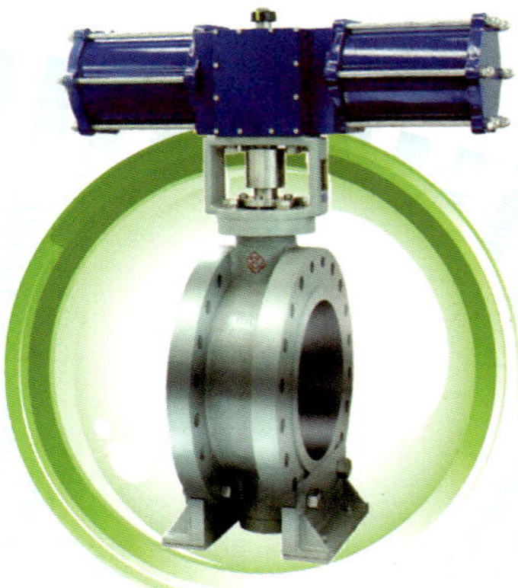

三偏心蝶阀

气动球阀

气动薄膜调节阀

级资信企业。近年来公司积极开拓海外市场，产品出口到葡萄牙、印尼、缅甸、越南、巴基斯坦等国。

经过了20多年的不断努力，公司建立了一套完整的质保体系，1998年本公司调节阀产品通过ISO 9002国际质量标准体系的认证，2001年本公司调节阀产品通过ISO 9001(2000版)国际质量标准体系的认证，2003获得国家质量监督检验检疫部门颁发的压力管道元件生产许可证，2006获得国家环保部门、国家核安部门颁发的中华人民共和国民用核承压设备设计及制造资格许可证。

公司始终以“质量优良、用户至上”为宗旨，不断完善销售服务网络，先后在上海、成都、西安、北京、广州、南京、济南、乌鲁木齐等地开设办事处及客户服务中心，解除客户的后顾之忧，为客户提供方便、快捷、高品质的服务，用户满意是公司永恒的追求，公司热诚希望与国内外的新老客户建立更为广泛的合作关系。

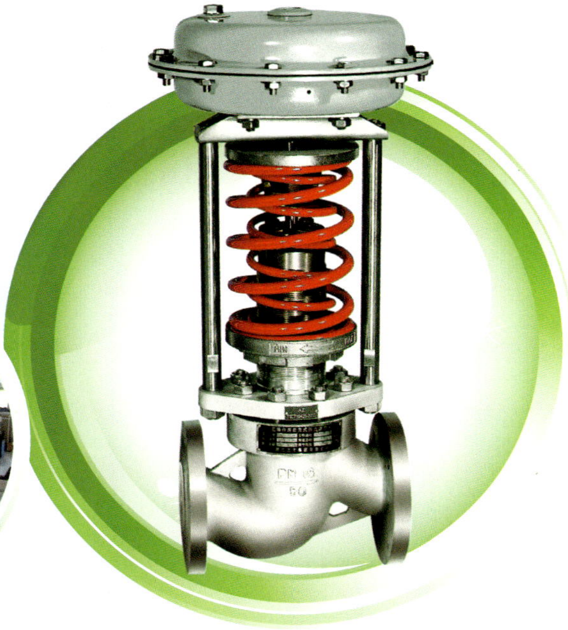

自力式压力调节阀

天津市帅超激光工程技术有限公司

天津市帅超激光工程技术有限公司，多年来从事激光切割、激光打孔、激光热处理和激光焊接加工工艺的研究，经过十余年的经验积累，具备为广大客户提供高质量加工服务的技术和经验。

公司自主研发的“数控激光梯形割缝筛管加工专利技术研究”项目，获国家科技主管部门的项目立项，并得到国家的资金支持。2008年，该项目通过了由中国激光加工专业委员会及石油行业专家组成的鉴定委员会的鉴定，受到高度评价并认定“达到国际领先水平”。

激光切割石油割缝筛管

适于符合API Spec 5CT、API 5BT及中国石油物资装备总公司《油管、套管订货补充条件》的规定的：

合金钢石油套管：J55、K55、M65、N80、P110、L80、TP65、TP100H及符合相应标准的35CrMo、13Cr、17Cr、4Ni、Cr18-Ni18等；

合金钢或碳钢石油油管、水井用管。

管材壁厚：<12mm 。

管材外径：φ50～φ300mm之间。

管材长度：<12m 。

制造加工直缝、梯形缝割缝石油筛管

缝宽：直缝：0.2mm以上；

梯形缝：外缝宽0.4mm以上。

公差：±0.05mm 。

割缝管缝型：平行、交错、螺旋缝等。

缝表面粗糙度：Ra≥6.3μm（Ra值与壁厚成正比）。

表面质量：管体内外表面光滑，无毛刺、残渣、污物等；缝隙均匀。

梯形缝锥度：6°～15° 。

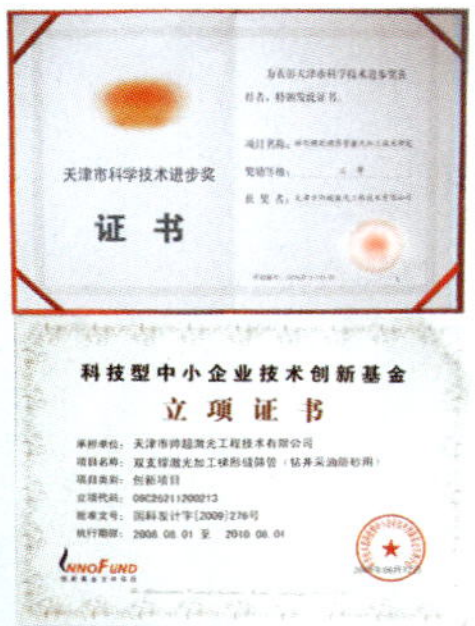

地址（Address）：天津滨海新区空港经济区环河南路（中心大道以东）
邮政编码（Zip code）：300308
电话（Telephone）：022-58218905
传真（Fax）：022-58218902
网址（URL）：www.tjscjg.cn
电子邮箱（E-mail）：scjg02@163.com

Business enterprise
brief introduction
澄露环保的目标是，成为国内一流、国际领先的污水处理专家，
将“澄露”打造成一流的国际品牌，永葆人与自然的和谐。
澄露环保创建于1983年，是国内较早从事环保设备生产的厂家之一。现已发展成为集科技开发、设计制造、检验检测、安装调试、工程施工、售后服务、工程运营为一体的综合性水处理工程公司，并拥有压力容器制造许可证及自主外贸经营权。
澄露.
人与自然的和谐。
扬州澄露环境工程有限公司
地址：江苏省扬州市文昌中路18号文昌国际大厦 邮编225000
电话：营销部 0514-87239999 传真：0514-87237777
中国·江苏·扬州
CHINA JIANGSU YANGZHOU

廣东石油化工學院

广东石油化工学院地处南方海滨城市广东省茂名市。广东石油化工学院于2010年5月由茂名学院更名而来，为广东省属本科院校。2000年3月，茂名学院由1954年创建于广州的原广东石油化工高等专科学校和创办于1984年的原茂名教育学院合并组建。

目前，学校占地面积66.76万平方米，校舍面积30.18万平方米；有全日制在校生15200多人，设10个二级学院和4个直属系(部)，41个本科专业；有教授72人、副教授262人，博士、硕士436人；有广东省扶持学科1个；国家特色专业建设点1个；广东省精品课程1门、广东省精品课程培育课程1门、广东省“思政课”优质课程2门。建有广东省高校工程技术开发中心2个，广东省实验教学示范中心2个。

地　址：广东省茂名市官渡二路139号　　邮　编：525000
电　话：0668-2923716　　传　真：0668-2873904

图1：2009年11月11日，学校迎来建校55周年华诞。图为庆祝大会现场

图2：学校每两年举办一届“挑战杯”大学生课外学术科技作品竞赛。图为党委书记关志强教授（前右）给学校第四届“挑战杯”大学生课外学术科技作品竞赛获奖单位机电工程学院颁奖

图3：近年来，学校以加强产学研合作为抓手，努力加快内涵发展，先后与茂名石化公司、广东工业大学等多家企业和高校签订了产学研合作协议和帮扶共建协议。图为院长张清华教授（前左）与中国石化股份茂名分公司总经理王强（前右）分别代表校企双方签订产学研合作协议

KENWOOD 建伍
倾听创未来
防爆对讲机
KENWOOD
TK—2160IS\3160IS

上海大田——高品质控制阀制造专家
Shanghai Datian Manufacturing Expert for High-Quality Control Valve
生命在于运动
企业在于创新
开拓 进取 求实 拼搏
电动轴流迷宫调节阀
自力式压力调节阀
PS电动单座调节阀
自动再循环控制阀
电动高压差多级笼式调节阀
电动减温减压阀
高精度自力式压力调节阀
气动单座调节阀
减温减压装置
上海大田阀门管道工程有限公司
Shanghai Datian Valve Pipe Engineering Co., Ltd.
地址▲上海市浦东新区周祝公路3223号
邮编▲201323
电话▲ 021-58108666
传真▲ 021-58109777
网址▲ www.dtjt.com
电邮▲business@dtjt.com
1091-2013
DNV
合同信用等级
诚征全国各地代理商

更多绿色电源应用案例，欢迎致电索克曼UPS。
24小时服务热线：400 810 0105
低碳节能 是责任更是能力
DELPHYS MX elite
socomec UPS
Innovative Power Solutions
溯高美索克曼电气(上海)有限公司
ADD 北京市朝阳区酒仙桥路10号恒通商务园B33楼三层
T +8610-59756108